関西大学東西学術研究所資料集刊41

内藤湖南　敦煌遺書調査記録　續編

――英佛調査ノート

玄　幸子
高田　時雄
編

関西大学出版部

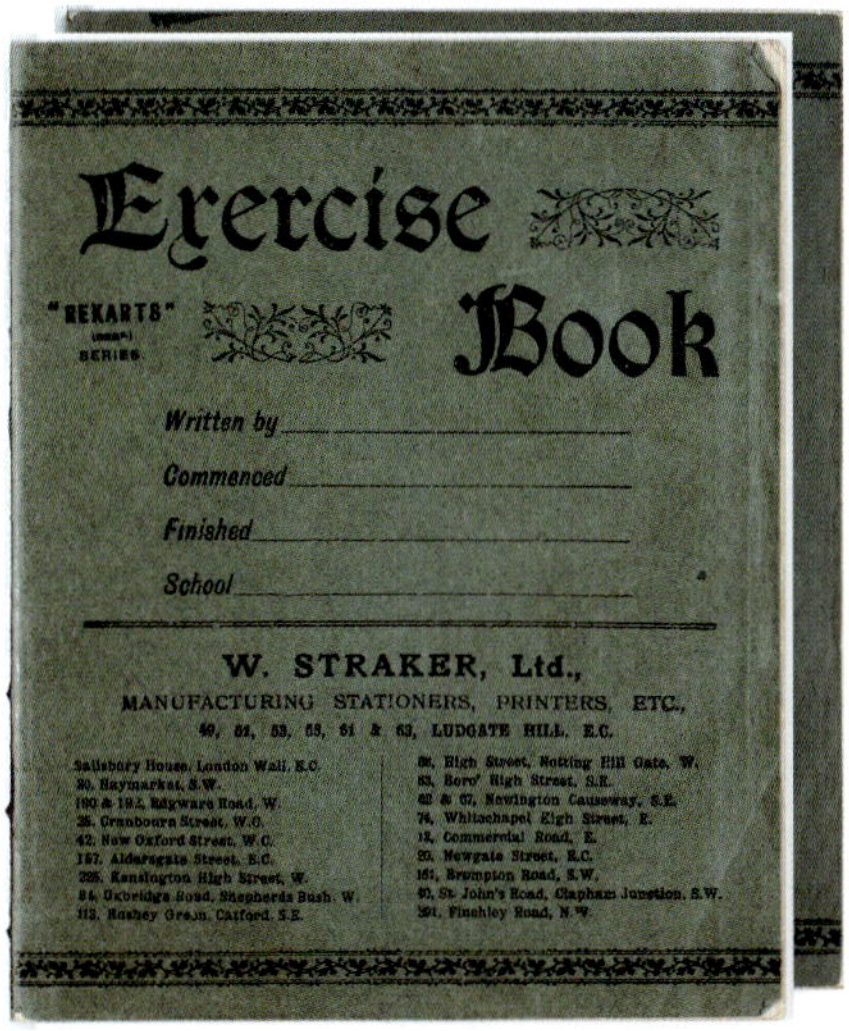

上右　30　ペリオ邸閲覧書目
　左　39　倫敦補遺
中右　38-2　Pelliot collection I
　　　38-3　スタイン將來資料
　　　38-4　Mission Pelliot en Asie Centrale II
　左　37-1　スタイン將來資料
　　　37-3　同上
下　　40-1　Pelliot 2193-3808
　　　40-2　同上　2964-4808
　　　40-3　同上　2119-2984
　　　40-4　同上　2011-3436
　　　40-5　同上　2016-2833
　　　40-6　同上　2017-2862

割　以下董氏已照　割

2378
道書
黄庭書経
背五藏論一巻　首闕　存尾題

2495
莊子郭注抄録　民字缺筆
列子　首闕
一　莊子三秩三巻合冊　郭子玄注　∨此同連接
莊子内篇第一逍遥遊七巻
外篇　第二　齊物
駢拇
馬蹄
胠篋
在宥
天地二
南天運
去刻意
以下斷
長巻　首抄録　逍於意林之處

背佛書

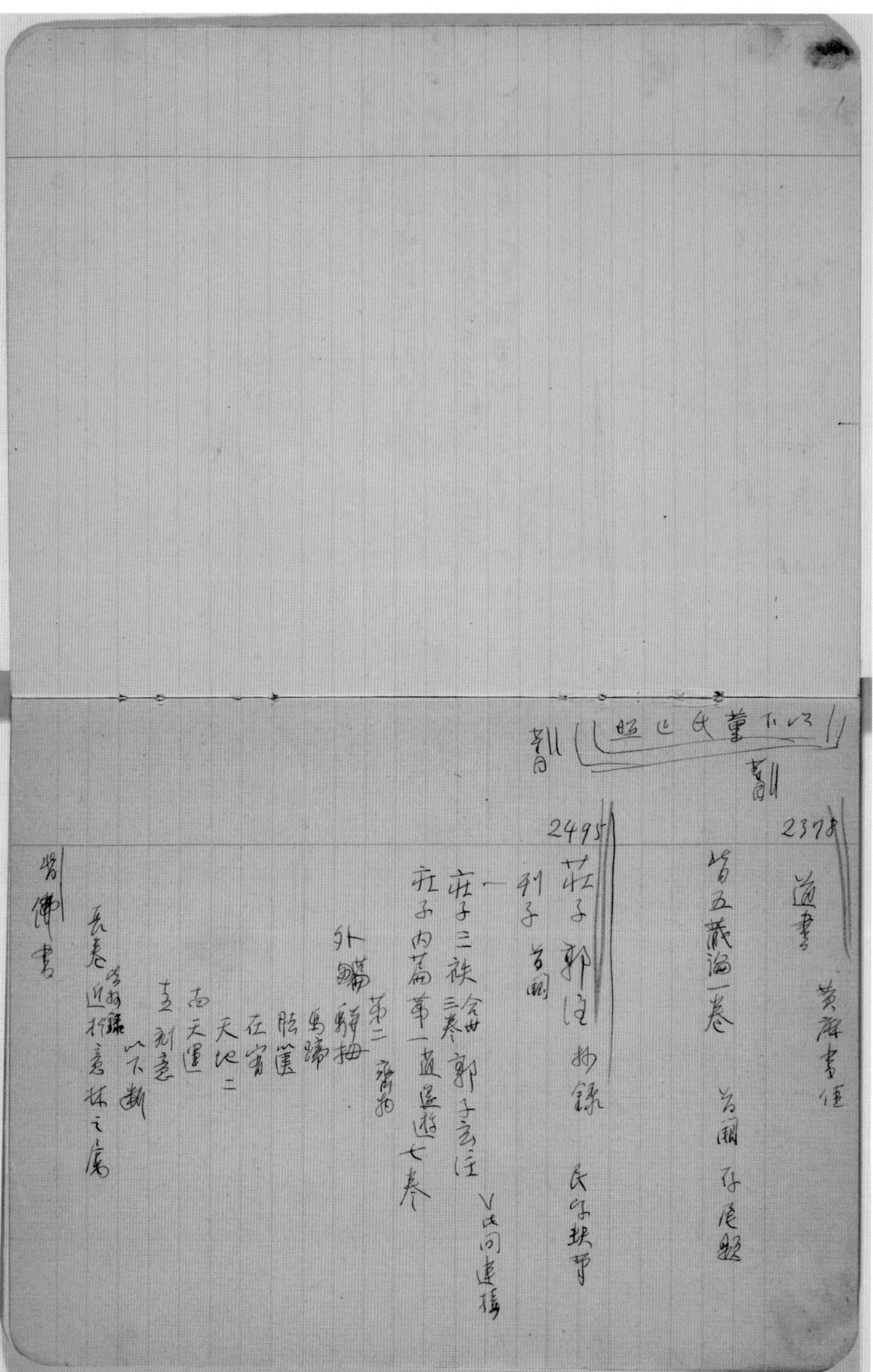

黄目

2493 文選
陸機連珠
巻尾黄麻紙(連珠) 278cm
黄敦煌紙 表裏共ニ墳白ニアリ
書仙殆永

羅訥
黄目

2503 文選
潘岳
石崇
黄麻書 穂法 109cm
王幸部[illegible]

黄目

2552
唐詩抄
2567ト同一筆
首多数ノ詩名無ク
後李昂ノ詩数首アリ

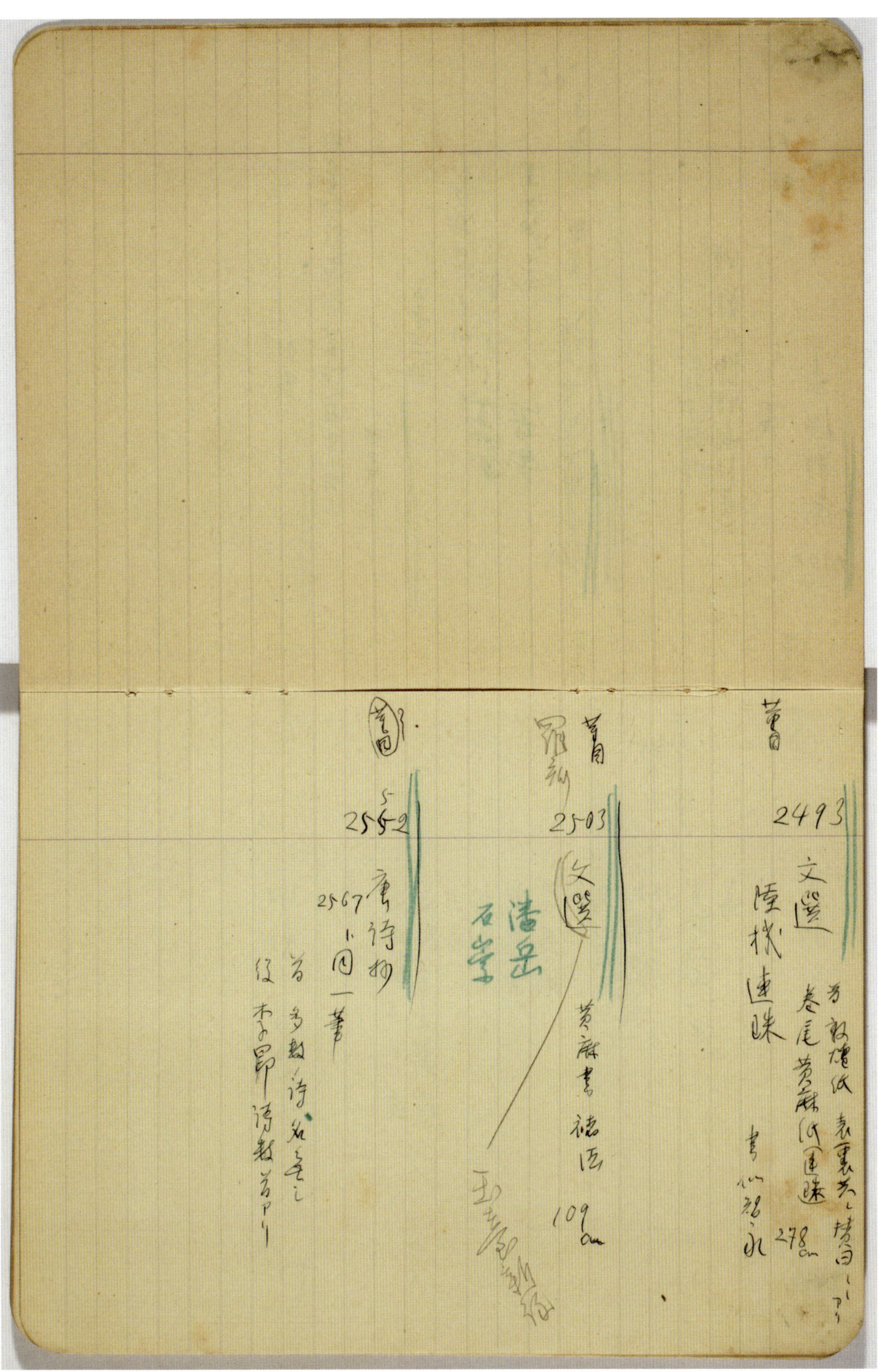

S.602

道経廿四章ノ半ヨリ廿七章ニ至ル.

S.615

南華真経達生品第十九.

縦十吋 横内八吋弱

長一百十三吋

四ツ切版

S.614

72
27.5
99.5

兎園策府 有序 董目ニ有リ

118 3/4吋
99 1/2吋

文中

「今乃勤成十巻名曰兎園策府并引経史
為之訓注、…………題之如左
辯天地、正歴数、議封禅、征東夷、均州壌
ト記ス。

問ト對トヲ設ケテ対策ノ文例トス。

末句ニ 兎園策第一 巻

(別手写) 巳年四月六日学生索廣翼写了

云々

奥書ヲ除キ百三十一行。

白麻、唐末写。

縦 九寸七分

(背) 西蔵文アリ。 八行。

行数

1 精則桂林之響發自周嶽造士浩

2 庸懸甲科而入士劉君詔問吐河洛之詞仲舒抗答引陰陽

3. 義孫弘則約文而切理杜欽則指事以陳謨魯平以雅素申

26 空珍黍遊梁之一斑同背懐之千里忽垂恩敎令修新策今乃勤

27 成十巻名曰兎園策府并引経史為之訓注雖則膠言斐論無取貴於油

28 緗然而野識蓋辭理難同於翰墨傳之君子有慙安國之言

29 之市人深乗呂韋之旨所定篇目題之如左

二五一七　老子義疏　成玄英疏

（羅氏景印本收在鳴沙石室古籍叢殘中）

治民也

1 秋…長生

2 而本日深根本而之…為根深所以長生固蒂所以久視此明

3 長生之道 視明照也

治大國章所以次前者前章正明積行畢

為人之服玉是珍寶之寶

塵穢懷玉也

知不知章所以次

飢謂內無德也忘也　心為五藏百行

所以百行馳騖…雖理者只為心馳有心若無為則行

是以飢　是以難治

治也是知万境雖在一心　前法

人之輕死以其生之之厚

六塵厚溷四大故也

是以輕死統前也

第三示忘生之　夫唯無以生為生

故獨示以生為生者

無損是

生之柔脆

以生而柔者 此有識為無識為喻者

弱其勝劣

亦於私理故生死为勝生

与生為勝死此合喻

舉之

猶喻也 自然之道喻也 自然之道喻花張弓

第下使高抑高令下損高適方可達前

不足奉有餘

富貴之有餘

恃成功不處其欲退賢

能行　故之柔勝

此乃愚知同而舉也

無能依行者

云理也此雖有待

此是待獨未獨

第三辯有德無德　無德忘執之累故有

生之徒

第三法喻雨陣

徒類也是行毗陀者

安陽三毒六兵也云人

cf (P. 2545 / P. 3372)

由生 世之黠才
子依止六藝以待明々

S 1386

孝經 序半缺 經文完具 敦煌紙 庚申 (17)

全十八章也

士人章第五
孝利章第八
廣揚名章第十四
居家理治可移於官

維天福柒年壬寅歲十二月十二日永安寺学仕郎
高清子書記 爾也

cf P.2545 P.3372 鄭序 也

$11\frac{1}{2}$ inch
71 inch

門、云秦滅法孔經存
哀公、十一年、自衛反魯、修
禮樂、教於洙泗之間、
身通達者、七十二人、唯有
閑居之中、為說孝之大無
者蓋三才之經緯、五行 則三才不
成五行德序是以在天則曰至德在地則曰愍德施
之於人則曰孝德、故下文言夫孝者天之經地之義、
人之行、三德同體而異名、蓋孝之殊途、經者不易之
稱、故曰孝經、
開宗明義章第一

[illegible]ペリオ

三八の八

皮紙

二百十六行

347cm

/

長興四年中興殿應聖節講經文

沙門乞云千年耶變萬乘君生飽烏兔之靈光抱乾坤之正氣年

……日影庭別布於祥煙藏之章陽皆(樂後)榮於壽節位尊九

仁王般若經抄

（別ニ後ニ記セリ）

背紙

笙譜か

48

天所絶兵又所伐 王法所殺不得以命死 不得[illegible]
教父 父始也老子以強梁之人為教戒之始
天下之至柔馳騁天下之至堅 至柔者水也堅
57 者金石也水能貫堅入剛无所不通 无有入无間
283 當深藏其氣固守其精无使漏世 長生久視之道
284 深根固蔕者 長生○○之道 不死
285 老子徳經下 河上公章句第四
286 治大國者烹小鮮 鮮魚也烹小魚不去腸不去鱗
560 天生萬物愛育之令長大无所害 聖人之道 為而
561 不爭 聖人法天元所施為化成事就不與下爭功
562 [illegible]故能全其聖功也
563 老子徳經下 河上公章句

皆

虎豹

虎豹

虎豹識衛砂

虎豹識衛砂
猶言軍之重寧也者也 作

七十五年[illegible]
十七八年[illegible]
二十五[illegible]

S, 2066

老子

黄林中虎[illegible]

8¼寸
6寸

1 其難備身者少從其易斥無道
朝甚除田甚蕪 雕畫峻宇除故造新下人妨農良田蕪
2 機狗[illegible]好利弃少求多道
業不備丹田荒廢也
倉甚虚 年登則禦寇乏則倉虚 行薄業虚徳先則道賓
3 服文綵帶利劍 貴外華賤文而貴武
損道徳外唯飾以盛儀毒意未法帶利劍也
4 厭飲食資貨有餘 夫味無味者飲和浴徳為無為者禮士
愛賢斷其委以節食為樂散貨財
5 以不貪好寶此則内外無不可也而厭之以
苦鮮積之以珠玉是盗誇之行非家國之基 是謂盗誇 盗誇
6 非道 取不足積有餘盗之謂也愛文綵
事貪後誇之義也唯盗与誇與非道行 善建不抜 善
9 脩之身其徳能真 脩之家其徳有餘 脩之郷
17 含 懐道抱徳積行深厚氣專精固絶
欲無貪不數負童類於赤子也 毒虫不螫 猛獸
18 攫鳥不搏 以毒口螫以足曰據以爪曰搏 嬰兒所以無害者一
為内無毒意二為慈母加護故不傷也 含徳
34 不可得而利 不可得害 不可得貴 不可得賤 故
35 為天下貴 天去遠近則親疎明矣存得失則害利生矣立上
不則貴賤成矣介解忿挫鋭和光同塵愛憎事
36 同志 等親疎不能不被入毀譽盛衰不能干操尊以政理國百姓
貴賤無由得能行此者可以為天下貴也

左丞相具官封名 其武官則右丞署若左右丞闕一人無仍見在者通署
告具官封名奉被
制書如右符到奉行
主事姓名
吏部郎中具官姓名 令史姓名
書令史姓名
年月日下

右制授告身式其餘司應授官爵者准此

奏授告身式
尚書吏部 餘司授官奏者各載司名 謹奏某官名等擬官事具
官姓名 本品 某州某縣 若干人
右一人云云 謂若為人舉者注舉人具官封姓及所舉之狀若選者皆略注其由歷及身才行即日解吏得敘者亦略述解由及擢用之狀 今擬某官某品替某甲考滿若
因他故解免及元闕者亦隨狀言之
左丞相具官封臣名
右丞相具官封臣名
吏部尚書具官封臣名
吏部侍郎具官封臣名
吏部侍郎具官封臣名 等言謹件同申人具姓名等若
干人擬官如右謹以申聞謹奏
年月日吏部郎中具官封臣姓名上

日 吏部
給事中具官封臣姓名讀
黃門侍郎具官封臣姓名省
侍中具官封臣姓名審
月日都事姓名受
右司郎中付吏部
聞 御畫
吏部尚書具官封名
吏部侍郎具官封名
吏部侍郎具官封名
左丞具官封名
告具官封姓名計奉被
勅書如右符到奉行
主事 令史 書令史
郎中
年月日

5

2011

王仁昫 刊謬切韻 白本

(27
41)

刊謬補缺切韻卷第二 廿八韻 韻首 先蘇前 仙相然 蕭蘇彫 宵相焦 豪胡刀 歌古俄 麻莫霞 覃徒南 談徒甘 陽与章

唐徒郎 庚古行 耕古莖 清七精 青倉經 尤雨求 侯胡溝 幽於虯 侵七林 鹽余廉 添他兼 蒸諸膺 登都滕 咸胡讒 銜戶監 嚴語[illegible] 凡符芝

刊謬補缺切韻卷第三上聲五十二韻 右卷一万二千一十六字 二十七?十七 舊韻四千一百廿一訓卅三或亦五文古二文俗一十三百卅補舊缺訓一 壹百十五新加韻二千八百一十二訓三百六十七亦或一十九正廿一通俗四文本

朝議郎行衢州信安縣尉王仁昫字德溫新撰定

記 苟山反人姓 又草陸起 又語取凡之上聲失 三 範 模 范 韓 巴 范反 一 田反 朗 范反 股 蓋 又朋 忝反 一

刊謬補缺切韻卷第四 去聲五十七韻 右卷一万二千一十四字 二十 千三 三百卅二舊韻四千九十七訓卅五或亦三文古一文俗一千七百卅六補舊缺訓一 百卅六新加韻二千七百六十訓三百九十一亦或卅五正廿三通俗六文本

一 刊謬缺切韻卷第 上聲五十二韻

朝議郎行衢州信安縣尉王仁昫字德溫新撰定。

送 蘇弄反

二 宋 蘇統反 陽与用絳同 夏侯別今依夏侯

三 用 余共反

四 絳 古巷反

補缺切

聲五十七韻 二韻 右卷一万二千七十七字 二千一百五十六 千三百卅三新加 舊韻四千四百六十五訓卅一或亦九文古一文俗八百卅八補舊缺訓 韻二千七百七十四訓四百一十六亦或一十九通俗二文古四文本

朝議郎

最後ノ別ノ筆 姫女文 新写ノ

大中廿一葉 蔣本 ト以ミ

~~刊謬補缺切韻卷第二 廿八韻 韻首 先蘇前 仙相然 蕭蘇彫 闕蘇~~

12

之半 元日冬至並給七日 節前三日 節後三日 寒食
通清明給假四日 夏至臘各三日 節前一日 節後一日
正月七日十五日晦日 春秋二社 二月八日 三月三日 五月
五日 三伏 七月七日十五日 九月九日 十月一日 及每
月旬休假一日 外官五月九月給假田假授衣
假分為兩番各十五日

公式令
諸行程馬日七十里 步及驢日五十里 車日卅里
重船逆流河日卅里 江日卌里 餘水卅五里
空船河日卌里 江日五十里 餘水六十里
重船空船順流河日一百五十里 江日一百里
餘水七十里 其三峽砥柱之類不拘此限 若
遇風水淺不得行者即於隨近官司申牒驗
記聽折半功

文部式
諸婦人不因夫而別加邑號者子孫聽准正
三品用蔭

5.31
川三七三

2514

毛詩 鹿鳴 以下紙剝落
首十三行 鹿鳴篇 後人補寫
鹿鳴三章 ｜ 八句 以下書法
南陵巻子相戒
毛詩巻第九
校記 朱子
羅氏景本收在鳴沙石室古籍叢殘中

二

序

関西大学図書館には世界に誇るべき東アジア学関連の個人文庫が多く所蔵されている。長澤文庫（長澤規矩也旧蔵書，三〇、四九七冊）、中村文庫（中村幸彦旧蔵書，三三、四九一冊）、増田文庫（増田渉旧蔵書，一六、一八四冊）、泊園文庫（藤澤東畡・南岳・黄鵠・黄坡の泊園書院旧蔵書，一六、九五四冊）などであるが、内藤湖南の旧蔵書を収めた内藤文庫（三三、五〇〇冊）も当然その一つとして数えられる。

ただ、これまで各文庫の蔵書目録は一応整えられているが、書誌等まだまだ不完全なものであり、デジタル化についてもかなりの程度まで進められて来ているが、それとて全体からすれば微々たるものである。また、内藤文庫がその典型であるが、文庫に収められているものはいわゆる紙媒体の「典籍」だけでなく、たとえば、書画、巻軸、漢代の封泥や、これも今回の編者のお一人である高田時雄委嘱研究員によって明らかにされたウィグル文字木活字といった「非典籍」資料も所蔵されている。いずれにせよ、今後の詳細な整理が待たれるところである。

さて、本書は、東西学術研究所非典籍出土資料研究班の玄幸子主幹と委嘱研究員の高田時雄氏による、内藤湖南文庫所蔵の湖南による大正十三年から十四年にかけての敦煌調査記録ノートを整理したものである。具体的には、文庫所蔵の湖南の欧州旅行関係資料全十六冊のうち、敦煌文献調査に関連するノート十三冊を取り上げ、それらについて詳しく解説してその実態を明らかにし、影印を付したものである。両氏はすでに『内藤湖南敦煌遺書調査目録』（関西大学東西学術研究所資料集刊三十四，関西大学出版部、平成二十七年）を公刊されており、それに続くものであるが、これまで全く未公開の貴重な資料であり、前著と併せて、内藤湖南研究、敦煌学研究に裨益すること大であると確信するものである。なお、内藤文庫にはこれらの調査ノート以外にも多くの資料写真が保存されており、それらについても今後，お二人による整理、公開が期待されるところである。

二〇一七年一月二十三日

関西大学東西学術研究所
所長　内田慶市

目次

影印部

まえがき

内藤湖南の博大な研究領域のなかにあって、敦煌寫本への取り組みは少なからぬ比重を占めるものであり、また湖南の敦煌寫本に對する情熱は生涯を通じてかわらぬものがあった。湖南の敦煌學については、近年幾つかの研究が出現し、しだいにその全貌が明らかになりつつある。

本學圖書館内藤文庫には、湖南が長年にわたって努力を傾注した敦煌關連資料が數多く含まれると推測されはしたが、これまでその詳細を知るすべがなかった。特別文庫書庫に入ってすべての資料を一つずつ確認する作業は決して容易ではないからである。ところが、内藤文庫關連諸氏および圖書館スタッフの弛まぬ努力のおかげで近年資料の整理が格段に進み、文庫の全容を記したリストも目にし得るようになった。内藤文庫の豊富な内容が次第に明らかになりつつある。湖南の敦煌關連資料についても、検索が容易になったことはたいへん喜ばしい。

さて本書の主たる目的は、湖南が大正十三年から十四年にかけ、敦煌寫本の調査のためヨーロッパに渡航した際の調査記録を公開出版することである。この旅行に携帯した董康目録については、明治四十三年の北京における調査記録とあわせて、その影印および校録をすでに『内藤湖南敦煌遺書調査記録』（関西大学東西学術研究所資料集刊三十四、関西大学出版部、平成二十七年一月）中に公刊した。

今回はいよいよその調査ノートそのものを影印出版することとした。併せてノートから讀み取れる當時の調査實態の一端を検證してみたい。

内藤文庫にはまた未公開の資料寫眞を多く所蔵している。今後、その中から關連する材料をくまなく抽出し、内藤湖南の敦煌學の全貌に迫り得ることを期待する。

編者

調査ノート解題

玄　幸子

本學圖書館内藤文庫には歐州旅行關係資料に全十六冊のノートが收藏されている。このうち敦煌文獻調査に關連するノートは次の十三冊である。その内容の概略を次に示す。

30[1]　ペリオ邸閲覽書目
37-1　スタイン將來資料
37-3　スタイン將來資料
38-2　Pelliot collection I
38-3　スタイン將來資料
38-4　Mission Pelliot en Asie Centrale II
39　倫敦補遺
40-1　Pelliot 2193-3808
40-2　Pelliot 2964-4808
40-3　Pelliot 2119-2984
40-4　Pelliot 2011-3436
40-5　Pelliot 2016-2833
40-6　Pelliot 2017-2862

（1）番号は圖書館内藤文庫目錄の整理番號であり、16　欧州旅行関係1-30（資料ID 211068101）31-41（資料ID 211068110）の通し番號とその下位番號である。

倫敦での調査に關する記録として、37-1 スタイン將來資料、37-3 スタイン將來資料、38-3 スタイン將來資料、39 倫敦補遺の四冊、巴里での調査に關しては、30 ペリオ邸閲覽書目、38-2 Pelliot collection I, 38-4 Mission Pelliot en Asie Centrale II, 40-1 Pelliot 2193-3808, 40-2 Pelliot 2964-4808, 40-3 Pelliot 2119-2984, 40-4 Pelliot 2011-3436, 40-5 Pelliot 2016-2833, 40-6 Pelliot 2017-2862の九冊が殘される。まず、ロンドンでの調査記録ノート、續いて巴里での調査記録ノートに分けて詳説する。

一、倫敦での調査記録ノート

37-1 スタイン將來資料、37-3 スタイン將來資料、38-3 スタイン將來資料、39 倫敦補遺の四冊について各ノートごとにその詳細を記す。

【37-1 スタイン將來資料】

最初に裏表一枚の目次があるが、これは記録終了後最後に付けられたものであろう。S（スタイン）整理番號順[2]に資料名とノート頁數が記される。整理番號に引かれた下線については、何かをチェックしたものと思われるが、現在その示すところは不明である。

目次作成時に付されたものと考えられるが、青鉛筆でページ數がノート見開き右上に1から31までつけられている。

また、ノート裏表紙《うらびょうし》から逆順に敦煌遺書以外の『蒙古律例總目十二綱』『華夷譯語』などの調査記録があるが、檢討對象外により影印資料には入れない[3]。

（2）一部順序が前後する箇所がある。
（3）この部分にはページ數がふられていない。おそらく鴛淵一による記録と思われる。

記録本文は、冒頭箇所を例にみると

S 391 （八十種相論） 五代 敦煌麻紙
五十四者 ―――― 八十者
6△
◎S 10 毛詩鄭箋 太字一行 三十八、九字
四つ切版[4] 終風 唐
靜女 五十一行
白麻紙

とあり、更にS 10の表題右に赤鉛筆で傍線、終風・靜女の下に青鉛筆で「邶」（『詩經』國風・邶風を注記したもの）と後書されている。S 10の右上に鉛筆書きで「6」とあるのは寫眞資料請求のための整理番號であろうか。詳細は分からない。◎△の符號（時に○）についても現在のところその意圖を特定できない[5]。

右に示した書寫時期・料紙の種類・表題・一部錄文・のほかに、特記事項（缺筆狀況など）や縱橫の料紙の大きさ[6]などを記錄し、董康目錄に記載がある場合には「董目（ニ）アリ」といった記述もされるが[7]、記錄者及び資料によって記載事項がまちまちであって、必須項目の設定などはされていないようである。

（4）寫眞資料請求時の寫眞の大きさをメモしたものと思われる。先に「大」と書いたものを消して、「四つ切版」と明確に指定したもの。他に「キャビネ」「キャビネ版」などの注記も見える。
（5）ノート37-3の最初數頁にみえる寫眞資料請求メモと併せてみた場合△○については寫眞請求と關連があるように思える。恐らく寫眞撮影の希望順位を反映したものであろう。
（6）長さの単位インチについては數字のみ示す場合と、「inch」「吋」と表記する場合があり統一されていない。

さらに、「S 575 禮記」（4頁）の記錄は、「對校ヲ要ス」とあったものを鉛筆書にて二重傍線をつけ上から「已ニ對校ス」と改めている[8]。このような記錄から、調査後も着々と整理が進められていたことが知られ、ときに實見調査時の記錄なのか、後寫なのか判斷が難しいこともある。さらにスタイン整理番號を、青鉛筆、時に萬年筆（黑インクか）で丸で圍むがこのチェック項目についても現在その意味を特定できない。

收錄寫本は次の全84點である。

10, 19, 78, 79, 85, 113, 125, 133, 134, 196, 276, 316, 374, 376, 391, 425, 446, 466, 467, 479, 518, 525, 527, 557, 575, 602, 612, 614, 615, 617, 705, 707, 737, 809, 811, 930, 932, 958, 1020, 1061, 1142, 1163, 1285, 1308, 1339, 1376, 1344, 1396, 1438, 1441, 1467, 1473, 1477, 1588, 1645, 1722, 1728, 1810, 1920, 2056, 2071, 2074, 2154, 2200, 2222, 2263, 2438, 2588, 2590, 2703, 2710, 2984, 3011, 3227, 3347, 3393, 3395, 3469, 3491, 3553, 3557, 3607, 3824, 3880

【37-3 スタイン將來資料】

目次、附頁については前述の37-1と同樣である。書き手が混在していた前資料と異なり、このノートはほぼ石濱純太郎によって記錄されている[9]。記載事項・記號の使用なども前述の37-1と同樣である。

むしろ特記すべきは、最初の數ページが寫眞請求のチェックメモであ

（7）原來の記載の外に赤鉛筆で表題の右に「董」と再度後書されている。
（8）同樣の例はS２９８４（19頁）にもみられる。「校正」の前後にある「既ニ」「ス」は後書か、あるいは全部が後書か、インクの色からは、判斷することが難しい。
（9）冒頭のS 376・S 518・S 476は乾吉の手になる。また、S 518は用紙の縱橫の大きさをきちんと記錄してはいるが、Recto/Verso の別を明記せずに記錄してしまっている。「隨手書成字跡」の一行は紙背に書かれる。又この3点はすでにノート37-1に簡單に著錄されており、改めて錄文を丁寧にとったものである。

るることだ。ノートに挟み込まれていたメモ[10]と併せてみるとその實際をある程度知ることができる。寫眞請求に關する實際については別に検討する。

收錄寫本は次の全14點である。

376, 467, 518, 738, 784, 796, 801, 799, 800, 2659, 1765, 1442, 2049, ch1080（376, 467, 518は37-1にも記錄がある。）

【38-3 スタイン將來資料】

Or8210 Stein Collectionと最初のページに大きく書いた後、S107の錄文から記錄されている。ページ數は奇數頁のみ右肩に①〜97まで付されている。見開いて縦に書寫するのは同じ。上半ページが餘白になっている場合が多いが、長文の錄文や紙背文書、特記事項のメモ等を書寫するため故意に空けておいたものと思われる。料紙の形狀などを含め、丁寧に校錄されている。

目次は最後に付けられるが、資料題目を再寫しない代わりに、「毛詩」「尚書孔傳」「春秋左氏傳杜注」など各資料ごとに寫本ナンバーをまとめて記載している。また、この目次を作成するために使用したと思われるN.Y.K LINE（日本郵船株式會社）のマークの入った料紙が挟み込まれている。

收錄文獻は次の全49點である。

54, 63, 77, 80, 81, 107, 133, 170, 189, 238, 516, 575, 615, 728, 747, 782, 789, 800, 810, 861, 957, 958, 1113, 1386, 1443, 1586, 1603, 1605, 1629, 1891, 1906, 2060, 2074, 2122, 2267, 2295, 2658, 3011, 3013, 3135, 3387, 3389, 3391, 3491, 3824, 3831, 3926, ch.c 0014

【39 倫敦補遺】

ノート38-3の湖南による補遺である。行數、一行の字數、料紙の大きさと種類、文字の佳劣評價、連接資料がある場合に特記、錄文（紀年ほか）を記している。38-3收錄のうち次の43點について補足を記錄してある。採錄文獻全43點

54, 63, 77, 80, 81, 107, 170, 189, 238, 3013, 516, 575, 615, 728, 747, 782, 789, 800, 810, 861, 957, 958, 1113, 1386, 1443, 1586, 1603, 1605, 1891, 1906, 2060, 2122, 2267, 2295, 2658, 3135, 3387, 3389, 3391, 3831, 3926, ch.c 0014

なお、調査記錄に續けて、全唐詩巻四　劉知幾一首をメモしてあり、更に續けて書簡文草稿が書寫される。また、同じく草稿のメモ一枚も挟まれている。

二、巴里での調査記錄ノート

倫敦調査記錄ノートと同樣、30ペリオ邸閲覧書目、38-2 Pelliot collection I, 38-4 Mission Pelliot en Asie Centrale II, 40-1 Pelliot 2193-3808, 40-2 Pelliot 2964-4808, 40-3 Pelliot 2119-2984, 40-4 Pelliot 2011-3436, 40-5 Pelliot 2016-2833, 40-6 Pelliot 2017-2862の九冊についてノート個別の詳細をまとめる。

【30 ペリオ邸閲覧書目】

湖南による記錄ノートである。表紙に「ペリオ教授邸閲覧書目」とあ

(10) このノートには石濱純太郎署名の「S133」閲覧申請書の外、List of Mss. Photographed／List of Mss. for which permission was not given の一枚、さらに箇條書きメモ一枚が挟み込まれている。

る通り、大正十三年十二月四日五日の兩日午後と十日の午後二時から五時にペリオ私宅で實見調査した文獻の記錄である。

記錄項目は多少の出入りはあるが、大方次のとおりである。ペリオ整理番號、文獻題目、料紙計測値（cm, mm で表記）、料紙の種類、形態（粘葉、胡蝶裝など）、書法の佳劣（時に「書似智永」「行草書似我邦道風佐理等書」などの具體的評價を記す）、書寫時期、同一筆また連接資料がある場合は特記、錄文（含紀年）、董康目錄に採錄がある場合は「董目」の付記、更に見開き三頁のP.2378から九頁のP.2586は「董氏已照」と記され、董康との寫眞資料交換の心づもりが既にあったことをうかがわせる。(11)

41頁P.4083の記錄の後に「右第一日」、74頁P.3661の後に「以上第二日」とメモ書きされてあり、十二月四日五日の兩日午後と十日の午後二時から五時にどの文獻を調査したのか、詳細を知りうる。三日間（實質一日半にも滿たない）という短い時間内で三六一點もの資料を記錄したのであるから驚異的といえよう。ノート見開き九六枚に肝要な點を漏らさず記錄をとっているのはさすがである。

【38-4 Mission Pelliot en Asie Centrale II】

ノートに付された圖書館整理番號の順序を前後して先にこのノートを説明するのには理由がある。次の38-2, 40-1~6の七冊はすべて國民圖書館（ビブリオテーク・ナショナル）の調査記錄であるのに對して、このノートは少し注意する必要があるためだ。

(11) 董康が既に寫眞を有している（「董氏已照」）とされるものは次の二十二点である。2378, 2378V, 2495, 2495V, 2555, 2555V, 2567, 2567V, 2485, 2485V, 2014, 2494, 2494V, 2493, 2503, 2552, 3126, 2015, 2073, 2640, 2640V, 2586

黒表紙を開くと大きく"Mission Pelliot en Asie Centrale II"と書かれているのが目に入る。見開き縦置きに縦書きする記入方式は他と變わらない。(12) ページ數は奇數頁右肩に①から(187)迄ふられている。記錄者は一人ではなく複數認められるが、主要な一人はまぎれもなく石濱純太郎である。

このノートが特別であるのは、ビブリオテーク・ナショナルでの調査記錄に續きペリオ邸での調査記錄が併せて書寫されている點である。調査ノート全十三冊のうち湖南の手になる倫敦補遺、ペリオ邸書目の二冊を除いてすべてに目次を附けるが、このノートでは「ペリオ宅にて見たる敦煌物の目錄」（142~151頁）と「bibliothèque で見たもの・目錄索引Ⅱ」（187頁）の二種の目次を附し、更にウイグル・ブラーフミ（梵文）・ソグド・チベット・サンスクリット各言語資料の文獻リストも併記する。次に各リストに擧げられたペリオ番號と調査の有無、調査記錄がある場合は調査場所を示しておく。

・Collection Pelliot Manuscrits de Touen-houang（Ouïgour）

2909, 2961, 2969, 2988, 2998, **3046**, 3049, 3071, 3072, 3073, 3076, 3134, 3407, **3509**, **4521**

P. 3046　ノート38-4, 40-2

P. 3509　ノート30, 38-4　但し「?.」が付される

P. 4521　ノート38-4, 40-2

P. 3046とP. 4521はビブリオテークナショナル、P. 3509はペリオ邸で記錄されたものである。他はリストに上がるだけで未調査資料

(12) 一部目次・文獻リスト頁などは本來の横置きで使用している。

というこ とになる。

・Collection de Pelliot Manuscrits de Touen-houang（en Brahmi）

2022, 2023, 2024, 2025, 2026（以上４點ペリオ邸）, 2027, 2028, 2029, 2030, 2031, 2739, 2740, 2741, 2742, 2778, 2781, 2782, 2783, 2784, 2785, 2786, 2787, 2788, 2789, 2790, 2800, 2801, 2834, **2855, 2889**（以上２點圖書館）, 2891, 2892, 2893, 2895, 2896, 2897, 2898, 2900, 2906, 2910, 2921, 2925, 2927, 2928, 2929, 2933, 2936, 2956, 2957, 2958, 3510

・Collection de Pelliot Manuscrits de Touen-houang（Sogdien）

2020, 2021, 3511

ノート34-8（p.134）に「無番　ソグド文」という記録が見えるのみで詳細がわからない。結局資料の同定ができず、リストも未完成のままという状態かと思われる。

・Collection de Pelliot Manuscrits de Touen-houang（Tibétain）

2851, 2853, **2855**（圖書館）, 2878, 2890, **2986**（圖書館）, 2989, 2990, 3036, 3073, 3088, 3137, 3184, 3243, 3289, 3327, 3337, 3447, **3077**（圖書館）

・Mission Pelliot Collection Pelliot　63bis

Manuscrits Pelliot（Sanscrit）

通し番號と枚數などが記されるが、ペリオ整理番號は記されていないので本稿では詳しく取り上げない。

この後は空白頁が續き、158頁に圖書館でのP.3378, P.4521を調査した記録をとり、P.4521の關連資料として前述の“Collection Pelliot Manuscrits de Touen-houang（Ouïgour）”を記し、またP.4520を記録した後、（空白頁）“Collection de Pelliot Manuscrits de Touen-houang（en Brahmi）”（空白頁）“Collection de Pelliot Manuscrits de Touen-houang（Sogdien）”P.3349, 3256, 4517の記録、“Collection de Pelliot Manuscrits de Touen-houang（Tibétain）”P.3372, P.3077の記録、“Mission Pelliot Collection Pelliot　63bis　Manusrits Pelliot（Sanscrit）”が續き、最後百八十七頁に「bibliothèque で見たもの・目録索引Ⅱ」が加えられて終わっている。

先に記録者は主に石濱純太郎だと述べたが、もう一人は鴛淵一であろうか。ウイグル文の録文などの状況からみてそう考えられるが、まだ確定はできない。

【38-2 Pelliot collection Ⅰ】

ビブリオテーク・ナショナルでの調査記録のメインとなるノートである。収録數が最も多く84點に上る。ノート40-4と重複して記録されるものが多い。記録者は石濱純太郎を主として鴛淵一が認められる。

挾み込まれる資料として石濱純太郎の湖南宛の葉書が一枚、チェック用に使用されたと思われる日本郵船のマークの付いたメモ料紙二枚がある。

【40-1 Pelliot 2193-3808】

収録數は26點と多くないが、他のノートとの重複はP.2735　P.3345

P.3378　P.3469のみである。付隨資料に更紙の印刷資料がある。

【40–2 Pelliot 2964–4808】

収錄數47點。ノート38-4と24點重複する。P.4500以降はこのノートに記される。最初のP.2967からP.2942までは、松本信廣[13]が記録したものと認められる。

また、付隨しているメモ五枚は、おそらく寫眞申請の詳細かと思われるチェックリストであり、すでに羅振玉が撮ったものには「羅」と書き入れ、請求No.にはCollection de Pelliot, Mss, de Touen-houangの第63號附錄（63bis）を使用したものかと思われ、資料番號を對照した部分もある。さらに、ロトグラフおよび寫眞を委託した業者のジロードン（GIRAUDON）とルアール（PAUL LEMARE）[14]への依賴リスト、連絡先住所のメモなども確認でき興味が盡きない。寫眞請求の實際については、スタイン將來分については後述するが、ペリオ將來分は分量が多いこともあり、別稿で改めて取り上げることにする。

【40–3 Pelliot 2119–2984】

収錄數51點。P.2634, P.2700甲乙以外重複なし。收錄されるP.2507については本學圖書館內藤文庫に寫眞資料を所藏するが、內藤乾吉筆の錄文を記した原稿料紙がともに保管される。他にも同樣の資料がみとめられるが、さしあたり、これによって記錄者が內藤乾吉であると明らかにわかる。ノートには青鉛筆で89まで頁數がふられているが、これ以降ページ數のないノートには敦煌文獻以外の資料が記錄されている。

【40–4 Pelliot 2011–3436】

収錄數全47點。ノート38-2と殆ど重複している。最初の目次に資料題が入り、各資料の錄文も詳細である。多くに乾吉の手が認められる。38まで頁がふられ、資料は38頁まで記錄される。付隨資料無し。

【40–5 Pelliot 2016–2833】

収錄數61點。重複はP.2634のみ。目次は最終ページに付けられる。一部文獻名を記す。P.2019（唐韻序）の記錄メモが挾み込まれている。

【40–6 Pelliot 2017–2862】

収錄數45點。他のノートとの重複分は、P.2382, P.2547, P.2700, P.2716の四點である。目次は最初に付けられ一部を除き文獻名を記す。57頁でノートは終わり、P.2482, P.2646, P.2647を記錄した料紙が挾み込まれている。ノートに記載のあるP.2482を除き、新たに2點追加をして收錄數47點とすべきか。他との重複もないようなので、メモも入れると全體數も2點增えることとなる。

以上を總合すると、歐州敦煌文獻調查記錄ノートは前述の倫敦調查分と併せてこの十三冊がすべてであると考えられる。

（13）巴里から湖南に宛てた手紙（內藤文庫所藏　請求記號：L21**7*16-1, 23, 24, 25など）の筆跡から判斷できる。內容については本書所收高田時雄「內藤湖南のヨーロッパ調查行」に紹介されている。十一頁參照。

（14）內藤文庫が所藏する領收書のうちGIRAUDONの領收書には、BIBLIOTHEQUE PHOTOGRAPHIQUEの肩書付のものがある。松本信廣によれば、ルアールよりも高い評價を得ている。

内藤湖南のヨーロッパ調査行

高田時雄

大正十三年（一九二四）夏から翌十四年初めにかけて約半年のあいだ、内藤湖南が敦煌寫本調査のためにヨーロッパへ渡航したことはよく知られている。この旅行については筆者もすでに二度ばかり言及したことがある。(1)

敦煌寫本が發見されて以來、およそ日本において逸早くその學術的價値を認め、敦煌學を鼓吹したのは内藤湖南その人であった。京都大學の同僚であった狩野直喜もやはり、日本に於ける初期敦煌學の形成に主導的役割を果たした人物であるが、敦煌寫本への過度の傾斜には批判的であった。(2)湖南のように、生涯にわたって敦煌發見の資料に對し強い關心を持ち續けた學者は稀有の存在と言ってよかろう。

さてポール・ペリオは一九〇八年にその中央亞細亞探検を終えると、一旦當時の勤務先であった極東學院の所在地ハノイに戻ったが、翌一九〇九年にパリに歸る途次、北京に來たって所獲品の一部寫本數十點を羅振玉たち在京の學者に公開した。その時にこれら寫本の寫眞も調製され、時をおかず日本にももたらされた。日本で敦煌學が誕生する機縁となった出來事である。(3)しかしスタイン、ペリオが持ち去った大量の敦煌遺書は萬里の彼方、英佛二京にあって、それらの實物を目にすることは當面不可能であった。したがって、明治四十三年（一九一〇）にいわゆる「劫餘」の寫本が北京の學部に到着するや、内藤、狩野ら五名の京都大學教官が勇躍北京に乗り込んだときの期待のほどは想像するに餘りある。しかし到着した寫本のほとんどが佛典であると分かったときの落膽は或いはそれ以上であったかも知れない。(4)

敦煌學の萌芽期、日本や中國の學者が敦煌寫本を調査しようとすれば、自ら英佛に渡航するしか他に方法はなかった。この時期にヨーロッパに渡航した學者の多くは日本人である。先ず明治四十五年（一九一二）から大正二年（一九一三）にかけて、湖南の同僚である狩野直喜が英佛に赴き調査を行い、録文を持ち歸った。ついで矢吹慶輝が、大正五年（一九一六）及び大正十一年から翌十二年にかけての二度、主としてロンドンで、スタイン寫本の佛典を調査し、大量のロートグラフを撮影して歸り、展覧會などを通じて學界の渇を癒やした。(5)次いでやはり同僚である羽田亨が、大正八年（一九一九）以降の二年間、米歐出張を命じられた際に、英佛で敦煌寫本の調査を行い、寫眞撮影を行うとともに、ペリオの目録を寫して歸っている。このペリオ目録は完全なものでなかったが、(6)

（1）高田「敦煌寫本を求めて——日本人學者のヨーロッパ訪書行」『佛教藝術』二七一號（二〇〇三）、二一～三二頁：高田「内藤湖南の敦煌學」『東アジア文化交渉研究』別冊三（二〇〇八）、一九～三六頁。

（2）「先學を語る　狩野直喜博士」『東方學』第四二輯（一九七一）、一四八頁。のち『東方學回想』第一巻（東京：刀水書房、二〇〇〇年）、一八五頁。

（3）このあたりの事情については、前掲の高田「内藤湖南の敦煌學」を參照されたい。

（4）「清國派遣教授學術視察報告」に見える「敦煌の古書は何れかと言へば稍失望の結果であった」という表現がよくその時の落膽を物語っている。『目睹書譚』（京都：弘文堂書房、一九四八年）二四五頁。

（5）矢吹の齎した未傳古逸佛典を収めた浩瀚な圖録『鳴沙餘韻』が出版されるのは、やや後の昭和五年（一九三〇）のことである。

（6）この目録については、石濱純太郎が「このペリオ編纂の目録を見ますと二〇〇一番から三五一一及び四五〇〇～四五二一番だけの目録で最初の二千巻と中の一千巻が出來てゐません。中の一千巻に屬するものが何かの都合上ペリオ氏の私宅に置いてありましたが、幸ひにして内藤先生はそのペリオ宅の分を全部一見されましたから、内藤目録が出來ると其間の部分がよく分ります」という通りである。「敦煌石室の遺書」『東洋學の話』（創元社、一九四羽田のコピーに基づいて羅福萇が漢譯した「巴黎圖書館敦煌書目」が、中國學者にも活用された(7)。中國學者ではまた湖南の友人董康が英佛で敦煌遺書の調査を行い、百數十點の寫本を閲覽して簡目を作ったほか、六〇餘種の寫眞を持ち歸っている(8)。

湖南のヨーロッパ調査に先んじて、これらの人々の活動があった。湖南は、これら先行する調査の成果を十全に活用すべく、周到な準備を行っている。羽田がタイプライターで寫して歸ったペリオ目録(9)と董康の目睹書目(10)とは、パリに於ける調査の際に大きな助けとなった。なかんづく董康の書目は、調査年次が近接しているだけに、參考價値の高いものがあった。本書に影印する調査ノオトにもしばしば「董目」が現れる(11)。

さて小文では、湖南のヨーロッパ調査旅行について、これまで餘り強調されなかった事柄について、別の角度から若干の補足をしておきたいと思う。それはこの調査旅行が、子息の乾吉、女壻の鴛淵一、そして弟子（！）の石濱純太郎を帶同した、いわば調査團として行われたことである。もちろん基本的な方針と計劃が湖南の主導であったことは當然であるが、助手として湖南を支えたこれらの人々の存在は無視できないものがあった筈である。本書中に影印公刊されるノオトにはこれらの人々の筆蹟も多數見えることからも、彼らが單なる同行者ではなかったことが推測される。その中でもとりわけ石濱純太郎の貢獻は無視できないものがあった。

石濱純太郎（一八八八～一九六八）は大阪出身で、みずから町人學者を以て任じていたが、その學問はすこぶる根柢があるとともに、當時としては珍しい國際派の一面も備えていた。幼時から縁戚にあたる藤澤氏の泊園書院で漢學を學び、のち東大支那文學を卒業しているから、新舊漢學の基礎知識は申し分のないものがあった。さらに大阪に歸ってからは、開校間もない大阪外國語學校で蒙古語を學び、ロシア學者ニコライ・ネフスキー（一八九二～一九三七）と親交を結んだ。ネフスキーとの交遊はやがて西夏語研究に道を開くことになる。石濱は歐米の東洋學の動向に絶えず注意を拂うだけでなく(12)、新刊の研究書も積極的に購置することを怠らなかった。その蒐集は現在石濱文庫としてすべて大阪大學附屬圖書館に歸しているが(13)、民間の一學者の藏書として卓越した内容を示している。

石濱が調査行に加わったのは、師と仰ぐ湖南が滿を持して實行に移した一世一代の企劃に付き随いたいという思いの外にも、長年湖南の謦咳に接するうちに自身も一端の敦煌派になっていたからに相違ない。

湖南にしても石濱の學力を尊重し、時に石濱に頼る場面もあったかと思われる。調査ノオトの中で、チベット文、西夏文、ウイグル文などいわゆる胡語に關する記録は專ら石濱に委ねられた。傳統的な漢文文獻の同定についても、石濱は時として自らの見解を披瀝することも間々あったのではなかろうか。ヨーロッパ滯在中、手許に參考書のないために不

三年）、六〇頁。ただし一番から二〇〇〇番はもともとチベット文獻のために保留されたもので、漢文文獻とは關係がない。

（7）『國學季刊』第一巻第四期（一九二三）、同第三巻第四期（一九三二）。

（8）董康の渡航年次は大正十一年（一九二二）から十二年（一九二三）にかけてである。湖南「歐州にて見たる東洋學資料」『目睹書譚』、一九二頁。

（9）湖南が羽田から入手し、調査行に携えていった目録の現物が、内藤文庫中に所藏されている。

（10）『内藤湖南 敦煌遺書調査記録』（關西大學出版部、二〇一五年）に影印翻刻を收録した。

（11）本書所收の玄幸子「調査ノート解題」を參照。

（12）石濱が歐米の東洋學、中國學の動向に通じていたことは、『東洋學の話』（大阪：創元社、一九四三年）、『歐米に於ける支那研究に就て』（講演速記、昭和十六年、南滿州鐵道株式會社大阪事務所刊）などの著作を見ればよく理解される。

（13）もと大阪外國語大學に寄贈されたもので、二〇〇七年、同大學が大阪大學に併合されたことにより、石濱文庫もまた大阪大學に歸屬することとなった。目録に『大阪外國語大學所藏 石濱文庫目録』（一九七九年、大阪外國語大學圖書館）がある。

明のままに殘された問題について、歸國後早々に新たな知見を湖南に報告していることなどを見ると、石濱の果たした役割の重要性が感じられる。

　ノオト三八—二 Pelliot Collection I に挾み込まれた葉書は、大正十四年（一九二五）二月十七日付けのものであるが、その文面は以下のようなものである。

拜呈　御疲れ如何に候哉、御加餐の程祈上申候。

本日道藏（商務印書館本）を一閲の處、左記の通判明仕候間、宜しく御勘考願上候。

Pelliot 二五九四の老子は李榮の注たる事、従って同種類のもの皆李注なり（道德經玄德纂疏（濛陽強思齊纂）を參照せられたし。之に引けり。第四百十册前後なり。）

P二八二三の老子は「唐玄宗御製道德眞經疏」なり（效上、第三百五十六册參照。）

Pの老子の葛玄の序は道德眞經集注（唐明皇河上公王弼王雱注靡上第三百九五册以下を見よ）に冠しあり、參照し得。先は以上のみ。

一行は二月三日に歸國しているが、石濱は早速に道藏を検索して、調査時の不備を補い、それを湖南に報告しているのである。いまノオトの該當箇所を見ると、「河上公注に非ず」が抹消され、「李榮注」と書き込まれている。その筆蹟は明らかに石濱の手であるから、後に自分の手で訂正したものであろう。

　石濱は、その後も熱心に同定作業を進めたらしく、同年五月十二日付けの葉書には以下のように書かれている。(14)

其後分明したるもの次の如くに候。ノートへ御書加さり（れ）度し。

P二五一七　羅刻老子義疏は成玄英の疏なり、羅考誤れり。

P四〇七三　背記は文子下德篇の斷簡なり。

P無番西夏文摺本　地藏菩薩本願經の斷簡なり。

P二五八九　戰國策魏策

「羅考誤れり」というのは、羅振玉がこの寫本を『鳴沙石室古籍叢殘』(15)中に影印した時、「道德經義疏」としていたものを、成玄英の疏であると訂正したものであり、その他も石濱による新たな同定である。西夏文の摺本を「地藏菩薩本願經」の斷簡と決定したことは、もとより石濱の専門であったから、異とするに足りないが、この時代に西夏文獻の同定を能くする學者が世界にどれほどいたであろうか。ノオト三八—四 Mission Pelliot en Asie Centrale II では、後から書き加えたと思しい青インクの文字で「地藏菩薩本願經校量布施功德品第十」とより詳しく記入してある（一四一頁）。

　湖南一行は、ロンドンから一旦パリに歸ると、フランス所藏の敦煌寫本の調査を本格的に開始する前に、九月末からベルリン、ライプチヒ、ミュンヘンなどへ足を伸ばしているが、ベルリンではドイツ隊のトルファン發見寫本を、ライプチヒではスウェン・ヘディンが中央アジアで得た寫本が偶々印刷書跡展覧會に出ているのを見ることが出來た。ドイツ

（14）關西大學圖書館内藤文庫、十六「歐州旅行關係」十二のうち。『内藤文庫各種資料リスト』一九六頁。

（15）宣統丁巳（一九一六）上虞羅氏玻璃版。

で寓目した寫本について、その心づもりがなかったのか湖南は記録を取っておらず、歸國後石濱が湖南の要請に應えて返信した書簡（大正五年五月十三日付）が残っている。[16] 書簡は「拜呈、毎々御無沙汰致居候。偖、本は思ひ出せる儘に御依頼のノートを別紙に寫し御送付申上候間、御査收被下度、尚遅延は懶惰の性と御容赦被下度候。先は右要用のみ。匆々頓首／純太郎／湖南先生侍史」という簡單な送り状に添えて、石濱自身の手控えから寫した二紙の録文が同封されている。一紙は、「ベルリン普魯西訪古隊蒐集の一」として金剛般若論巻中の末尾二行及び「大隋仁壽二年（六〇二）太歳壬戌四月八日」云々の題記と、漢字の貝葉式の例として維摩義記及びその略圖とが寫してあるが、[17] 後者は「文句ハ一字モ寫シテナシ」と斷っている。第二紙には「ライプチッヒのヘディン蒐集の一」として、「西齊軍其東楚軍欲還不可得……」に始まる六行を寫してある。[18] これも湖南が石濱を頼りにしていた様子を窺う材料といえよう。

湖南一行はもともとヨーロッパの調査を終えた後、ロシア、アメリカまで行くつもりであったというが、[19] 寫眞撮影などの經費が嵩んだ上に日程の問題もあり、結局斷念せざるを得なかった。しかしロシア（當時はソ聯であるが）旅行の準備のために、石濱は親友のネフスキーに頼んで、アレクセーエフ（一八八一～一九五一）に宛てた紹介状を入手していた。

(16) 關西大學圖書館内藤文庫、十七「湖南宛書簡」六一〇二（一通三枚）、『内藤文庫各種資料リスト』三〇七頁。

(17) ざっと探した限りでは、現在のベルリン収集中には兩者ともに檢出し得なかった。さらなる捜索に俟ちたい。

(18)『戰國策』の殘巻。ストックホルム民族學博物館の編號は1903-26-301。August Conrady, *Die chinesischen handschriften- und sonstigen Kleinfunde Sven Hedins in Lou-lan*, (Stockholm, 1920), S. 76-78, Tafen 1. また『スウェン・ヘディン樓蘭發現殘紙・木牘』（一九八八年、日本書道教育會議編刊）に鮮明なカラー圖版を載せる。

(19)「石濱純太郎先生年譜略」『石濱先生古稀記念東洋學論叢』（一九五八年、同記念會刊）、七頁。

當時すでにロシアを代表する中國學者であったアレクセーエフは、レニングラードで現在俄藏敦煌文獻として知られるオルデンブルグ將來の敦煌寫本を整理中であった。[20] もし湖南一行がその調査の歩武をロシアにまで及ぼしていたとすれば、國際的にも大きな反響があったと推測されるが、實現されることはなく、レニングラードの敦煌寫本は一九六〇年代までその存在すらも西側には知られなかったのである。

石濱のこういったロシア人脈はしかし、パリにおいてもその效力を發揮した。それはエリセーエフの存在である。八月、一行がパリに着くや、エリセーエフが何くれとなく面倒を見てくれた。恐らくはネフスキーからの連絡があったものと思われる。セルゲイ・エリセーエフ（一八八九～一九七五）は言わずと知れた、ロシア出身の著名な日本學者で、のちにハーバード・イェンチン（哈佛燕京）研究所の所長として、二十數年の長きにわたり米國東洋學の發展に大きく貢獻した人物である。エリセーエフは若き日に日本に留學、一九〇八年から一四年まで東京帝國大學國文學科及び同大學院に前後六年在籍し、最優秀な成績で卒業したという。一四年にロシアに歸ったエリセーエフは、一九一六年にはペテルブルグ大學の講師に任命され、學者としての道を歩み始めるが、翌一九一七年の革命によって、生活苦に加え、研究の自由が脅かされるようになった。一九二〇年の夏、エリセーエフは意を決してソ聯を脱出し、北歐を經由してパリに落ちついた。[21] とはいえ、亡命外國人として安定した職は得がたく、この當時は日本大使館の通譯としても働いていたというか

(20) 高田「ロシアの中央アジア探險隊所獲品と日本學者」『シルクロード文字を辿って――ロシア探險隊の文物』、京都國立博物館、二〇〇九年、二九頁。

(21) この間の事情はエリセーエフ自身が日本語で書いた『赤露の人質日記』（大正一〇年、大阪朝日新聞社）に詳しい。また一九七六年刊に刊行された中公文庫の新版もある。

ら[22]、湖南を助けてくれたのは、或いは大使館の仕事の一部であったかも知れない。

湖南はロンドンでもパリでも、重要と思われる寫本については極力寫眞撮影を試みた。しかし『航歐日記』によれば、ロンドンでは三〇餘種を選んで寫眞撮影を申請したものの、大英博物館（實際にはライオネル・ジャイルズ）が許可を與えたのはそのうちの半數にも滿たなかった[23]。その數字を裏付ける資料が殘されている。ノオト三七—三に挾み込まれたメモの中に、List of Mss. photographed と題するものと List of Mss. for which permission was not given と題する二枚があって、撮影の許可された番號と許可されなかった番號とが列擧してある。許可されたものには『蒙古字韻』[24]など敦煌寫本以外のものも含まれるので、それらを除外してS番號のあるものだけを數えると、三一點を申請して許可された物は一四點に過ぎなかったことがわかる[25]。

一方、パリではペリオ自身の支持もあって、國民圖書館所藏分、ペリオ邸所藏分の兩者について調査が順調に運び、寫眞撮影もまた大量に及んだ。ただ寫眞撮影は出入り業者に委託する方式になっており、從って實際には人に託して日本まで送ってもらうしか方法がなかったが、その仕事を引き受けてくれたのは、當時パリに留學していた松本信廣（一八九七〜一九八一）であった。松本はその後「日本語とオーストロアジア諸語」の研究で學位を取得し、歸國後慶應義塾の教授となり、民族學、宗教學、歴史學など多彩な活動を行った[26]。

寫眞撮影を引き受けた松本が、その經過を逐一歸國後の湖南に報告した書簡が三通殘っている[27]。日付は一通が大正十四年二月十六日、第二通が同廿六日、第三通には日付がないが、内容からして最後の一通であることは間違いなく、また同封の領收書の日付に三月三十一日のものがあるから、おそらく四月初旬のものであろう。内容は主としてジロードン（Giraudon）及びルマール（Lemare）という二つの寫眞館[28]の仕事の進捗状況及び代金の報告であるが、松本は寫眞代金の支拂いになかなか苦勞した様子が見て取れる。

松本は言う。「只今までルマールに六八八フランを拂ひ、ジロードンに二千二百九十五フランを拂ひました。合計二千九百八十三フランです。これからなほルマールに四十一點をうつさせ、ジロウドンに十五點分をはらはねばなりません。おあづかり四千フランの殘額一千十七フランではとても足りぬと存じます。至急、約三千フラン（どの位ひかかるか私にはよくわかりませんが）ばかり御送付下さいませんか。小生のたくはへも少なくなったので、少々心細くなりました」（第一信）、「以上二軒の代金一千七百二十六フランで、今までと合計四千七百九フランとなり、おあづかり金額を既に七百九フラン超過してをります。まだルマールが三十一文書の代を請求をしてくるでせうし、私自身のたくはへも此五月分までしか

(22) 羽田明「エリセエフ教授を悼む」『東方學』第五一輯（一九七六）、一三六頁。
(23)「歐州にて見たる東洋學資料」『目睹書譚』、一九三頁。
(24) この寫眞に基づいて一九五六年に關西大學東西學術研究所から影印出版された『蒙古字韻』はパスパ文字研究の重要な資料として學界に大きく貢獻した。小文の主題とは直接の關係はないが、湖南調査團の成果の一つである。
(25) もっともＰ一（故圓鑒大師二十四孝押座文）、Ｐ二（咸通九年王玠刻金剛經）二つの刻本を含めれば、その數は十六點となる。
(26) 學位論文は *Le japonais et les langues austroasiatiques : étude de vocabulaire compare* (Paul Geuthner, 1928) として公刊されている。また松本自身による回想が「巴里における内藤先生」『内藤湖南全集月報』二（第十巻附録、昭和四四年六月、筑摩書房）、五〜八頁に見えている。
(27) 關西大學圖書館内藤文庫、十六「歐州旅行關係」二三及び二四に、寫眞館の領收書と共に保存されている。『内藤文庫各種資料リスト』一九七頁。なおこの書簡の存在については玄幸子教授の注意による。記して感謝したい。
(28) Giraudon は9 rue des Beaux-Arts、Lemare は45 rue Jacob にあった。ともに第六區である。

なく、先生の寫眞代金をたてかへると生活費に窮することとあいなります。はなはだ申しかねますが、この手紙到着次第なるべくは電報で殘餘分の代金を御送り下さいませんか」（第二信）、「それで皆で六千二十フランばかりつかひましたわけです。殘金は御返附すべきか御本でも御かひしますか、御指定下さいまし」とあって、パリの寫眞代金支拂いの經過がよくわかる。湖南は松本の要請に應えて、すぐに三千フランを追加送金したことも窺える。しかし一方では、立て替えた代金をなかなか拂ってくれない人もいたらしい。

松本はやはり當時ヨーロッパに居た東本願寺の連枝、禿庵大谷瑩誠（一八八七～一九四八）の依頼で金光明經の寫眞代金を立て替えたものの、一向に拂ってくれず、「大谷さんはまだ御はらひ下さいません。今日これから哀訴歎願状をかくつもりでをります。金持が貧乏書生のくらしを御察っしないのは遺憾千萬です」と湖南にこぼしているが（第二信）、當時の松本としては日々の暮らしに關係する一大事であっただろう。

代金の問題だけではなかった。ペリオの自宅に置いてあった寫本の撮影に、松本は相當神經をすり減らしたようだ。この仕事はジロードンにやらせたのだが、「なにしろ門外不出といふナショナルビブリオテックの刻印つきの文書を自宅にもちかへり寫眞屋にわたす、その寫眞屋がまた opérateur にわたすのですから、其間の責任は自分がおびなければならず、あのぼろぼろな文書をもしかちぎりでもしないかしら、なくしはしないかしらと心勞此上もありませんでした」（第二信）。

さらにペリオ自身が自宅から持ちだして寫眞を撮ることに對して、あまり協力的でなかったことも松本を困惑させた。「ペリオ氏宅のものは一々もちだしてうつさねばならず始めはペリオ氏非常な嫌や顔をし、不機嫌でしたが、先生の詩を手にしてから機嫌がよくなりました」（第一信）。「ことにペリオ氏、先生の詩を手にしてから機嫌がなほったものの、その前の不機嫌さといったら此上なく實に閉口いたしました。同氏に對する用件は今後なるべくエリセイフ君に御たのみ下さるやう御願ひいたします」（第二信）。もう二度と引き受けたくないという意思表明である。

さてペリオの機嫌が直ったという湖南の詩とは何であろうか。

ギメ東洋美術館にはペリオの未刊稿本やペリオ宛の書簡を含む文書が保存されてあるが、その中に湖南がペリオに贈った自筆の律詩十五首が遺されている。(29) 六葉の用箋に認められたこれらの詩は先ず第一紙にペリオを取り上げた次の詩がやや大きめの文字で書かれ、次いで第二紙から第六紙にその他の十四首を録してある。

廿年望盡太秦雲、巖壁訪書真駭聞。
東被藏乘十二部、西昇道徳五千文。
崑崙偏籍漢皇定、丘索渾須楚史分。
學術如今泯畛域、大師中外獨推君。

ペリオを喜ばせたこの詩は十五首の中では「呈伯希和翰林第十三疊韻」として第十三番目に置かれているが、すでに第一紙に書き出してあるため「今從省」として詩そのものは寫していない。松本がいう湖南の詩というのは、間違いなくこれで、ペリオが手にした現物である。いずれにせよペリオがこの詩を得て機嫌を直したという話はエピソードとして頗る面白いものがある。

(29) これら律詩十五首を中心に、渡航の前後同僚友人と應酬した什篇を集めて『航歐集』一册（丙寅年即ち一九二六年九月序）が編まれている。そこでは次に掲げるペリオを詠んだ詩は、位置が最後の第十五番目に移され、「十五疊韻歸舟寄伯希和翰林」と題してある。『全集』所收のものも同じである。ところがペリオに贈られたものにはこの題がなく、第一紙に本詩を録した後、「用鈴木豹軒博士贈別詩韻、奉呈伯希和翰林先生、此爲第十三疊韻」と注してある。また第五句の「漢皇」は『航歐集』では「張侯」に改めてある。ちなみにギメ美術館所藏の原件寫眞は史睿、王楠夫妻の提供による。

パリ滞在期間中、湖南たちと最もしばしば行動を共にしたのは松本信廣であるが、國立圖書館の寫眞出願に當たってはやはりパリ留學中の赤松秀景の援助があった[30]。赤松は東大宗教學研究室の助手であったが、大正九年（一九二〇）にパリに來たり、大正十三年當時はすでに長くパリに滞在していた。湖南の日記の口吻から判斷すると、この時には大使館に勤務していたかもしれない。

今西龍（一八七五～一九三二）は朝鮮史の權威で、京都帝大、のちに京城帝大の教授。この時在外研究で偶々ヨーロッパにあり、ロンドン、パリで時に湖南一行と行動をともにし、大英博物館での調査にも同行したことが窺われるが、十一月には歸國の途についており、終始敦煌寫本の調査に加わっていたとは考えにくい。また上にも名前の擧がった大谷瑩誠は、のちに大谷大學の學長を務めた人物で、多數の敦煌經[31]を遺したことから想像できるように、敦煌寫本には多大の興味を有したはずであり、また湖南とも親交があった人物であるから、調査に加わっていたとしても不思議ではないが、その形跡はあまり見られない。

以上、湖南調査團が、石濱などの成員のほか、多くの人々の助力を得て實施されたことを、調査ノオト及び書簡類などから推定した。石濱以外に、鴛淵や乾吉の果たした役割も、ノオトを精査すればもう少し具體的な事柄が判明すると思われる。今回はそこまで踏み込む餘裕がなかったのは遺憾であるが、今後に期したいと思う。

最後に一つ、蛇足を付け加えておきたい。それは湖南たちがパリで宿泊したホテルについてである。そこは諏訪旅館といって、もっぱらパリにやって來る日本人が利用する宿であった。場所はモンマルトルの丘を望むクリシー大通り六番地（6, Boulevard de Clichy）[32]、メトロの驛ピガールからほど近い。クリシー大通りを西へずっと行くと、有名なムーラン・ルージュがある。湖南のイメージとはあまり似つかわしくないこの地區に宿を求めたのは、誰か紹介する人物があったのかも知れない。この旅館の經營者は諏訪秀三郎、パリ在住の日本人からは諏訪老人と呼ばれた傳奇的人物である。諏訪秀三郎（一八五五～一九三三）は和歌山藩の出身で、明治五年（一八七二）に陸軍の留學生としてフランスに渡り、同九年、歸朝命令を受け、翌明治一〇年二月に歸國。そのまま陸軍省十二等出仕となり、パリの萬國大博覽會に御用取扱として出張[33]、歸國後一二年三月には十一等となっている[34]。しかし同年十二月、當時横濱在住のベルギー國商人デジレーヴワンドヴェルド（Desire Van de Velde）の長女、ジャンヌ（Jeanne）との結婚を申請すると、翌年二月に許可されたので、再度フランスに渡っている[35]。同郷の南方熊楠によれば、「むかし曾禰荒助氏などと同じくパリに官費留學して、歸朝の途中シンガポールで、もとパリで心やすかりしジャネという娼婦に邂逅し、共に歸朝して放佚に身を持ち崩し、東京にいたたまらず、またパリに行き、窮居中ジャネは流行病で死に、それより種々難行してとうとうあるフラマン種の

（30）湖南「航歐日記」『全集』第六巻所收、その四九四頁。

（31）野上俊靜編『大谷大學所藏敦煌古寫經』正・續二册の圖録（一九六五～一九七二、大谷大學東洋學研究室）が出版されているが、現在これらの寫本の多くにつき、その眞僞に疑問がもたれている。

（32）湖南「航歐日記」八月一八日條に「雨中をブールヴール、ド、クリシイ五の諏訪旅館に投ず」とあるが、五は六番地の誤りである。『全集』第六巻所收、その四七九頁。

（33）「佛蘭西巴里萬國大博覧会報告書」第二篇日本部、第一章事務官之事。國立公文書館アジア歴史センターの資料による。

（34）『陸軍省日誌』明治十二年第八號。國立公文書館アジア歴史センターの資料による。

（35）當時の日本では外國人と結婚するのに中々面倒な手續きを要したらしく、諏訪が東京府知事松田道之に提出した結婚願、知事が内務卿伊藤博文に出した伺書、ベルギーの全權公使のシャール・グロートの承認状などの一括書類が、「民法決裁録」に殘っている。「内務省伺和歌山縣士族諏訪秀三郎白耳義國婦人ト結婚ノ儀」。國立公文書館アジア歴史センターの資料。

下宿屋老寡婦の夫となり、日本人相手に旅宿を營みおる、諏訪秀三郎という人あり」とある。(36) ジャネというのがジャンヌのことだとすれば、若干辻褄の合わない點もあるが、大筋は符合する。すると諏訪旅館の親父に収まったのは、ジャンヌと死別した後のことになる。もっとも旅館そのものがジャンヌの財産だったとする見解もあって、實際のところは不明である。南方はまた「この秀三郎氏の佛語を話すを障子一枚隔てて聞くに日本人とは聞こえず、まるで佛人なり」と言っていて、(37) そのフランス語に堪能であったことが分かる。昭和八年（一九三三）八月三日、ベルギーのエスコ河岸でピストルで射殺された死體として發見され、自殺として處理されたという。(38) 諏訪秀三郎は、日本陸軍のスパイとして活動していた形跡があり、(39) その不可解な死は、その活動と關係があるかも知れないが、これもよく分からない。いずれにせよ湖南は自分より一回りほど年嵩のこの老留學生と語る機會があったかとも思われるが、何を話したかは一切記録がない。(40)

(36) 南方熊楠「履歴書」『南方熊楠全集』第七巻（一九七一年、東京：平凡社）、一二頁。
(37) 同上。
(38) 石黑敬七『巴里雀』（昭和一一年、東京：雄風館書房）所收「モンマルトルの主」、三八〜四四頁。
(39) 明石元二郎『落花流水』（昭和一三年、外務省調査部第一課、極秘資料。『近代外交回顧録』第二巻、二〇〇〇年、東京：ゆまに書房に影印）、二一〇頁。ただしこれは日露戰爭當時のことであって、その後もスパイであったかどうかは不明。
(40) 湖南の「家來」を自稱する毎日新聞の岩井武俊が、一九二六年からヨーロッパに渡航した時、湖南の紹介があったのかして、パリでは諏訪旅館に宿泊している。その後、岩井が一九二七年一月二一日、ロンドンから湖南に宛てた手紙の追伸に「巴里にては諏訪老人竝びにマダム　スワより特によろしくと申出候。倫敦東洋館主佐藤氏毎日先生の御噂申居候…」とある（内藤文庫藏、書簡五七二四番）。したがって湖南はそのパリ滯在時に諏訪秀三郎とかなり懇意になっていたことが窺える。

ノートから見る内藤湖南敦煌遺書英佛調査の實態

玄　幸　子

敦煌遺書調査をその主たる目的として渡航した内藤湖南の歐州調査旅行については、高田時雄教授の詳細な論著がすでに多數あり、本書所收の「内藤湖南のヨーロッパ調査行」では更に深く論及しておられる。ここでは、ノートの記録を通して調査の實態がどのように進められたのかを檢證し、解題を附す段階で氣づいたいくつかの問題を取り上げ檢討する。

一、倫敦での調査の實態

倫敦での調査に係る四冊のノートの解題は前述のとおりである。ではこの四冊の記録から湖南一行の倫敦における調査の進行狀況とその實態を檢證してみよう。まず、湖南自身の日記[15]から實際の調査の日程と内容に關連する部分を拔き出してみる。日記の詳細については本稿末に**【參考資料】**として引用してあるので參照されたい。

大正一三年九月

五日　十二通

八日　十一通

十一日　二〇通

十三日　四通

十五日　四通（再閲および抄本室陳列分）

十六日　二一通（抄本室陳列分）

十九日　二通（再閲　毛詩と兎園策府。毛詩を校正し紙背資料を寫し取る。）

二四日　**「敦煌本化度寺碑」**を觀る

二七日　…　鴛淵氏博物館の寫眞を持ち來る。

(15)『航歐日記』（『内藤湖南全集』第6巻474頁～506頁）

この調査記録と符合するのは、先ず確實なものとしてノート37-3の最終頁の記録であろう。該當部分を引用すれば次の通りである。

ch.1080
Ink Rubbing

化度寺碑拓本

縦$4\frac{3}{8}$吋　横3吋

半葉四行　五字　五枚

真如之設教

この資料は、現在Or.8210／S.5791（Ch.8010）の整理番號が付されIDP[16]上でも彩色の寫眞を確認できる。唐代拓本の代表である化度寺碑拓本をその目で確認できた湖南は感慨深かったであろうか。ノート37-3のこの記録に關しては大正十三年九月二十四日に湖南により書寫されたものと

(16) International Dunhuang Project（國際敦煌項目）國際協力のもと敦煌及びシルクロード東部から出土した寫本、繪畫、圖像などのデータをweb上で公開、倫敦大英圖書館内に本部を置き、IDP China　IDP Russia　IDP Japan　IDP German　IDP France　IDP Koreaの各パートナーが各國言語でwebサイトを展開している。

ことが明らかである。

次に、『詩經』と『兎園策府』についてはS.10　S.134　S.2049　S.1442　S.789　S.614　S.1722がそれにあたり、それぞれノート37-1 (p.1, p.30) およびノート37-3 (p.9, p.9) 38-3 (p.11) 37-1 (p.3, p.15) に記録されている。スタイン整理番號順にしたがって確認してみよう。

S.10

解題（二頁）參照

S.134

毛詩豳風　白麻　書法不佳

大

五八行　～十二三字

49吋

（錄文省略）

＊同頁に、續けてS.737大般涅槃經巻第廿九を記録し、頁の最後に「二校已」、續けて吋數が記される。先行する矢吹慶輝調査の成果に鑑みて佛教資料を極力排除したと湖南自身が述べている[17]ことからも、この「二校已」はS.737ではなくS.134毛詩豳風に付けられたメモであると考えられる。

S.2049

10吋$\frac{6}{8}$

166吋

毛詩鄭箋　唐末寫本[18]

豳風　至　小雅杕杜

（首、末の錄文省略）

（背）

首缺

（十三行下「寄謝輸」から錄文、「古賢集」「落揚篇」「酒賦」「錦衣篇」「漢家篇」など記す。）

S.1442

毛詩鄭箋

11吋　70吋

鴟鴞ノ半ヨリ狼抜ノ首ニ至ル

（錄文省略）

（背）　佛経箋疏

（錄文省略）

＊先のS.2049と併せて、九月十九日再閲時に紙背を錄したと推察される。

S.789

◎最初一枚　72　24

毛詩　　十吋半　百十九吋

漢廣より（但序の半を缺く）干旄ノ終迄

(17)「佛教以外の漢籍は少數に過ぎないのであるが、佛書は既に矢吹博士が調査せる筈だから、予は佛書以外のものを閲覧したいと申込んだ」と記している。附錄參考資料二を參照。

(18)「六十六行五代」と記錄したものを削除し新たに記す。

本文のみ

＊湖南補遺ノートにも記録があるがほぼ同じ

S.614

兎園策府　$11\frac{3}{8}$吋　$99\frac{1}{2}$吋　有序　董目ニ有リ

文中

「今乃……（以下略）」

ト記ス。

問ト對トヲ設ケテ対策ノ文例トス。

末句　兎園策第一

（別手写）巳年四月六日學生索廣翼写了

云々

奥書ヲ除キ百三十一行。

白麻　唐末写

（背）西蔵文アリ　　八行

行数

1精則桂林之響發自周……（以下略）

2……

3……

＊「行數」以下、1、2、3、26、27、28、29行を録す。前半の説明部と手が變わっており、録文部は九月十九日再閲時に補足されたものと推察される。なお、録文は二十七、二十八行間に一行あるのを誤って逸する。末尾文字が同じであるため、二行を一行に寫し取ったミスと思われる。

S.1722

兎園策府第一　―奥

周南關雎詁訓傳第一　毛詩国風

周南ノ終リニ至ル　正文アリ紙背ナシ

これらの記述から、S.2049, S.1442（正文毛詩）紙背の録文、S.614の録文などが、大正十三年九月十九日に再度閲覧のうえ、新たに補足されたものであると推察されよう。

さて、倫敦での調査については湖南自身「凡そ百三四十巻を閲覧」「敦煌出土書（佛典を除く）の閲覧百四十餘種」[19]と記しているが、ノートに記録された文獻總數は結局どれほどになるだろうか。正面と紙背を區別せずにカウントし、補遺など重複分を除いた總數は次のとおりである。

英國での調査（資料番號のSは省略）　　全135點

10, 19, 54, 63, 77, 78, 79, 80, 81, 85, 107, 113, 125, 133, 134,
170, 189, 196, 238, 276, 316, 374, 376, 391, 425, 446, 466, 467,
479, 516, 518, 525, 527, 557, 575, 602, 612, 614, 615, 617, 705,
707, 728, 737, 738, 747, 782, 784, 789, 796, 799, 800, 801, 809,
810, 811, 861, 930, 932, 957, 958, 1020, 1061, 1113, 1142, 1163,
1285, 1308, 1339, 1344, 1376, 1386, 1396, 1438, 1441, 1442,
1443, 1467, 1473, 1477, 1586, 1588, 1603, 1605, 1629, 1645,
1722, 1728, 1765, 1810, 1891, 1906, 1920, 2049, 2056, 2060,

（19）參考資料（30頁及び32頁）參照

2060, 2071, 2074, 2122, 2154, 2200, 2222, 2263, 2267, 2295,
2438, 2588, 2590, 2658, 2659, 2703, 2710, 2984, 3011, 3013,
3135, 3227, 3347, 3387, 3389, 3391, 3393, 3395, 3469, 3491,
3553, 3557, 3607, 3880, 3824, 3831, 3926, Ch.0014, Ch1080

この數字は湖南の公式報告である「凡そ百三四十巻を閲覧」に合致する。録文校正のための資料が他にあったかどうかは不明であるが、オリジナル資料實見調査の記録ノートということであれば、倫敦での調査の記録についてこの四冊のノートがすべてだと考えてよいであろう。

二、巴里での調査の實態

巴里での調査はビブリオテーク・ナショナル（國民圖書館）及びペリオの私邸で實施された。湖南の日記によれば、一行は大正13年8月22日にはビブリオテーク・ナショナルを訪れ、ギュートナー書店で偶然にペリオにも遭っているのだが、事前手配のみにて先に倫敦調査に赴き、實際に調査を開始したのは11月6日であった。12月13日まで5週間餘りの期間、ほぼ連日ビブリオテーク・ナショナルでの調査が續くが、前述の通り12月4，5日の午後、12月10日午後2時から5時までは、ペリオ私邸で調査が行われた。以下巴里での調査の實際をノートの記録からたどってみよう。

まずペリオ邸での記録から検討を始める。解題で述べた通り、ノート30（ペリオ邸閲覧書目）の41頁P.4083の記録の後に「右第一日」、74頁P.3661の後に「以上第二日」とメモ書きされてあり、12月4日5日の兩日午後と10日の午後2時から5時にどの文獻を調査したのか、詳細を知りうる。[20] 今その數量だけ示すと、4日午後181點、5日午後156點、10日の午後2時から5時には105點記録をとったことになる。3時間で105點とは、1時間に約50點、平均すると一文獻について1分餘りで記録をとったことになる。かなり精力的に記録をとったことが數の上からだけでも知ることができる。倫敦で思うように調査が進まなかった分を取り戻すべくわき目もふらず一心不亂に記録をとる樣子が彷彿とさせられる。

ただしこれは紙背文書をも1點としてカウントした數であり、正文・紙背にかかわらず抄本1點として計上すると、ペリオ邸での調査の内容は三日間總計で次の通り361點調査をしたことになる。

ペリオ邸での調査數[21]（資料番號のPは省略）　全361點

2014, 2015, 2022, 2023, 2024, 2026, 2026, 2073, 2124, 2139,
2178, 2285, 2378, 2464, 2485, 2493, 2494, 2495, 2503, 2522,
2524, 2543, 2552, 2555, 2567, 2586, 2590, 2640, 2762, (2810),
2837, 2870, 2922, 3126, 3419, 3509, 3513, 3520, 3532, 3533,
3534, 3535, 3536, 3537, 3538, 3539, 3540, 3541, 3542, 3543,

（20）調査日ごとの調査内容については別稿「調査ノートから見る内藤湖南の敦煌學――ペリオ邸資料調査記録の資料接合から――」（『東西学術研究所研究叢書』三号二〇一七年）にまとめた。

（21）ペリオの整理番號が明らかなものだけをカウントしている。ソグド文獻など番號の付かないものを含めると更に次の五點が増える。ノート38-4の記録順にページ數と併せて示すと次のとおりである。

p.134　無番　ソグド文
p.137　大佛頂萬行首楞嚴經第六存末題　敦
p.137　佛名經巻一
p.137　回鶻？　回鶻文
p.141　二種　西夏　〝書籍ノ如シ　西夏錄文
折本　地藏菩薩本願經　校量布施功德品大十
西夏文（釋迦佛法説）　佛書ノ本〟

3544, 3546, 3547, 3548, 3549, 3550, 3551, 3552, 3553, 3554,
3555, 3556, 3557, 3571, 3574, 3577, 3583, 3597, 3602, 3608,
3609, 3610, 3623, 3624, 3625, 3635, 3640, 3661, 3662, 3671,
3675, 3676, 3677, 3685, 3693, 3694, 3695, 3696, 3703, 3704,
3705, 3710, 3711, 3712, 3713, 3714, 3716, 3717, 3718, 3719,
3720, 3721, 3722, 3723, 3724, 3725, 3726, 3727, 3728, 3732,
3734, 3736, 3738, 3740, 3741, 3742, 3744, 3746, 3747, 3748,
3750, 3752, 3753, 3754, 3755, 3756, 3757, 3758, 3759, 3760,
3761, 3762, 3763, 3764, 3766, 3767, 3768, 3771, 3772, 3774,
3776, 3777, 3778, 3781, 3782, 3783, 3785, 3786, 3787, 3789,
3790, 3791, 3792, 3793, 3795, 3796, 3797, 3798, 3799, 3800,
3801, 3802, 3803, 3804, 3805, 3807, 3808, 3809, 3809, 3811,
3812, 3813, 3814, 3815, 3816, 3817, 3818, 3819, 3820, 3821,
3822, 3824, 3825, 3826, 3827, 3828, 3829, 3830, 3831, 3832,
3833, 3834, 3835, 3836, 3838, 3839, 3840, 3841, 3842, 3843,
3844, 3845, 3845, 3846, 3847, 3848, 3849, 3850, 3851, 3852,
3853, 3854, 3855, 3856, 3858, 3859, 3860, 3861, 3863, 3872,
3877, 3880, 3884, 3885, 3886, 3890, 3891, 3892, 3893, 3894,
3895, 3896, 3897, 3898, 3899, 3900, 3901, 3902, 3903, 3904,
3905, 3906, 3907, 3908, 3909, 3910, 3911, 3912, 3913, 3914,
3915, 3916, 3917, 3918, 3919, 3920, 3921, 3922, 3923, 3924,
3925, 3994, 4000, 4001, 4002, 4003, 4004, 4005, 4006, 4007,
4008, 4009, 4010, 4011, 4012, 4013, 4014, 4015, 4016, 4017,
4018, 4019, 4020, 4021, 4022, 4023, 4024, 4025, 4026, 4027,
4028, 4029, 4030, 4031, 4032, 4033, 4034, 4035, 4036, 4037,
4038, 4039, 4040, 4041, 4042, 4043, 4044, 4045, 4046, 4047,
4048, 4049, 4050, 4051, 4052, 4053, 4055, 4056, 4057, 4058,
4059, 4060, 4061, 4062, 4063, 4064, 4065, 4066, 4067, 4068,
4069, 4070, 4071, 4072, 4073, 4074, 4075, 4076, 4077, 4078,
4079, 4080, 4081, 4082, 4083, 4084, 4085, 4086, 4087, 4088,
4089, 4090, 4091, 4092, 4093, 4094, 4095, 4096, 4097, 4098,
4099, **5542**

この總計361は湖南自身が認める「ペリオ氏の私宅に在るもので閲覧を許されたものが三百三四十部[22]」よりも20點以上多い數値である。湖南は時に「3693-3696　切韻」というまとめ方をするが、整理番號からは4點に計上される。「3798, 3799　切韻」も同様に整理番號からは2點であるが、同一資料を1點とカウントすると更に減數される。カウントの方法で「三百三四十部」に近づけることは可能であり、誤差の範圍と考えても構わないであろう。

むしろ氣になるのは、湖南が「ペリオ教授が整理中の分は多分三、五一二から四、四九九までと推測[23]」した範圍から外れる番號を含んでいることである。右記リストの太字で示した33點がこの範圍から外れている。しかしながら、ビブリオテーク・ナショナル（國民圖書館）收藏資料を混在してペリオ邸でわざわざ記録する可能性も意味も認められないであろうから、これらの整理番號の範疇から外れる資料が何かの事情でペリオ宅においてあったと考えるのが妥當であろう。この妥當性はノート38-4（Mission Pelliot en Asie Centrale II）の記録からも證明されよう。

（22）附録參考資料31頁上段參照
（23）附録參考資料31頁下段參照

前述の通りノート38-4にはビブリオテーク・ナショナルとペリオ私邸の2か所での調査結果が記錄してある。ノートの構成を確認しながら調査の實際手順を見ていこう。巴里での調査はビブリオテーク・ナショナルから始められた。したがってノートもまず、圖書館閲覽資料の記錄から始められている。1頁のP.2986から41頁のP.3415まではペリオ邸調査の初日である十二月四日以前に圖書館で調査した記錄をとったものである。42頁P.3808整理番號の横に赤鉛筆で「以下ペリオ」と書かれているのは、これ以下がペリオ邸での調査の記錄であることを示すための注記である。ところが一枚ページを繰った44頁のP.2378の横にも黒小字で「以下ペリオ」とある。湖南ペリオ邸目錄（30）の最初の頁にP.3808の記錄があるので、當然赤字の注記が正しいといえよう。ここで興味深いのは、湖南記錄ノートとノート38-4の記錄に相違がみられることである。該當箇所を抜き出してみると、

「30 ペリオ邸閲覽書目」

3808　笙譜　皮紙　347cm

譜中傾盃楽アリ別ニ寫ス

二百十六行　背記

長興四年中興殿應聖節講經文

沙門ム乙言可…［錄文略］

仁王般若経抄

「38-4　Mission Pelliot en Asie Centrale II」

三八〇八　皮紙　347cm

二百十六行

長興四年中興殿應聖節講經文

沙門ム乙言可…［錄文略］

仁王般若経抄

（別ニ後ニ記セリ）

背記　笙譜か

どちらを紙背と考えるかという點も重要なポイントではあるが、湖南の言う「別ニ寫ス」、そして38-4の後から書き入れられたか（別ニ後ニ記セリ）というメモが當時の調査の手順を再現する大きな手掛かりとなるだろう。別に寫した個所を探してみると、ノート40-1（p.26-27, 47）に「傾盃樂」の説明および樂譜が寫されてある。仁王般若經抄は特に別に記錄したものは探し當てられない。このことを考えれば、この部分に關しては、ノート38-4は實狀を反映しておらず、少なくとも（別ニ後ニ記セリ）は實見記錄當時から時間を經た後に湖南のペリオ邸閲覽書目をみて寫した可能性が高いといえる。

さて、ノート38-4に戻って續きを確認していこう。ペリオ邸での調査の記錄は141頁まで續く。ペリオ邸調査文獻の中でノート30（ペリオ邸閲覽書目）[24]に見えず本ノート記錄にのみ見えるものは記載ミスなどを除く

（24）P.3595はノート38-4にのみ見えるが、實際はp.3597の記載ミスであり、p.3597は湖南目錄に記載がある。

と3545（法儀文）、3794（星占書）の二點を確認した。ただし、この二點も番號記載ミスなどによる可能性があることは否めず、今後修正が必要になるかもしれない。いずれにせよ、ペリオ邸調査部分についてはノート38-4の記錄項目はノート30（ペリオ邸閲覽書目）とほぼ同じと考えてよい。

ノート38-4には、ペリオ邸記錄部分に續き前述のとおり「ペリオ宅にて見たる敦煌物の目錄」（142～151頁）が作成されている。ペリオ整理番號順に記載頁を記した目次である。ここまでが、十二月十日までの記錄であり、その後の3378, 4521, 4521, 4520, 3349, 3256, 4517, 3372, 3077は12月10日よりあとにビブリオテーク・ナショナルで記されたと考えられる。

次に調査總數を確認しておこう。殘りの七冊も含めて總合すると、重複分を除き表裏を分かたずに計上してビブリオテーク・ナショナルでの總數は次の通り323點となる。

圖書館での調査數（資料番號のPは省略）　全323點

2011, 2016, 2017, 2019, 2119, 2193, 2319, 2329, 2349, 2370,
2375, 2380, 2407, 2421, 2435, 2357, 2460, 2469, 2481, 2482,
2484, 2488, 2490, 2491, 2496, 2498, 2500, 2501, 2502, 2504,
2505, 2506, 2507, 2508, 2509, 2511, 2512, 2513, 2514, 2515,
2516, 2517, 2518, 2523, 2528, 2529, 2530, 2531, 2532, 2533,
2534, 2535, 2536, 2537, 2538, 2542, 2544, 2545, 2546, 2547,
2548, 2550, 2551, 2553, 2554, 2557, 2558, 2559, 2563, 2564,
2565, 2568, 2571, 2572, 2574, 2577, 2579, 2581, 2584, 2585,
2589, 2591, 2592, 2594, 2596, 2597, 2598, 2599, 2602, 2603,
2604, 2605, 2607, 2608, 2609, 2610, 2613, 2614, 2615, 2616,
2618, 2619, 2620, 2621, 2622, 2624, 2625, 2627, 2628, 2630,
2632, 2633, 2634, 2635, 2636, 2637, 2638, 2639, 2641, 2642,
2643, 2644, 2645, 2648, 2649, 2650, 2652, 2653, 2654, 2656,
2658, 2659, 2660, 2661, 2662, 2663, 2664, 2667, 2668, 2669,
2670, 2671, 2672, 2673, 2674, 2675, 2676, 2677, 2678, 2681,
2682, 2683, 2686, 2687, 2688, 2689, 2690, 2691, 2692, 2693,
2695, 2696, 2697, 2699, 2700, 2702, 2704, 2707, 2708, 2709,
2711, 2713, 2714, 2715, 2716, 2717, 2718, 2719, 2721, 2722,
2727, 2735, 2738, 2746, 2747, 2748, 2754, 2757, 2758, 2763,
2764, 2765, 2766, 2767, 2777, 2791, 2794, 2797, 2803, 2804,
2807, 2808, 2809, 2810, 2811, 2812, 2813, 2814, 2815, 2816,
2819, 2820, 2821, 2822, 2823, 2824, 2826, 2829, 2830, 2831,
2832, 2833, 2836, 2845, 2846, 2854, 2855, 2856, 2857, 2861,
2862, 2864, 2865, 2872, 2876, 2885, 2888, 2889, 2984, 2942,
2954, 2962, 2967, 2973, 2978, 2980, 2981, 2986, 2991, 2992,
3015, 3040, 3046, 3048, 3062, 3077, 3078, 3095, 3107, 3123,
3169, 3191, 3195, 3197, 3201, 3204, 3213, 3215, 3237, 3252,
3256, 3258, 3274, 3277, 3301, 3311, 3345, 3349, 3372, 3378,
3380, 3382, 3399, 3415, 3421, 3428, 3436, 3469, 3480, 3485,
3509, 3545, 3594, 3637, 3693, 3696, 3701a, 3733, 3794, 3798,
3799, 3808, 4500, 4501, 4502, 4503, 4504, 4505, 4506, 4507,
4510, 4511, 4512, 4513, 4515, 4516, 4517, 4518, 4519, 4520,
4521, 4808

パリでの調査は先のペリオ邸での調査分361點と併せて684點ということになる。湖南自身の報告では「ビブリオテーク・ナショナルの敦煌古書を閲すること殆んど六週間に及んだ。その間に閲覧したのは三百二十餘部、その他現に猶ほ整理中に屬する敦煌古書でペリオ氏の私宅に在るもので閲覧を許されたものが三百三四十部、佛蘭西では合計六百七十部を見た[25]」とするが、ビブリオテーク・ナショナルでの調査數はほぼ一致している。總數から見ると前述の通りペリオ邸での調査數の誤差を考えれば殆ど同じと考えてよかろう。巴里における調査總數についても問題ないとみてよい。

三、P.2810 重複に關する問題點

巴里での調査總數に關しては前述のとおり、ほぼ湖南自身がいう總數と一致し問題はない。しかしながらペリオ邸と圖書館とに重複分があってはならない。二か所に同一資料があり，それぞれの場所で二回記録をとるということが考えられないからである。ましてや正面はペリオ邸で紙背はビブリオテーク・ナショナルで記録をとるといった奇妙な状況はあり得ず當然重複分はないはずである。ところが實際に整理してみたところ數點認められた。そのほとんどが單なる轉記ミスなどの不注意によるものでありノートの中で既に修正されているが、一點だけ比較的重要な問題を含む重複があったため、ここで特に取り上げて検討する。

問題の所在を明確にすべく、重複しているP.2810のそれぞれの記録をまず抜き出してみよう。

(25) 參考資料31頁參照。

【30 ペリオ邸閲覧書目】　85枚目

2810 bis[26]　道経符印　及　説明

数十葉　薄様黄麻

【ノート 38-4】　128頁

二八一〇　bis

道経符印　及　説明　黄麻の薄キモノ

十数葉アリ

以上はペリオ邸での實見記録である。次にビブリオテーク・ナショナルでの調査記録だが、ノート40-6（47頁）に

二八一〇　長廿四・五 たて二五　㊤　2380　4073ト接連ス[27]

元年鑄乾年……　［中略］

……　辛丑土四月十九　、改上元（各13行2枚分　都合26行録文）

と記録されている。まず内容が異なるということで、さっそくGallica[28]で

(26) Collection de Pelliot, Mss, de Touen-houang（63bis）を指すと思われる。内藤文庫所藏のCollection de Pelliot, Manuscrits de Touen-houang: N 2615-3511 & N 4500-4521（Catalog）には、次の通り説明される、"Fragment de manuscrit taoiste. Au verso,quelques notes très sommaires,mais précis comme date,sur la dynastie T'ang."（道教の寫本。裏面には、唐王朝の非常に簡潔かつ正確な日記。）或は同資料整理番號の別本（番號の後にbis, terを付して區別）と考えたものか。

(27) 錄文の松本信廣の手とは異なる。後で書き込まれたものであろう。

(28) http://gallica.bnf.fr/　フランス國立圖書館（Bibliothèque nationale de France）の公式サイト。ペリオ將來の敦煌文獻オリジナルについて所藏資料のすべてのカラー寫眞を公開し

オリジナルを確認すると、ノート40-6（47頁）の記録はP.2810の紙背を寫したものであることがすぐに確認できた。となると、ペリオ邸での記録が怪しいということになる。そもそも、ペリオ邸閲覧書目にせよノート38-4にせよ、なぜいずれも片面の記録しかないのか。ここで、まずP.2810のオリジナルの詳細を先に確認しておこう。

現在Gallicaでは、Pelliot chinois 2810 AとPelliot chinois 2810 Bの二つに分けて公開している。それぞれ一枚の資料であり、内容は同じく、いずれも正面（Recto）は『文子通玄經』、紙背（Verso）は『唐代殘史書』[29]である。ノート40-6（47頁）の錄文はこの紙背『唐代殘史書』を寫したものである。では、ペリオ邸の記錄は正面『文子通玄經』の説明であろうか。ところが、まず『文子通玄經』には道教符印など確認できないし、そもそも「數十葉」にせよ「十數葉」にせよ、分量が合わない。どうやらペリオ邸の記錄に誤りがありそうだということが明確になった。

しかしながら、ペリオ邸の記錄はあまりにも簡潔で情報量が少なく、誤りの所在を明確にするのが難しそうである。さらに、問題をより複雜にさせる要素が接合問題[30]である。

湖南が記錄した「30 ペリオ邸閲覽書目」の28枚目には、P.4073を記錄して、「道書　／背　日記　字細似鼠心經」とあり「大曆六年至十五年／建中元年／至四?年／興元元年二年／貞元二年」に續けて、「圖書館本2810　2380ト連接スベキモノ」とある。また上欄に「㊥」とメモしてある。そこで、ビブリオテーク・ナショナルでのP.2380の記錄（ノート40-3　三頁）を確認すると、次の通りである。

表　大唐開元廿七年　二月一日
開元聖文神武皇帝上爲
宗廟下爲蒼生内出錢七千貫敬寫
道士　馮楚璀　初校
道士　常乘雲　再校
道士　何思遠　三校
（下缺）

裏　價漸下　三年正月李希烈反七月收襄城縣十三日收汝州
三月廿日哥舒　却收汝州　李希烈　改年號　補宰相白司官
收汴州……
（中略）
……故大赦天下
以上都合15行

2810 4073 ト連接ス[31]
＊上欄に㊦とある。

Gallicaのオリジナルのデータを併せてみると、確かにP.2810–P.4073–P.2380とつながることが確認された。ノートの㊤㊥㊦は連接資料の接合の順序を示していることがここからわかる。となると、ただただP.2810のペリオ邸での調査記錄が奇妙なばかりである。そこで、ハタ

ている。

（29）資料名は王重民『敦煌古籍敍錄』（商務印書館 1958）による。また、正面（Recto）と紙背（Verso）の別は、一枚紙のため貼り繼ぎ部の狀況などからは判斷できない。今は假にペリオ整理番號シールを確認できる面を正面としておく。

（30）接合問題については別稿「調査ノートから見る内藤湖南の敦煌學——ペリオ邸資料調査記錄の資料接合から——」（『東西学術研究所研究叢書第三号』二〇一七年）を參照。

（31）錄文は松本信廣の手になるが、ここは別の手で後から書き入れたものと思われる。

と思い當たり、P.3810のオリジナルの畫像をGallicaで確認したところ、ようやく解決をみた。

結論から先に述べるとペリオ邸での調査記録（ノート30および38-4）にあるP.2810の記録は、實際はP.3810の實見調査の記録である。ノートでは漢數字を使用しているため「二」と「三」はじつによく誤って表記される。ここでも「三」と書くべきところを、一畫少ない「二」と誤記したのである。P.3810は十一枚の料紙の片面のみに「鶴神所在日期、紫芝靈舍呪訣、踏魁罡歩斗法、太上金鎖速連環隱遁眞訣、湘祖白鶴紫芝遁法、白鶴靈彰呪、呼吸靜功妙訣、足底生雲法、六甲總符、漢湘子、鶴神所在日期、呼吸靜功妙訣、六甲物符、六甲印、呂純陽、白鶴靈彰呪、歩罡訣、歩陰斗圖、歩陽斗圖、湘祖白鶴紫芝遁法、踏魁罡歩斗法、太上金鎖速環隱遁訣、中離翁、紫芝靈舍呪訣、足底生雲法」などの説明と道符を示してある。内容と分量、また紙背文書がない點など、まさにペリオ邸での調査記録ノートのP.2810の記載内容と合致している。ここはペリオ整理番號の誤記と考えて間違いなかろう。

しかしながら、この番號記録ミスに關してはどうやら後にも訂正するまでには至らなかったと思われる。そこで、ペリオ邸での記録にいずれもbisというメモが書き入れられ、紙背文書の存在を注意喚起するものの、記録がないため後に確認しようがなかったのであろう。確實に訂正するためには當時の狀況では再度オリジナルを實見調査する必要があったのである。湖南の調査目錄及び校録が結局上梓されなかった理由がこのような狀況にも求められようか。

さて、これでP.2810はビブリオテーク・ナショナルで實見調査を行ったことが明らかになった。さらに、ペリオ邸の記録（ノート30および38-4）は、P.2810をP.3810に訂正する所作をとるのが妥當であろう。

四、倫敦調査での寫眞請求の實際

最後に餘論として倫敦調査に關連する寫眞資料請求とその顛末について考察する。

湖南自身の言によれば倫敦での調査終了時に「三十餘種の古書を選び、それを寫眞にしたいとのことを申出たが、館の都合で許可せられたものは其の半數にも滿たなかった[32]」のであり、また黒坂勝美宛書簡においては「五週間滯在その中三週間は全く大英博物館に費し敦煌出土書（佛典を除く）の閲覧百四十餘種に及びその中四十種程寫眞を交渉致候處許可せしものあり否らざるものあり其不許可のものは更に再交渉のつもりに有之候[33]」とも述べている。よって、倫敦での寫眞申請で許可を得たものはせいぜい二十にも滿たなかったと推測されるが、その内容はどうであったか。

前述のノートの記述から讀み取れることから確認を始めよう。◎○△の記號は、寫眞申請の希望度の高さを示すのかと推察されるが、確信はない。ただ、確實なのは、「四つ切」「キャビネ版」といった大きさの指示が書かれているのは恐らく申請を出したであろうということである。大きさの指定がある文獻は、ノート四冊を分けずに擧げれば、S.10, S.133, S.446, S.615, S.617, S.799, S.811, S.1339の八點である。また、S.77そしてS.146は「已照」とメモ書きがあり、申請が許可されて撮影が終わったことを意味する。ノート37-3の冒頭のチェックリストも重要である。1頁目には寫眞の大きさ8・1／2×6・1／2と枚數を示してあり、横線で區切って「已照」（撮影終了）のメモも記してある。

（32）參考資料30頁參照
（33）參考資料32頁參照

「已照」（撮影終了）には、

　于闐國曹清浄開戒牒表背
S2154　開皇甚深大迴向經
S 238　全真玉光八景飛經
S　81　天監寫大般涅槃經巻十一
　咸通版本金剛經
　廿四孝押座文

の六件の資料名が擧がっている。この六點の資料については既に寫眞撮影は終了しているということになる。そのほかについては消去線で消したものあり、△○のマークが付けられるものあり、その狀態はまちまちではあるが、ここに上がっているものは、一端申請希望を出した、或いは出すつもりであった文獻であるはずである。消去・チェックの有無にかかわらず申請の對象に上がったものとして、スタイン整理番號を列擧しておこう。

申請對象文獻

S.1344（表）, S.2056（表裏）, S.2071, S.3469, S.1443, S.516, S.1443, S.113, S.133, S.617, S.1339, S.1473, S.2222, S.2263, S.1477, S.2658, S.2717, S.1086, S.1722, S.713, S.2656, S.612, S.22659, S.2074, S.85, S.801, S.796, S.799, S.1765, S.77, S.615, S.1603, S.1891, S.2295, S.2660, S.3926, S.3392, S.2717, S.1443

又重要な情報を呈示してくれるものとして、このノート（37-3）に挟み込まれていたメモがある。そこには大英博物館のメモ用箋に、List of Mss photographed.（寫眞に撮った寫本のリスト）として、Add.1710, S.10, Ch.932, P.2, S.81, P.1, Ch.00187 金剛？, S.238, S.2154, Or.6972蒙古字韻, Or.6839-42, S.3469, S.1339, S.612, Or.2272, Or.1064, Or.5705, S.2222, S.2074, S.799, S.801, S.77, S.1603, S.2071の全二十七點が擧げられている。その逆の面には、List of Mss for which permission was not given.（許可されなかった寫本のリスト）として、S.85, S.3392, S.1765, S.617, S.2263, S.2658, S.1344, S.2056, S.1443, S.113, S.2659, S.133, S.796, S.615, S.1891, S.2060, 3926の全17點があげられている。

　ところで本學圖書館内藤文庫には東方文化學院京都研究所の二百字詰め原稿料紙十五枚に第一包から第六包まで朱筆で書寫された「敦煌遺書ロートグラフ目録點檢書」[34]が所藏されている。スタイン將來については第三包（原稿用紙6，7，8枚め）に記録があるので、傍證としてS番號、資料名、枚數などを轉記しておく。

第三包

S一〇　毛詩鄭箋　八枚　邶終風より静女ニ至ル
九三二[35]　文心雕龍　二十三枚
同　重複　二十三枚
同　フイルム　二十三枚
S二〇七四　古文尚書　蔡仲之命、多方、立政　二十七枚
S七九九　古文尚書　秦誓 中下　牧誓、武威　十三枚

（34）請求記號　L21**7*13-4　資料ID　211068047　番號217
（35）左傍に「Sナシ」とある

S八六一　古文尚書　孔氏傳　大禹謨
　楽譜　　十一枚
S二二三八　全真玉光八景飛經 尾一枚　有則天字　……
　同　ネガティーフ　十一枚
S二一五四　佛說甚深大迴向經　跋一枚　大隋開皇九年　……
S二七一七　珠英集　第四ノ尾第五ノ初……　二十三枚
　（同紙背）六朝寫經　四枚
Ch.C 0014　金剛經　印本　咸通九年四月十五日　……　一枚
S八一　大般涅槃經　巻第十一　尾一枚　天監五年七月廿五日……
S　于闐國迎摩寺八開戒　天興十二年二月八日清浄牒表裏二枚
S三四六九　玄應一切經音義　　三枚
S七七　荘子郭注　外篇？　世字民字缺筆　九枚
S一六〇三　荘子郭注　天道　六枚
　（同紙背）辯中邊論巻第二　　六枚
S一三三九　雑占書　　三枚
S二二二二　凡解夢書　　四枚
S六一二　宋大平興国三年暦書巻　　十五枚
　背　推五音建除法等アリ
S二〇七一　切韻　王國維本第三…　　四十四枚
S二四〇一　佛書断片…　　一枚

以上のデータを総合すると、寫眞撮影申請をしたものは、S整理番號のものだけに限れば次の四十點である。

10, **77**, **81**, 85, 113, 133, **238**, 466, 516, **612**, 615, 617, 713, 796, **799**, **801**, 811, **932**, 1086, **1339**, 1344, 1443, **1603**, **1710**, 1765, 1891, 2056, 2060, **2071**, **2074**, **2154**, **2222**, 2263, 2295, 2658, 2659, **2717**, 3392, **3469**, 3926

このうち、許可されたものは、十七點（右太字）ということになる。湖南の報告と合致しているといえようか。申請したものの許可されなかった資料名を參考までに次に記しておく。

S　85　左傳　杜注　（37-1）
S　113　敦煌郡敦煌縣戸籍　建初十二年正月籍　（37-1）
S　133　群書治要　（37-1　37-3）
S　466　廣順三年莫高鄉龍章祐定典地文書　（37-1）
S　516　歴代法寶記　（38-3　補遺）
S　615　南華真経達生品第十九　（37-1　38-3　補遺）
S　617　類書　（37-1）
S　713　春秋傳　（37-3メモ）
S　796　荘子　断簡　背　四分律本　（37-3）
S　811　書牘　（37-1）
S　1086　兎園策府　有注　（37-3　メモ）
S　1344　唐法令　（37-1）
S　1443　群書治要　（37-3　メモ）
S　1765　尚書大禹謨　S801ニツヅク　（37-3）
S　1891　王注家語巻大十　（38-3　補遺）
S　2056　切韻序　陸法言撰　（37-1）
S　2060　老子　李栄注　P.2864ヨリ続ク　（38-3　補遺）

S2263　苑土録巻上　幷序　（37-1）
S2295　老子変化經　（38-3　補遺）
S2658　武后識記　（38-3　補遺）
S2659　下部讃　背　往西天求法沙門智嚴西傳記　（37-3）
S3392　三界寺授八關齋戒　（37-3　付隨メモ）
S3926　老子　河上公　注　（38-3　補遺）

倫敦での調査は思うように進まず、寫眞申請も許可されたのは希望したものの半數にも滿たなかった狀況に鑑みれば、これらの寫眞リストは精選された結果であり、湖南の敦煌學における指向の一端がある程度現れているとみられる。

本學圖書館内藤文庫には資料寫眞も多く所藏される。今回關連して一部調査を行ったが、右に不許可で上がっている寫眞も所藏する場合がある[36]。歐洲旅行からもどった後も精力的に資料を蒐集した結果といえようか。資料寫眞の整理が進めば、湖南の資料收集の實態についてもある程度再現が可能になるだろうとおもわれる。

ノート37-3に一枚メモが付隨している。書かれている内容は、箇條書きにて次の5カ條である。

一　目録解題出版ノコト
一　本文出版ノコト
一　董氏ト交換ノコト
一　寫眞追加ノコト
一　返礼贈物ノコト

備忘にメモされたものであろうか。ノートの中にも時として「校正」「二校已」などのメモがみられ、資料寫眞に併せて文庫に所藏される錄文（乾吉氏により原稿用紙に清書されたものなど）を實際に目の當たりにすると諸事計畫は着々と進められていたようであるのだが、結局世に出ないまま終わってしまったのは、如何ともしがたい。湖南の目錄解題、本文校錄について、予定通りに出版が實現していたら、敦煌學全體の動靜もまた違う進展を見せたであろうか。

【參考資料】

一、ノート作成の背景

湖南の歐州調査旅行については既に詳細な考察がなされてはいるが、そ

（36）内藤文庫目錄から明確に所藏が確認されたスタイン將來敦煌文獻の寫眞に次の11點がある。このうち倫敦調査で許可されたのは太字の2點のみである。網掛の2點は不許可リストにある。倫敦調査時に入手できなかった寫眞も後に董康から得るなどほかの手立てで入手したと考えられる。資料寫眞所藏狀況は調査途中であり、ここにあげるのは一部に過ぎない。

S.612　大宋太平興國三年具注曆
S.796　莊子
S.1393　晉書列傳
S.525　搜神記
S.1401　殘文
S.1460　略抄　小抄
S.932　文心雕龍
S.614　兎園策府
S.477　老子河上注　上
S.1441　雜文　勵本二郎抄背
　勵忠節鈔
S.1344　走談韻　唐勅背
　唐勅

の足跡を詳細にたどるべく、まずは湖南自身の日記から關連個所を抜粋してみよう。[37] 少し冗長になるが、時系列に沿って見ていく。文中の太字、傍線はとりわけ注意しておきたい箇所に筆者が付したものである。

大正十三年

八月十七日　午前十一時頃マルセーユ着。…　夜十一時半頃マルセーユを出發し、巴里行の列車に搭す。

十八日　…　二時半巴里に着す。

十九日　…　又露人エリセーフ君に面す。エ君は明後廿一日ミュゼー、ギメーを案内し、廿二日ビブリオテク、ナショナルを案内すべく約束す。

廿二日　…　午後エリセーフ君の案内にてビブリオテーク、ナショナルに赴く。歸途ギュートナー書店に赴き、偶然にもペリオ氏に面す。エリセーフ氏の紹介にて明日午後往訪のことを約す。

廿三日　エリセーフ氏の案内にてペリオ氏訪問。…

廿五日　朝十時巴里北驛を發す。…　六時頃倫敦ヴィクトリア驛に着す。…

廿六日　…　午後大英博物館を觀る。…

九月　一日　…　ジャイルス氏も亦已に避暑地より歸り居れる旨告げられたれば、ウエ氏に導かれて之を東洋研究室に訪ひ、直ちに之と面したり。…　明日ジャイルス氏を再び訪ひ研究に從事せしめらるべきことを約せり。…

二日　又大英博物館にジャイルス氏を訪ひ、持參せる諸書を贈り、スタイン、コレクションを觀覽せんことを求めしに、現に讀書室休暇中なれば、五日以後ならでは觀覽出來ずと答へられ、聊か昨日の樣子とかはりたれば、…　結局スタイン、コレクションの觀覽はジャイルス氏に一任しありとのことにて已むを得ず五日まで待つことゝなれり。…

五日　ブリチシ、ミユゼアムに赴く。**此日よりスタイン、コレクションを見る。此日所見十五通。**…

六日　博物館に至る。**此日所見十二通。**…

八日　先づ東洋研究所に至り、…　去りて博物館に至る。**所見十一通。**…

九日　博物館に至る。…

十一日　先づ東洋研究所に至り、…　博物館に至り**所見二十通。**…

十二日　博物館に至る。

十三日　博物館に至る。**所見僅に四通。**ジャイルス氏多忙なるを以て明後日出し示すべしといふ。…

十五日　…　午後博物館に至る。ジャイルス氏の言なりとて、示すべきもの已に盡きたりと傳へらる。…ジャイルス氏に更に談ずべしと云へるも、…　竟に如何ともすべからざるが如し。因て再閲の必要あるもの及び現に抄本室に陳列中のものを見んことを求め、その内**四通**を見るを得たり。…

十六日　此日博物館にて敦煌書中抄本室陳列のもの**廿一通**を見る。…

十九日　此日博物館にて再閲の請へるもの、内**二通**を示さる。**毛詩と兎園策府**なり。毛詩を校正し、その裏書を寫し取る。…

廿　日　博物館を出でゝ、…

（37）『航歐日記』（『内藤湖南全集』第6巻474頁～506頁）より抜粋

廿二日　博物館に至り　…

廿三日　博物館に至り、此日を以て太平天國文書の全部書寫を了す。…

廿四日　朝…　今西、石濱二君と博物館に至り、バーネット、ジャイルス兩博士に辭別し、且ジャイルズ博士に請ふて**敦煌本化度寺碑**を觀、ウエレー氏を訪ひ、顧畫卷の前後題跋を觀、ビニオン博士に面し、スタイン第三回蒐集品中**唐初美人畫**及び**四神の内一種の象二幀**を觀る。…

廿六日　朝…　石濱、乾吉と大英博物館に赴き、ウエレー氏に面し、正倉院本副製四種書を博物館に寄贈のことを屬し、且辭別し、…　西田君に七十磅を託し、博物館寫眞費の支拂方依賴す。

廿七日　…　鴛淵氏博物館の寫眞を持ち來る。…

廿八日　…　伯希和氏に信函を發す。…

廿九日　午前大使館へ挨拶に行く。午後一時ヴィクトリア驛を發す。…　夜九時過巴里に着す。…　（この後十月六日夜以降ドイツ他來訪）

十月廿五日　…　夜七時巴里に着す。今西、鴛淵諸氏來たり迎ふ。…

十一月五日　…　午餐して後、エリセーフ氏に誘はれ、今西、鴛淵、松本三氏とペリオ氏を訪ひ、學術上の談話あり、敦煌書閲覽のことを托して辭す。…　夜敦煌書閲覽の準備をなす。

六日　朝國民圖書館に赴く。**今日より敦煌書閲覽を開始す。今西博士、石濱、鴛淵、松本、乾吉同伴す。**ペリオ氏館へ來りて閲覽のこと、寫眞のこと諸事斡旋せらる。好意感謝に堪へず。出でゝ晝餐し、又館に入りて閲し四時に至る。鴛淵警視廳へ出頭の用ありて午後先づ去る。…

七日　快晴。圖書館に至り、出でゝ　…

八日　此日乾吉發熱臥蓐す。余今西、石濱兩氏と圖書館に至り、…

十日　圖書館に至り、…

十一日　…　圖書館休業なり。…　今西博士送別の意を兼ね石濱、乾吉と日本人會に至りスキヤキを食す。…

十二日　圖書館に至り、…　石濱、松本、乾吉同伴す。…

十三日　圖書館に至る。午後エリセーフ氏來り、寫眞出願の事を相談中、禿庵上人、赤松氏等と來る。結局赤松氏に出願手續の事を依賴することとし、明日大使館に往訪の約を爲す。夜今西氏出發、…

十四日　圖書館に至る。…出でゝ後、赤松秀景氏を大使館に訪ひ、圖書館寫眞出願の草稿を作ることを依賴す。氏は大使館のタイピストをして之を作らしめらる。…

十五日　圖書館に至る。…　此日寫眞出願許可さる。館を出でゝ**ジロードン、レール二寫眞師**を訪ひ、寫眞並にロトグラフの目錄を交付す。…

十七日　朝圖書館に至り、…

十八日　圖書館。…

十九日　圖書　…

廿　日　圖

廿一日　寫眞屋二店に至る。…

廿二日　圖書。…

廿四日　圖

廿六日　夜鴛淵氏來る。
廿七日　圖　…
廿八日　圖
廿九日　圖書館に赴く。…
十二月一日　…　石濱氏のみ圖書館に赴く。…
二日　午後より圖書館に赴く。…
三日　圖　…
四日　午後ペリオ氏宅にて敦煌書を調査す。
左傳正義單本
五日　午後ペリオ氏宅。…
六日　圖
寫眞屋
八日　圖書館に赴く。…
九日　…　圖書館に赴き、寫眞の第三次願出を爲す。
十日　…　午後二時ペリオ氏に至り、敦煌書第三回の調査を爲し、五時に至り終了す。湖月に至り、明日ペリオ氏招宴の準備をなす。
十一日　…　湖月に赴き、ペリオ、エリセーフ、石濱、鴛淵、松本、乾吉と會食し、劇談深更に至る。
十三日　…　ビブリオテークに赴き、一昨日ペリオ氏より注意されたる**刺繍經**等を閲し、出で、…
十四日　午前荷造を爲す。エリセーフ氏來訪。…　八時四十分ベルンに向ふ。

二、調査の經緯と報告

A「歐洲にて見たる東洋學資料」（『目睹書譚』『内藤湖南全集』第十二卷　222頁〜233頁）より拔粹

予は大正十三年七月六日神戸出帆の伏見丸に搭じ、約七ケ月の旅行を了へて、十四年の二月三日に歸朝したので、歐洲に滯在したのは實際四ヶ月と十日餘で、その間にかねて計畫した研究資料をも蒐集し、併せて一と通りの見物旅行をもしたので、極めて多忙であった。その研究資料の中、最初から目的としてゐたのは、英佛兩國に保存せられてゐる支那敦煌發掘の古書であった。…

……中略

巴里の調査は後まはしとして、先づ倫敦に往ったが、九月上旬大英博物館の敦煌古書調査の主任ジャイルス博士に面會し、間もなくその調査に着手することになった。…　此處の敦煌古書は佛教に關するものが非常に多く、佛教以外の漢籍は少數に過ぎないのであるが、佛書は既に矢吹博士が調査せる筈だから、予は佛書以外のものを閲覽したいと申込んだので、多數の古書中から之を擇り出すことは、目錄の未だ完成してゐない際であるから、ジャイルス博士には餘程骨の折れる仕事であったに相違なく、それがために**二週間ばかりで凡そ百三四十卷を閲覽し了った**時に、ジャイルス博士から、之で佛書以外のものは略ぼ盡してゐるとのことを言はれた。その中から予は**三十餘種の古書を選び、それを寫眞にしたいとのことを申出たが、館の都合で許可せられたものは其の半數にも滿たなかった。**予は最初倫敦に於ける此の仕事には三週間餘を當てることに豫定してゐたので、時日に餘裕を生じたから、博物館に藏せられてゐる支那太平天國の資料及びゴルドン文書と稱せらるゝものゝ抄錄にその餘りの時間を用ひた。…

勿論、大英博物館に於ける調査は予獨りでやったわけではなく、初めより予の調査を補助する目的で同行した文學士**石濱純太郎**氏あり、大阪外國語學校教授で蒙古語研究のため支那及び歐洲に留學することになってゐた文學士**鴛淵一**氏が上海から同行し、またわが京都大學助教授文學博士**今西龍**氏が在外研究員として昨春から倫敦に滯在してゐられたのが、矢張りこの調査を補助せられ、抄寫其他の事は愚息**乾吉**も從事し、案外手が多かったので、凡ての調査が迅速に運んだわけである。鴛淵、石濱の二氏は猶ほ大英博物館に於ける滿洲語蒙古語に關する凡ゆる文獻を調査し、更に同地東洋學校に藏する蒙古語滿洲語の文獻をも調査して、その目錄を製作することになった。…

十月下旬、その旅から巴里に還り、それよりペリオ氏の好意によって**ビブリオテーク・ナショナルの敦煌古書を閲すること殆んど六週間に及んだ。その間に閲覽したのは**三百二十餘部、その他現に猶ほ整理中に屬する敦煌古書で**ペリオ氏の私宅に在るもので閲覽を許されたものが三百三四十部**、佛蘭西では**合計六百七十部**を見た。ペリオ氏は閲覽に就て種々なる忠言を與へられ、寫眞師を傭ふ事にまで世話をしてくれて自分は非常に便宜を得た。**ビブリオテーク・ナショナルとペリオ氏私宅に存在する古書の中、凡そ百部ほどの寫眞を撮ったが**、英國と異り、此處では寫眞を申出でたものは殆んど皆許可せられたのである。…

予の觀た敦煌古書は、**英佛を通じて凡そ八百部**に上っている。その中には、勿論羅振玉氏が既に印行したものもあり、また、自分より前に英佛に出かけた人々の既に閲覽したものもある筈。董康氏の閲覽目錄は全部分明してゐるが、狩野、羽田兩博士の閲覽せられた書目は、更に調査して予の閲覽した書目との異同を調べるつもりである。しかし、これだけの人々が閲覽した數が隨分多數に上ってゐるとはいへ、未だ此等の人々が閲覽を經ざる書籍の更に多數であることを知って置く必要がある。英國の方は、目錄は未だ完成せず、何れだけ未だ閲覽せざる書籍が殘存してゐるか、確知し難いが、佛蘭西の方は大體推算し得られる。現にビブリオテーク・ナショナルにある敦煌書目は、二、〇〇一から三、五一一まで、及び四、五〇〇から四、五二一までの凡そ一、五三三部であるが、その中、予が閲覽したものは三百餘部に過ぎない。ペリオ教授が整理中の分は多分三、五一二から四、四九九までと推測するが、その中予の閲覽したものは矢張り三百餘部に止まる。その他に佛蘭西に猶ほいかほどあるかは分明せないが、分明してゐるものだけでも、一、八〇〇餘部の未見の書があるわけである。勿論ビブリオテーク・ナショナルの分はペリオ氏が調製した詳細なる目錄解題あるがために、その中つとめて價値ある資料たるべきものを選んで觀たけれども、しかし自分が既に觀たものゝ中でも、目錄では格別價値ある如く思はなかったものゝ中にも時々興味あるものを發見したのであるから、多數の中には案外興味あるものが尠からずあらうと想像される。殊にペリオ氏の整理中のものは、目錄が未だ出來ず、ペリオ氏は番號の附いてゐる分の殆んど全部を示されたが、その他に猶ほ多數のものがあるだらうと思はれ、殊に、その中には如何なる種類のものが看殘されてゐるかも知れない。故に英佛の敦煌古書はまだ〳〵未知數の寶庫であると云ふべきである。たゞ從來の閲覽者が其一覽を許された所のものは、董康氏が兎も角作った目錄の外、他に一つも發表された目錄がない。董康氏のも勿論印刷はせられず、それがために後に閲覽せんと欲する者は幾度も同じものに手を附けなければならないので、予は予等一行の目睹したところの目録を編纂し、これに羅振玉氏が既に印刷し、若くは寫眞を撮り、狩野、羽田兩博士、董康氏等の目録を請ひ得て予の目録と參照し、それを發表し、今後該古書の閲覽を欲する人のために手引とする豫定で、目下編集中である。（以下略）

Ｂ　**黑坂勝美宛十月十五日づけ書簡（『内藤湖南全集』第十四巻５５９頁〜５６０頁）より拔粹**

拜啓その後は御無沙汰にのみ打過失禮御高恕可被下候小生事八月十七日馬港着以後巴里に一週間程を過しペリオ氏に面會、敦煌出土書研究の事を打合せ置き廿五日倫敦へ參り五週間滯在その中三週間は全く大英博物館に費し**敦煌出土書（佛典を除く）の閲覽百四十餘種**に及びその中**四十種程寫眞を交渉**致候處許可せしものあり否らざるものあり其不許可のものは更に再交渉のつもりに有之候その外長髮族史料は……（中略）……倫巴にて寫眞に莫大の金額を要すべき見込故米國廻りを廢し全力を此方に注ぎ可申候先は右用事のみ早々不一

十月十五日　　虎次郎頓首

虚心大兄侍史

（影印部）

30　ペリオ教授邸閲覧書目

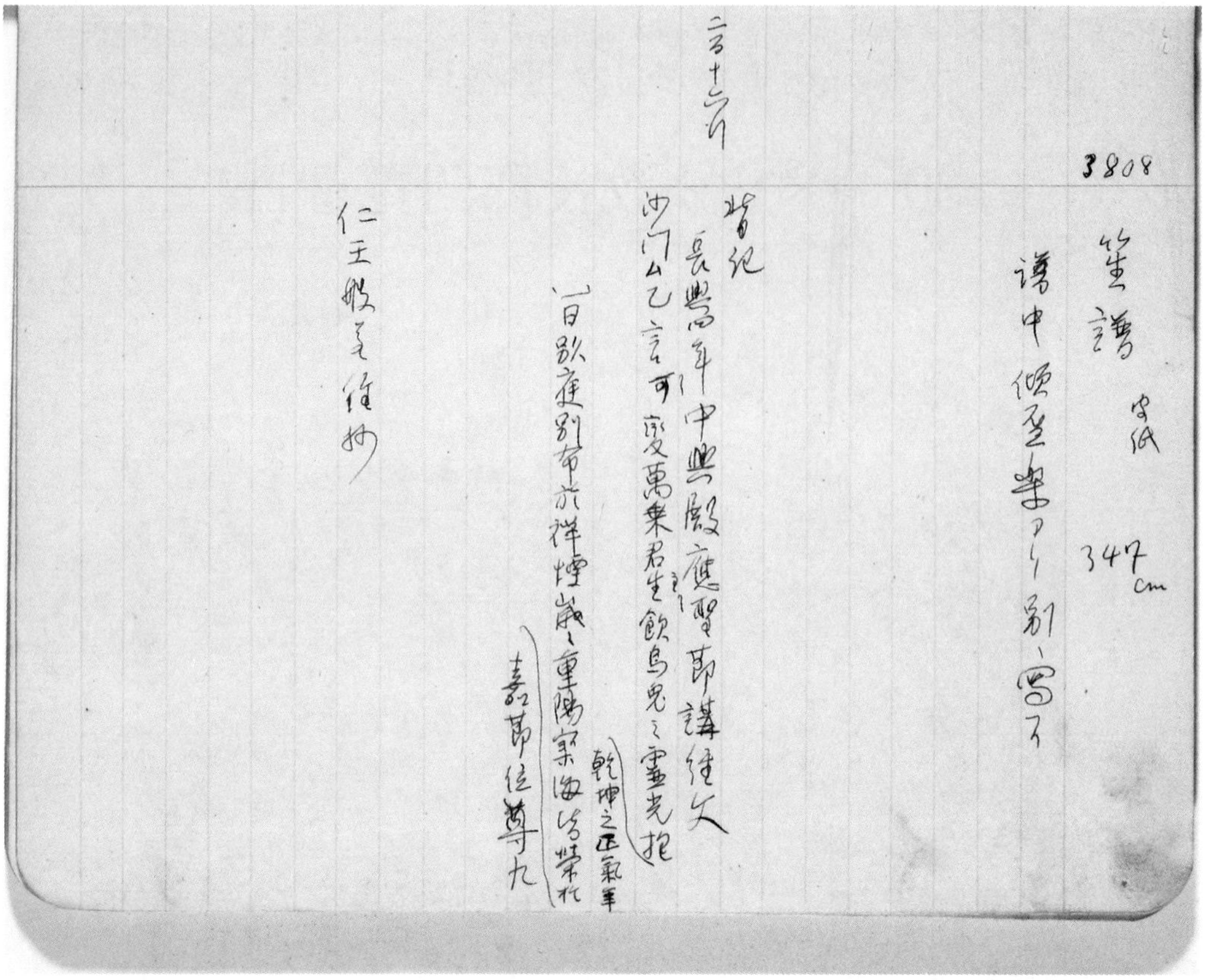
3808
347cm
長興四年中興殿應聖節講經文
沙門云云言可…變萬乘君生飲烏兎之靈光抱乾坤之正氣
嘉節位尊九
仁王般若經抄

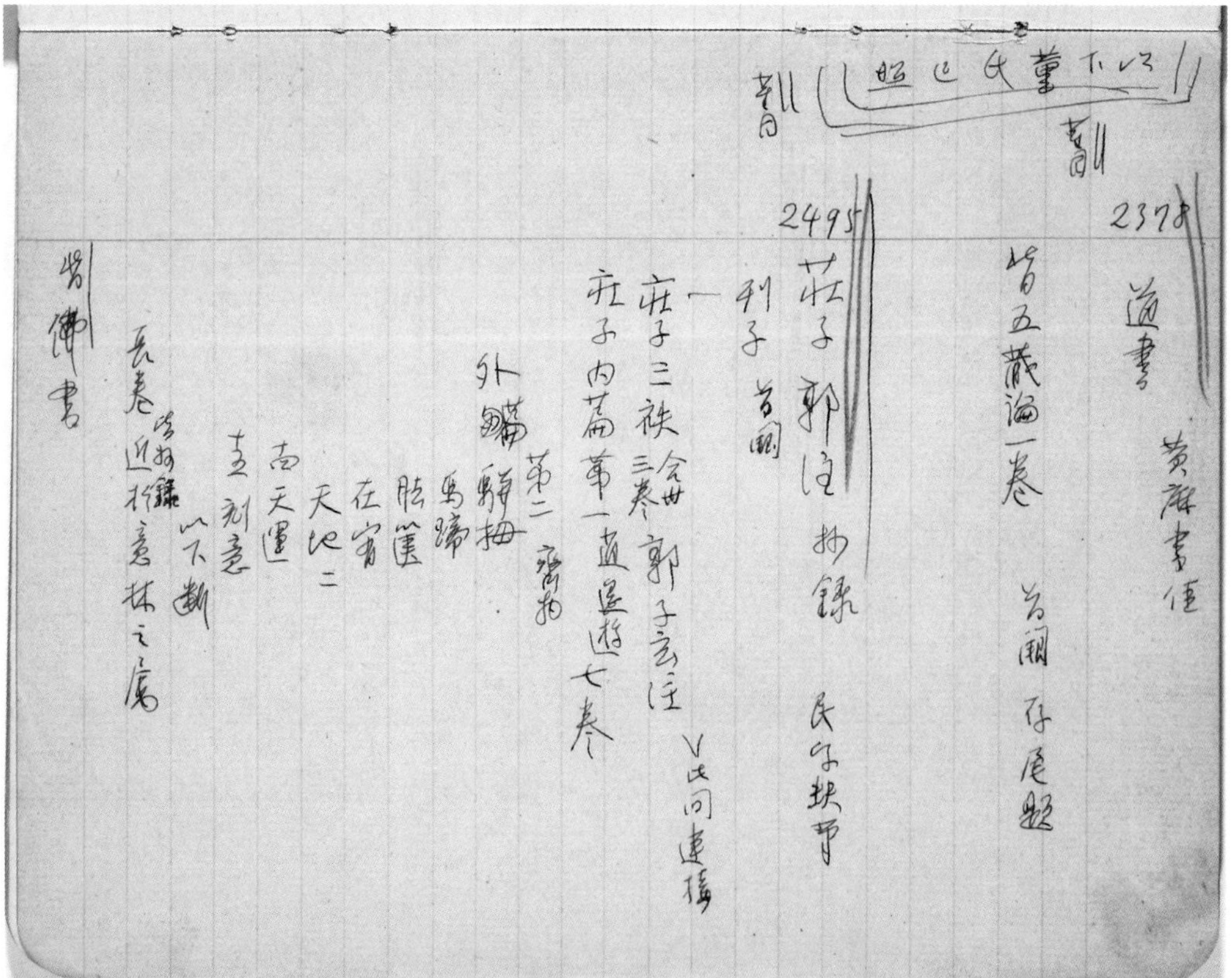
2378
道書 黃麻書
皆五藏論一卷 首闕 存尾題
2495
莊子郭注抄錄 民字缺筆
一 列子 首闕
一 莊子三卷 郭子玄注
莊子內篇第一 逍遙遊七卷
外篇 駢拇第二 馬蹄 胠篋 在宥 天地 天道 刻意
皆佛書

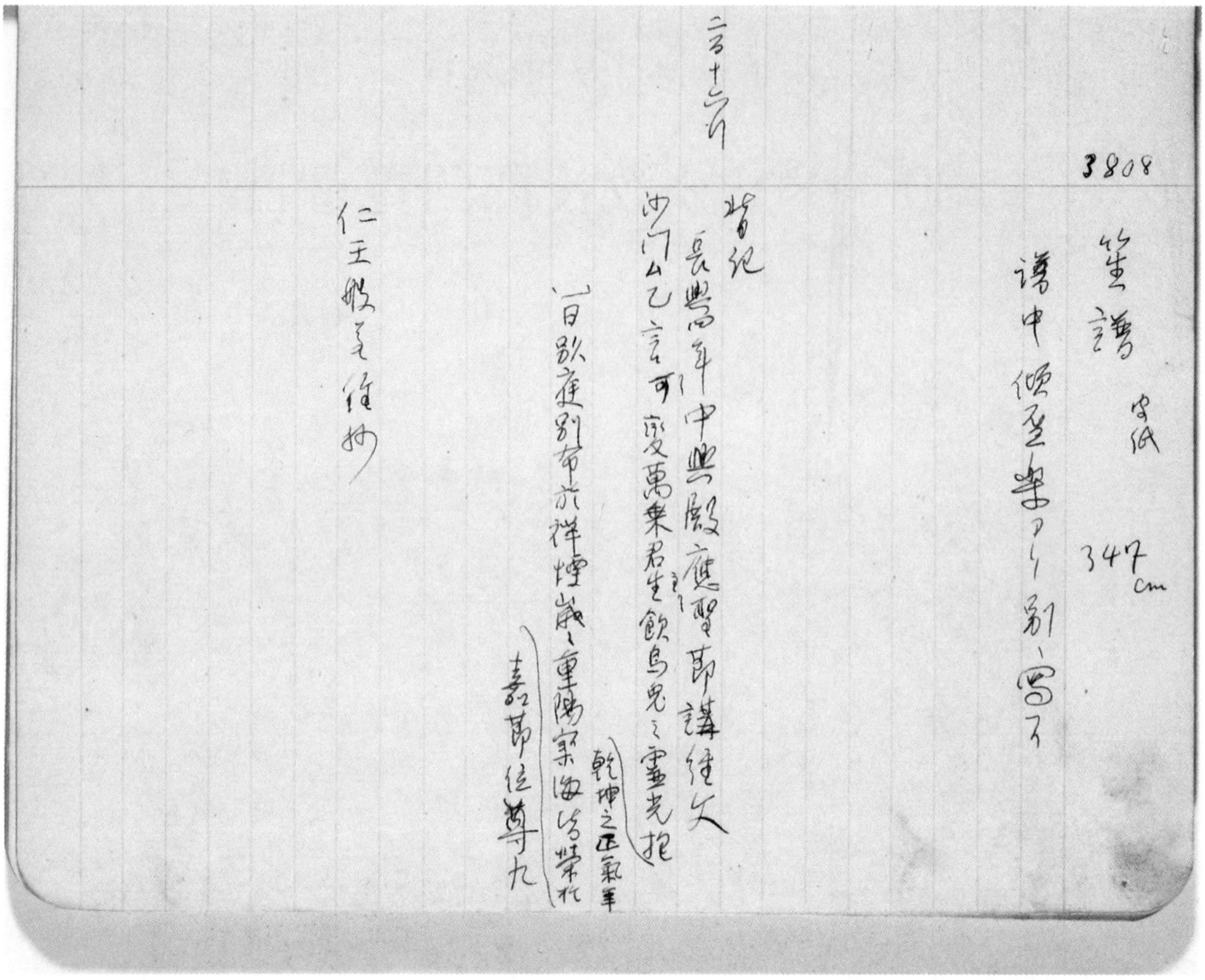

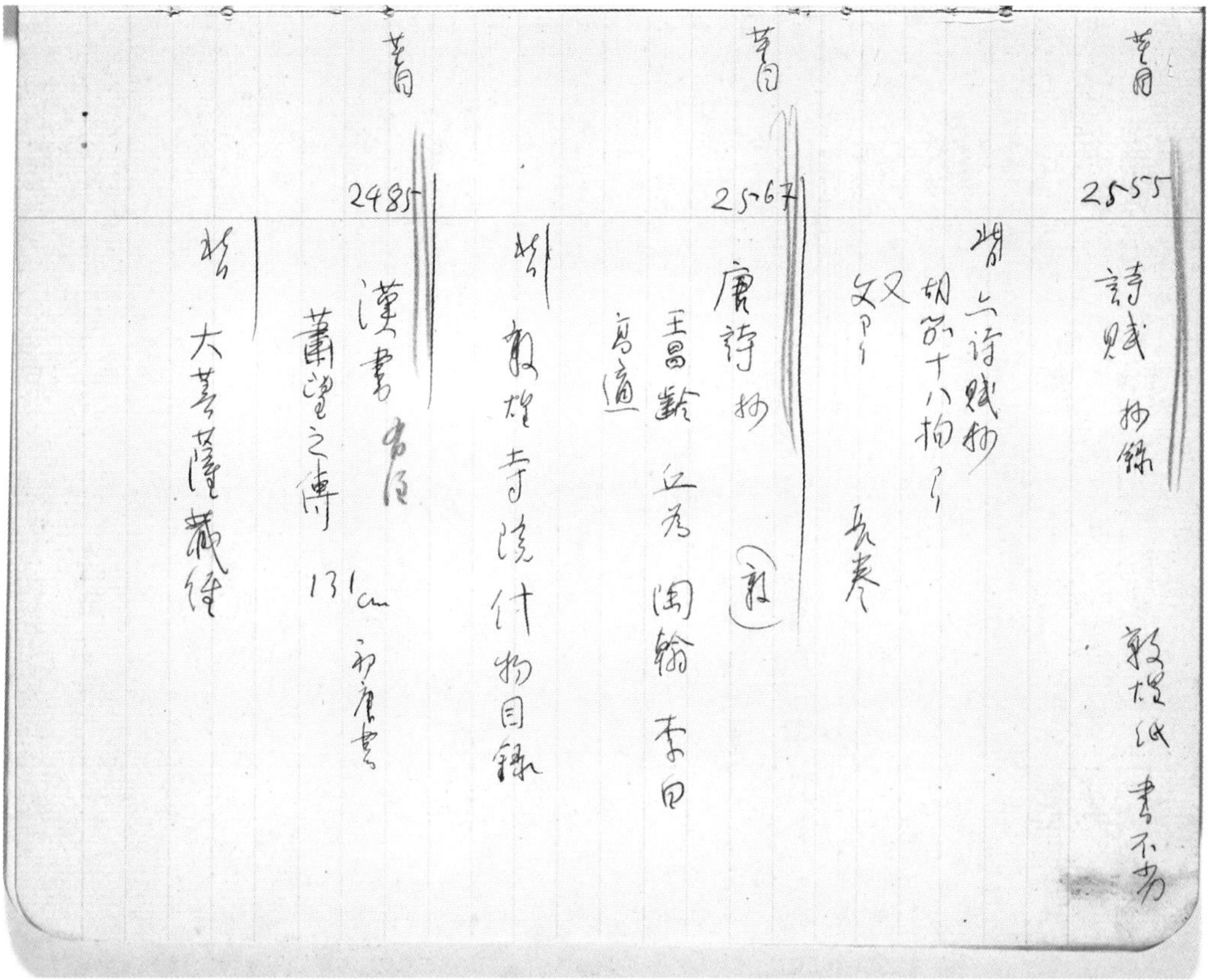
黄
2555
詩賦抄録
敦煌紙
書不劣
背 上詩賦抄
切韻十八枚
又
文アリ
五巻
黄
2567
唐詩抄（残）
王昌齢　丘為　陶翰　李白
高適
背
敦煌寺院什物目録
黄
2485
漢書（残）
蕭望之傳
131cm
初唐書
背
大菩薩藏經

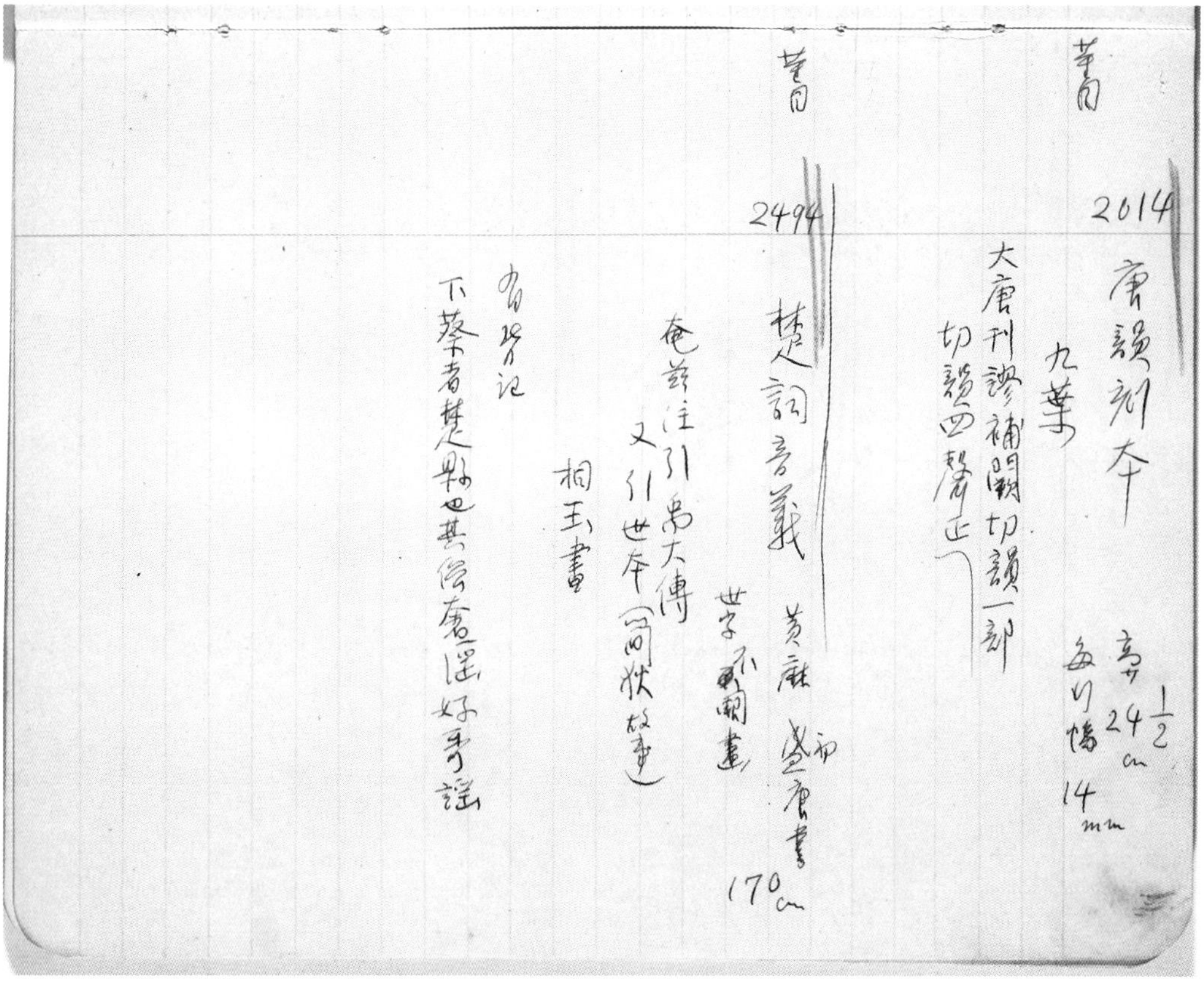
黄
2014
唐韻刻本
九葉
大唐刊謬補闕切韻一部
切韻四聲正
高24½cm
每行幅14mm
黄
2494
楚辞音義
黄麻
初唐書
170cm
背
不明畫
又
世本（同状故事）
桐玉書
下蔡者楚之邑也其俗奢淫好奇謠

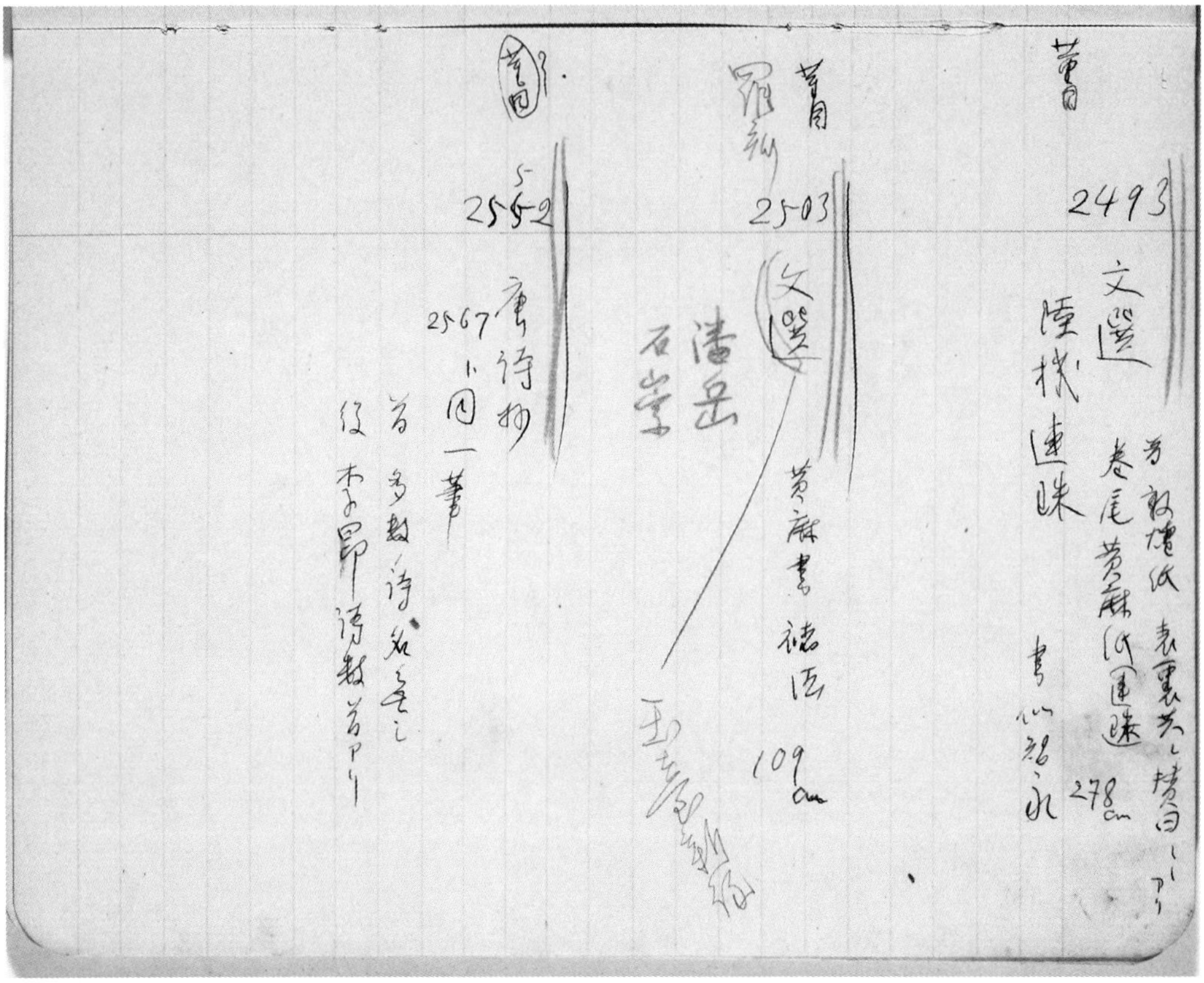

黄目
2493
文選
陸機
連珠
敦煌紙 表裏共に楮白しアリ
巻尾黄麻紙連珠 278cm
書心好〻孔

黄目
羅紙
2503
文選
潘岳
石崇
黄麻書
諸佐
109cm
王義

黄目
2552
唐詩抄
2567ト同一筆
首多数ノ詩名なし
後李昂詩数首アリ

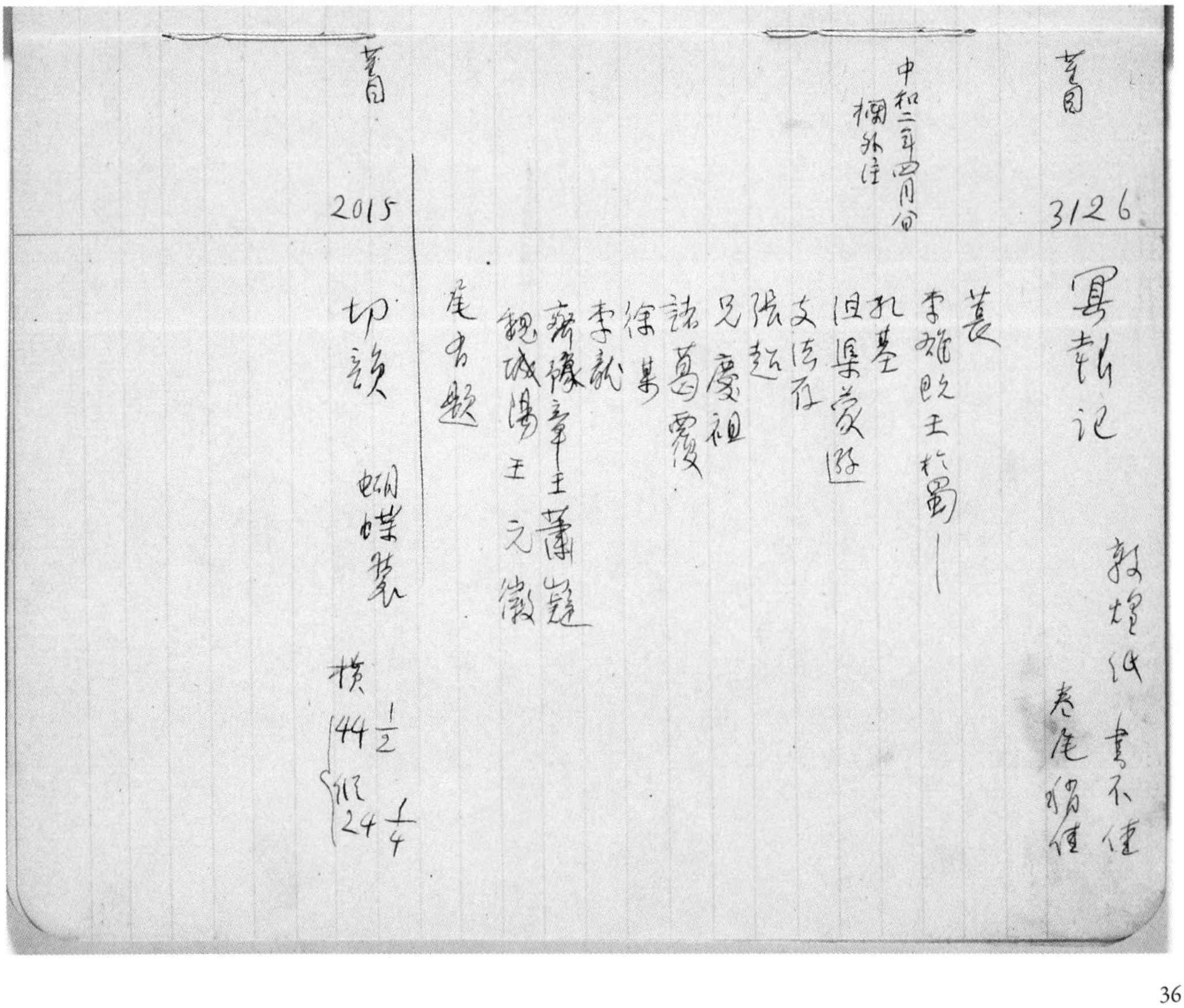

黄目
3126
冥報記
敦煌紙 書不佳
巻尾稍佳
中和二年四月合
欄外注
蔑
李雄即王於蜀
孔基
但渠蒙遜
文法存
張軌
呂慶祖
諸葛覆
徐某
李就
齊豫章王蕭嶷
魏城陽王元徽

黄目
2015
尾有題
切韻
蝴蝶装
横 144 1/2
縦 24 1/4

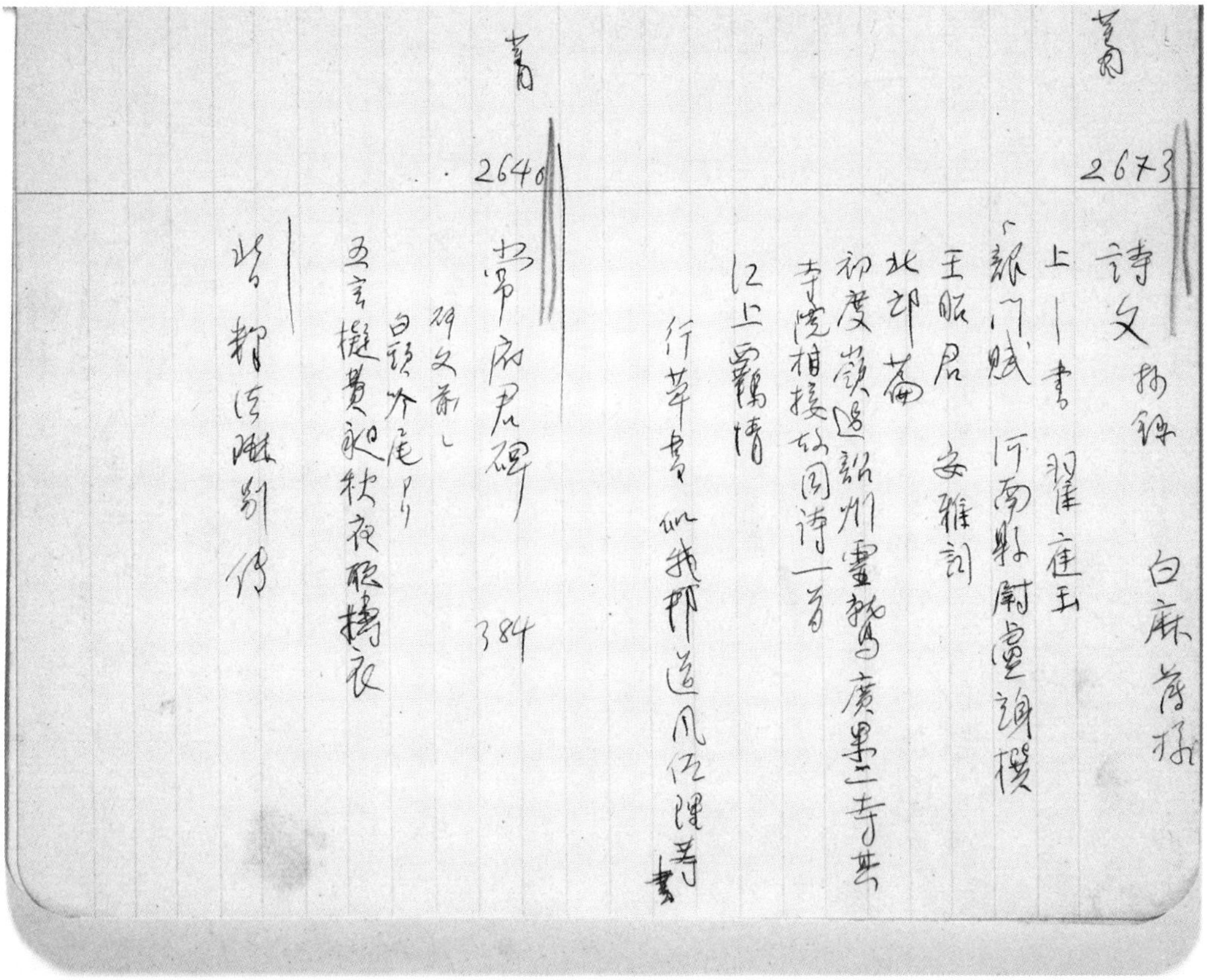

表
2673
詩文抄録　白麻 厚紙
上一書　翟庭玉
〃龍門賦　河南縣尉盧詢撰
王昭君　安雅詞
北邙篇
初度嶺過韶州靈鷲廣果二寺其
寺院相接故因詩一首
江上羈情
行草書　似我郡道風偕理寺書

表
2640
常府君碑　384
背文前ヽ
白頭吟　尾アリ
五言擬黄鵠秋夜聽搗衣
背
釋法琳別傳

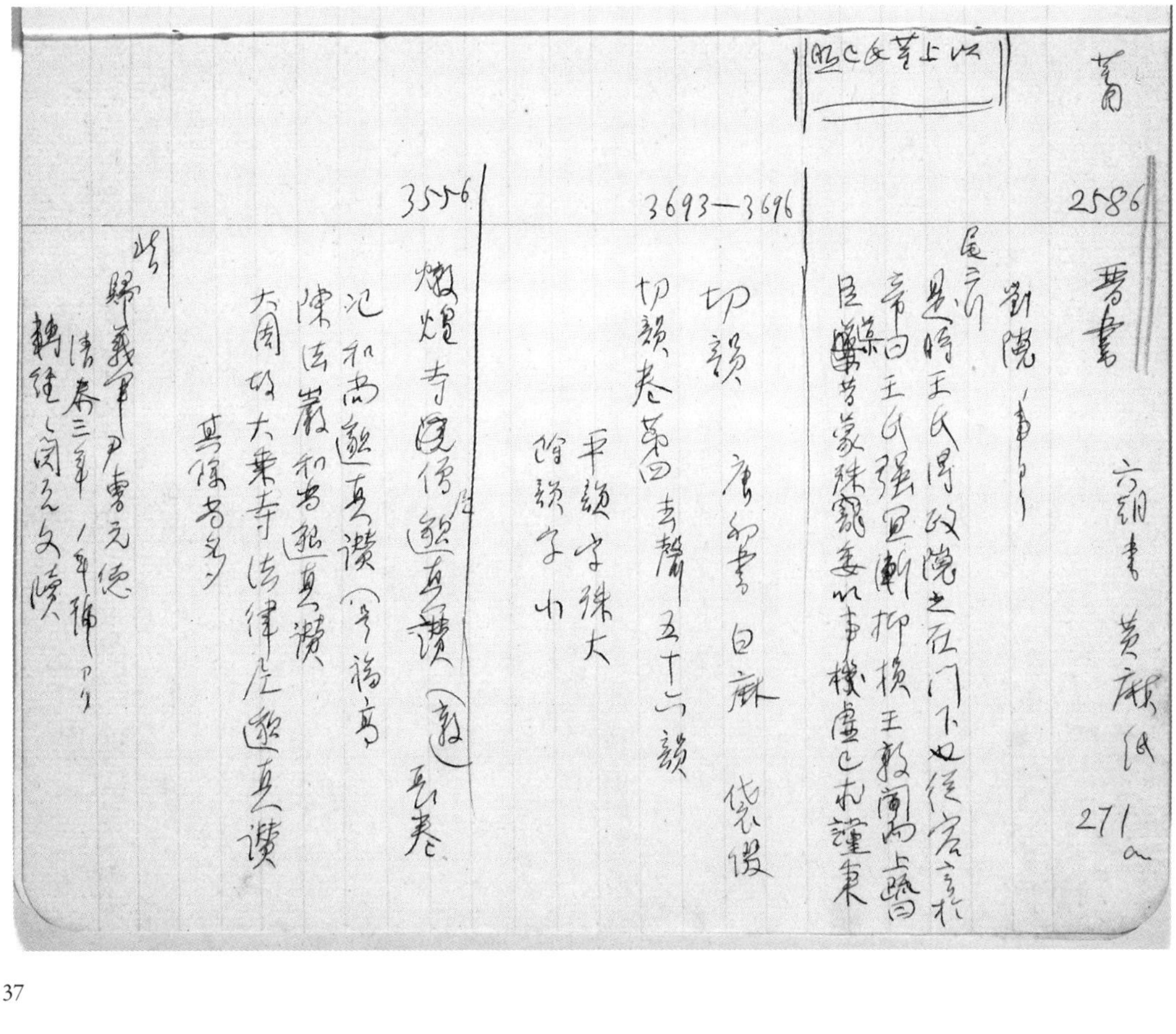

以上羅氏已照
表
2586
晋書　六朝書　黄麻紙　271a
劉隗傳
尾ニアリ
是時王氏得政隗之在門下也從容言於
帝曰王氏強盛宜漸抑損王敦聞而上疏
臣緣蒙殊寵委以事機虛已求謹東

3693—3696
切韻　唐鈔書　白麻　假ヽ
切韻巻第四去聲　五十六韻
平韻字殊大
除韻字小

3556
燉煌寺僧傳邈真讃（敦）五巻
汜和尚邈真讃（李福高）
陳法嚴和尚邈真讃
大周故大乘寺法律尼邈真讃
真俗者多
背
歸義軍尹曹元德
清泰三年ノ年號アリ
轉經ヽ開元文牘

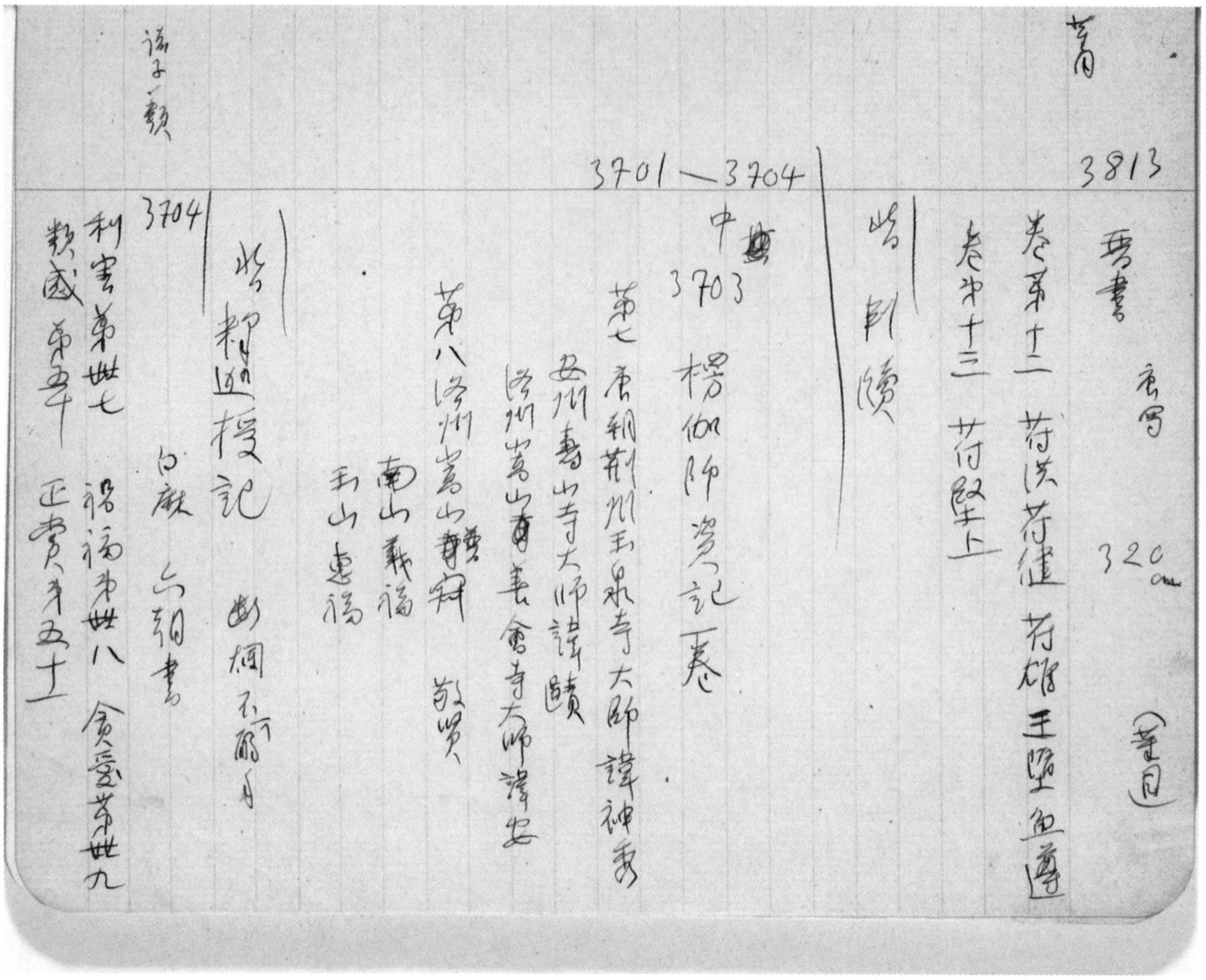

舊

3813
晋書 唐写 320cm （舊）
巻第十二 苻洪 苻健 苻雄 王堕 魚遵
巻第十三 苻堅上

牒判牘

3701—3704
中無
3703
楞伽師資記 一巻
第七 唐朝荊州玉泉寺大師諱神秀
安州壽山寺大師諱賾
洛州嵩山會善寺大師諱安
第八洛州嵩山普寂 敬賢
南山義福
玉山惠福

牒釋道授記 断爛不明
白麻 六朝書

諸子類
3704
利害第卅七 禍福第卅八 貪愛第卅九
類感第五十 正賞第五十一

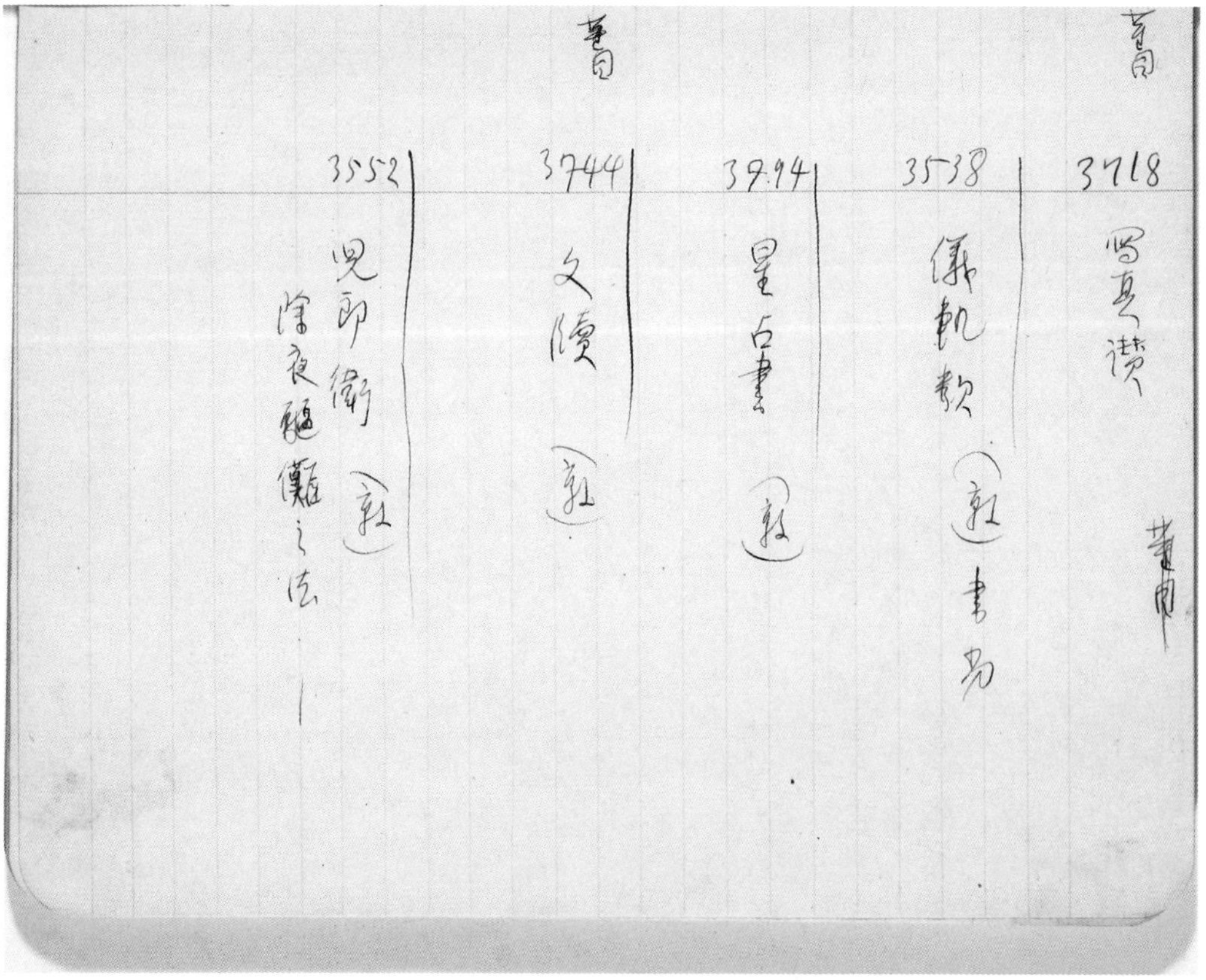

舊

3718
写真讃 董康

3538
儀軌数 （新） 書易

3994
星占書 （新）

舊

3744
文牘 （新）

3552
兒郎偉 （新）
除夜驅儺之法

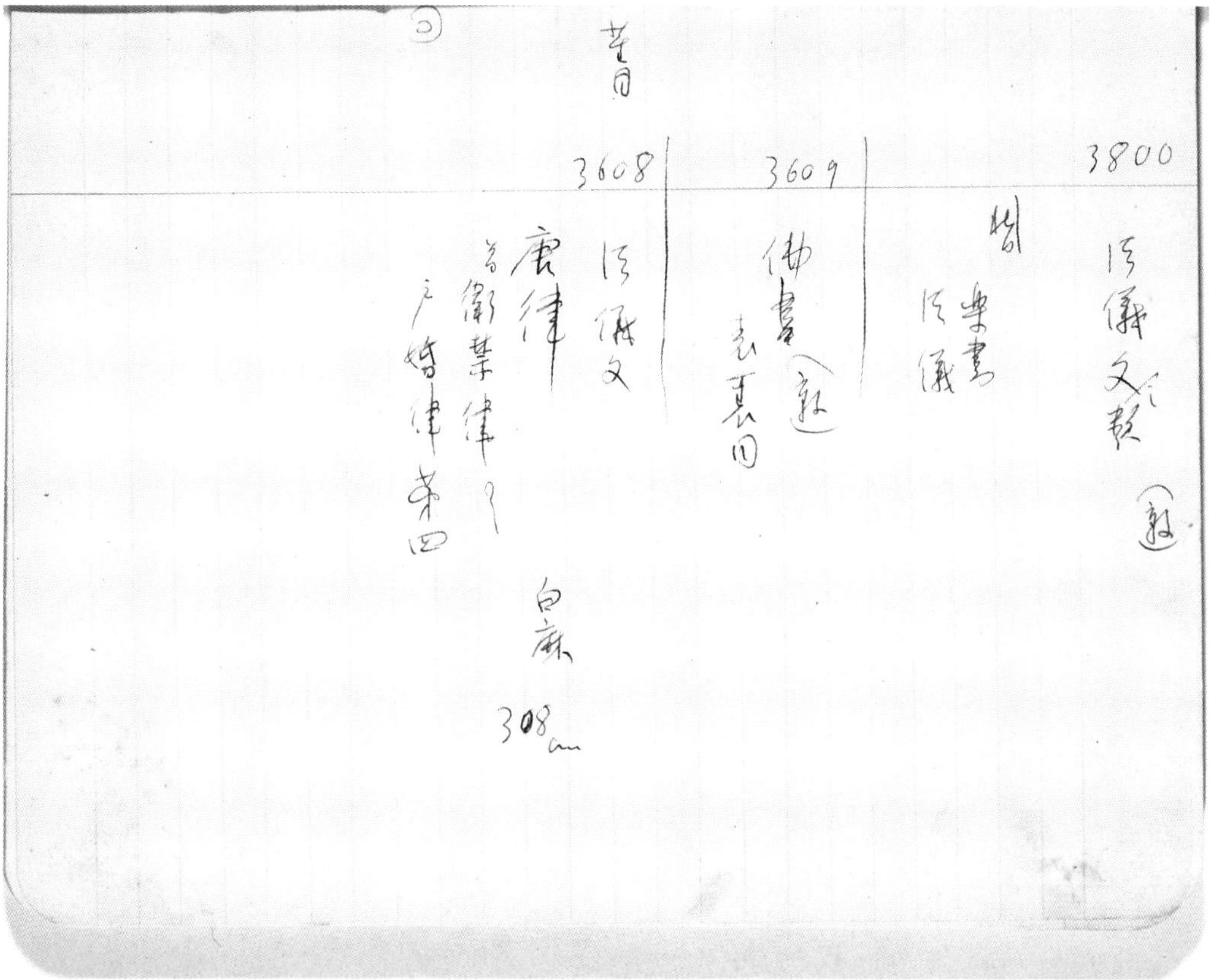

3800 書儀文範（敦）
背 樂書 書儀

3609 佛書（敦）
背 書目

3608 書儀文
背 唐律
背 衛禁律
戸婚律 第四
白麻
308cm

3723 書儀（敦）
記室備要一部并序 計二百八十六首
郷貢進士郁知言撰
背

3812 詩集 白麻
殷濟 武涉 劉長卿
胡笳十八拍 劉商
背 維大唐乾寧二年……

3841 龍門賦 斷片
佛書 白麻
背 文牘 倉庫目録

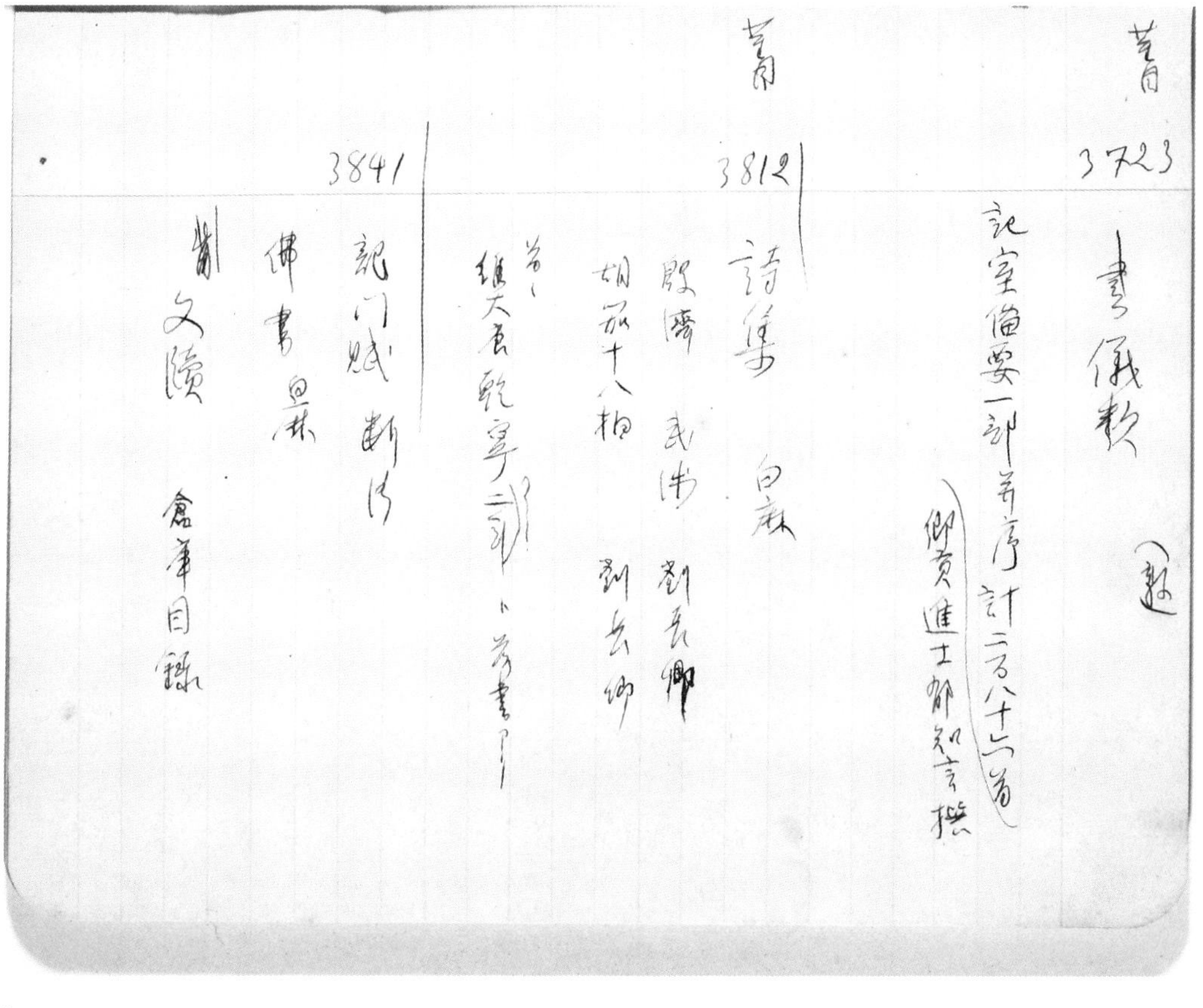

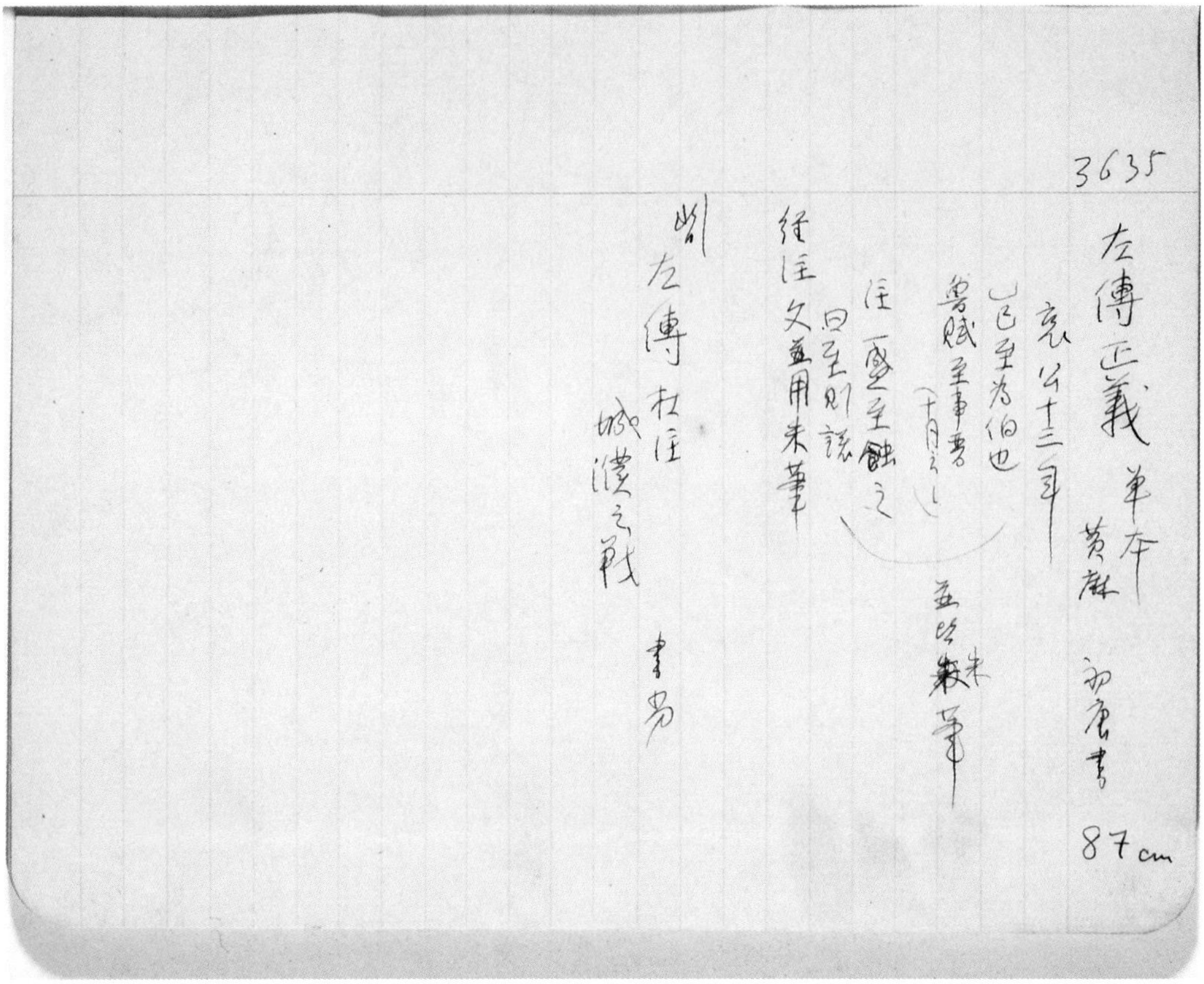

左傳正義 單本
哀公十三年 黃麻 唐書
已至為伯也
魯賦至事男
（十月以下）
注至至融之
曰至別誌　　五昭戴華
經注文盡用朱筆

刪
左傳杜注
城濮之戰　朱男

87cm

書目　　書目

3550　清議文（迴）

3717　歷代法寶記（迴）長卷
若其
本文孔盲完

3782　占卜書
倫敦S557　树葉装
（迴）　　小同書

3899　文書
驪泉府馬社
南元十四年
印あり

梵佛書

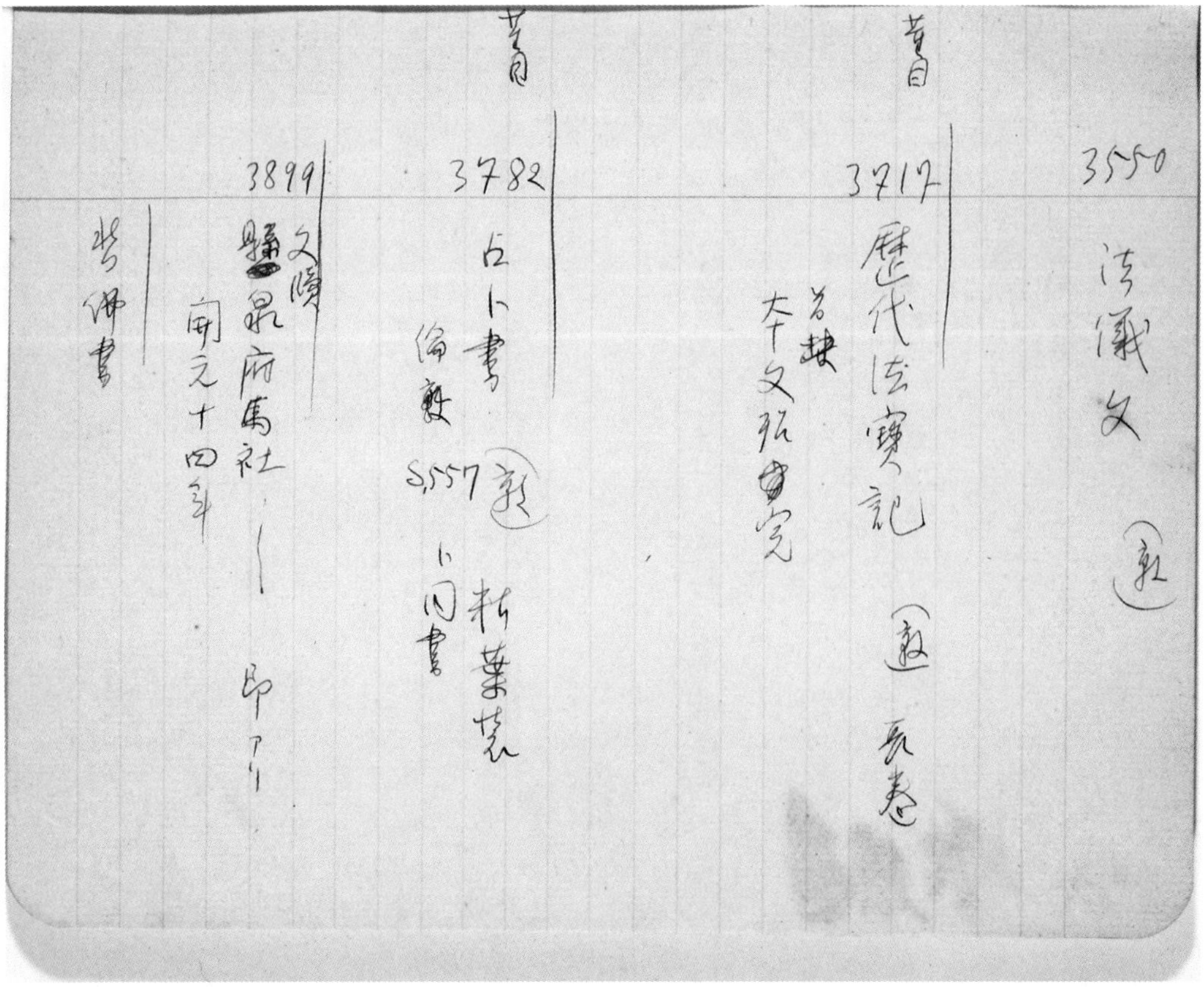

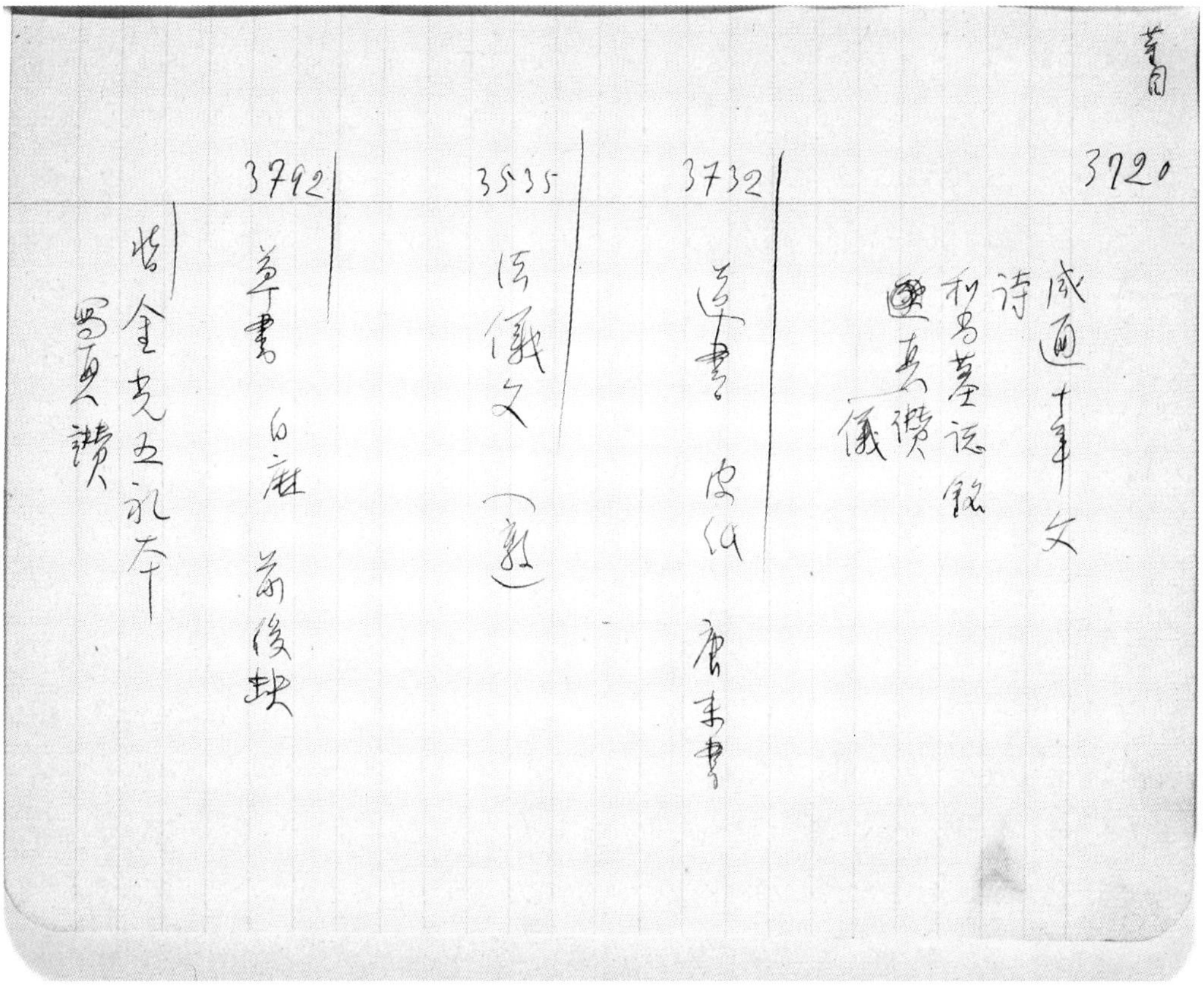

3720
咸通十年文
詩
秘書墓誌銘
邈真讃
儀

3732
道書　皮紙　唐末書

3535
法儀文　（殘）

3792
草書　白麻　前後缺
背　金光五礼本
寫真人讃

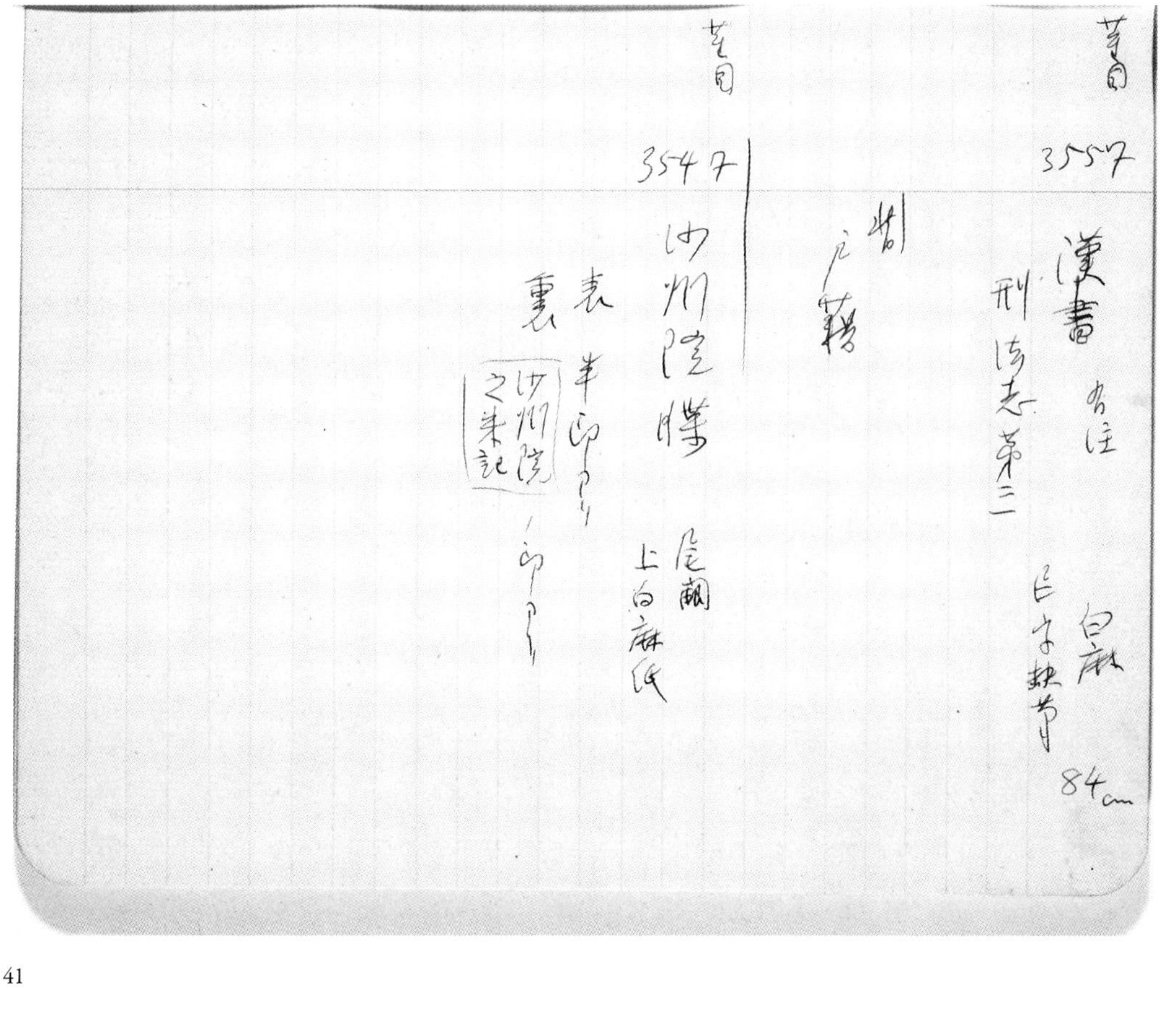

3557
漢書　古注
刑法志第三
白麻
84cm

背　户籍

3547
沙州院牒
尾闕
上白麻紙
表　朱印アリ
裏　沙州院之朱記　印アリ

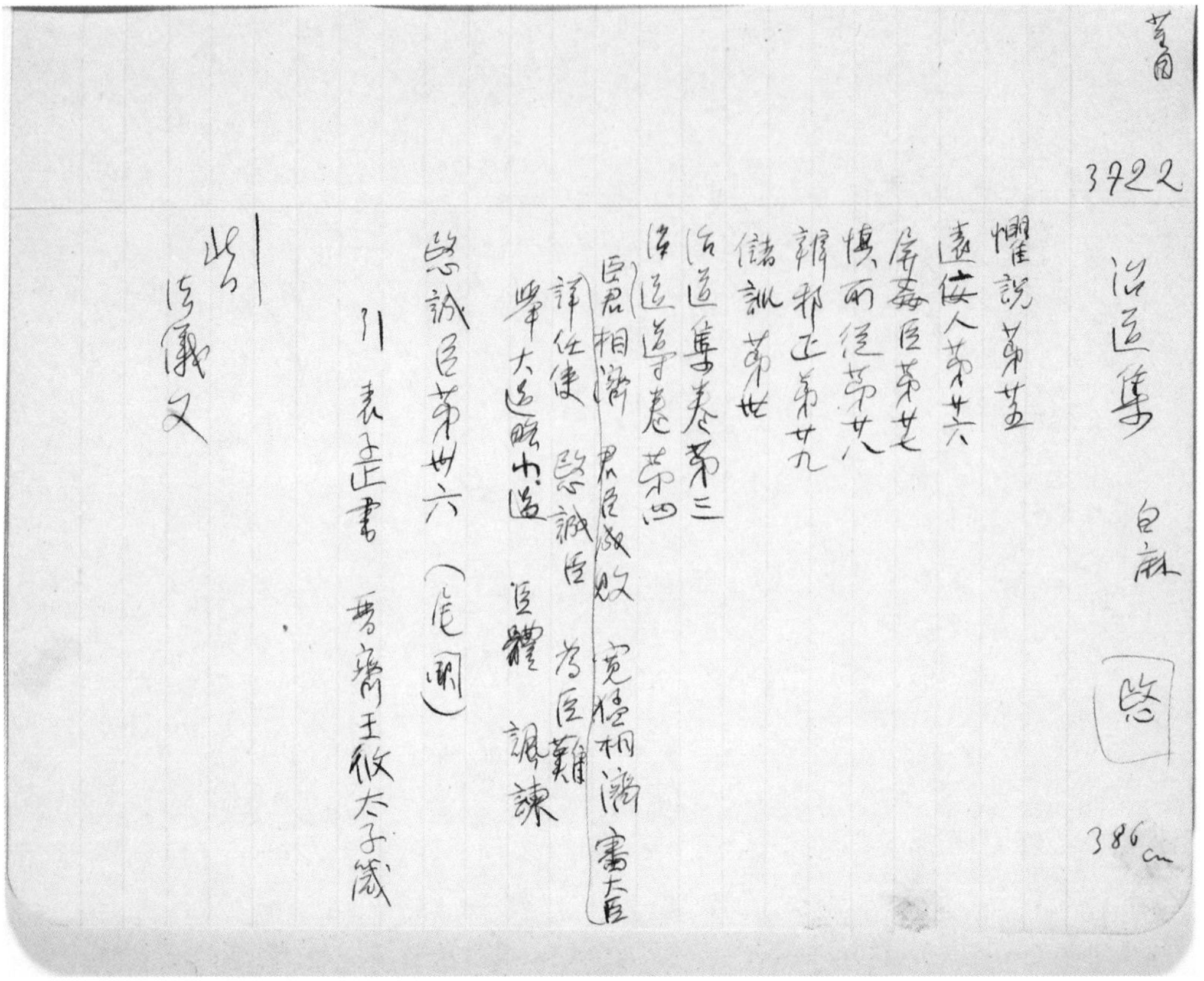
草目
3722
治道集　白麻　（啓）
懼説第廿五
遠佞人第廿六
除姦臣第廿七
慎所従第廿八
辨邪正第廿九
儲訊第卅
治道集巻第三
治道集巻第四
臣君相済　君臣成敗　寛猛相済　審官
詳任使　啓誠臣　為臣難
率大道略小道　臣體　規諫
啓誠臣第卅六　（尾闕）
引　表子正書　晋齊王攸太子箴
386cm
紙背
治儀文

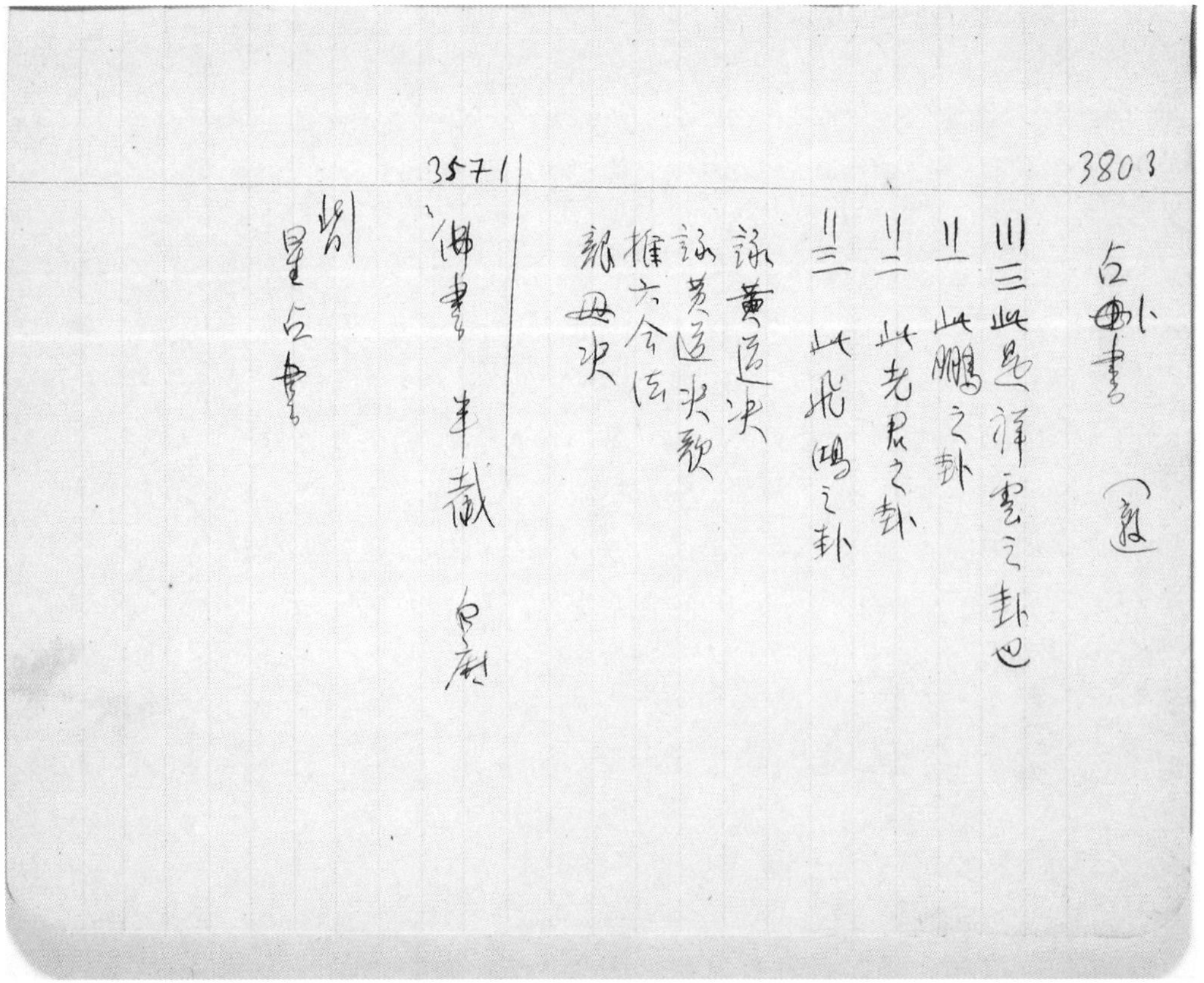
3803
占卜書　（後）
川三　此是祥雲之卦也
リ丨　此鵬之卦
リ二　此老君之卦
リ三　此飛鳴之卦
詠黄道決
詠黄道決歌
推六合法
郭母決
3571
佛書　半截　白麻
紙背
星占書

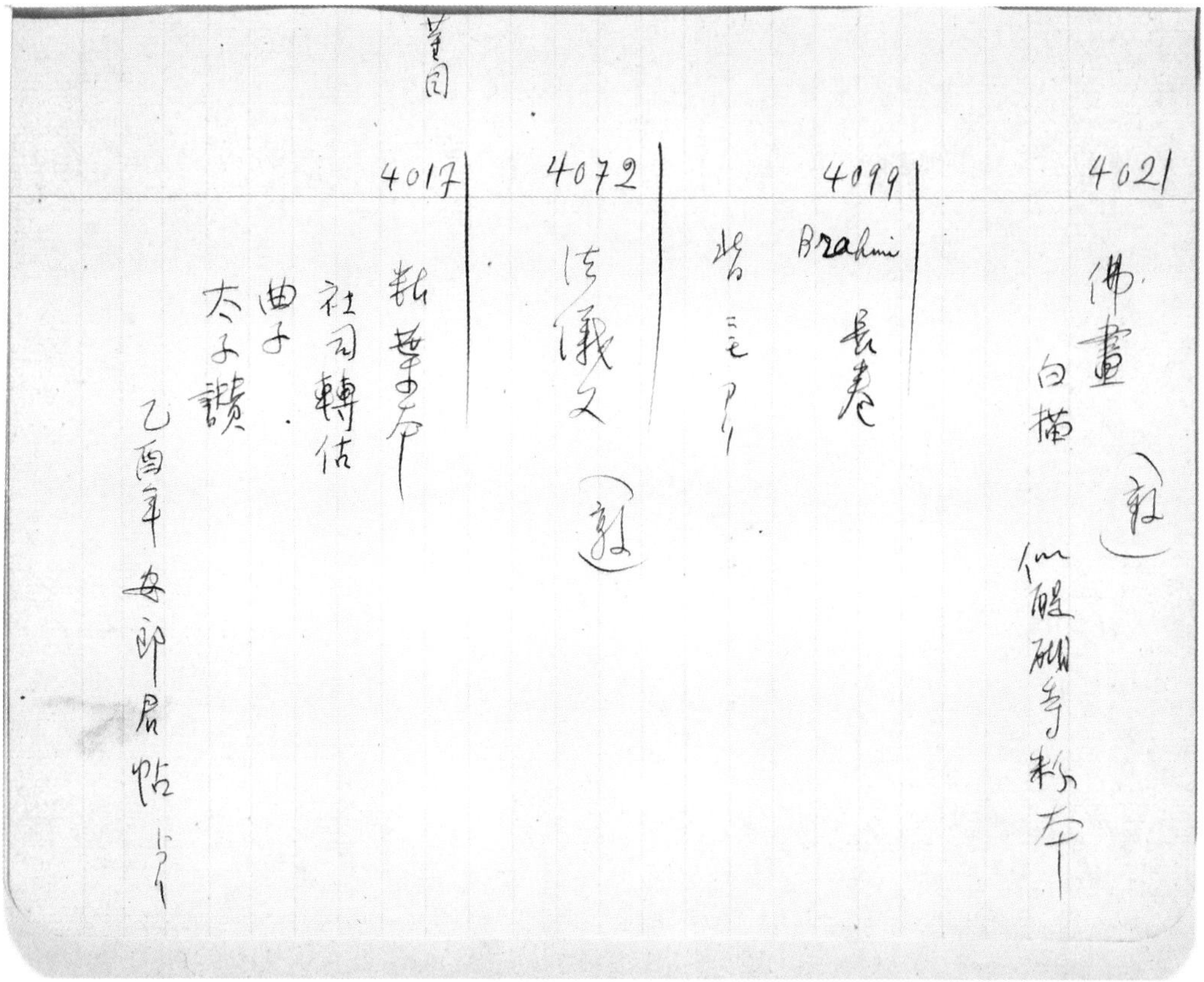

4021 佛畫 白描 (寫) 仙醍闍梨手粉本

4099 Brahmi 長巻

背ニモアリ

4072 法儀文 (寫)

4017 雜寫本

背同

社司轉帖

曲子

太子讚

乙酉年安郎居帖トアリ

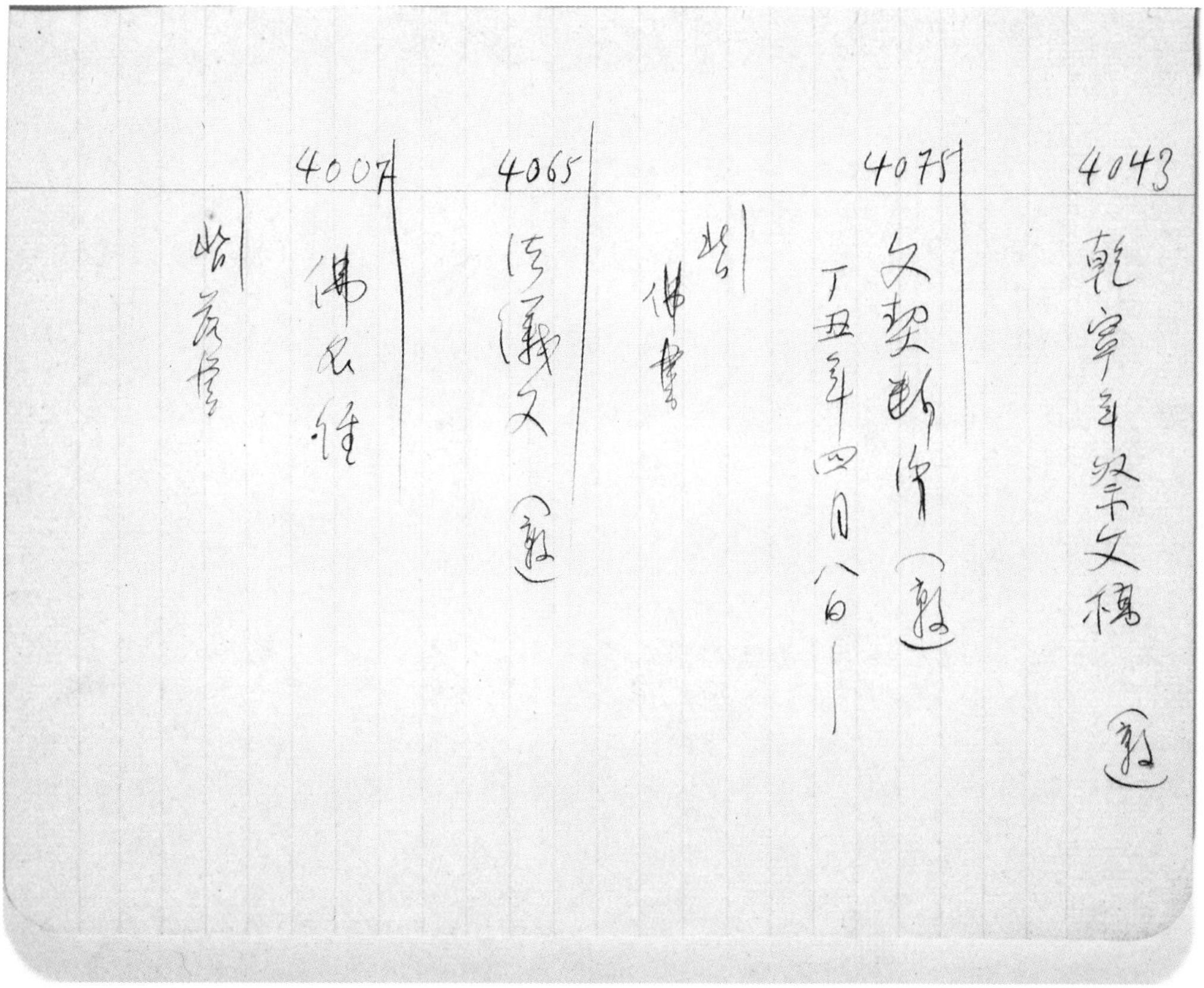

4043 乾寧年祭文稿 (寫)

4075 文契斷片 (寫)

丁丑年四月八日

背 佛書

4065 法儀文 (寫)

4007 佛名經

背 [illegible]

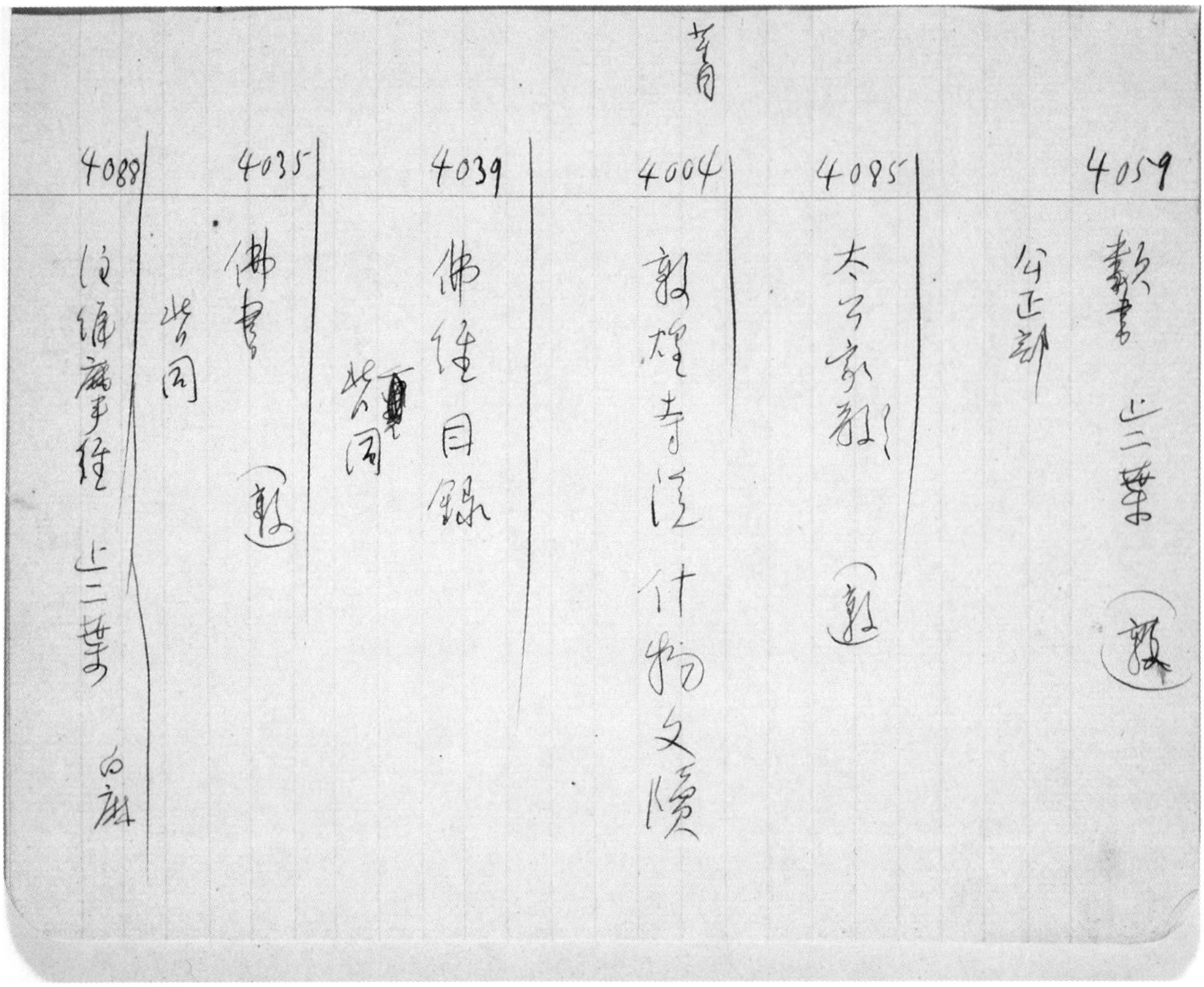

蔵目

4059 數書 止二葉 （敦）

公正部

4085 太公家教 （敦）

4004 敦煌寺院什物文暦

4039 佛經目錄 紫園

4035 佛書 紫園 （敦）

4088 佛維摩手經 止二葉 白麻

蔵目
4006 缺

4089 brahmi （敦）

4050 書儀 粘葉本 書仕

4000 壬寅年報恩寺聖教袟數 （敦）

4047 聖教袟數 小斷片 寫經文暦

4014 佛書 拙 粘色

4048 擲蒸 （敦）

占卜書

工 勝昇

秦漸

三

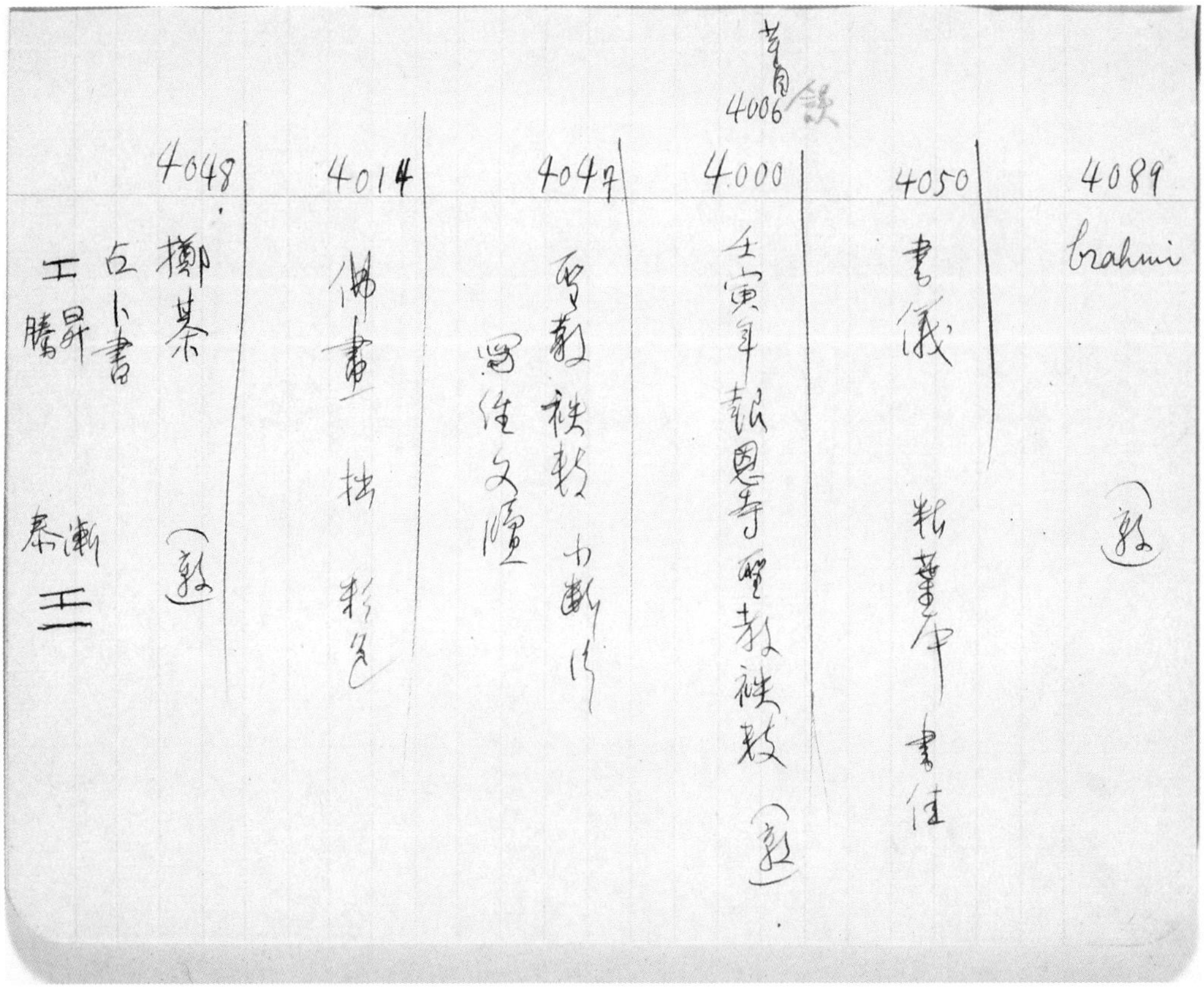

4053 法儀文 （敦煌）

背 文牘

4070 佛画 4014ト接續スベキモノ

4010 敦煌記録断片 背記アリ

4021 庚子年文牘

4027 佛経 （敦煌） 未載 背図

4066 道経 黄麻

背 千字文

4084 平康郷百姓郭憨子文牘

4082 画獅子 背 菩薩画 道仙粉本

4049 佛画 同上

4009 佛画 同上 曼多羅中ノ小佛像

4087 佛画 同上

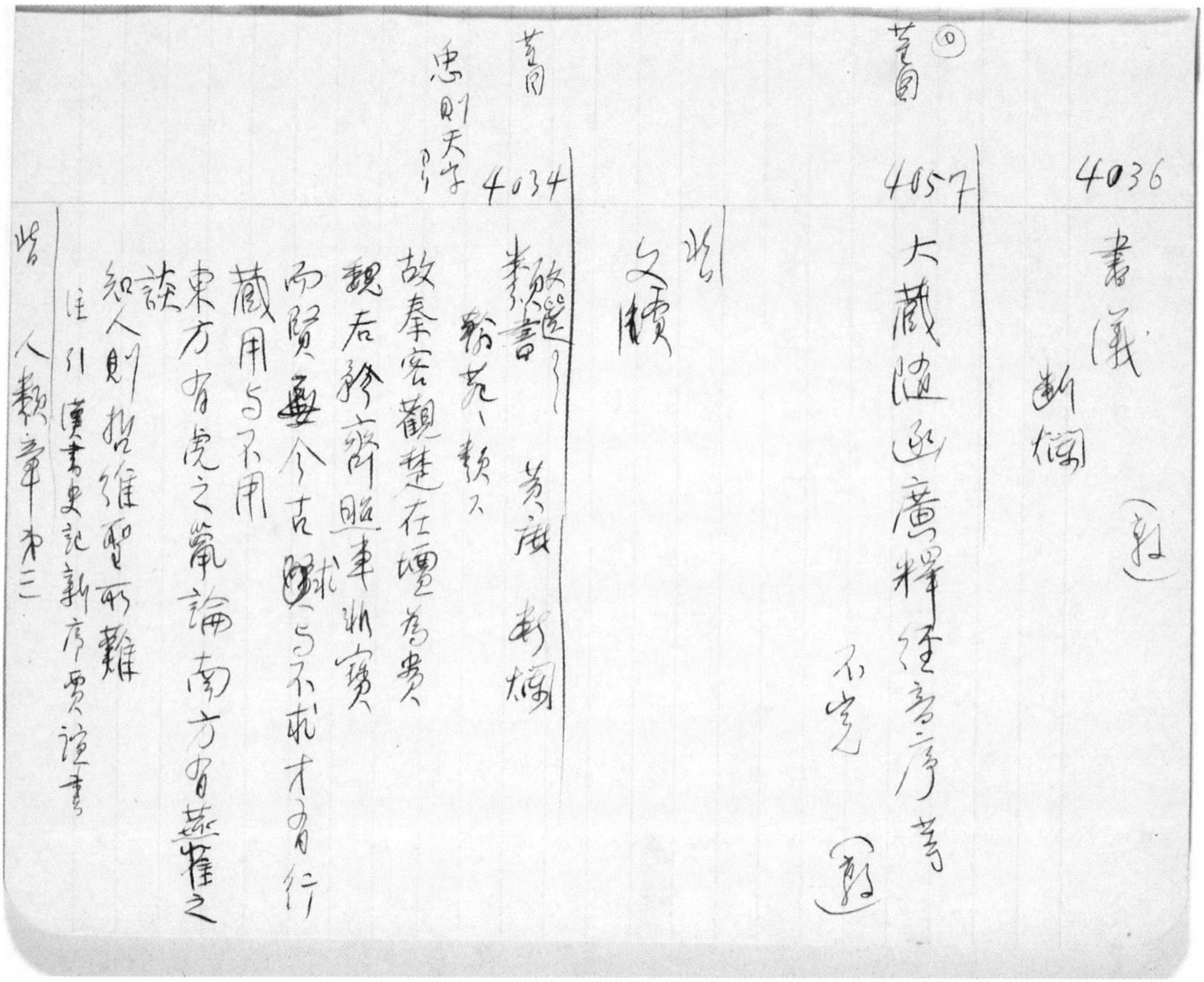

4036 書儀 断簡 (追)

舊 ① 4057 大蔵随函廣釋経音序等 不完 (追)

皆 文牘

舊 4034 敦煌〻類書 蒙求 断簡

翰苑、類文

故秦客観楚在壇為貴

魏右珍齋照車十乗寶

而賢愚今古跡与不求才有行

藏用与不用

東方有虎之氣論南方有燕雀之

談

知人則哲惟聖所難

注引漢書史記新序賈誼書

皆 人類章第三

忠則天字

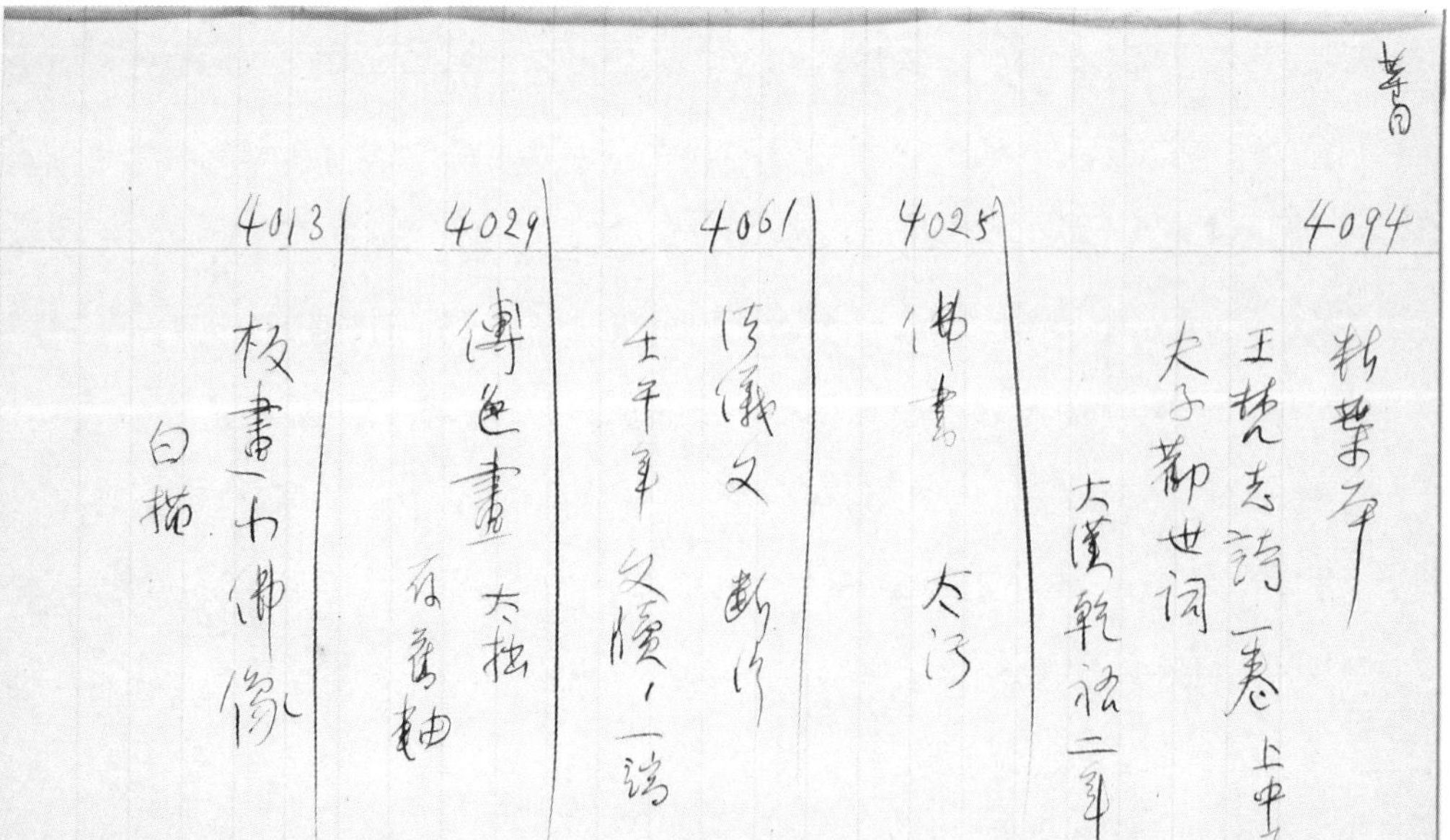

舊 4094 粘葉本

王梵志詩 一巻 上中下三巻為一部

太子勸世詞

大漢乾祐二年

4025 佛書 太[illegible]

4061 [illegible]儀文 断片

壬午年 文牘 一通

4029 傳色畫 大幅 存舊軸

4013 板畫小佛像 白描

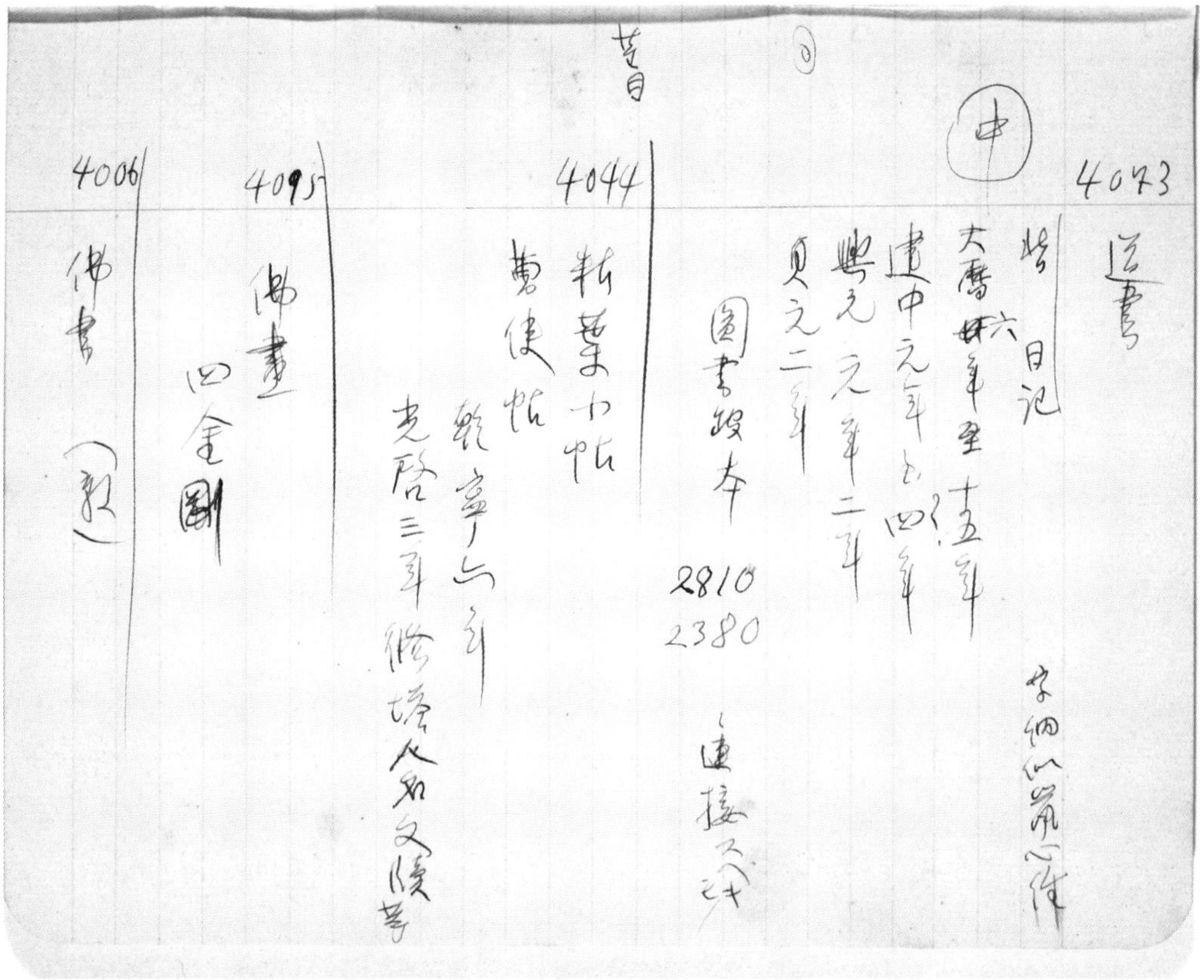

4073
道書
暦日記
大曆廿六年至十五年
建中元年至四年
興元元年二年
貞元二年
字細似晁心傳
圖書殘本
2810
2380
連接文字

4044
粘葉小帖
曹使帖
乾寧六年
光啓三年僧塔人名文牒等

4095
佛畫
四金剛

4006
佛書
（殺）

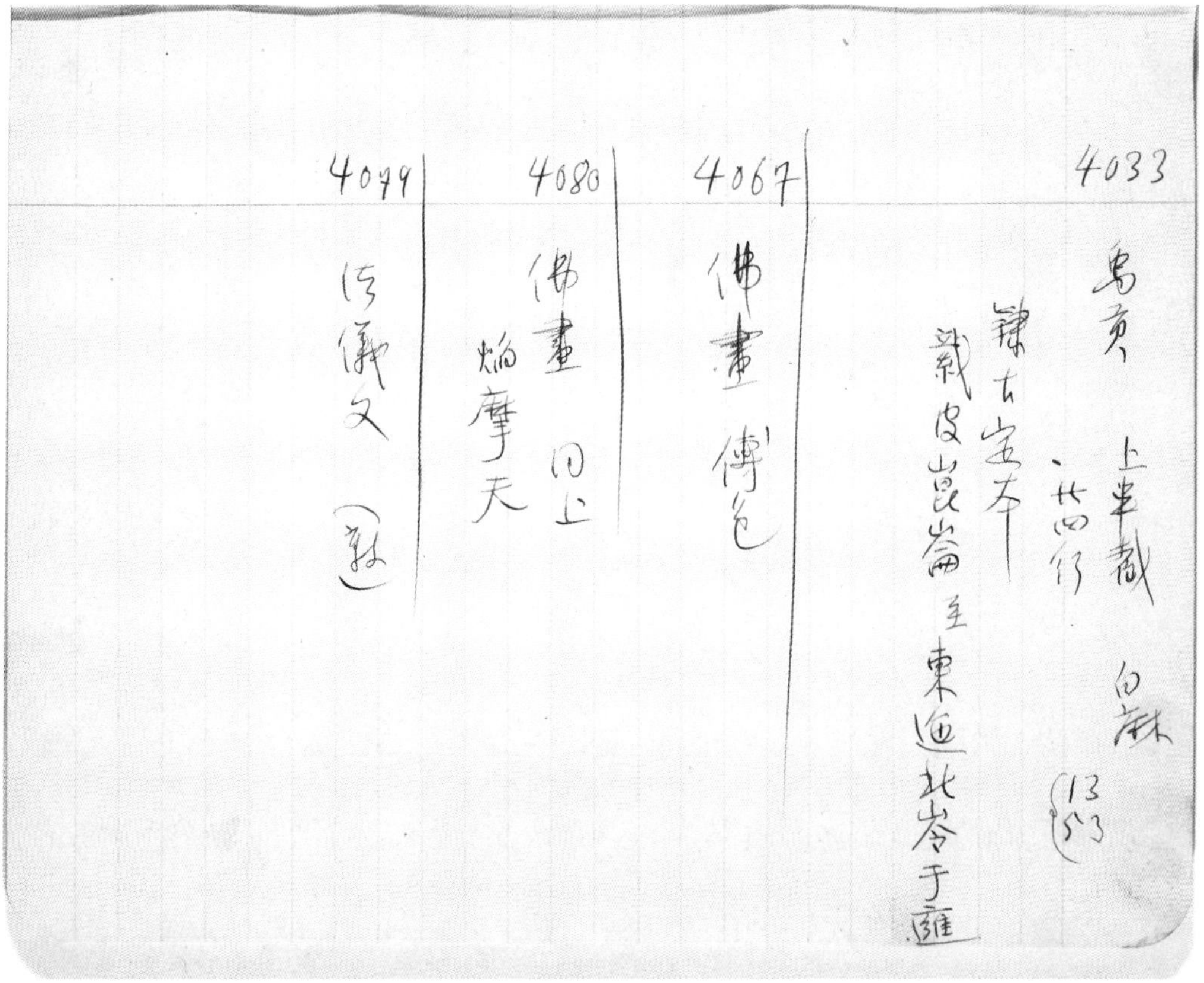

4033
易頁　上半截　白麻
錄古定本　廿四行　1353
載皮崑崙至東迴北岑于闐

4067
佛畫　傅色

4080
佛畫　同上
焔摩天

4079
供儀文
（殺）

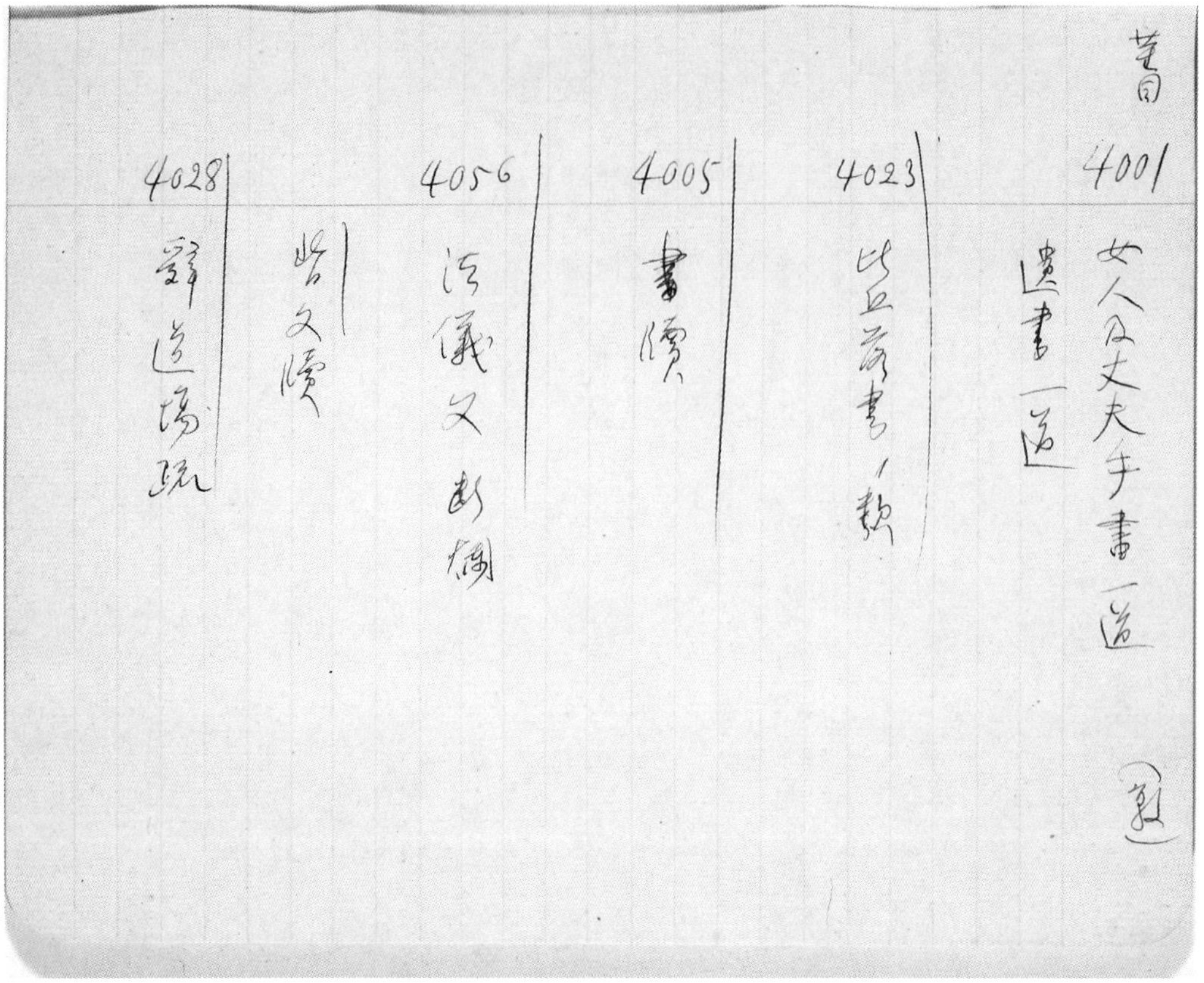
董目
4001
女人及丈夫手書一道
遺書一道
（還）
4023
比丘尼書1紙
4005
書儀
4056
斎儀文 断簡
略文傳
4028
辭道場疏

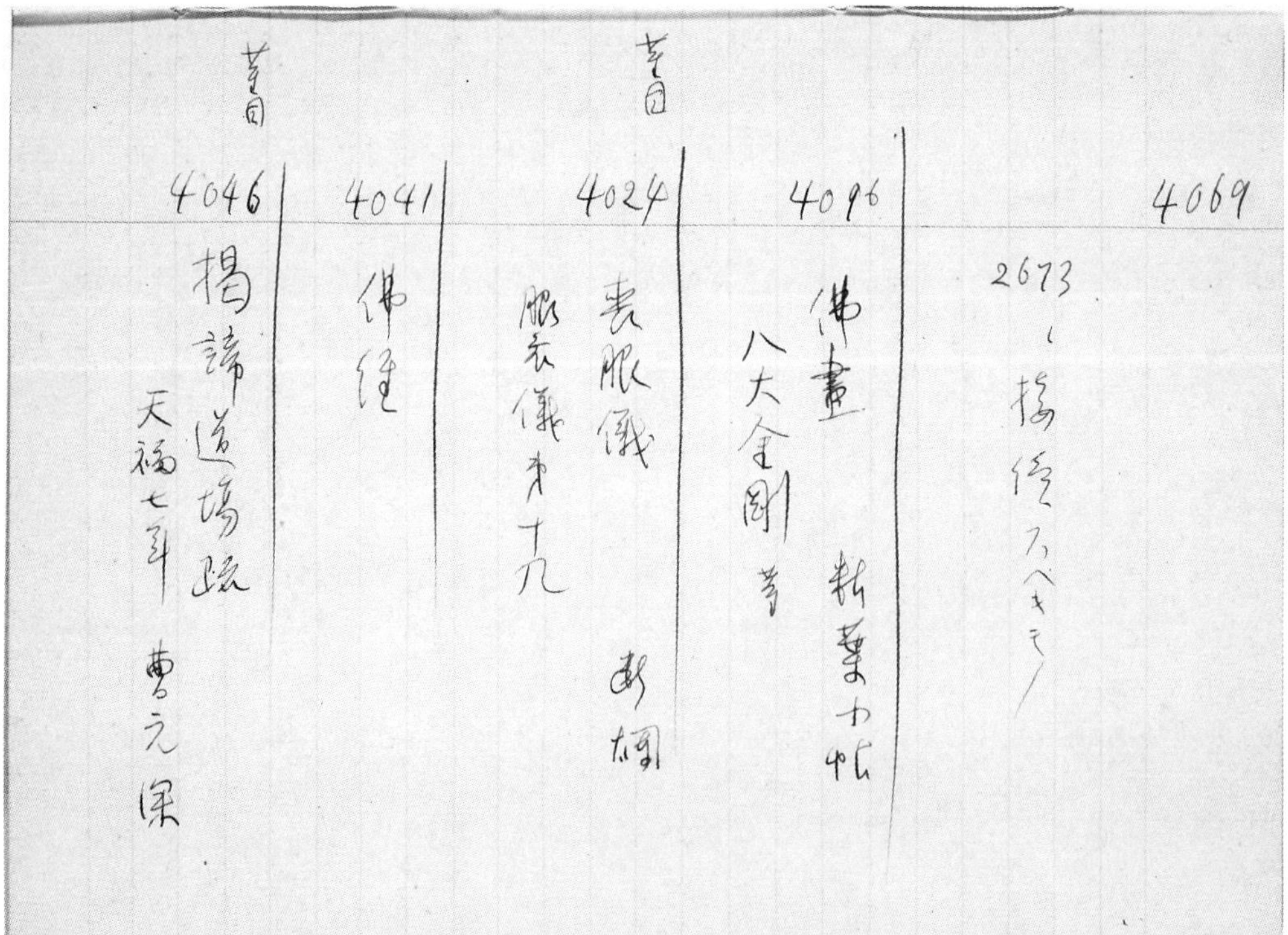
4069
2673と接続すべきもの
4096
佛畫 粘葉十帖
八大金剛 等
董目
4024
喪服儀 断簡
喪服儀第十九
4041
佛経
董目
4046
揭諦道場疏
天福七年 曹元深

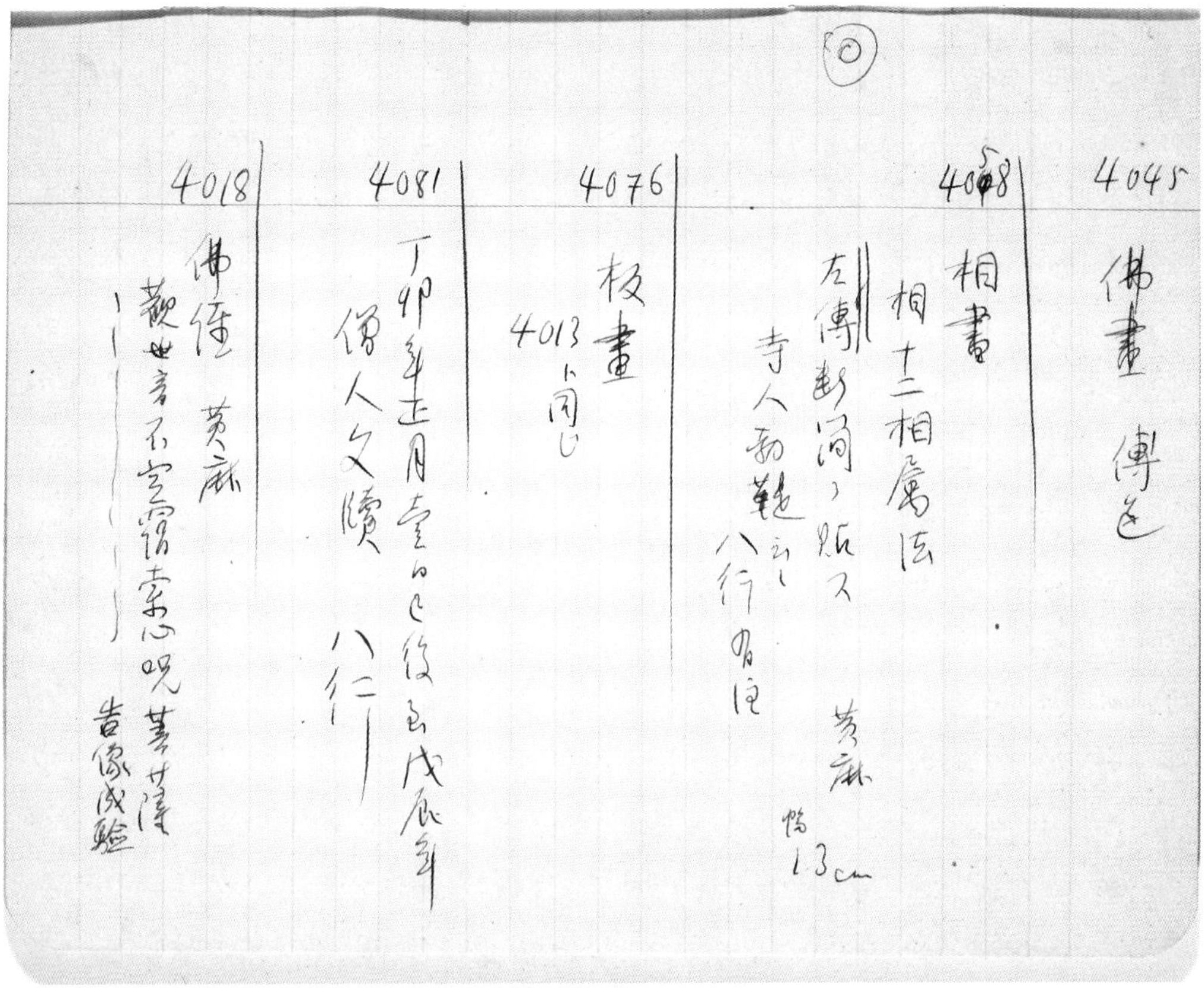

4045 佛畫 傳達

4058 相書
相十二相屬法
左傳斷簡ノ紙ス
寺人勃鞮 云々
八行有界
黄麻
幅 13cm

4076 板畫
4013ト同じ

4081 丁卯年正月壹日已後至戊辰年
僧人文牘
八行

4018 佛經 黄麻
觀世音不空羂索心呪 菩薩
吉祥成驗

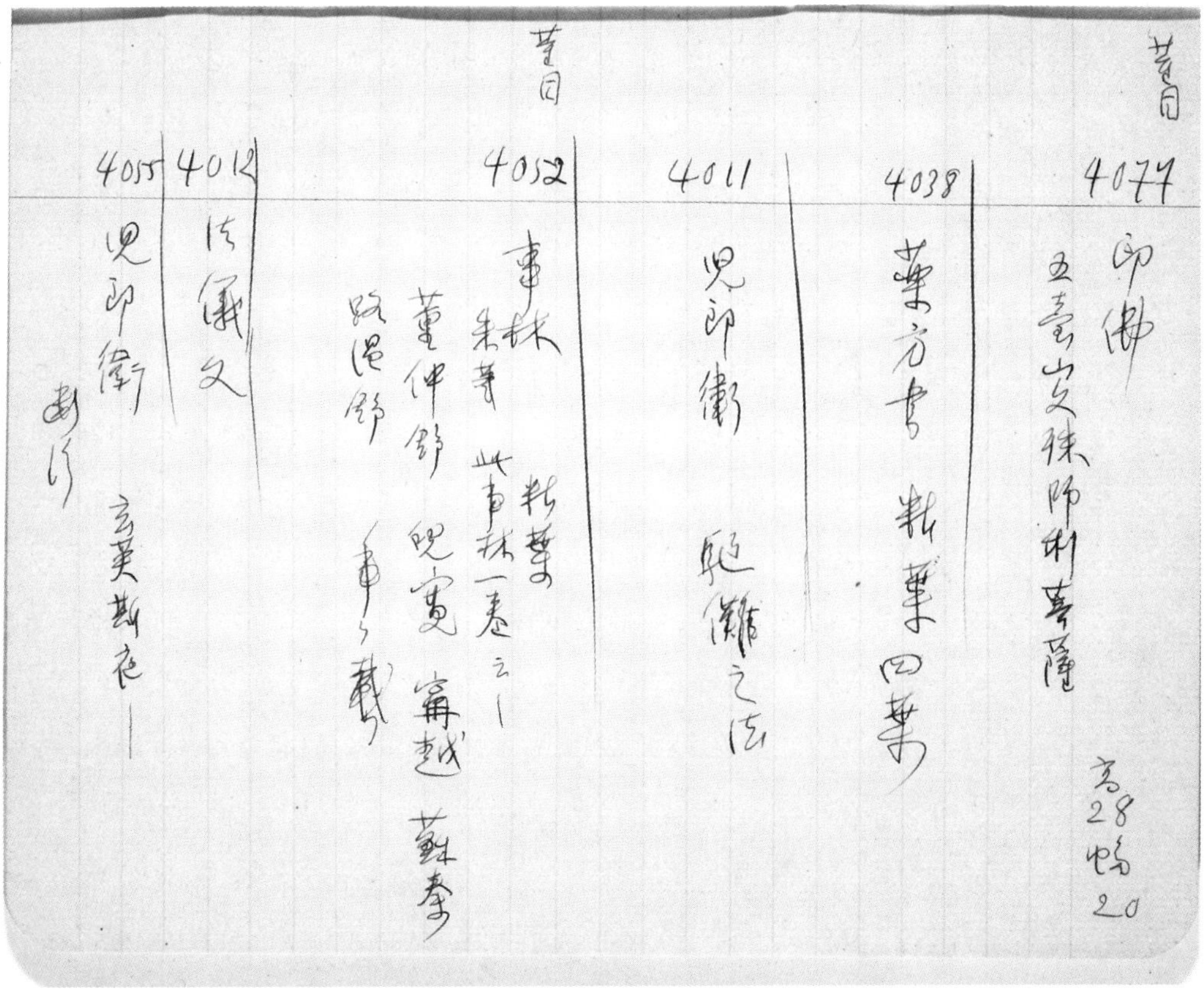

昔日

4077 印佛
五臺山文殊師利菩薩
高28 幅20

4038 藥方書 粘葉 四葉

4011 兒郎偉
驅儺之法

昔日

4052 書林
朱筆 此書林一卷云々
粘葉
董仲舒 兒寬 甯越 蘇秦
路溫舒 東方朔

4012 法儀文

4055 兒郎偉
玄奘甚夜
斷片

4091 Brahmi
印刷文牘ノ断片
敦煌紙ノ上等ナル

4086 板畫
4076ト同じ

4002 書儀断片
皆書牘

4030 佛畫 傅色

4031 佛畫 同上

4063 官建・轉帖
社ノ記錄

4074 佛畫 傅色
南無天寶勝如来佛

4062 書儀
皆書儀
孝行第二 友悌第三 婚姻第四
判史第五

4098 粘葉本
八大金剛圖 傅色
金剛経 尾缺

4097 粘葉本 金剛経
4098ト連接入

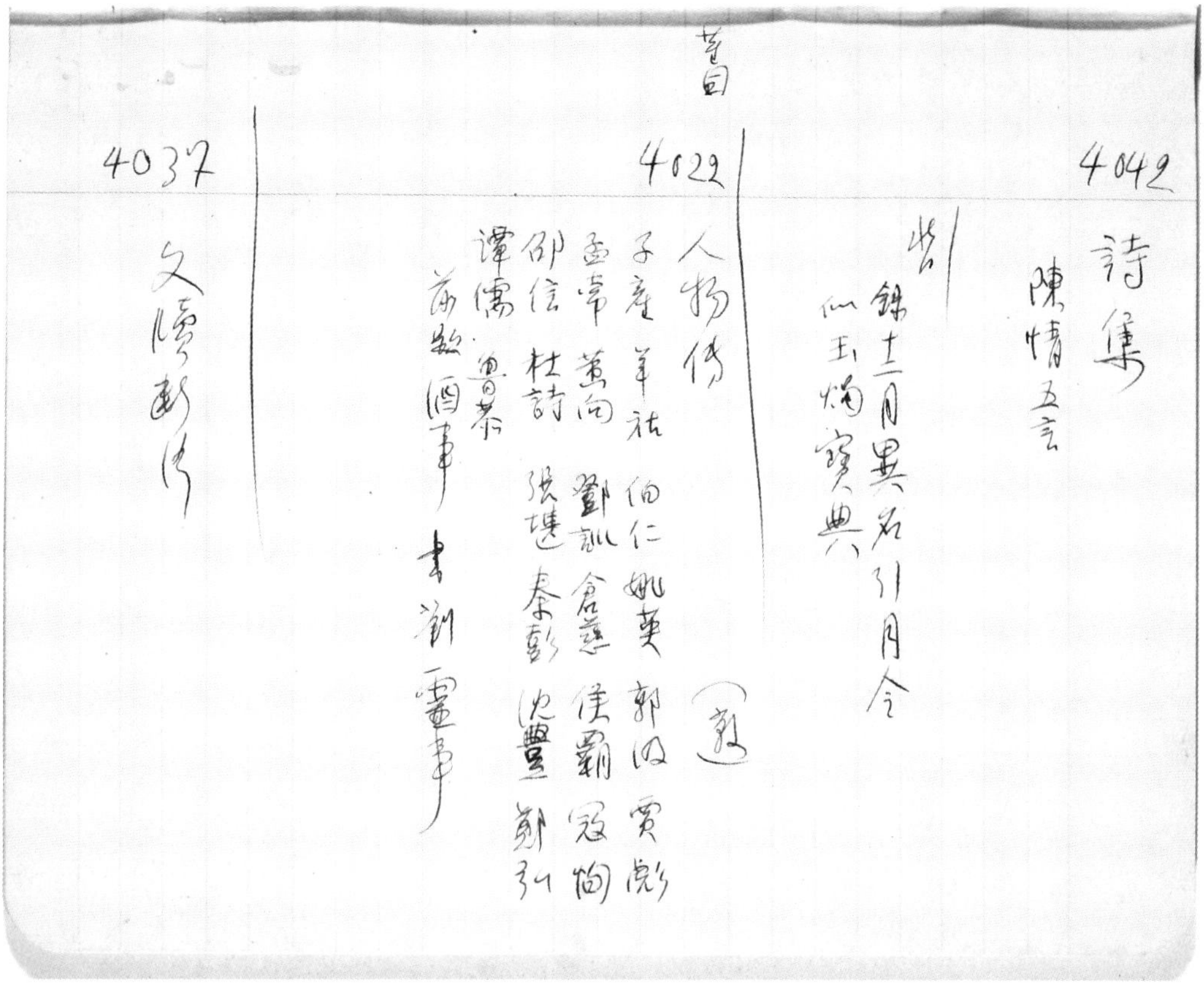

4042
詩集
陳情五言
背
錄十二月異名引月令
似玉燭寶典

背
4022
人物傳（殘）
子產 羊祜 伯仁 姚萇 郭汲 賈彪
孟嘗 蕭何 鄧訓 倉慈 侯霸 寇恂
邴信 杜詩 張堪 秦彭 沈豐 鄭弘
譚儒 魯恭
蔣歆酒事 書劉靈事

4037
文德新傳

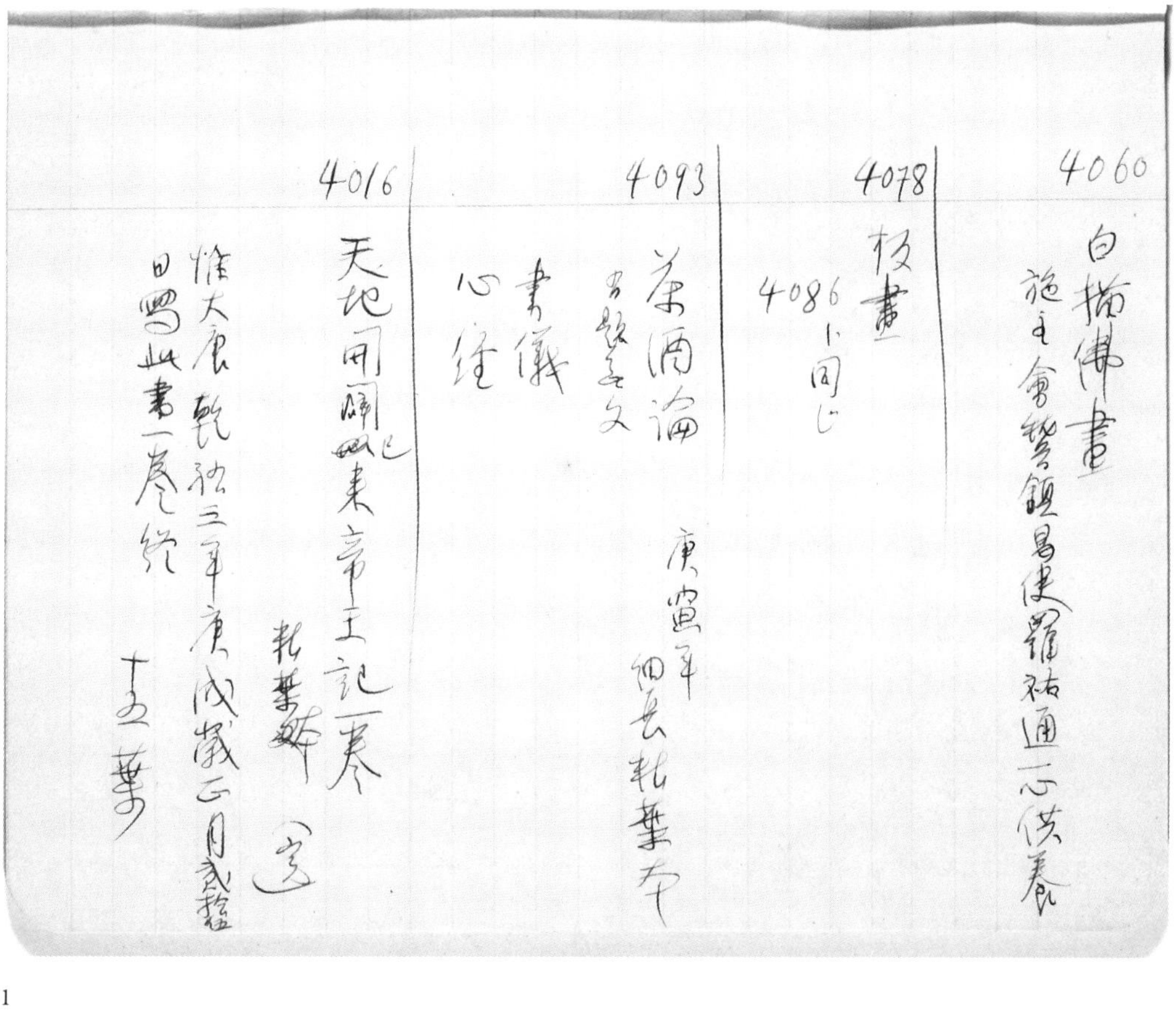

4060
白描佛畫
施主會稽鎮遏使羅祐通一心供養

4078
校書
4086 同じ

4093
茶酒論
王敷之文
庚寅年
細長粘葉本
書儀
心經

4016
天地開闢以來帝王記一卷
粘葉本（完）
維大唐乾祐三年庚戌歲正月貳拾日寫此書一卷訖
十五葉

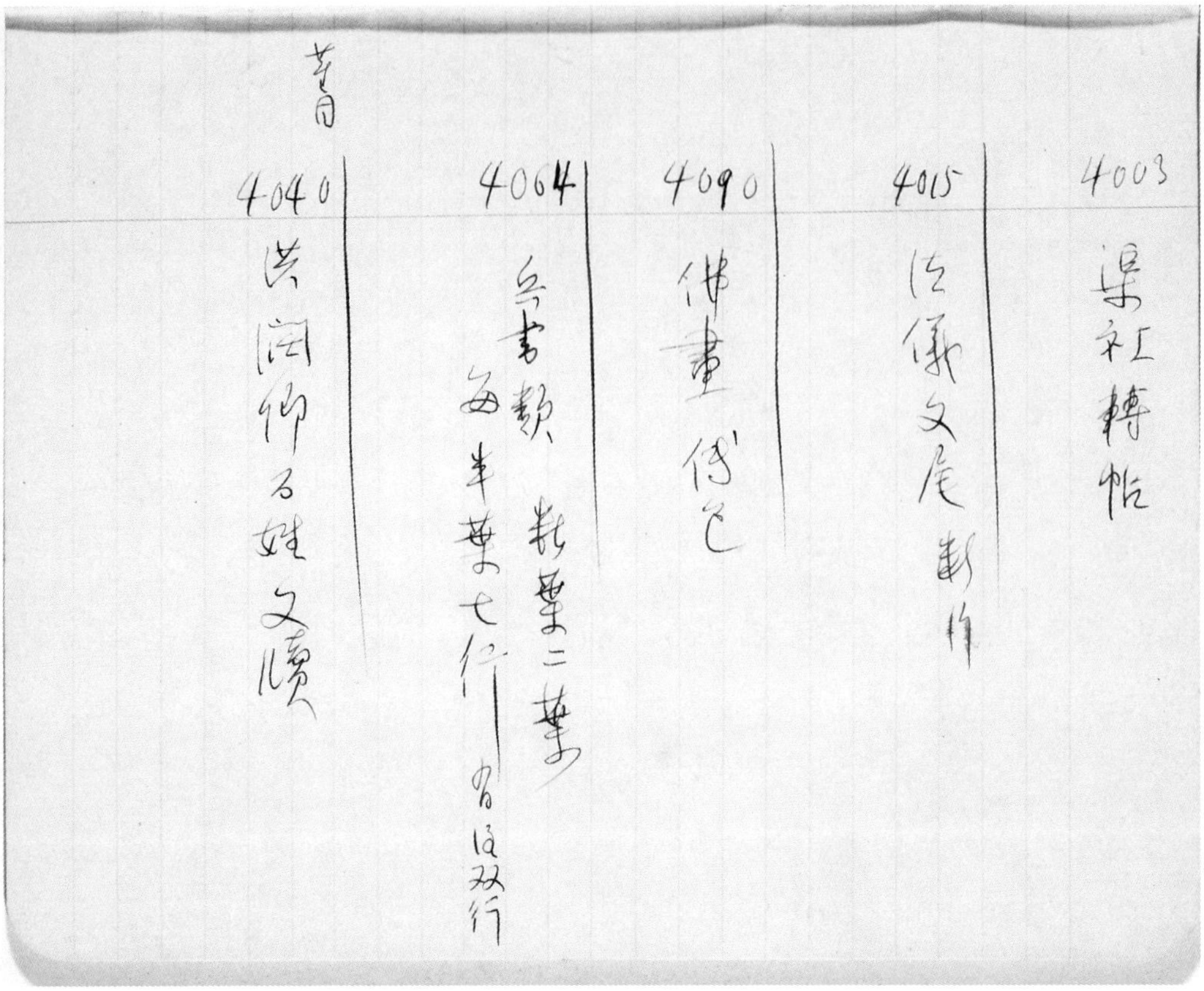

4003 梁社轉帖

4015 仏儀文尾斷作

4090 佛畫傳？

4064 無書題 粘葉二葉 每半葉七行 有谷双行

4040 法國仰為姓文牘

4057 劉家太子小說 粘葉存一葉

4092 新集雜別紙 書儀類 粘葉四葉 乙丑年四月

4019 舊字賦 斷兩偏 新集吉凶書儀目 ／ 不?續

4071 星占書 粘葉四張 開寶七年十二月十一日靈州大都督府白衣術士人康遵課藏收

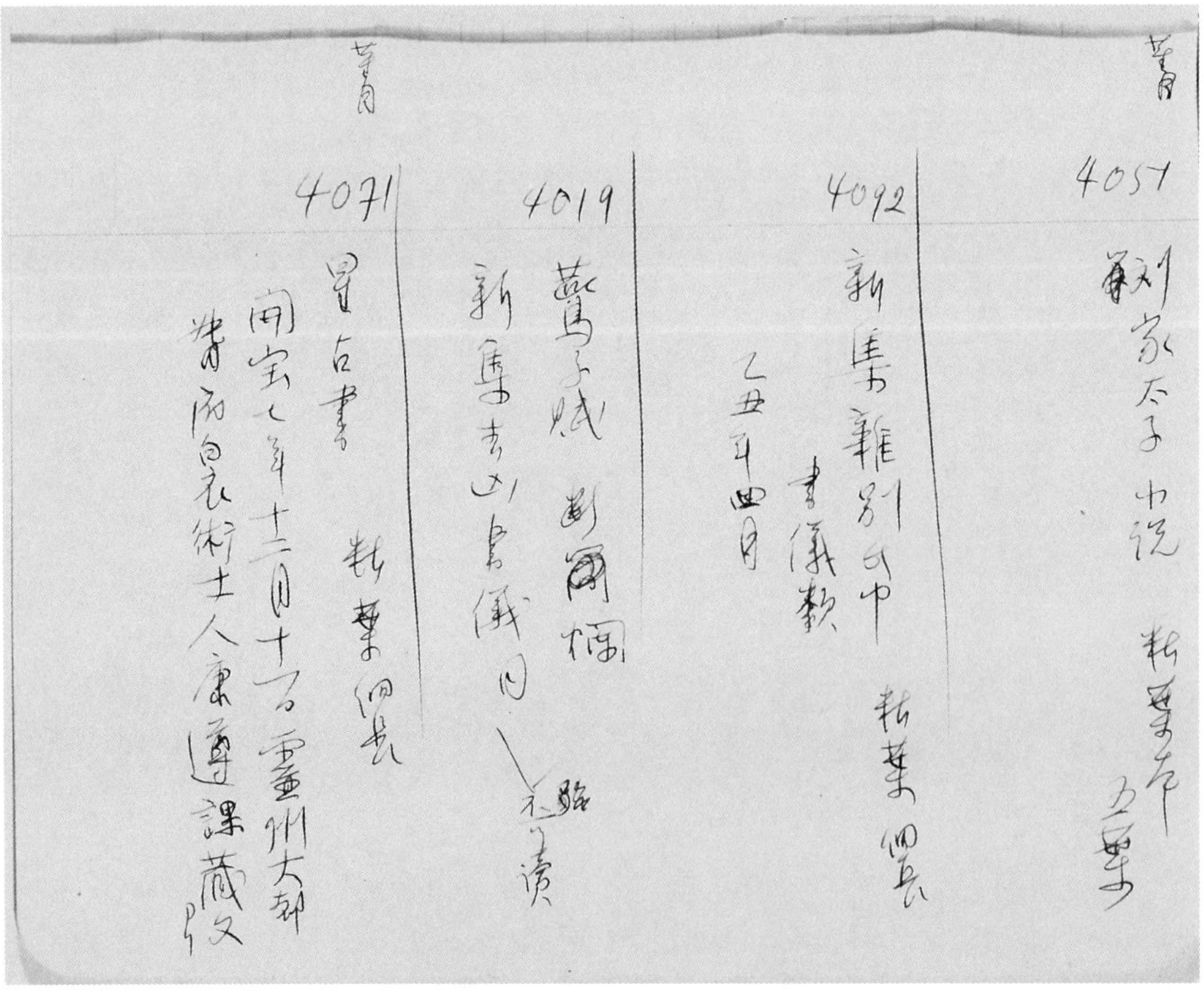

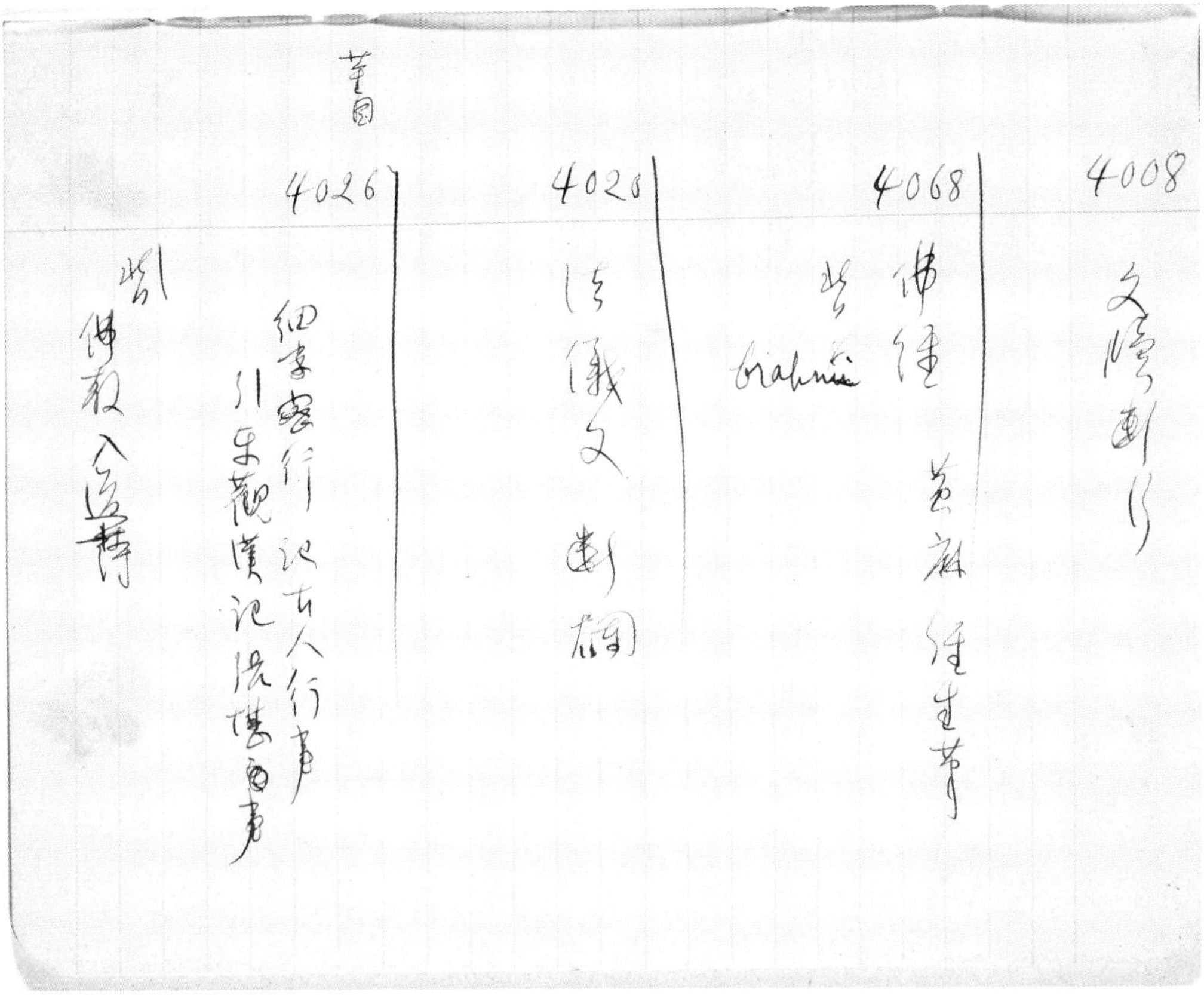

4008 文殘斷片

4068 佛經 藏麻經生常
背 Brahmi

4020 法儀文斷簡

4026 細字密行記古人行事
小字觀音記法堪西事
背 佛教入道詩

草圖

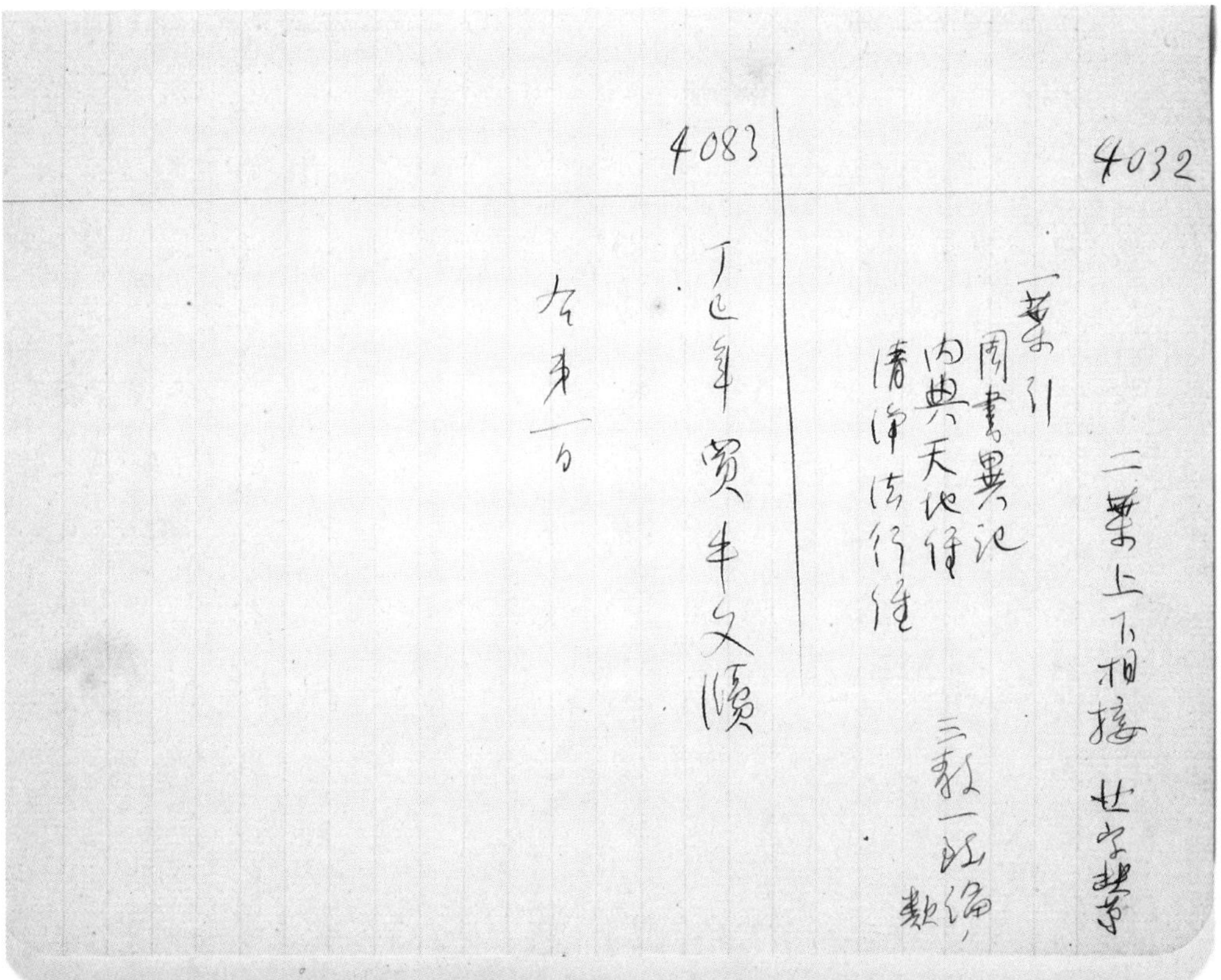

4032 二葉上下相接 廿字格
一葉引
周書異記
內典天地經
清淨法行經
三教一致編
數

4083 丁巳年買牛文牘
今本一分

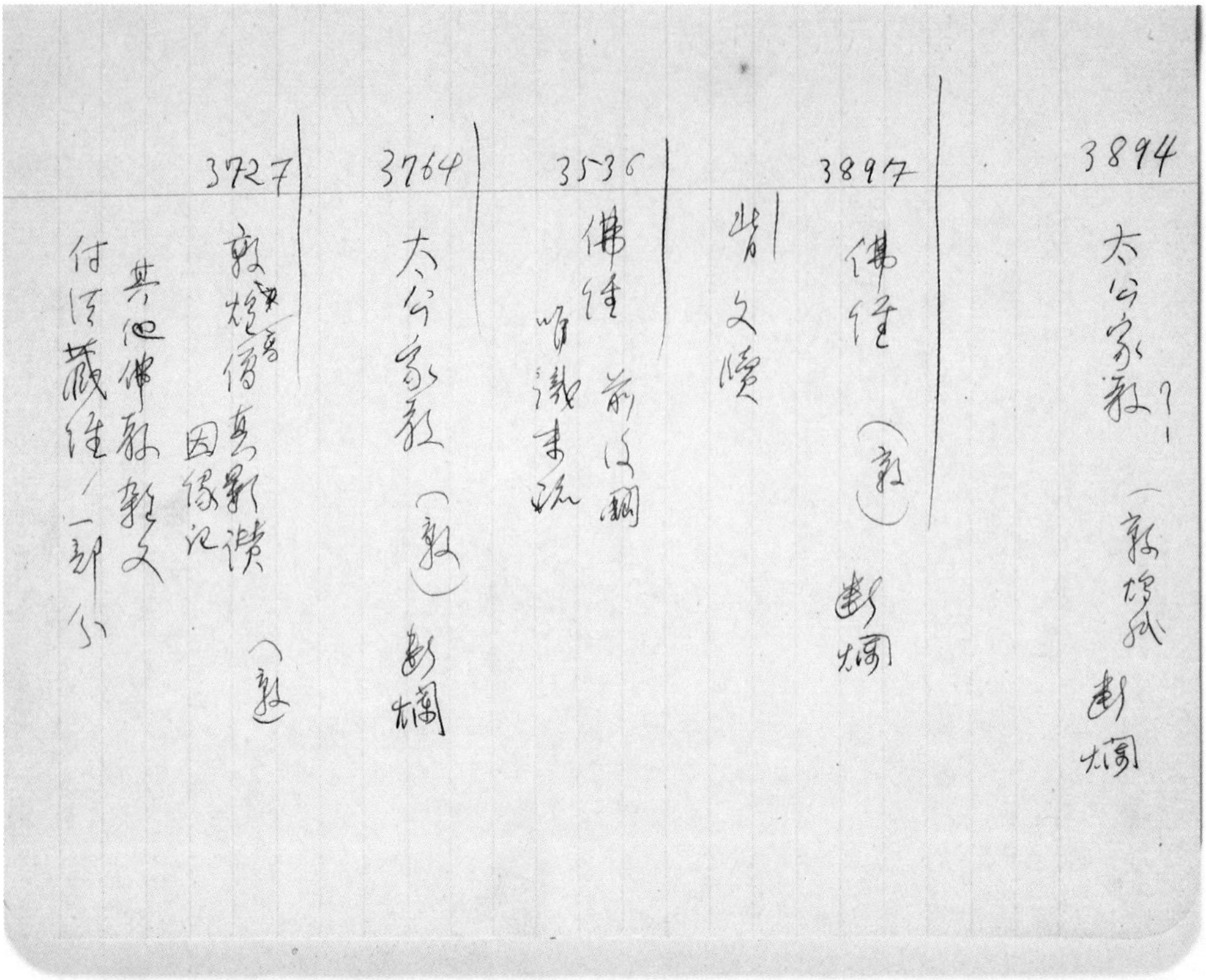
3894 太公家教？ 一 敦煌紙 斷爛

3897 佛經 （敦） 斷爛

背文牘

3536 佛經 前後闕 唯識章疏

3764 太公家教 （敦） 斷爛

3727 敦煌高僧真影讃 因緣記 （敦）

其他佛教雜文

付法藏經 一部分

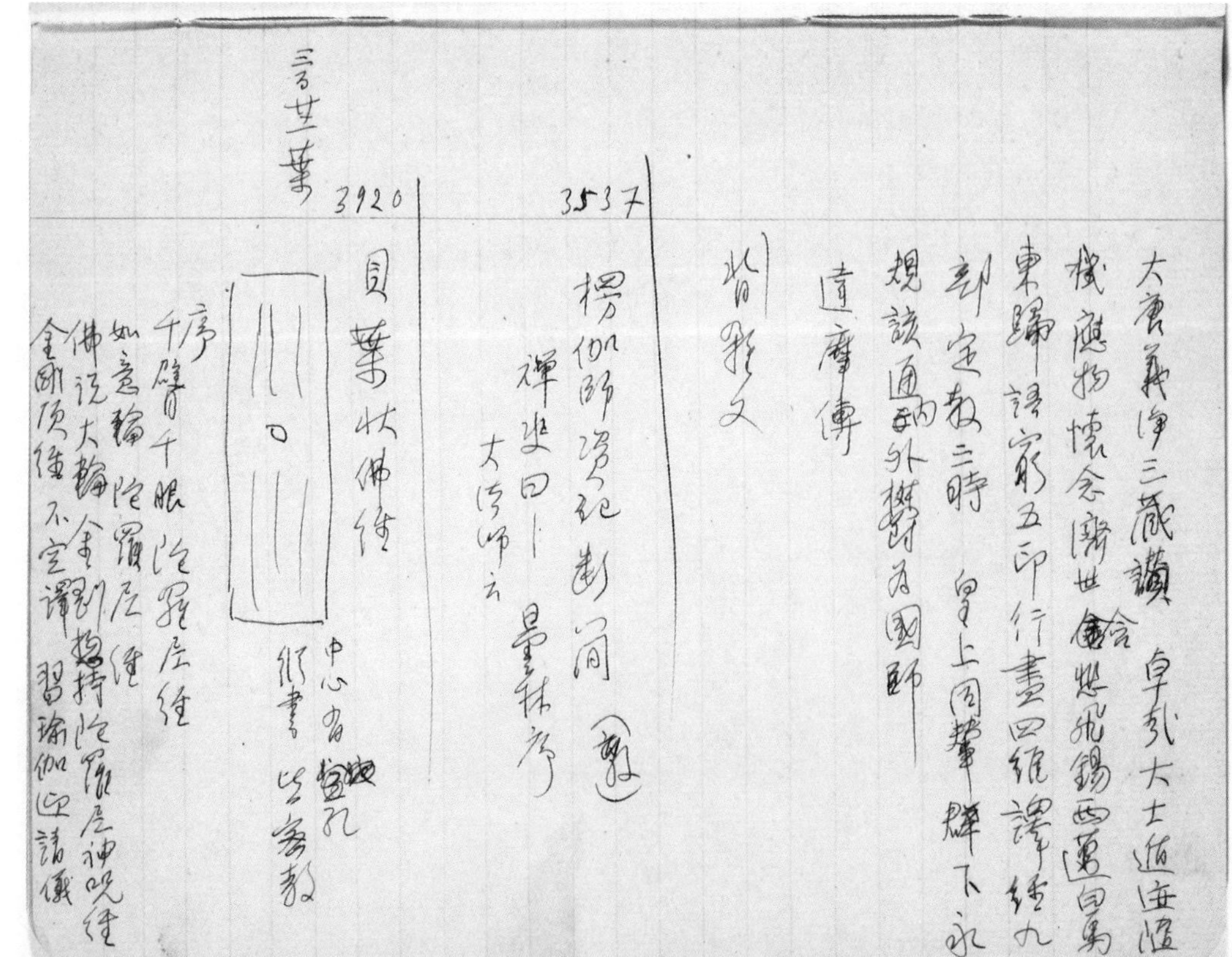
大唐義淨三藏讃 卓哉大士追遊經險

懐念離世 含悲飛錫西邁白馬

東歸詳窮五印行盡四維譯經九

部定教三時 皇上同輦輝下永

規該通納外樹為國師

達摩傳

背雜文

3537 楞伽師資記 斷簡 （敦）

禪要曰 曇林序

大唐師云

3920 貝葉状佛經

中心有孔

紙書 以為教

三百廿葉

千手千眼陀羅尼經 序

如意輪陀羅尼經

佛説大輪金剛總持陀羅尼神呪經

金剛頂經 不空譯

習瑜伽迎請儀

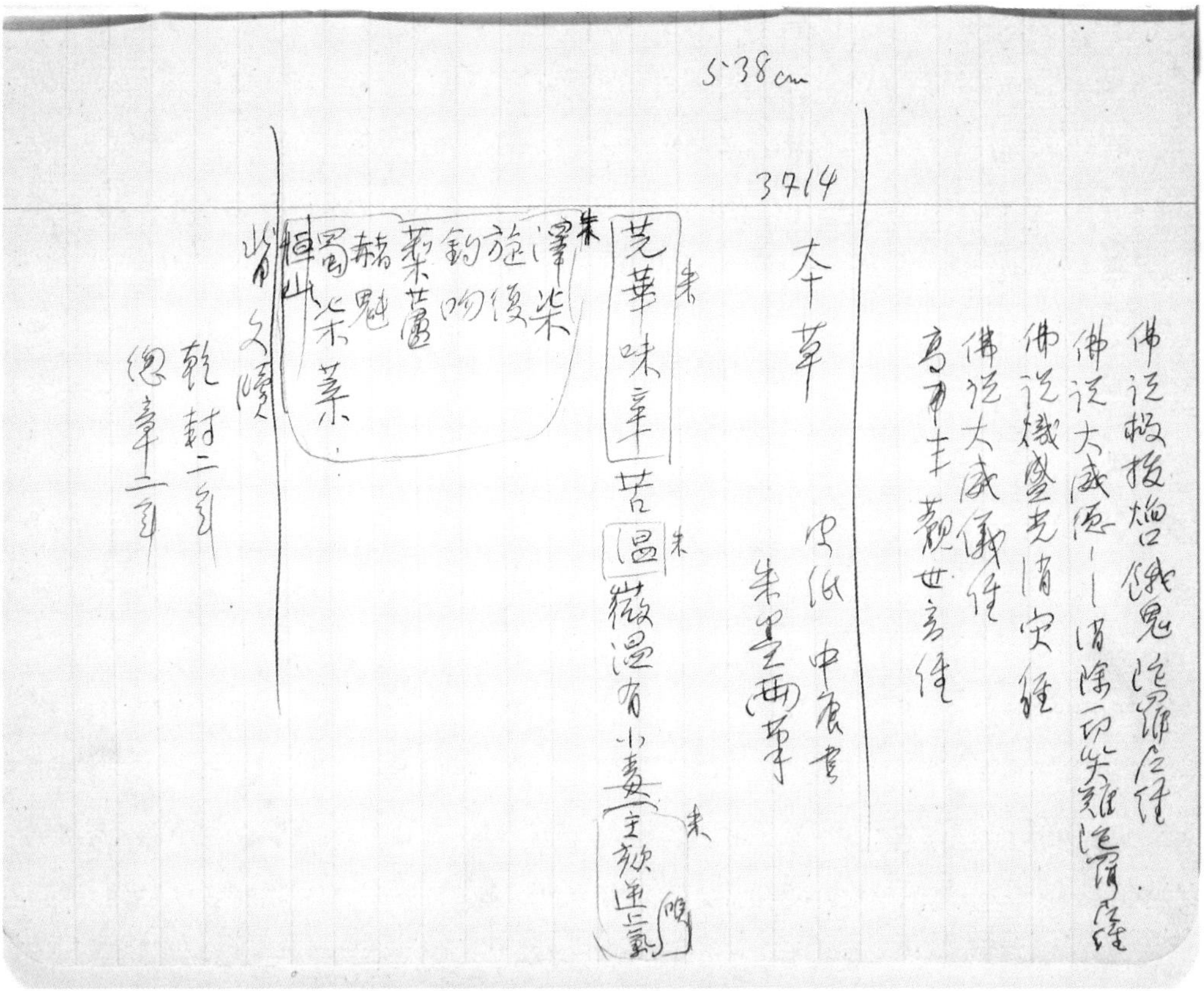
5.38cm
佛説救抜焔口餓鬼陀羅尼経
佛説大威徳一一消除一切災難陀羅尼経
佛説熾盛光消災経
佛説大威儀経
高王観世音経
3714
本草　夾紙　中唐書
朱墨両筆
芫華　朱　味辛苦　温　朱　微温有小毒　主欬逆　朱
澤柒　朱
旋復
鈞吻
薬蘆
藉魁
蜀柒
菜
背　恒山　文陵
乾封二年
總章二年

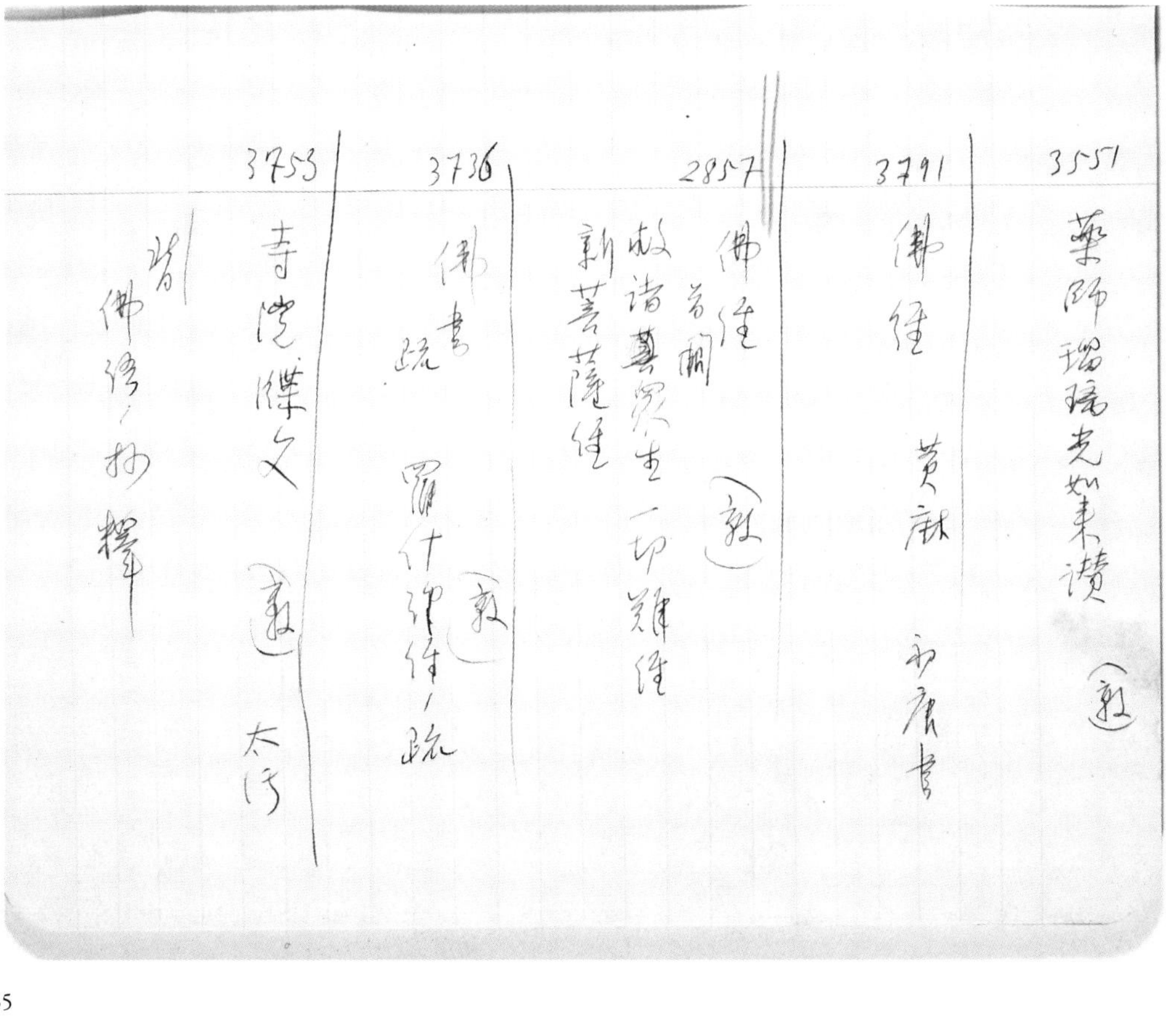
3557
薬師瑠璃光如来讃（敦）
3791
佛経　黄麻　中唐書
2857
佛経　首闕
救諸衆生一切難経（敦）
新菩薩経
3736
佛書疏
羅什律ノ疏（敦）
3753
寺院牒文（敦）　太清
背
佛経ノ抄釈

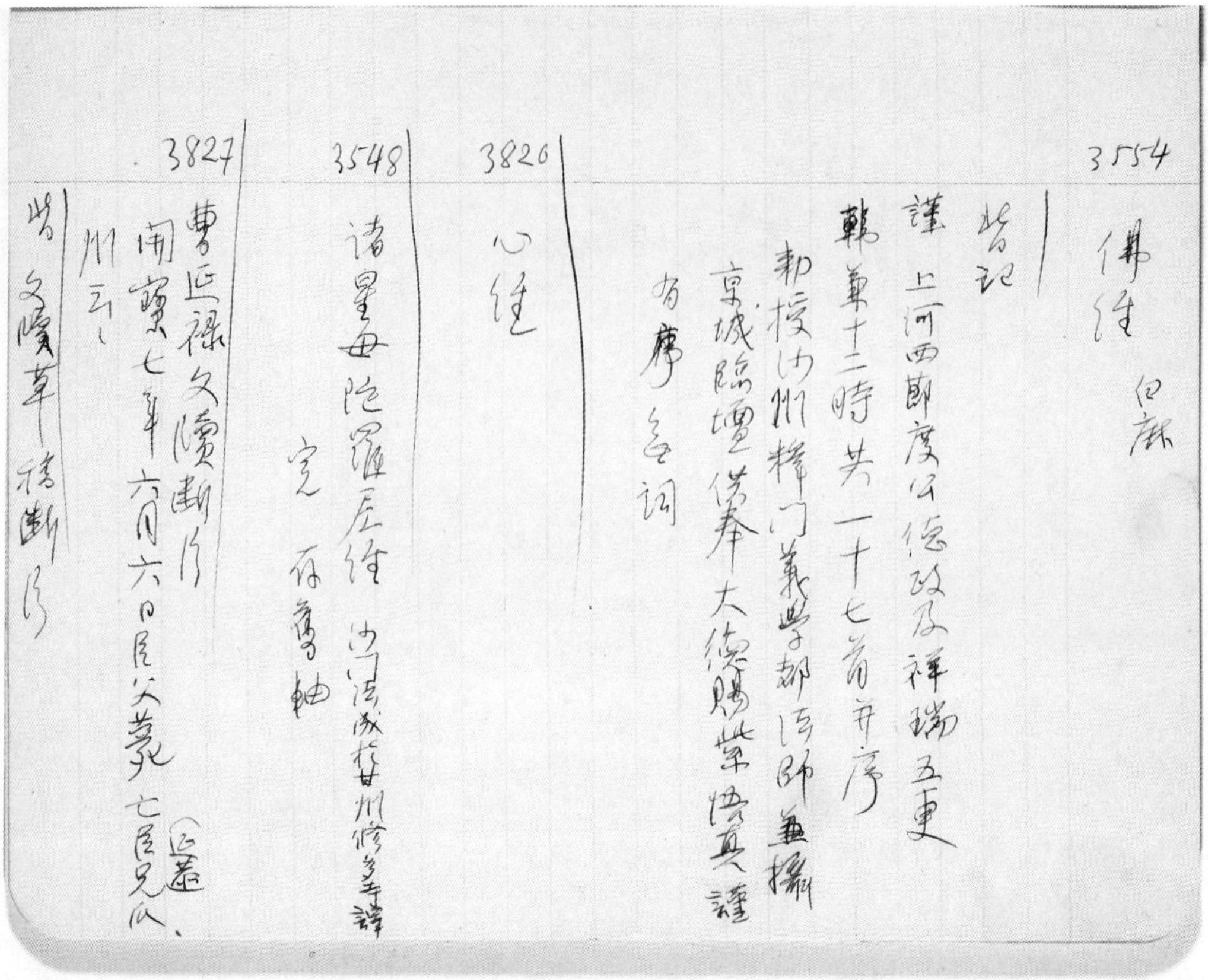

3554 佛経 白麻
背記
謹上河西節度公徳政及祥瑞五更
轉兼十二時共一十七首并序
勅授沙州釋門義學都法師兼攝
京城臨壇供奉大徳賜紫悟真謹
有序無詞

3820 心経

3548 諸星母陀羅尼経 沙門法成於甘州修多寺譯
完 存首軸

3827 曹延禄文牘斷片
開寶七年六月六日臣父薨 亡臣兄瓜(延恭、
州云々
背 文牘草稿斷片

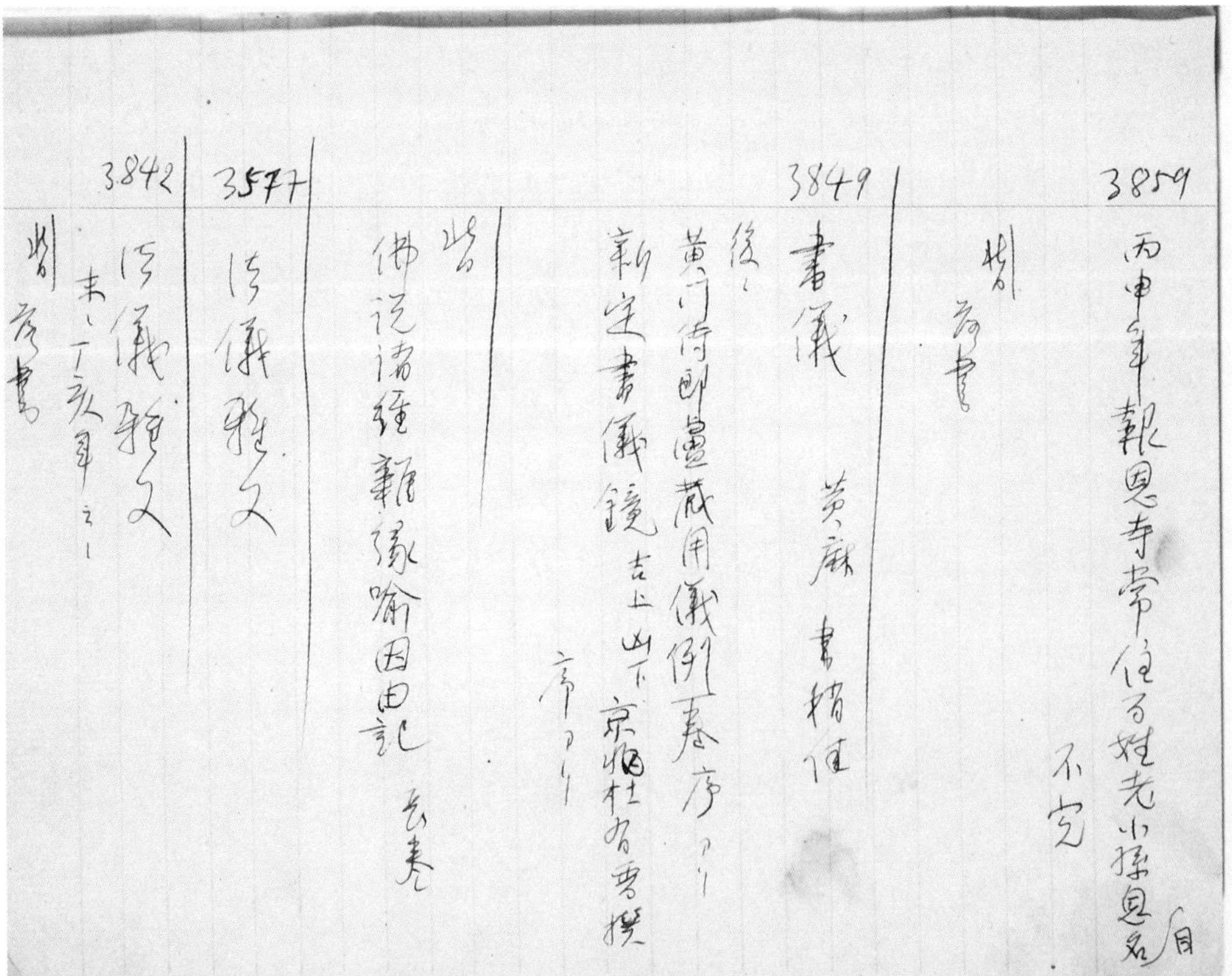

3859 丙申年報恩寺常住百姓老小孫息名目
不完
背 藥書

3849 書儀 黄麻 書楷佳
後々 黄門侍郎盧藏用儀例奉序アリ
新定書儀鏡 吉上凶下 京兆杜友晋撰
序アリ
背
佛説諸経雜縁喩因由記 玄奘

3577 法儀雜文

3842 法儀雜文
末々丁亥年云々
背 藥書

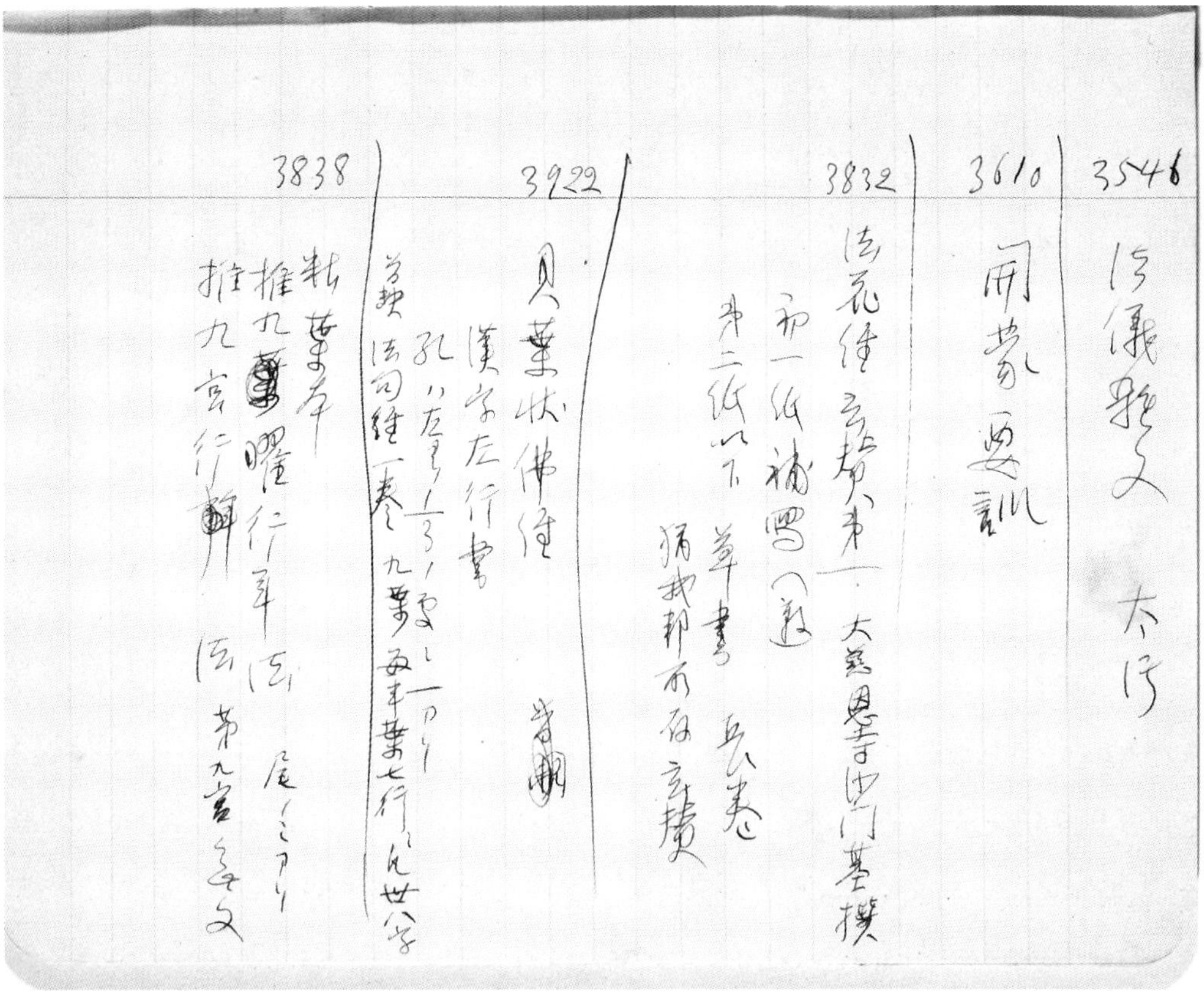

3546 法儀粘文 大行

3610 開蒙要訓

3832 法花経玄賛巻第一 大慈恩寺沙門基撰
第一紙補寫（後）
第二紙以下 草書 五巻
猶我邦所存玄賛

3922 貝葉状佛経 首欠
漢字左行書
孔ハ左ヨリ1/3ノ處ニ一アリ
首欠 法句経一巻 九葉 毎半葉七行 行凡廿字

3838 粘葉本
推九曜仁行年法 尾ニアリ
推九宮行年法 第九宮至文

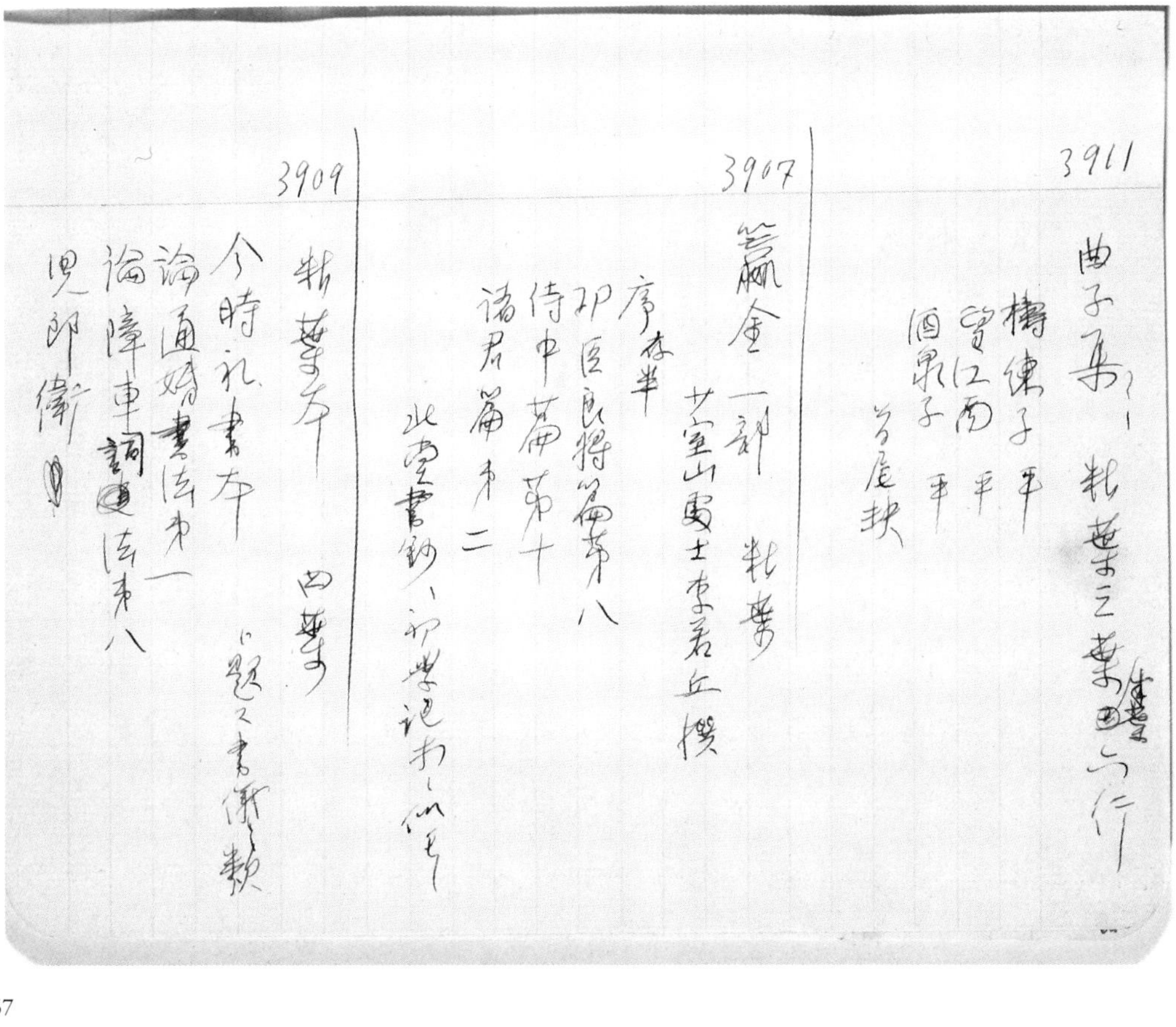

3911 曲子集ニ 粘葉三葉 毎半葉六行
擣練子 平
望江南 平
酒泉子 平
首尾缺

3907 籯金 一部 粘葉
少室山處士李若立撰
序存半
功臣良將篇第八
侍中篇第十
諸君篇第二
北堂書鈔ノ初學記ナドニ似タリ

3909 粘葉本 四葉
今時礼書本 ニ題スル書儀類
論通婚書法第一
論障車詞文法第八
兒郎偉

3917

中論　第巻下尾　唐明　道真施入目録

貝葉状紙本　孔一　中心に近し

中論巻第一

三界寺律大徳沙門道真念已

3908

粘葉本　表紙共十六枚

新集周公解夢書一巻

天文章第一

地理章第二

山林草木章第三

水火盗賊章第四

官禄兄弟章第五

人身梳鏡章第六

飲食章第七

仏道音楽章第八

荘園田宅章第九

衣服章第十

六畜禽獣章第十一

龍蛇章第十二

刀剣弓弩章第十三

夫妻花粉章第十四

楼閣家具銭帛章第十五

舟車橋市穀章第十六

生死疾病章第十七

塚墓棺材凶具章第十八

十二支日得夢章第十九

十二時得夢章第廿

建除満日得夢章第廿一

悪夢為無禁忌等章第廿二

夫人患夢三日不説化為珍宝

厭禳悪夢章第廿三

周公解夢書一巻

心経

3919

仏説菩薩修行四法経

貝葉状　紙書

中有十経数種

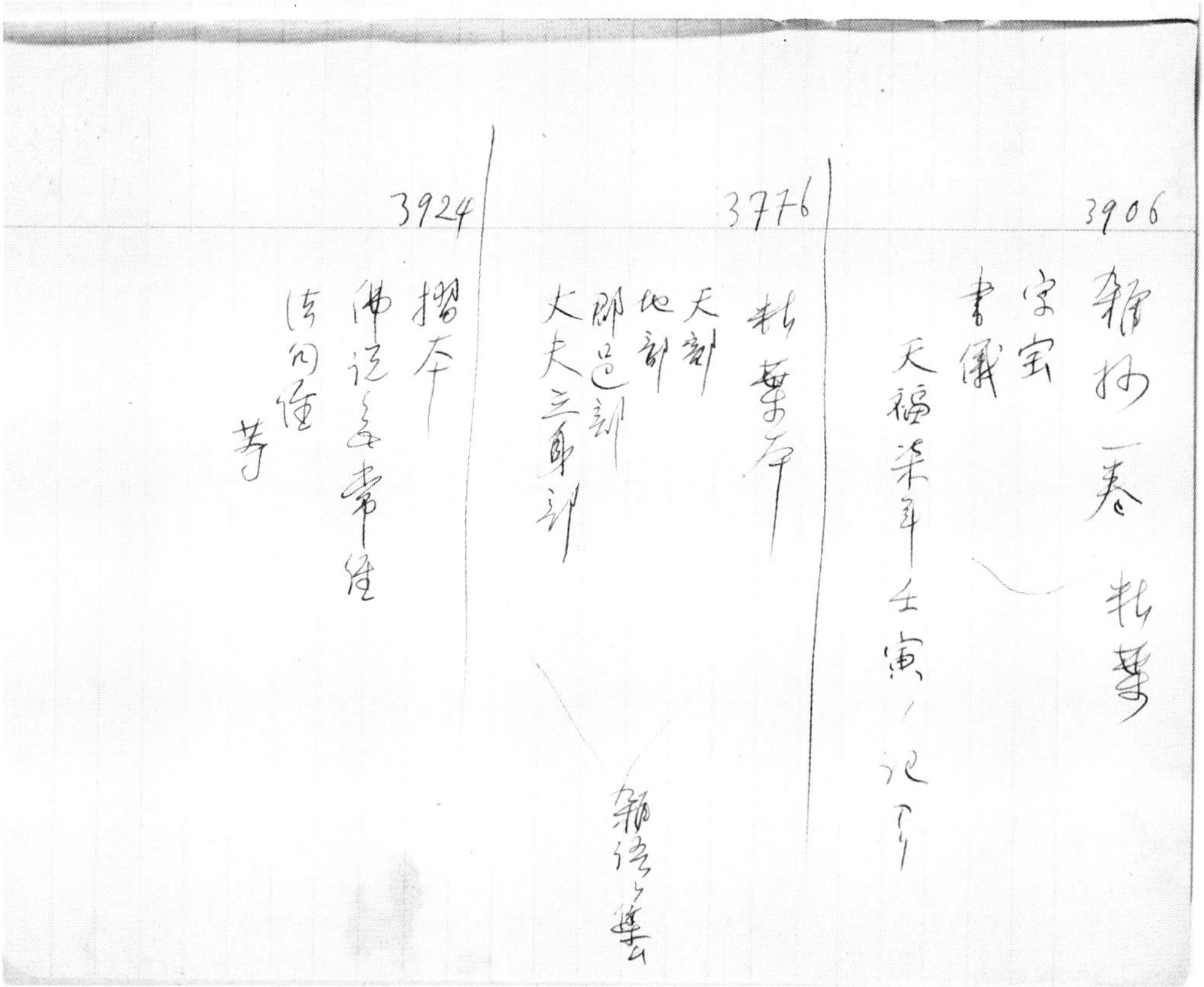
3906
雜抄一巻　粘葉
字宝
書儀
天福柒年壬寅ノ記アリ
3776
粘葉本
天部
地部
郡邑部
大夫三郎部
雜詩ノ集
3924
摺本
佛説無常経
法句経
等

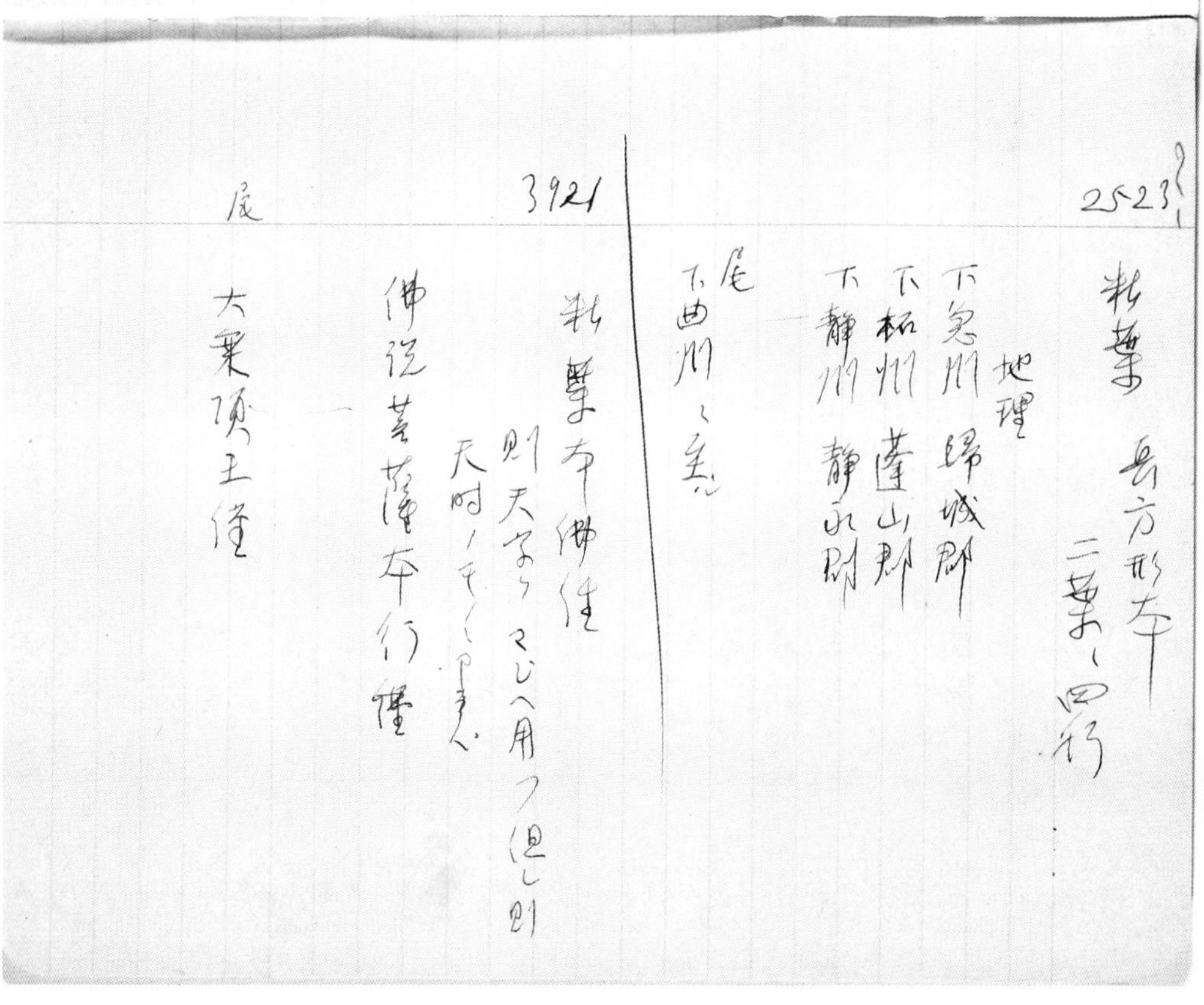
2523
粘葉　長方形本
二葉ノ四行
地理
下急州　帰城郡
下柘州　蓬山郡
下静州　静戎郡
尾
下曲州ヽヽ
3921
粘葉本佛経
則天字ヲマジヘ用ヰ居レリ
天時ノモノナラン
佛説菩薩本行経
尾
大乗頂王経

3824
粘葉本佛経
法花経普門品
金剛経
心経
朱家讃文等
辛未年四月十二日徐蜀羊却塞
主用三界寺僧永長記本

3819
法儀文
小粘葉本

3828
観音功徳ゝ讃歎之文

3705
論語集解本（断）断簡
古鈔
泰伯
巻第四 指定
存篇由

3763
佛書（断）
修文讃 寺院陰隣

3759
呈本（首尾完）
南无観世音佛説八陽経
佛説八陽神呪経
戊子年閏五月十六日之し
完

3877
東晋朝傳訳佛経録第五
後周宇文氏傳訳佛経録第十五 序
唐朝傳訳佛経録第十八
歴代所出衆経録目第九
大唐歴代衆経略要轉読録第四
大唐内典録歴代衆経有目闕本録第五
歴代道俗述作注解録第六
黄麻

紙 不蕃

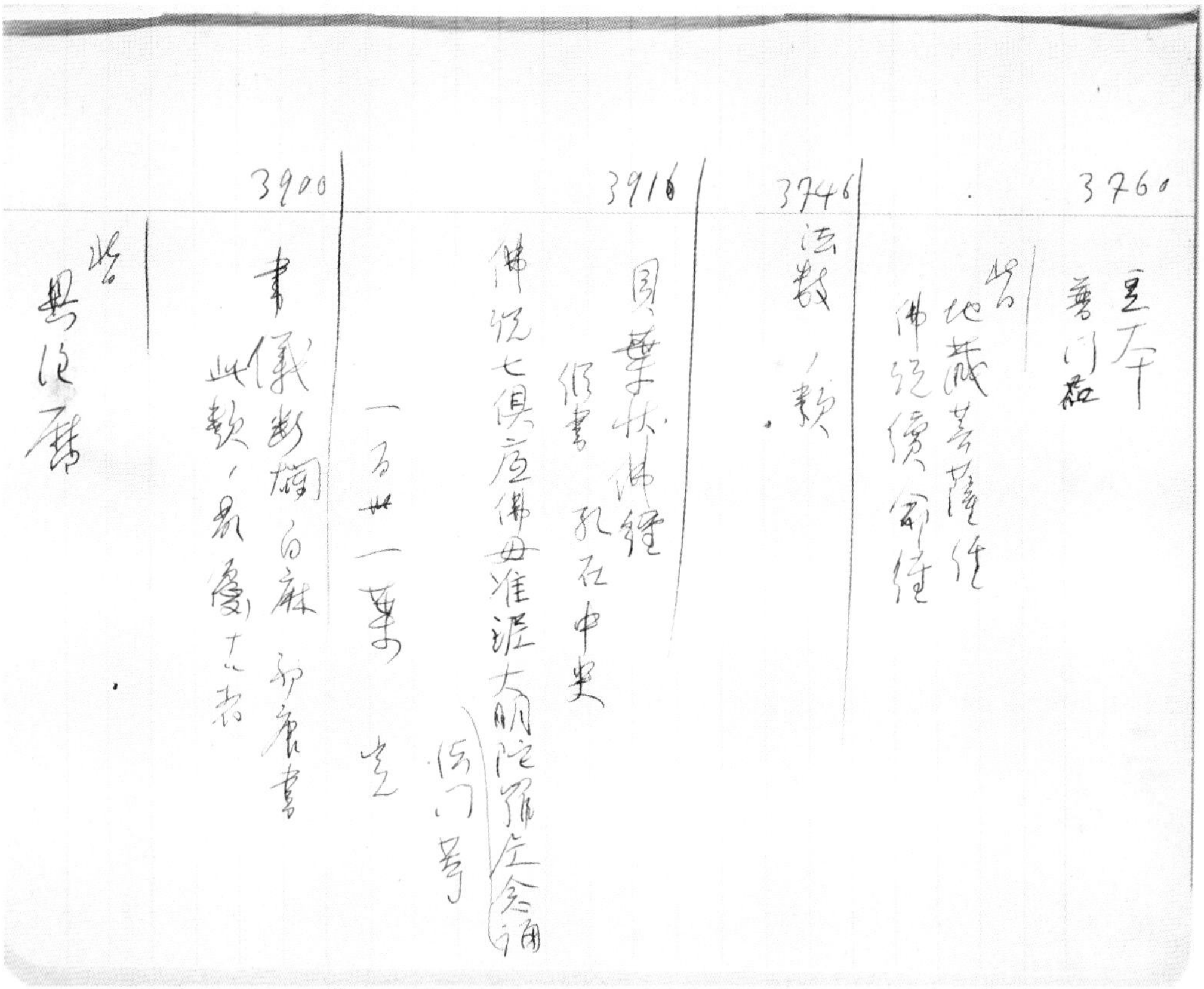

3760
正本
普门品
背
地藏菩薩経
佛説續命経

3746
法数　一類

3916
圓華伏佛経
假書　孔在中央
佛説七倶胝佛母准泥大明陀羅尼念誦
法門等

3900
書儀断爛　白麻　初唐書
此数人最優大者
一百卅一葉　完
背
無住應

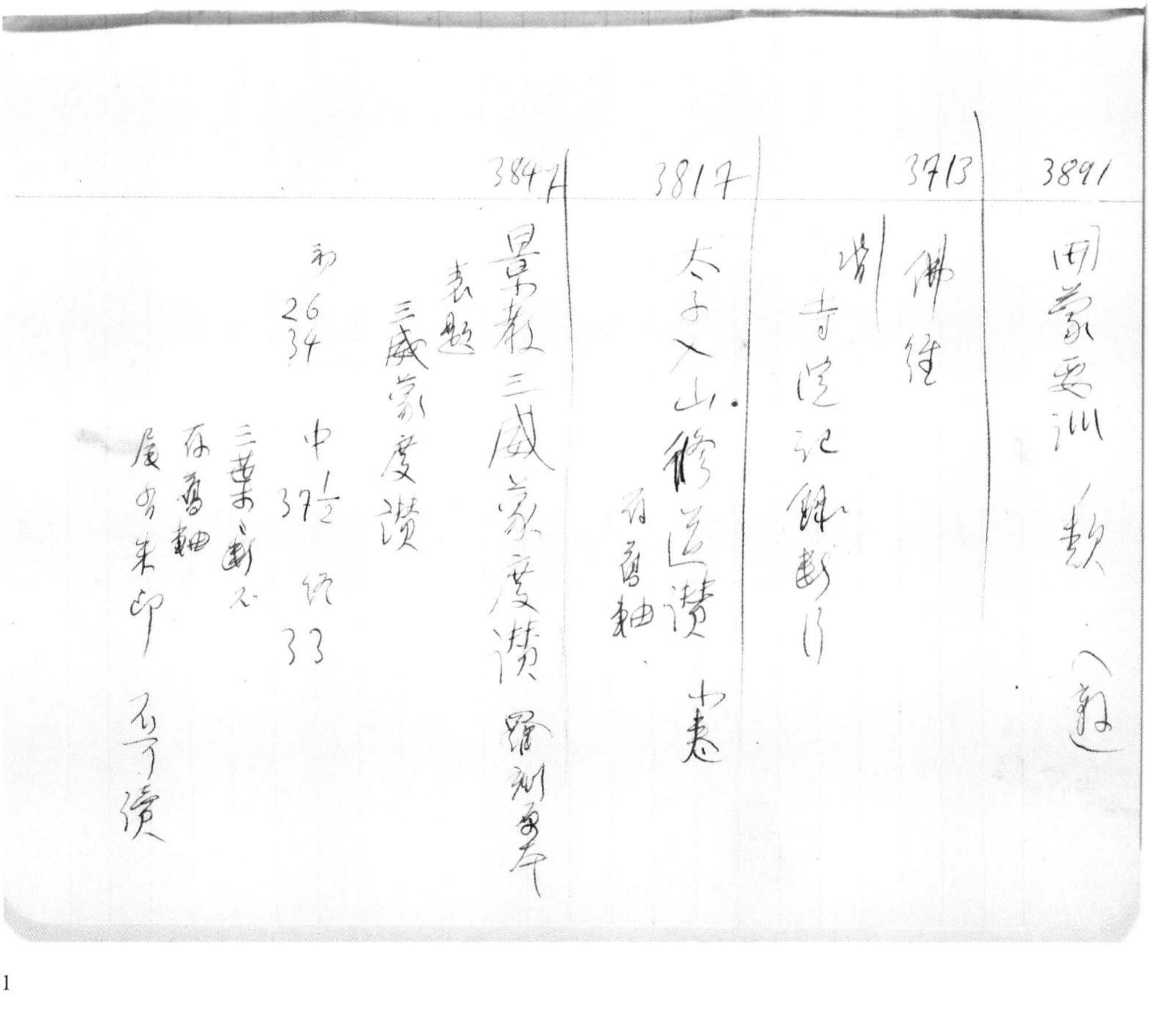

3891
開蒙要訓　一類
（類道）

3713
佛経
背
寺院記録断片

3817
太子入山修道讃　小巻
有舊軸

3847
景教三威蒙度讃　羅列多本
表題
三威蒙度讃
初
26
34
中 1/2
37
尾
33
三葉斷尺
存舊軸
尾有朱印　不可讀

3721

沙州軍事

有序 并書名

節度押衙官兼御史中丞楊洞芊上

開運二年乙巳

120cm

3574

背 庚辰年 乙卯年 文様

懺儀文

(殘)

3728

懺儀文

讃普徳

3854

佛経目録断行

背 大唐文様

3850

寺院文様

酉年

背 未詳

3771

詩集

太子文學河南元希聲 二首

司禮寺博士清河房元陽 二首

洛陽縣尉弘農楊齊哲 二首

恭陵丞安定胡晧 七首

滿州安邑縣令宋國喬備 四首

太子文學河南元希聲 二首 以下重複

背 佛経

3834

粘葉本

陀羅尼

2837

粘葉本

陀羅尼

又 大部禁方アリ

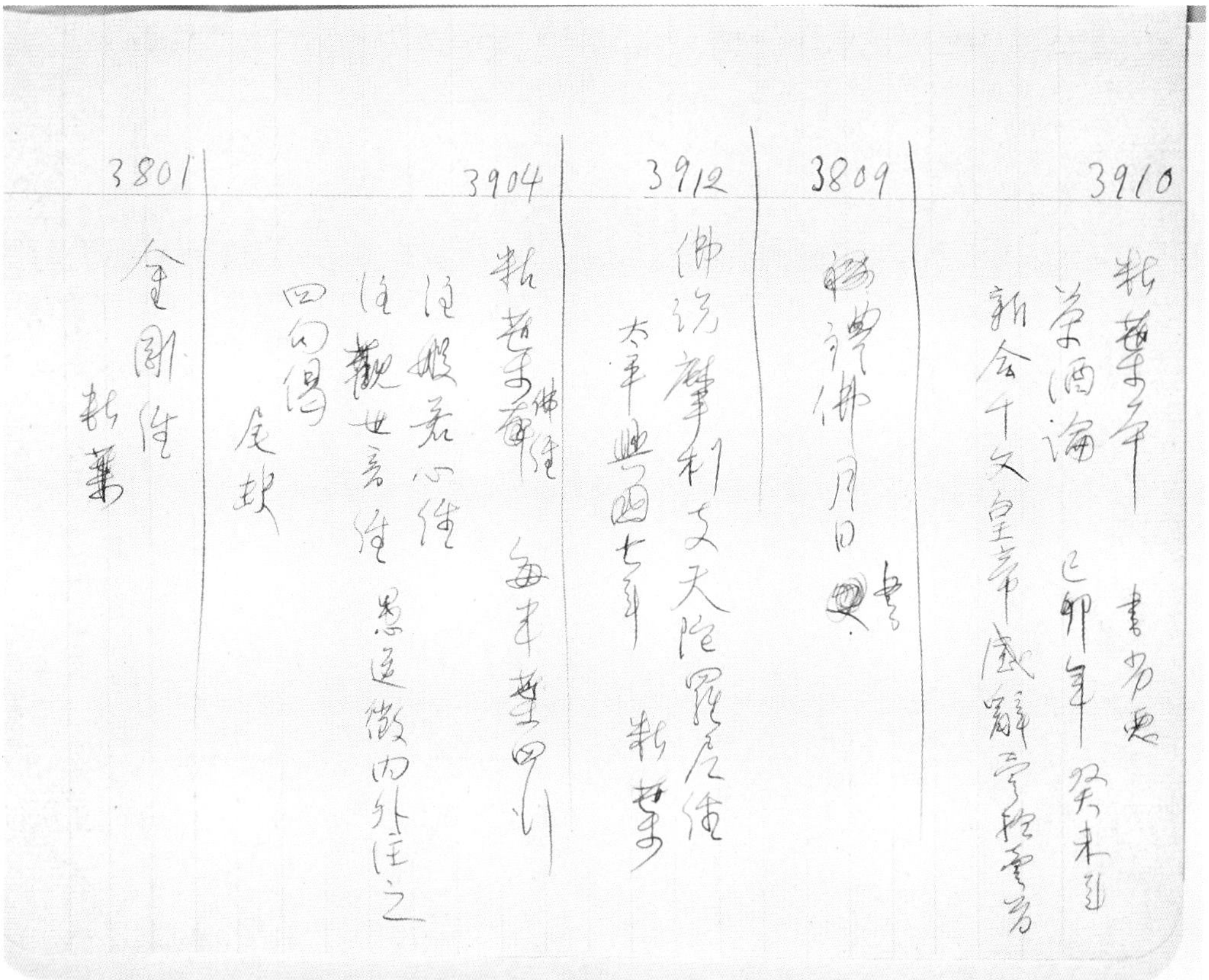

3910 粘葉本 書写悪
茶酒論 己卯年 癸未到
新合千文皇帝感辭 字様雲書

3809 [illegible]讚佛月日 書

3912 佛説摩利支天陀羅尼経
太平興國七年 粘葉

3904 粘葉本 佛経
毎半葉四行
経 般若心経
経 觀世音経 患逆微内外任之
四句偈 尾缺

3801 金剛経
粘葉

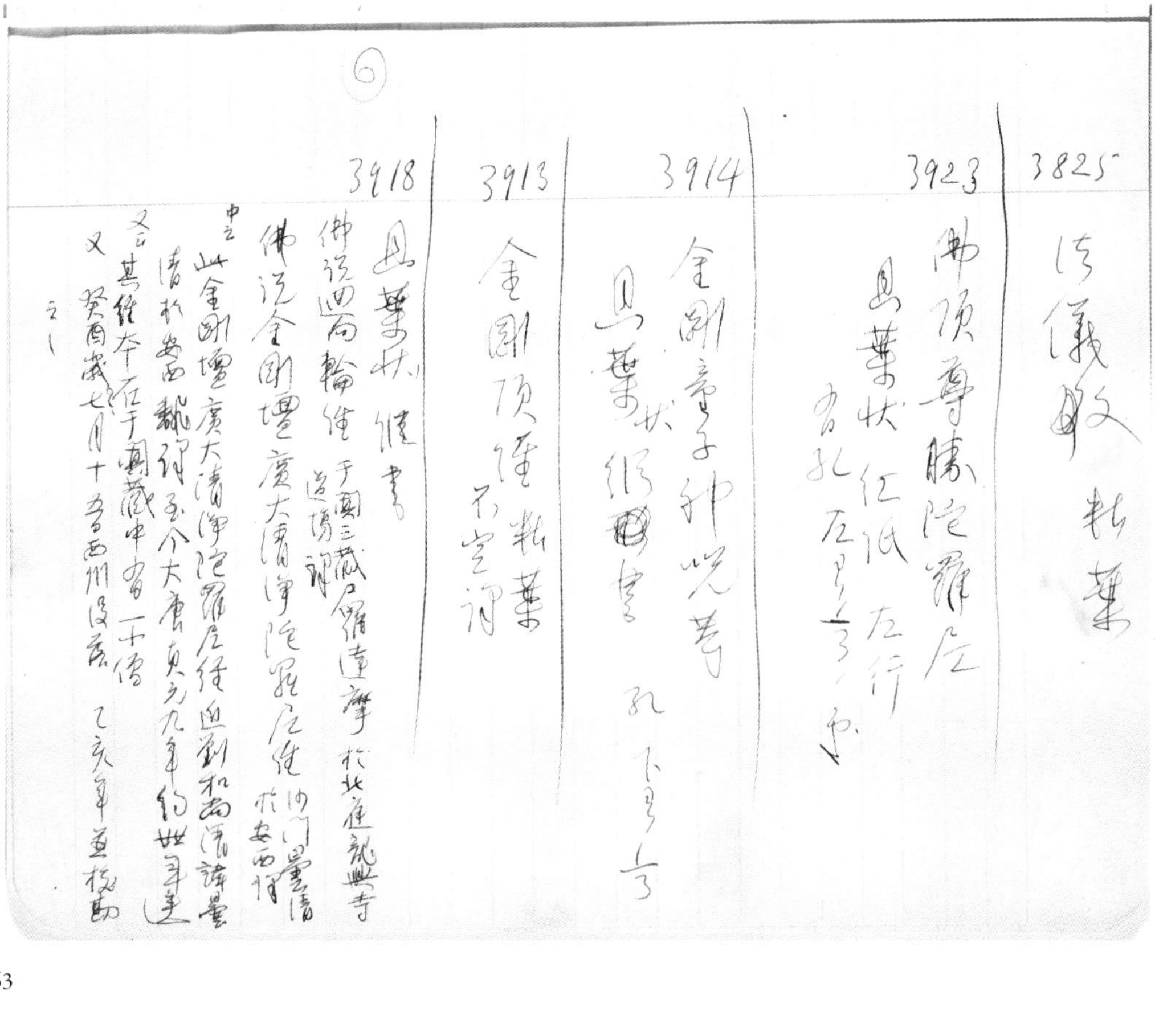

⑥

3825 [illegible]儀軌 粘葉

3923 佛頂尊勝陀羅尼
貝葉状 紅紙 左行
有孔 左より三ノ中

3914 金剛童子仲呪等
貝葉状 梵書
孔 下より与

3913 金剛頂経 粘葉
不空訳

3918 貝葉状 健書
佛説四向輪経 于闐三藏尸羅達摩 於北庭龍興寺 道場訳
佛説金剛壇廣大清淨陀羅尼経 沙門曇倩 於安西[illegible]
中云 此金剛壇廣大清淨陀羅尼経近劉和尚法諱曇倩於安西翻譯至今大唐貞元九年約卅年矣
又云 其経本在于闐蔵中有一千偈
又 癸酉歳七月十五日西州没落 乙亥年並校勘
之 |

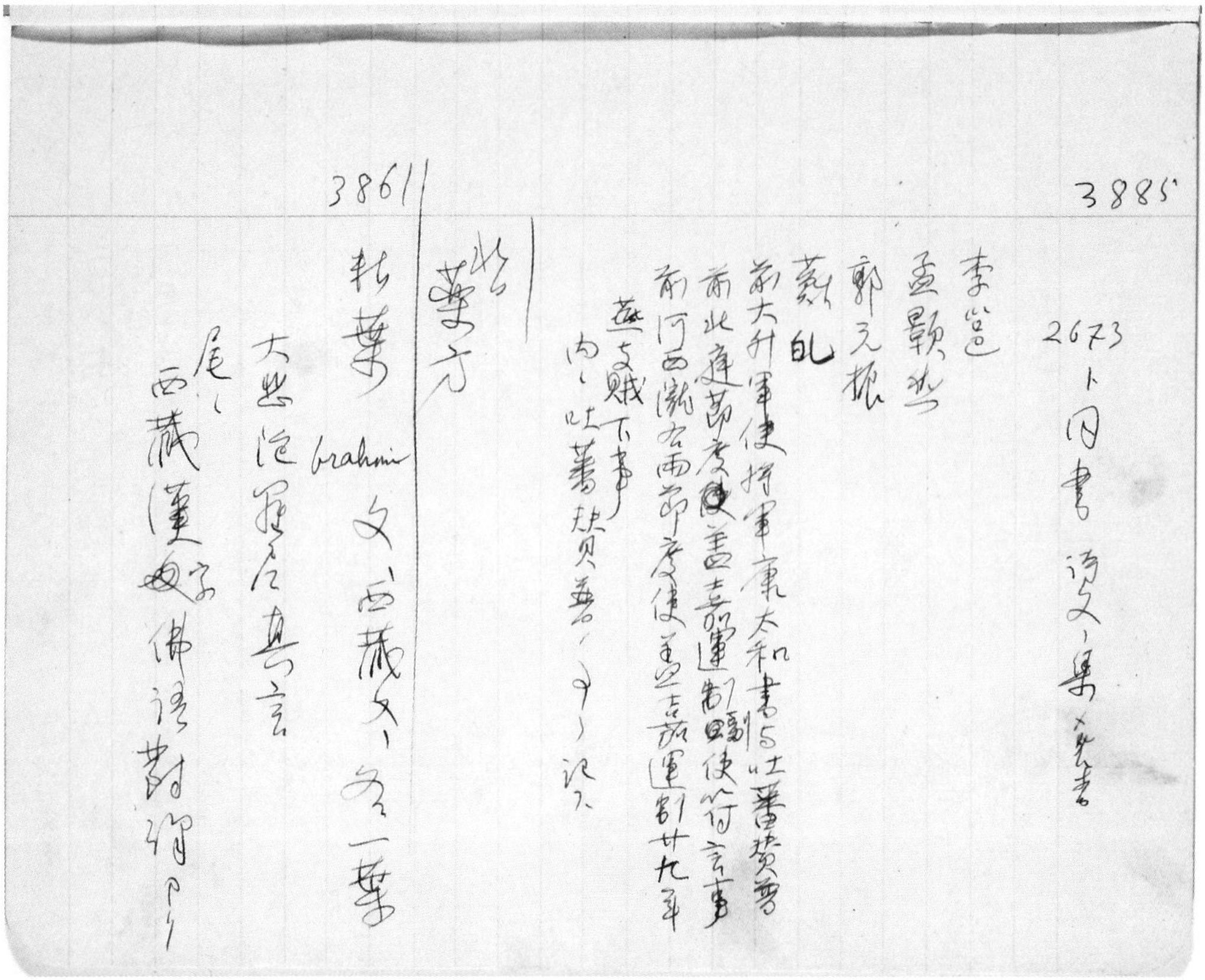

3861

3885

2673 卜図書 詩文ゝ集 文書

李岱

孟頴叙

郭元振

蘇乢

前大斗軍使将軍康太和書与吐蕃賛普

前北庭節度使蓋嘉運制副使行言事

前河西隴右両節度使兼蓋嘉運制廿九年

燕支賊下事

内ゝ吐蕃賛普ゝ千ゝ詔ゝ

北 葉子

梵葉 brahmi 文、西蔵文、各一葉

大悲陀羅尼真言

尾ゝ 西蔵蓮華字 佛語對解ゝ

3896

占卜書 火兆卑 識

3898

3877 連接之

北 九韻

3821

十二時行孝文等 梵葉

3747

三乗通教経録卷二

首闕

313 cm

附

賢愚経十三巻 明今昔因縁為宗 文暢均

元嘉廿二年出 宋文帝時涼州沙門曇学等得

无量清浄経一巻 明行願得果為宗 文少 貢少

三乗中大乗録

其外 太始建始 大康年ゝ出九経ゝ多少

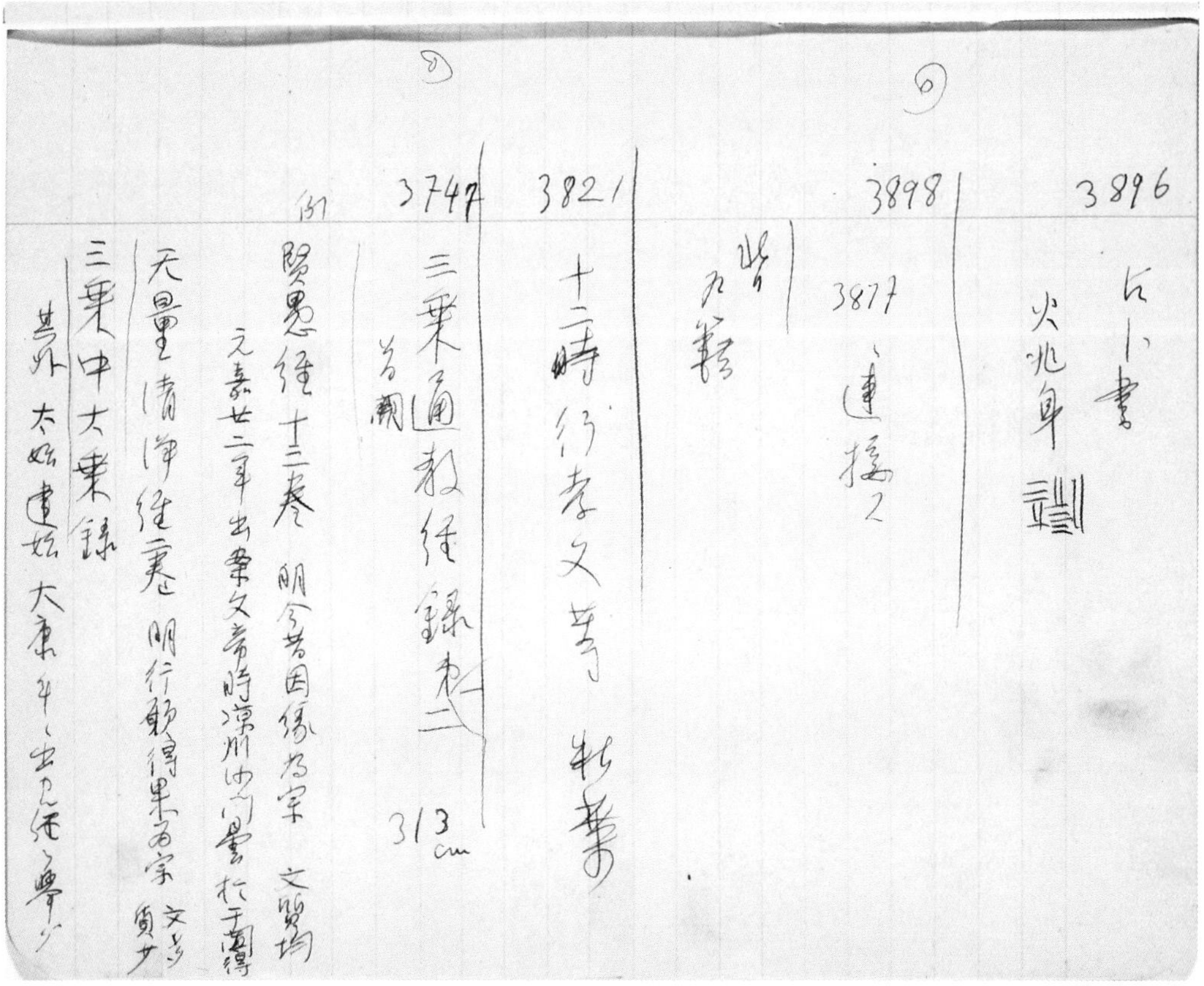

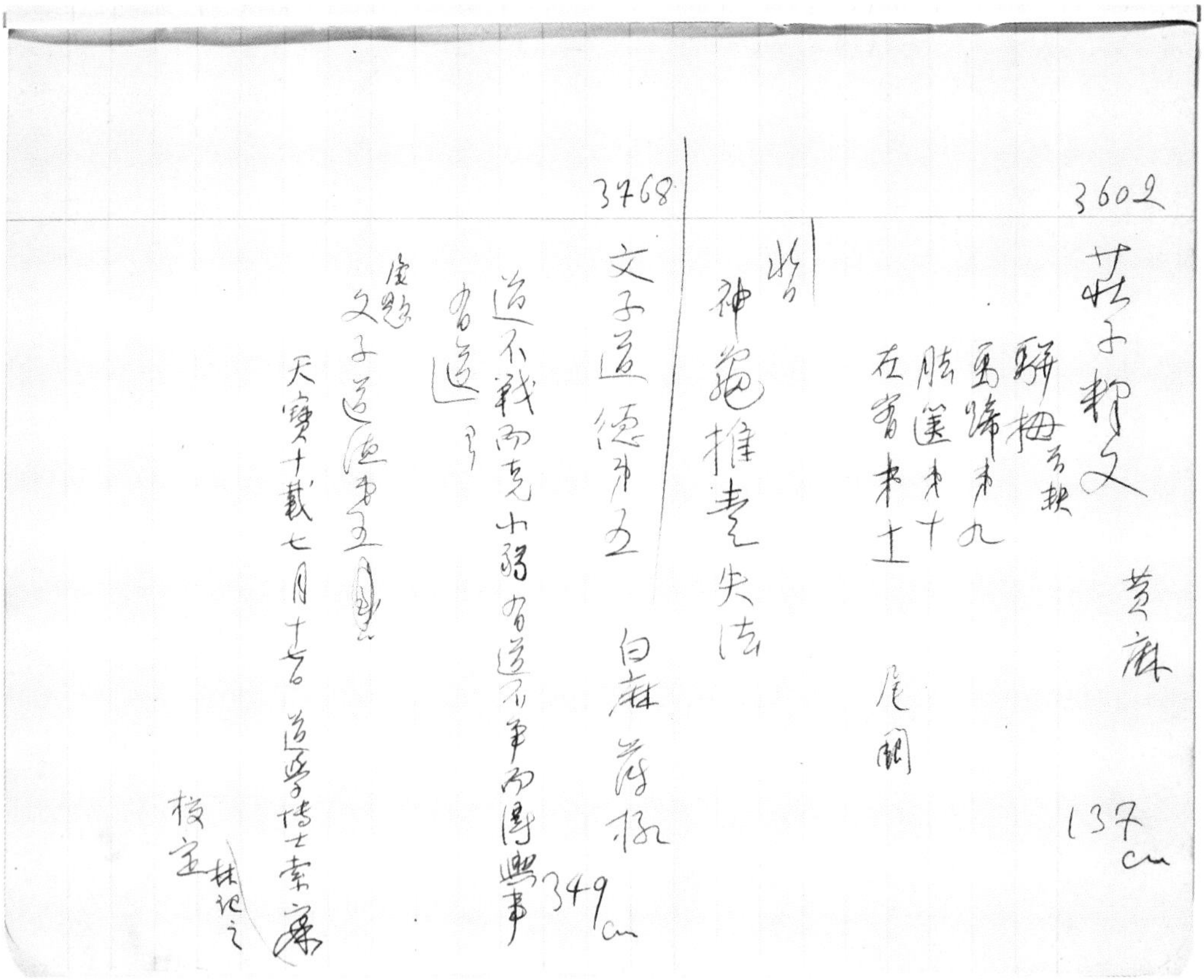
3602
莊子郭文
駢拇 首缺
馬蹄第九
胠篋第十
在宥第十一
黄麻
尾闕
137 cm
背
神龍推[illegible]失法

3768
文子道德第五　白麻 [illegible]
道不戰而克小弱者道不爭而得無事
者道[illegible]
尾題
文子道德第五
天寶十載七月十七日 道學博士索[illegible]
校定 林[illegible]之
349 cm

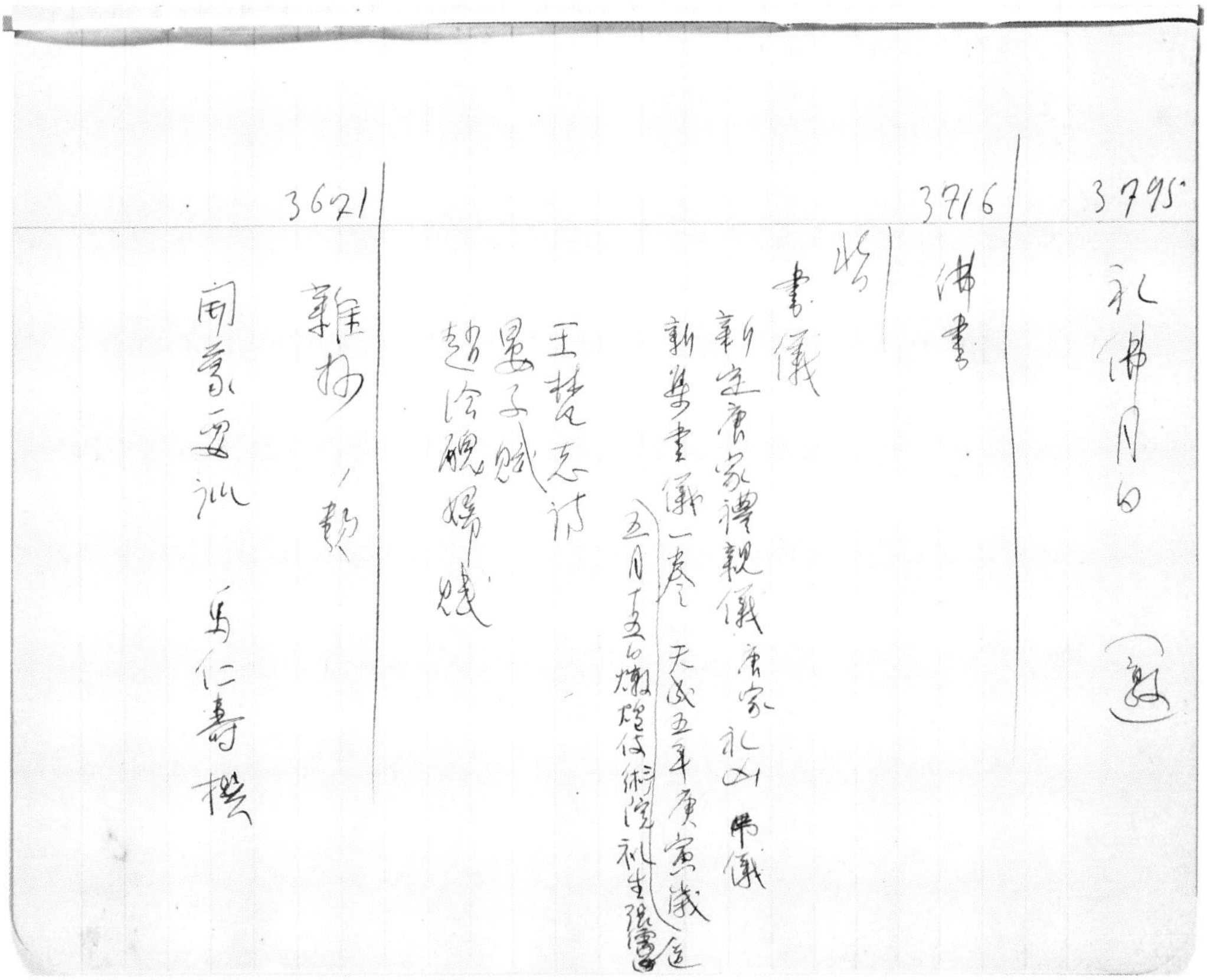
3795
礼佛月日
([illegible])

3716
佛書
背
書儀
新定書家禮親儀 書家 礼凶 弔儀
新集書儀一卷 天成五年庚寅歲 五月十五日燉煌伎術院礼生張[illegible]通
王梵志詩
晏子賦
趙洽醜婦賤

3621
雜抄 一[illegible]
周[illegible]要訓 馬仁壽撰

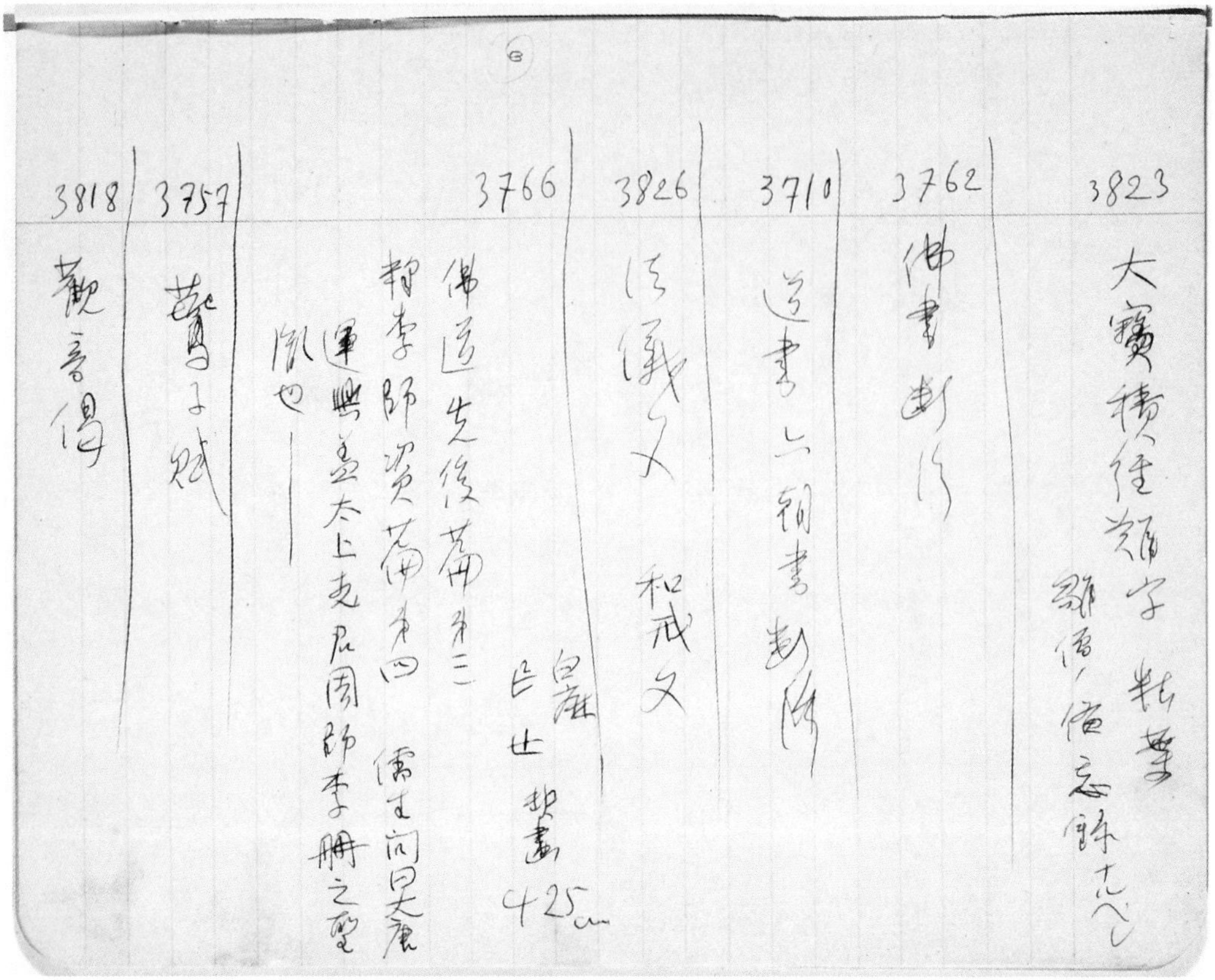
3823 大寶積經類字 粘葉 雜傳備忘録 九八
3762 佛書斷片
3710 道書六朝書斷片
3826 法儀文 和戒文
3766 佛道先後篇第三 釋李師資篇第四 儒生問吳虞 運興孟太上老君周師李冊之聖 亂也— 白麻 巳廿 楷書 425cm
3757 蔡子紙
3818 觀音偈

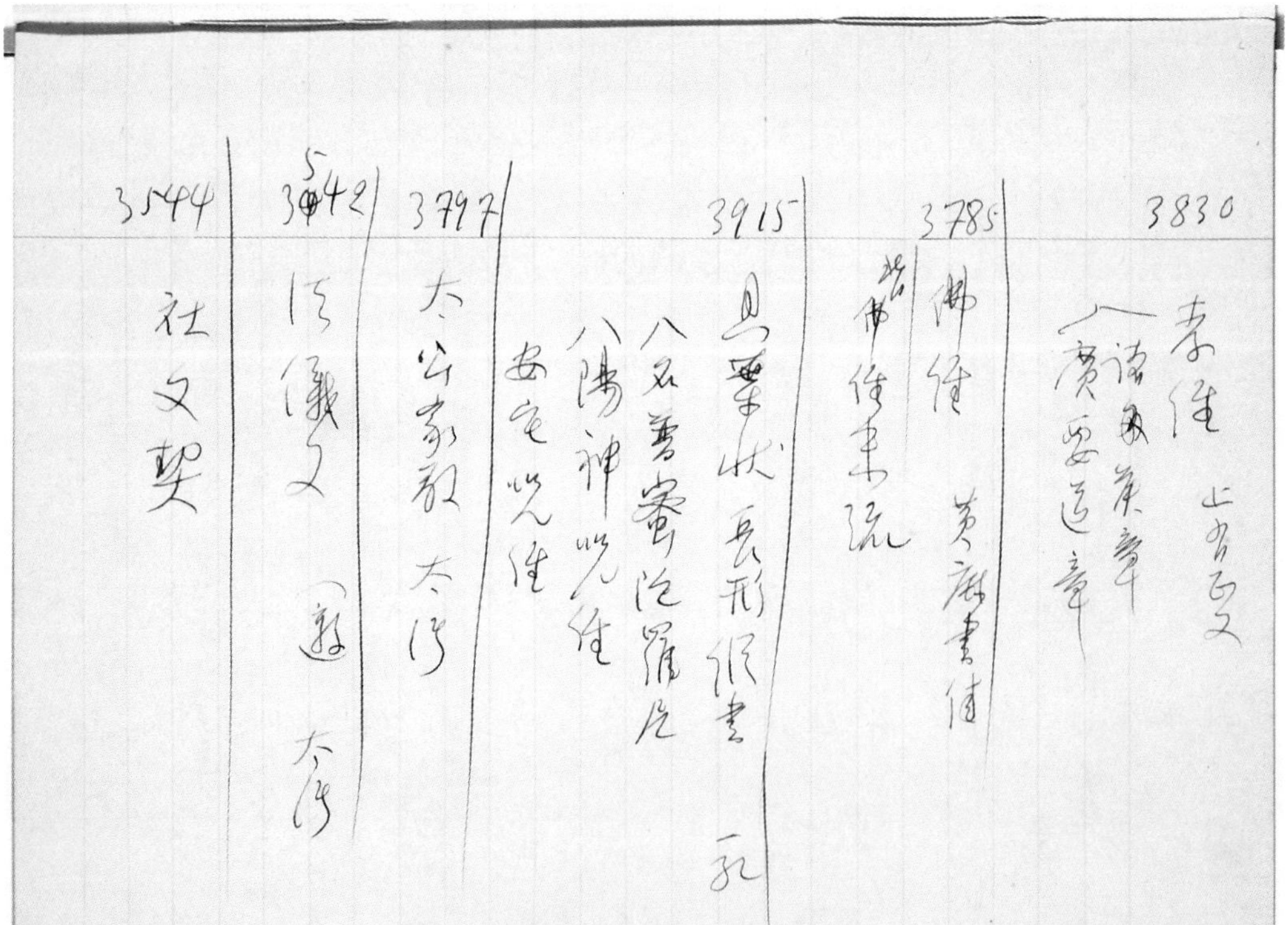
3830 孝經 止有正文 諸侯章 廣要道章
3785 佛經 黄麻書付 雜佛經疏
3915 貝葉狀長形假書 一孔 八名普密陀羅尼 八陽神呪經 安宅呪經
3797 太公家教 太保
3542 法儀文 （雜）道 太保
3544 社文契

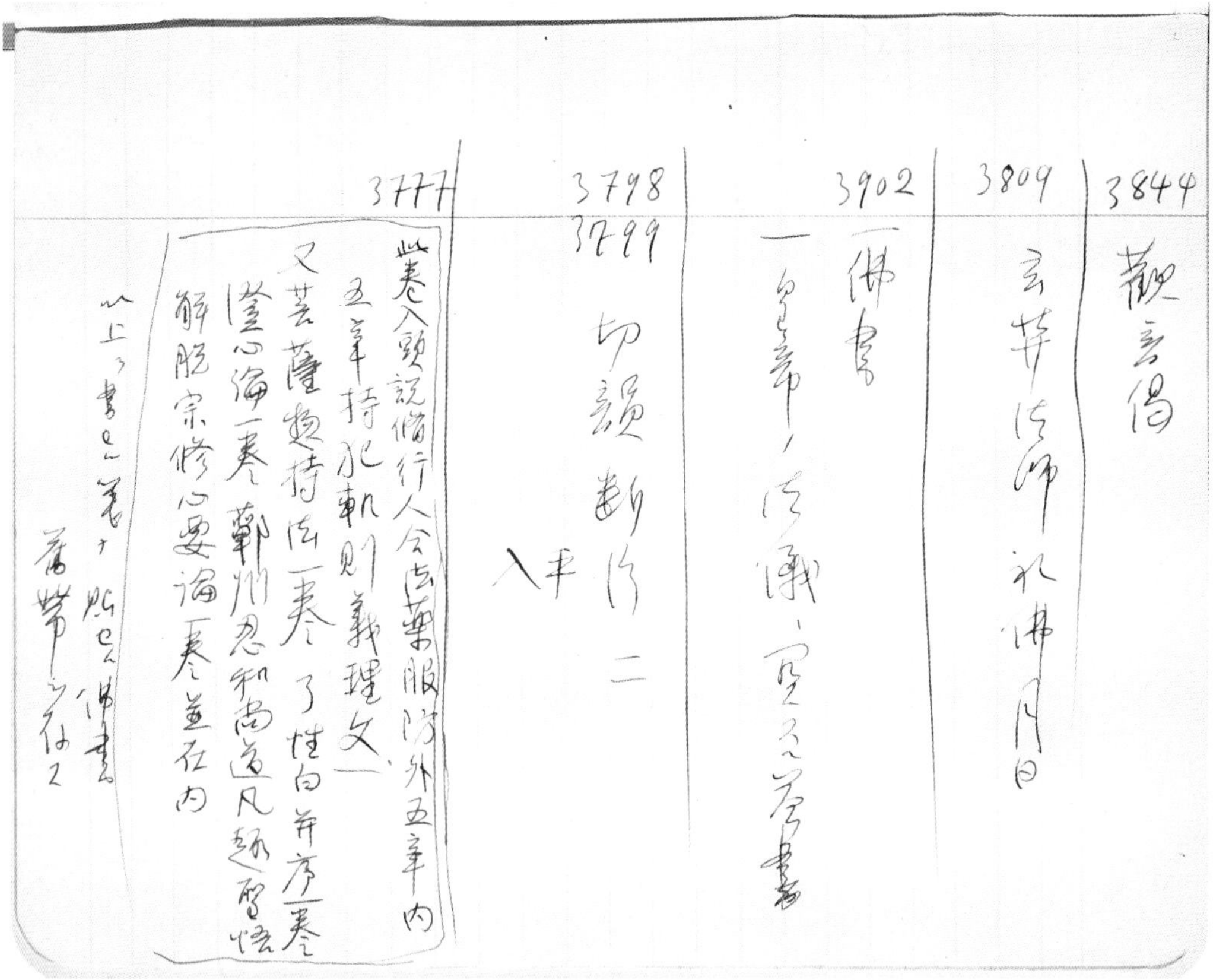
3844 觀音偈
3809 玄奘法師礼佛月日
3902 佛書
一息部ノ法儀、其ノ他ノ書
3798 3799 切韻斷片二
入手
3777 此巻入頭説修行人会出家服防外五辛内五辛持犯軌則義理文、
又菩薩受持法一巻　了性句并序一巻
澄心論一巻　鄭州忍和尚道凡趣聖悟解脱宗修心要論一巻並在内
以上ノ書ハ皆ナ[illegible]佛書
[illegible]ニ付ス

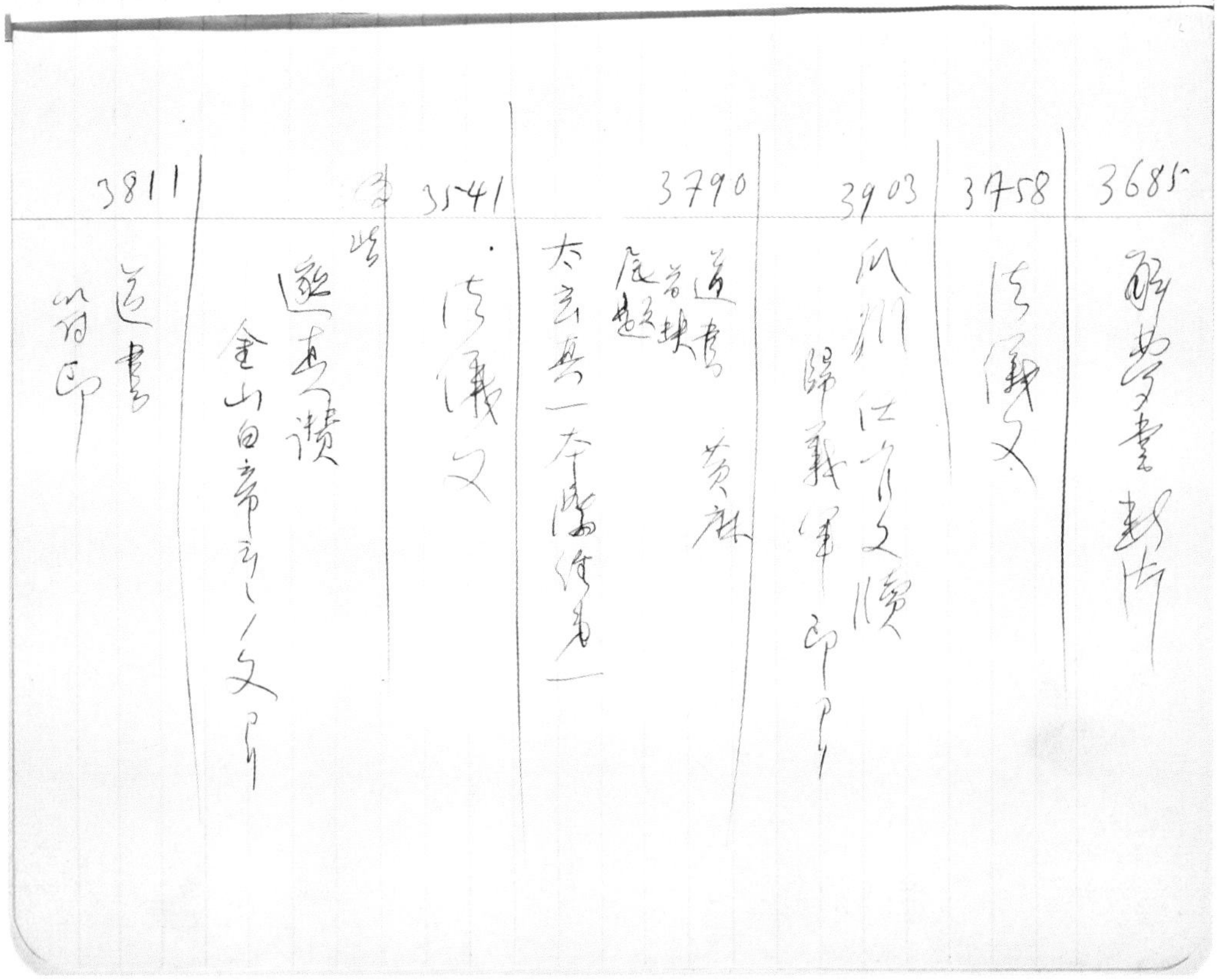
3685 解夢書斷片
3758 法儀文
3903 瓜州江[illegible]文牒
歸義軍印アリ
3790 道書　首缺　黄麻
尾題
太玄真一本際經巻一
3541 法儀文
邈真讃
金山白帝云々ノ文アリ
3811 道書
[illegible]

3851 沙州准目録缺蔵経数

3796 百行章 断片

3738 類書〃〃
首缺
六行
(五七言) 霊禽十首圖 朱 有鳥自丹穴其名曰鳳皇
注引孝経援神契
西京記
春秋元命包
等

3726 和尚邈真讃

3755 道経 黄麻 書佳

楷書

3816 御注孝経 十八章讃
臣高言 云々上表 冠首
廣揚名章―西ノ表題マデ
85cm

3549 修儀文

3890 古詩ノ解釋 断簡
已上半事

3807 佛経目録 白麻
各三経同帙
小乗経
小乗経重翻 二百七
小乗律 卅五部 十四巻
大乗論 五十三部 三百六巻
卅二帙

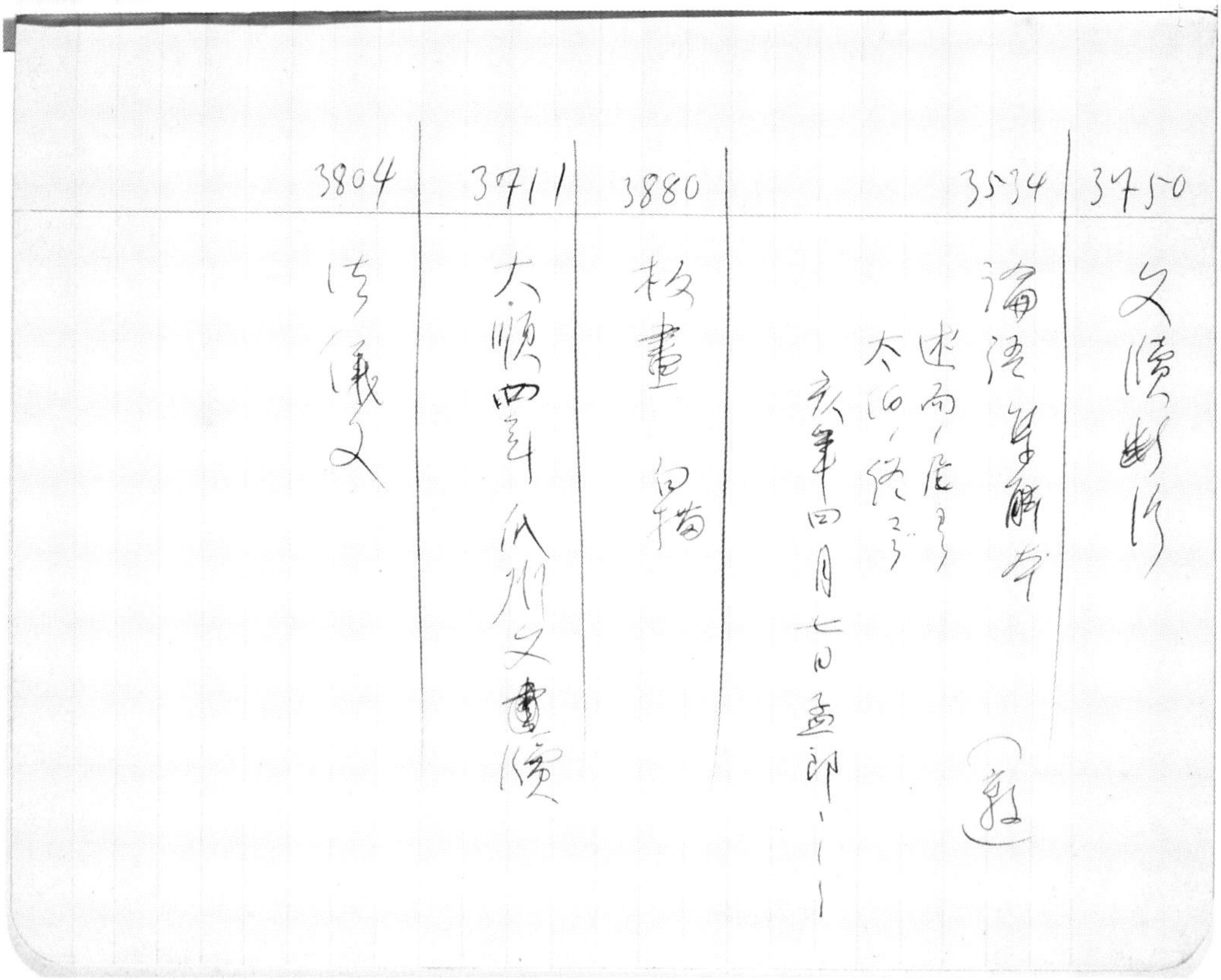

3750 文選断片

3534 論語集解巻
述而ノ后ヨリ
太伯ノ終マデ
六年四月七日孟郎——
(敦)

3880 校書 白描

3711 大順四年代州文書牘

3804 法儀文

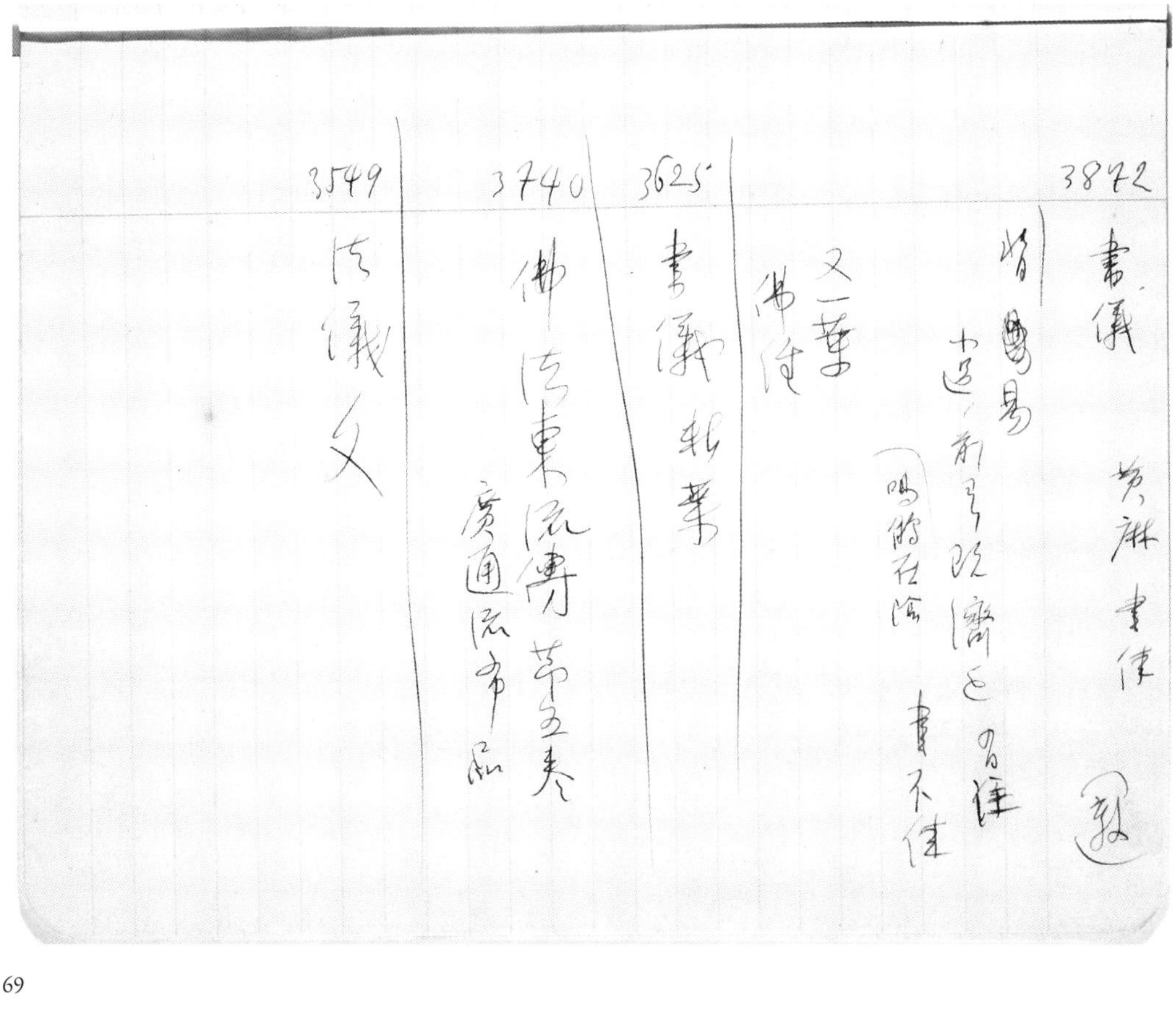

3872 書儀 黄麻書体 (敦)
情易
小過ノ前ヨリ既濟迄の注
(略附音注) 書不佳
又一葉 佛伝

3625 書儀 殘葉

3740 佛法東流傳 第五巻
廣通流布品

3549 法儀文

⑥

7
3741
小説
薄后 王嬙 戚夫人 太真
清真等作詩ニ作リ
作意遊仙窟ノ如キ
清泰二年十一月十二ノ如シ

3778
文選
黄麻六朝書
無縫 72cm
顔延年陽給事誄 廿五行
陶徴士誄ノ末数行断欠

3893
唐小説 断簡
遊仙窟ノ缺

3540
[illegible]儀文 太守

⑥

3742
3766ト連接スベキモノ
邪道異流第八
服法非老子第九
明典真偽第十
両經實疑為真
三論誕課為偽
世上装書
264

3852
佛経牒経目録
皆同

3661
粘葉本 十數葉
一 帝王政令見
十 板助草木天地
者也可異之止
了

以上第二函

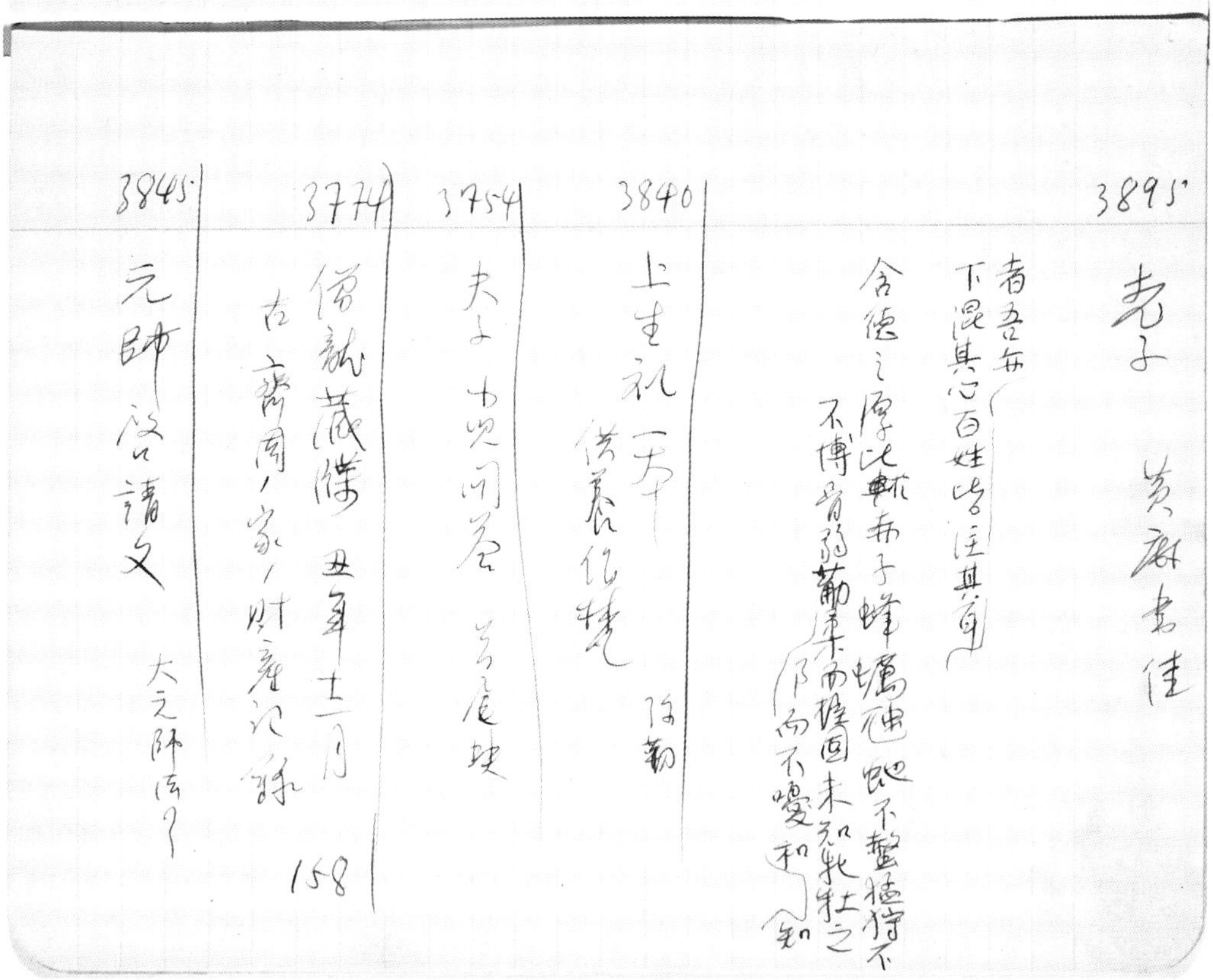

老子　黄麻書佳
青吾毋
下混其心百姓皆注其耳
合德之厚比於赤子蜂蠆虺蛇不螫猛獸不
不博骨弱筋柔而握固未知牝牡之
口而不嗄和
知

3840
上生礼一本
僧義信懐　阿勤

3754
大乗中宗問答　首尾缺

3774
僧龍藏牒　丑年十二月
右齊周ノ家ノ財産記録
158

3845
元帥啓請文
大元帥法ノ

3767
尚書無逸孔傳　黄麻
隷古定本
自後亦罔或克壽
先起卷末九行
77cm

3863
書牘　鄭状
此
光啓三年十月十九日夜三更云々
寺院ノ記録

3662
雜抄ノ斷簡
書名ノ部分ノ
此書牘

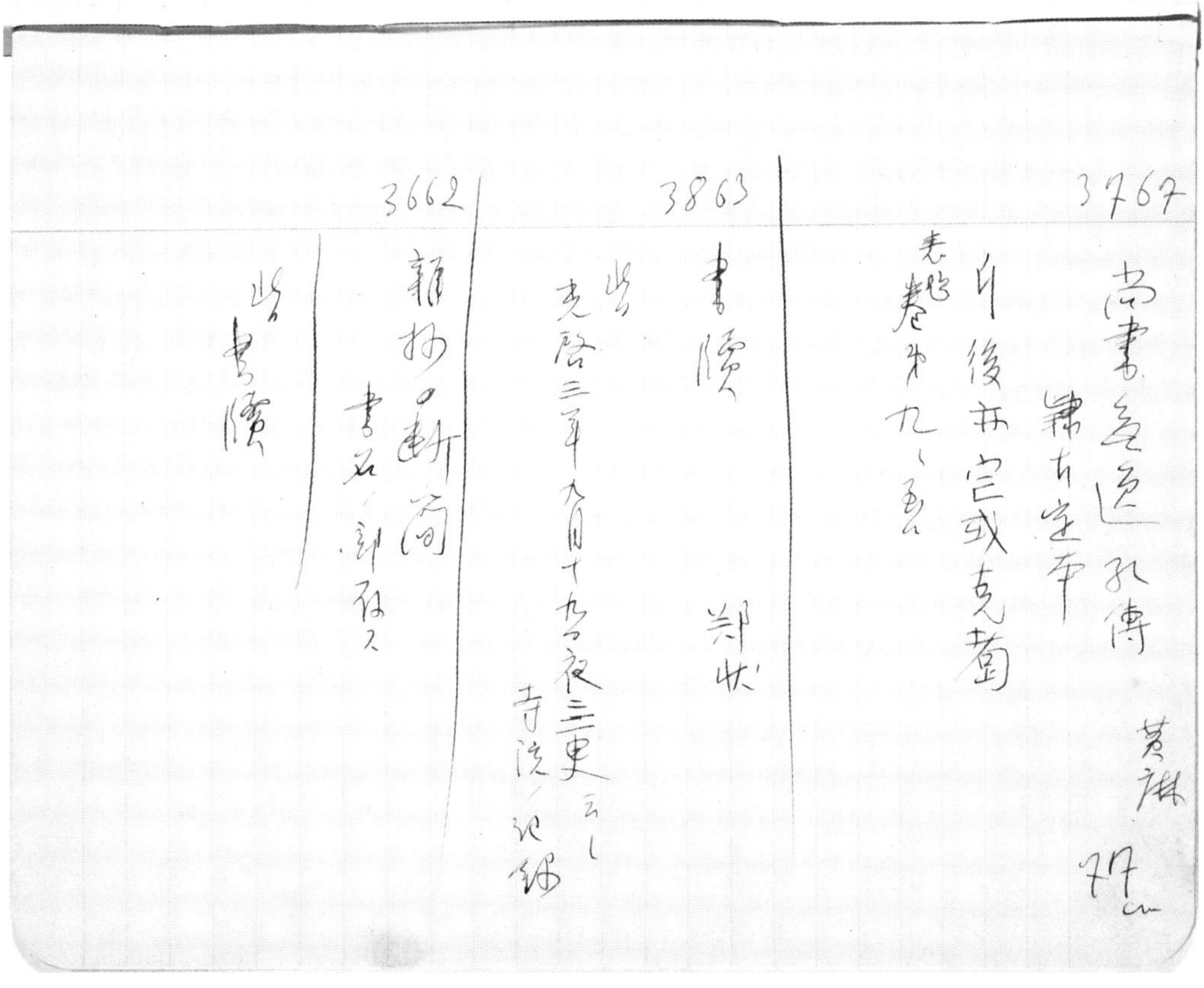

3597
皇侍郎補桃架詩一首
詩両首
乾符四年三月廿四日霊圖寺僧比丘判

3905
手印書

3833
佛説小説
抄葉

3553
太平興國三年四月法松銅恵
道資 等牒

3815
佛經 六朝書
来達提婆藝
菩薩 夏般若 葉
百六葉
五百六書 説文六書

此
佛書

(6)

3781
傳儀人

3583
莫高郷百姓簡義成文憑断作

3829
吐蕃記
上断

大統首領授大餘石告身皇祖論悉
使授大餘石告身皇考君論乞利陀 臨政
興聲得使三國和好○任機密遮勸首殊授大銀
一行アキ
元帥兼監臨軍事論字号董勃藏名金剛
監軍使大餘石告身為政也

3886
書儀
尾
維大周顯徳七年歳次庚申七月 大雲
寺郎

此
瓜州沙州僧詩

3677
墓誌銘
蕃中二年己巳歳五月一日葬于南山
陽関渠北原之禮也
前西州法曹參軍樂琳述

3756
雜抄 斷簡

3675
老子廿八行　黄麻 初唐寫書
1 形而對應未或無之而損無而益損之者
28 故懷徳以安民抱一以持身棄禁以宗道捨

3624
勸善文　要耽
貞元十九年甲申歳次六月廿三日

3734
佛經音義
優婆塞五戒威儀經
樓纂
三拾
舍利弗問經
間令　鹹焰　亟立　保傅　慊至　怨惻　若鏡　園内　醴酒　酒烝　貧植
唐末
寂

3843
法儀文
五臺山讃文　粘葉

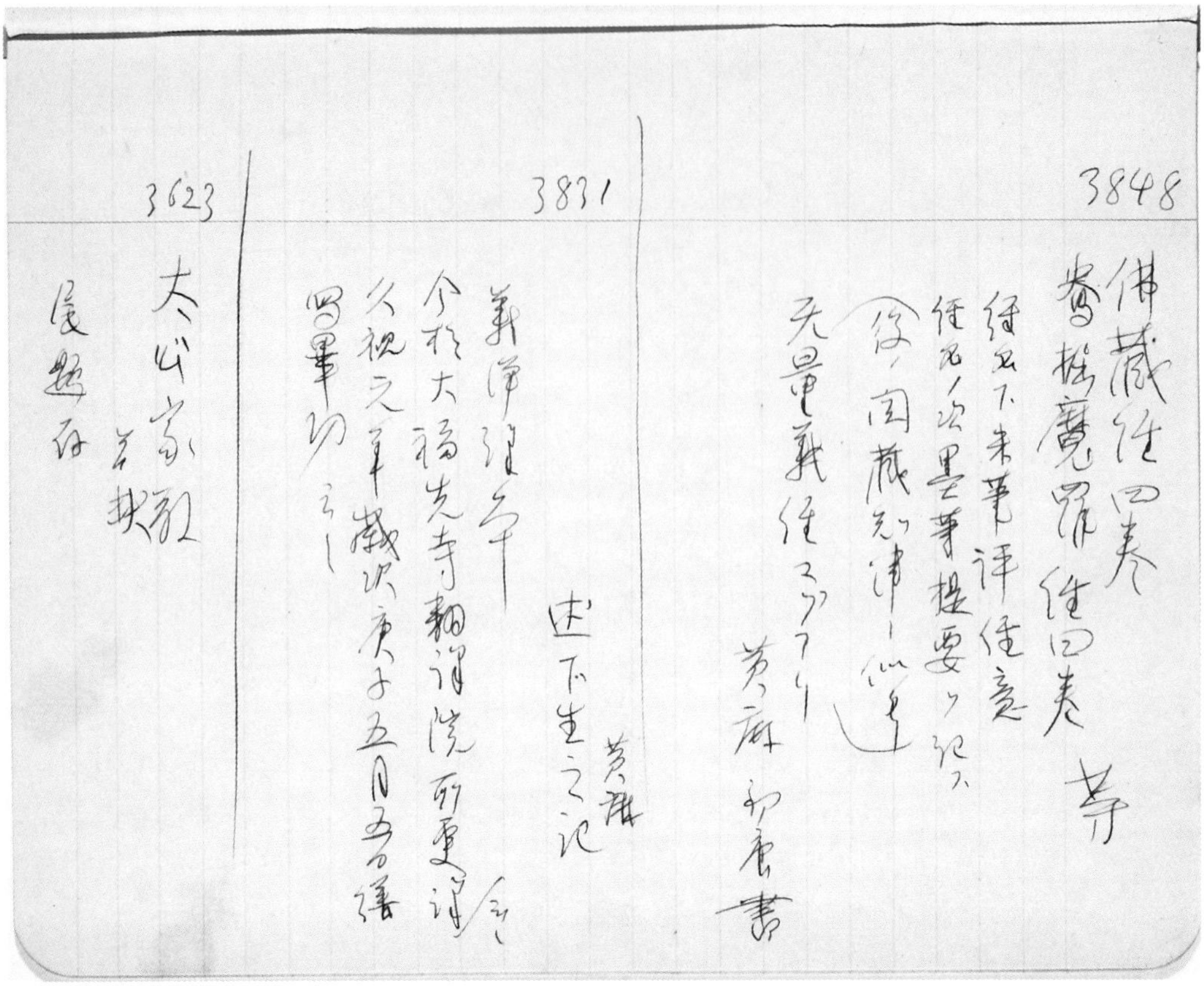
3848
佛蔵経四巻
3831
3623

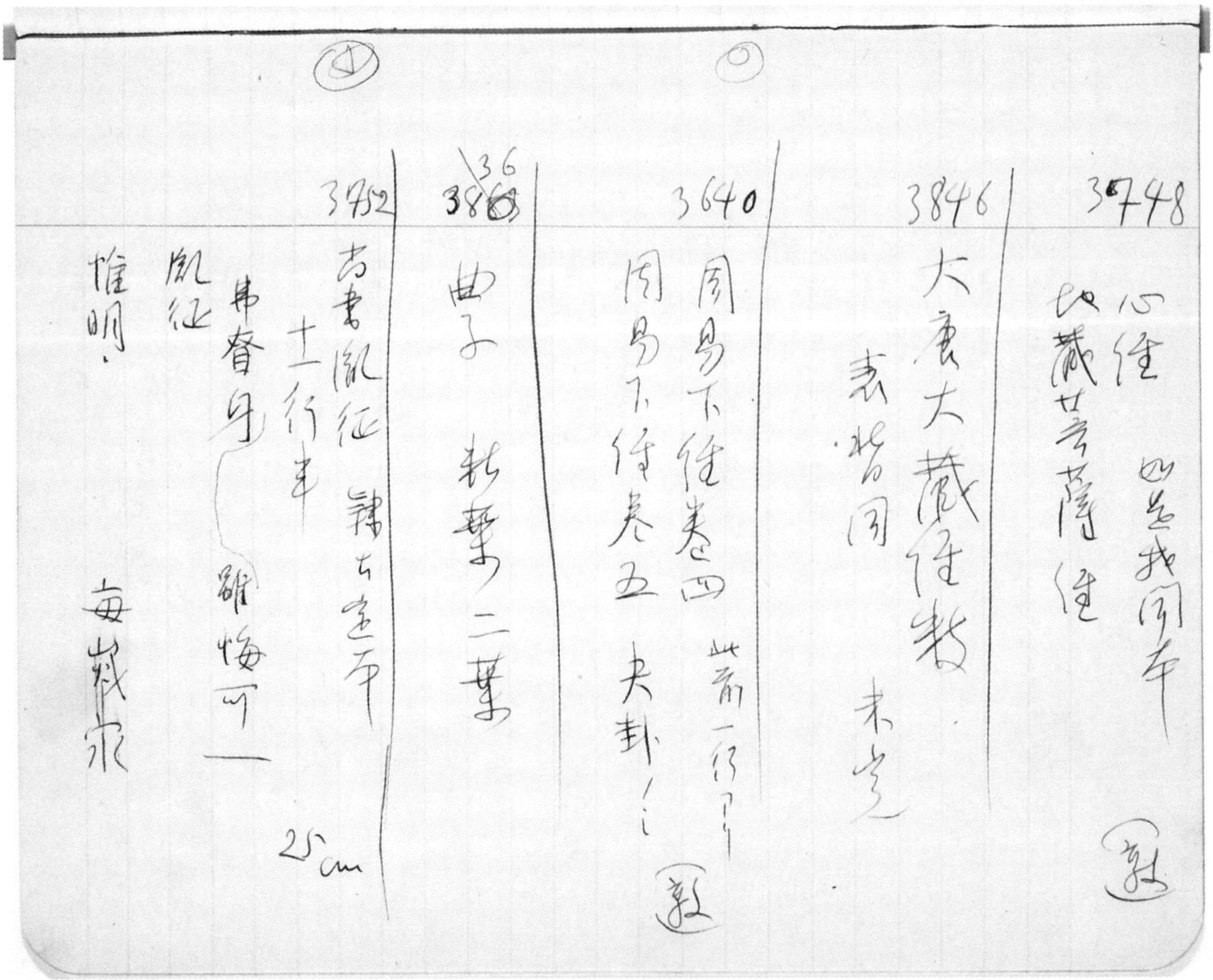
3748
心経
3846
3640
周易下経巻四
周易下経巻五
3752
25cm

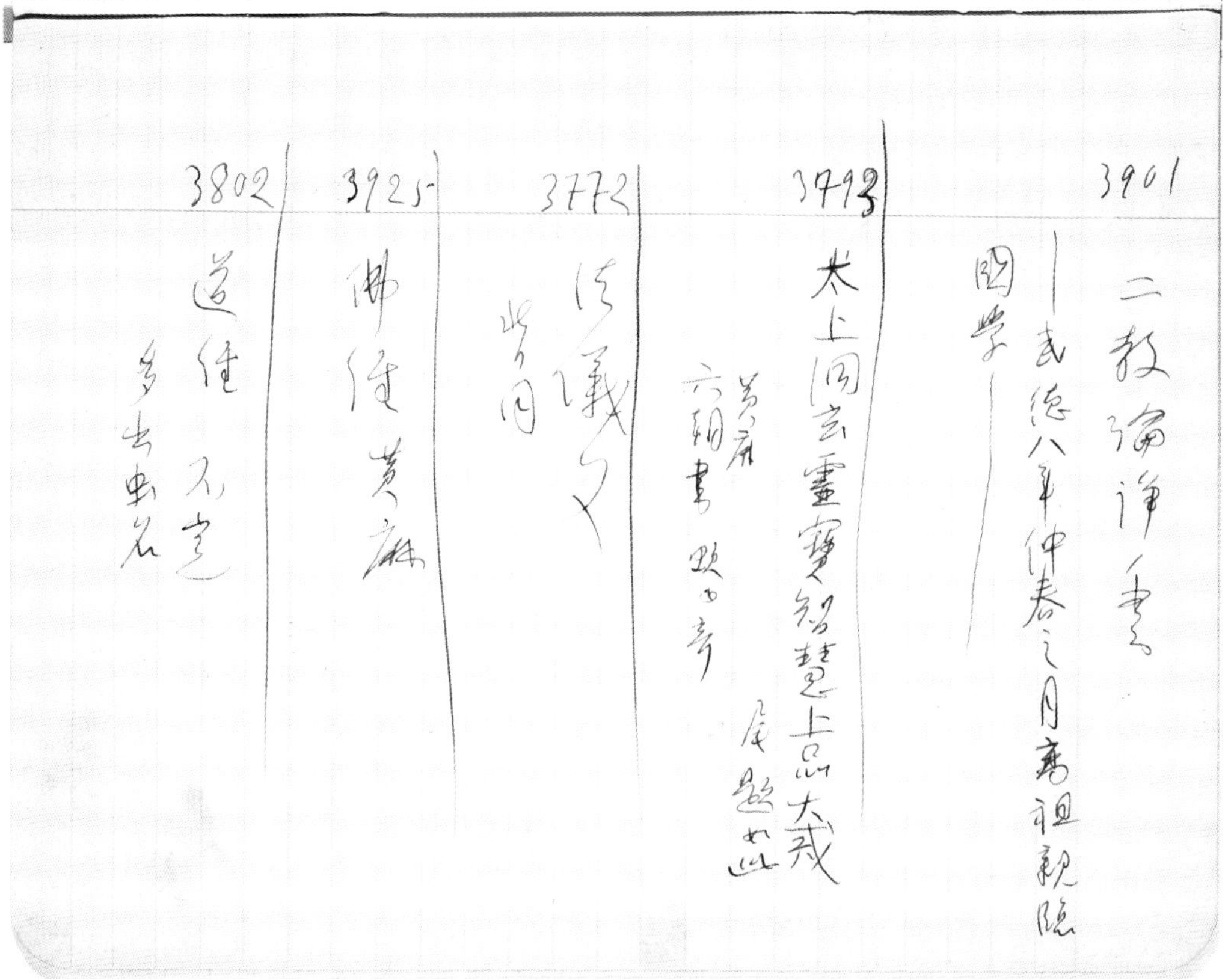

3793 太上洞玄靈寶智慧上品大戒 唐寫 六朝書 頗古 序題如此

3772 法義々々 又四月

3925 佛經 黄麻

3802 道經 不定 多出典名

3862 丙午年六月廿日習 羅信子借麦文牒

3724 五言詩文 出家闕之書

3787 麦々領支文牒 斷片

bio 2810 道經符印及說明 唐摹 黄麻 其十葉

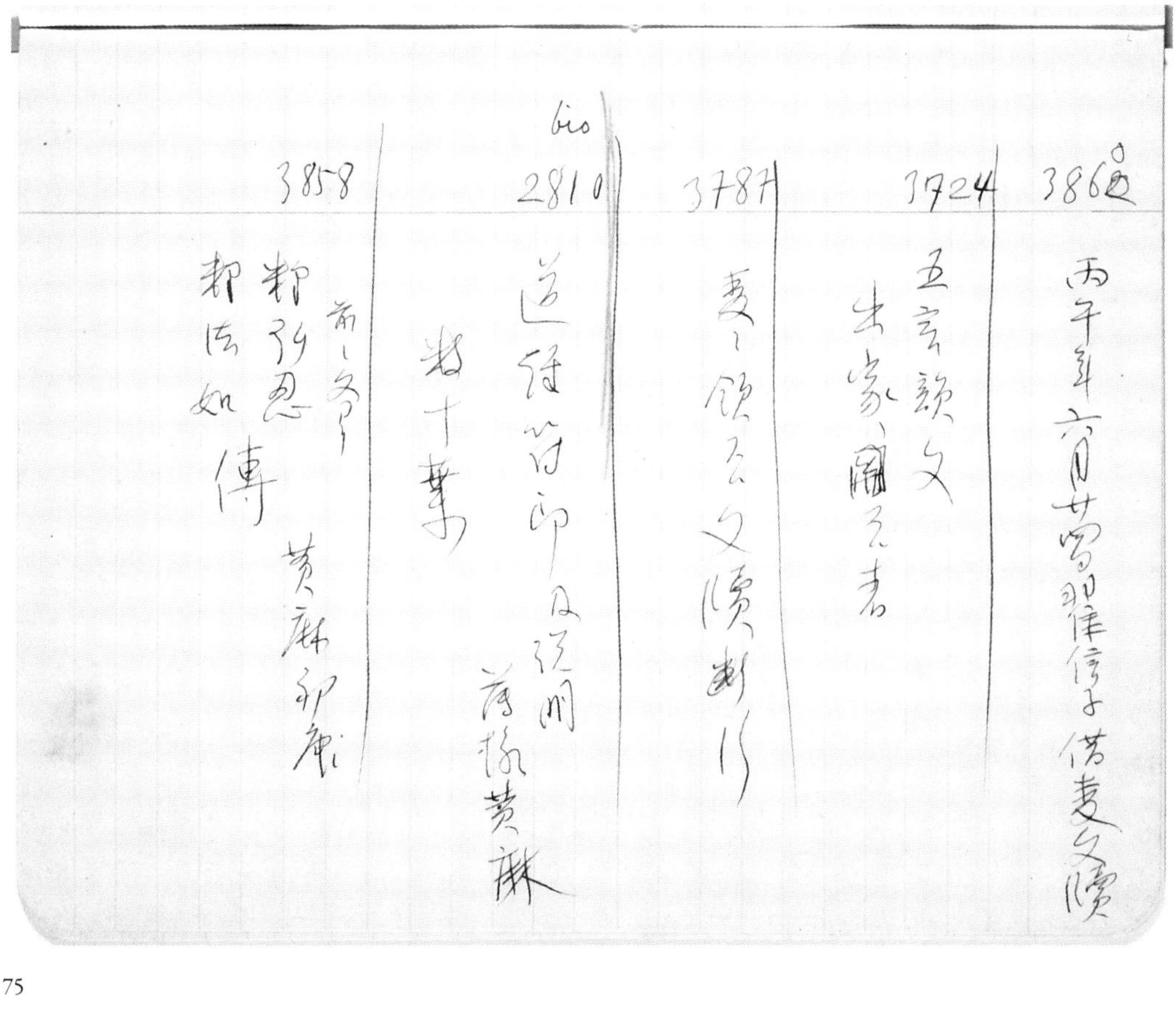

3855

蔵経目録 龍興寺ノ分凡二

3783

論語正文ノ 黄麻 書写

述而 首闕 存舊軸

泰伯

子罕

郷黨

文徳元年正月十三日燉煌郡學士
張圓通書

3543

佛経 黄麻

背 四分戒本 首缺

⑤

3814

大唐西域記巻第二 皮紙 中唐書

首缺 勝等者 卅紙、

1 越窣堵波五百所十

2 羅樹南有窣堵波迦膩 王之所建也 迦膩

387cm

尾題存

3822

華方

背同

⑥

3719

爾雅 郭注

釈詁 首缺

釈言

釈訓 不完

148cm

首 逢遇也 遘逢遇遻也、

尾 妻之妣之姜也

3853

蔵経目録

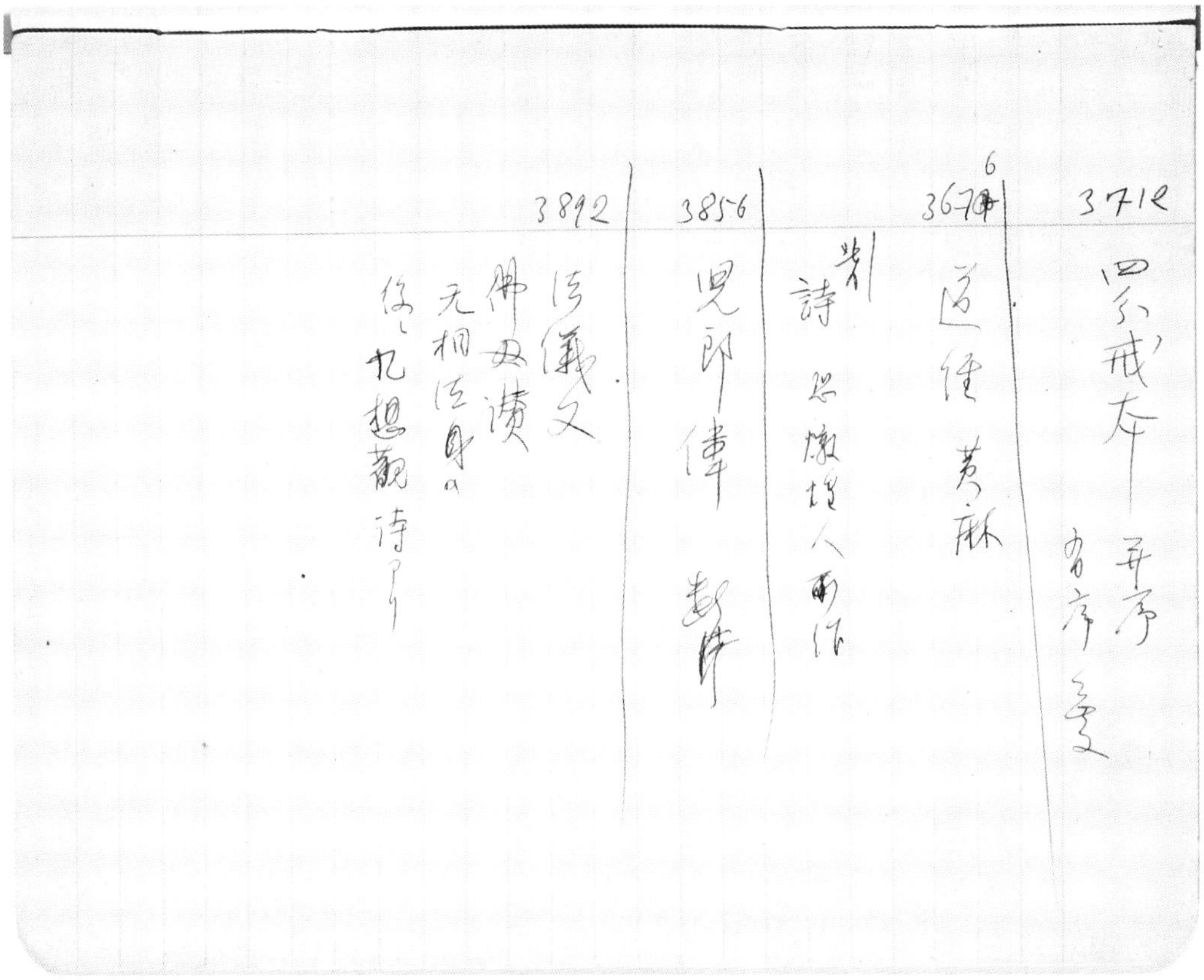
3712
四分戒本　并序
有序　[illegible]文
6
3674
道經　黄麻
背
詩　思懐婦人两作
3856
兒郎偉　斷片
3892
法儀文
佛母讃
无相法身の
後ニ九想観詩アリ

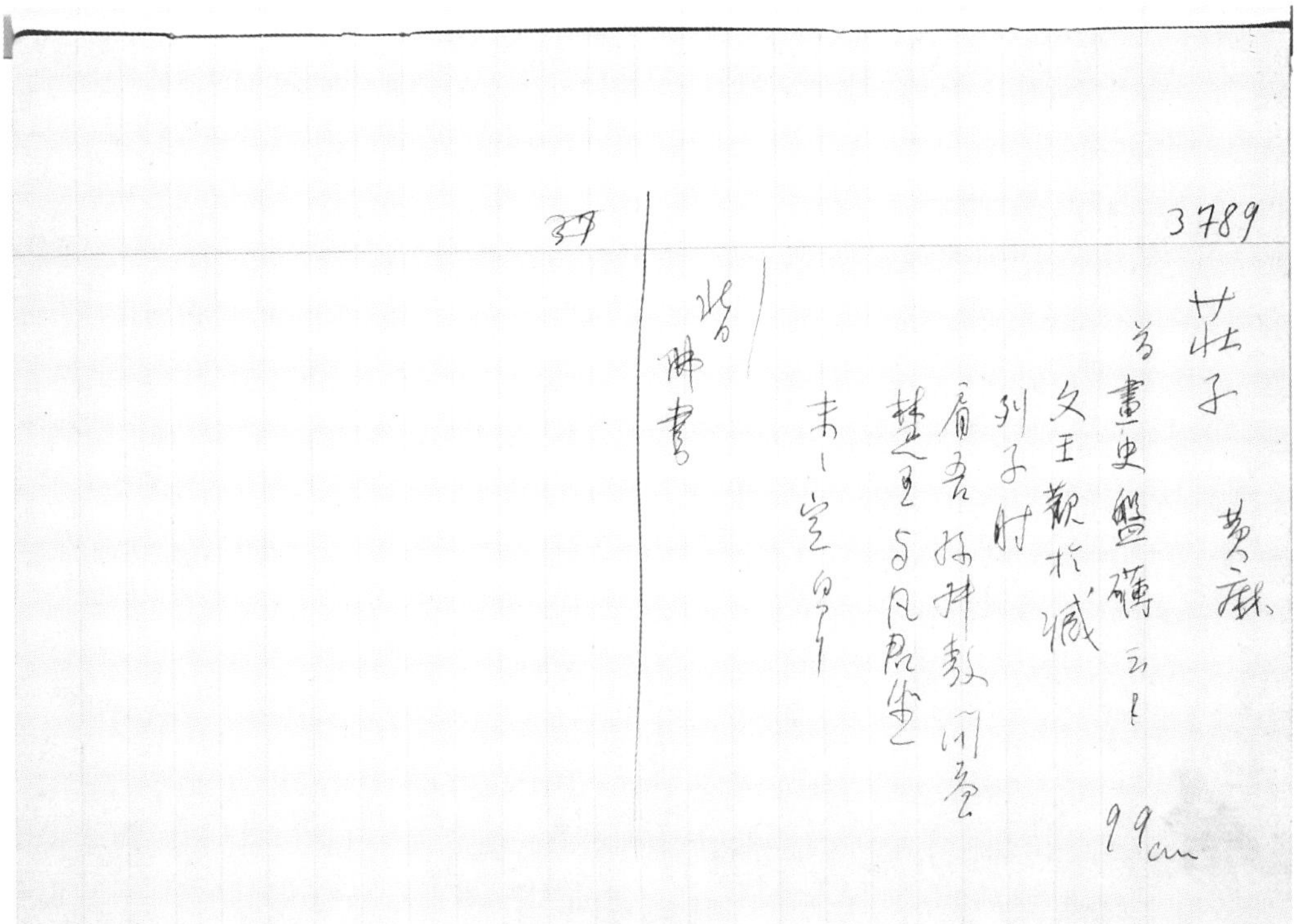
3789
莊子　黄麻
首　畫史盤礴云々
文王觀於臧
列子附
肩吾孫叔敖問云
楚王与凡君坐
末ハ空白アリ
99cm
37
背
佛書

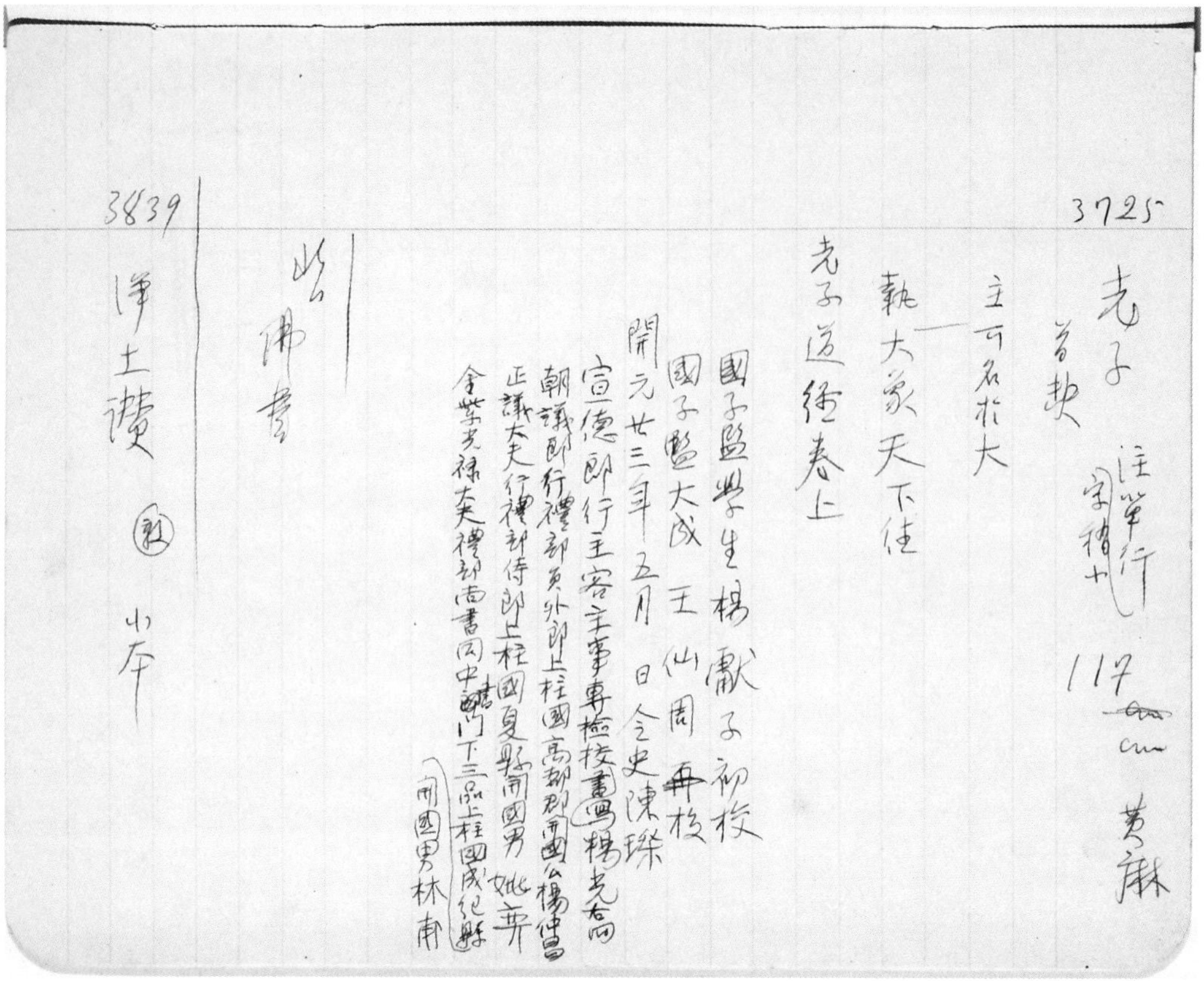

3725
老子　注䇿行　宇稽十　117 ~~cm~~ cm　黄麻
首缺
主亓名於大
執大象天下往
老子道経巻上
國子監学生楊獻子初校
國子監大成王仙周再校
開元廿三年五月　日令史陳琛
宣德郎行主客主事専検校書写楊光喬
朝議郎行禮部員外郎上柱國高都郡開國公楊仲昌
正議大夫行禮部侍郎上柱國夏縣開國男姚弈
金紫光禄大夫禮部尚書同中書門下三品上柱國成紀縣開國男林甫

此佛書

3839
浄土讃　(残)　小本

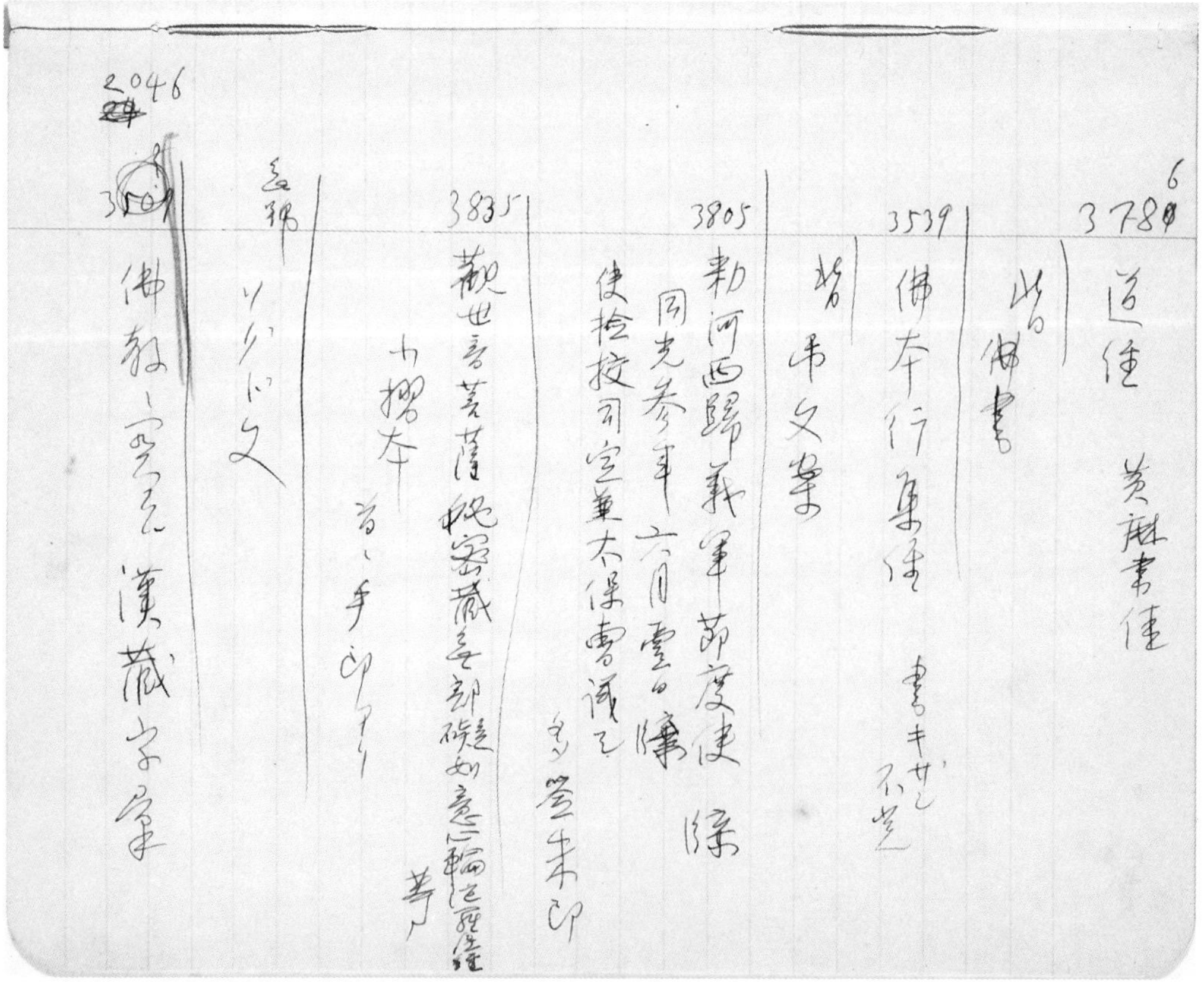

3786
道経　黄麻書往

此佛書

3539
佛本行集経　書キサし不佳

皆弗文掌

3805
勅河西歸義軍節度使　[illegible]
同光叁年六月靈[illegible]
使検校司空兼太保曹議金
多登朱印

3835
観世音菩薩秘密蔵無部礙如意心輪陀羅尼経
小摺本　首ゝ手印アリ
等

雑録
ソグド文

2046
3509
佛教ゝ要文　漢蔵字彙

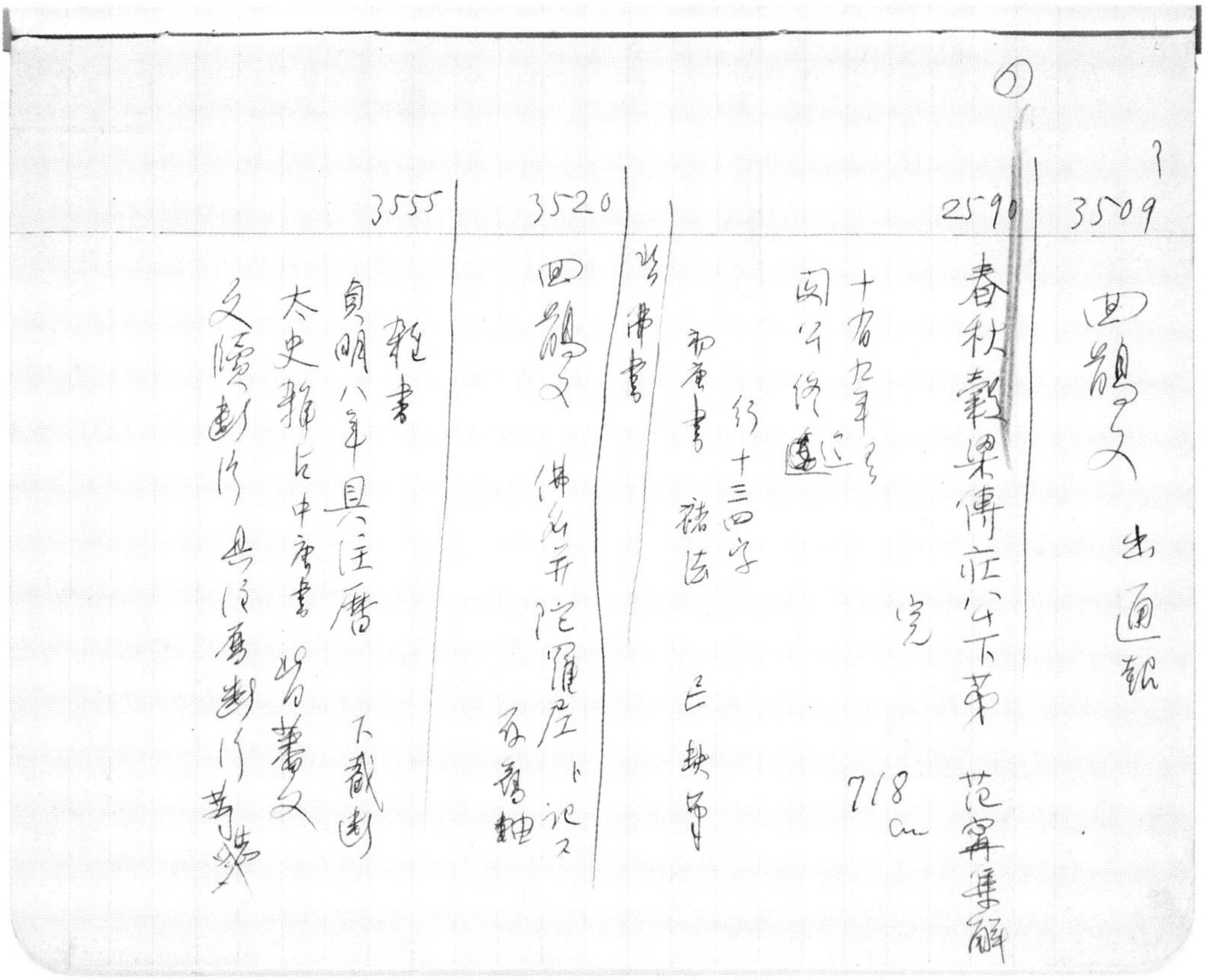
①
?
3509 回鶻文 出通鑑
2590 春秋穀梁傳莊公下第 范寧集解
十有九年至 閔公終篇 完 718 cm
行十三四字 初唐書 諱治 已缺筆
3520 回鶻文 佛名并陀羅尼 下記又 存舊軸
背 佛書
3555 雜書
貞明八年具注暦 下截断
太史雜占中唐書 背蕃文
文殘断片 無頭断片 若干

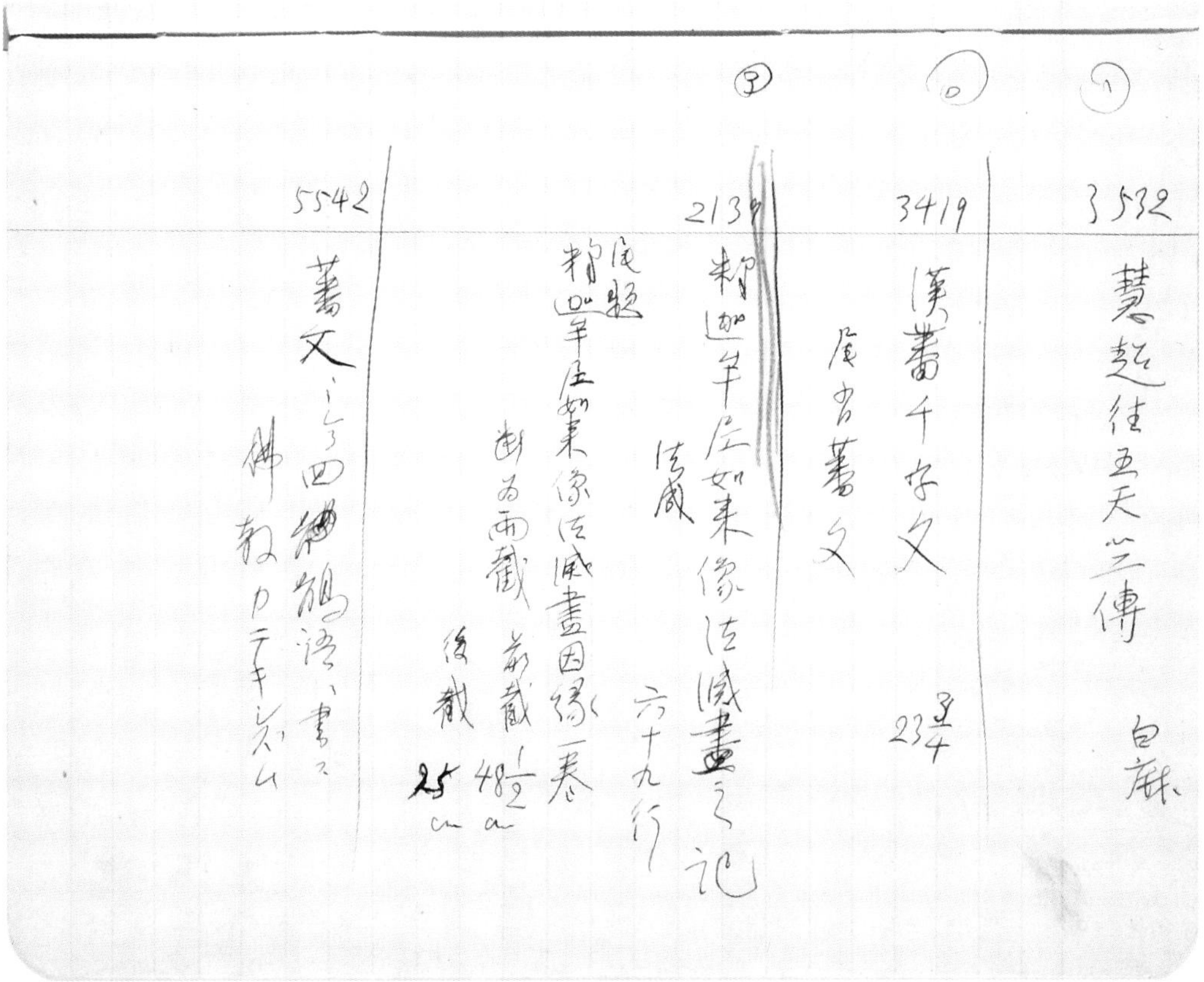
① 3532 慧超往五天竺傳 白麻
② 3419 漢蕃千字文 尾有蕃文 23 3/4
③ 2139 釋迦牟尼如来像法滅盡之記 法成 六十九行
尾題 釋迦牟尼如来像法滅盡因縁一巻
断為兩截 前截 48 1/2 cm 後截 25 cm
5542 蕃文、ところ／＼回鶻語、書入 佛教カテキスム

2543

文選

行二十八／行十五

王元長曲水詩序（首缺） 114cm

用能免群生於湯火納百姓於休和草萊樂

王文憲集序一首 任彦昇

天道運行故

2762

張議潭ノ子ノ碑銘 146cm

春秋七十有四

夷齋ノ書アリ

3513

イラニアン、オリアンタル

華嚴行欧梵ヘ

全文明使ヘ千九百十三年 巴里

言語学雑誌に發表さる

2524

粘葉本 十七葉あり 十二行

類書ノ類

王

公主 郡令 朋友 人才 文筆 勤学 宴樂 送別 客遊

薦挙 謝恩 兄弟 父母 孝養 悲孝 孝行 孝感 神仙

3533

XXXI 寺院文牘 朱印アリ

XXXII 文牘

大佛頂萬行首楞嚴經巻六 存尾題

佛名經巻一 （麻紙） （麁）

回鶻文

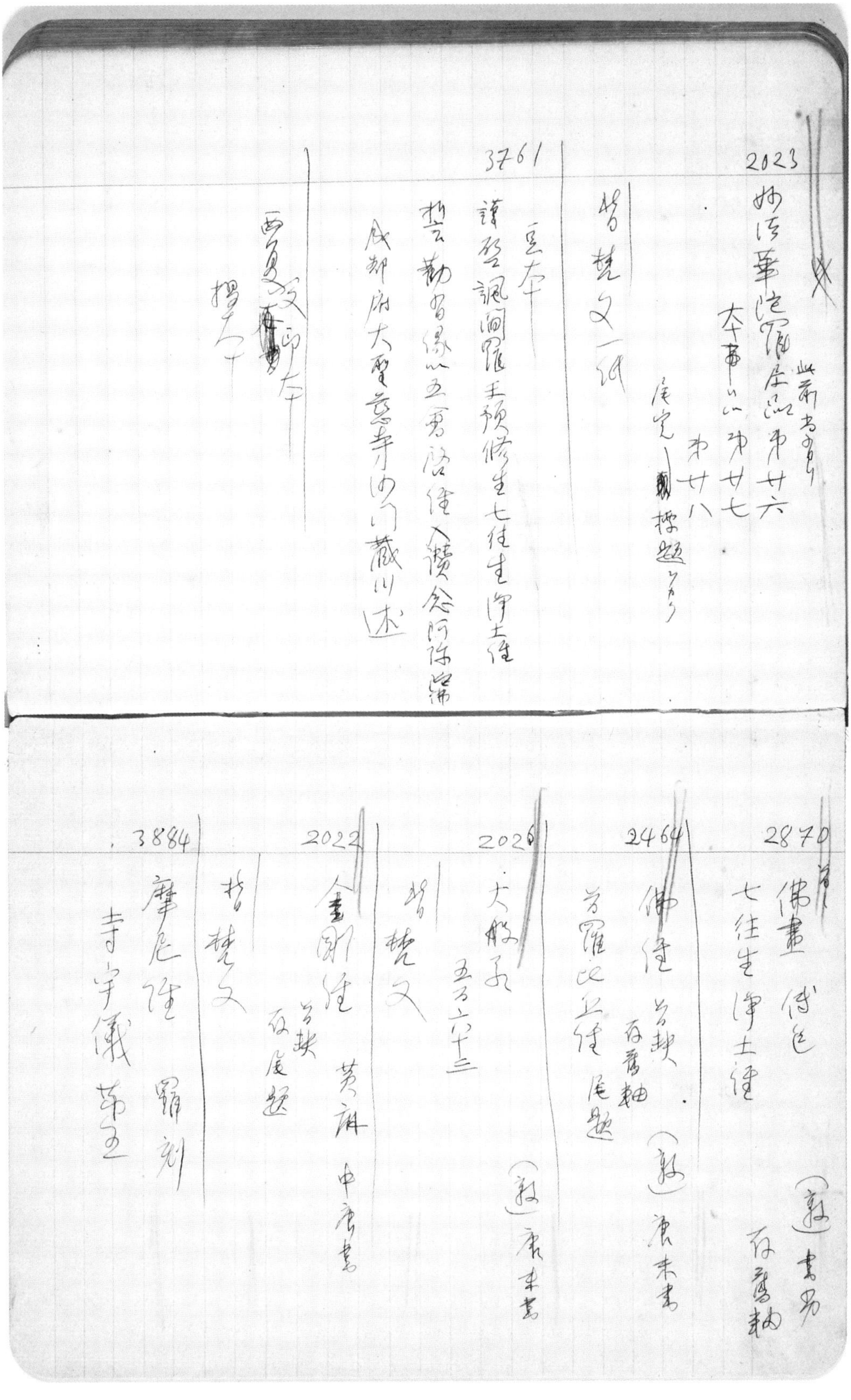

2023
妙法蓮華經陀羅尼品第廿六　此前書ナリ
太子本事品第廿七
第廿八
尾完　標題アリ

背　梵文一紙

3761
巻本
謹啓諷閻羅王預修生七往生浄土經
誓勸有緣以五會啓經入讚念阿弥陀佛
成都府大聖慈寺沙門藏川述

西夏文　印本
摺本

2870
背
佛畫　付
七往生浄土經
(敦)　書寫
存舊軸

2464
佛經　首缺
存舊軸
首羅比丘經　尾題
(敦)　唐末書

2026
大般若
五百六十三
背　梵文
(敦)　唐末書

2022
金剛經　首缺　黄麻　中唐書
存尾題
背　梵文

3884
摩尼經　羅刻
寺宇儀第五

2024 佛経 大般若
背 比丘含慧文

2026 金光明王経巻第三 黄麻 唐末書
方寫尾題

背梵文

2178 佛経疏
背同
佛説請頌章句抜済遮羅生死得度

2285 佛説父母恩重経 首缺
丁卯年十月廿九日奉爲亡妣 寫畢
孤子比丘智照

2922 善悪因果経一巻 粘葉小本
義宗印

2124 付法蔵因縁経巻第四 黄麻
首缺 尾題寫

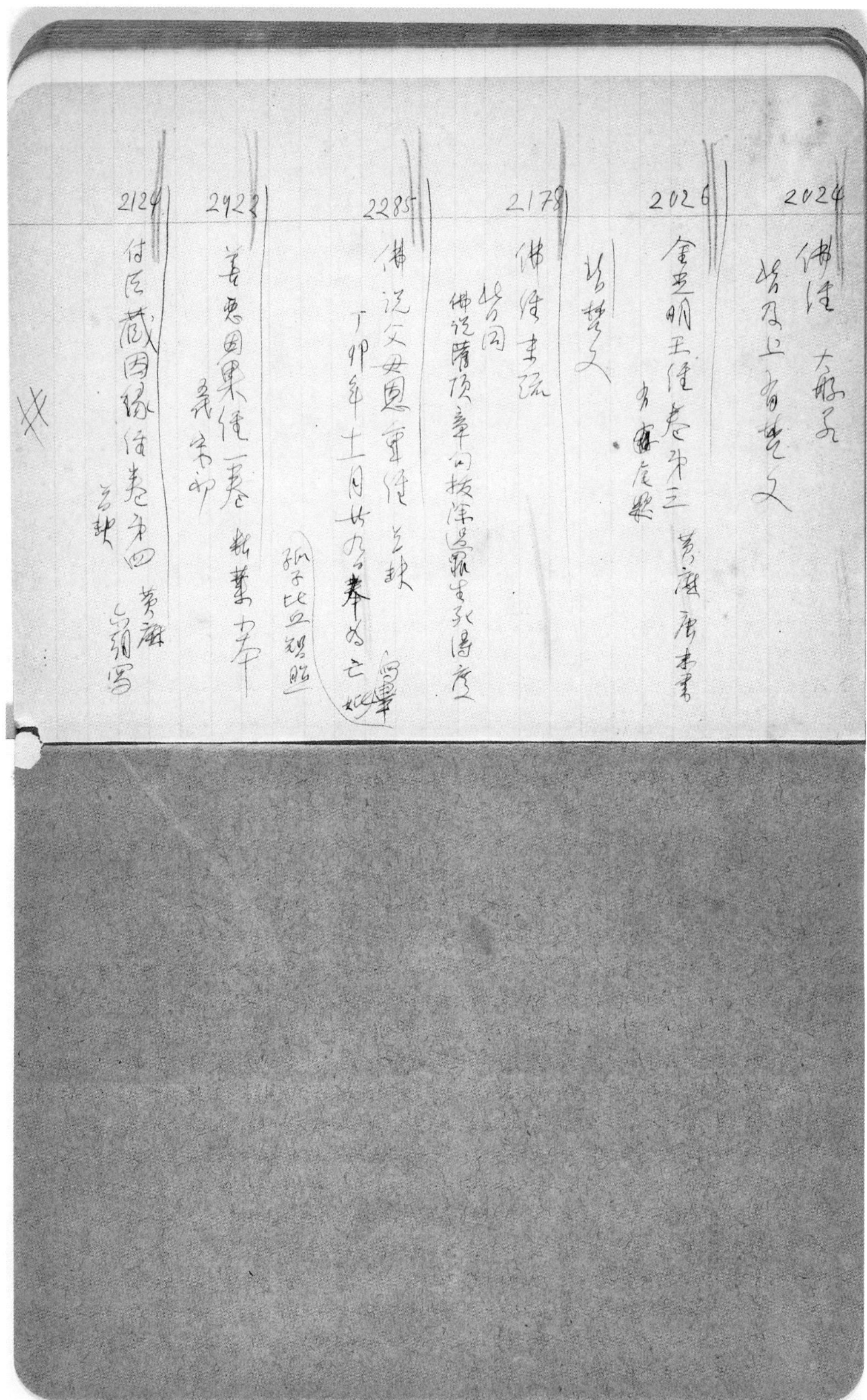

（影印部）

37-1　スタイン將來資料

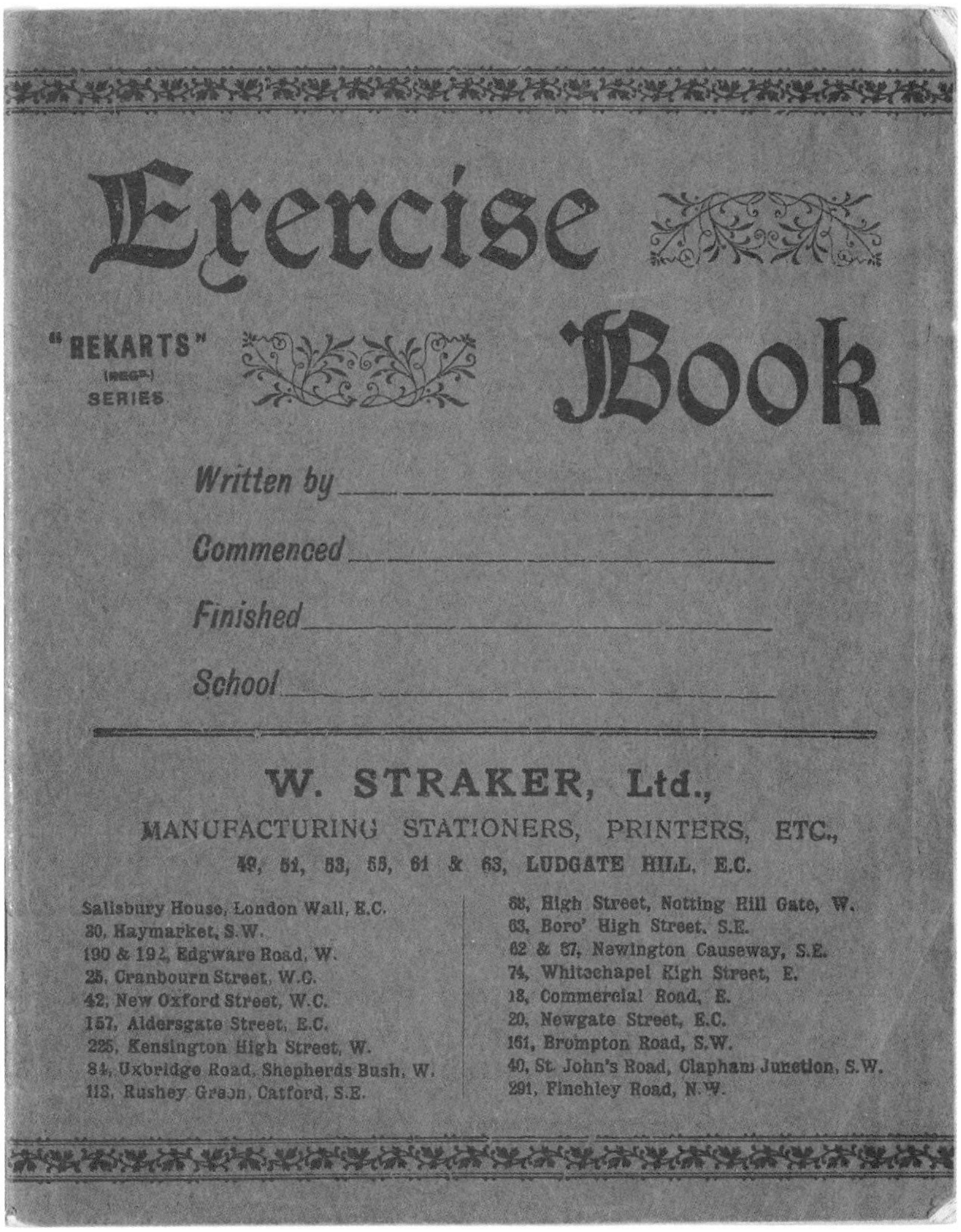

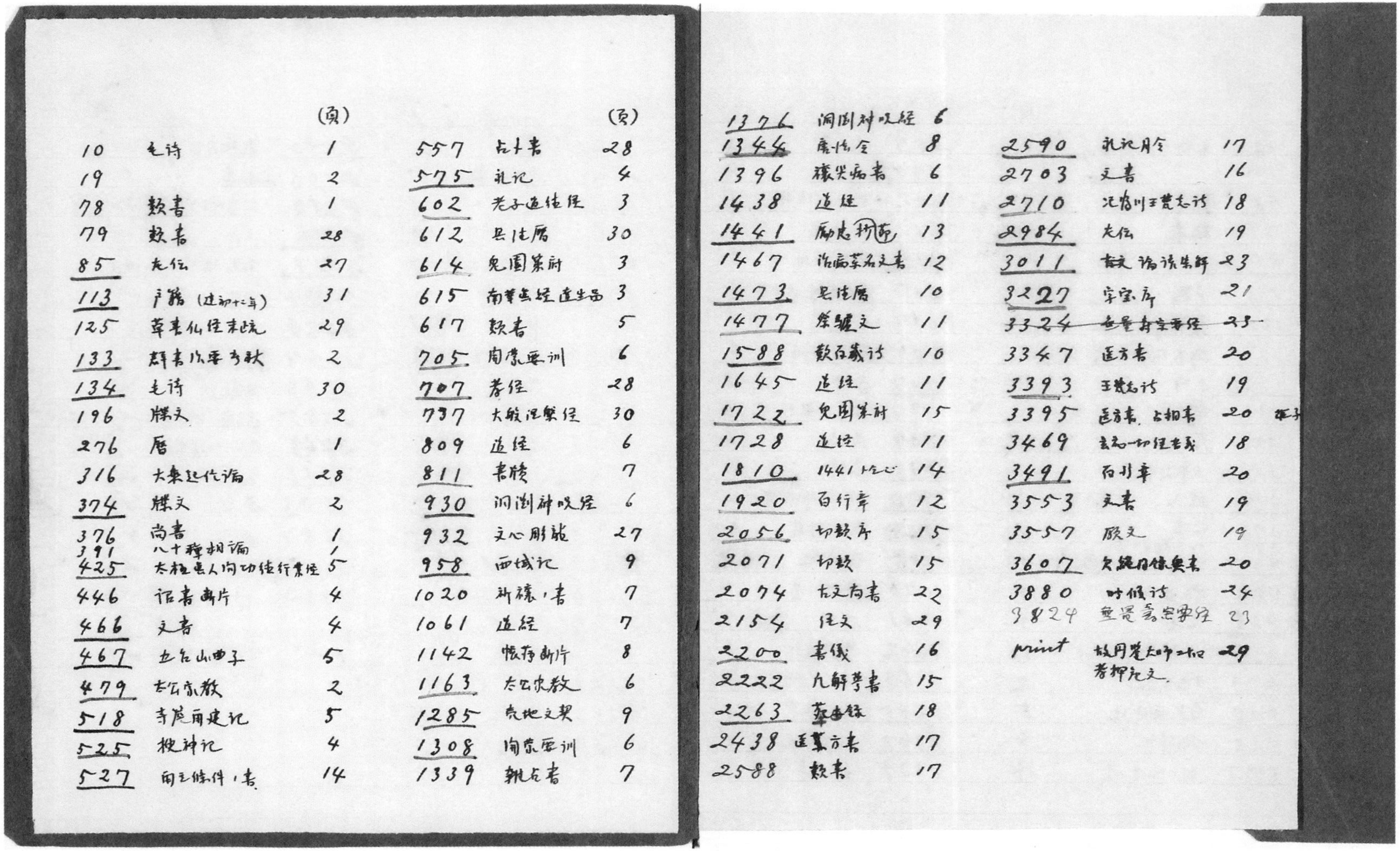

		(頁)			(頁)
10	毛诗	1	557	占卜书	28
19		2	575	礼记	4
78	类书	1	602	老子道德经	3
79	类书	28	612	具注历	30
85	左传	27	614	兔园策府	3
113	户籍（进初十二年）	31	615	南华真经 达生品	3
125	草书仙经末疏	29	617	类书	5
133	群书治要 春秋	2	705	开蒙要训	6
134	毛诗	30	707	孝经	28
196	牒文	2	737	大般涅槃经	30
276	历	1	809	道经	6
316	大乘起信论	28	811	书仪	7
374	牒文	2	930	洞渊神咒经	6
376	尚书	1	932	文心雕龙	27
391	八十种相论	1	958	西域记	9
425	太極真人問功德行業经	5	1020	祈禳ノ书	7
446	诏书断片	4	1061	道经	7
466	文书	4	1142	帐簿断片	8
467	五台山曲子	5	1163	太公家教	6
479	太公家教	2	1285	卖地文契	9
518	寺院再建记	5	1308	开蒙要训	6
525	搜神记	4	1339	杂占书	7
527	两王條件ノ书	14			

1376	洞渊神咒经	6				
1344	唐律令	8	2590	礼记月令	17	
1396	禳灾病书	6	2703	文书	16	
1438	道经	11	2710	沈[illegible]川王梵志诗	18	
1441	励忠节钞	13	2984	左传	19	
1467	治病药名文书	12	3011	古文论语集解	23	
1473	具注历	10	3227	字宝序	21	
1477	祭驴文	11	~~3324~~	~~无量寿宗要经~~	~~23~~	
1588	数百岁诗	10	3347	医方书	20	
1645	道经	11	3393	王梵志诗	19	
1722	兔园策府	15	3395	医方书，占相书	20	杂子
1728	道经	11	3469	玄应一切经音义	18	
1810	1441と同じ	14	3491	百行章	20	
1920	百行章	12	3553	文书	19	
2056	切韵序	15	3557	愿文	19	
2071	切韵	15	3607	[illegible]	20	
2074	古文尚书	22	3880	咏[illegible]诗	24	
2154	经文	29	3824	无量寿宗要经	23	
2200	书仪	16	print	故円鑒大師二十四孝押座文.	29	
2222	九解梦书	15				
2263	华严录	18				
2438	医药方书	17				
2588	类书	17				

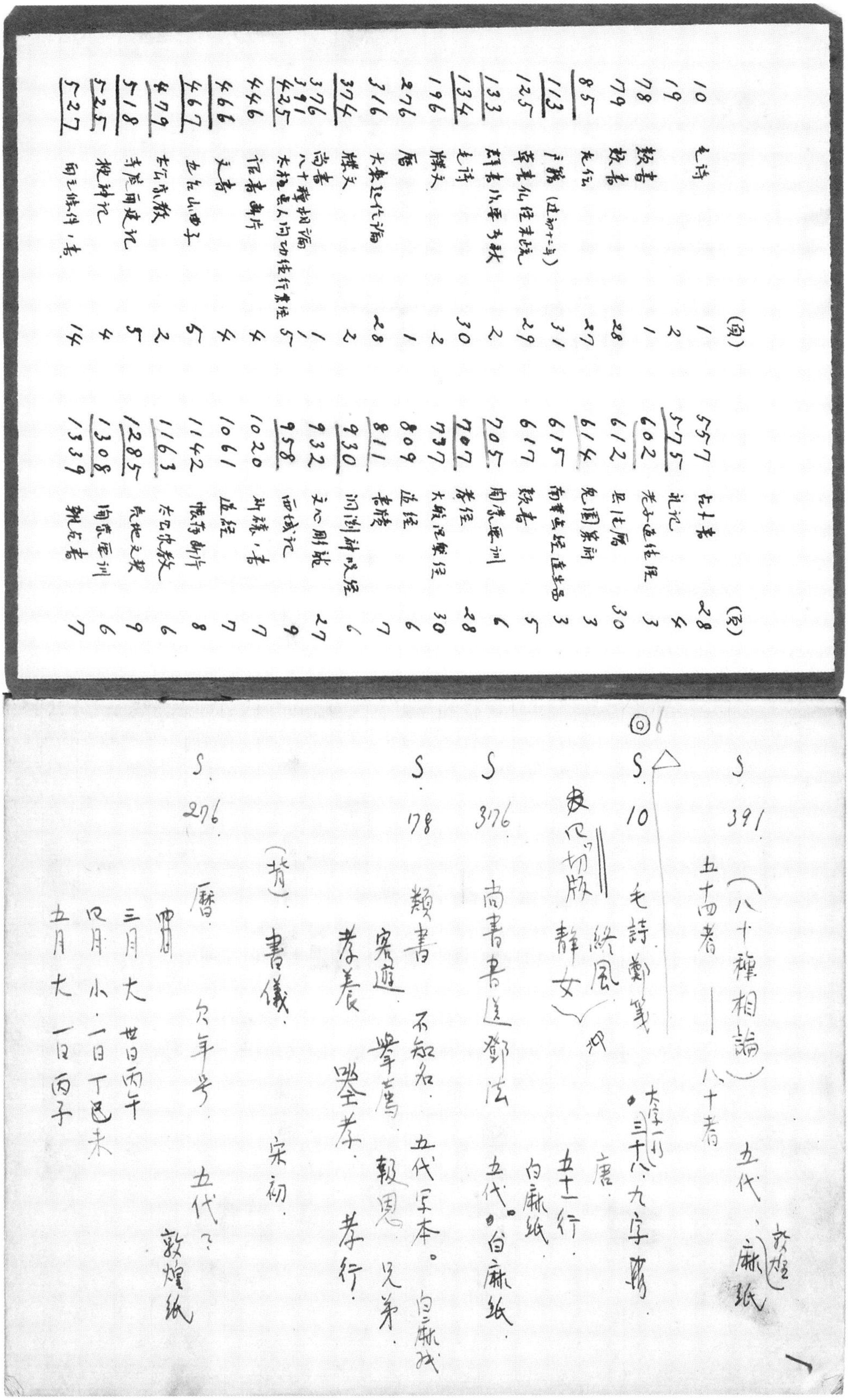
10 毛詩 1
19 2
78 類書 1
79 類書 28
85 27
113 31
125 29
133 2
134 毛詩 30
196 2
276 暦 1
316 大乘起信論 28
374 2
376 尚書 1
391 八十種相論 1
425 5
446 4
466 4
467 5
479 2
518 5
525 4
527 14
557 28
575 礼記 4
602 3
612 30
614 兎園策府 3
615 3
617 類書 5
705 6
707 孝経 28
737 大般涅槃経 30
809 6
811 7
930 6
932 文心雕龍 27
958 西域記 9
1020 7
1061 7
1142 8
1163 太公家教 6
1285 9
1308 6
1339 7
S 391 （八十種相論） 五代、麻紙
五十四者 ― 八十者
S 10 毛詩鄭箋 三十八・九字 唐
五十一行 白麻紙
終風 静女
S 376 尚書 五代。白麻紙
S 78 類書 不知名 五代写本。
S 276 （背） 書儀 宋初
暦 欠年号 五代？ 敦煌紙
三月大 廿日丙午
五月大 一日丙子

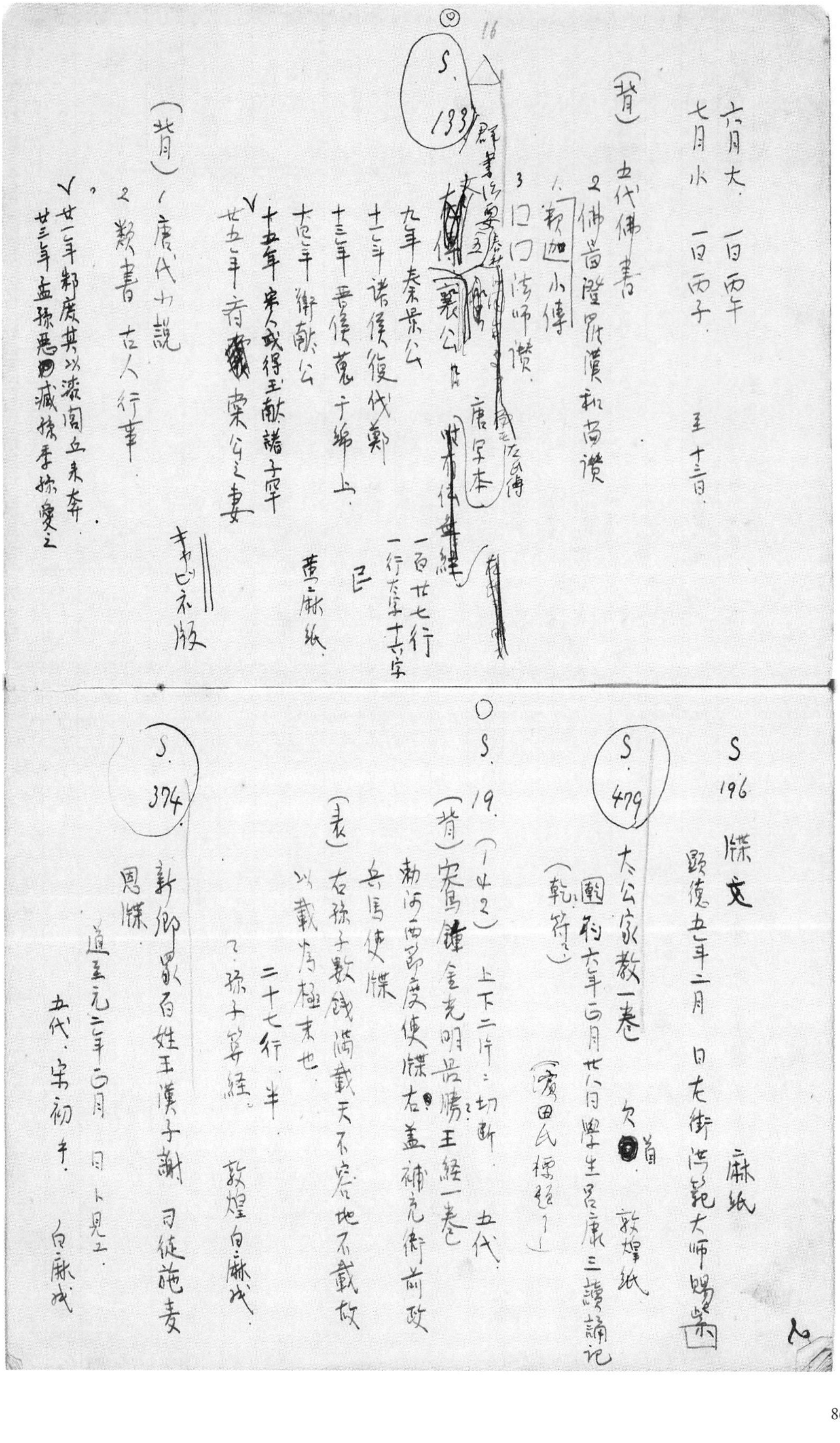

六月大　一日丙午
七月小　一日丙子　至十三日

(背) 五代佛書
2 佛圖澄羅漢和尚讃
1 釋迦小傳
3 [illegible]門法師讃

S.133 群書治要 (五) 春秋左氏傳　唐字本
左傳 襄公
九年秦景公
十一年諸侯復伐鄭
十三年晋侯蒐于緜上
十四年衛獻公
十五年宋人或得玉献諸子罕
廿五年齊棠公之妻
一百廿七行
一行大字十六字
巳
黄麻紙
キャビネ版

(背) 1 唐代小説
2 類書　古人行事
廿一年邾庶其以漆閭丘来奔
廿三年孟孫悪臧孫季孫愛之

S 196
牒文　麻紙
顕徳五年二月　日左街洪範大師賜紫

S.479
太公家教一巻　欠首　敦煌紙
[illegible]符六年正月廿八日學生呂康三讀誦記
(乾符?)
(濱田氏標題了)

○ S.19 (1/2) 上下二片ニ切断　五代
(背) 寫鍾金光明最勝王経一巻
勅河西節度使牒右蓋補充衙前敀
兵馬使牒
(表) 右孫子數錢満載天不容地不載故
以載為極末也
二十七行 半
孫子算経　敦煌白麻紙

S.374
新郷衆百姓王漢子謝司徒施麦
恩牒
道至元二年正月　日 ト見エ
五代・宋初カ　白麻紙

S.602

道経廿四章ノ半ヨリ廿七章ニ至ル。

S.615

南華眞経達生品第十九。

縦十吋　横内八吋弱

長一百十三吋

四ツ切版

S.614

兎園策府　有序　董目ニ有リ

118 3/4吋
99 1/2吋

文中

「今乃勤成十巻名曰兎園策府并引経史為之訓注……題之如左

辯天地、正歴数、議封禅、征東夷、均州壤

ト記ス。

問ト對トヲ設ケテ対策ノ文例トス。

末句ニ　兎園策第一

(別手字)　巳年四月六日學生索廣翼写了

云々

奥書ヲ除キ百三十一行。

白麻　唐末写。

縦九寸七分

(背)　西蔵文アリ。　八行

行数

1 精則桂林之郷發自周嶽造士浩

2 庸懸甲科而入士劉君詔問咄河洛之詞仲舒抗答引陰陽

3 義孫弘則約文而切理杜欽則指事以陳譚魯平以雅素申

26 空珎黍遊梁之一斑同背懷之千里忽奉恩教令修新策今乃勤

27 成十巻名曰兎園策府并引經史為之訓注雖則[illegible]言[illegible]論無取

28 緗然而野識蓍辞理難同於翰墨傳之君子有慙安國之言

29 之市人[illegible]乘呂韋之言所定篇目題之如左

S.446.

● 白麻紙。

宋初写本？詔書断片。道[illegible]教ニ関スルモノ　冊［賭?］ノ丁?

三十四行。

前開府儀同三司竇残須？容納徽人頻

虧典冒永懐陽氏追感禍渭陽冥申

國恩再復禁禄可開府儀同三司仍

放優閑不須朝會[illegible]……

其京城父老……東京父老陽物[illegible]

西京留守[illegible]ト記ス。

S.525

捜神記一巻。

唐[illegible]末カ五代　董目アリ。

百六十九行

敦煌紙。

捜神記一巻

昔白公時有一先生姓管名輅字公明名善

術六月因

右一行

S.575

禮記断片。

儒行　首缺。　九行　㊁対校要ス。

大学第四十二。鄭氏注。　一行大字十二字。

標題共ニ二十七行。

末句「此之謂自謙」

唐写。麻紙。丹色。　民欠劃

縦九寸九分。　欄内七寸六分。

S.466.

廣順三年莫高郷龍章祐弟祐定典地

文書

キヤビネニ援ス

敦煌紙。

S 518
後漢天福十四年八月廿二日曹某寺磨
日用建記、

S. 425
太極真人問功德行業経
唐写本　黄麻紙、
一行十七字、
標題ト共ニ五十八行完。
書法佳、

S. 467.
五台山曲子六首、
敦煌紙、
唐末五代？

S. 617.
類書、
器用部？　首缺
キヤビネ版、
唐末 写本 敦煌紙
田農部
養蚕及機杼部
女工部
絲帛絹布部、
珍宝部
香部

彩色部、
數部、
秤部 上處證反
市部
菓子部、
菜蔬部、
肉食部、
飲食部、
聚會部、
雜畜部
獸部
鳥部
虫部
魚鼈部、
木部
竹部
草部、
船部
車部
火部、

水部.
庚部　鷹部ノ男子.

S.705
開蒙要訓一巻　敦煌紙.
大中五年辛未三月廿三日學生宋文
獻誦安文德写.
一行十六七字.
首欠　八十二行　但六行不完.
日用ノ雜字ヲ集メ初學ノ備忘ニ
供セルモノ.　末句ニ「童蒙初學以解難
忘」トアリ
（背）文書断片.

S.1308.
開蒙要訓一巻　首欠.　敦煌紙
童蒙初學易解難□

S.1163
太公家教一巻　敦煌紙.
庚戌年十二月十七日永安寺李仕郎
?氾順進自手書记

(背) 文書断片

S.1396
文書断片
禳災病書　不知名　敦煌紙
十九行.

S.809
道經ノ断片　三十五行.　黄麻
科日受法後三日弟子皆須相率隨時設
一供齋以賀諸天大聖師尊厚恩不得正
尒違奪筭二千八百
科日師付經誡將訖分明示弟子 科誡及
法住脩行次第違奪筭一千二百
（末句二日）

S.1376
道經.　唐字.
洞淵神呪經ノ断片.　黄麻、唐字.　首尾欠　五十六行.
道言復有廿万赤索鬼鬼王自首領卅九万
女鬼春來取男子〜〜〜

S.930
洞淵神呪經誓魔品第六.
首尾完.　黄麻、唐字.
（背）立成笇經一巻.

9

S.0 811

河西都僧統賜紫沙門悟真年逾七十風疾相兼
動静往来半身不遂～～～裁詩十首～～～
七言絶句二首
書牘　キャビネ　五代　敦煌残
永比自江東十六而學七秊（季）芽
嵗三載盧山被受飢荒衣
穿穠鼻纔堪舉闬負不自
資所以求售　朱門星霜絶
遠今且老矣何必再言顧題
朝天十詠以光　院庭雖愧
稷卑是慙山甫華乞
仁明無一比類始使清濁有
分鴛鴻異路小人君子欲亞
同季木鶴行尚■昌南未可
伏惟　曉春　永再拜　十一日
詩病既多所以才子忘而不作聲讃之外章
乞細尋　（但一行ニ記ス）

S.1061
道経断片　二十五行　唐写　黄麻
洞淵神呪経 7
道言大聖龍興下世度人誅羅偽座退翦
逆人壬子之初乙卯之年至甲子之●旨以保
甲申遇吾此道共在自深
（背）佛経末疏　不明

S.0 1339
雑占書　キャビネ　首欠　敦煌残　■五代写
四十五行
卜求神得福否　一得福　二得病即差　三得福無盡　四求福無益
五得病差大上　七准　八不得　九得病大吉
――――
卜懐身女人生男女否　一是男　二是女難養
三是女　四是男合　五男大男難　七是女　八是男長命　九是男榮禄貴

S.1020
（背）文書断片
■道書
祈禳（関スル者）
首尾欠　軸アリ
隋ノ前　麻楮穀紙
隋写カ　書法、小王、楷　永善等
六十一行

S.1344 ⓪

唐法令　六十九行　~~[illegible]~~吋 50.5吋　穀紙　唐写（初）

開元元年十二月十七日
景龍二年九月廿日
證聖元年四月九日
咸亨五年七月十九日
長安二年七月廿八日
景龍元年十月廿九日
垂拱元年八月廿八日
景龍二年六月九日
垂拱元年九月十五日
天授二年正月十五日
長安元年十二月廿日
天授二年七月廿七日
長安三年二月十二日
景龍二年三月廿日
唐元年七月十九日
萬歳通天元年五月六日
景雲二年閏六月十日
聖曆元年正月三日

---

②（背）

(1) ~~[illegible]~~悉談章韻書　二十九行　16 inch

（初）鳩摩羅什法師通韻本為五十二字生浮一百八十二文就裏十四之聲（右一行）

（末）並皆羅什八處輪轉了之分明古今不失

(2) ~~[illegible]~~脩多羅法門卷第一　紀王府椽太原郭銓　孝敬撰

六十八行　末欠

8

S.1142

帳簿断片

乙巳年五月七日造春秦料破油麪數具名
秦料用油壹科陸升破麪兩碩柒斗已上
细共~~[illegible]~~麥」抹貳分爲料撘分料秦人
破廉麪二升七月十五日」仏盆料麪壹碩
搠料油陸升破子柒斗十月秋」
席席破用麦壹碩油肆升破粟壹䭾」
以後計算為定了

敦煌戒　唐写

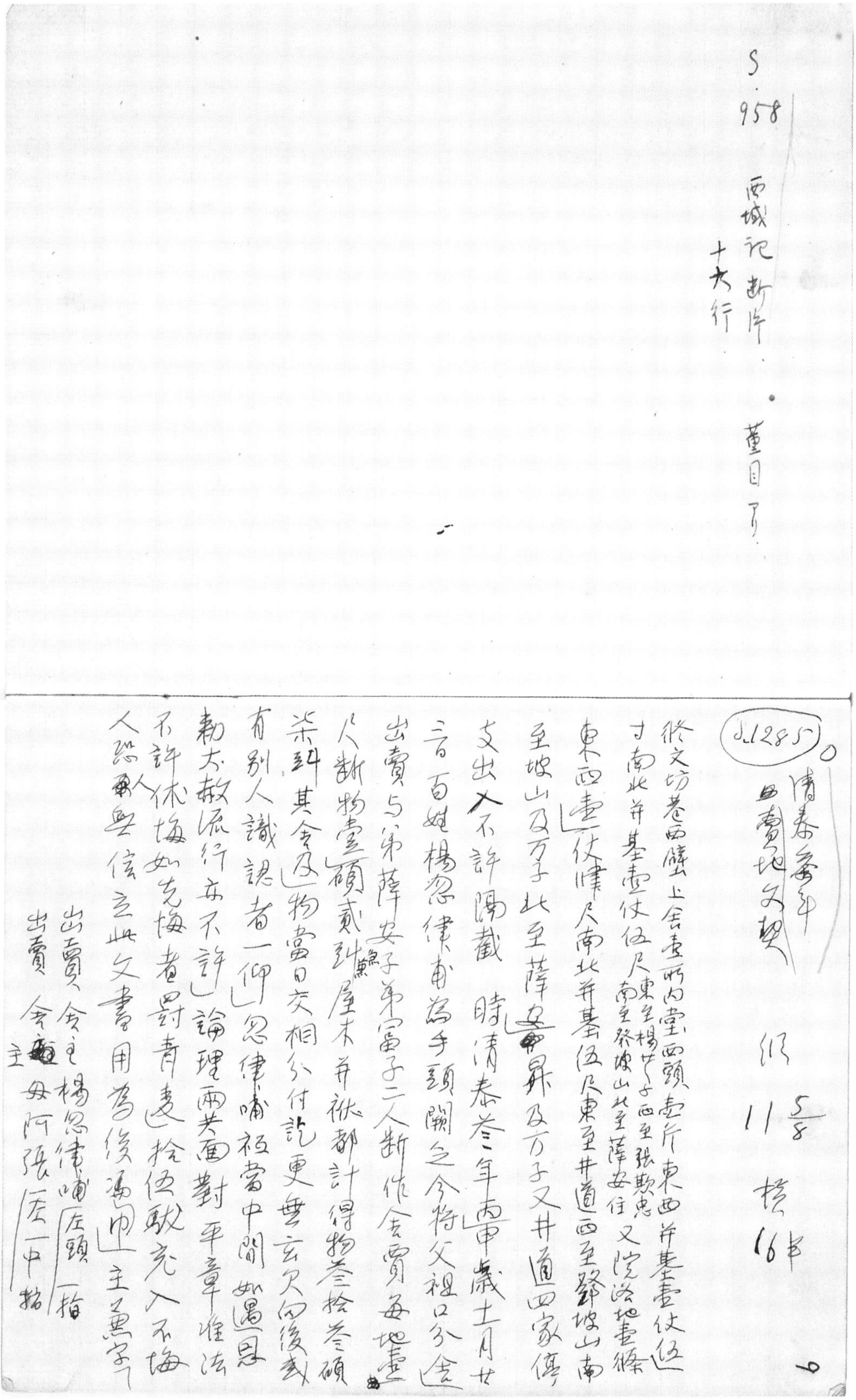
S 958
西域記断片
十六行
董目アリ

S.1285
清泰叁年賣地文契
紙 11 5/8 横 16半

修文坊巷西壁上舍壹所内堂西頭壹片東西并基壹仗伍
寸南北并基壹仗伍尺東至楊子西至張嬰忠南至叅坡山北至薛安住 又院落地壹條
東西壹仗肆尺南北并基伍尺東至井道西至叅坡山南
至坡山及万子北至薛安昇及万子又井道四家停
支出入不許隔截　時清泰叁年丙申歲十一月廿
三日百姓楊忽律哺為手頭闕乏今將父祖口分舍
出賣与弟薛安子弟富子二人斷作舍賈每地壹
尺斷物壹碩貳斗 屋木并攬都計得物叁拾叁碩
柒斗 其舍及物當日交相分付訖更無玄欠向後或
有別人識認者一仰忽律哺祗當中間如遇恩
勅大赦流行亦不許論理兩共面對平章准法
不許休悔如先悔者罰青麦拾伍馱充入不悔
人 恐人無信立此文書用為後憑 主人無字
出賣舍主楊忽律哺 左頭一指
出賣舍主母阿張 左中指

同院人鄧坡山（丈）
同院人薛安昇（丈）
見人薛安勝（丈）
見人薛安住（十）
見人吳再住（七）
見人押衙鄧方延（丈）
隣見人高⊗什德
隣見人張威賢（知）
[illegible]ノ（目觀

S.1473 〇

太平興國七年壬午歲具注曆日．并序　于水支火 納音木
九三百八十四日．
押衙知節度參謀銀青光祿大夫檢校國子祭酒翟
文進撰
正月大一日癸巳．
二月小一日癸亥
三月大一日壬辰
四月小一日壬戌
五月大一日辛卯
二日、三日切レ．以后欠．

（背）文書數件．｜礼懺文．
64吋
11 6/8吋．

S.1588

歎百歲詩．二十七行（背ニツヾク）
一十一、二十二、三十三、四十四、五十五、
七十七、八十八、九十九．等ノ歲ニ於ケル詠歎ヲ
一百終　記セルモノ
表 15.5吋
背 6.5吋．
敦煌残 五代．
有墨印森ニテ文字十之．

16

S.1645　道経断片　二十八行　一行十七字.　董康找.

(末行) 鳳凰翅朱鳥天仙伎樂填滿東北來到會　甲

書ハ大上業報因縁経ト似タリ

同一筆ナルベシ

S.1477

祭驢文一首

首欠.　三十七行.　敦煌找　26吋　11 3/8吋.

(背) 帳簿断片.

S.1728　道経断片.　唐末.　董康　四十三行.

又云有八方鬼名烏塗倫那長七丈千万歳

S.1438　道経断片　百三十四行.　黄

S.1645ト同筆ナル如シ.

(自然道性論　第一序本文) 欠.

第二明性體

第三辯善悪

第四説顕没

第五論通有

第六(述)廻變

甲

積徳福田第五

第一序本文

第二釋名義

第三明身業

第四述口業

第五分心業

第六例三一

第七論種子

功徳因果第六

第一序本文

第二辯名因

○

(背) 僧家書儀　數　沙州ノ人作ル所

聖神贊普ニ上ル表アリ

首尾欠.　96.5吋

(首) 相公為霖救旱刈渇指梅　邦家有人……

二

S.1467 治病藥名文書　白麻.中唐

首尾欠.五十六行.32吋

(背)藥方　中唐

表ヨリ古シ.

療髓虚方.

□髓實方.等アリ.

S.1920

百行章一卷　杜正倫　長 36/4 144/21 165吋　幅 12吋

敦煌或.五代

有序　(謹?)

孝行章第一.　勤行章第十二.

敬行章第二.　貞行章第十三.

忠行章第三.　常行章第十四.

節行章第四.　信行章第十五.

罰行章第五.　義行章第十六.

勞行章第六.　廉行章第十七.

施行章第七.　清行章第十八.

報行章第八.　平行章第十九.

恭行章第九.　嚴行章第廿

勤行章第十.　慎行章第廿一

儉行章第十一.　愛行章第廿二.

諫行章第廿三.　恩行章第廿四.

思行章第廿五　寛行章第廿六.

慮行章第廿七　援行章第廿八.

急行章第廿九　達行章第卅

道行章第卅一　專行章第卅二

貴行章第卅三.　學行章第卅四

問行章第卅五.　備行章第卅六

餝 ~~儉~~行章第卅七.　弘行章第卅八.

政行章第卅九　直行章第卌

察行章第卌一　量行章第卌二

近行章第卌三　就行章第卌四

讓行章第卌五　志行章第卌六.

慇行章第卌七　危行章第卌八

悋行章第卌九　身行章第五十

蔽行章第五十一　九行章第五十二

才行章第五十三　進行章第五十四

救行章第五十五.　循行章第五十六.

長行章第五十七.　懼行章第五十八

斷行章第五十九.　割行章第六十

捨行章第六十一.　盛行章第六十二.

12

嘿行章第六十三
善行章第六十四
連行章第六十五
讃行章第六十六
揚行章第六十七
毀行章第六十八
疑行章第六十九
哀行章第七十
諜行章第七十一
識行章第七十二
知行章庭第七十三
尌行章第七十四
誠行章第七十五
棄行章第七十六
謹行章第七十七
遠行章第七十八
病行章第七十九
存行章第八十
德行章第八十一
留行章第八十二
守行章第八十三
勸行章第八十四　以下欠

（背）孝孝生申儒盈書文、、八行

S.1441

勵忠節抄第一　首欠　筆目アリ

口口部　末二行存ス

道德
忠孝部々、首欠

特德部　十五行（標題別行十五ヾ）

德行部　五十四行（標題別行）

賢行部　三十六行（〃）

377.5吋

言行部　二十六行（標題別行）

親賢部　十二行（以下皆仝ジ）

任賢部　三十六行

簡賢部　二十四行

薦賢部　十七行

勵忠節抄巻第二

將帥部　六十一行　~~將帥部~~

安国部　三十七行

政教部　七十六行

善政部　四十一行

字養部　五十四行

清貞部　三十行

公正部　三十七行

俊爽部　二十五行

恩義部　三十三行

智信部　二十二行

立身部　二十五行　以下欠

（背）慶揚文第一

讃功德文第二

13

患文 第四.
難月文 [illegible].
亡父母文 [illegible].

二月八日文.
安傘文.
患難月文.
維摩押座文
印沙佛文.
燃燈文.
以上皆佛教ニ関スルモノ.

五言詩一首.　佛教ニ関スルモノ.

云謠集雜曲子共三十首.
別ニ写ス.

S.1810. 首欠. S.1441ニ同種.
果口、、、　若能師読前、
今將遺爾子孫、非敢向諸達者、勉之哉.
部、賢行部、言行部、親賢部
部、忠臣諸曰、夫臣者其猶地乎、方
小譯其下、、、
人之政之則人知道德行、則人不犯也.
八十八行.　S.1441ニ欠ケ所ヲ補フヘシ

引書名
忠臣論　蔡邕　廣連珠　東觀漢紀
元始　劉林　魯恭　應世科　等
書名人名

S.527.　顯德六年正月三日 再立條件
別ニ写ス.

一七

S. 1722.

兎園策府第一ノ奥

周南関雎詁訓傳第一、毛詩國風

周南ノ終リニ至ル。正文アリ 傳箋ナシ

S. 2056.

切韻序 陸法言撰　白麻紙

伯加千一字

歳次丑大唐儀鳳二年也 第一‖

一東ヨリ九魚ニ至ル。表面ヨリ背面ニ續ク。

表 72 3/8 背 64吋

S. 2071.

切韻。　白麻紙

第一‖ 四江ノ半ヨリ。五支迄下半切レ。

六脂ヨリ廿六山ニ至ル。完。迄第一巻。

第二巻。一先ヨリ十五清半。檉迄。

廿三蒸ヨリ廿七嚴ニ至ル 向前後

錯雑ス。

第三‖ 一董ヨリ四紙ノ緒迄アリ。

十五清ヨリ廿侵迄ノ斷簡。コー百ニ入ル。

第四‖ 四紙ノ續キ。五十一范ニ至ル 完。

去聲欠。

396
13
409

第五‖ 入声。一屋ヨリ廿七藥ノ緯ニ至ル

以後欠ク。

409吋

S. 2222.

九解夢書一巻。　敦煌紙 唐末。

天文章第一 一部存

地理章第二。一部存 上半切 44吋

雜事章第三。稍欠。

哀樂章第四。略完

器服章第五。

財物章第六。

代傷章第七

舍宅章第八。

市章第九。

四時章第十

塚墓章第十一

林木章第十二。

水章第十三。

禽獸章第十四。

雑事第卅五.
亀鑑第卅六.
言語第卅七. 夢ノ一字只第以下欠.

(背) 合書一部. 11.8吋
稍略。

S. 2703.

時日不明ノ文書断片。二首.
第三. 乾元元年七月 日史張元貞牒
第四. 天宝八載三月廿二日史令狐良嗣等ノ牒文.
第五. 燉煌人名ノ文書断片.
効穀郷 張義崇 以下ノ名アリ.
「燉煌縣之印」ノ印アリ
第六. 尚書省兵部符ノ目録 二十三條.
果毅數搗啜
別将叨護蘇.
鎮副右羯搓
合 兵部符目. 一條.
未詳 四條.

中廣
白麻紙

(背) 合郡廿三日應遣上使文解捴玖道.
~~廿十~~九行. 十五行
軍郡上使付牒壹拾肆道 十九行.
中廣唄.

S 2200.

書儀. 首欠

三月季春極暄 暮春甚暄 晩春
夏日朱明. 律呂名 四月仲呂. 五月
四月孟夏漸熱 首夏尚微熱 初夏
五月仲夏盛熱 中夏毒熱 正夏
六月季夏極熱 夏末炎熱 晩夏
秋日白蔵 律呂名七月夷則 八月南
七月孟秋猶熱 初秋餘熱 秋首
八月仲秋漸涼 中秋已涼 正秋甚
九月季秋漸冷 末秋已冷 晩
冬日玄英 律呂名十月應鍾
十月孟冬漸寒 初冬嚴寒
十一月仲冬嚴寒 冬中甚寒
十二月季冬極寒 末冬劇寒
右謹依儀四時景候多有不同今
可入時行用條流逐人免尋他土

97吋
白麻紙

91

一　寮属起居啓状等

封題啓様

謹
謹上　宦位　閣下
厶官階乙　啓封

封状様（起居状ノ部）

謹
謹上　宦位閣下
具官階厶乙状封

「末行ニ次ノ文アリ
已後兩半
大中十年九月十一日未時文官陰次榮書

S.2590.

礼記月令

既ニ校正ス。
十八行半（一行大字十七字）
表ト背同ジ。
盛唐
白麻紙

孟春之月日在營室昏……
……天子居青陽左个云云
其器疏以
達
貫土而出世凡此東高
欠

S.2588

（背）文書断片
卯年八月　日。

類書断片
送別
客遊
薦舉
報恩

35吋
白麻、五代写本
S.78ト参考スベシ。

（背）同書ノ如シ。
十行。
字稍ニ多シ
11吋.

S.2438.

(1)初ノ六十九行　仙方、其標目ヲ知ルヘキモノ左ノ如シ
半切レ
絶穀仙方。
去三尸方。
採黄精方。
絶穀不飢方。
又治三尸方。

三

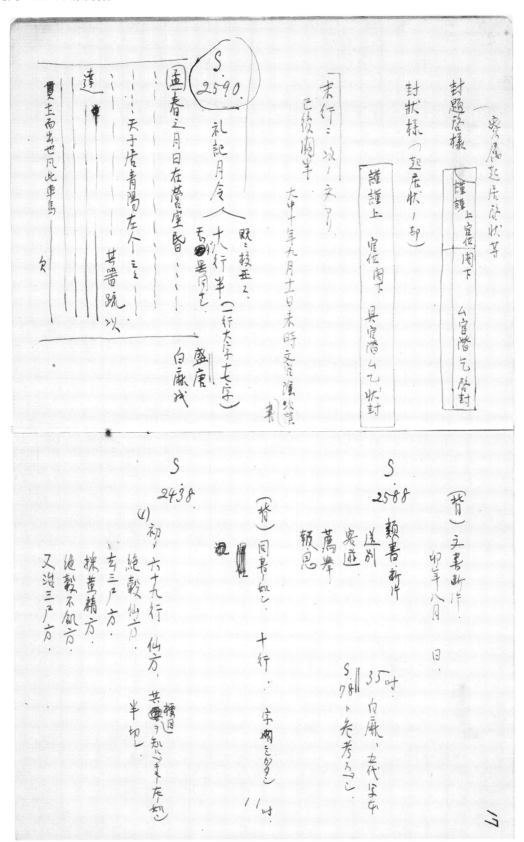

(2)、三万佛同根本神秘之印并法、
百十二行、半分以上断簡、

S.
2710

(背) 佛経末疏、
汜富川王梵志詩一巻、　白麻
標題背面ニ在リ
首欠、　五十七行、
末行ニ(五十七行ヨリ五十八行ニ亘ル)
王梵志一巻、清泰四年丁酉歳十二月
舎書呉儒賢書(從頭自續汜富川
清泰三年丁酉歳十二月洪潤郷百姓之卜
只ニ、清泰三年ト四年ト[illegible]怪シ

S.
2263

葬録巻上、并序 歸義軍節度押衙兼参謀守州學博
仕[illegible]時仕郎張忠賢集
大唐乾寧三年五月　日下記
需ニ写ス。　有圖
19吋　敦煌紙

S. ◎
3469

欠　二吋半、
玄應一切経音義 断簡 ?
黄麻紙
中唐
23吋 二

為作　二吋
晨朝　二吋
頻裂　五吋
馬腦　四吋
啼哭　四吋
涕泣　一吋
哽噎　五吋
震動　三吋
戦掉　四吋
逮得　一吋
(張ニト欠)

18

S.2984

左傳 昭公十六年ノ断簡

（前行）強賈毋強市……

（末行）以君命貺起賦不出鄭志 （六賦詩皆鄭風故日不出鄭志皆）

（右一行）

既ニ校正ス 白麻、唐末、

S.3393

王梵志詩一巻

九十四行、完、63吋

（背）去三害賦 不可読。

（別）戊午年、云々ノ字アリ、文書断片、

S.3557

河西節度使府主太保、恙尊ノ為ニ財ヲ捨テ衣ヲ造ル願文、

二十五行ト一字 16.5吋

五代、敦煌戒、

S.3553

石窟ノ壁画ノ絵具ヲ和尚ニ送ル文書

四行、

今月十三日於牧駝人手上云々、

（背）

文字ノ音義 四行アリ、

19

S. 3347.

醫方書　首尾欠、半切し、　4 6/8 吋　唐末　白麻

療腹満積年不損方
療冷熱上気丸[illegible]隔気上下不通腹脹
療消渇方
中膿丸方
療反胃方
療染偏風方
療時患遍身生疱方
療諸漏瘡方

S. 3395

(1) S. 3347 / 断片了、11吋　半切し、

(2) 占相書　半切し、首尾欠、　白麻

(背) 荘子断簡　半切し、
庚桑楚……
知北遊……中頃に在り
田子方……
(初り) 与之遊　40吋 ＝
／与之来天地之诚而不、L
(未り) 人釣而共釣莫釣

◎

S. 3607

欠経目録　奥書　五行、目録なし、　敦煌城

上件所欠経律論本者蓋為邊方邑衆
仏法難聞而又遺失於教言何以得安於人物切望
中国壇越普済乏心使　中外之蔵教俱全遺来
今之凡夫転読便是受　仏付嘱傳授教
勅令法久住世間矣、

S. 3491

百行章　一巻　第七十五章迄、以下欠、
勤行章二凡了　S 1920 ト合ふ

(背) ~~仏経~~ 不知名
頻婆娑羅王后宮綵女功徳意供養塔生天
因縁変、——首り、
五代、敦煌城

20

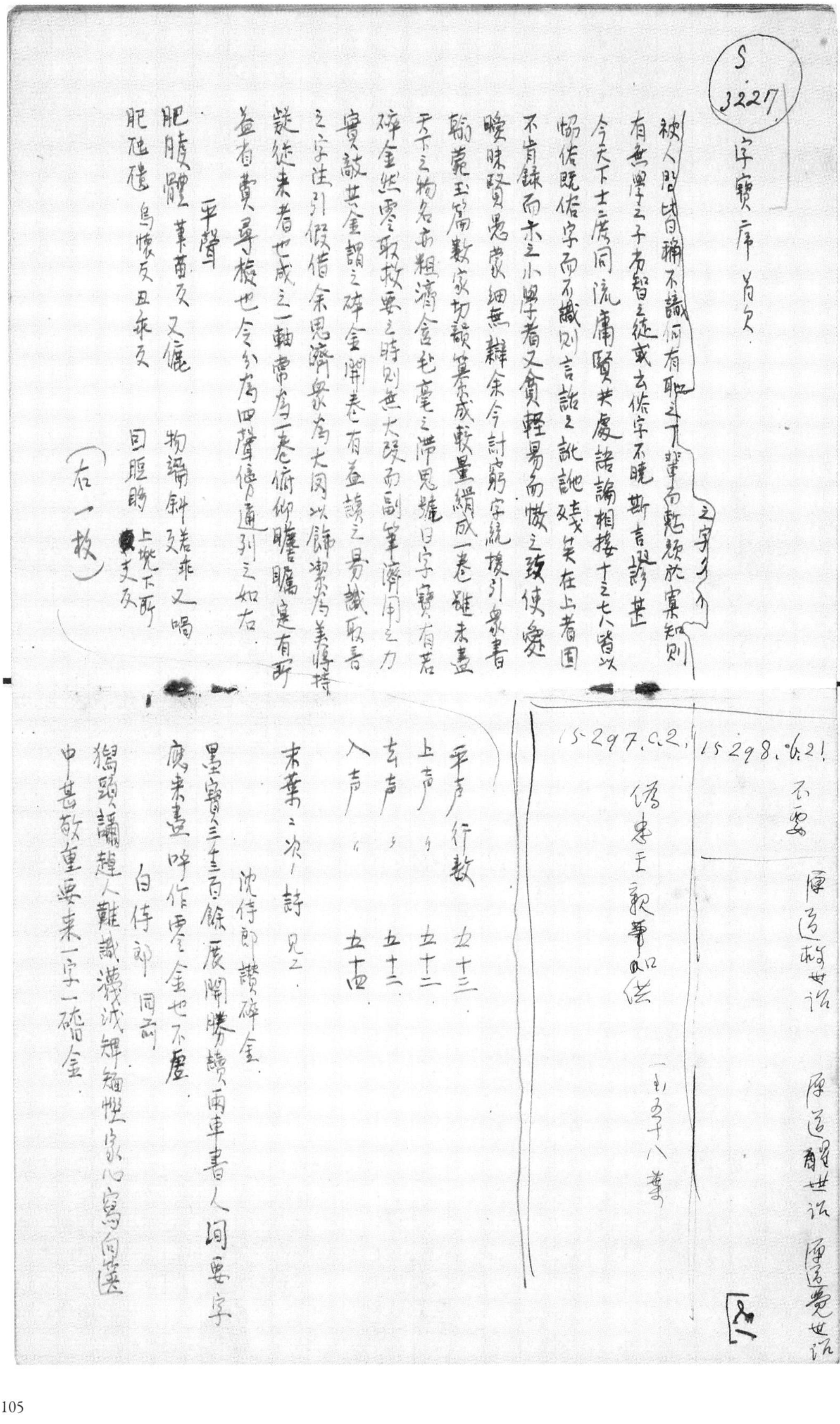

S 3227

字寶序　首欠

被人所皆稱不識何有恥之下輩而慙顔於寡知則
有無學之子而智之徒或云俗字不曉斯言謬甚
今天下士庶同流庸賢共處語論相接十之七八皆以
協俗既俗字而不識則言話之訛訛矣在上者固
不肯錄而未之小學者又貪輕易而懒之致使曖
曖昧賢愚蒙細無辯余今討窮字統援引眾書
翰苑玉篇數家切韻纂成較量緝成一卷雖未盡
天下之物名亦粗濟含毛毫之滯思號曰字寶有若
碎金然零取救要之時則無大段而副筆濟用之力
實敵其金謂之碎金開卷有益讀之易識取音
之字注引假借余思濟眾為大國以飾潔為美傳持
疑從來者也成之一軸常為一卷俯仰瞻矚寔有所
益有貴尋撿也今分為四聲傍通列之如右

平聲
肥膢髗　葉茴反　又傂　　物緺斜　又若非　又唱
肥𩨉𩪏　烏懷反　丑乖反　　回脛骬　上𢿙下所　支反

（右一枚）

15.297.a2,　15.298.b2!

不要

原道救世訓　原道醒世訓　原道覺世訓

偽忠王親筆口供

一至五十八葉

平声　行数　五十三
上声　〃　五十二
去声　〃　五十二
入声　〃　五十四

末葉之次ノ詩　見之

沈侍郎讃碎金
墨寶三千三百餘　展開勝讀兩車書　人間要字
應來盡　呼作零金也不虛

白侍郎　同前
獨頭謕趙人難識　濩泧鍖緬惺家心　寫向箋
中甚敬重要來一字一磅金

吏部郎中王建　同前

一軸靈書則未多要来不得那人何從頭至尾無

閑字勝看真珠一百螺

白侍郎寄　盧協律

満巻玲瓏實碎金展開無不稱人心曉眉歌

得白居易鬭[illegible]碰盧郎更敢尋．

壬申年四月十日僧　智貞記、

第二七．（末葉背）

同光貳載沽洗之月寅生堂抗貳葉之、異書

引

第一枚　片面　12吋　首欠．

第二枚　両面　32吋．

第三枚　〃　〃

第四枚　〃　〃

第五枚　〃　〃

第六枚　〃　〃

第七枚　〃　〃

S.2074

古文尚書

蔡仲之命　首欠　147½吋

降霍叔于庶

首尾

三十行、大字十六字

尚書多方第廿　周書　孔氏傳

成王歸自奄 滅奄 在宗周誥庶邦 告以禍福

作多方 衆方天下諸侯之也

多方

惟五月丁亥王來自奄至于宗周 周公歸政之明年淮夷

首尾　八十九行

尚書立政第廿一　周書　孔氏傳

周公作立政

立政

周公若曰

武王率惟敉功弗敢替厥

四十七行

民字治字缺筆

書法佳

22

S.3011

論語集解

先進第十一　憲問第十四　重　中間缺行アリ　首断欄アリ　分ケテ二巻トナル　123寸

(1) 先進第十一　顔淵第十二　不及也　63 6/8寸

(2) 子路第十三　憲問第十四　完　唐末寫　新　燉煌紙　123寸

呉　大中　注疏本ニ

(2) 背書　標記ノ如(?)

辛酉年十二月十五日立契　慈惠鄉百姓

吳鄉[illegible]家內欠乏人力遂僱慈惠鄉百姓吳再昌男僧兒造作一年　斷作月價

每月麦粟眾亭一䭾　見与春三个月價

更殘六个月價[illegible]

(1) 背書

詩校一部

第一的名對　第二隔句對　第三雙擬對　第四聯綿對　第五互成對　第六異類對　第七武(?)對

第八[illegible]對　第九的名對　以上(下+ヒ)

S.3824　孝経集義并注

(一) 背　朱書

[illegible]字安住(?)　49 1/2寸

又其再基廿五月也　(官)墨書

周尸爲棺周棺爲槨衣謂身衣衾謂單被可以亲尸而起之

陳其簠簋而哀感之

擗踊哭泣　哀以送之　卜其宅兆而安厝之　宅兆塋地也　兆吉地也

(良)墨書

喪事大故卜　之慎之至也　爲之宗廟以鬼享之　葬事已畢乃爲神室祭則

致其嚴故　春秋祭祀以時思之　四時變易物有成熟將欲食之

鬼享之也

生事愛敬死事哀感　人情畢也　生人之本

盡矣　終始　死生之義備矣　無遺介尋繹天經地義究覽人情也

孝子之事親終矣　十章　行事孝成羅列　各陳其情也

御注孝経集義并注一巻

廣敬親傳愛之人恠

似錦蝸彩

德居遠志誠感神睿澤存物王言如
綸兆兆人恃賴四海皆臣諸侯章第三 讀
遠兆道之財戒過度之酒散愓
起於心說佞勿宣於口懇子
近善交儀擇交骨肉分貧者
莫練他門須富勿厚常性已
過之兆安慮未來之咎克已儉
約為先處眾謙恭為首慚愧
食祿而不切劝農力而未有

此紙 是書西藏文（以上朱書）

又廣書、寫シアリ

S.3880

時候詩 五代書

首缺 不知名

移去後二氣分西東、十
大暑三秋近林鍾九
火照空時、花菓毀遍儒客荔蒲長果池絳
林鍾開子夜上
纱渾卷上、経史待風吹、
處暑七月中
白來鷹鷙鳥覺白藏、泥菜下空驚吹
天高不見心、氣收禾黍熟、風淨草蟲吟
綫酌罇中酒、容謳膝上琴、
秋分八月中
琴彈南呂調、風色已高清、雲散飄颻影、
雷收振怒聲、乾坤能靜肅、寒暑喜均平、
忽見新來雁、人心敢不驚、
霜降九月中
風卷清雲盡、空天万里霜、野豁先聲獸、

24

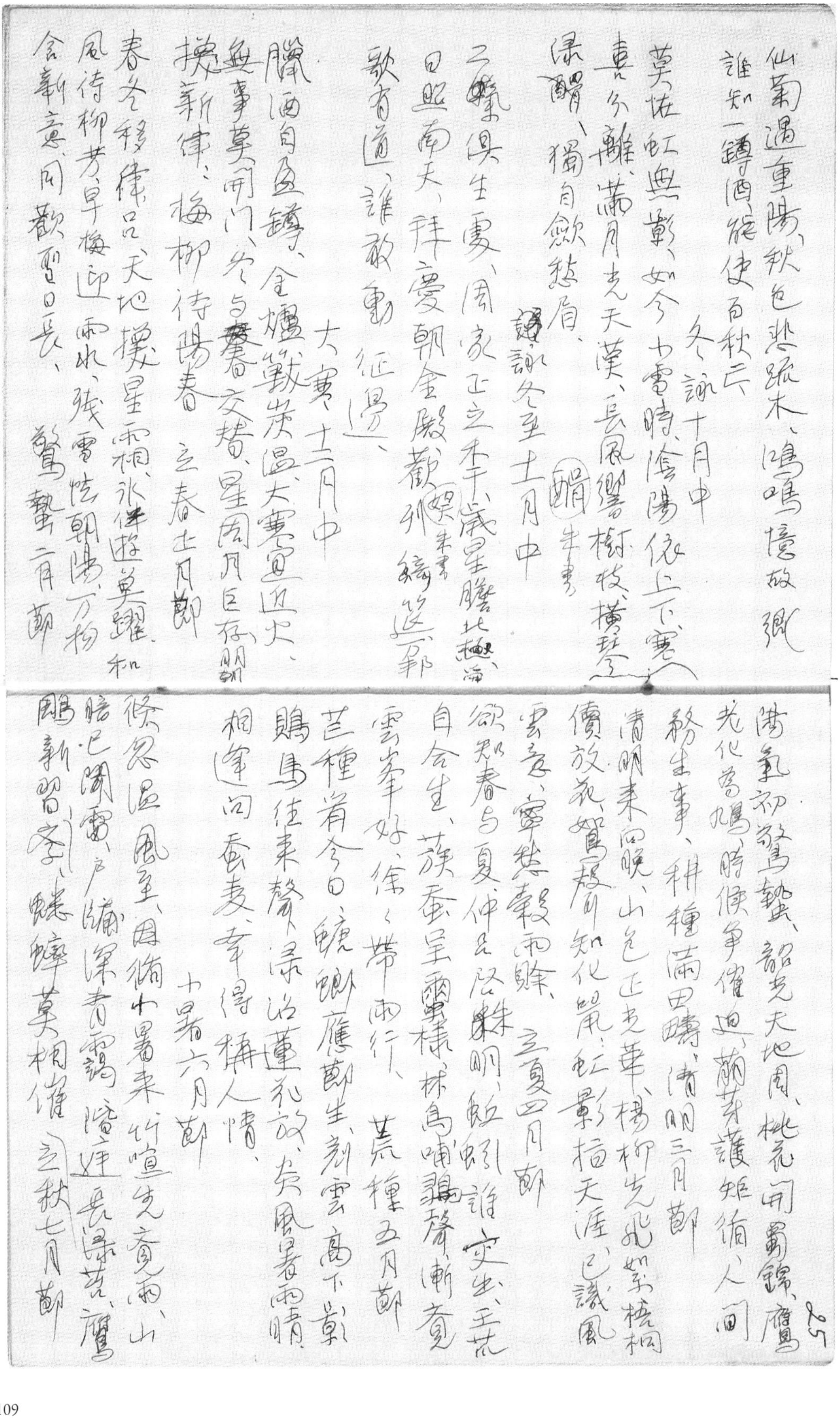

仙菊遇重陽、秋色悲疏木、鴻鳴憶故鄉
誰知一樽酒能使百秋亡　冬、詠十月中
莫怪虹無影、如今小雪時、陰陽依上下、寒
喜分離、滿月光天漢、長風響樹枝、横琴
渌醑、獨自斂愁眉、　詠冬至十一月中
二氣俱生處、周家正立年、歲星瞻北極、舜
日照南天、拜慶朝金殿、歡娛列綺筵、萬邦
歌有道、誰敢動征邊、
大寒十二月中
臘酒自盈樽、金爐獸炭溫、大寒宜近火、
無事莫開門、冬与春交替、星周月巨存、明朝
換新律、梅柳待陽春　立春正月節
春冬移律呂、天地換星霜、冰泮遊魚躍、和
風待柳芳、早梅迎雨水、殘雪怯朝陽、万物
含新意、同歡聖日長、　驚蟄二月節

陽氣初驚蟄、韶光大地周、桃花開蜀錦、鷹
化為鳩、時候爭催迫、萌芽護矩修、人間
務生事、耕種滿田疇、　清明三月節
清明來向晚、山色正光華、楊柳先飛絮、梧桐
續放花、鴽聲知化鼠、虹影指天涯、已識風
雲意、寧愁穀雨賒、　立夏四月節
欲知春与夏、仲呂啓朱明、蚯蚓誰交出、王菰
自合生、簇蠶呈繭樣、林鳥哺雛聲、漸覺
雲峰好、徐徐帶雨行、　芒種五月節
芒種看今日、螳螂應節生、彤雲高下影
鴳鳥往来聲、綠沼蓮花放、炎風暑雨晴、
相逢問蚕麥、幸得稱人情、　小暑六月節
倏忽溫風至、因循小暑來、竹喧先覺雨、山
暗已聞雷、戶牖深青靄、階庭長綠苔、鷹
鸇新習學、蟋蟀莫相催、　立秋七月節

不期朱夏盡、涼吹暗迎秋、天漢成橋鵲星娥會玉樓、寒聲喧耳外、白露滴林頭、一葉驚心緒、如何得不愁、

白露八月節

露霑蔬草白、天氣轉青高、葉下和秋吹、驚看兩鬢毫、養羞因野鳥、為客訝蓬蒿、火急收田種、晨昏莫去勞、

寒露九月節

寒露驚秋晩、朝看菊漸黄、千家風掃葉、万里雁隨陽、化蛤悲群鳥、收田畏早霜、因知松柏志、冬夏色蒼々、

立冬十月節

霜降向人寒、輕氷渌水漫、蟾将纖影出、雁帶幾行残、田種收藏了、衣裘制造看、野鶏投水日、化蜃不將難、

大雪十一月節

積陰成大雪、看處乱飛々、玉管鳴寒夜、披書遶絳幃、黄鐘隨氣改、鴳鳥不鳴時、何限蒼生類、依々惜暮暉、

小寒十二月節

小寒連大呂、歡鵲壘新巢、拾食尋河曲、銜柴遶樹梢、霜鷹近北首、雊雉隱叢茅、莫怪嚴凝切、春冬正欲交、

甲辰年夏月上旬謹記

之相公撰　李慶君書

復

書牘、様式一通り終

932
文心雕龍
S.85
左傳
唐寫　書法佳
五十二行
161
27

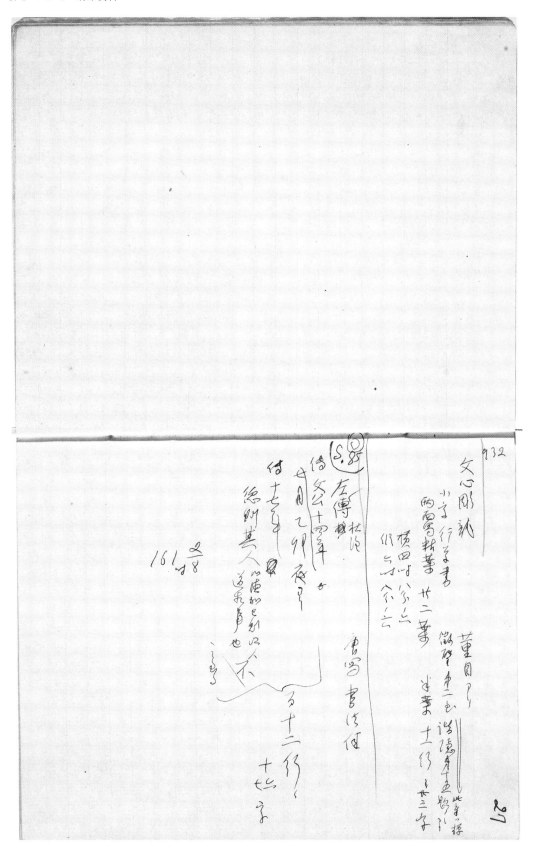

S.316

大乘起信論

界作達

随順行不忘不念乃至久遠薫習力故（或明）

我今随分總持說
善利一切衆生界
大乘起信論巻
諸佛甚深廣大義
迴此功徳如法性
（覆勘）（回）來書
天寶二年八月十六日 起信書
僧靈暉寫

背 書儀

S.79
類書
婚姻 重妻 棄妻
美男 美女 貞男
醜男 醜女
貞婦 棄夫

S.78 同本 自麟 五氏

S.707

孝経 本文ノミ 敦煌本 四十行 書方

則患不在於
然言思可道行思可楽

孝経一卷

同光三年乙酉歳十一月八日三界寺学仕郎郎君曹元深写記

S.5534 ⊙ 占卜書

上 下下所
家有悪鬼雨雨對天地高卑無錢
並慎口大
顔惧曰陰陽失陽不相剋
使居兇塞繁卅卦百事不成之去不安又病孫凶也
上上 下
又水伐木登山捕魚植而失力手空口虚 途曰凡事
如人上山覓虎象入水覓木終不可得徒費功力 頤
已卯天地又反之所為事不見成敵遠遁如求火於河中捕魚
無所得也此卦婚姻凶病者死

28

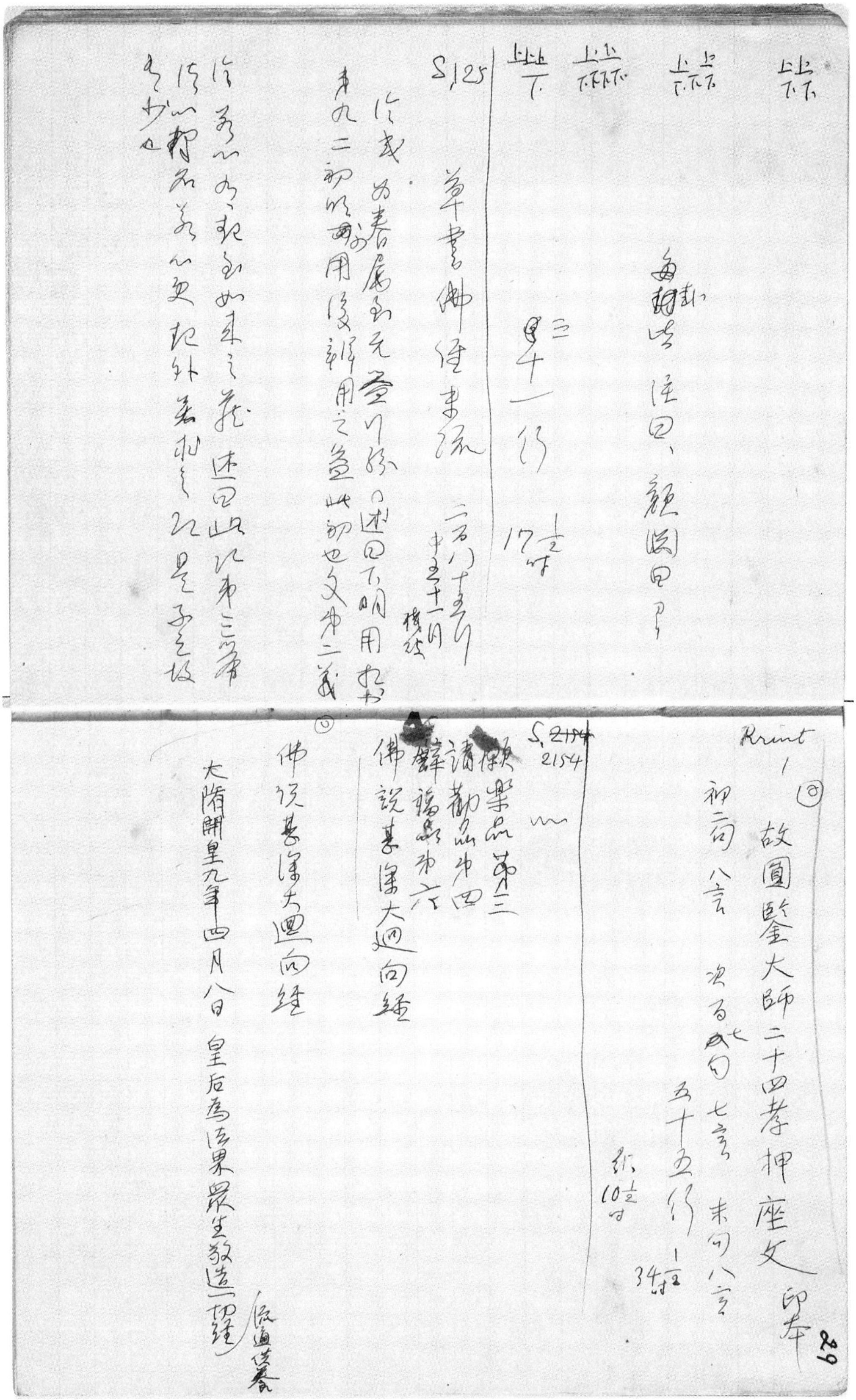

上上下下　上上下下　上上下下　上上下

無始時法四、顏淵四之

三十一行　17 1/2 吋

S.125

草書佛經未詳　二百八十七行　中五十一行　橫線

作成　為春居士元叠川孫〔述〕四下明用救

東九二初收要用後解用之急此初也文第二義

作〔第〕二内記如来之花述四此記第二部

作心釋名第二史記外未和之記是子之故

之少也

①

Print 1

②

故圓鑑大師二十四孝押座文　印本

初句八言　次句七句　末句八言

五十五行　34 1/2 吋

紙 10 1/2 吋

S.2154

歡樂品第三

請勸品第四

辯福品第六

佛說甚深大迴向經

佛說甚深大迴向經

大隋開皇九年四月八日　皇后為法界衆生敬造一切經　流通供養

S.134

毛詩豳風

白麻 書法佳
五十八行 大字 每行十二三字 49吋

毛詩國風 鄭氏箋
變故陳后稷先
業之艱難也

十月 納禾稼黍稷 白二 史

麻紙麦 1後執

S.737
大般涅槃經卷第廿九
十六國行 寫經 白麻
軸

⊙
尾
大般涅槃經卷第廿九
比丘法盛所供養經
二校已

9 6/8
118吋

S.612 ⊙ 十五
大宋國 王文坦清司天
宮本勘定大本曆日 壹室
太平興國三年應天具注曆日戊寅歲 干土支木 納音是土 凡三百五十五日

有格畫
縦11吋
96吋

正月以下ノ曆日ナシ

首 ⊙
推五音建除法
推□法造月法
推十二人命歡法
推胎月法
推□祿法
推□□日法
□□兄弟妻財子孫法

天德例
天德例
飛廉□殺

縦11 6/8
89吋

30

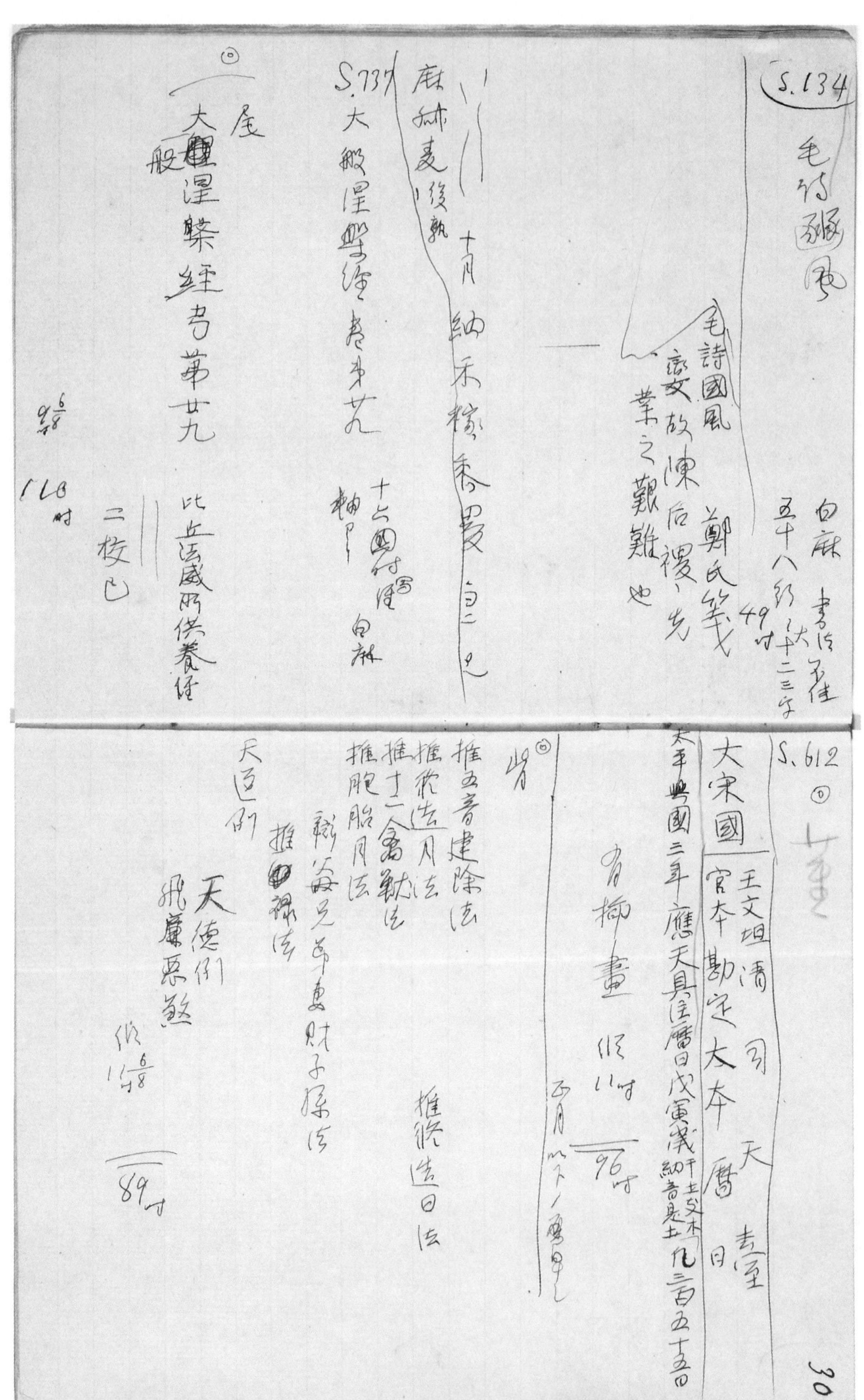

S.113
建初十二年正月
敦煌郡敦煌縣西宕[郷]
道男弟德年廿一　釋子
仙妻前十七
仙息女宮年一
建初十二年正月籍
31

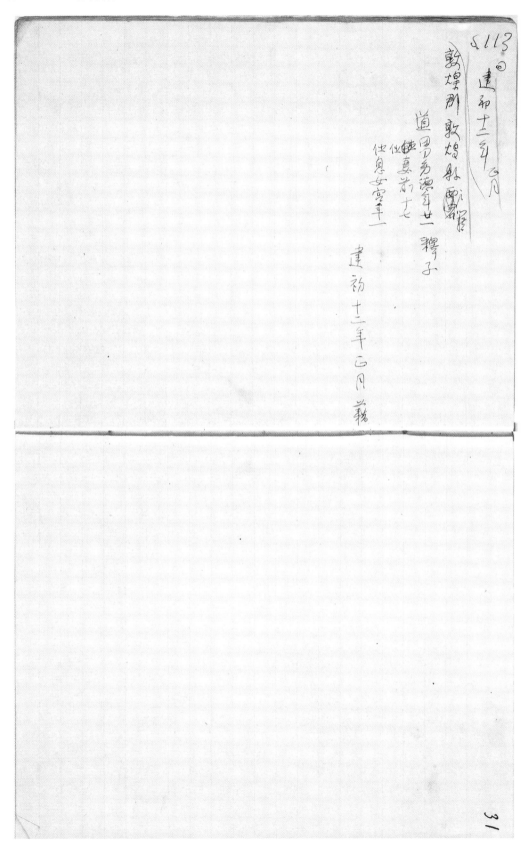

(影印部)

37-3　スタイン將來資料

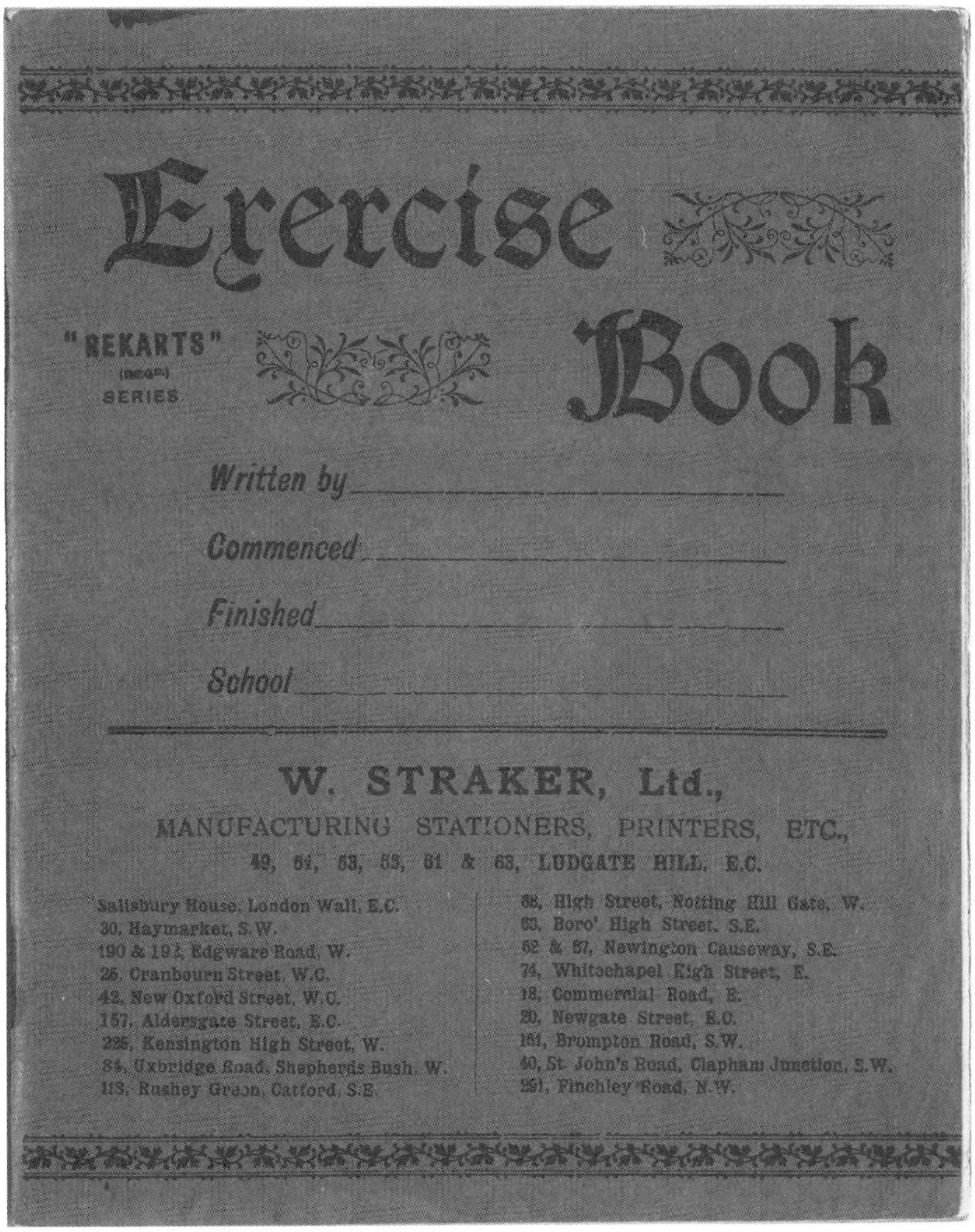

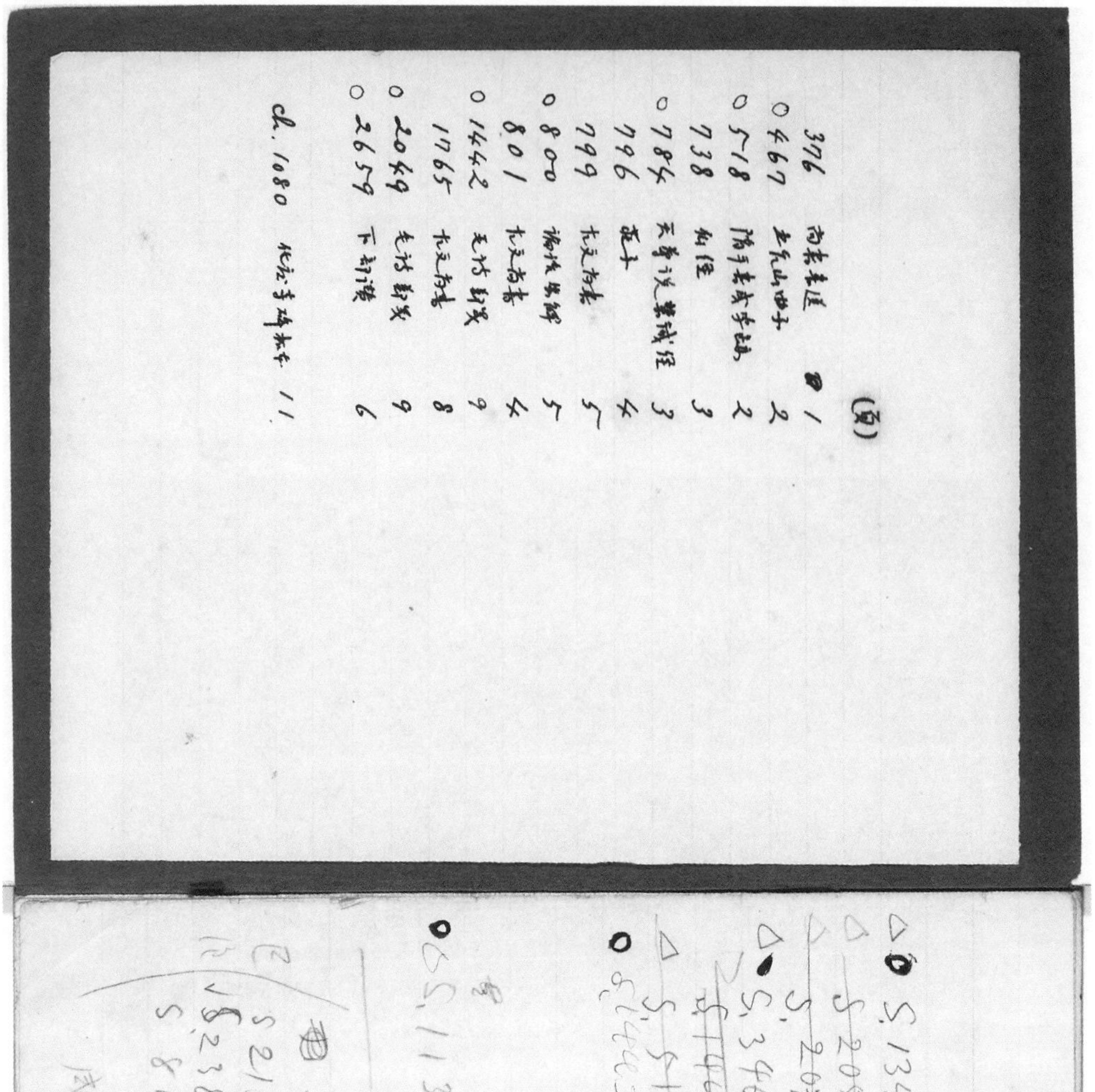
(頁)
376 1
0467 2
0518 2
738 3
0784 3
796 4
799 5
0800 5
801 4
01442 9
1765 8
02049 9
02659 6
ch. 1080 11
8½×6½
S.1344 4 1.4
S.2056 both sides 43 13.
S.2071
S.3469 2 .12
S.1443
14.16
S.516
S.1443 8. 2.8
46 13.16
S.113 3. .18
S 2154
S.238
S 81

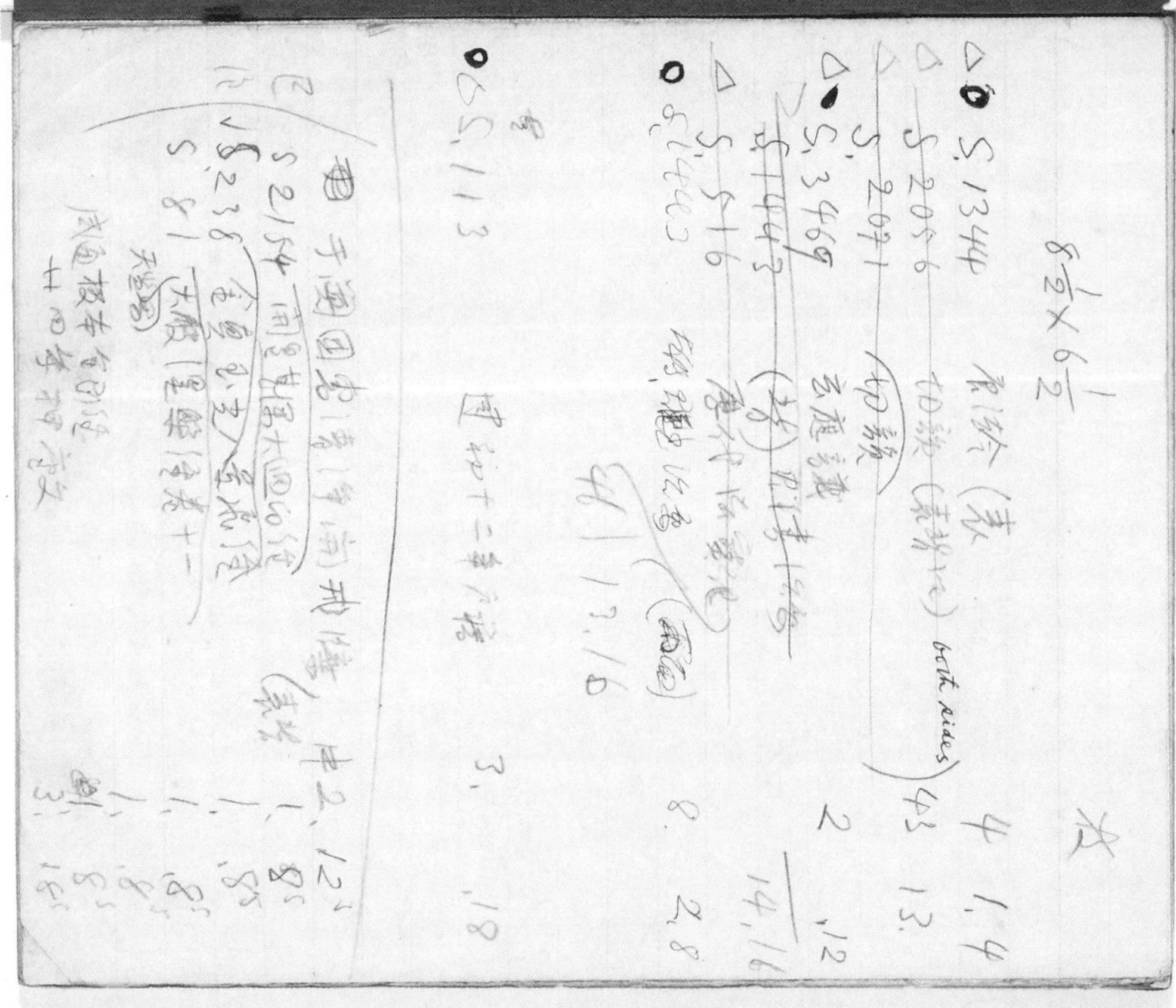

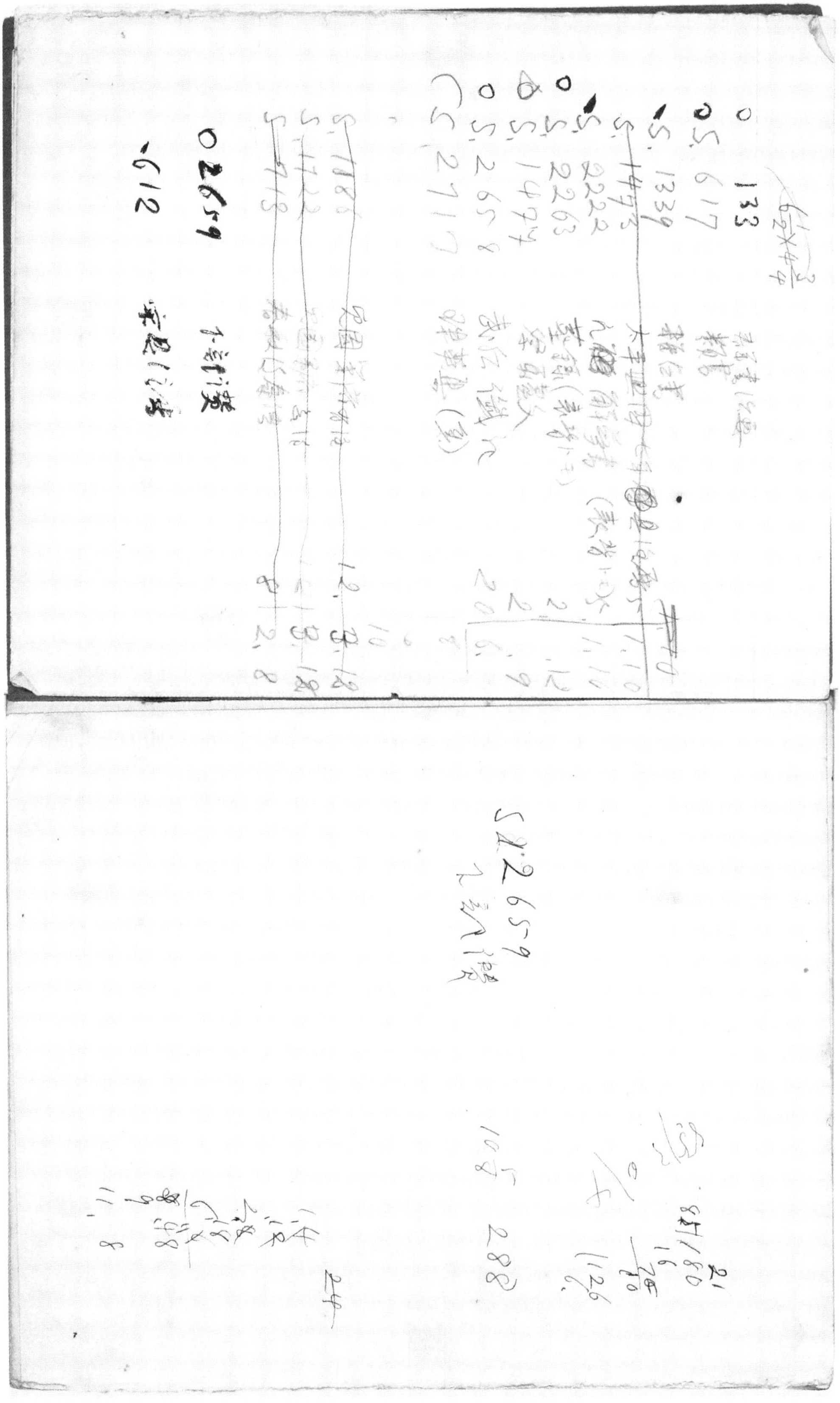

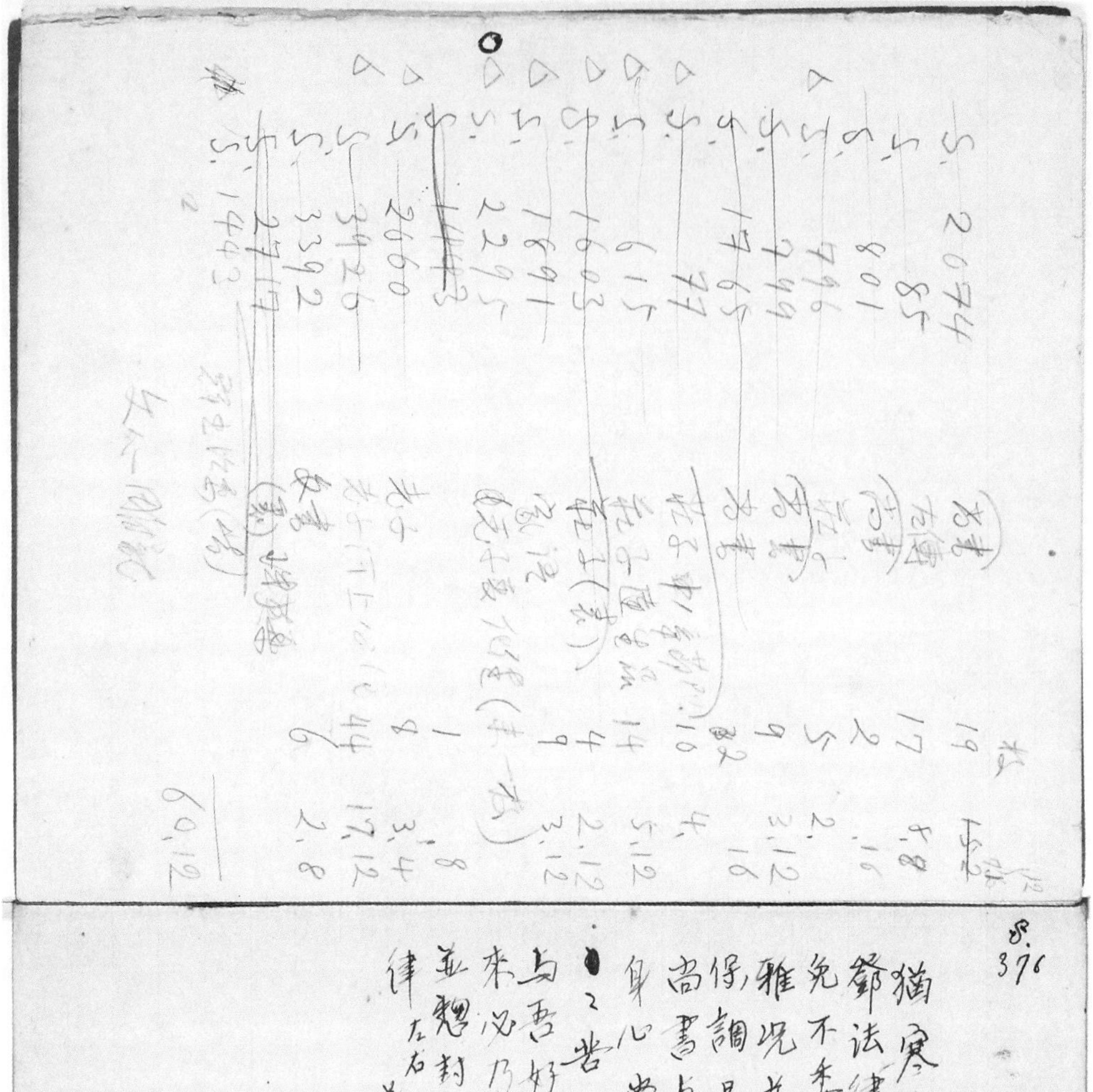

S. 376

猶寒敬帷
鄧法律動止康吉即此尚書与娘子家
免不委近者
雅児若何尤希善自
保、調是所望也今則
尚書与小娘子請吉不用憂慮甚自修練
身心常執式行如此失例之徒不是重
●之苦思今付細帋両帖判日汝舊之字作本
与吾好与修寫新本若不如法寫流將
來必乃覓來教法又汝之字鍾繇、鉢帖
並熟封印付送不具尚書　書送鄧法
律 左右 敬空
正月廿四日
律左右

5/9

S.518

縦 11.5 inch　横 16. inch

隨手書成字跡　後漢天福丙年歳次丙午八月二日

維大漢天福拾肆年歳次丙
午八月丁丑朔廿二日戊戌勅
河西歸義軍節度瓜沙
等州觀察處置安度替
田押蕃落等使光祿大夫特
進檢校太傅食邑壹阡戸
食實封叁佰戸譙郡
開國侯曹公之世再
建此窟記

6/9

S.467

縦 12 inch　横 16.5 inch

五臺山曲子六首　大聖堂。非凡地。左右龍盤爲有臺相倚。嶺岫
嵯峨朝聖地。花木芬芳菩薩多靈異。面慈悲。心歡喜。西國真
真僧遠遠來瞻禮。瑞彩時時簷下起。福祚當今万古千秋歲。
上中臺。盤道遠。万仞迢迢驀過天半。寶石山巖光璨爛。瑪瑙草名
葉似錦堆遊翫。玉花地。金沙畔。氷窟千年到者身心戰。合掌望
空重發願。五色祥雲一日三迴現。
上東臺。過北斗。望見浮桑海伴龍神鬬。雨雪相和霖藪。霧
捲雲收化現千般有。吉祥鳴。師子吼。聞者狐疑便往郎邊走。
纔念文殊三五口。大聖慈悲方便來相救
上北臺。登險道。石逕崚層機步行多少。遍地名花嵐霧草。
定水潛流一里三迴到。駱駝嵓。風嫋嫋。來往遊遊須是身心好。
羅漢嵓前觀奈好。不敢久停爲有神龍擾。一朵
上西臺。真聖境。阿耨池邊。好似金橋影。雨滴圖光明似鏡。
香山光堪吟詠。師子蹤禪深邊印定。功德泉中甘露井
清淨。菩薩行時龍衆請。居士談揚爲有天人聽。
上南臺。林嶺別。境孤高嵓巖下觀星月。遠眺雲霞方情
思慌。不覩神鍾感貴稔香爇。蜀錦花。銀絲結。供養諸
天遊蕩充人折。慚愧塵勞罪消滅。福壽延年高
真菩薩

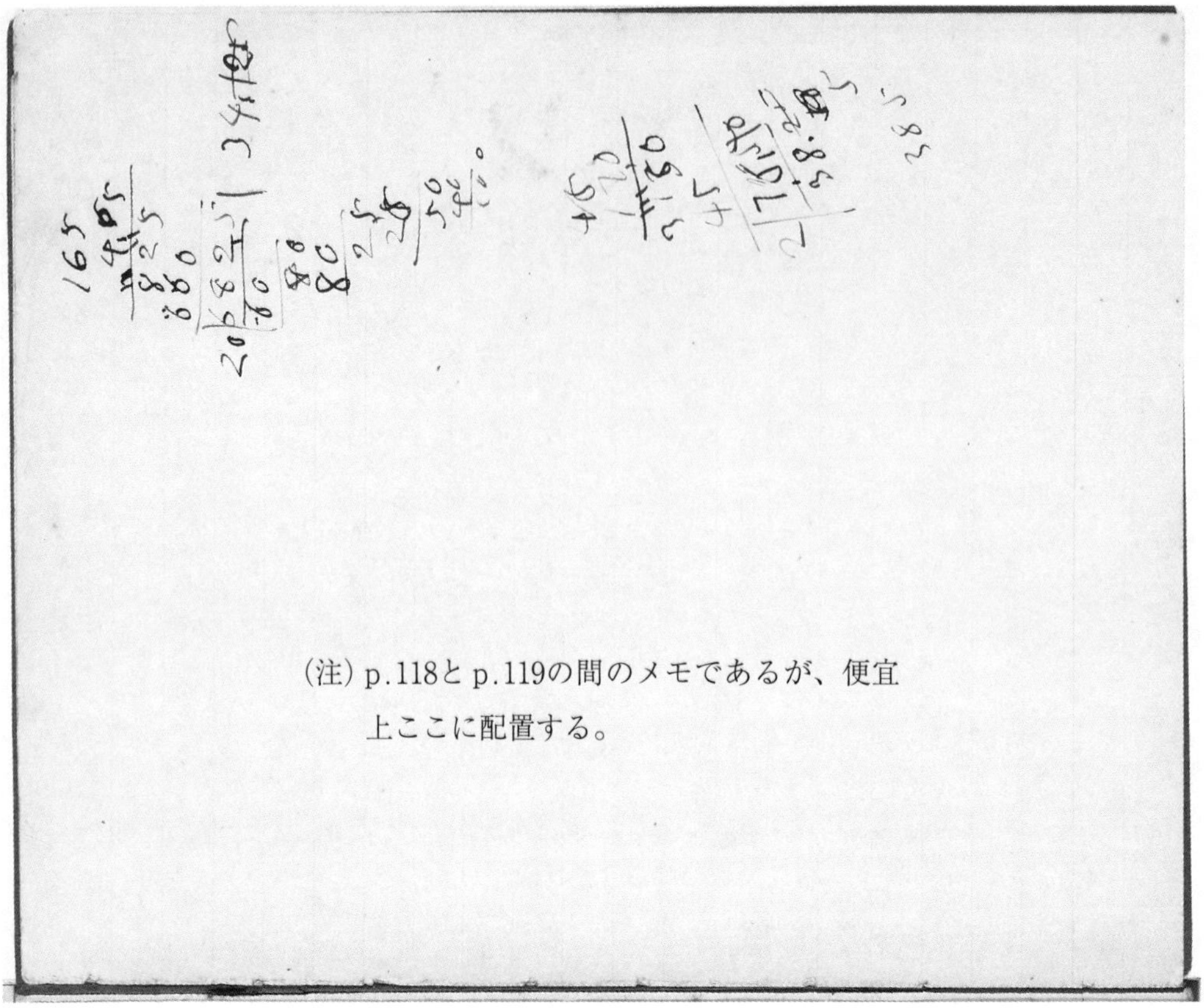

（注）p.118とp.119の間のメモであるが、便宜上ここに配置する。

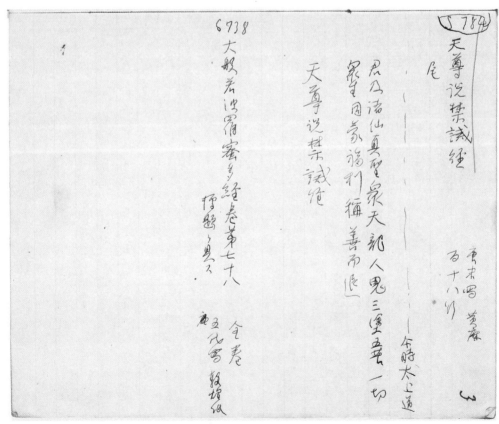

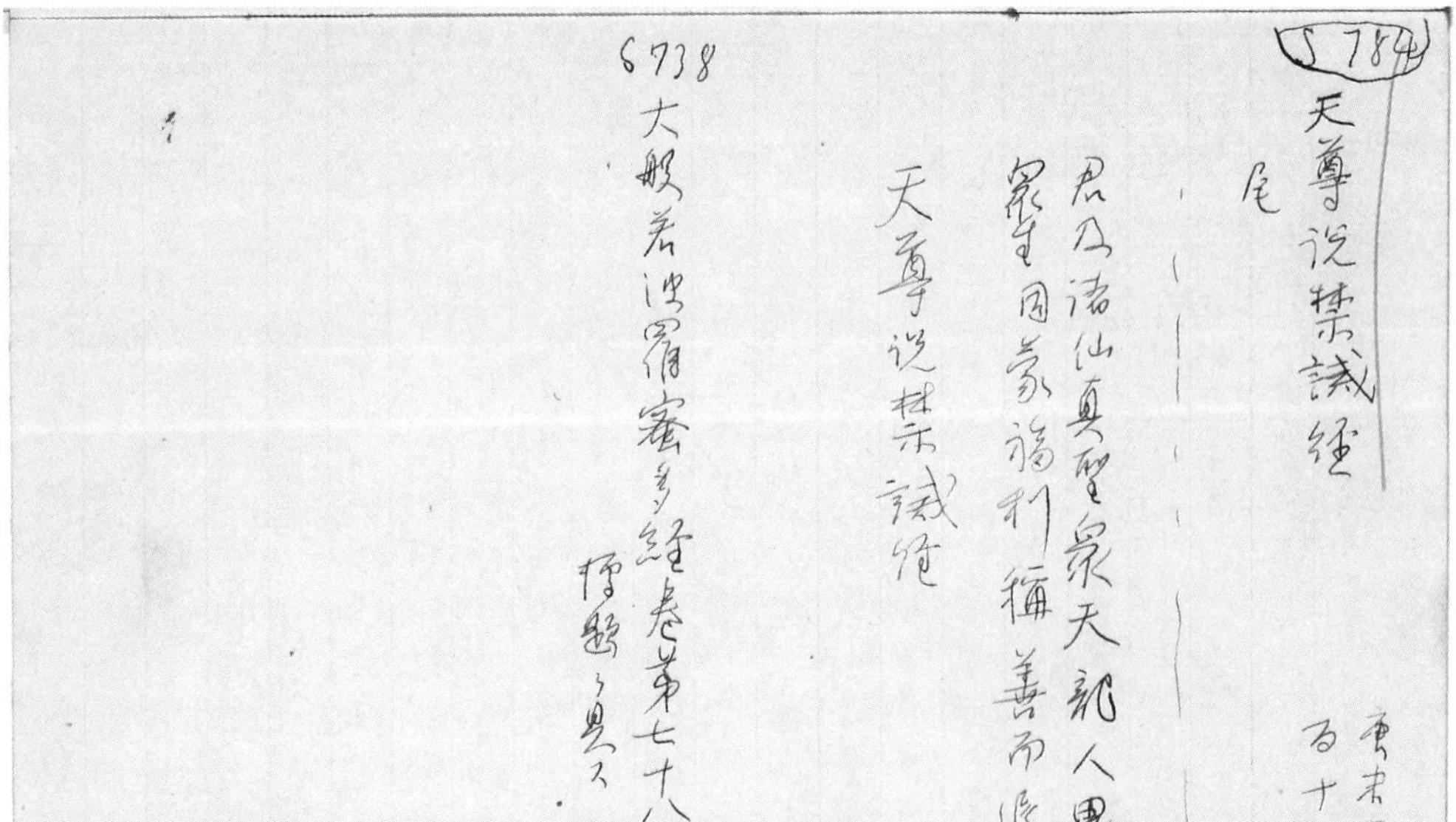

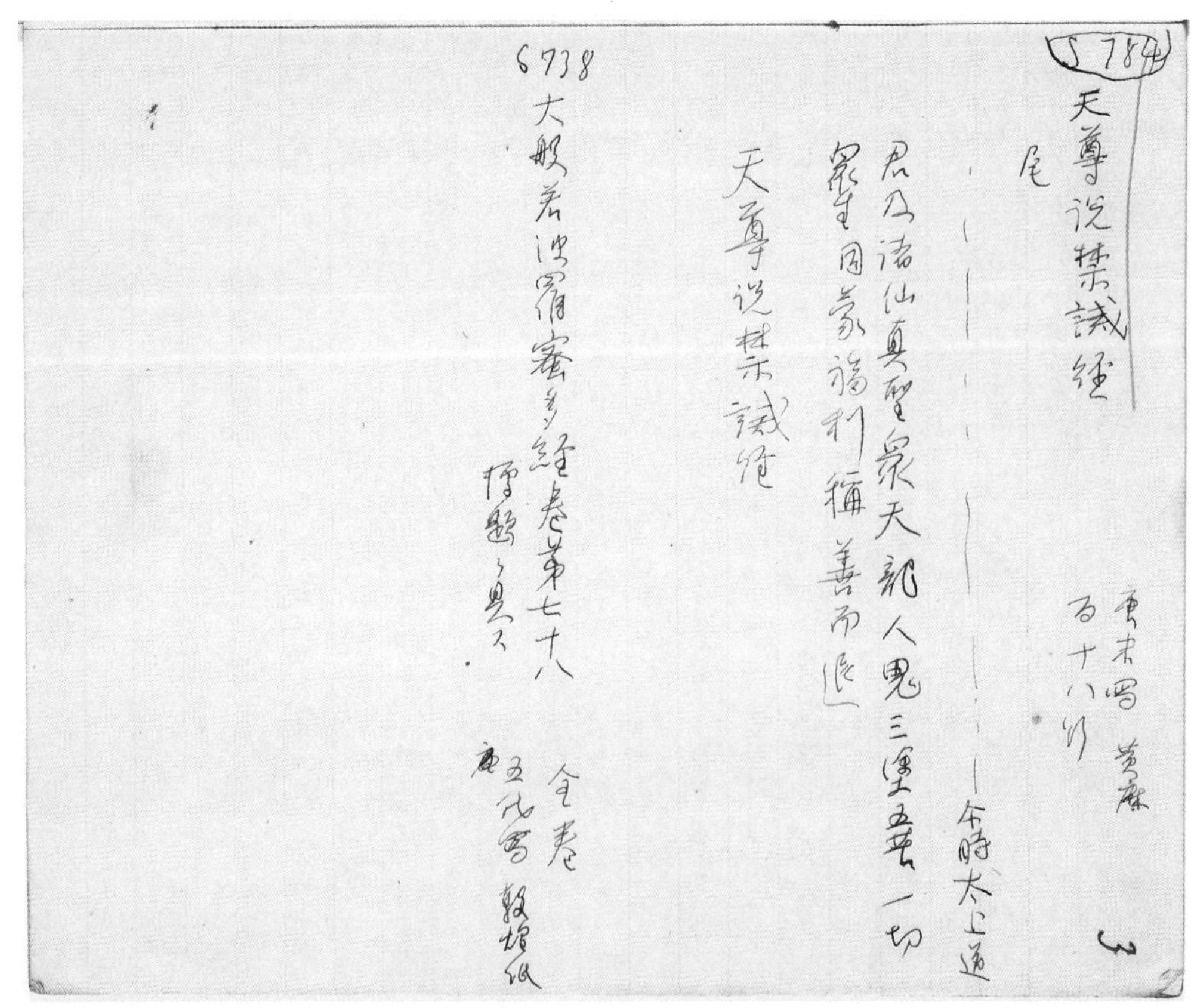

S 784
天尊説禁誡経
東末写 黄麻
十八行
尾
――今時太上道
君及諸仙真聖衆天龍人鬼三界五帝一切
衆生因蒙福利稱善而退
天尊説禁誡経
6738
大般若波羅蜜多経巻第七十八
標題ヽ異ス
全巻
唐五代写 敦煌紙

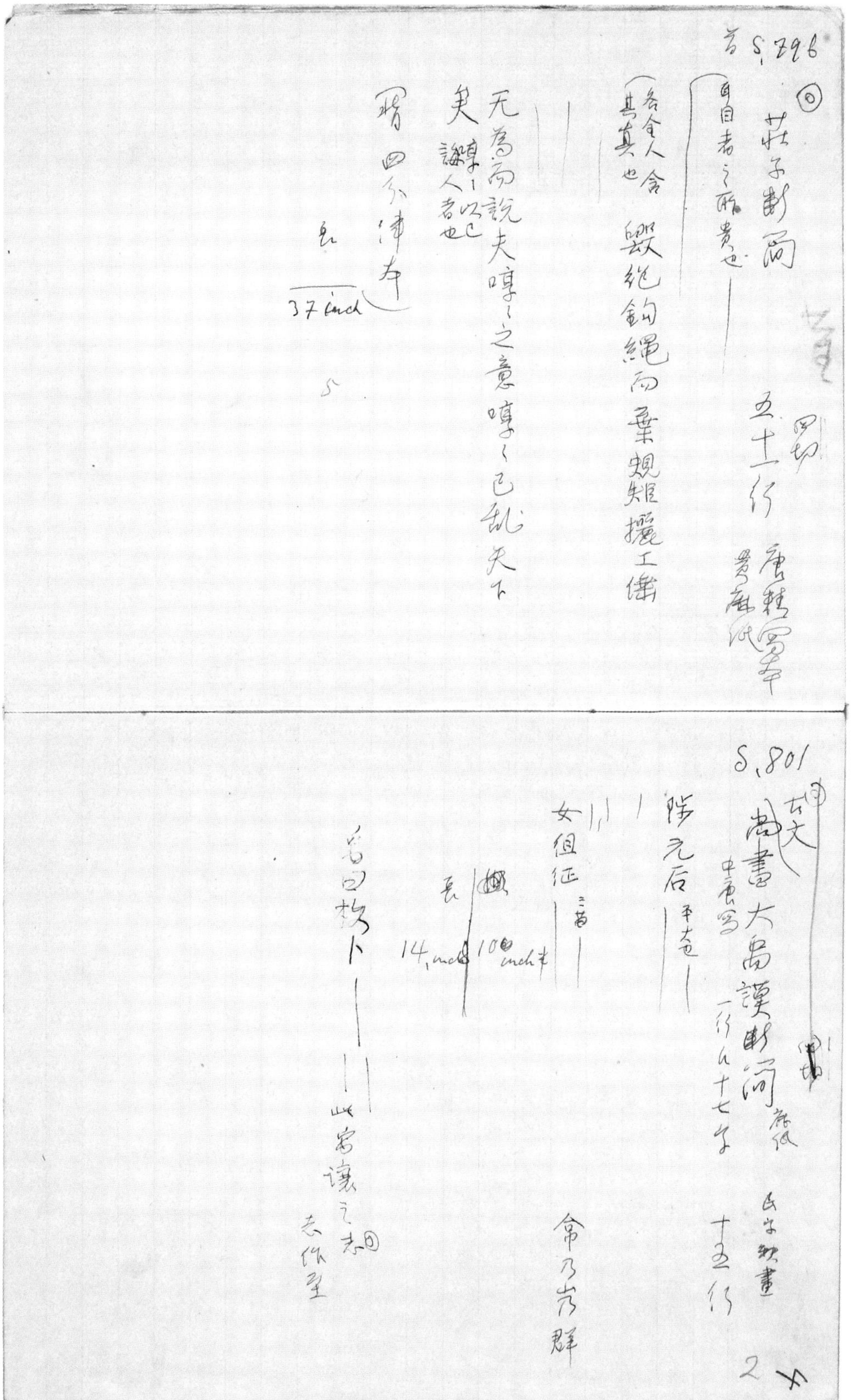

S.796 ⓘ
莊子斷簡　五十一行　唐精寫本　四切
黄麻紙
自由者之所貴也
各令人含其真也
毀絶鉤繩而棄規矩攦工倕
无為而說夫啍啍之意啍啍已亂天下
矣　啍啍以已誨人者也
背四分律本
長 37 inch
5

S.801
古文尚書大禹謨斷簡　黄紙　中唐寫　一行凡十七字　正字楷書　十五行
陟元后　平去也
女徂征　三苗
命乃尚群
長 14 inch　幅 10 inch 半
禹曰枚卜
此字讓之志 ⓘ
志作至
2

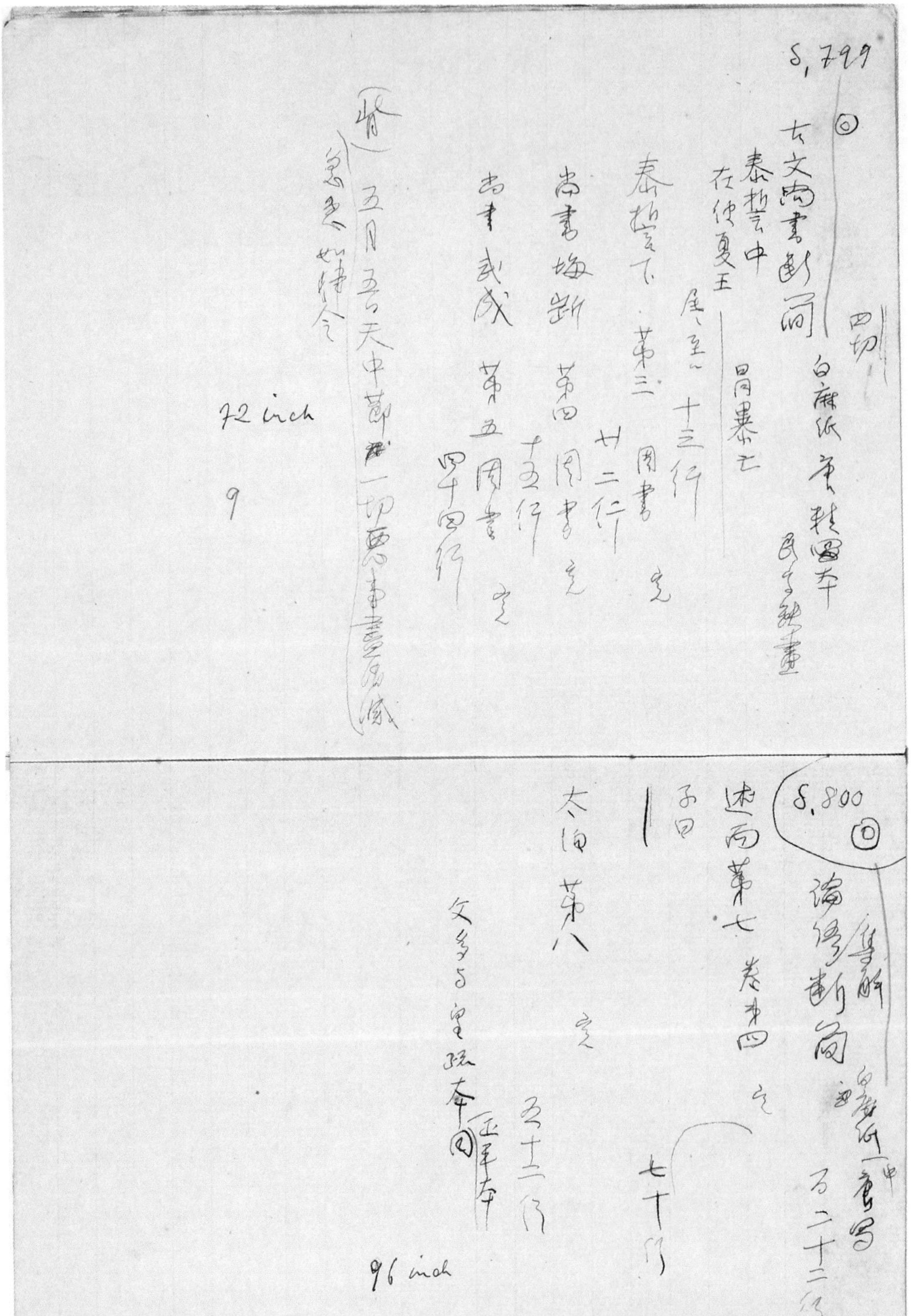
S,799
◎
古文尚書斷簡
四切
白麻紙
泰誓中
右傳夏王
同卷亡
首至十三行
泰誓下 第三 同書 完
廿二行
尚書 第四 周書 完
十五行
尚書 武成 第五 周書 完
四十四行
(背) 五月五日天中節 一切惡事盡消滅
急急如律令
72 inch
9
S,800
◎
論語集解斷簡
唐寫
百二十二行
述而第七 卷第四 完
七十行
子曰
太伯 第八 完
五十二行
正平本
文多与皇疏本同
96 inch

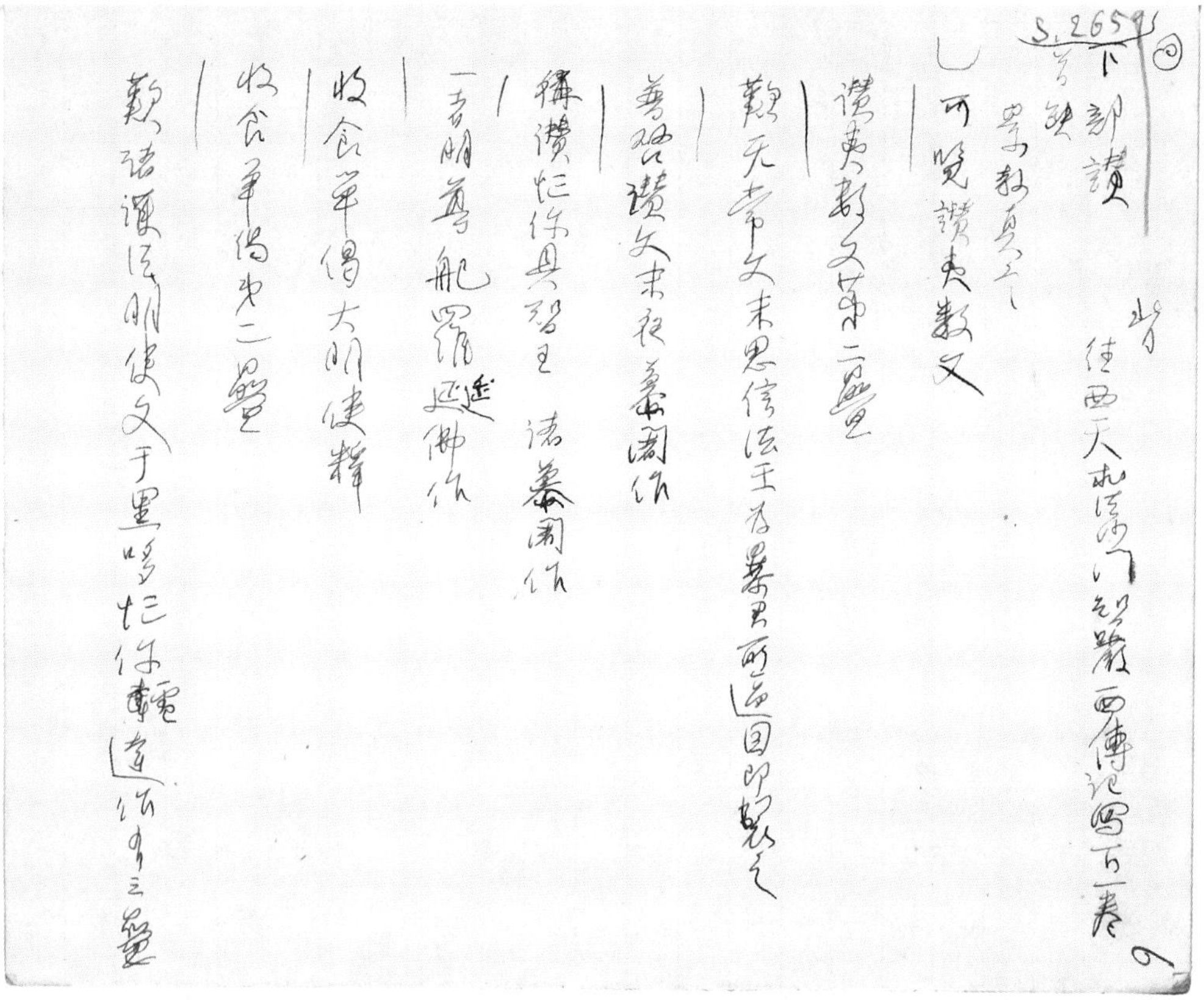
S.2659
此　往西天求法沙門智嚴西傳記寫下一卷
下部讃
首缺　摩尼教ヵ
可說讃夷數文
讃夷數文第二疊
歎無常文末思信法王為暴君所逼因即製之
普啓讃文末夜暮闍作
稱讃忙你具智王　諸暮闍作
一者明尊　那羅延佛作
收食單偈大明使釋
收食單偈第二疊
歎諸護法明使文于黑哆忙你電達作有三疊

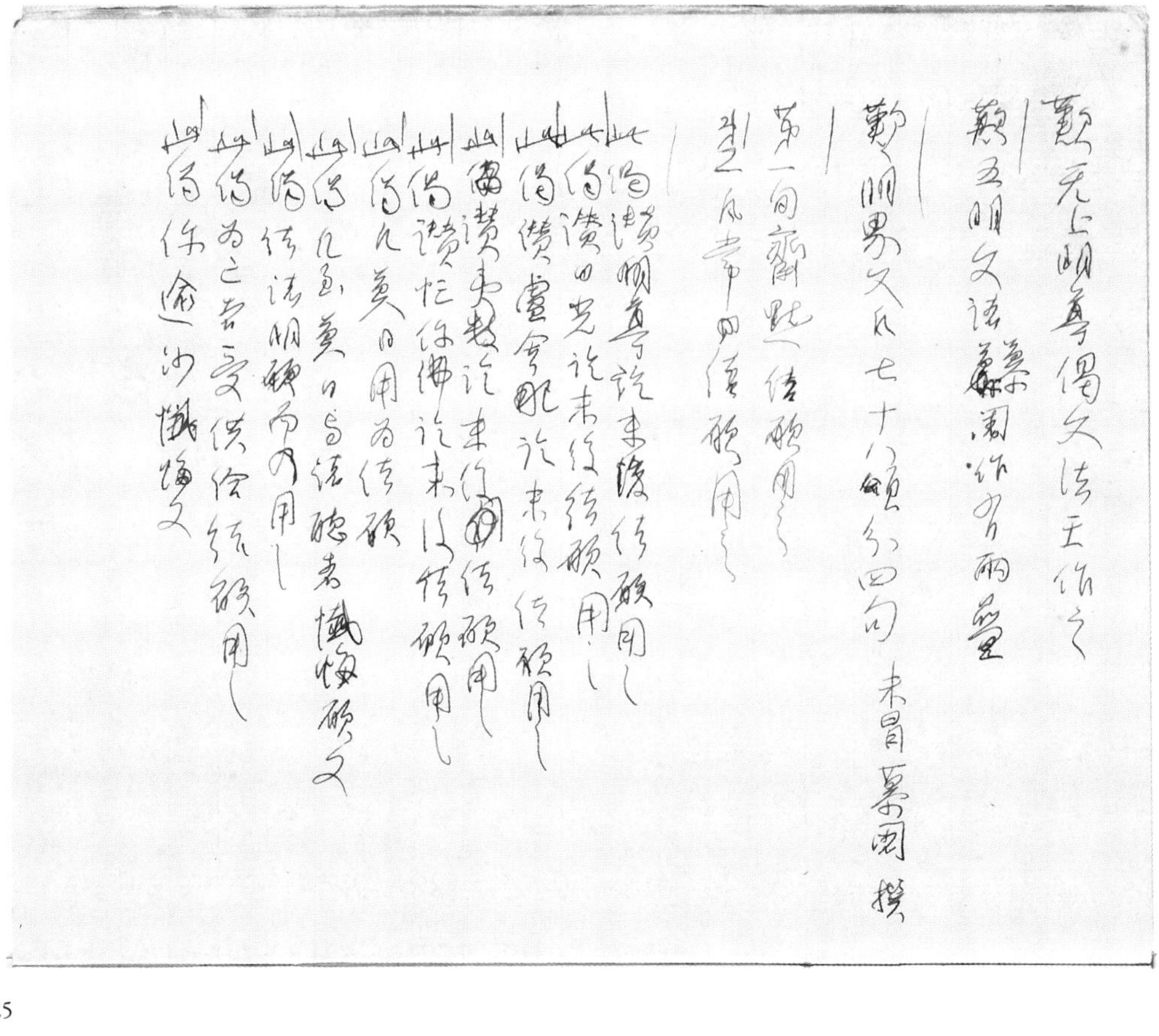
歎無上明尊偈文法王作之
歎五明文諸暮闍作有兩疊
歎明界文凡七十八頌分四句　未冒暮闍撰
第一旬齋默結願用之
此凡常日結願用之
此偈讃明尊訖末後結願用之
此偈讃四處訖末後結願用之
此偈讃盧舍那訖末後結願用之
此偈讃夷數訖末後結願用之
此偈讃忙你佛訖末後結願用之
此偈凡莫日用為結願
此偈凡至莫日與諸聽者懺悔願文
此偈結諸明使而用之
此偈為亡者受供結願用之
此偈你逾沙懺悔文

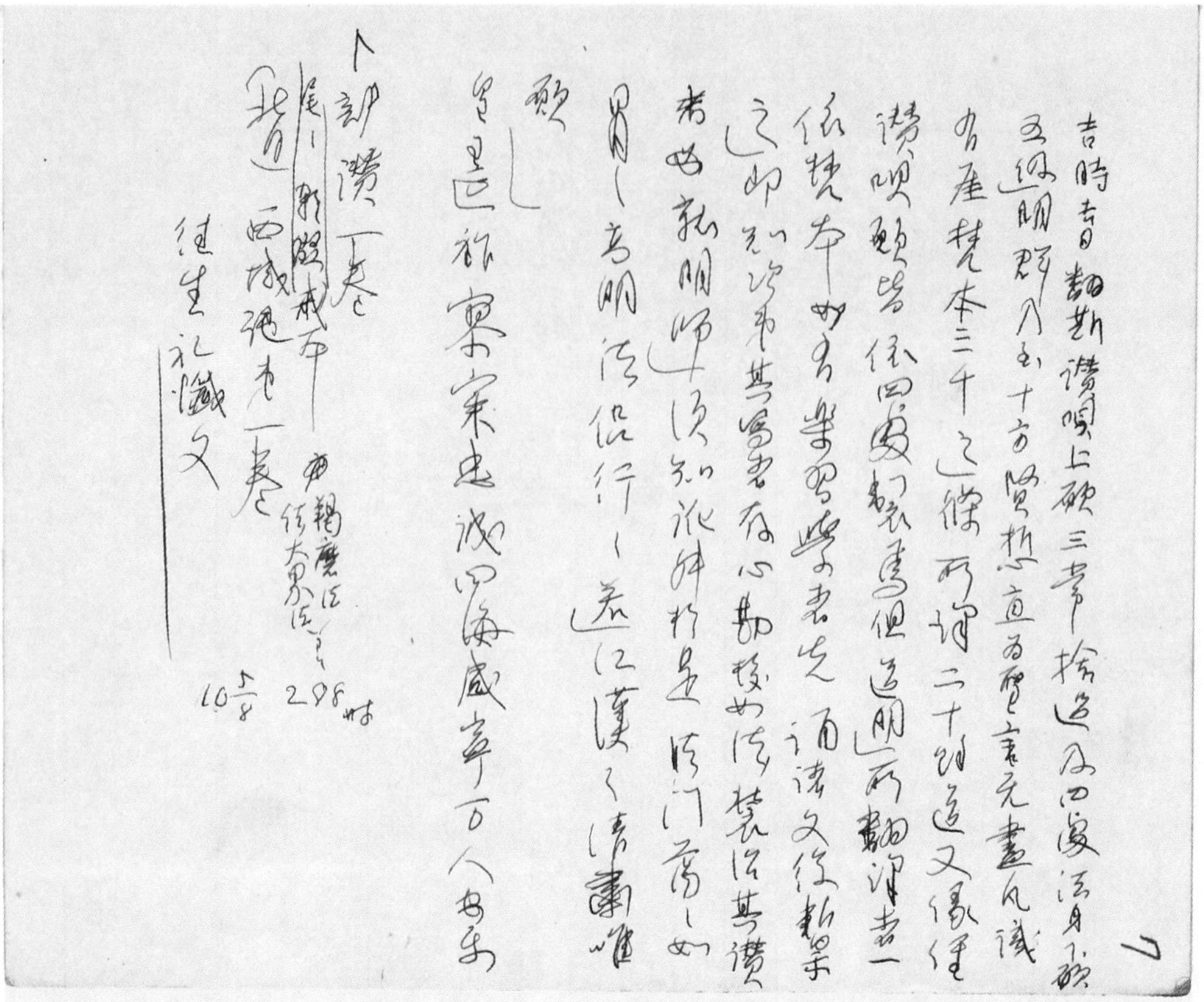

吉時吉日翻斯讃唄上碩三常捨迄及四處法身不壞
五通明群入五十方賢想直為賢字元盡凡識
有犀梵本三千之餘所詳二十餘道文像僅
讃唄題皆依四處翻表為但迄明所翻譯者一
依梵本如有學習學者先之通諸文後精學
之即知諸本其寫者存心勘校如法裝治其讃
者如親明師須知法師於是法門篤之如
用之高明法侶行之慕江漢之清肅惟
願之
皇基禎寧宗史泰四海咸寧万人安樂

卜 部讃 一巻
尾ノ 翻譯成本
背 西域記第一巻
徒生礼懺文

西翻廣法
經大界法

10 5/8　298 吋

◎
S.1765.
古文尚書大禹謨
S.801 とつづく
后誓于師曰
至 篇末
傳 民穀之○天災之
古文之○次
十七行
黄麻 中唐写
8
1尺
2

S 2049 ⓪

毛詩鄭箋

豳風　至　小雅杕杜

10.6/8

166寸

唐末寫本

流火九月授衣　箋云將寒女功之事故有本於此也

穀皆遵彼微行爰求柔桑

期逝不至而多

末

(背)

芳欸

金人玉詠長自保

古賢集

宮謝輪

蒿楊篇　蒿楊破東概棄毛紙柔蔵要

菰楊女兒悲顏色

圓錢

錦衣篇

漢家篇

共語行篇　翻譯之誤字多之小兒ノ隷體之紙也幕仙年

S 1442 ⓪

毛詩鄭箋

鴟鴞ノ末ヨリ狼跋ノ若干へ

11寸

70寸

唐

桔梏戟挶也茅蘿苕也租為

口痛故能免乎大鳥之難也蓄哉

九城四章一章四

狼跋并文周

(背)

佛經書疏

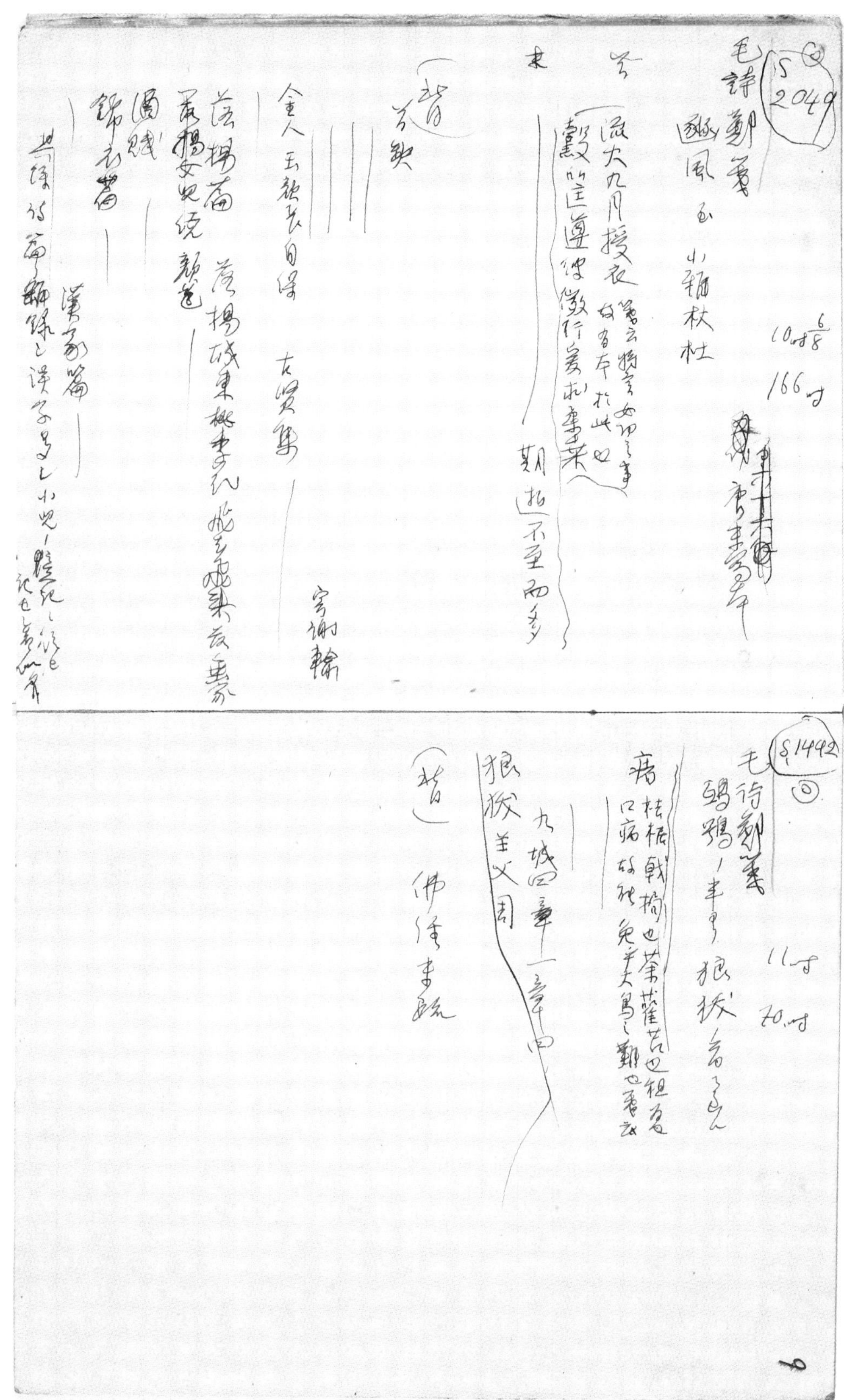

辭
也小邾射
盟矣 子路信誠古今ゝ 魯策以繫於經
事則季路而不傳 故此經之傳甚多 使子外ゝ路
千乘之國不信
魯有事于小邾
而濟其言是義之
也闞止有寵焉 闞止
陳成子憚之驟顧諸
公鞅齊曰陳闞不並也君 夫也

〇
於弇中適豐丘 弇中狹路也豐 丘陳氏邑也 豐丘人執之以告殺
諸郭關 齊關名也 成子將殺大陸子方 子方子我臣也 陳逆請而免
之以公命取車於道 寺方取道中 行人車也 及耏 而衆知而東之 其

Ch. 1080

Inkd Rubbing

化度寺碑拓本

縦4 3/8寸　横3寸

末葉四行々五字　三枚

真如之說教

二

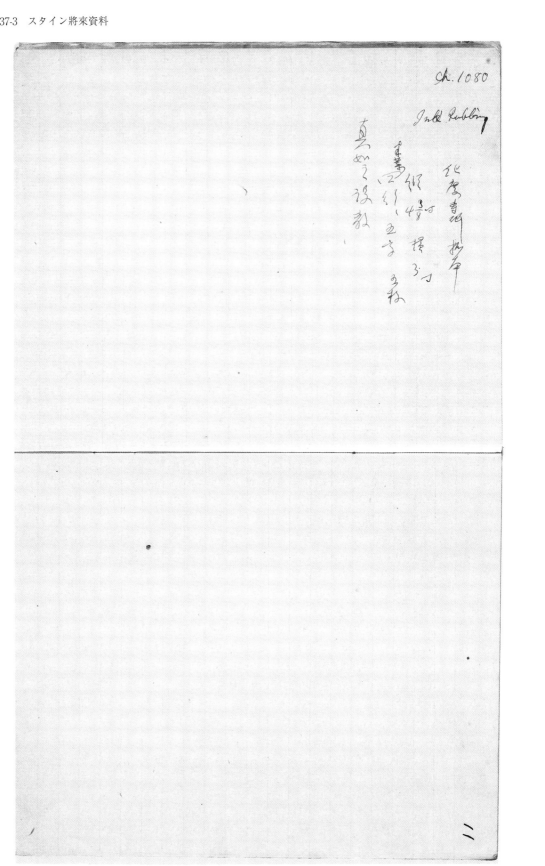

（影印部）

38-2　Pelliot collection I

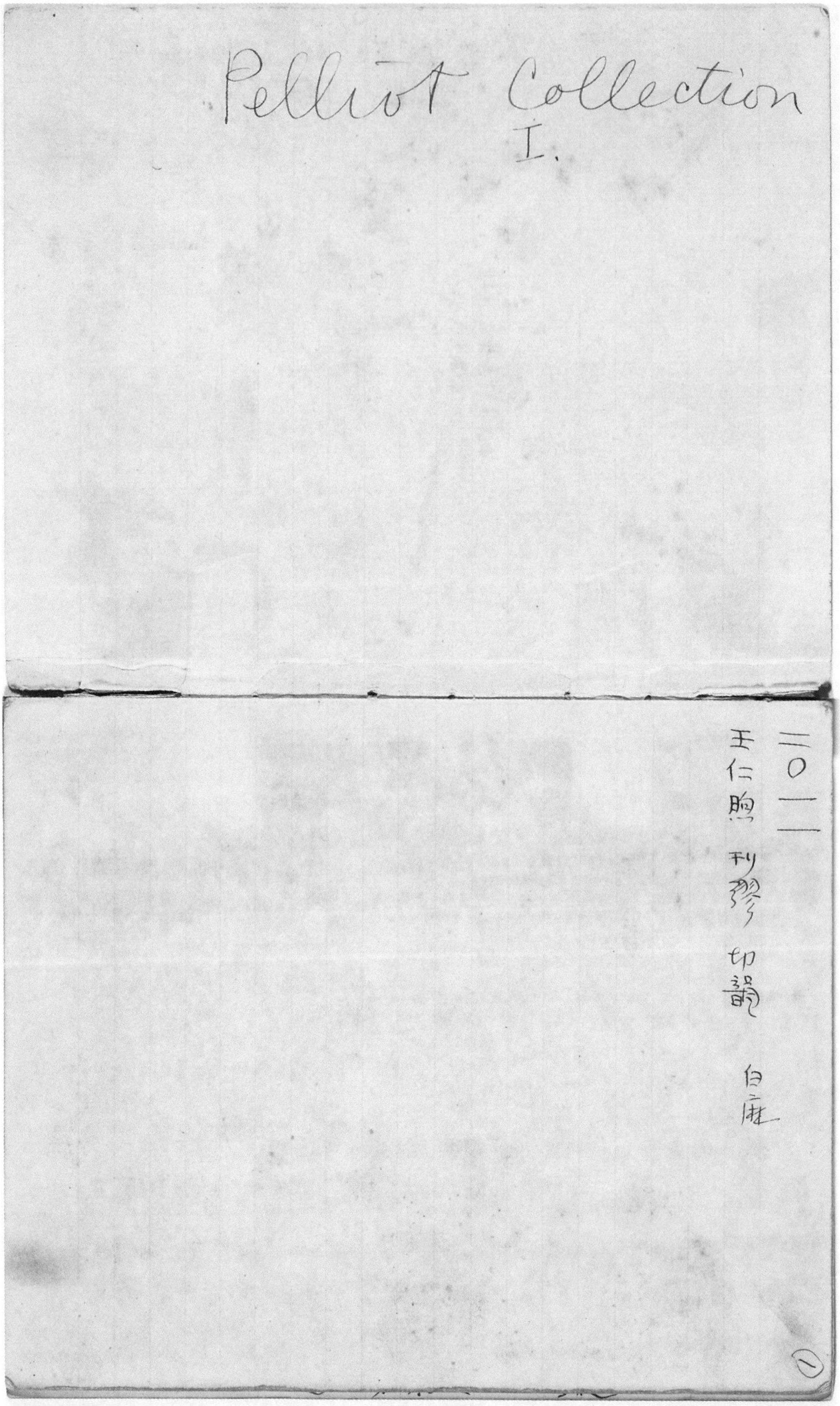
Pelliot Collection
I.

二〇一一
王仁昫刊謬切韻
白麻
①

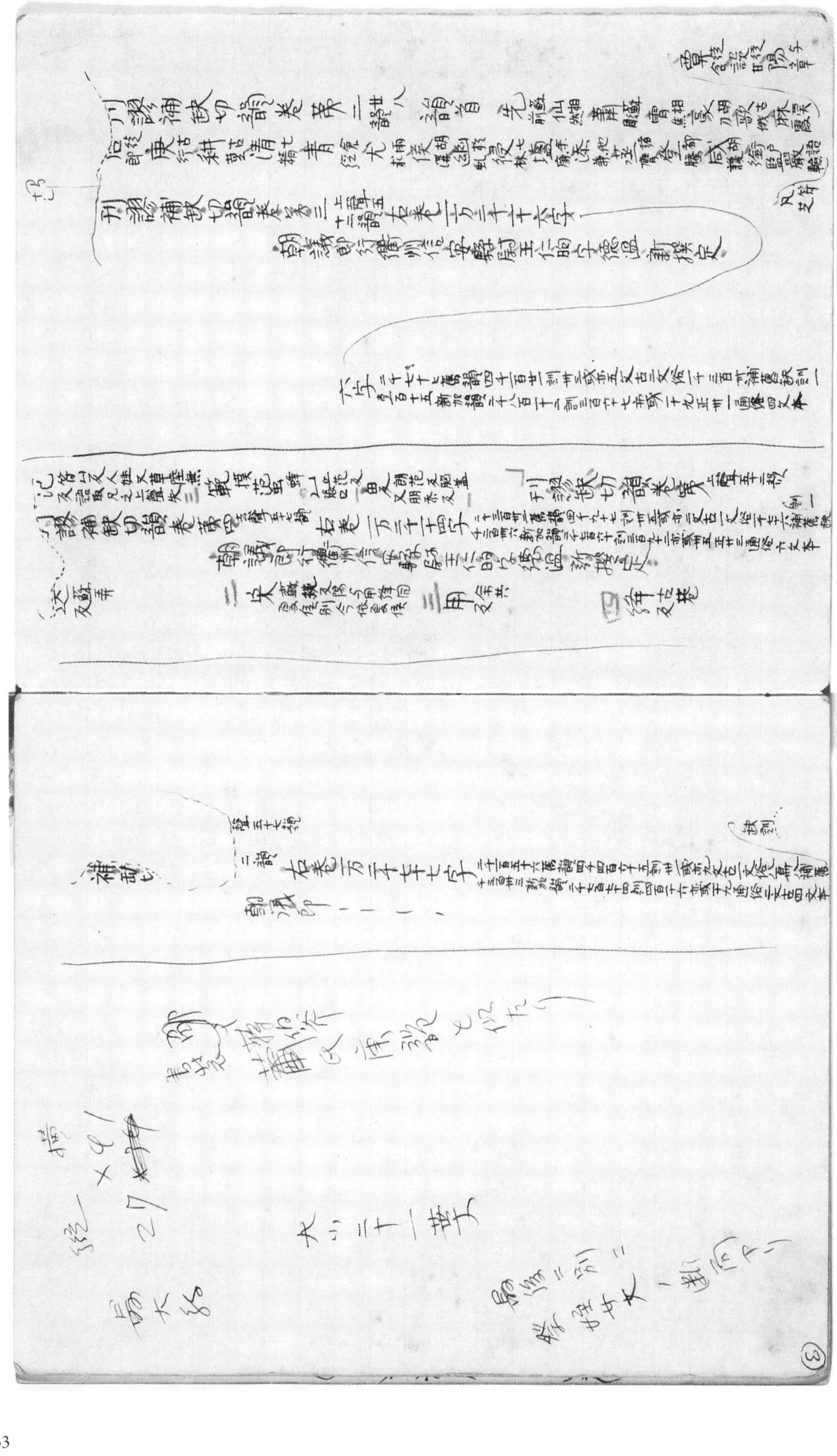

二三七〇　老子　黄麻紙　縦二十糎弱　横百九十二糎　書佳　字画か

有序｜三十五行　道士鄭思遠曰：七行｜

次有太極隠訣　十二行｜

行十七字

皆佛書

｜｜｜　三十二行｜

聖僧縁第四　七十六行？

｜｜｜

古之善為士者章｜當以静之徐清安以動マデ

躍舟舟在虚空之中如雲之升去地百餘丈
而止於玄虚良久俛而答帝曰余上不至天
中不累人下不居地何民之有陛下焉能令
余富貴貧賤乎帝乃悟知是神人方下輦稽
首礼謝曰朕以不徳忝統先業才不任大憂
於不堪雖治世事而心敬道徳直以闇昧多
所不了推蒙道君弘慈有以教之則終夕覩
太陽之耀光河上公即授素書老子道徳経
章句二巻謂帝曰熟研此則所疑自解余注
是経以来千七百餘年凡傳三人連子四矣
勿示非其人文帝跪受経竟畢失公所在論
者以為文帝好老子大道世人不能盡通其
義而精思遐感仰徹太上道君遣神人特下
教之便去耳恐文帝心未純信故示神變以
悟帝意欲成其道真時人因号曰河上公焉
太極左仙公葛玄曰老子以上皇元年正月
十二月丙午太歳丁卯下為周師到无極元
年太歳癸丑五月壬午去周西度開関令君｜尹
喜宿命合道豫占見紫雲西邁知有道人當
度仍齋潔焼香想見道真以其年十二月廿
五日老子度関也喜見老子述設礼稱弟子
老子曰汝應為此宛利天下童業賢世傳大
道子神仙者矣以外八日中授太上道徳經
義涸虚无大无不包細无不入聖且不能盡
通其義昔漢孝文皇帝好大道經容无為

二四〇七 老子序

二十五行｜欄内 20.2紙 横45

行十七字

（參道德眞經集注道藏 第三百九十五冊）

1 老子道德經序訣 太極左仙公葛

2 老子體自然而然生乎太无之

24 洽道德則万神震 禍滅九陰超

25 □日定然能知乎 之文悪之

（或は二五九六に下接するか若しくは紙施書九を欠きた）

26 前ページから続き 二三七の老子

之堂嘆丸聖無能解此玄奥精思遠感上徹

太上道遣真人下授文帝希微之旨道人郎

侍誓傳授至人比字授定外儒所雜傳多設

今當為授此正之使與玄同相應十方諸夫

人神仙天地鬼神所宗奉文同無一異矣充

已於諸天神仙大王授定受傳天人至士所見

儒當宗極正真弘道大度何可不精得理

人本文者乎吾所以有言此能正玄妙於天地

人耳今説是之至矣明矣夫学仙者必能弘此

讀也

道士鄭思遠日余家師葛仙公受太極真人

徐來勤道德經上下両仙公最者所好加誦詠

見真人教以口訣云此文道之祖宗也

遍美心注云者當外仙尤尊是書日夕朝万

41 拜朝讀念具如靈宝法

3736 95

誦詠（2584）

二三二九 老子 董麻 書不佳

欄内20強 横20.5

有序（十五行）有鄭思遠日 六行

九有太上隠訣 十三行

自首至孔德之容章 自古及今其名不去以閲終

甫吾 七十八行

二四〇七、二〇三五、二六 太極隠訣

1 含道顔古見紫雲西邁知有道人當度仍

94 似鄙我欲異於人而貴食母 十一五百字一

95 孔德之容唯道是從道之為物唯恍唯惚惚

96 恍中有物惚恍中有像窈冥中有精其精甚

97 真其中有信自古及今其名不去以閲終甫吾

(4)

章　　　　　　　　　　　　　　　　　每章尾ニ字數ヲ附ス

一　二三七〇　　　　　　　　　　　　二三二九
　　萬物　　　　　　　　　　　　　　作万
　　觀所曒　　　　　　　　　　　　　作觀其徼
　　　　　　　　　　　　　　　　　　五十四字

二　行不言之教　　　　　　　　　　　行无爲之教
　　作而不為　　　　　　　　　　　　為作辭
　　始為而不持　　　　　　　　　　　無始字　為上有生而不有四字
　　成功不處　　　　　　　　　　　　處作居　下同
　　　　　　　　　　　　　　　　　　八十五字

三　不上寶　　　　　　　　　　　　　作不尚賢
　　難得貨　　　　　　　　　　　　　得下有之字
　　實其腹　　　　　　　　　　　　　實作寶
　　彊　　　　　　　　　　　　　　　強
　　使知者　　　　　　　　　　　　　使夫智者
　　不敢不為　　　　　　　　　　　　無下無不字
　　　　　　　　　　　　　　　　　　五十六字

四　湛似常存　　　　　　　　　　　　似作然
　　　　　　　　　　　　　　　　　　卌七字

五　其猶橐籥　　　　　　　　　　　　其猶橐。籥
　　愈出多　　　　　　　　　　　　　愈作喻
　　聞數窮　　　　　　　　　　　　　聞作言
　　守中　　　　　　　　　　　　　　中作忠
　　　　　　　　　　　　　　　　　　卌四字

六　用之不勤　　　　　　　　　　　　勤作懃
　　　　　　　　　　　　　　　　　　廿二字

七　其无尸故能成其尸　　　　　　　　兩尸並作私
　　　　　　　　　　　　　　　　　　卅六字

八　　　　　　　　　　　　　　　　　五十字

九　持而盈之　　　　　　　　　　　　盈作滿
　　而梲之　　　　　　　　　　　　　梲作銳
　　長寶　　　　　　　　　　　　　　寶作保
　　其名名成功　　　　　　　　　　　作其咎功成名
　　　　　　　　　　　　　　　　　　卌一字

十　而无知明白四達而无為天門　　　　而作能
　　　　　　　　　　　　　　　　　　能无爲天門
　　而為雌　　　　　　　　　　　　　而作能　雌下有明白四達能無知七字
　　　　　　　　　　　　　　　　　　六十三字

十一　以下ハ紙ヲ十クシテ校正スル能ハズ
　　卌七字
　　卌九字
　　七十八字
　　八十八字
　　卅三字
　　廿六字　卌四字　一百十五字

⑨

十一 鑿戸牖 鑿 卅七字

十二 五者令人耳 音 卅九字

十三 寵辱若驚 爲

吾所以大患

若可寄天下 大上有有字 七十八字

十四 其上不皦其下不忽 詑

繩繩不可 在在 在 昧

无物之像 垂 東

十五 強為之容豫若冬涉 象 也九十字

喩

儼若客散 客 渙 一八十字

以下ナシ

十六 六十六字

十七 卅八字

十八 廿六字

十九 卅四字

二十 一百五十字

二十一 以下ナシ

二四三五 老子

二五九六 連接ス 黄麻 初唐 書 佳 楓内1912 摂

八十三行 行十七字 自首至十二章 序 太極隠訣

2435 / 2596 方下華稽首礼謝日勝 ... 徳 ... 業才 半截アリ

49 五百言 輒叩齒三咽液三也 道經上

分 道可道非常道 名可名非常名 无名天地始

83 而不恃長而不宰是謂玄德

背ニ僧伽婆尸沙ノ疏書十五行アリ 書裁

二五〇八a 莊子 有注

黄麻紙 書佳 徐無鬼篇（羅氏鳴沙石室古籍叢残 中ニ印行セリ）

欄内 縦21 横147 巳世

八十二行（空行ヲ入ルレバ八十三行） 中程ニて別ニ一行空あり 併ツギ目十リ

行十六字 注双行

背記 八十五行 仏書 書き 大乗稲芋経疏 カ

7. 出生死海令至無到彼岸故所言稲芋者夫一切経皆以比或而（立其名）

8 云何為四一處所二人三法四譬喩言處所者如楞伽経等約人立名

9 如維摩経等法為名者如大般若経等従喩立名者如宝雲

10 経等 説彼経時十方諸仏諸大菩薩猶如大雲遍覆集故名宝

11 雲此経亦尔彼仏世尊觀見稲芋説此法故言経者遂諸逆抗

88 當来成仏之時亦因此号故立為名偽行立名於四無量偏

84 脩慈故三從世立名者過去之時出家脩道名最勝尊世名慈

85 氏故呈言慈氏也 言経行之處者謂弥勒菩

ここニテ終ハリ

1 焉耳吾

2 行殆乎非我與吾子之罪幾天（忮々）

3 而有佐徴故知其天命也吾是以泣也夫為而然者為則已矣不為而自至則不可已

4 奈何者也故泣无幾何而使梱於燕盗得之道全而

36 於羊棄意 於民則蒙澤於羿則刑罰也

37 以目視目以耳聽耳以心復心 此三者未能无其耳目心

38 意者憘也 若然者其平也繩 未能去繩而自平也 其變也

39（空白）

40 循 未能絶迹而玄會也 古之真人以天待之 居无事以待事

80 闔不亦問是巳矣或然為 若問其大擁則物有至分故忘巳任

81 物之理可得而知也奚為而或若此乎 以不惑解惑復於不惑 夫或不可解故尚大不惑愚之至也以聖人從而任之所以皇

82 是尚大不惑也

83 王殊迹随世為名耳

背記1

2 七成就大 言大者為般若大集大宝積等経所説諸法皆是 六時大

3 菩薩所縁境故 言発心大者謂発无上菩提心故 言信楽大者謂信楽

（余白三四行アリテ終）

、倉糧、 数

二五の八 b 荘子 有注 六十九行 行十九字 注双行十七字

首旧様を存し 縹帯あり 首尾完全 世説 注字不缺

表題 南華真経巻第十五

1 南華真經刻意品第十五

2 刻意尚行離世異俗高論怨誹為亢而已矣

3 此山谷之士非世之人枯槁赴淵者之所好

59 其神也苟以不虧為純則雖百行同舉萬變參備乃至純也以不雜為素則

60 雖龍章鳳姿倩乎有非常之觀乃至素也若不能保自然之質而雜乎外飾則雖犬羊之

61 鞹庸得謂純素哉能體純素謂之真人

欄内 縦20糎 横1米弱

（羅氏景印在鳴沙石室古籍叢残中）

稲芊経疏

首欠 五十八行 書写 小児ノ如シ 字ヲ知ラザルモノ 誤多シ

ここヨリ始マル

1 所在之國諸有情說法名為向二俱尊故但以慰問平不

2 礼也若度至礼者不成恭敬有過失故經俱坐盤陁石上此三

7 此四陣疑也鬭稲芊此說法者謂因緣法及因緣法二俱

56 者為說有情迷於流轉非流轉法舍此迷故說二種經如

57 是唯滅絕極大若之聚此二經也經此是世尊所說因緣

58 之法此三引證也非自意故故引證

二、三〒 終

二五〇五　書儀　一巻

（楮紙？）書抄　ろ二十五行　28

七月迄アリ後なし

1 書儀一巻

2 辯秋夏年月日通用　年　唐虞百載　夏曰歳　商曰祀　周曰年　易曰稔齢　壽

稔者熟也年　言之經云　數年　亦餘年　踰年

3 三年云　歴年　積年　稔而言之　物移歳稔　屡改其字亦云　物移歳易云　屡移歳序

屡遷此等　隨經年已上　任情用之　玄房瑄

4 月　始一月云改月

5 日

6 春時　春云青陽

7 夏時曰　朱明　夏景　赤日　炎節　風曰　炎風

秋時　白藏　素秋　高秋之景　金風　涼風　清風　高風

冬時曰　玄英　冬景　嚴風　陰風　長風　時未即春夏秋冬

8 正月孟春

9 三月季春

10 五月仲夏

11 七月孟秋

12 九月季秋　暮秋　末秋　時微冷　漸冷　甚冷　風悲

十月孟冬　上寒　初寒　時漸寒　薄寒　嚴寒　已寒

13 十一月仲冬　歳寒　冬中時寒　切寒　重寒　氣凌

十二月季冬　歳暮　脫冬　歳冬脫　寒凝寒　嚴寒　凝寒

14 十二月相辯文

15 正月孟春　猶寒　尚寒　餘寒　太簇　握手晉城相嵩鸞之匠度分顔昌

16 驛悲悄嶺之難前落湯尋途登山氣咽他卿羅籠切風

26 二月仲春　上旬云漸暖　中旬云敍　漫已暖　極暖　太簇　分顔兩地獨悽愴於邊

27 城二處懸心每咨嗟於外邑月流光於蓬徑万里

28 相思　蘓武怨在兇奴中放羊在野田　屋達作屋上觀日月星辰　星散彩於高峯千山起恨

104 尋聊附丹誠希垂書札　七月孟秋　上旬猶熱　中旬上熱　下旬云餘熱　唐朗巢下

123 菓裏千聲時聽鳥御言而愁多引嬌鶯而轉切良

124 霄掛月上律恒娥清夜無星携務女　女失鄉之客

125 綺思悵而難除落是愁窗億羅推而正見

三〇行空白アリテ後断セリ

背記

又

罪報懺悔

三界寺僧沙弥戒淨書記耳

廣順參年

廣順參年二月十四日時節

又

飛飛飛飛飛　三界寺僧大德

（17）

二五一八　二十五等人圖完具

敦煌紙　書寫　1/27 147　欄19　九十八行

1 謹案二十四五等人圖　并序

2 人有二十五等是常標舉之寂遂使愚智可鑒經謂殊源優
劣不同淺深區異雖書經目竟未指論況夫人即品類寂
靈有長生之質無求倫於一人假如越錦青裂衣甘瓜苦蒂明
月必晦白玉有瑕故知天下無全美者也但録其行善採之
一材則可佳焉無所詳用余復寧爾遠替先賢為欲增深非能
7 潤色人雖蓋士各有等倫而者古史今書人之
凡二十五等但省景行可鑒庸愚究察情懷委知聖智是
以薄言得失各肆端輗試未合儀但為来者之撫掌耳曰其
注及異類於後　甚者鑒之以為機要　之爾

上上五等人　神人　聖人　直人　道人　志人
上五等人　德人　賢人　智人　善人　辯人
中五等人　公人　忠人　信人　義人　禮人
次五等人　士人　工人　庶人　農人　高人
下五等人　衆人　奴人　肉人　小人　愚人

16 神人第一

17 神人者非世人也与太始而誕生共混源而同志性自然也不見所来
亦不知所往或隱或顯或說冲虛馭風上下無度時下邀於漢主
至山竟感於楚王妙化不窮隱顯自得國有道則現無道則隱此
20 神人之異也　聖人第二

94 雖壁此者是小人之畫也　愚人第二十五　愚人者幽滞之人也昧
95 蒙邈瞻起猶凝陸有捲耳之旋川有刻舟之闇皆祐虛之久遠桑
96 聲色之須臾動靜則得失不知是非甚好醜便不益顏長拙敗善隨良
97 蔑意自勞出言多弊或有韜時混衆匿哲和群即驕屈聲時聽
98 化有日即非蘭鑒又異蜂蛛此乃愚人之也　舍予足

回字輩刊
雲堂輩刻

(19)

二五一七　老子義疏　成玄英疏
（羅氏景印本收在鳴沙石室古籍叢殘中）

治臣也

1 故長生
2 而本日深根本而之可用
2 為根深所以長生固蔕所以久視此明
3 長生之道 視明照也 治大國章所以次前者前章正明積行畢

歸人之服玉是珍寶之寶 重靜懷玉也

知不知章所以次

飢謂內無德也忘也　心為五藏百行

所以百行體構所起雖視者　只為心體有心者無為則行

是以飢　治也是知方　境雖在一心　是以難治　前法

人之輕死以其生生之厚　六塵厚故見四故也　是以輕死徒前也

第三示忘生之　故獨示以生為生者

夫唯無以生為生　無相是

生之柔脆　以生而柔者　此有識為無識為喻者

辭其勝劣　亦於剛強故與死為勝生　與生為勝死此合喻

生之徒　徒類也是行斷施者

第三法喻兩陣　人陰陽三毒六兵也玄

舉之　猶喻也自然之道喻也自然之道喻氣張弓　舉下使高抑高令下調適方可達前

不足奉有餘　（富貴之有餘）

恃成功不處其欲退賢之

能行　此乃愚知同而舉也　無能依行者　故柔勝

玄理也此雖有待　此是待獨來獨之

第三辯有德無德無德忘執之果故有

(21)

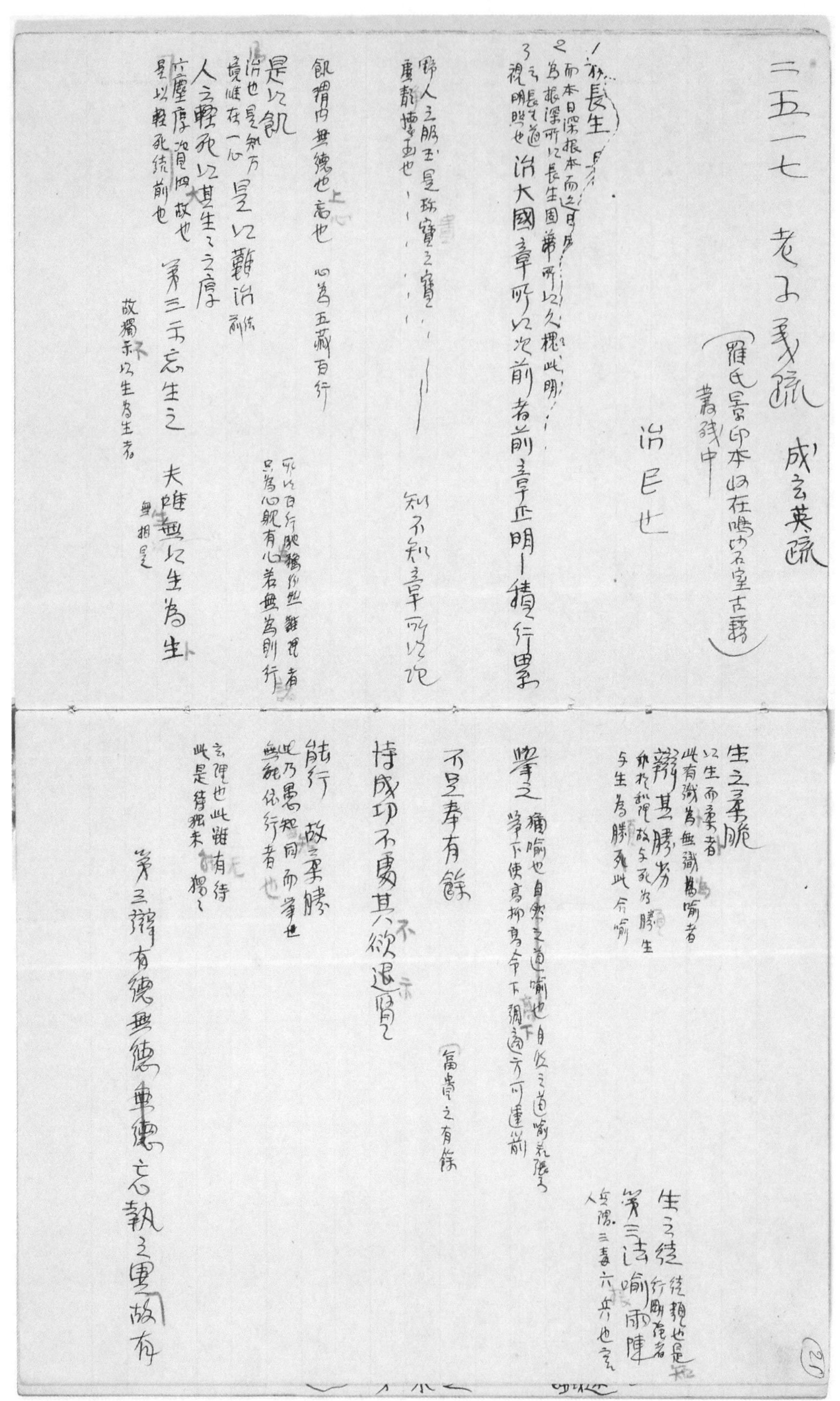

往
象言件備者
不遠諸行重靜境知

使臣宣死不

第三明古處遠淳朴之同俗
一句統

此之文教近道一心

信文章即是三大段總統

聖人道為而不争
聖人上徳
以自救成

然之道生成万物利益
可貴者

老子道徳經義疏巻第五

陰居下柔弱處上

尊高獨奪

少欲足知身分
不貪此位寵也

これハ朱筆ノ上ヲ墨デ書ケリ同じモノ〻ぬし

故堅之人幽居九

(29)

二四六九　道書

八十四行　行十六字

黄麻

20 148 1/2

欄内

1 本願大戒経云故慈心於天人念度於後学也

2 三元品戒経云大慈廣遠恵逮无窮

3 三皇経云昔以聖人大慈誘引及羅未満種種

6 太上太真科経云凡天地開闢人生其中愚夫

12 太上元気本始経云道法无為衆生悪發以慈

14 太上太清真経云大慈悲念救之方便細開

16 霊宝玉訣経云時有精進学士王龍賜侍座

22 太上紫書録伝経云尓時元始天王侍座而起

27 上清隠書龍文経云天尊大悲愍念因撫故

33 覆護

34 老子本生経関令尹喜頌曰

37 現形

38 昇玄経云是時大士善勝從普得妙行曰汝今

52 老子西昇経云老子曰吾今逝矣忽焉不現

58 説法

59 霊宝玉訣経云道言吾所以勅張玄甫解説

64 太上霊宝无量度人上品妙経云道言昔於

96 明威経云前聖後聖无鞅數衆説法出経随

81 洞淵経云道言吾昔在五岳玄影空中為一切

84 之處轉此神経我當開導不令有悪悪鬼道

皆記

最初　寺ノ帳

中十し

未　佛書ノ注記

二五一六　尚書孔傳

盤庚中ヨリ微子之命ニ至ル（羅振景印ニ在鳴沙石室佚書中）

黄麻　書佳　朱筆校正

1 今汝ナ今宅後女何生在上　何ニ得久生在民上　不従無後計女 備

遜　ニ将与汝俱死也所執各異皆帰於仁

明　君子之道處斷随非一途也

尚書巻第五

野隷知人意因何不早迴既能奪塊得将深

浅将来

薛石二書祀

二五一五　辯才家教　麻紙　書拙劣　欄内 28 168

1 辯才家教巻上 并序

2 昔辯才者是不可思議人也是善知識教化閻浮提衆生成

道見堕迷愚之中癡過之類人身難得中國難生却返迷

自須漆知奮其八節知四季酌量時侯藥其年歳時貴賤

凶年即貴栽樹防熱築堤防水積行防衰積穀防飢勤

讀詩書自然足知學時雖難用還易魚潜海須愧其永

鸚寄十林高枝即貴奉勸時人須於此義不可輕季辯才之

姜衮之足知違之義隈終身無針人之仰貴譬如土生（、）木

9 金生麗水　貞清門第一　時學士問辯才曰何名為貞清辯才（學士問辯才曰如何乃有事辯才答曰）

省門章第二（或ハ省事門章カ）

勸善門章第三

六親章第四

積行章第五

十勸章第六

経業門章第七

コレナシ　或脱カ

貞女章第九

合宮四字教章第十　合宮二字或衍

五字教第十一　言字蓋衍

108 家何以委兄弟姉妹如魚水 余時学士内辯才白恵以廣法
109 晋済群生救還迷夫辯 冒英常用智慧如燭照明顯章句
110 汝等審聴能依救法信受奉行 辯才家教一巻
111 甲子年四月廿五日顯比丘僧彦成俗姓王保全記

二四八一
敦煌紙 書様 3/1260 欄十三
失図用声ノ如キ文章 如
凡四十五行 行二十八字 八字注対行遙相
ノ自可雄規識行雌範總 齒剄之妙端明舌柔之隠理何得
145 竟無漏於防奢沿革既殊終有記於李典
題名ナケレドモ道教ノモノナリ コレニテ終ル 未完ノモノ
僧尼第二 私度衆議 呼賊 盗物攤雜寺 過乗行 已上六首通同一題尾
僚子第三 游帳措業 青襟不勤 独義不通 書手温悪 擇莫禮弁 貢挙不精 已上六首通同一題尾
祥瑞第四 麒麟見 鳳凰翔 黄河清 甘露降 合額禾 慶雲出 芝草生 赤雀来 并枸木 白狼至 已上十首通同一題尾
慶賀第五 加封爵 蒸大酺 慶恩赦 賜官職 王子婚 公主婚 賀春正 拜冬至 已上八首通同一題尾
祠祭第六 享宗廟 祀四瀆 親籍田 拜圓天 享先蚕 謝方地 祭社稷 祈日月 祭五岳 祭星辰 已上十首通同一題尾
禮儀第七 冊命 朝見 宮会 命婦 衣冠 追服 已上六首通同一題尾
書儀序ヲ裏メタルガ如シ 中ニ 大般若経第五会序 和尚邈真讃并
ナドノ類ノモノアリ

三五一三 漢書王莽伝 有記 （羅振玉 鳴沙石室古籍叢残）

蕉麻書 佳 世巳

三十八行 十五字 況及行

欄内 22之 87強 縦 28

1 更始二年二月更始到長安

2 下詔大赦非王莽子他皆除其罪故王

38 躍聲引陰匪鳴則鳴蒼蠅之聲尤穿鑿矣聖王之

背記 几十八行

1 即有即空既絶百非又亡四句如因詮顯言故假説以明既不 識

7 第二釋論題目者言大乘百法明門論本事分中略録名 數者

68

自從名体本底開者識要見之分 為

叶 (東)

二四八八 貳師泉賦 4 (27/12)

敦煌紙 書 楷書 欄内 28 77 勢粗

貳師泉賦 十四行 漁父歌十五行 秦將賦二十一行 高興歌 九行（未完）

1 貳師泉賦 鄉貢進士張俠撰

2 昔貳師兮伏鉞專征來太宛歸兮深入虜庭伐不賓之種 （獨闡擲射芒角）

14 而鄉食乳銘常樂之樂石紀靈通於萬年

15 漁父歌滄浪賦 前進士何蠲撰

16 昔漁父兮泛之中流逢逐臣兮滄浪渡頭我有出綸之思君含去國愁

29 奈名未成而来不得

30 秦將賦 秦將昔時坑趙卒入深谷桃一竜刀布一重努四陽邊挟拾

50 問鬼哭至今由究白將軍 秦將賦一卷

51 高興歌 酒賦一本江州刺史劉長卿撰

52 王公特達越今古六尺堂堂善文武促人之朝夕醉如泥又惜

54 酒若懸流注不歇口如滄海吸黄河鵝頭緑李蒸滿酒着

コレニテ終リ 後空行 並 未完

背記 呉獨如安 録 不明

辛卯年正月八日呉獨奴自手書記之耳

辛卯年正月八日呉獨奴自手書

二四九八　窮愰紙　書接　無欄　29½/10

1 李陵与蘇武書

2 陵家世隴西名傳甲族父祖相継為王者師入則宇宙肅
清出則海内咸怙死節効王軽生盡忠襟須鄙愚幸頼
餘叔然石獸納矢未比於先君鐵衣静邊鮑當一用先帝
好文儻文可奨先帝好武儻武可[?]當以奏金殿面對玉
墀帝既得人許陵為將領五千之步卒南截金河[?]單于
之一方北清玉塞為陵意者擬傾巨海溺蟻以太山壓卵誰
為志不可克天棄人虧成陵者在天敗陵者在天〻喪予也
知復何言陵自料飛持[?]畏[?]者或[?]山之下与賊相
遇胡騎驍雄陵軍疲步賊勢雖廣陵視若亡于時且引[?]
懦聲鼓飛鏑暗日鳴笳沸天視死如帰努力輔主陵將黄
石公之略盡孫擒之計其時煞胡兵積屍如燕晴山血流如
諸[?]水此一日之効陵自料一生不辱主死不辱父臣子之心只
然也况陵初授勅命五將同入陵獨居先况步卒行疲又
粮賜寡〻煞馬兵將均飡又漸遠漢境深入虜[?]遇胡
戰輸續命竹辛運〻粮者如雨救援者如雲陵之苦[?]
無後救兵乏矢窮賊臣暗背敗陵軍伍事跌不遂知復奚

言惟照此心天日不謬且人生百年而復違時遇世冨貴[?] (33)
欲貪賤雖含[?]陵如今受万戸之侍為一郡之王呼吸風生
叱嗟雲飄[?]過高意無一降重夫見機而作是周易之貴
言小人即固執君子變通是以子胥棄於銭塘屈平沉於湘
漢子推焚於綿上叔齊喪於首陽此四子者生為邀名之人死
作非命之鬼徒執一向不返三隅減父母之[?]儔留名万代宜說
此輩之人並是頑人矣足下今擬盡忠於主〻已[?]崩盡孝於
親〻已逝矣妻室改[?]枌榆摧毀雖有其志而無所歸漢家
若重功臣只合書足下於麟臺之上只合書足下名於[?]堂
之前只合封足下父母為郡君只合之足下子為輔[?]陵有[?]
任坐子且不遷者則是君主之情驗取何在願足下無生歸
意塞外為王不殆於漢孟冬之月胡風晝[?]朔雲暮合想
子寒凍情何可堪能既單于百年安貴海隅巌深顧[?]
31 致休謹遣白書筆言不盡右効王李陵頓首蘇子 座前
32 窮因蘇子卿謹献書於右効王 閣下
33 武聞見利而動小人也守道而安君子也夫欲求大道無議小
利欲救滄海必藉巨舟此即儻之世見也儻且生逢明時長遇
聖代特蒙往使邊方於是授令璋仗玉節生有[?]禄死[?]
36 無廃常壊部[?]無以[?]身使至奉書深辱[?]問[?]足下

仔婚單于女字單于宜撥賜得擢出懷抱有何幸如斯僕
見足下心事以往日殊乖罪有不同過有餘矣足罪有七條
且足下父祖名將門傳軒冕秖合積料未萌揖終如始何
得空領步卒不滿五千深入虜庭遠動經萬里不自測度驅
敵亡軀殘使戰敗山場輸早大漠関中兵甲不足易
求蒼生何辜枉被塞寧子不堪為將其罪一也 足下
食君之祿須達君命虛稱漢將枉費國家徒傾万石
之粮枉陷五千之卒子之不信其罪二也 足下弃本逐
末背親向疎無懷漢主之恩有貴犬戎之賞足下官榮
日雖所得尚不省已過毀我國家養虎自傷子正當此
為臣說君子之不忠其罪三也 足下所領五千之卒職
勸掌者三五十人訓令無方告示失所義從下起恩必
上臨粮賜不均處御不則致使管敵背叛仲由託辭
於李氏為將不能勵其兵其罪四也 足下老母被
誅少妻受戮猶懸蓄中無用之賞遠違天聽常
出致責然始滅足下氏族以令天下軍將也此則因
子害母子之不孝其罪五也 足下婚單于女字單
官重酒色貪金帛常事鬬戰唯習弓矢自遷撥入
雲霄陷他人於溝壑其罪六也 僕憶昔初入蕃

中群公擁騎餞送已畢合朝盡迴唯足下一人遠送郊
外留連灞上躊躇即行陽影西沉金波東上便宿郊野
言情百年之時傾輸胸臆題送別之詩動清文擇出塞
之領臨欲攬轡君言再三令僕莫踐單于輕命重
禮僕得子一說豈如千金銘箭旋心已至今日八九年艱
辛六七度存死者只是賀子言奈何今日却致說辭
令僕踐毛血之人稱臣虜也足下之言都無終始遂物
意移絕足之人無堪大用子之不忠其罪七也 僕且松
損為心桑田變海萬物彫盡僕終不改見書云武帝
崩武已歸天見書云老母殁武以叩地孤臣罪逆不自滅
云哀子痛深上送慈母引領南望飛魂北㸑胡風
颭興附哭歸漢譁遣白書筆言不盡蘇武頓首
少卿座前

天成三年戊子歲正月七日學郎李幸思 書記
幸思比是老生兒 投師習業弃無知
父母偏憐昔愛子 日諷万幸不滯遲

69 72 35

背貼古文書　皆残闕

不分、[illegible]

件壹隻孤飛今見貴社齊集意樂投

入更有追逐逐吉於怙恐了若有入社遊為

續當擬備伏乞　三官衆社等乞

賜收名入案不敢不申伏聴　處分

[illegible]

1 友秋度高

竹子平麦

今月十八日

二四九一

敦煌紙書[illegible]　前半有欄　後半無欄　29½　246

1 鷰子賦一巻

2 仲春二月雙鷰翱翔欲造宅舍夫妻平章

東西步度南北占詳但避將軍太歳自然得

福無殊取高頭之規壘泥作窟上攀梁

使藉草為床安不慮危不巢於翠幕

128 倚其有鳥去請乞之題詩賦鴻鶴好心却被

129 識刑乃興一時以呈二字鴻鶴宿心有遠至鷰雀

130 由來故不知一朝自到青雲上三歳飛鳴當此時鷰

131 雀同詞而對曰鵬信待南鵬鶴巣一枝逍遥

132 各自何在二中知

133 鷰子賦一首

皆記中

徒之

學士寺施僧保真之見流要達

成交達天之有恩

二四九六　論語　何晏集解

殘紙　書拙　無欄

衛霊公　季氏　{27½ 275}

（尭是　／民閥

1 衛霊公第十五　何晏集解

2 衛霊公問陳於孔子 孔曰軍陳行列之法 孔子對曰俎豆之事則

61 固相師之道也 遵孔曰相

62 季氏第十六　何晏集解

63 季氏将伐顓臾冉有季路見於孔子曰季氏将有事

103 則聖人 小人不知天命而不畏 恢疏故不知畏 狎大人 直而不肆故狎之 侮

104 之言……孔子曰生而知之者上也、

昔犯郷馬ノ蔵書アリ　又西蔵書

||[illegible] 7 5/7

||[illegible] 4 5/7

||[illegible] 12 5/7

二五二九　詩經　正文ノミ
（鳴沙石室古籍叢殘　中ニアリ）

敦煌紙書紙　前半　有欄　後半　無欄　{27 918}

／室如燬　雖則如燬　父母孔邇　汝墳三章上一章、章四句下章二　四句

兮　麟之三章章三句　周南之什有一篇卅六章百五十九

句第一　召南鵲巢詁訓傳第二　毛詩國風

？鵲巢夫人之德也國君積行累功以致爵位夫人起家而居

167/166 邶國十有九篇七十一章三百六十三句　言凡八千四百七十三　第二

鄘柏舟詁訓傳第四　國風　柏舟共姜自誓也衛

218 我有尤　百爾所思不如我所之載馳五章其二章章六句二章章四句　衛淇奧

214 詁訓傳第五　國風　鄭氏箋　淇奧美武公之德也有

382 外洵訏且樂維士與女伊其將謔贈之以勺藥　溱洧二章章十二句　卷第四

383 齊雞鳴詁訓傳第八　雞鳴思賢妃也哀公荒淫怠慢故陳

457 章章八句　魏國七篇十八章百廿八句　卷第五　唐蟋蟀詁訓傳第十　卷第六
コレヨリ以下　傳箋並存

524 唐國十有二篇卅五章二百五句　凡三千二百五十二字　秦車鄰詁訓傳第十一

584 秦國十篇廿七章百七十七句　凡二千九百八十字　卷六

588 陳宛丘詁訓伝第十二　卷七　毛詩國風　鄭氏箋　宛丘刺幽公也淫荒　昏亂游

587 無望兮　洵信也箋云此君有淫荒之情其威儀無可觀望而則效之　坎其擊鼓宛丘之下　坎坎擊鼓

無冬無夏值其鷺羽

コレニテ終リ

後空白アリ

黃祀　以行

某祀ニ　袁ノ字ヲ校正セルモアリ

仲秋漸涼　伏惟

都虞侯尊體動止萬福即日厶蒙恩限

綴目ニ鋒文アリ

二五三〇 周易 黄麻 書佳 羅剝

擺帕 21 1/2
548
外 27 1/2

1 2 3

曰噬乾肉 正而能 雖貞厲而 无咎者也

柔剛以噬於物物亦
得其尊位以乘剛於中能行
得黄金剛勝者也噬不服得中而勝
得黄金也已雖不正而刑戮得當

象曰貞厲无咎得當也上九何

33 34

坤下 艮上 ䷖ 剝不利有攸往彖曰剝剝也柔變剛也不利有攸往小人長也順而止之

55 56

震下 坤上 ䷗ 復亨出入无疾朋来无咎反復其道七日来復利有攸往彖曰復亨剛反

161

巽下 兌上 ䷛ 大過音相過之過也 棟橈利有攸往亨彖

朱ノ上ニ墨ニテ再ビ書ケリ 以下略ス

（鳴沙石室古籍叢殘
中ニアリ）
題尾ハ印セズ

243 243

処

咎象曰用出征以正邦也

周易卷第三

吾
首共裏 岳山下溟洽秦地斷長風語似青江上外
著渝欲動 然相遇弄書今日後語不知年顛君奈住馬
（後）（不志）
顯慶五年五月十四日午時記
五年六月十一日造此詩一首

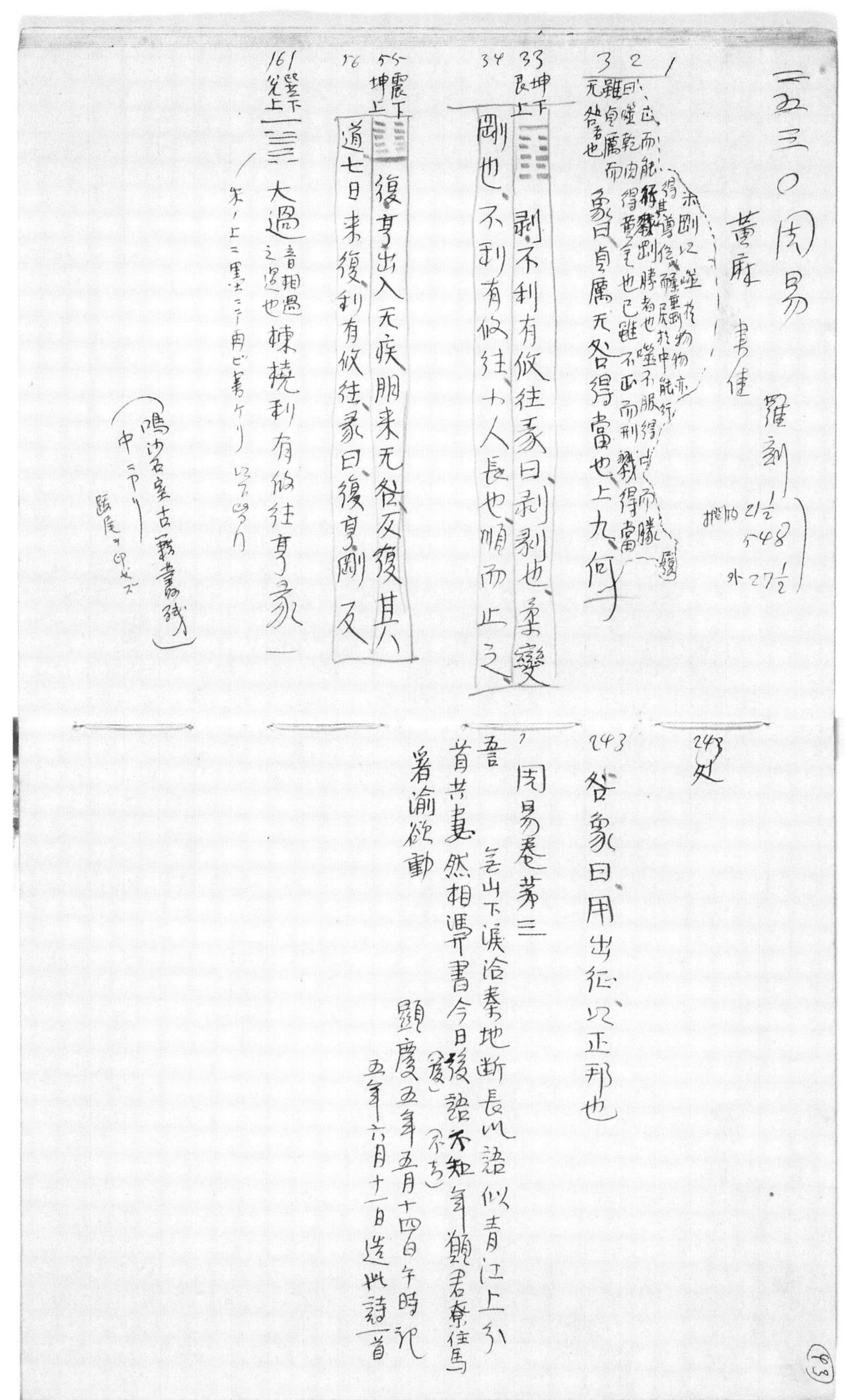

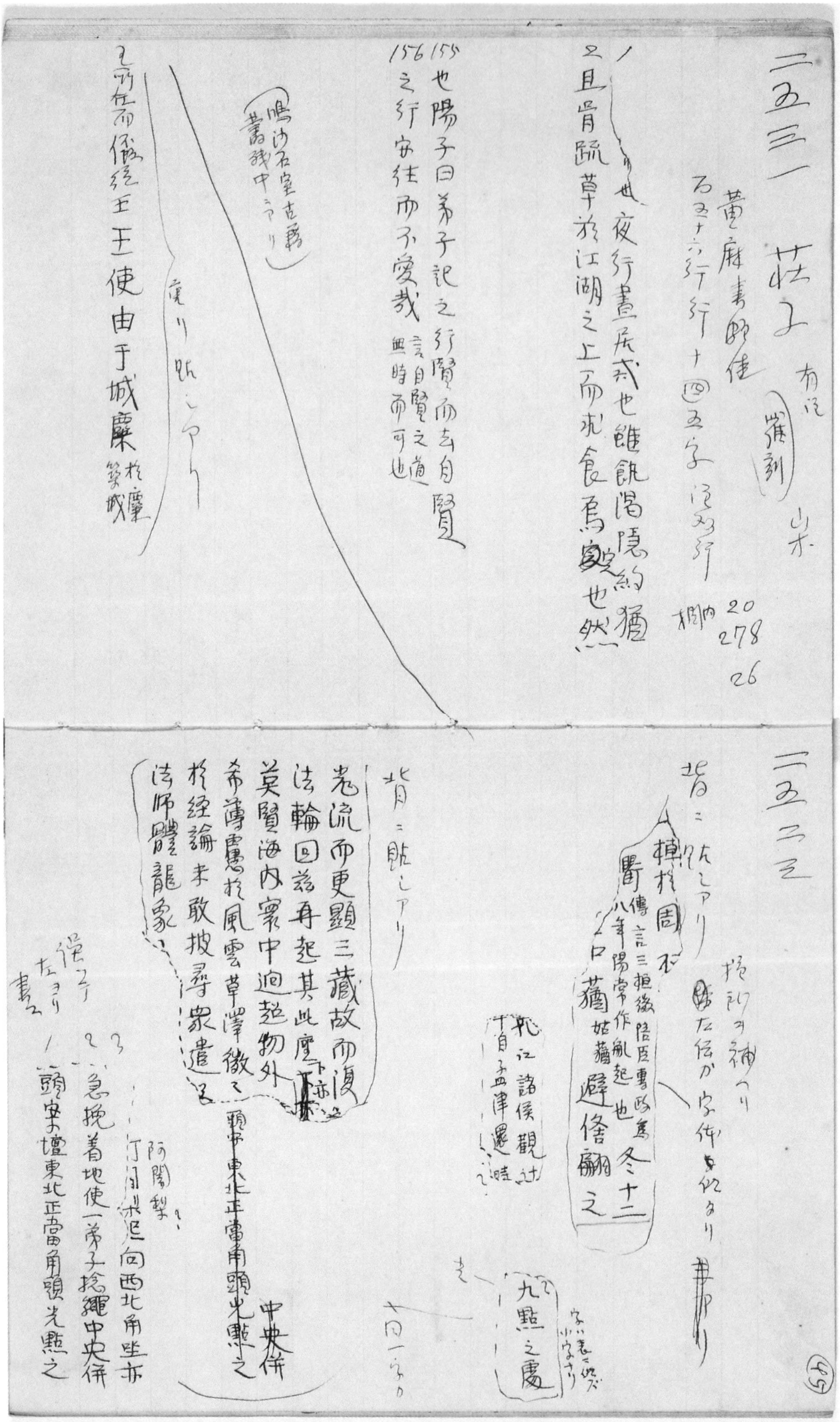

二五三一

莊子

黄麻書稍佳

石五十六行 行十四五字

20
278
26

也夜行晝居戒也雖飢渴隱約猶

且胥疏草於江湖之上而求食焉定也然

156 155

也陽子曰弟子記之行賢而去自賢之行安往而不愛哉

言自賢之道無時而可也

（鳴沙石室古書残中ニアリ）

裏ニ貼シアリ

王所在而儀往王王使由于城麋 於麋 築城

二五三二

背ニ貼シアリ

摚於周（斗）

鬭傳言三桓後陪臣專政爲

八年陽常作亂起也

冬十二

（口）

藩姑藩

避倍翩之

犯江諸侯觀

十自孟津還

九點之處

字ハ表ニ然ズ小字ナリ

背ニ貼シアリ

光流而更顯三藏故而復

法輪回茲再起其此塵

莫賢海内寰中逈超物外

希薄雲慧於風雲草澤徵之

於経論未敢披尋家遺

法師體龍象

頭安東北正當角頭光點之

中央倂

阿闍梨

汀間梁泥向西北角坐亦

急挽着地使一弟子捻繩中央倂

頭安壇東北正當角頭光點之

二五三三 尚書 隷古定 羅刻

禹貢ヨリ胤征 黄麻 書絶佳

百六行 行十三乃至五字 注双行

欄内 21 1/2 横 235 1/2 欄外 27 1/2

朱筆校點アリ

1 衆得同六府孔修 風萬國共貫也 水火金木土 師九州同

39 大康失邦 啓子也般于遊田不恤民 昆弟五人

50 怨 亓一日皇祖又訓民可近弗可下 皇祖禹君有之

105 汙俗咸與推近

106 於虖

（鳴沙石室佚書）

二五三二 周易巻四 羅刻

黄麻

九十五行 行十三四字

欄内 20 191強 27 1/2

朱點アリ 黄筆塗抹

(98)

1 吉往有功也天地解而雷々雨々作々而

25 ䷨ 兌下艮上 損有孚元吉無咎可貞利有

93 象曰莫益之偏辭也或擊之自外來

94 也

95 周易第四

後空白

（鳴沙石室古籍叢殘）

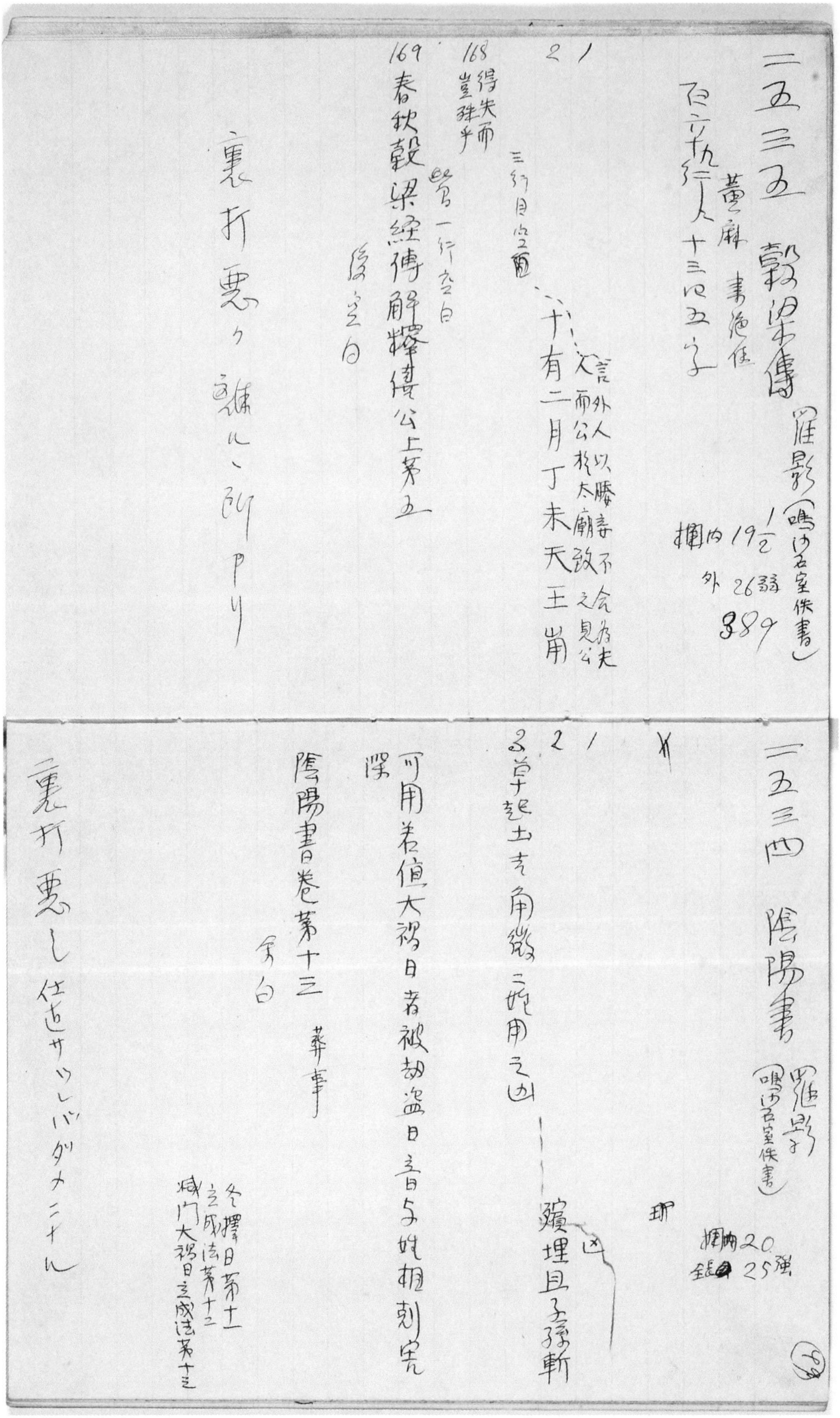
二五三五　穀梁傳　（羅影（鳴沙石室佚書））
薑麻　書極佳
百六十九行　人十三〜五字
欄内 19 1/2
外 26 弱
389
1　言外人以勝妾不会爲夫
　　文而公於太廟致之見公
2　十有二月丁未天王崩
三行目空白
168 得失而豈殊乎
前一行空白
169 春秋穀梁經傳解釋僖公上第五
後空白
裏打悪ク　誤ル、所アリ

二五三四　陰陽書　（羅影（鳴沙石室佚書））
欄内 20
[illegible] 25 強
1　可用若值大禍日者被劫盜日音与姓相剋宜
深
2　殯埋且子孫斬　凶
3　葬起土者角徵二姓用之凶
陰陽書卷第十三　葬事
余白
冬擇日第十一
立成法第十二
滅門大禍日立成法第十三
二裏打悪シ仕立サレバダメニナル
（98）

二五三六　穀梁集解　羅影

黄麻　書絶佳　消巳廖　擱1921/縦28/全長

丙（黄ニテ塗ニテカク作シリ）　朱點　黄抹

而不以衆將離散高克之進不以礼
文公退之不以道危國亡師之本也

春秋穀梁莊公第三　閔公第四合為一卷

龍朔三年三月十九日書吏高義寫

用小紙卅三張

凡大小字一万二千一百四言

五千六百四言本
六千五百言解

（鳴沙石室古籍叢殘）

伐刑

春秋穀梁傳閔公第四 閔公名開莊公之子子般庶弟也惠王十六年即位　范寧集解

元年春王正月繼弒君不言即位也

(5)

1 坿記　食
2 君方　月在箕牛食其國叛兵乱　月在南斗而食天子惡
3 之必有煞戮諸侯叛之後宮行淫自露而敗　月在牽牛食牛疫
貴人多死臣憂愛妻不收　月在女而食女主有憂也月在虛而食
同光年甲申歳
朔有崩喪天下改服　月在危食◯有崩喪有大臣女主薨天
6 下改服刀劍之當憂衣寝金玉之人有點　月在室而食為衆遣
之粮食　月在壁而食陰道敗傷不能生有點亡飛大臣大聚
8 文章士有親　月至奎食有大臣憂刑　月在婁食后妃送
14 虧太陰皇后貴誅國大飢月在張而食大臣失勢皇后為憂　月在翼而食中
15 臣見譖言清正者臣　月称食貴臣后不安也月食在中外官占第十八
16 月在建星食者后妃婦姪有當黜者　月入太微中若流從
17 攝經行太微中者主弱臣逮諸侯四歲兵不利行不端心不
18 正有邪欲不受命有奸人在主庭四歲難德月數入太微有
19 晉宋志云晉穆帝昇平五年五月壬寅月犯太微日之
20 月穆帝崩安帝義熙十四年五月庚子又犯太微九月丁巳又犯
太微是年十二月安帝崩　月出東掖門為將受命東南出事德
者出西掖門為將受命西南出刑事　月犯鬼秦邦憂亡臣誅魏
嘉平二年十月犯鬼三年五月王陵楚王彪等誅丸月千秋等鎮
24 錢用　月東屠乱在内擅道魏晉陽犯李武興寧元年正月
丁未月掩昴七月己亥大司馬桓温薨五日安帝義熙五年十二月
甲子犯昴九月壬寅閏九月丁酉又犯之是年宋高祖討鮮卑十
月十日覆主為其子所殺六年鮮卑滅　月行犯昴北方赤白雲縁月
入凶其又得地赤白雲不縁月兵入不得地　月東昴天下清後水満野
29 穀不收月行獨諸侯黜戶臣有事　同光貳季甲申歳

53

二五三八　毛詩　羅影
敦煌紙　書不佳　無欄　紙縦30　横249
栢舟ヨリ
鶉之奔奔迄

1 鄁栢舟故訓傳第三　毛詩國風　鄭氏箋
栢舟言仁而不遇也衛頃公之時仁人不遇小人在側（不遇者君不受己之志也）家ヲヒニカケリ
舟人主濟渡者昂我也箋云舟人之子號召當渡者猶
媒人之會男女之無夫家者使為妃匹也昂從之而渡
而我猶否之也人渉卯否卯須我友人皆渉我友未至我獨待
ヨレニテ断セリ
（鳴沙石室古籍叢残中ニアリ）

（57）
背紙　首表ヨリ書始ム
1 者除三悪道及以人趣餘六是也无色有者除三悪道人及中夭
8 以下大門三明十二支法空故无我門釋論也　言問曰何者是身之首
9 在衆生耶彼之作用其事云何答即是下論生起門也謂諦先説攝
10 十二支以為遍年相生之門唯言十二更無別物若如是者諸趣九有各身
101 知純渡見有海　更有經論与此義同者智者尋之
102 因縁心釋論開決記一巻
又
1 名薄伽梵義云何如来永不繋屬諸煩惱故具自在義名薄伽梵
等七行半アリ

二五三七 略出籯金 羅影

敦煌紙 青格 欄内経26影

略出籯金一部并序 少室山處士李若立撰

〃因撮其樞要兄成百篇分為五卷先録其事後叙交兄

之籯金故録之耳

帝德篇第一

肇章車牛遠眠置用 父母篇第卅

（後空白）

（鳴沙石室古籍叢殘ニアリ）

背ノ記

癸酉年八月十二日李判官兼米判官李举都鄉府

泊庫者郎主

南无千百身同名毗盧遮那佛

南无圓滿報身同名釋迦牟尼佛

南无西方阿彌陀如來正覺佛

南无東方不可思議如來佛

南无南方不可稱善良法財佛

弟子某甲至於今日業障等如來善見

癸酉年八月十一日李判官举下舍下得遍自後長定記

南无上方甘露王佛

南无下方无导智積佛

天地拔身四受不覺亦不知或作五逆四重罪

弟子某无始以來至於今日積惡如恒河沙罪滿

（55）

二五〇五 孝経 并序（鄭氏序か）　1　29.2／95　無欄

尾闕 五刑章迄　敦煌紙　書拙

大段　六行　中ニモ損處アリ

（S.P 三三七二 一三八六ヲ参照）

采統

1 孝經一巻　并序
2 孝経者魯國先師姓孔名丘
3 女久而無子故其於尼丘山而生孔子其叉字像尼
4 名丘字仲尼有聖德應聘諸國莫能　當春秋
5 戊道墮逆乱茲甚墓餘猶生皇靈衰末代之黔黎
6 叙故命孔子使述六藝以待明主有飛鳥遺文書旦
7 秦滅法孔經存孔子既觀此書懸南山躬魯哀公十一
8 歸魯循春秋述易道乃看詩書定禮樂務於洙泗之間
9 至者三千餘人受業身通達者七十二人唯有弟子曾子参不有
10 姓故因閑其中為說孝之大理弟子錄之名孝经夫孝者蓋三才
11 之経緯五行之綱紀若無孝則三才不成五行僭序是以在天則曰至徳
12 在地則曰愍得施之於人則曰孝德故下文云夫孝者天之經地之義人
13 之行三德同體而異名盖孝之殊途經者不易之稱故曰孝經也
14 開宗明義章第一　仲尼居曾子時子曰先生有至德（要道以順）

56 君子甚義不咸　記孝行章第十一
57
58
59 驕則亡為下而乱則刑　刑!!
60 猶為不孝　五刑章
61 非聖人者

背紙アリ　又　貼セルモノアリ（不能讀）

1 丙戌年六月十七日郭殘友請得酒本系兩硯揀升同日
2 郭宅者於油酒伍升付友會廿日酒走斗南沙荊麦額徳羊

十四行アリ

[illegible]

59

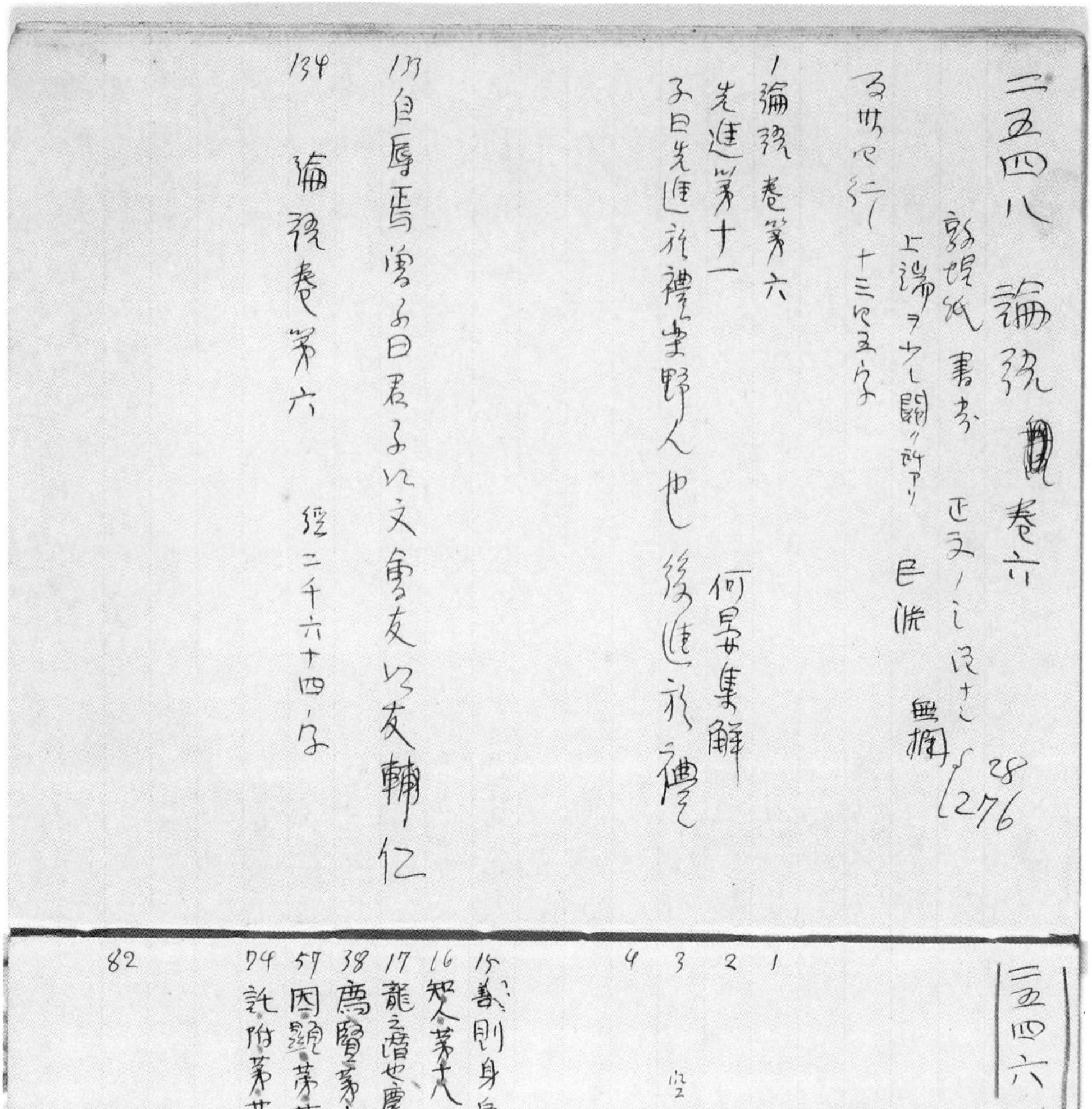

二五四八 論語[illegible]巻六
新楮紙 書本 正文[illegible] 無欄 28 1276
上端ヲ少シ闕ク所アリ
[illegible]行 十三四五字
1 論語巻第六
先進第十一 何晏集解
子曰先進於禮樂野人也 後進於禮
133 自辱焉曾子曰君子以文會友以友輔仁
134 論語巻第六 經二千六十四字
二五四六
劉子新論
白麻 書[illegible] 無欄 28 109 (一)
1
2
3 空行（上[illegible]）
4
[illegible]
[illegible]其貞也之謂
有之好之醜之則方有美惡名之美則悦
15 義則身受其聲名之宜豈不仁哉也
16 知人第十八
17 龍之潛也慶雲未附則与魚鼈爲隣驥之伏也孫陽未賞必与駑駘同櫪士之
38 薦賢第十九
57 因顯第廿 巻第二中
74 託附第廿一
82
披風截波汎[illegible]長蘭非石質輕
[illegible]非其翼工
以下前記

二五五〇 [illegible] 白麻 無欄 {113 29

震冢圖

艮冢圖

甲子冢圖　十二祇法第廿　從巡道……

造冢取土法第廿之　入地深淺法第廿一

造冢明鏡法第廿三

陰陽冢墓入地深淺法五姓同用卌五家書第卅七

此ノ間干連貼セリ

[illegible] 宋紙

315行　巻首ノ一行ハ前項ノ紙ト貼合セテ見エズ裏ヨリ見ユ　廿　無欄 28 345

1 ―――ヨリ見レバ分ル 誰カ鉛筆カペン
八万四千之―義邈遼響――玄関――三

2 無題之宗門空籍並盡丸中或有米蕎虻子般覺九經西域文家遠已吟哦

→143 法者是一乘是是者是　禪師咸亨三年六月初従王其云我去之後四因之處 遺僧無

聲傍衆人觀禪師力比是世間氣力此是仏力神道　禪師行向絳州日絳州城内 及四衆

道俗君老若少万万餘人皆將持香花於黄場迎禪師亦有請方行人並皆觀説 禪師慰恩

問其說唯二女人禪師行并在路左迎禪師禪師不共說亦不慰問二女人説 自説懺悔思持

禪師乞觀喜見禪師說云廿何名於諸方行間作罪過二女人說闍梨寬不當有過 禪師語云

廿作過何因向某說如自三思即有廿一云自辞闍梨去來三年有不敢開口說說日姓 一公

唯自憶八月妻喫也特於他東樹下未平時以前私取他一顆棗喫向闍梨慚愧悲惜 自首

懺悔更一廿過云自辞闍梨去來三年日有不至他家為他乞人抱孩兒一過往闍梨 免罪

露懺悔必慚愧說不能自已往闍梨乞觀喜禪師並廿就如此自究露更莫如此 懺悔

受教行別來三年有微毫罪過逢知何之此道俗二位粗抄少分並在當 根破病

315 第一巻是說畫　コレニテ断也リ

(69)

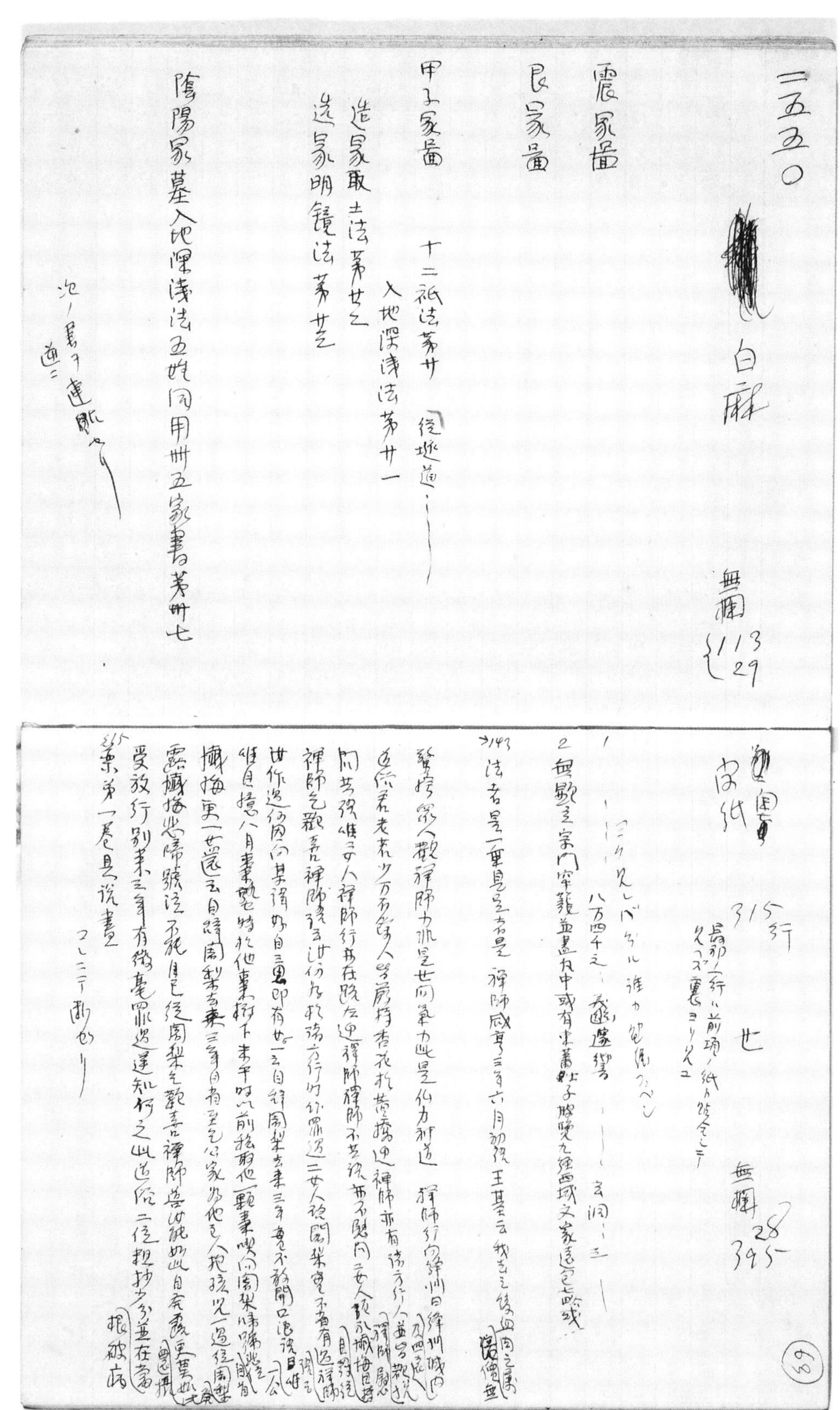

二五五四 文選 巻第十九

六十九行 十九五之字

穀紙 書佳

欄内 20強

132

1 以秋芳来日苦短去

樂蟋蟀在房樂以

日無感憂為子忘我

短歌可詠長夜無荒

樂府一首 五言

6 會吟行 謝靈運

67 情根坐相仍人情賤恩舊

68 豪髪一為瑕丘山不可勝

69 點白信蒼蠅

(69)

短歌行 短歌有詠 有作可

日出東南隅行 前緩聲歌 塘上行 三首十七

会吟行 列筵皆静寂 迴遠

瀰迤攬推楫

層臺指中天 層作曾

飛燕躍廣途 燕作鷰 途作塗

肆呈窈窕容 肆作律

自来彌世代 彌作世

命駕養廢心 廢作癈

范蠡 蠡

章綴 章

密塗 塗

要鐘 要

百年怨 寃

嘯筝 簳

三十載 世

九塗平若水 衢

東武吟

出自薊北門行

結客少年場行

東門行

苦熱行

丹蛇 蚫

書熏體 薫

白頭吟

蔄。露夜沾。衣
財。輕君亦擲
喳。直如朱。絲繩
玷。白信蒼蠅

芮　霑
君
珠
點

二五五三　明君詞
敦煌紙書　無欄　28弱
194
首欠、下巻完具　凡百廿七行
40
上巻之錯畢此入下巻
1
迷　前
背紙アリ

二五六四

敦煌紙書誌 30 1/2

1 晏子賦一首

2 昔者齊晏子使於梁國為使梁王問左右對曰其人形容何

28 少人出語不窮是名晏子

晏子賦一首

30 齖𪘏新婦文一本

夫齖𪘏新婦者本自天生齣

67 用支蓬蒿豈得久留花飄颻風万里隨風走

呪日唱帝唱帝

齖𪘏壹首

（不完 2633ヲ見ヨ）

69 太公家教壹卷

余乃生逢乱代長值危時

卷尾上端 有於アリ

191 190

遐本不情於君子意欲教於童兒

太公家教壹卷

背紙 少児書 重複多し 手習ノ本

1 庚多百千 諸佛彼佛世尊共諸書 菩知

得无障智三昧得大菩提心莊嚴三持

中途ヨリ裏リ居シリ 百行章?

63 之不可木困回月石何以是以於乃之○有威 行章第六十二

70 非知無以成直不知其若相成者要之言之也 知行 章

71 第七十三故知可若不世知也四海之不丘門知孝者之要也左

78 言不可不之知遊四之不可以是問五孝當射行章第七十四 八十

81 又人當宮之若下上不云洪行章第七十二ノ天之人不可好同

86 有如海五六九行第七十九寺東西不及人馬斯而勢之王

89 子其逆耳之言知行章第七十八可以世不有之端而不成

69

98 之◯亡身之道君河口遇家人也莫之竟赳行章第七十四巳身

99 、、、　、、、唯知職行章第

100 七十五當心倦——

102 葉行章第七十六、、|

105 捨行章第六十一、、、

劍行章第六十七

118 主人五六在行第五十四

119 才行章第五十三

133 滄行章第五十六

136 捨行章第六十五

143 煞行章

數行章第六十九

151 感行章第五十九

155 迴前作後雖無雞鬭然相而惠然有而速行章第七十八玄
進仰祈合孝經皇帝感動玉首上說明王行孝道下論
昭佫事先宋儒教之中是第一孝感天地鬼神乾坤雨秋順
陰陽是辰日月耀三光下姓之中中有一主臣忠恋孝在丈王
159 九經注汗論全古書隱文字孔子曾說五孝義出開宗
第一章孝經宗祖仲尼居孔子說及諸侯都然有
三千達者唯有七十受親行孝好須地親其己有須
固而得爻加於百姓形為四海盡皆通夫下無怨國中安
169 大庚一國出長安孝經中有十八章達者宗去
孝經中有十八章篇之提出五三◯其乙卯來留多万代
其五限本同死大庚回出長安皇帝廟廟甚其實東西
178 正見已之廿一半為夫子白弄已以自經其別之卷十六?千之
人ノ顔ニツ畫ケリ
乙酉年五月八日立契——
三行ノ扠アリ

二五五一 道書（太上洞玄靈寶業報因縁經第三巻か）

董麻 書作

七十五行 行十六七八字

欄内20強

137

1 2 3 4

20 犯諸衆目或行者酷不念慈悲煞害衆生喚

（別遺書ノ 法託以大 戒符録法文 于不擇賢良授度 朱筆書ノアリ）

27 或煞黿鼉魚鼈螺螄蝦蟆鼇蟹螃蜞水虫之

58 為滅除

59 太上曰若善男子善女子從无量劫来過

75 天尊寶車上物或盗天尊寶綱上物或盗天

ココニテ断絶セリ

（道藏 第百七四冊）

背記 朱筆

一面ニ廃紙ノ紙ヲ貼シ読ミ難シ

二三ノ所ヲ写ス

後ニ墨ヲ入レタル字アリ 稍下ノ字ハ墨ナルモ 同ジ

（73）

倡臻純陁之供齊至極 擬共書芳馨人及非人咸

龍晨饌爰自秦建元之日迄大周聖暦之辰樂傳

法良発其宗建甲東陽弘其迹推甲子四百他歳計窟室

一千餘龕今現置僧徒即為山宗教寺也君諱義字克讓

燉煌人也高陽瑣之裔太尉顔之弟李廣以猿臂標竒

赤字ノ上ニ書ケリ 山咒ノ字ナリ

開元十八年十八日到……云

縁大周唐運普滑倉靈金輪聖玉册進禎長離入圖

軼抽庫迸四歳偓化宅澤揃職爰有名窟寔為妙境鷹

浮空蜂臺架迴珠珠箔◯綴璿題月鑿自奉創興于周載

西連九隴東接三危以垣綺錯物產瑰奇花開德水鳥哢

禪枝十方會合四輩交馳 剛萬跋鳳鑣檻盤龍鍚拂

腰映梁而数錦既似龍宮之表還同鹿苑之遊粤以聖暦元

年五月十四日術尊功畢設供塔前陳桂饌以薫空奠蘭肴而

中五行

二五七四 周公孔子占法

敦煌紙 書拙 殘15 48

周公孔子占法

正月 二月 三月 四月 五月 六月 七月 八月 九月 十月 十一月 十二月

寅時 三 一 二 三 一 二 三 一 二 三 一 二

丑時 二 三 一 二 三 一 二 三 一 二 三 一

凡時下得一占家口憂患不死 占遠

中 十三行

占家中平安 占家中病者 初差

重至大限不死 (不完了)

背記

四天王発願文頭真言

後十九行

二五八四 老子 有序

黄麻 書佳 中寛つゝ

欄内 20 1/2弱

377

26

行十七八字

有序 鄭玄達曰

次有大極隠訣

道経上

亦将不欲无欲以靜天地自正

老子道経上

道士索洞玄経

1. 文宣道徳之源大

自然経也余先師有言

攄高上遷唱諸天攄樂則於

真則衆妙感會内観形影則

道徳則万神震伏禍滅九（陰福

寧家熟能知乎无窮之文思之

榮撓之不濁澄之不清自然也應道而見傳之不

者无窮常者也故知常日明「大道何為哉弘

之由人斯文尊妙可不撫精乎粗述一藏 推

有道者寶之焉

洽

コノ所2596ニヨリテ補フ

以下2596ニヨリテ入換ス

20

河上公（者2596）莫知其姓名也漢孝文皇帝時結草

為菴于河之濱（實2596）常讀老子道徳経文帝好老

子之言詔命諸王公大臣州牧二千石朝直衆

官皆令誦之有所不解數句時天下莫能通

者聞侍郎説河上公誦老子乃遣詔使齎所

不了義問之公曰道尊徳貴非可遥問也

文帝即駕従詣之帝曰普天之下莫非王土

率土之濱莫非王臣域中有四大王居其一

也子雖有道（徳2596）猶朕民也不能自屈何乃高乎

朕足使人富貴貧賤須臾（河上公即捬掌坐

（二三七〇ヲ見ヨ、讀クナリ）

二五九六 老子序、

黄庭 書 佳 初唐 欄内 19½ 26 權 31 （十五）

十八行 〜 十六七八字

人之不榮撓之不濁澄之不清自然也應道而

18 焉能令全富貴貧賤乎帝乃悟知是神人

P. 2435

本卜華教首礼謝因勝以 免し

二五八四（接せり）

二三七〇 ヲ参セヨ

二〇三五 に連接す

（或は二四〇七 に上接するか）

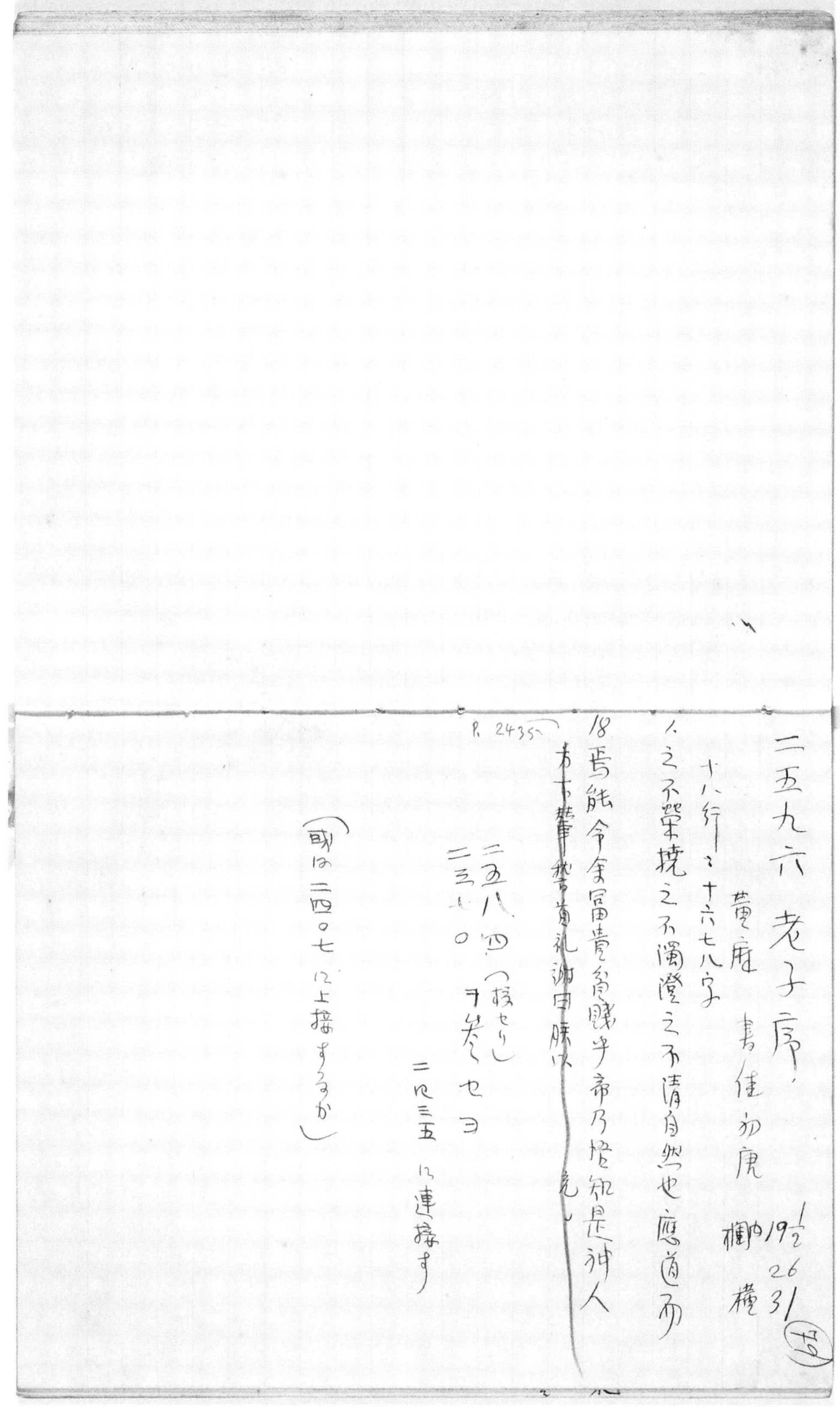

二五九七　論語集解

敦煌代　書不甚悪　後半甚悪

自吾〻黨直躬者章至憲問（蘧伯玉章）

巳　無欄　27 1/2　177 1/2

八十一行

1　（小利妨大則大事不成）葉公語孔子曰吾〻（因？）下躬

2　者（孔曰直躬直身而行也）其父攘羊而子證之（周曰有因而盗曰攘）孔子曰吾黨之直

81　之能之　蘧伯玉使人於孔子〻與之坐而問焉（孔曰伯玉衛大夫蘧瑗也）曰夫子何為

二五九八　文詞九経鈔

敦煌代書抄

欄アレ共上下ニ出テヽ書ケリ　26 1/2　319　⑧

首闕

1　有邦無在家無怨老子曰以己身之人身以己家知人家聖人無常必以百姓為心

（君子）

新集文詞九経鈔一巻　陰賢君書記本

孔子造以後術中　學如牛毛成如麟角

十五年同供學書（下ハ塗抹ニテ不明）

孟春右寒伏惟　右書尊體

皆衣多ニ帆ニ

中和參年四月十七日未時書了　陰賢君書

二五九九 老子

黄麻 盛唐書

全縦 25 紙
欄内 20 弱
1 136

七十五行 行十七八字

章末有字數

六十四章 百廿五字
六十五 六十五字
六十六 七十六
六十七 九十七
六十八 卅一
六十九 五十五
七十 卅七
七十一 廿二
七十二 卅四
七十三 五十七
七十四 五十四
七十五 五十三
七十六 五十四
七十七 七十四
七十八 卌 六十四

七十九 卅字
八十 七十三字
八十一章 五十七字

1 八民之從事
2 敗事是以聖人欲不欲不貴難
3 學不學備衆人之所過以輔萬物之
4 不敢為 百廿五字
5 善為道者非以明民將以娛之民之難
14 天下皆以我大不嗟夫唯大故不嗟若曦久
70 有既以與人己愈多天之道利而不害聖人
71 之道為而不爭 五十七字
72 道經卅七章二千一百八十四字
73 德經卌四章二千八百一十五字
74 五千文上下二篇合八十一章四千九百九十九字
75 太極左仙公序係師定河上真人章句

(空白)

(83)

二六〇二 无上祕要卷第廿九 完見之

上等穀紙

十七字 (此)五字 三句 又四字 三句

25 1/2
欄内 20
477

1 无上祕要卷第廿九

2 三十二天讚頌品

3 洞玄空洞靈章經

4 太上道君清齋持識於西那玉國鬱(?)察山浮

5 羅之岳敷黄金應地白玉緣階七寶瓔珞光

17 太黄皇曾天頌

24 太明玉皃天頌

320 无上常融天頌

卅三天の頌ヲアリ

321 常馭濯靈炁 琉天承其真 集採日月華

22 奔景步綺儔 上嘐元上道 長景濟甚羊

23 不樂騰天飛 明度經北玄 蕩蕩龍灌姤

24 无有憑對民 但患仙者先 要為遊方圓

25 動風東逮歸 亦不為苦辛 徑古履東會

326 今得同天賓 齊景西那都 肆歡差因緣

327 常融无地官 皆是聖皃臣 生死三色上

328 斷業豈可陳

237 龍變梵度天頌

246 太極賈弈天頌

256 太上命長魔

257 无上祕要卷第廿九

開元六年二月八日沙州燉煌縣神泉觀道士馬
處幽并姪道士馬抱一奉為七代先亡所生父
母及法界蒼生敬寫此經供養

空白

穀紙一枚横 分 1/4

(87)

皆　密部儀軌　書不佳

「觀世音菩薩秘印一巻

△謹請東方刀利天王急来為作擁護　南西北方上中准前已上本三請

謹請東

觀世音菩薩如意輪陀羅尼　并別行法印　◎馬鳴菩薩譯

マノ後　印図アリ

千手千眼総攝身印第一　（印図皆無）

千眼菩薩神変自在印第廿四

阿利摩里伽神印様

蓮解觀世音菩薩 → 第十七　如意輪觀世音菩薩

（皆有図）

大仏頂印

摩訶地那壇

……

金剛烏壇　（皆図なし）

金剛烏壇雨不可遣深灌内陰意皆成

觀世音阿夜騎喇印　身流界印仏

一切仏印　一切天神波女印

一切仏印

七但任仏母心印　觀音印外

（余白ここニテ終レルニ非ルべし）

(87)

二五九四 老子 有注（河上公注と判ず）

黄麻 中鹿 下 （李栄注） 26 / 21 弱 / 96.

四十六行 昔之得一者章 （三十九章ヨリ 四十二章迄） 欄内

（S 2060 二五七、元六九二ニ接ス）

1 得一以虚谷得一以盈万物得一以生侯

2 王得一以為天下正 一元氣也未分無二故言一也天地雖大所稟者元一萬物雖品

45 強梁者不得其死吾将以為学父 不從君父之命

46 不順聖人之教貪榮而守勝尊己以陵人強梁也遂耕犯

47 不盡天年中道而夭不得其死也物皆合道聖人元

コレテ断セリ

（以下道蔵二八六九[illegible]に接す）

琭々如玉 珞珞如石 三ア 一章終リ

反者道之動ヨリ 夫唯道善貸且成 三テ 一章終

道生一 ハ別行 三ア [illegible]

黄麻 [illegible]

（参 道徳真経玄徳纂疏 巻十一 十二 道蔵 可上 第四百十冊）

皆代

孔子備問書一巻

周公注 昔桓山有鳥生四子羽翼已成飛四海臨朋悲鳴是其此鳥莫分離如法也

莫々

孔子周公曰

何謂天地巻日

天為地蓋者何

四行ト 五行目 一行

次ハ 次ノページニ写ス

89

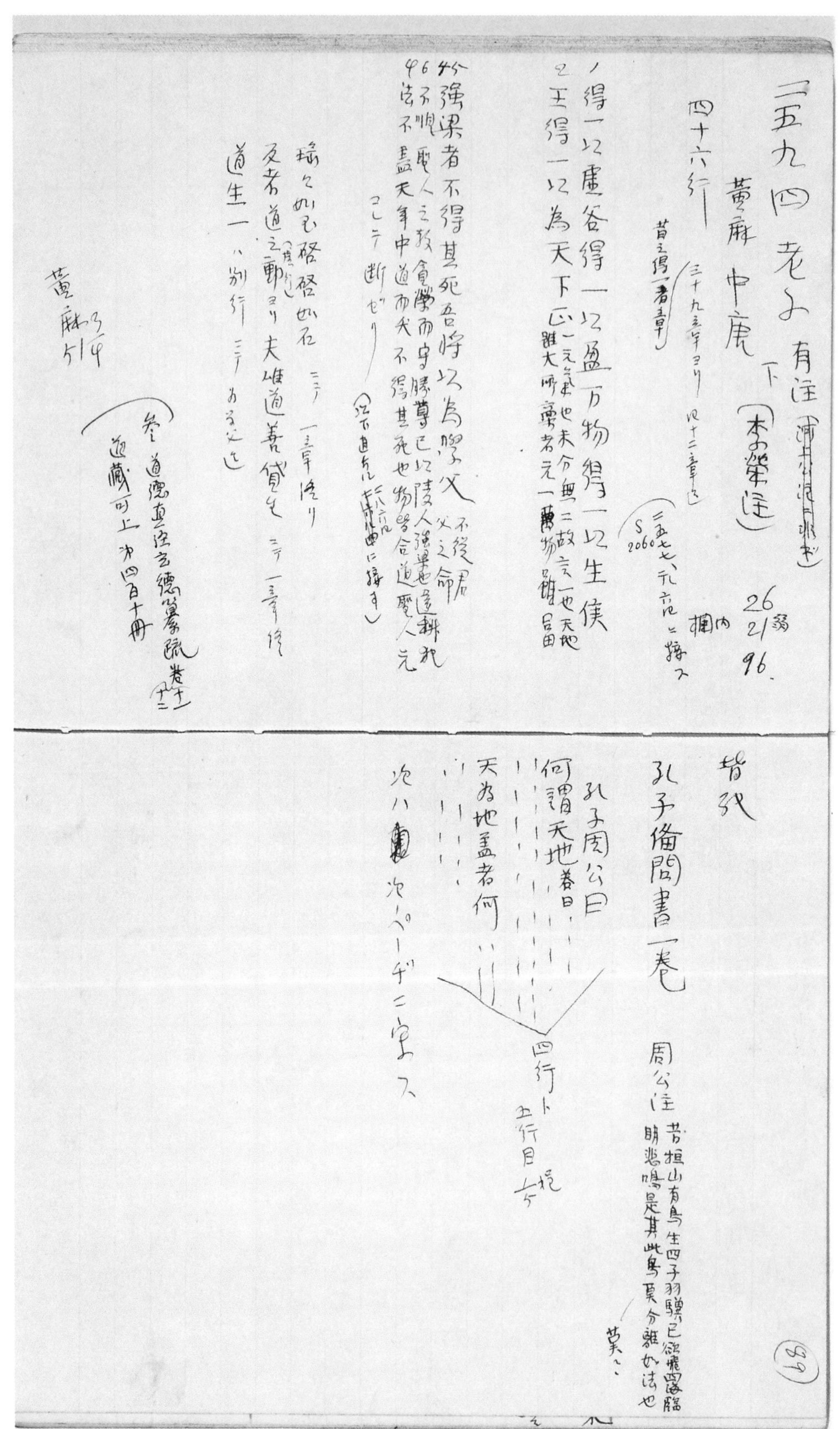

1 伏以
金山天子殿下上稟虛符特受玄黄之册下．
副人望而　南面為君継五凉之中興擁八
州之勝地十二冕旒漸覩龍飛之　化出
警入蹕將城　萬乘之尊八俻箭韶
以像堯階之傑承白雀之瑞膺周
文之德老臣不才輙課白雀謌一首每句
之中皆以霜雪潔白為詞臨紙恇汗伏
增戰悚　三楚漁人臣張永進上
白雀飛来過白亭鼓翅翻身入帝城
深向後宮呈寶瑞玉樓高處送加嘉
聲白衣白鞾白紗巾白馬銀鞍珮白
纓自古不聞書不載一歛能却百万兵
王母本住在崑崙為貢白環来入秦漢武
逢指東方朔朕感白霞天上人紫亭南嶺白
狼遊為効禎祥届此州昔日周王呈九尾争
似如今耀廿牛白旗白綫白旄頭白玉雕
18 鞍白瑞鳩築壇待拜天郊後自有金星

19 助冕旒白巖聖迹俯　王都玉女壺盧定五
湖白鹰山巔雲繚繞人歌　聖德滿長衢金
鞍山上白犛牛擺撼霜毛始畢頸莬泉百
迊騰空去保　王社稷定　嶶獻白山隄下白
隥津一道長河挾岸春白雪梨花連万乃千
王向東樓擁白雲東苑西園池白萍白渠流
水好陽春六宮盡是名家子白羅婥約玉顏
新平河北澤白龍宮賀拔為王此處逢昨来
再起興雲雨為賛　君王瑞一同嵯峩万
大賛金山白雪凝霜古　聖壇金鞍長掛
泚南樹神通日夜助　王歡出山西南獨
秀高白霞為蓋繞周遭山腹有泉渠
万丈白龍　時復震波濤白樓素殿白
銀鉤砌玉　龍墀對五使雉尾扇移香案
出似月如霜複殿幽白牙歸子白鐐鑪倚障
34 虬蟠衔白珠青衣童子携白綾寛官執持
ここに一紙断せり

(91)

二五七七 老子注（非河上公注）下德經注（李榮注）

S 2060 及び 二八六九 二五九四 ト同本ナリ／同じ本ノ断簡ナリ

七十一行 一行十九字 注双行 二千四五六字

六十七章末注ヨリ 七十六章（尾闕）

26
捕 21
156

1 復傾危遂之困也以慈為心言天所以加護故曰救之至道於焉
守故曰衛之内明是非交戰為陣解能破或勝身不失道
2 將救守与道同久自固自然無害天 古之善為士者
救也外物不傷道之務也

90 死之徒柔弱者生之徒 統上有識無情生死二俚各有徒類 是以兵強
71 則不勝木強則共 不以德而固乃持兵為強果於天下好煞物之所悪衆寘為衆扶弱反其攻

（參ㇾ 道德真經玄德纂疏 巻十七より 巻十九 道藏 作五十二冊 作五十三冊）

黄麻紙 52 1/4 強 分2

二六一八 論語集解第一巻

首闕

郭垻紙 書考

無補 28
155 1/2

1 乎 不知君子不慍也 有子曰 有若也 其為人也孝悌而好犯
2 鮮矣 鮮少也上謂凡在己上者言孝悌之人必恭順好欲犯其上者少也 不好犯上而好作亂者未
3 之有也君子務本 本基也基立而後可大成也 而道生 孝悌也者其
4 為人之本與 先能事父兄然後仁道可大成 子曰巧言令色鮮矣仁 包曰巧言好其色 徐令色善其顏

34 為政篇第二 子曰為政以德譬如北辰居其所而衆

73 非其祖考而祭之 是諂求福也 見義不為無勇也 孔曰義所宜為而不能為是無勇也
74 論語巻第一 乾符三年學生張喜進 念

沙州霊圖寺上座隨軍弟子索庭珎寫記

沙州燉煌縣歸義軍學士張喜進

攺却

但願 ㇼ子

皆記

書狀の例 手書ナリ 皆 瓜州ノ字アリタリ

(93)

二六一六　易

穀硯紙　書体不佳　甚薄くして剥落し難し又中途にて補破せる所あり　幽

需ノ終ヨリ　百十六行

履ノ終迄

1 日酒食貞吉以中正也　上

2 之客三人来敬之終吉

無欄　29　28　紙 27　308

115 危也　象曰夬履貞厲位正當也上九視履考祥其旋元吉 之祥 禍福

116 也乎所履 處履之極 履道成矣 故可視履而考祥 居極應説 高而不危 是其旋也 履道大成 故元吉也 象曰元吉在上大有慶也

ここニテ終リ空白アリ

背記

書様

27—29糎

187

(95)

1 刪定儀諸家略集并序例第一

書疏之興其来自久上皇之世隣國相聞人至死生不相往来

往則無書於斯矣降及三王吏道廣賤記事興

莫不以書代詞見意焉　盡意蓋書云濫觴也春秋之

時子産叔向已往有復箋至李斯樂毅少卿子長殆不可勝記並

直陳其旨至於稱謂輕重闕而不聞既且齊梁通賢闕之撰統然

而古今遷變文質不同南北士庶其流亦異致令晩至後學無所

取則聊思暇日莫然述諸儀務在簡要以來悟士大夫之風範盡在是矣

将以傳諸子弟非敢出於戸庭　古儀皆單複兩體今通婚及婚皆重

喪弔益量留複體自餘悉用單書　古儀每一書皆道末具陳今

悉不録直書其要耳如小重書云眷属但眷字之意自高何接施於小童

有所不通齊太尉王仲寶獨儀准的嘗讓吏表於太祖曰若不以此理之

賜期豈仰望於殊眷又仲寶位居揆彦緒麾下略其王敬謂柳日

将軍雖存殊眷其如王典何又恒閑齊之雅士辭婚於太祖齊大非偶

也不敢承殊眷以此而推眷字殊不可施於小况筆書曰皇天眷命亡

彰失所　舊儀謂父為大人謂母稱上下大人誠所易了毋稱上

17 下未識所由比訪通人亦未能曉當誠思之古人謂父母皆為大人前漢

18張憚後漢崔駰咸有此語又加上下者別父為上母為下耳故通矣
夫上上下後人不達其本至於父無亦為上下殊失本意今然刊正
舊儀云從父兄弟弟書亦稱名此謂昆弟本多每房自論次第如不
加名無以別今至於通計長幼次第者宜山豈煩加名以自疎外今亦不
取其堂舅祖亦准此鮑泉云兄弟之妻為娣姒班固郊祀志云兄弟之妻
為先後又呼妯娌喪服傳云娣長也春秋傳曰聲伯之母不娉穆姜
曰吾不以妾為姒此則宣公夫人呼娣姒昭之妻為姒此則傳云與喪
服同以娣為長娣為少也舊儀父在不得云公當為侯皆是人子爲辭
從尊卑前人之意近代皆云公無復侯者（行之既久今之不取） 舊儀與傳尼道
士書題云稽首及和南以代皆云公無復侯諮白再拜俗書題既不再
拜傳書豈得和南今皆依白書等隨輕重而言 凡父之黨無
稱尊兄之黨稱長今流俗皆謂父為尊長失之遠矣至有不
識名教者見事父母即云家裏家門堂上創臣已深亡歿之後
即云內親尊長未可依也 有下庸流弔孝皆拜喪主聞喪哉
哀亦向而拜此雖不近士流或恐脫陶染 諸云不備不悉等
語義旨皆同但精為常須之輕重不可輙意解釋即為足牘
今亦別立條例 通例第二 凡復書日月在前單書在後
凡父在為叩頭無父為頓首此皆擽担弔答所稱耳若無父者論
36感惕亦可言頓首表疏下拍此 凡書陳時應言感思者父母

68輕重為綱紀吉凶之要無踰此矣自此之外殆関於靈不假煩
69述四海弔答第三 凡五服哀辭唯有三等重中輕重者父
130不意凶故汝姉殞逝悲痛纏懷不能
131襄芳奈何即冀見汝悲念何言遣使

3行前後ノ上ニ西藏本アリ [illegible]

(97)

二六二二 吉凶書儀 云闕
敦煌紙書抄 無欄 30 399

1
經材等頻發訖號殞傷住斬縗
食 小切總麻再時不食 子總日兄

58 59 60
示經
遠崩伏惟感慕博壞酬答經 遠 留不任永感同極
四海弔答書儀
弔人父母喪疏 無父有稱?替有父無稱 叩頭父母俱亡云叩頭首仍比

77
弔人父母經時節疏 大中祥 亦同
李文義

82
膝?殞絶攀收巾奉還疏荒迷不次 云々
此是李文義書記

145
弔儀 凡人有子先須教弔孝之禮竊見凡備之流弔人未識之前皆

151
不孟凶禍 尊大人大母倶背 伏惟 攀慕號絶 苦踊造深重不自

152
死滅上遠 所侍母亦指 不勝號絶

180
弔尊者儀 百歳已下八十已上背痛云 八十已下六十已上背云伐 六十已下卅已上

185
諸色祭文 父母初終祭文

227
吉凶書儀上下兩卷 大中十三年四月四日午時寫了
ヨノ後ニ六行アリ 紀ヲ記ス 詩ノ如シ

(99)

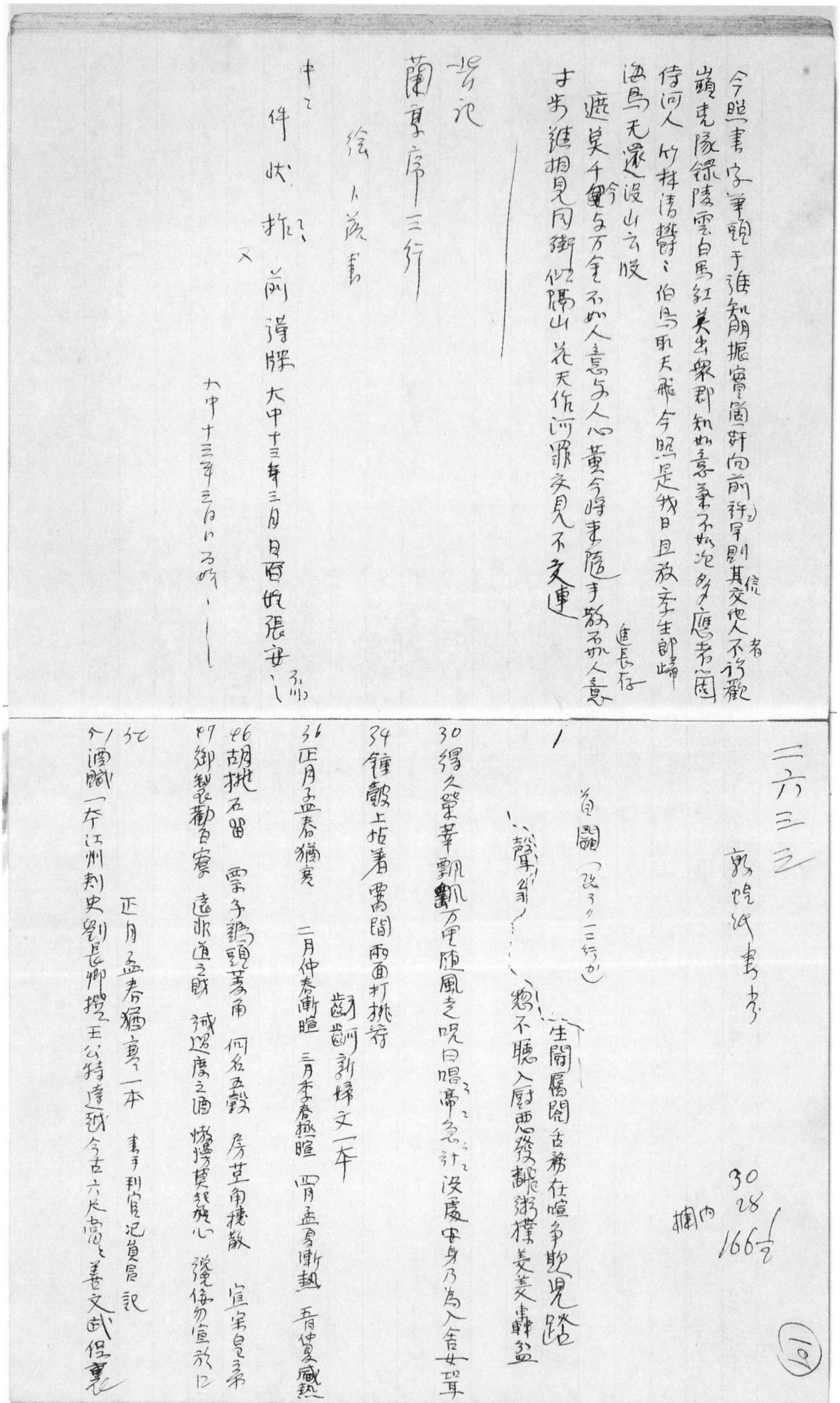

今照書字筆頭于誰知朋振寶箇舒向前許早則其交他人不信觀 者
嶺走緣陵雲白馬紅莫出衆郡知如意氣不如池多應者窗
侍何人 竹林清欝々伯鳥取天飛今照是我日且放李生郎歸
海馬无還沒山云帳
遮莫千今萬金不如人意与人心黃今時東隨手散不如人意 進長存
寸步雖相見同衢似隔山 花天作河羅交見不交連

一些記
蘭亭序一三行
絵人落書
中之
件状 拆之 前 澤牒 大中十三年三月日百姓張安之 示
又 大中十三年三月日百姓……

二六三三
敦煌紙書考
30
28
166 1/2
欄内

1
首闕（34之ノ一三行カ）
聲彩 生關屬閒舌務在喧争敗見路
愁不聽入厨惡發都彌撲姜姜事轉盈
30 得久榮華飄飄万里隨風走呪日唱々高々急々計々 沒處安身乃為入舍女耳
34 鐘鼓上拈著盈階兩面打挑符 齗齗新婦文一本
36 正月孟春猶寒 二月仲春漸暄 三月季春極暄 四月孟夏漸熱 五月仲夏盛熱
46 胡批石留 栗子鷄頭蓍角 何名五穀 房芷角穰散 宜宗息兄
47 御製勸百寮 遠非道之賊 減過度之酒 慘惕莫起殺心 強傍勿宣放 已
50 正月孟春猶寒一本 書手判官汜員昌 記
51 酒賦一本 江州刺史劉長卿撰 王公特達越今古 六尺高々善文武侶裏

73 清日長莫緣紅分老春地　　酒脚壹本

74 崔氏夫人要女文一本　香連寶馬競爭輝　少女堂前哭正悲吾

85 家住望家　又詩一首拜別高堂日欲斜　紅巾拭淚貴新花　徒來生處

86 却為客　今日隨夫始是家　上都李家印　崔氏夫人壹本

87 楊蒲山詠孝經壹拾捌章　開宗明義章第一　欲得成人子　先須孝行

義章宮殿重　莫著賤膚輕　和睦為宗祖　溫柔是弟兄　立身於此道

於後乃楊名　天子章第二　恥々安豪梁　偏念本二親　一心恩愛敬

不許謗於人　百姓蒙恩教　形于四海賓　天子應心乃感　賴及萬方均

諸侯章第三　在上君臣令　諸侯畫不驕　滿而專怡溢　富貴自然超

國泰何所辯　人安更勝克　競々使社稷　如履薄氷銷　卿大夫章第四

相國三台輔宦連九等卿大夫依法服　非道不會行　滿無人惡言　規有典

聊事君仍逃懈　夙夜在私差　士人章第五　事父兼之母　治兄君愛同早

晨長侍省　夜寐念祖　供竭力於家　孝使心向國　忠如斯行孝道

寧是好門風　庶人章第六　若用天之道　何慙地不隨　強身凡而順　對儀感

神祇分別供甘脆　寡溫又割衣　孝無終始事　承報衆人知　三才章第七

混沌初分了　經茲曆家開天經道地義　万物屬三才行孝人為本　檢自

95 之存禮樂風　果就門來　孝治章第八　昔者明王化無為海男深八方　澤順

100 美万國書歡欽愛敬雖然富貴和平　善友宗高傳行孝治上下自心同　聖治章

第九　聖得高難問　明王以配天　周公安社稷　孝義乃為先　宇宙人為貴　君

親嚴肖焉　從來聊有道　不及大中年　紀孝行章第十　父母專承事　方之莫

遠遊　安居存致敬　疾病則懷憂　五者須圓備　三牲不要終　若學其孝承動

伐是風流　五刑章第十一　五逆根宗重　三千罪不輕　無親極大亂　非法更

105 加刑　皆父輕慈母　怜妻侵弟兄　卿川存此輩　終是惡人形　廣要道章第十二

辛巳年五月五日　汜真昌就寫上

昔之孔　字書多々　書書

壬午年正月九日淨土寺南院學仕郎

癸未年

辛巳年二月十三立契慈惠鄉百姓康不子為緣家内欠少

正月

辛巳年十二月壹日勅

(108)

二六三九 老子 河上公注

德経 首尾並闕 白麻紙 唐末書

自三十八章(首闕)至七十七章(尾闕)

二百五十九行〃

29分

461

1 可攄是以无德 及其身故 見:

2 為下德為之 言為教令政事 而有以為

3 言上仁為之者為仁恩 而无以為 言功成事立无以執為 上

4 已煞人以成威 賦下以自奉 上禮為之 謂上禮之君 之者言為乡

149 者乃長生久視之道也

老子德経下

150 治大國若烹小鮮 鮮魚也烹小魚不去腸不去鱗不敢撓恐其糜也治國煩則下乱治身煩則精散去 以道莅天

258 有餘而補不足 天道損有餘而益謙 天道常以中和為上 人之道則不然 人道則与天道反 損

259 負以 孰能以有餘奉天下唯

昔祀 佛経疏釋

1 古 度

2 ?如: 経如是 ? 聞 至 及諸菩薩摩訶薩俱是也

3 三? 言發起序者謂聴法故應時而向不失所宜故發

4 序 経今時具壽舎利子 作是說已 三言所知事者

16 是故 解深密経云何應以二諦而歎諸法此是所知之

25 大門第二 言経之所詮者与說経之要義同 申

26 不重釋 大門第三言釋句義者釋其句義有元 ?

33 此四門從遍此律故不配文経首至中以義通 旁

34 第一總攝門文分七段今當第一明其序分教

230 者是 宗緣而能生故 言真如性者無發此 故 言無變果異性者捨彼曲故

(105)

聖語前

三十八
下德為之注
上仁為之注
上礼為之注
而莫之應注
則攘臂而仍之注
失仁而後義注
失義而後禮
而亂之首也
而愚之始也注
不居其薄
故去彼取此

三十九
章名章數
昔之得一者
地得一以寧注
萬物得一以生
同注
王侯得一以為天下貞
右注

末尾助詞又書不較不校
敦煌本末尾助詞多刪去
二六三九
言為教令政事
（上半闕）言上仁為之者為仁恩
謂上禮之君（下半闕）之者言為
（首闕）盛衰餝偽煩多動則離道不可應
忿爭作急爭
[illegible]作 言仁衰而義明
言義衰則施化聘行也帛
無也字
唱作倡
居作處
厚安貝作淳厚
並無下節同
一無為道之子也作一元氣為道之子
象作像 地上無之字
萬作方
無以字
王侯倒 下貞作正
王侯倒 平正倒

其致之注
地無以寧將恐發注
谷無以盈將恐竭
萬物無以生將恐滅
王侯無以貴〻〻
故貴必以賤為本注
高必以下為基注
是以王侯自稱孤寡〻〻
此非以賤為本耶
右注
非乎
注
故致數車無車注
不欲琭琭
注

四十
反者道之動注
弱者道之用注
有生於无注

四十一
若存若亡

誠作成
泄作洩
言當聞有谷字
無之字
王侯倒 注亦同 恐作欲
言必欲下有以字 稼作耕
高下有貴字 猶作由 墟作墉
王侯倒 稱作曰
非作其無耶字
無之字 王侯倒 貴上有至字
非作悲
差作嗟
無之字 貴字作尊字
琭作碌 注亦同
如石上有不欲二字
道下有之字 動字重複
久長倒
葉作華
惑作或

（107）

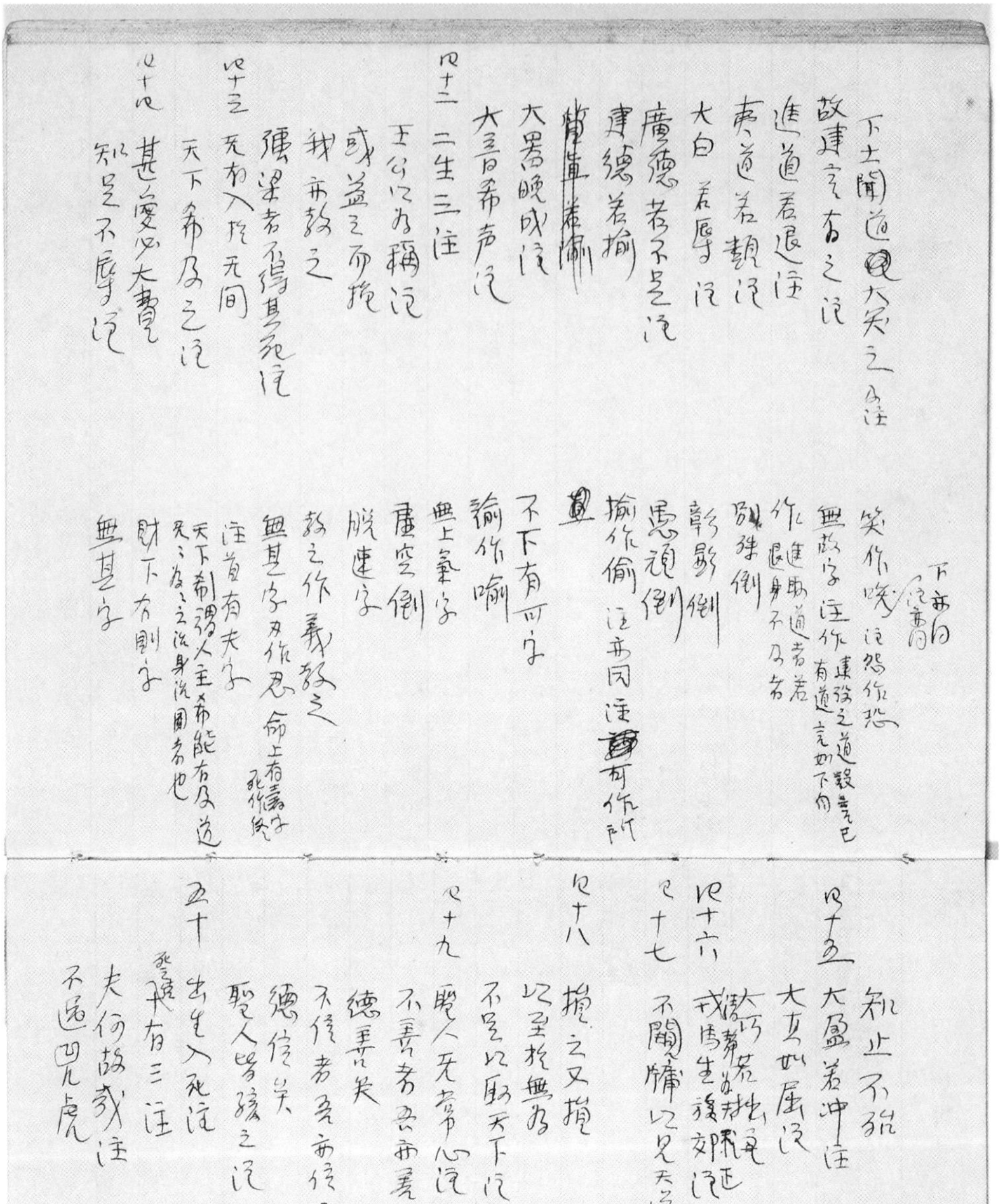

下士聞道大笑之注
故建言有之注
進道若退注
夷道若纇注
大白若辱注
廣德若不足注
建德若偸
質眞若渝
大器晩成注
大音希声注
四十二 二生三注
王公以為稱注
或益之而損
我亦教之
强梁者不得其死注
四十三 无有入於无間
天下希及之注
四十四 甚愛必大費
知足不辱注

下亦同 注亦同
笑作咲 注怨作恐
無故字 注作建設之道設言已有道言如下句
作進取道者若退身不及者
類殊側
彰影側
愚頑側
揄作偸 注亦同 注有作所
眞
不下有可字
渝作喩
無上氣字
虛空側
脫連字
教之作義教之
無其字 死作忍 命上有壽字 死作終
注首有夫字
天下希謂人主希能有及道
无〻為〻之治身治國者也
財下有則字
無甚字

知止不殆
四十五 大盈若沖注
大直如屈注
大巧若拙注
清靜為天下正
四十六 戎馬生於郊注
四十七 不闚牖以見天道
四十八 損之又損
以至於無為
不足以取天下注
四十九 聖人无常心注
不善者吾亦善之注
德善矣
不信者吾亦信之注
德信矣
聖人皆孩之注
五十 出生入死注
死之徒 十有三注
夫何故哉注
不遇兕虎

知作則 知
貴富損虜
無度字
亦作宗 止上有以字
耶作郊
清淨作清靜
皆出於已作皆由於已
下損下有之字
當恬作當泊怕 嬰作孾
嘸及字
貴作動
之作而
無矣字
無之字
無矣字
孾孩作蠕虫 矣長側
哉或作哉或
臭作香臭
閒下有之字
兕作兕 注于作扞

(109)

五十 夫何故哉 無哉字
以其无死地注 無明字無〔焚復之之〕之字 害下無人之字
五十一 德畜之注 主作生
莫不尊道而貴德注 而作不
而常自然注 万物下有而字
養之覆之注 養長倒 全旅作全其
五十二 天下有始注 者作有
既知其母復知其子 上知作得 復作以
右注 無已字
閉其門注 呆不安言也作使不安言說 居非
見小曰明注 昭作晧
復歸其明注 泄作洩
是謂習常注 無修字
五十三 維施是畏注 欲後忠作欲常忠信
大道甚夷注 作夷平易
而民好徑 徑作俓 注亦同
朝甚除注 首有高字
財貨有餘注 者作嗜
是謂盜夸注 猶作由

非道也哉 作盜夸非道 無注
五十四 子孫以祭祀不輟注 注首有輟絶也三字 譏世字 先祖下 有宗廟二字
其德乃豐注 無則字 生作去 自豐作不豐
故以身觀身注 存亡換處
以此注 無吾字
五十五 比於赤子注 若上有比字
攫鳥不搏注 有毒之蟲作有毒之人
終日號而不嗄和之至也 嗄作嚘 至作志
右注 啼號下無而字
知常曰明注 行則二字作明字
心使氣曰強注 強剛倒
五十六 閉其門注 閉塞倒
解其紛 紛作忿 注竟盡
和其光注 曜作耀 無尾人字
同其塵注 別殊倒
不可得而親 上有故字
亦不可得而疏 疏作疎
不可得而貴注 而不下有可字
亦不可得而賤注 不可乘權故驕 不以失志故屈

（二）

五十七 故為天下貴注 四 為上有得字
以正之國 作以政治國
右注 之至也作以至也 使至使倒
国家滋昏注 上下不親 作上下不相親
奇物滋起注 多技巧 多下有知字
盗賊多有注 法物好物也 無兩物字
而民自正注 我好清静 無清字
而民自朴注 微服飾作徹餝服
十し 我无情而民自清 聖人言我脩道守真絶
去六情而民自随我[illegible]也 清
五十八 其民缺缺注 民作人 故下有民字
善復為妖注 正作上
人之迷其日固久注 固久作久長
廉而不害注 止已下作正已以害人
五十九 河上公章句第四 作 老子徳経下
六十 其神不傷人注 自然之人人作民
聖人亦不傷人 亦作之
右注 不敢干人作不敢忏也
六十一 大国者下流注 微作流

則取大国 取作聚
或下而取 取作聚
小国不過欲入事人注 使作欲
六十二 道者萬物之奥注 天不陶有所字
善人之寶也 無也字
右注 以為門有道字尾有者字 建作違
不善人之所保注 悔作誨
美言可以市 獨可下有已字
不如坐進此道注 馬下空格作而
何不日以求得注 以其不日日作不日二字
六十三 大小多少 惑作教
圖難於其易注 未時成也作未及成
為大於其細注 為作作
終不為大注 虚作畢
必寡信注 也作思
為之於未有注 於作以
六十四 聖人无為故無敗注 華文下有无為故无敗五字 無宮字故下有不残故三字 壊路倒
故无失注 貪作人

113

幾成而敗之經　而作由
聖人欲不欲經　無藏字
不貴難得之貨經　之術不無上不字
復衆人之所過經　無尾寅字
而不敢為焉　無焉字
六十五
將以愚之經　朴乍倒
以其智多注　首有民不可治理者六字無者字
以知治〻國〻之賊　作以智治國〻之賊
經　無之政事三字　以作是
不以知〻治國〻之福　作不以智治國〻之福
知此兩者亦楷式　亦作是
玄德深矣遠矣經　深上有人字　極上有窮
乃至大順注　至下作大順〻天理也
六十六
必以言下之　言上有其字
必以身後之　身上有其字
六十七
我大似僻不肖　無似字
經　詳作佯
大故似不肖　首有夫唯二字
經十七　夫獨名德大者為身害故佯愚似若不肖无所分別无所割截不鄙人而自貴也

二一

若肖久矣注　肖義也下有踳躐惠也若夫二字　四字　作若大　自下有貴字
久其細也　作其細也夫
今捨慈且勇經　但今作且但二字
死矣經　道作也
以慈衛之　以慈上有以善二字
同經　將作今　能作相
六十八
善為士者不武　首有古之二字
善勝敵者不與注　也下十七
善用人者為之下　無之字
是謂配天經　能行以下闕
古之極也　無也字
經　極下有紹要二字
六十九
用兵有言經　尾義也二字無
而為客經　不下作倡　天下無命字
不敢進寸而退尺注　無寸字尺字
攘無臂經　無雖欲攘臂也〻字
執無兵經　侍作持　尾無也字　尾有恕忍哀痛之　五字
禍莫大於輕敵經　取輕倒

輕敵幾亡吾寶　亡作喪
注　敵下作敵敵家近喪身
故抗兵相加注　也作戰
哀者勝矣　哀上有則字
七十　甚易行注　者作少
天下莫能知莫能行注　作惡人柔弱好罰強
言有宗事有君注　本下有事字
是以不我知注　聞下有時字　下世作外徴
七十一　知不知上注　作无
言不倒
不知知病　而知乃有而字
注　上作病
七十二　無厭其所生注　複精神二字
是以不厭注　恬惔作恬怕
自愛注　氣未作神
故去彼取此注　去彼下有自貴二字　自見下作取此自知自愛也
七十三　知此兩者　知上有常字
孰知其故注　天下作　意之故而不犯

聖人猶以難之　無以字
右注　注作況
繟然善謀　然下有而字
七十四　奈何以死懼之注　刑法乃爲罪字
常有司殺者注　元居下有高字　察作察
代大匠斲注　賊之殺　側　水作木
夫代大匠———　天下有維字　無復字
右注　猶下無代字　夫下無人字
七十五　是以飢注　其下無得字　還下有自傷二字　貪畔是以飢民　智乱上爲无　道遠德故飢之
以其上之有爲　無之字
人之輕死以其求生之厚也　人作民　無生字　無也字
注　危作兔
夫唯無以生爲者——　爲下有生字　是下有乃字
無也字
七十六　注　不入作不利
兵強則不勝　注于脱之
七十七　不足与之　是下有者字　与作益
右注　無地字

（二十）

而補不足也

以上

無也字

（覽該藏本、敦煌本並不佳略校字而止未精也）

（119）

二六六四　論語集解　顏淵篇

敦煌紙書本　無欄　31/33

十五行　注22行

1

2 子貢曰必不得已而去於斯二者何先曰去兵必不得已而去於斯

、其德行高遠人莫能及也明（子貢問）

（下四五字アルベシ）

15 訟必須兩辭以定是非偏信一言以折獄

子路無宿諾　宿猶預也子路篤信忠誠時多故了不預諾也

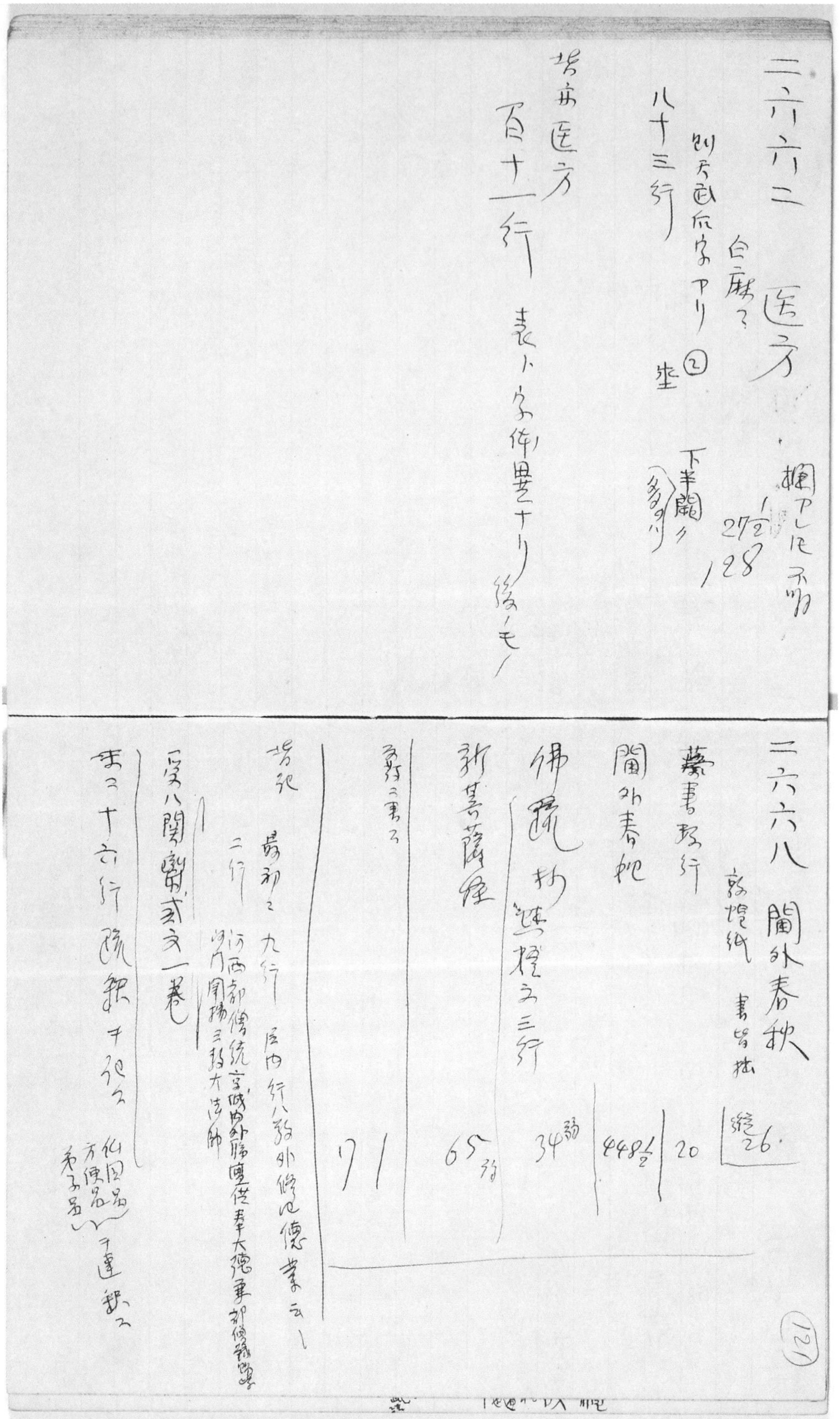
二六六二　医方　・欄アレド不明
白麻カ　27½　128
別天武后字アリ ②　坐　下半闕ク（多クノ）
八十三行
背面医方
百十一行　表ト字体異ナリ後ノモノ

二六六八　閫外春秋
敦煌紙　書皆拙　縦26.
藏書四行　20
閫外春秋　448½
佛說抄　継ギ横ニ三行　34弱
新菩薩経　65弱
各行ニ書ス　71
背紀　最初ニ九行　官内行ハ務外修inde徳業云々
二行　河西都僧統京城内外臨壇供奉大徳兼都僧録闡揚三教大法師
受八関斎戒文一巻
第二十六行疏釈子他ニ　仏国品　方便品　弟子品　ニ連続ス
(121)

八、臣答言閫外春秋者記將軍閫外之事也師貞丈人有國之倫弧矢利用天下之威豫　庶
阪泉先王所龔行也伏惟　開元天寶聖文神武皇帝陛下龍德在天文明
以正舞干戚馳蒲車臣也書生喜抱竟日不揆蒙耄輙有祖述成一家
之書以摯餅之才答　皇明之化起周十有三年武王勝殷終于大唐武
德四年　太宗文武聖皇帝擒竇建德凡一千七百四十載真偽四十九
國歷選明君良將戰爭攻取在師中吉者悉書其美焉皆約史以成義必
表年以首事存善貶惡擬於左丘明号曰閫外春秋綜八代以為十巻君臣亂
軍旅之事備矣夫者得之申胥之忠韓白之謀可繼踵也天時地利罔敢輙書
人謀權變秋毫必載伏愧芥豕楊于王庭臣筌誠惶誠恐頓ゝ首ゝ死ゝ罪ゝ
謹言　天寶二年六月十三日少室山布衣臣李筌上表勅
卿用意精通善能著述綜千載之事成一家之言論兵之要莫尚於此再
三詳覽深可嘉焉仍付史館　八月十一日内品官袁思藝宣
13 閫外春秋巻第一　周秦　周武王十有三年春正月之勝殷也師次于商郊
133 從唑君子曰指毋其智也知其子而遠宮　第二　秦漢　秦始皇帝二
請暫……　韓信 井陘ノ戦ノ條迄
283 敗鄗下身死泜水今足下虜魏王擒夏悅？不旬朝破趙其家謀成安君名聞
284 海内威震諸侯衆庶莫不輟作怠惰靡衣媮食傾耳待命者也然而衆勞
コレニテ一紙ノ空七行アリニテ別折トナル

抄中云凡所造論千載龜鏡已千年龜鏡出上時遠忽閃走爲世現所造
之論如龜占卜更无差錯故須歸敬
第十九行
三行
新菩薩経一巻　賈躭頒下諸州衆生每
日念阿弥陀佛一千口斷悪行衆今大熟　（沙州文録補七）
11 月三家使一年五男同一婦僧尼
12 巡門勸寫此経其経西涼州所日首
15 生今載饒患新菩薩経一巻
16 乙亥年四月八日布衣瞿奉達
因施主清来故造経分而述七
20 山石谷号為仙巖寺亦云漢高
21 皇名多嬾惰人食人湯此法合龍
22 丁聖瑞接雲雨茂乾甚再同妻入
費二千説法ノ所ノ佛畫
其中ノ一行此キ見ノ

同光咊年 第子馬聖者造其窟 一行
并因緣大因緣中弥勒佛因緣中西方偉
弥勒下生皆得生天

二六七四（ハ）孝経
敦煌紙 書不佳 鹿ま
~~鄭注~~ 鄭注
三四二八ト相接ス
無欄
29
66
廿
(125)

1 子曰君子之事親孝故忠可移於君 事兄悌故順
2 可移於長 以敬事長則順 故可移於長 居家理故可移於官 是以行成
3 於内而名立於後世矣
4 諫諍章第十五 曾子曰若夫慈愛恭敬安親揚名則聞命矣
19 事君章第十七 子曰君子之事上也
26 進思盡忠 退思補過 將順其美 匡救其惡
31 以時思之
32 盡矣 死生之義備
33 十八章 乃畢矣
34 孝經一卷

二六七六 論語集解 敦煌紙 書不佳 無欄 27/160

自八佾第三（首闕）至里仁終

1 …子八佾儛於庭

2 魯以周公故受王者禮樂有八佾之儛季桓
僭儛之故孔子譏之

49 論語里仁篇第四　何晏集解

74 友數斯疏矣　數謂速數之數

75 論語卷第二

申年二月　日　十年　王醜寫記

二六八一 論語集解 敦煌紙 書不佳 無欄 1/2 27/56

二十三行　序及学而首

首ニ落書アリ中ニ

維大唐乾符三年三月廿四日沙州燉煌縣歸義軍學士張喜進書記之也

維大唐乾符三年 參

論語卷第一并序　進

張喜　進

ココハ十行目ノ擡頭ナル所

1 論語卷第一　并序　維大唐乾符三年三月二廿五日燉煌

2 敘曰漢中壘校尉劉向言魯論語廿篇皆孔子弟子記諸　←42

20 何晏等上

學而第一　何晏集解

23 犯 掘惄也凡人有所　有子曰（孔曰弟子）其為人也孝悌而好犯上者

(27)

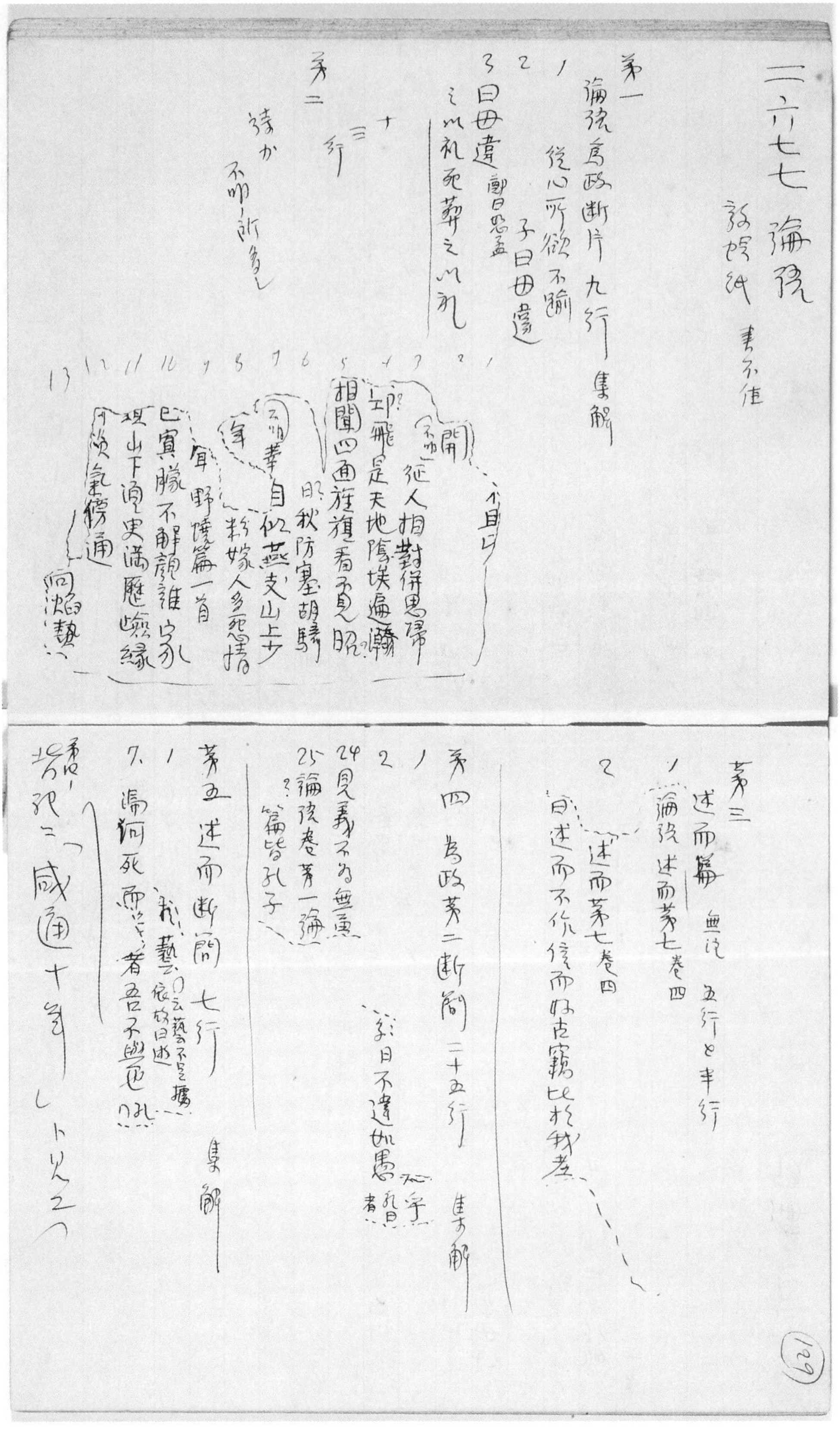

二六七七 論語

敦煌紙 書不佳

第一

1 論語為政断片 九行 集解

2 從心所欲不踰

子曰毋違

3 曰毋違 鄭曰忠孟

之以礼死葬之以礼

十三行

第二

読か 不明ノ所多し

1 開（不明） 征人相對併思帰

3 却? 飛是天地陰埃遍瀚

5 相聞四面旌旗看不見照?

6 照? 秋防塞胡驕

7 （不明）華自似燕支山上歩

8 年 粉嫁人多怨情

9 毎野懐篇一首

10 巳寘朦不解顔雉家

11 現山下過吏満歴蜒縁

12 十從氣傍通

13 洞沈白熱

第三

述而篇 無論 五行と半行

1 論語述而第七巻四

述而第七巻四

2 曰述而不作信而好古窃比於我老

第四 為政第二断簡 二十五行 集解

1

2 子曰不違如愚 知乎 者 孔曰

24 見義不為無勇

25 論語巻第一論

?篇皆孔子

第五 述而断簡 七行 集解

1

7 暴虎死而無悔者吾不與也 孔

我藝 孔云藝不足據 依於曰述

第十四 咸通十年 しトリ之

二六七四孝經鄭注

子曰君子之事親孝故忠可移於君能孝必忠臣必出孝子之門故言可移於君事兄悌故順
可移於長以敬事長則順故可移於長居家理治可移於官君子所居則化所在則理故可移於官是以行成
於內而名立於後世矣行於親者可移於君弟於兄者可移於長治於家者可移於官三德無備於內而名立於後世矣若聖人制法古孝人奉而行之也
八 諍章第十五　曾子曰若夫慈愛恭敬安親揚名則聞命矣
敢問子從父之令可謂孝乎曾子事心於孝以為臣子當委曲從父之令故問之也子曰是何言與是何言與孔子欲見
諫諍之端以開曾子心故發此言也昔者天子有諍臣七人雖無道不失其天下七人謂三公左輔右弼前疑後丞
雖持王者使不應危殆不陷於不故能長久不失其天下也諸侯有諍臣五人雖無道不失其國大夫有諍
臣三人雖無道不失其家尊卑輾少末聞其當士有諍友則身不離於令名令善也士卑無臣故以友諍之
有諍子則身不陷於不義君有諫諍之義嫌父子至親不當諫諍若父有不義子當諫之故當不義則
子不可以不諍於父臣不可以不諍於君故當不義則諍之君父有不義臣子當諍之
從父之令又焉得為孝乎委曲從父之令善亦為善惡亦為惡又焉得為忠臣孝子乎
應感章第十六　子曰昔者明王事父孝故事天明盡於孝父者故事天明
事母孝故事地察盡孝於母者能察地之高下視其分理長幼順故上下治卅順於君幼順於長故上下治天地明察
神明彰矣事天能明事地能察德合天地謂之彰矣故雖天子必有尊也言有父也所尊事之若父雖貴為必有
即三老是必有先也言有兄也必有所先事之若兄即五更是宗廟致敬不忘親也設宗廟四時齋戒以祭之
不脩身慎行恐辱先也脩身者不敢毀傷慎行者不歷危殆當恐毀辱先人宗廟致敬鬼神著矣事生者
事死者難聖之故重其文孝悌之至通於神明光於四海無所不通孝至於天則時而節孝至於地則萬
熟成孝至於人則重詩來貢是以無所不通也詩云自東自西自南自北無思不服孝道流行莫敢不服順而從之

事君章第十七　子曰君子之事上也上陳諫諍之義已畢此論之理欲見進退之道故發此
進思盡忠死君之難為盡忠退思補過待放三年服思其過故將順其美善則稱君匡救其惡
也故上下治能相親君臣同心故乃相親詩云心乎愛矣遐不謂矣心乎愛君矣遐遠矣念君之
忠心藏之何日忘之忠心常有善道何能一日而忘君雖在心恒在左右
喪親章第十八　子曰孝子之喪親上陳孝道生事已了死事未見故發此言
氣竭而息聲不委曲禮無容不為趨翔言不文父母之喪唯而不對服美不安去文繡之衣以縗麻服之
尚在悲哀故不樂食旨不甘不嘗鹹酸而食粥
傷生三日不食恐傷及生人故孝子不為也毀不
喪不過三年示人有終三年企而及
為之棺槨衣衾而舉之周
之簠簋祭器之名受斗二升內外方祭不見親故哀感之擗踊
之宅葬地也兆塋域葬之故云葬事大故卜之為之
以時思之四時變易物有成熟即先祖念之若生存
盡矣終始終矣死生之義備
乃畢矣孝乃成矣雖十八章各陳其情矣
孝經一卷

131

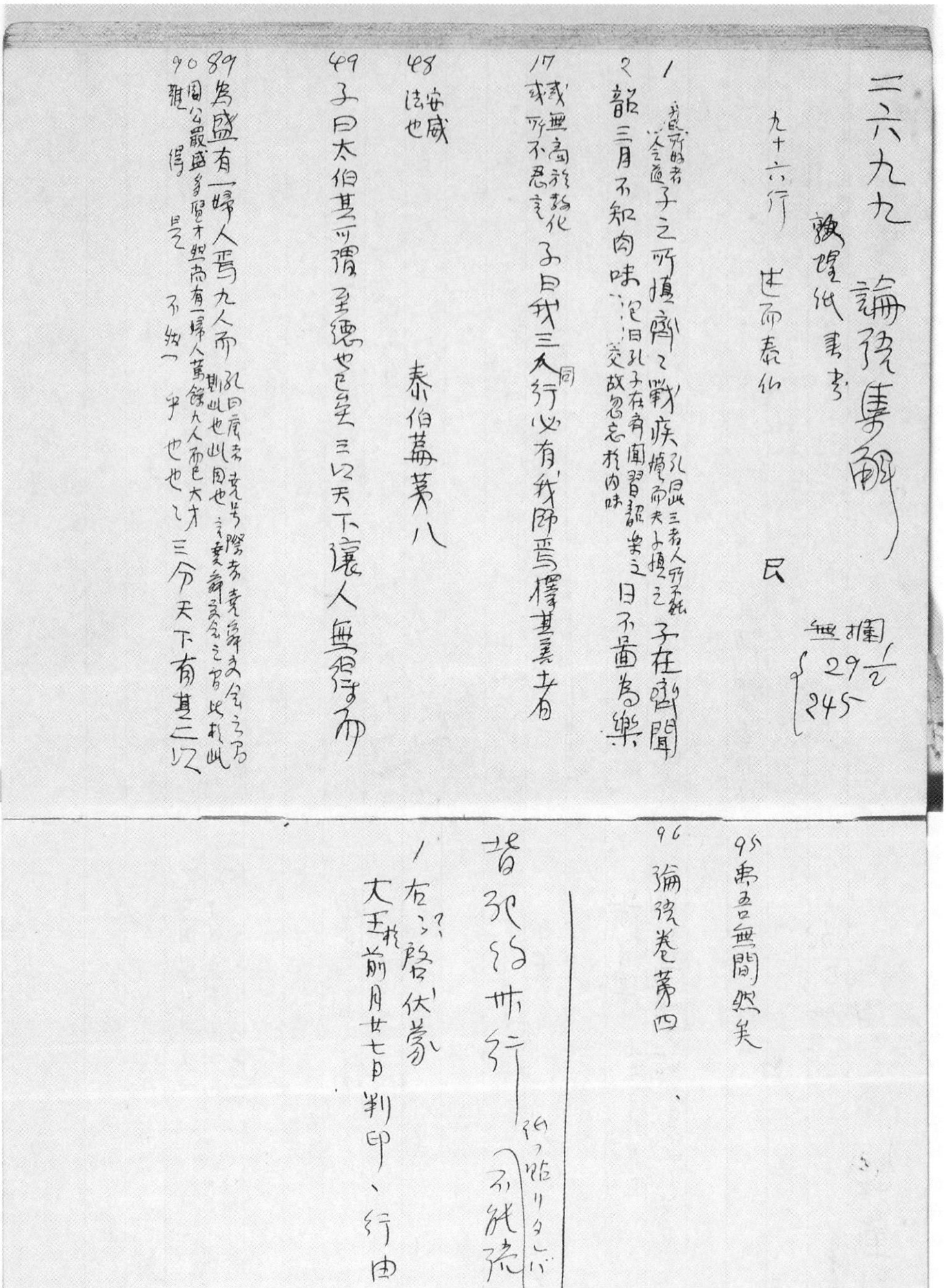

二六九九　論語集解
敦煌紙本書
九十六行　述而泰伯　民
無欄　29 1/2　245

1 （所好者／以全道）子之所慎齊之戰疾（孔曰此三者人所不能慎而夫子獨慎之）子在齊聞
2 韶三月不知肉味（周曰孔子在齊聞習韶樂之美故忽忘於肉味）曰不圖為樂
17 （或無常於教化／或所不忍言）子曰我三人行必有我師焉擇其善者
48 （安威／法也）
泰伯篇第八
49 子曰太伯其可謂至德也已矣三以天下讓人無得而
89 為盛有一婦人焉九人而（孔曰虞舜…際者堯舜交會之間比於此則此也此周也…）
90 （周公最盛多賢才然尚有一婦人其餘九人而已大才）難得是不然乎也也乙三分天下有其二以
95 禹吾無間然矣
96 論語卷第四
背紙廿行　（紙ノ貼リタルハ不能読）
1 右□啓伏蒙
大王於前月廿七日判印、行由公□一文

二六九七

縦 30 1/4
横 83 1/2

1 敬誦諸佛菩薩壹萬句誦般若心經伍伯遍誦无量
壽咒壹千遍誦滅罪咒壹千遍設齋壹伯人供放家
童青衣女冨来并男什児従良施細綵壹疋處
氎貳疋 布壹疋 已見前僧儭 粟伍碩施入當寺
漆盌壹枚 充法事
右件轉念設齋放良捨施所申意者奉
為故慈母一從掩世三載宅環寃既善几
惡不知魄靈往於何界每慮生前積業
只為男女之中煩惱纏心愁是追遊九族
中陰之苦無人得知捺落迦界全無替代
生死獲益 能仁照臨拔厄濟危不遇
諸衆今因大祥之次叩禱 聖凡伏乞慈
悲請申迴向
14 清泰二年九月十四日哀子比丘僧紹宗謹疏

背ニ落書アリ

二七一五 孝經 無注

敦煌紙 [redacted] 晚唐書
自三才章末至尾 十八章本
無欄 28 1/2 136 1/2
(135)

1 德
2 知禁詩云赫〻師尹具
3 治章第八 子曰昔者明王之以孝治天
4 下不敢遺小國之臣而況於公侯伯子男乎故得
15 配上帝是以四海之内各以其職来助祭夫聖人之
16 德又何加於孝乎故親生之膝下以養父母日嚴
54 也必有先言有兄宗廟致敬不忘親脩身慎行恐辱先
67 孝子之事親終矣
68 孝經一卷 孝經一卷丁亥年二月十四日寫畢點勘一
無脫錯傳之後學請不疑 處記也
此是魯國孔李七揀討之書不勤擇

居家治理可移於官
（この後に朱記せし上ヲ再ビ墨ヲ入レタリ）
感應章
自東自西

二七一六 論語集解 巻第七 首欠

憲問篇 紙背書写 自或問子産章至尾

氏

無欄 27 1/2 159

1. 猶詩言所謂伊人也 奪伯氏駢邑三百家飯疏食

70 者欲速成人者 包曰先生成人者並行不差在後為礼 欲速成者則非求益也

論語巻第七 大

71 大中九三月廿二日李生令狐再晟写記　海淳押

咸通五年四月十二日童子令狐文進書記

旧軸ヲ存セリ

背記

可惜 汝州好山嶺 字従破落九十年

将作 亮生名奴婢

社司転帖 有縁年支社 斎汝至

劉許子家人名支壹 對案壹對 …（以下略之）

二七一二 貳師泉賦

貳師泉賦及漁父歌滄浪賦 首尾完具 紙背書写

存旧軸

無欄 29 177

（137）

1 貳師泉賦一首

2 昔貳師兮仗鉞專征森戈矛兮渾入虜庭伐不賓之獯鬻

音 欽射芒角之狼星纔登鳥嶺始誓衆而前行初渉大河

17 傳繳一白馬以旌信酬圖蓋而御乾銘常業之業在紀庸

18 通於萬年 九三百三十七字 漁父歌滄浪賦　前進士何蠲撰

19 昔漁父兮繳彼中流逢逐臣兮滄浪渡頭我有無編之

33 樾? 前溪後溪之山影千年万年之色吾欲揮鯛舟而釣滄浪

34 趁 奈名未成而来不得　貳師泉賦漁父歌一巻

貞明六年庚辰歳次二月十九日龍光寺学郎張安八写記之耳

cf. (2488)

二七一八 敦煌紙
凡二十六行
1 王梵志詩一卷
2 兄弟須和順叔姪莫輕欺財物同(三字不明)中莫畜私夜眠須在後
3 起則每須先家中懃撿校衣食莫令偏兄弟弟相怜愛同生莫
80 法將必得見如来
王梵志詩一卷
82 茶酒論一卷并序 郷貢進士王敷撰
83 竊見神農曾嘗百草五穀從此得分軒轅制其衣服流傳
教示後人倉頡致其文字孔丘闡化儒因不可從頭細說撮
125 長為兄弟須得始終若人讀之一本永世不害酒顛茶風
茶酒論一卷
開寶三年壬申歲正月十四日知術院弟子閻海真自手書記
歳 正月十四日 知術院弟子
岐 求闕 臨永
校 否

擱内 30 1/2 28 190弱

二七三五 老子 黄麻紙 無注
25 強
擱 20 79
1
2 章末右字數
3 生 三字
入維死以生為者是賢於貴 甚生生
4 人之生柔弱其死堅彊萬物草木生之柔毛
28 之道為而不爭 五十七字
道経卅七章二千一百八十四字
德経卌四章三千八百一十五字
五千文上下二弓合八十一章四千九百九十九字
1 太極左仙公序孫師定河上真人章句
老子以元極元年七月甲子日將度關 關令君
喜稽首再拜 小令好樂長生欲從明君受文
一言之書 老子曰善哉子之問也吾道甚深
4 不可妄傳生道入腹神明皆存百節開孔六

章	字數
七十五	五十三字
七十六	五十四字
七十七	七十四字
七十八	六十四字
七十九	卅四字
八十	七十三
八十一	五十七字

(139)

5
甲相連佛面身中錯綜无端胎息字中上
與天連行之主仙拜為真人傳不得法訣
及其身身死名滅下流子孫今謹次至德
二載歲次丁酉五月戊代申朔十四日辛酉燉煌郡燉
煌縣燉煌郷憂洽里清信弟子呂天祟陽載
十七歲五月八日生具依明科詣師中岳先生
張仙翁受道德五千文舊行供養永為
12 身寶斷金為盟違科負誓幽牢長夜不敢有
（ココデ断切り）

背記四十七行　仙経疏
13 經曰 善要提攝受 有惠无乱障 迴向不悕惱 自在名善等
14 論曰如是善男子等十種淨法誰有前說義種障耶 頌曰
34 作如聖道等於涅槃等依如是義故說頌曰
35 能作有十種 謂生住持照 變分離轉變 信解顯至得

二七二七　敦煌紙（折り目か）

32
46 1/2

酉年三月十三日縁 國家建福水則道場轉經次至永康（墨異ナリ）
昨對陰法律寶及諸寺上座尼法律等對面於普光寺打鍾筆
會先年究大般若一部兩袟內欠數及无頭尾卷者一一抑傾名目
遂便分付永康龍興報恩三寺所由及摧飛了答印為凖
分第一袟内欠才一第三第九 第二袟内欠第一第五第八第九第十 第三袟内欠第一第三第九 第異

19（不明）
抜貳袟計經卷卷伯玖拾捌卷餘不足者於龍興藏內經數
內取貳伯兩卷通前共計陸伯卷已上並分付永康上座謂僧推
航般若德彈觀般若龍興上座惠（不明）摧航兩箇（不明）照 報恩上座定宰般推
法律（行中ニ挿リ）
（紙高い為 墨三字抹セリ）不能読

背記 四行
戌年七月十六日説題律師出般若經如後
第十七袟內欠第七
後略

二七四六　孝経　敦煌紙　晩唐書

十八章完

1 孝者
2 十二
3 君者無上
4 廣要道章第十二
14 移於君事兄悌故順可移於長居家治理可移於
28 無所不通　詩云　自東自西自南自北無思不服
37 安措之　為之宗廟以鬼享之　生事愛敬　死事哀戚
生人之本盡矣　死生之義備矣　孝子之事親終矣
39 孝経一巻　翟飃飃郎君　翟飃飃詩巻
歳至庚辰月造秋季日逮第三冩詩竟記後有
餘紙輒造五言拙詩一首　翟飃
讀誦須懃苦　成就如似虎　不詞杖捶體　豈賜無𦪹
路

感應章第十六

28 1/4
欄中 22 3/4
62

二七五七　道書　黄麻　書佳

太上業報因縁経　巻第七

七十四行　十七八字

1 乃命慈悲真人　妙覚真人　慈恵真人　連相真
人　明解真人　善覚真人　慈念真人　智観真人
3 慈愛真人　常善真人　登東方法座　慈歎真人
72 師房僕役常住庄田播花幢幡鐘磬法具種
73 種嚴備皆得功徳无量无邊過去未来當獲
74 田利旨為政少々了義　自然救済色苦解福

背記　孝経疏十九小半紙ヲ貼ルアリ　コレ必ズ他ヨリ誤レルナルべし
書落ノ件ヲ裏混リセルカメテ流ム紙ハズ　次ヲ見ヨ

31 太上業報因縁経讀真演説　数如恩義　不可
思議一日月中畫
唱

cf 道蔵　第百七五冊

25
欄中 20
1/23

(183)

本ヽ経ヽ則佳人　平
珠　碧玉翳青　永福皇
不留日之休捻
之音至孝可謂　心裂段性靡分泣血
謁情殯滅此至孝之心也経不解履ヽ
補盡居墨穴　又盧此云孝之儀
器瓦酸鹹不常言仑匯文唯而無藪
8行也遅不足穆蓉堂不厭礼唯想唯捲念茲在
此至孝〻想思打一則哭哀何以晦擲休沫泌る
聲泣無綴此云孝之也敬之若生斉
之如在終斉以弱飽美以浴此至
孝経疏　日幽壹室奄之寛各重　金耀　汎
馬光屢改四時不　一目ヽ　一ニ而以昔可而斉
コゝラカラ以下ハ佛語
崇壽礼去也　美叶光　布見惠於以方伯　閏係
黔黎於ニ子之澈地主都督長風五福　貌文書か
來謝百憂棠覡与劫石同休学授与会刑
此因久顛教授都統閑梨法身堅固慧命
ヽ　ヽ　｜
夫変化吾天地之常其拵之者始終〻〻
大分假便用轉日月難免溺塵之津變
海移山莫能離無常之境推我大
覚然寺〻〻〻

二七六六　論語集解巻第一　1／2　(185)
敦煌紙書擬
序ト学而ノ首ト約二十三行
無欄　28　43
1 論語巻第一　并序
2 叙曰漢中壘校尉劉向言魯論語廿篇皆孔子弟子記之
18 内使臣何晏等上學而第一　何晏集解子曰
23 道生　本其立而後可大成　孝悌也者其為仁之本與　先能事父兄然後仁道可
巳日ラ言好其言云…善
7…… 昔訳アリ恵於以流ヲ須レ　左端ニ有リシア八ヲ見ユ
德　悲　患力　恚
6 什　達義
5 陽　寧　寧高　張遠
4 文　文　彰張淮議
3 張百　通達　張文達孔曹六郭流德
2
1 咸通十三年四月五日李生又歌高加　百達李栢　王昇
左ヨリ

二七九一

敦煌紙 書き

30 / 148½

1 我本師釋迦牟尼佛

我師釋迦牟尼佛

3 我大師釋迦牟尼佛以姫周昭王世廿三年癸丑之歳

七月五十日夜子時從兜率天降下閻浮提中天竺

12 月夜入無餘涅槃五天竺國代代書傳房上作記

如來成道涅槃滅後所有聖應極多不可具録並在

周書異記 此傳聞者尋付法藏傳中

大師三藏滅度壬申歳已來至大唐永泰貳年

丙午歳計當壹阡捌百七十載尊世臨無時以大

17 法藏付囑大迦葉尊者從此後有餘年迦葉集諸無

30 部四婆安處富那五迦葉推時有鐵輪王名阿輸

伽王造八万四千塔與廣仏法從此五部後時同

有非淨並根本兩部分成九部

33 大乘教法聖滅度後分成兩宗德廣別故一南

34 宗依大般若經十八空三无相為了義遠承文殊菩

75 日月大意如此餘勑廣本行集[illegible]因果經且

記在前初略抄仏初興世時記及付囑藏

傳畢抄再法住記略抄如前

81 解深密經疏云烏曇[illegible]樹在東天竺國拘尸

90 驚嘆觀茲愛異護國天神大聲言曰大

沙門釋氏於今中夜必入涅槃

コレニテ断セリ

(194)

二七九四大乗四法経論及広釈開決記

三百五十七行　敦煌紙

28½
欄 24½
3分2

1 大乗四法経論及廣釋開決記　大蕃國大徳三藏法師沙門法成集
将釋此経先以五門料簡然後解釋経之正文云何為五 一明造論所以
二立所宗三解帰乗四顕帰分五辯帰藏初言明造論所以者問何故
4 世親菩薩造 而其論釋此経耶答為饒益他故攝彼菩薩作是思擁
250 覺 而段文句上廣文中已申述故故不釋也明正宗竟
大門第三流通分者復分為二 初標仏化畢如経爾時薄伽梵説是経已也明衆
同聞歡喜如経諸苾芻衆及諸菩薩摩訶薩也後明受遵奉如経一切大衆聞仏所
而説信受奉行也 智度論云如是我聞者令生信也信受奉行為生智也由仏所
説有三淨縁故使聞者歡喜奉行 一説者清淨以於諸法得自在故 二所説
清淨明如實智請淨法體故 三得果清淨已離諸鄣成法器故仏正為説
256 无不信佑領納在心敬順修學由斯故説信受奉行
257 大乗四法経論及廣釋開決記一巻

癸丑年八月下旬九日於沙州永康寺集畢記

背記　伍子胥ノ小説ナリ

165

1 嘆言作相物壊擲　遂即抱石投河死　子胥迴顧耿相望
懸念女子懷惆悵　遥見抱石透河亡　不覺失聲稱冤枉
無端顕示滅人蹤　落涙悲啼倍悽愴　僅着一日得高遷
維賸百金相殯藝　子胥哭已了更復前行風塵慘
面蓬塵睽天神情抱乱忽至深川水泉無底岸闊
無邊登峻入谷遶澗尋源龍蛇塞路猱獄前虎
狼滿道遂即張弦餓乃蘆中飡草渴飲巖下流泉丈
夫為雖發不將死由同睡眠川中忽見一家遂即叫門乞
食有一婦人出應遠蔭弟聲遥知是弟慰問父兄被
殺子胥減口不言知弟之多時切務思相慰問遂即取
11 葫蘆盛飯并將苦苣為齋与弟食之心由連去子胥見
90 思量饑恨痛哀懐今日相逢不相授我若命盡此江譚
91 死治恕着今日夜不辭餞骨掩長波父兄之讎終不断
92 上蒼石麻草怨由風還是蒼天威力化
以下餘白 95 アリ 其中二、三行ノ落書ノ如クカケリ
1 如如如之之之 這
2 欸欸如何、遂擲寶劍於江中放神
光光而燦爛沉神遥聞時金劍時
トアリ　而シテ　又次ノ如ク出ヅ

(169)

前ヨリ文カキカ

1 悲歌而嘆曰 大江海兮渺無邊 雲与水兮相接連 71
痛々兮々難可忍 苦兮苦兮寃復寃 自故人情有離別
生死富貴総關天 先生恨胥何怨事 遂向江而覆船中
波浪舟兮浮没沉 唱冤枉兮痛切深 一寸愁腸似刀割
途中不覚喚哀沾襟襟 望吳邦兮不可到 思帝鄉兮懷恨
懷渫儻值明王得千達 施度莫雄一介心 悲歌已了更復前行
捿捿依然丈夫契 何棄遺忠心盡節 事君凡年夙夜
辰省無懈 今連落薄知伏何言 孫也懷恨
氣上衝咽 葉也命也 並惠開天登山峻領 度水尋川
16 武却不却 永前不前 動則被餓 性命封然一半王太劇
34 國君子泥 陸 甚亜掉狂大吏 被髮在市 臣以傍観者宣廣吳 良
可知敵王匠同遑 當必是懷冤 使客王聞此 孫心生歡喜
遂即集群臣 校朱簾而孫家蒙 賤聆夜三更蒙見
賢人入境 遂乃身輕體健 踴躍不
某乙聞 脱王雁月 瑞撑風 從此流 輝漢主通
39 祥大教 方為廣

ここヨリ余白

11 唱叫稱冤子胥 蒂遂叙逢兮而前至 瑤塲山澗不辭去 黄作
15 何故常平王曲受魏陵孫 信用讒佞然 黄作 鄉兮愁雖心

二八〇八 百行章 1

敦煌代書考

存末尾五行

百行章一卷 河陰義進書記之 ニ
紀大梁貞朋玖年癸未歳四月廿四月浄土寺斎郎清
4 維大梁貞朋玖年癸夫歳四月廿四日浄土寺斎士郎清河
今陰義進書記之 蔵 菖郎 閻郎 張郎 陰郎 小郎 是 昔曰

旧軸ヲ存ス

(15)

二八の四

敦煌紙 印本 無欄 $30\frac{1}{2}$ 179

劃本ナリ 上ニ黒ヲ入レタル所多シ

1 越州諸暨縣香嚴寺經藏記沙門志閑撰草堂傳
宗清書 毗盧藏中有大經卷含真空而體寂鏡妙
3 色以圓朋於一塵中量出三界群靈無狀敵自起情塵
18 甗流輝於沙界香嚴經藏者天寶元年擅越主劉
19 彦儔之所建也錯落星日棲層倚山勢若龍神捧
24 冰壷作心攬是總持要探大教大乘六載因届香嚴
40 傳出千燈志明上人還增一帙
瞻如来其心不二因旌厥德永
碑久不存矣今遂重刊勒
43 丁卯歳四月二十八日僧脫義造

背紙 文書アリ 紙ヲ脱シテ裏打セリ

（巻 三〇四〇）

1

太墨陳行李
台撞既捧授已
惟将弱植屢之
酬恩况官身
之逼迫須具□上歸路赴於遣
羌不是自專 即合 謹具狀
辭卻乞一字 録狀上
8
9 牒件狀如前謹牒
開寶六年三月 日右衙都知兵馬使丁守勳 牒

$30\frac{1}{2}$ 25

（551）

又云ニ

全白アリ

1 右衙都知兵馬使丁 宗盈？

右 宗盈 三曾有状上扣

鈞衡血濺空？肝腸寸断蝴蝶之夢

夜夜牽心鴈足之書朝朝俊思昨自

聖皇差遣寵陟／

貴州別郷土以隔年毎多憶戀想

人生之争冨貴貪賤故且一般其那

住留多時 42之

州府供給不来毎懐

感激慙悚交併常憂遅滞之愆想自

違覲？之罪所已頻申翰墨寥此多端伏乞

台慈特賜 指命兼具状申

辞謹録状上

牒件状如前謹牒

開寶六年三月 日右衙都知兵馬使丁 宗盈 牒

（一行程余白アリ）

右衙都知兵馬使丁 宗盈？

二八一六 雜抄

敦煌紙 書寫

上下首尾並欠 約二十一行

無欄 27 / 41

(155)

1 軒轅帝姓軒轅堯帝

蜀川何名八水涇水渭

何名九州兗州豫州？荊州

名五岳東岳太山西嶽華山南岳

名四瀆江出岷山？河出崑崙山

6 秦楚齊魏燕趙何名五穀麦穀角穀芒？穀稲穀

公王屋出何名

19 孔子曰能賜一言所為千金孔子曰君子？子各カ之牛臣？

20 卜廣學則無以輔君不行人義則

21 無敬思此四章可為千金羊？羹

二八〇九

敦煌俗書考

無 欄内 15 14 119½

1 食肉衆生短
莫道煞無人見善悪主
3 好是悪事皆抄録来皆臨時放一今
26 相勸莫食衆生肉 猪羊摽指命叫聲
27 口中横骨語不得眼見刀光根不免

二行余白

1 孟姜女犯浮?清一去煙山更不
帰造得寒衣無人送不免自
3 家遥征衣長城路實難
12 望江南平 娘子麺礼々再
17 攀恩愛一時間 又同前
18 龍沙塞路遠隔波每恨
19 猪蓄生猫滞呂縁當銘
20 銀催多悪屈角卿何皇
21 恩溥聖澤遍天庭大朝宜
22 着?中外使今回絶塞暫経
23 迎跳逢合逼秋 同
24 燉煌郡四面六蕃圍生靈若?
屈青天見數路陽失朝
26 儀目新就烽新恩降冀

27 莫木總是胆若不遇之天
威力何隄必隔戎歳早晩
29 悪人恥 酒泉平子
30 江月溥寺穏 故弁且擬金
事魯務數陣戰捜究甲
契却迴邊入陣之時汗流
33 似血脅獵一聲而呼骶促
則投陣卷旗?舗汁散邦
金鞍 同前 三尺青
蛇斬新注乾鋒夕山劍
37 沙莫晨西搨用銀除寛
38 見七皇光曾經長蛇陽

背面 五行 紙十裏がして隠れ難し
1 日陣一 門會上佐朋王勝
春来春去春復寒 着?
今来頓 日盡日還新又
（後余白）

右十九行ノ背面アリ

157

二八二三 老子

黄麻 書 佳 中庚以上 25½ 19½ 84 欄

第十三章注尾ヨリ 第二十三章末注迄 五十一行 十五、六、七

唐玄宗御製道德真経疏巻之三

希言自然章第二十三（首闕）（尾亦少闕）

1 廣理喩以成

2 希言自然

3 此明言教不可執滞也希言者忘言也夫

4 言者在理執滞非悟教之人理必因言

都忘失或悟之漸則明因言以詮理不可

都忘悟理則言忘故云希亦若能因彼言

教悟證精徵不滞筌歸則合於自然矣

故云希言自然

飄風不終朝驟雨不終日

飄風狂疾之風也驟雨暴急之雨也夫風

者所以散物雨者所以潤物若狂疾暴急

則害物而不久以況言教所以詮理若執言

滞教則無由悟了必失道而生迷故風雨不

可飄驟言教不可執滞也能明忘言即合

15 自然故舉飄風驟雨之喩尓

16 孰為此者天地天地尚不能久而

況於人乎

孰誰也設問云誰為此飄風驟雨者答云

天地天地至大能為狂暴尚不能久況於凡

人執滞言教而為卒暴不能虚忘漸致

造極能求了悟其可得乎

故從事於道者

從順也虚極至道冲用無方在物則通未

嘗凝滞故凡人能體斯妙而順事者不當

有所執滞尓故云從事於道

道者同於道

順事於道之人故謂之道者謂能順事於

道則不凝滞悟了言教一無封執可與道

同故云同於道尓

德者同於德

德者道用之名也謂其功用被物物有所

得故謂之德尓謂體悟之人順事於道豈

唯自能了出抑亦功濟蒼生蒼生波其德化

34 者忘其功凡所施為同於道用故云德者

（159）

50 同於德

失者同於失

失者謂執滯言教而失道也夫言教者
道理之筌蹄也有筌蹄者乃在魚兎今
滯守筌蹄則失魚兎矣執滯言教則失
妙理矣失理則無由得道是自同於失也
故云失者同於失

同於道者道亦得之同於得者德亦
得之同於失者失亦得之

此明氣同則應也故虎嘯風興鶴鳴子和
性殊則肝膽楚越道合則胡夏同人以類
相從物無違逆者故同道則道應同失則
失來猶方諸招月而水流陽燧照日而
火就今故云同於道者道亦得之

信不足有不信

言人之所以不能體了證理忘言謂於信
51 悟不足而生惑滯既生惑滯則執言求悟

皆非

俺てなるものを誰持せり。経書又佛典をリケリ

多ク二義有ニテ流ニ随し

（参 道藏 致上 第三百五六冊）

（一〇）

二八三一 郭璞作

無欄 29/84

1 東行行?一百卅步開合鳳凰、東

2 東行 步破? 合曜驕、東行三百卅步成合鳳凰、東行 步建合章光、東行 三百九十步滿合玉堂

3 東行四百廿步定合驅驕、東行四百卅步破合鳳凰、東行 建合章光、東行 三百九十步滿合玉堂

4 東行四百一十步定合驅驕、東行四百卅步破合鳳凰、東行四百七十步開合章光、東行 四百九十步建合玉堂

24 西行四百卅步危合刑戮、西行四百五十步成合執殺、西行四百六十步收?合歡欽、西行 四百八十步開合施禍、西行五十步除合殃咎?

25 巳前四方吉凶法

六甲冢圖第十八

凡葬擇得吉地又 卜穴定地後

宜(喪カ)

28 比地心四軸不可安冢穴遠者凶甲子冢圖

凡葬法轜車從所奄坎說速魂 還歸從所出所以冢塋城圖用?

29 南門並如甲子冢圖

1 師葬日辰下地凶 常特月時於

下地坐立大吉利 凡太歲月葬

廿 假令太歲在卯用二月葬煞下

他皆放此 凡歲破建下

1 冢穴在甲門吳宮逢在庚名甲子冢是子卯酉身二 (図アリ)

2? 一步並合甲穴吉池 墓地長七十三步闊卌七步升得

3 一百廿一步並合甲穴吉甲戌冢圖

二ノ後ニ凶行アリ 大ニテ墨色豊キナリ 下ヲ見ヨ

約一二字下ゲテ

(163)

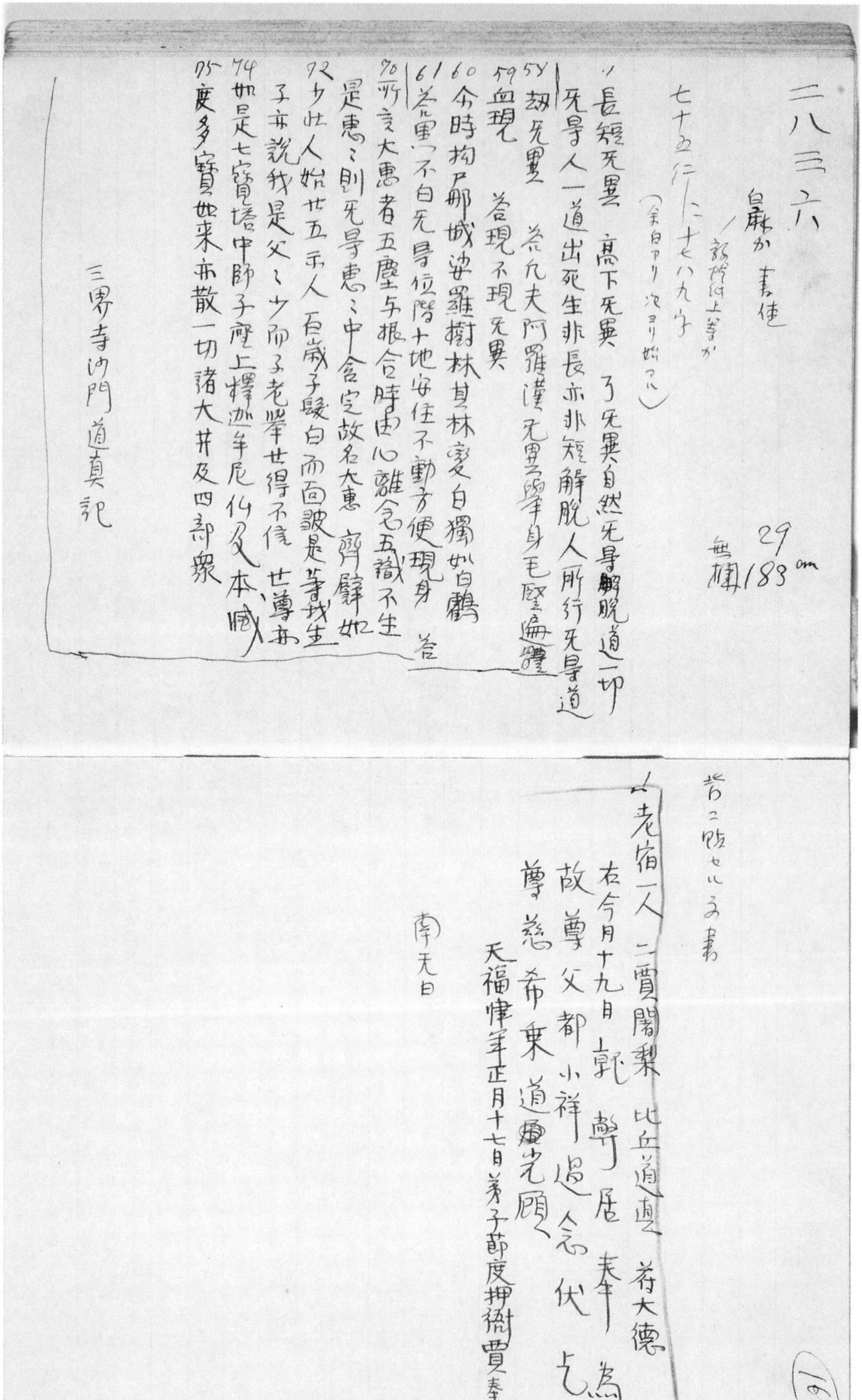
二八三六　白麻か　表使
一部分ハ上等か
七十五行ニ十七八九字（全白アリ次ヨリ始マル）
1 長短无異　高下无異　了无異自然无导解脱道一切
无导人一道出死生非長亦非短解脱人所行无导道
58 劫无量　為凡夫阿羅漢无量無导身毛竪遍體
59 血現　為現不現无異
60 尓時拘尸那城娑羅樹林其林變白猶如白鶴
61 為衆不白无导位階十地安住不動方便現身　為
70 所言大患者五塵与根合時由心離念五識不生
是患々則无导患々中含定故名大患　齊辟如
72 少壯人始廿五示人百歳子髮白而面皺是等我生
子亦說我是父々少而子老舉世得不信　世尊亦
74 如是七寶塔中師子座上釋迦牟尼佛又本職
75 度多寶如来亦散一切諸大井及四部衆
三界寺沙門道真記
無欄　29　183cm

背ニ貼セル文書
老宿一人　二貫闍梨　比丘道遵　蔣大德
右今月十九日就弊居奉為
故尊父都小祥追念伏乞
尊慈希秉道光顧
天福肆年正月十七日弟子節度押衙賈奉玖?疏
南无白
165

二八三二 始 麻紙

1 三大乗
2 小乗四諦是 中乗十二因縁是
3 一苦諦 二集諦 三滅諦 四道諦
4 十悪是 滅諦者涅槃是 道諦
5 二老苦 三病苦 四死苦
6 苦 八五陰盛苦 五陰

汸 28
欄内 23 639

22 皮革覧 四攝法 布施 愛語 同事 利益 故名四攝法
23 法界品 初明三界内有六道衆生 云三界内者一欲界 二色界 三无色界云
24 六道衆生者一地獄道 二畜生道 三餓鬼道 四阿脩羅道 五人道 六天
25 道 地獄道阿鼻地獄 僅受無間 在極下處 謂大地大海之下受 命作五逆罪業則生其中 眷属十八小地獄

229 230 246 247

第六現前地 得住照般若縁起現明光明无畏自前六地
是 第三依法師 七遠行地 深入縁起徳行高遠 法无生法
果之躰无相周極寂滅名大般涅槃 法界大海湛然 常照不壊
不減

皆拠い 笺之
本此ノ文句ヲ清書セ
ルモノノ如キモノ多し
字ヨ尽し

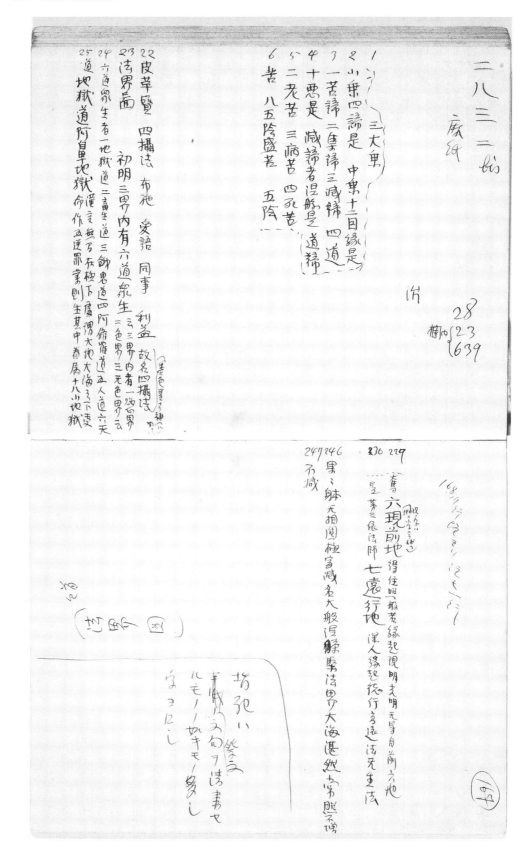

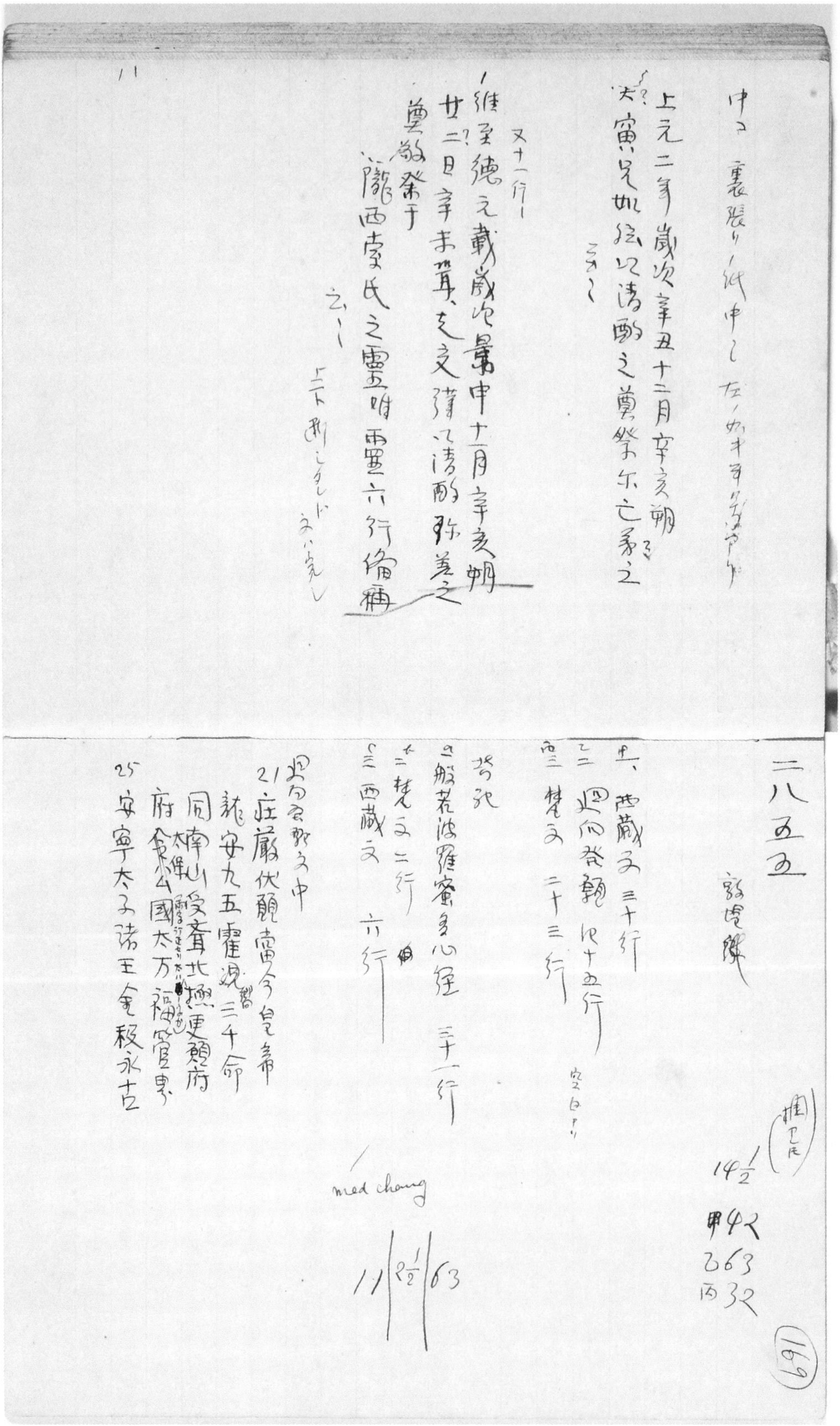
11

中ニ裏張リノ紙中ニ左ノ如キ字アリ

上元二年歳次辛丑十二月辛亥朔
失?寅兄奴強以清酌之奠祭亡弟之
云々

又十一行
/ 維至徳元載歳次景申十二月辛亥朔
廿二?日辛未葬之文謹以清酌珍羞之
奠敬祭于
隴西李氏之靈明 靈六行僧稱
之々
上下切レタレド 文ハ完シ

二八五五
敦煌[illegible]

十六、西蔵文 三十行
十二 廻向發願 四十五行
十三 梵文 二十三行
空白アリ
若紙
十四 般若波羅蜜多心経 三十一行
十五 梵文 二行
十六 西蔵文 六行

廻向發願文中
21 荘厳伏願當今皇帝
龍安九五霍況三千命
同南山受齋北極更願府
府僉公國太万福官寮
25 安寧太子諸王金枝永古

/ med chang
11 | $2\frac{1}{2}$ | 63

桂田氏
$14\frac{1}{2}$
甲 42
乙 63
丙 32
(169)

二八四六

殘損紙三

二十行

1 甲寅年正月廿一日都僧政鄭清僧政智端僧政道
政道深僧政金剛銳執掌諸律度戒德翠等奉上
官處分令交割講下所施麥粟麻豆布緤
褐銅鐵等見交過麥貳伯捌拾碩　粟柒伯
歲拾玖碩　六十尺　土布共伍伯肆拾尺　畢褐壹伯伍拾捻
足安緤貳伯肆拾尺　白緤壹疋　麻壹碩肆斗麻
子壹碩肆斗　小豆子壹碩伍斗已上物色見在及
8 破除支付謹具數目如後　麥伍碩　粟伍碩冒

二八六一　无上秘要目錄

穀紙　書佳

天上秘要目錄

1 无上秘要目錄
合一百卷　二百八十八品　義類品例卌九科
大道品
至道无形混成為體汾洞高深彌羅小大
既鏡空有之窮名復苞動靜之極目故表
明宗本建品言之
一氣變化品
混成之内眇莽幽冥變无化有皆從氣
立故次第二
大羅天品　三天品　九天品
卅二天品　卅六天品　十天品
八天品　九天相去里數品　卅二天相去氣數品
日品　月品　星品
三界品　九地品　九地里數品
靈山品　林樹品　仙藥品
山洞品　洞天品　神水品
17 人品　身神品　人壽品
19 氣之所分生天成地形象既敷衆類
斯植故次第三

26葉

摘 20 4 25

(七)

91
三寶品　真文品　天瑞品
地應品
神君出書起於三清方丈落空之先於五
色玄文煥明創四達獲権注筆以音則十
方夢慶玄瑞於此表祥嘉應因茲而顯福
故次廿

三皇要用品　靈寶符効品　上清神芬品

98
九天生神章品　九天瓊文品　卅二天讚頌品
天文妙召降自神圖符讃寶章三洞兼、
有故次廿一

100
經文出所品　經符異名品
寶經隱祕降現異時靈書玄妙應見殊、
劫一寶數名須詳其本故次廿二

經德品　經文存廢品
經道有大小德被有淺深深大之法遵
劫終而恒在淺小之術遭改度而隨无
故次廿三

遇經宿分品
金書玉札生于飛玄之上龍字鳳文出於
空洞之中非有玄錄不得遇受故次廿四

113
衆聖傳經品　傳經年限品
玄文隱妙非聖莫傳傳以待人須之期限
故次廿五

225
昇紫虚品　昇紫晨品　昇玉宮品
昇玉清品上下　昇九天品　昇玉京品
昇无形品
事業異成昇任別所但從心迹致此靈
階故次卅八

230
變神景品　體兼忘品　會自然品
歸寂寂品
行窮上道位極高真易景通靈陶形變
質混同物我則天地等遺莫識其由則視
聽无寄斯乃自然之妙旨冥寂之玄宗
造化神淳於茲驗矣終此卅有九[illegible]

235

236
无上秘要目錄
開元六年二月八日沙州燉煌縣神泉觀道
士馬處幽并姪道士馬抱一奉為七代先
亡所生父母及法蒼生敬寫此經供養

コノアトニカミリ余白アリテ裏面ノ住ノ名メ別紙ヲ
貼セリ（通三）

(179)

三十七行

61cm

一卷明應化之源本也
天地運度一卷未出右
第二篇目皆金簡書文宋法
師云合三卷明運會始終也空洞靈章一
卷已出卷目下太上洞玄靈寶空洞靈章
外玄步虛章一卷已出卷目云太上說太
上玄都京山經九天生神章一卷已出卷
目云太上洞玄靈寶自然至真九天生神
章右一部三卷第三篇目皆金簡書文
宋法師云合三卷明天功之廣被自然五
稱文一卷已出卷目云太上洞玄靈寶大
道无極自然真一五稱符上經諸天內
音玉字一卷已出今分為二卷上卷目云
太上洞玄靈寶諸天內音自然玉字上下
卷目云太上洞玄靈寶諸天內音自然
玉字下八威名龍經一卷未出右一部三
卷第四篇目皆金簡書文宋法師云合
三卷明聖德之威風智慧上品三戒三卷
二卷已出卷目云太上洞玄靈寶智慧
罪根上品二卷未出一卷篇目云太上洞
玄靈寶智慧上品大戒威儀自然二卷
已上一卷目云太上洞玄靈寶金錄簡
文三元威儀自然真一經一卷目云太上
靈寶長夜九幽府玉匱明真科
右一部六卷第五篇目皆金簡書文宋法
師云合六卷明戒律之差品智慧定志通微
一卷已出卷目云太上洞玄靈寶智慧定志通
微經本業上品一卷已出卷目云太上洞靈
寶真文度人本行妙經法輪罪福一卷
已出卷目云太上洞玄靈寶真文一勸誡法輪
妙經
右一部三卷第六篇目皆金簡書文宋法師
云合三卷明人行業之由從无量度人上品
卷已出卷目云太上洞玄靈寶无量度人
上品妙經諸天靈書度命一卷已出卷目
云太上洞玄靈寶滅度五練生尸妙經
右一部三卷第七篇目皆金簡書文宋

三百五十四行

1 六門陀羅尼経論并広釈開決記
欲明此経先以五門分別後釈経文言五門者一明造論所以二立所
宗三解帰乗四顕帰分五辨帰蔵初言明造論所以者向世親菩
何故造論釈此経耶答仏法深妙若経造論義則易解令法久住
又仏聴造論如経中説仏浣苾芻随所造論應心善要持是故修羅
6 中辺義之論別為異部故應造論又饒益他故為彼菩作是之

26 如来滅後大小乗宗分成多部小乗宗見而有廿如宗輪論一乙分別
21 大乗宗見復分三別一勝義皆空二唯識中観三法性円融此三宗見
各立之法而中辺自成唯識等如陳應思今此経者唯識宗部大論
之師世親菩造論釈故是故當知唯識中観宗部摂也
24 三宝帰云者如来大悲门摂辯迷随機説教説有三五言説三法一聲

347 情悉皆同體若諸有情能与无漏智慧観之即頓斷忘相
348 但空法界之身方顕盡生死際用无窮盡名究竟利果
349 已上二門明所宗竟 六門第三流通分者復分為三 初標
352 化仏果 如経時薄伽梵説是経已也次明衆同聞法如経一切世?
之浄居?天衆也従餘受遵奉如経文仏所説皆大歓
論云如是我聞者今生信也信受
月三浄勝故使聞者歓喜奉行
354 荘故二所説清浄明如實福浄法

(147)

三三

二八六四 老子注（非河上公）（李榮注）

黄麻

26／21／156½cm

四十二章末注ヨリ五十三章「大道甚夷其人好徑」注迄

二五九四ニ接ス　二五九四、二五七七ト同本ナリ

七十五行

（二五九四ヨリ続ク）

1 不設教凡情失理化主所以興言由仁義之華敦道德之天
實因強梁之性演柔弱之法父本也以強梁為教本也

2 下之至柔馳騁天下之至堅 有象之至柔者水也 無形之至柔者道也水

74 獵氣塵空盧此乃隆盛之人豈純粹之行若使我微知政事行大道
以行無為之大道不涉有為之小徑有所施為事尤畏不行

75 甚夷其人好徑 正道平而易邪徑險而難理因者多履

（S 2060 に直ちに接す）

（道藏 本以子十冊及本以子十一冊ヲ参看）

背紀

1 銀達孟應須築殿白金欄欄上雲〻金、方
圓蓋圓白玉壘階為蹬道工輸化出 大羅
天白衣殿下白鶴居塵運籌謀奉
一人白帝化高千古後猶傳■感 德比松筠白
衣居士寫金經誓彌 人王不出庭八大
金剛持寶杵長常田護念我王城白壇白戰數
白蓮花大 聖捧持萬一家太子福近千万
艹菜 王妃長降五香車樓成白壁玉鈷珠
珎五部龍軒倚捅新万栱白手紅鏤頂
白龍行雨灑埃塵壁白旄神畫轉樹 龍坪白
象銜珠盡合儀春光 加馬幸東城苑雅樂前
臨 日月旗 百官在國物愁舊像白刃交馳未
告勞為感我王洪澤有子盡能事虜展戎鞱白
裾寅履出象群 國舅温恭自東身羅公
挺拔推光敵按劍先登渾舍人向雪山巖
漸海清六戎交臂必須手我 王自有如神
將沙南委付宋中丞白屋藏金鎮國豐進達
18 偏能歎虜戎樓蘭獻捷千人喜 勅賜紅袍

（一五）

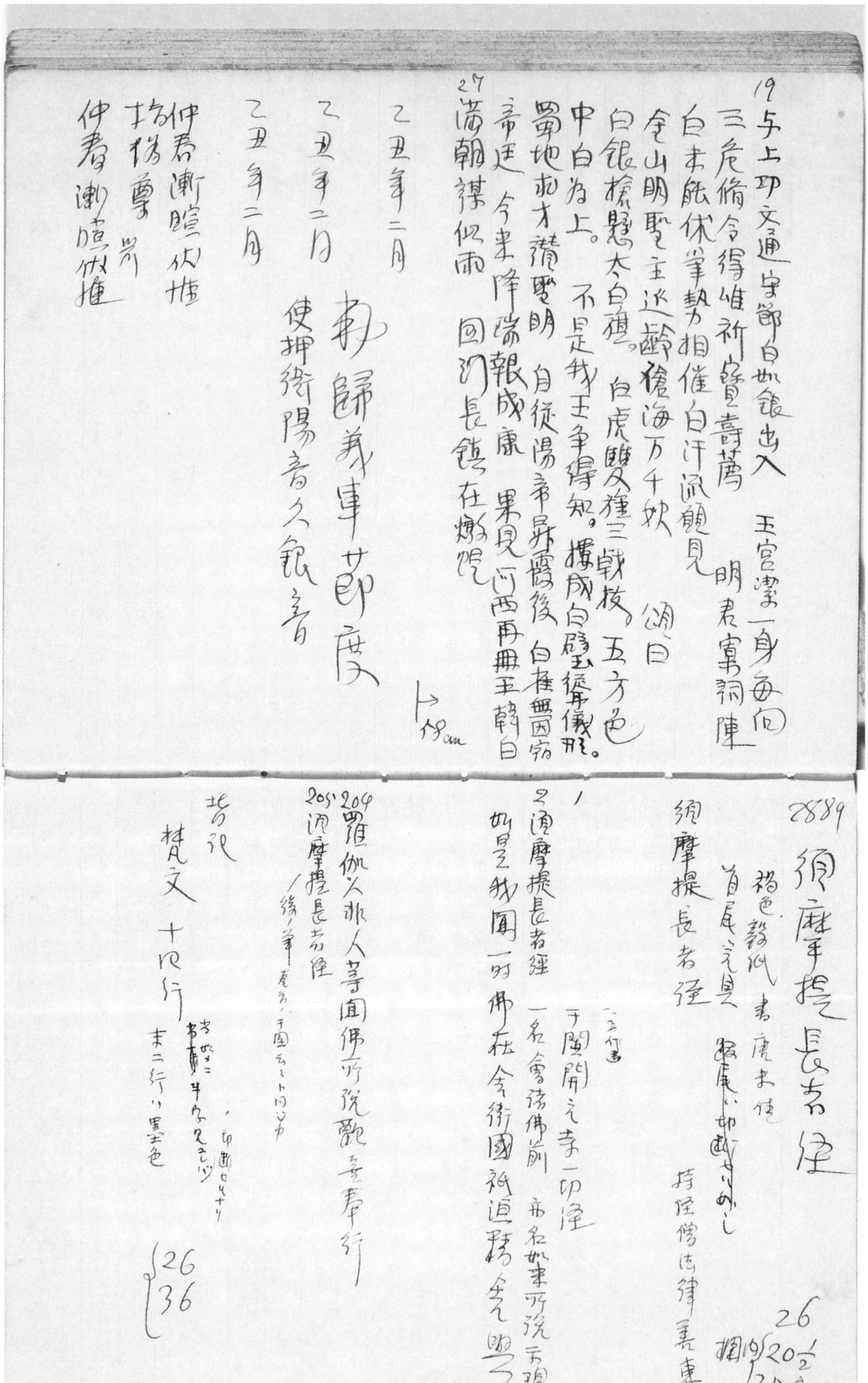

19与上卯文通守節白如銀出入　玉宮潔一身每向
三危脩令得唯祈聖壽萬　明君寡詞陣
白來能休笔勢相催白汗流顏見
金山明聖主延齡徭海万千秋　頌曰
白銀楼懸太白旗。白虎雙及揮三戰掖。五方色
中白為上。不是我王争得知。攢成白璧纏身儀形。
蜀地本才積賢明　自從湯帝昇霞後　白雀無因窮
帝廷　今來降瑞報成康　果見河西再冊王韓白
27 満朝謀似雨　回河長鎮在燉煌
乙丑年二月　　ト48cm
乙丑年二月　勅歸義軍節度
使押衙陽音久銀音
乙丑年二月
仲春漸暄伏惟
協務尊　岸
仲春漸暄伏惟

2889 須摩提長者経
褐色 薄紙 書庸末佳
首尾完具　軸尾ハ切断セラレタリ
須摩提長者経　持經僧法律善惠
26
楣内 20½
350
(一)

1 于闐開元寺一切経　(一五行書)
2 須摩提長者経　一名會諸佛前　亦名如來所說示現衆生
如是我聞一時佛在舍衛國祇洹精舍與大
204 羅漢以非人等聞佛所說歡喜奉行
205 須摩提長者経
1 後ノ筆　巻末ノ于闐云々ト同ジナリ
背紀
梵文　十四行　末二行ハ黒色
背紙ニ書[illegible]半字見エレツ
ハ切断セラレタリ
26
36

numéro des manuscrits	page	Numéro des manuscrits	page				
2011	1.	2529	40	2577	92	2681	127
2329	7.	2530	42	2584	76	2697	134
2370	4.	2531	44	2594	88	2699	132
2407	6.	2532	47	2596	79	2712	137
2435	11.	2533	46	2597	80	2715	135
2469	29.	2534	49	2598	81	2716	136
2481	29.	2535	48	2599	82	2718	138
2488	31	2536	50	2602	84	2727	141
2491	37	2537	56	2616	94	2735	139
2496	38	2538	54	2618	93	2746	142
2498	32	2545	58	2622	98	2757	143
2505	16	2546	61	2633	101	2766	145
2508 a b	12 14.	2548	60	2639	104	2791	146
2513	30	2550	62	2662	120	2794	148
2515	27	2551	72	2664	119	2804	152
2516	26	2553	67	2668	121	2808	151
2517	20	2554	64	2674	{125 130	2809	156
2518	18.	2564	68	2676	126	2816	155
2523	45	2574	74	2677	128	2823	159

	Page
2831	162
2832	166
2836	164
2846	~~178~~ 170
2855	169
2861	171
2864	178
2889	181

~~178~~.

78

（影印部）

38-3　スタイン將來資料

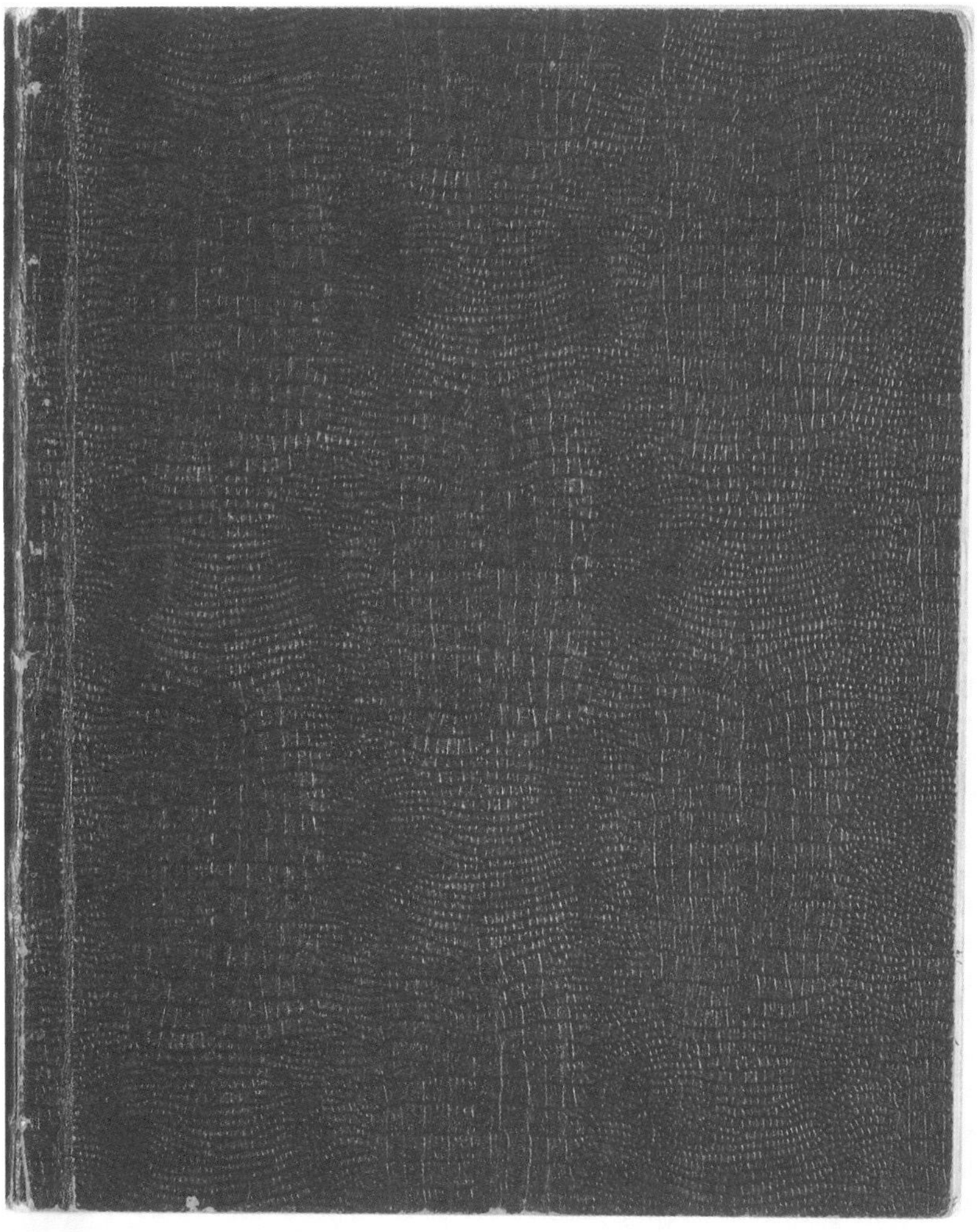

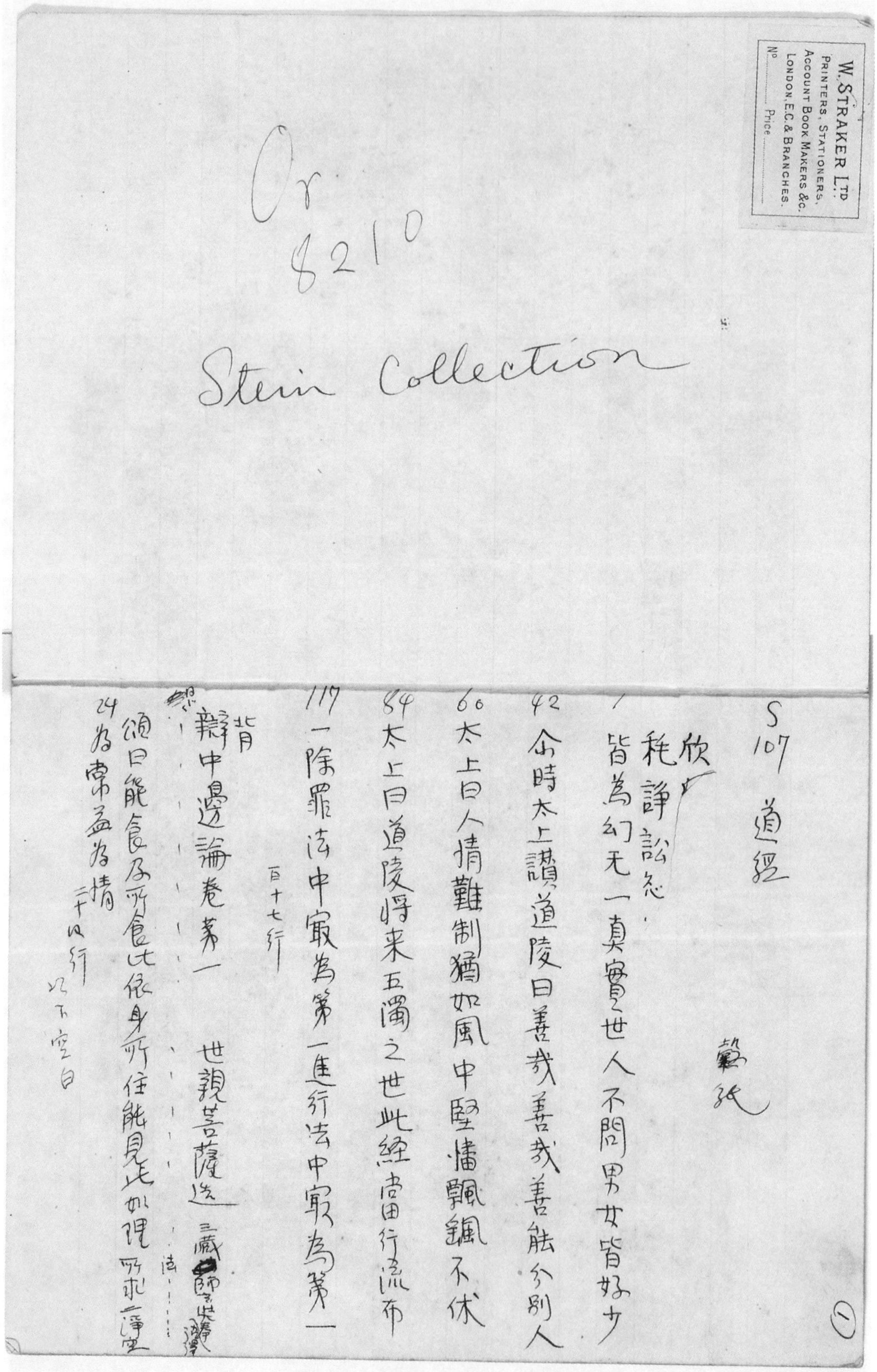
W. STRAKER LTD
PRINTERS, STATIONERS,
ACCOUNT BOOK MAKERS &c.
LONDON, E.C. & BRANCHES.
No. Price
Or 8210
Stein Collection
S 107
道經
欣
1
耗諍訟忿
皆為幻无一真實世人不問男女皆好
42
尒時太上讚道陵曰善哉善哉善能分別人
60
太上曰人情難制猶如風中墜墻飄颻不休
84
太上曰道陵將来五濁之世此經當由行流布
117
一除罪法中最為第一進行法中最為第一
百十七行
背
辯中邊論卷第一 世親菩薩造 三藏法師玄奘譯
法
頌曰能食及所食此依身所住能見者如理所求無淨空
24
為常益為情
二十四行
以下空白
(1)

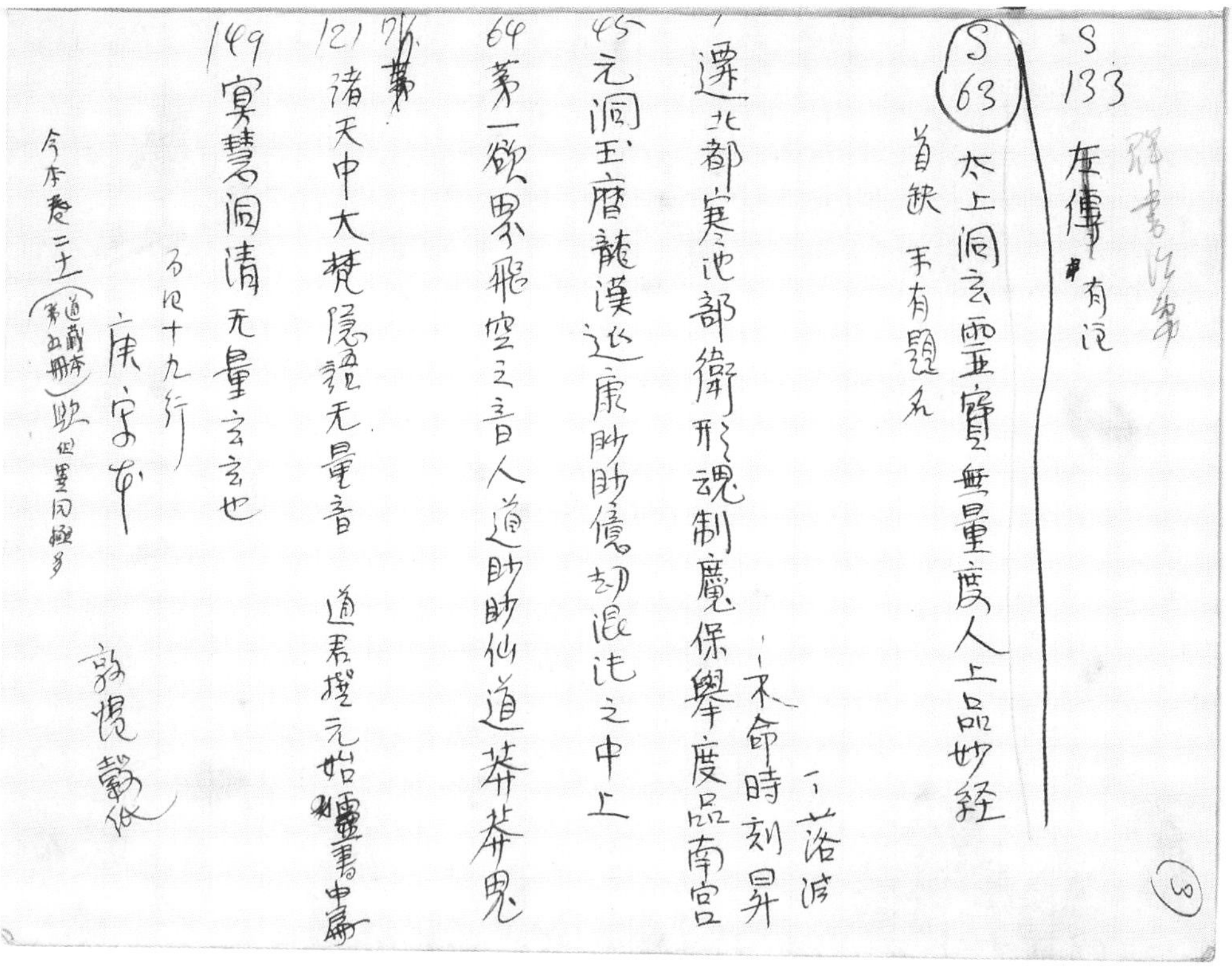

S 133
左傳 有注　群書治要

S 63
太上洞玄靈寶無量度人上品妙経
首缺　末有題名

1 遷北都寒池部衛形魂制魔保舉度品南宮
…不命時刻昇　下落浦
45 元洞玉曆龍漢延康眇眇億劫混沌之中上
64 第一欲界飛空之音人道眇眇仙道莽莽鬼
76 第
121 諸天中大梵隱語无量音　道君撰元始靈書中篇
149 冥慧洞清无量玄玄也
百四十九行
今本卷一上（道藏本第五冊）欠 但異同頗多
庚字本
敦煌觀依

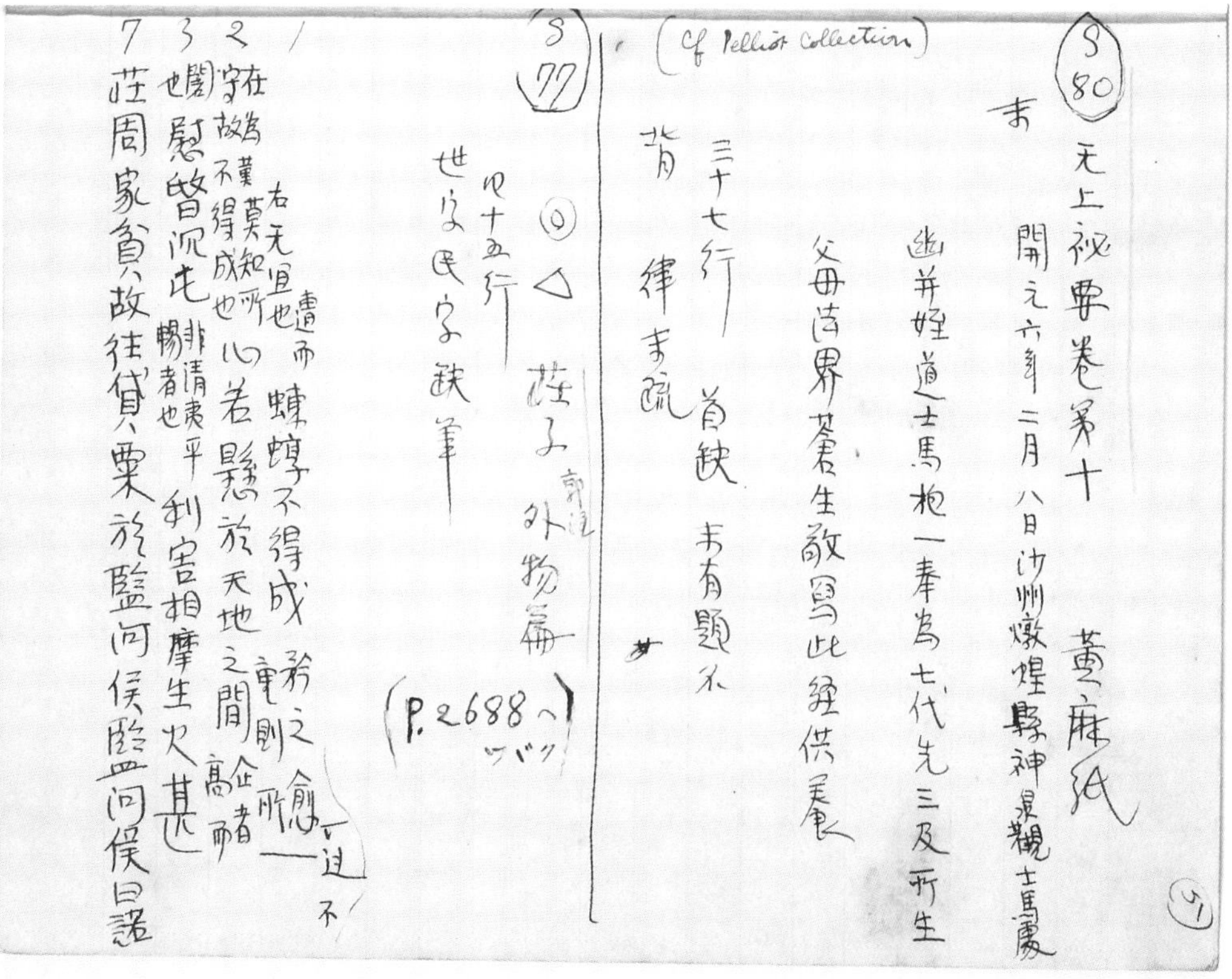

S 80
末
無上祕要巻第十　黄麻紙
開元六年二月八日沙州燉煌縣神泉觀士馬處
幽并姪道士馬抱一奉為七代先亡及所生
父母法界蒼生敬寫此経供養

(cf Pelliot Collection)
背
三十七行
律末疏　首缺　末有題不

S 77
四十五行
世字民字缺筆
莊子 外物篇 郭注
(P.2688へ ツヅク)

1 在右无宜也遺而蜩蟭不得成矜之龜則所愈一　迸不
2 字為故薫不得成也莫知所心若懸於天地之間企者高而
3 闍也慰昏沉屯非清夷平暢者也利害相摩生火甚
7 莊周家貧故往貸粟於監河侯監河侯曰諾

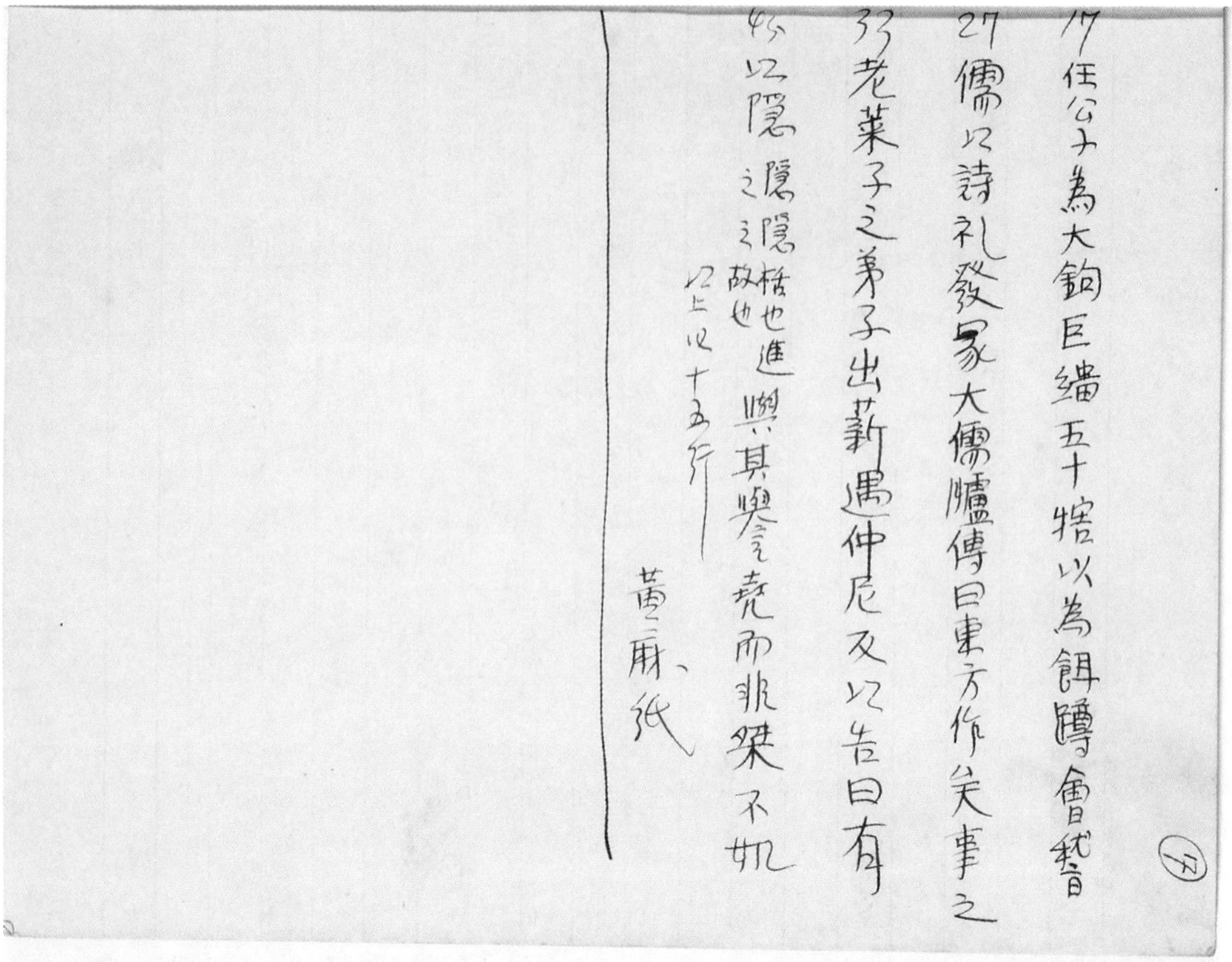

17 任公子為大鉤巨緇五十犗以為餌蹲會稽
27 儒以詩礼發冢大儒臚傳曰東方作矣事之
33 老莱子之弟子出薪遇仲尼反以告曰有
45 以隱 隱 隱括也 之 之故也 進 與其譽堯而非桀不如
以上以十五行
黄麻紙

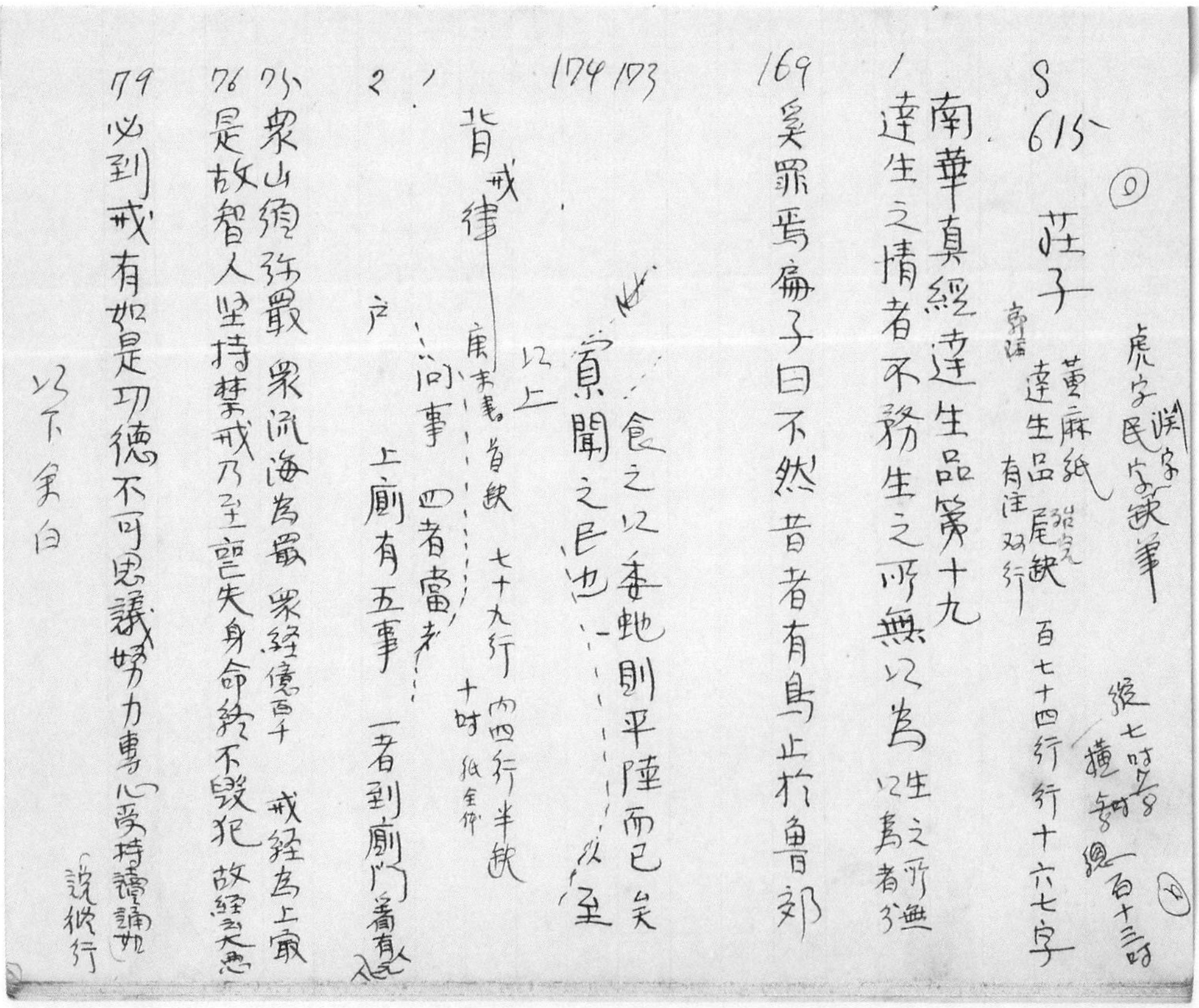

虎字 渊字 民字 缺筆
縦七吋7/8 横 總一百十三吋
①
S 615
莊子
郭注
黄麻紙
達生品 尾缺 百七十四行 行十六七字
有注双行
南華真經達生品第十九
1 達生之情者不務生之所無以為 生之所無以為者
169 奚罪焉扁子曰不然昔者有鳥止於魯郊
173 食之以委虵則平陸而已矣
174 宜聞之已也
以上
1 背 戒律 尾 首缺 七十九行 内四行半缺 十吋 紙全体
問事 四者當
2 戸 上廁有五事 一者到廁門當有
75 衆山須彌最 衆流海為最 衆経億百千 戒経為上最
76 是故智人堅持禁戒乃至喪失身命終不毀犯故経云大悪
79 必到戒有如是功德不可思議努力専心受持讀誦如説修行
以下余白

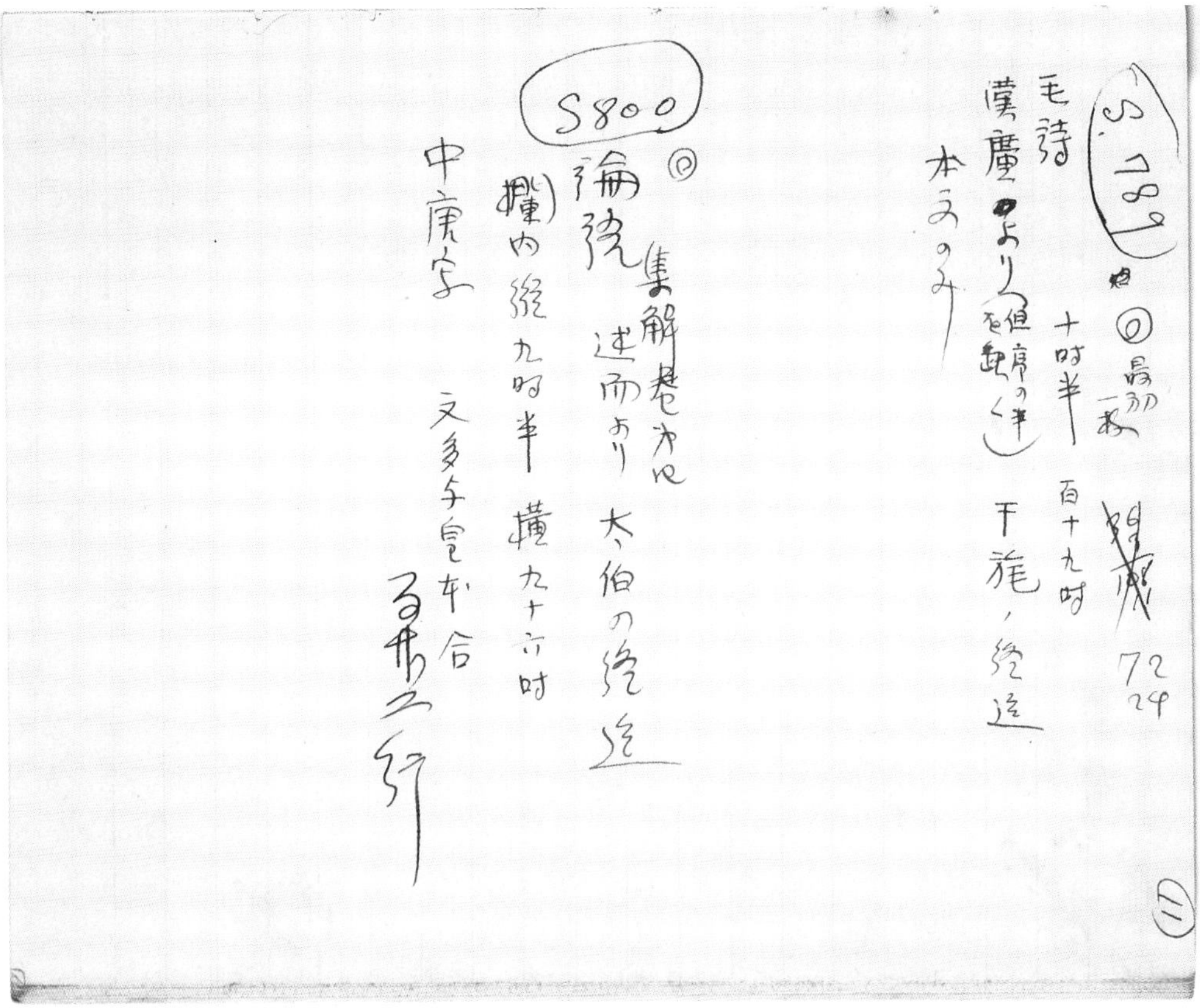
S.789 ◎ 最初一枚
72 / 24
毛詩　十吋半　百十九吋
漢廣より（但序の半を缺く）干旄ノ終迄
本文のみ

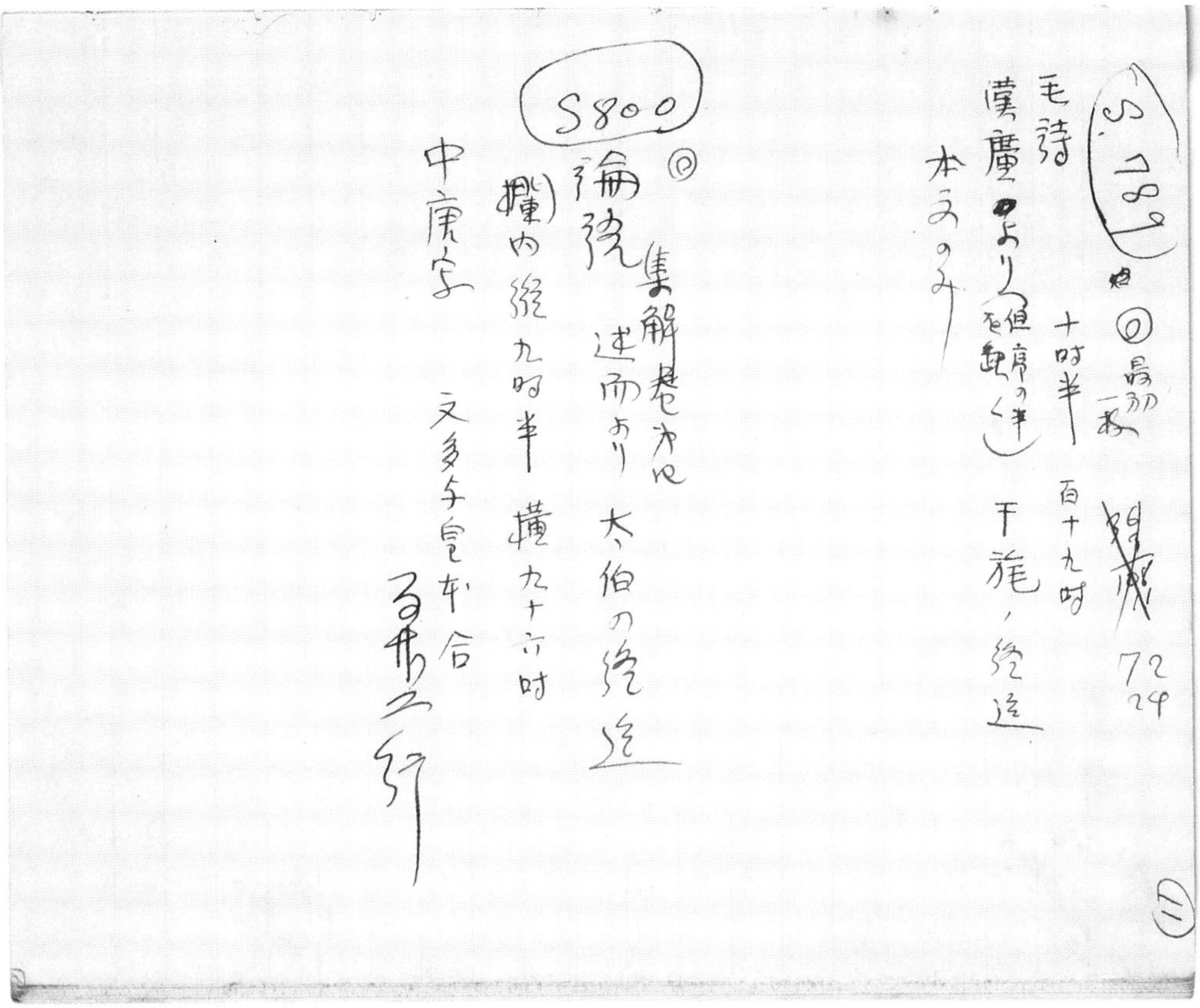

S800 ◎
論語集解卷第四
述而より　太伯の終迄
欄内　縱九吋半　橫九十六吋
中唐字　文多与皇本合　百卅二行

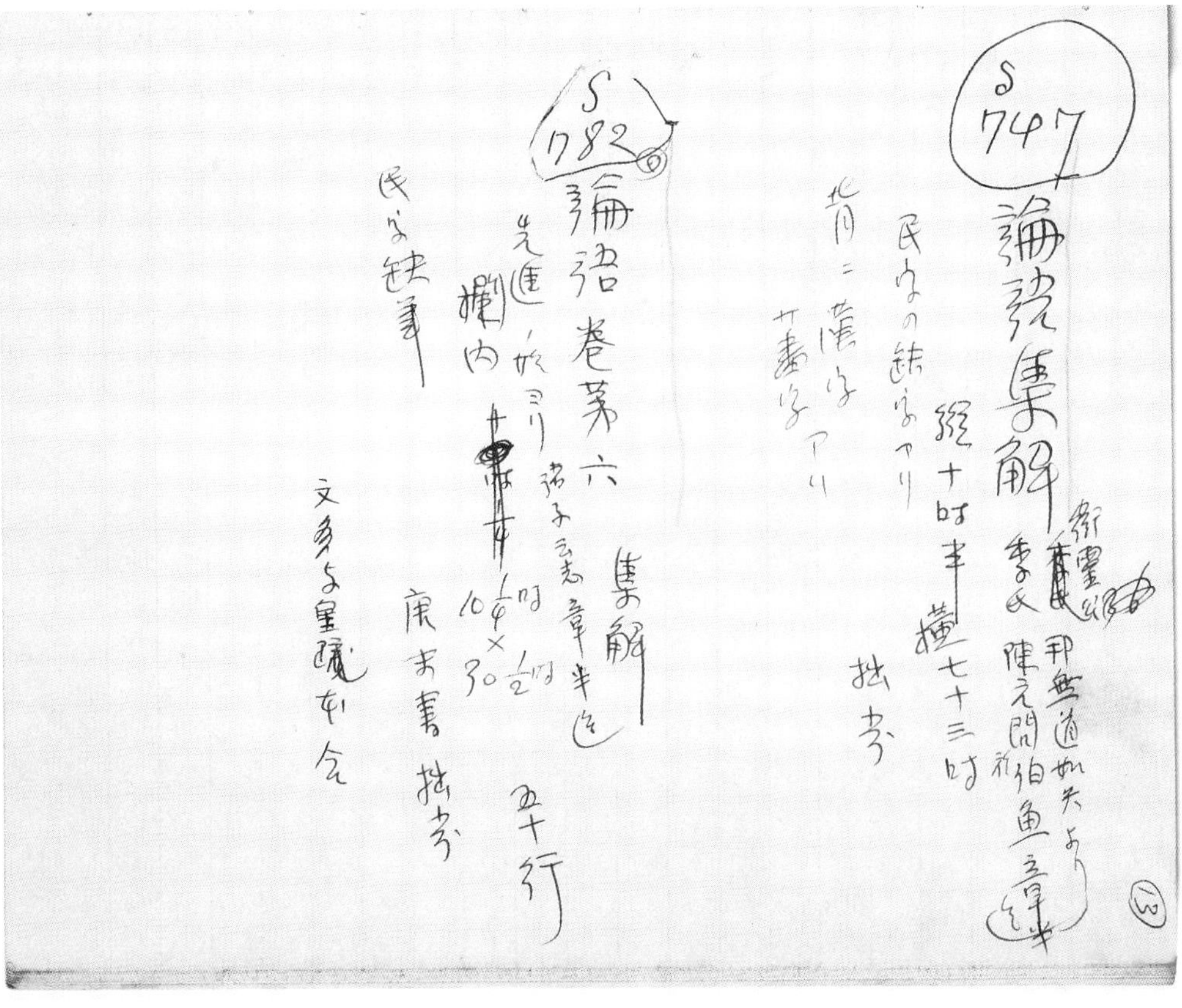
S 747
論語集解　衛靈公　季氏
邦無道如矢より　陳亢問伯魚三章半迄
縱十吋半　橫七十三吋
拙劣
民字の缺字アリ
背ニ藩字廿五字アリ

S 782 ◎
論語卷第六　集解
先進ノ於ヨリ　諸子言志章半迄
欄内　$10\frac{1}{4}$吋 × $70\frac{1}{2}$吋　五十行
唐末書　拙劣
民字缺筆
文多与皇疏本合

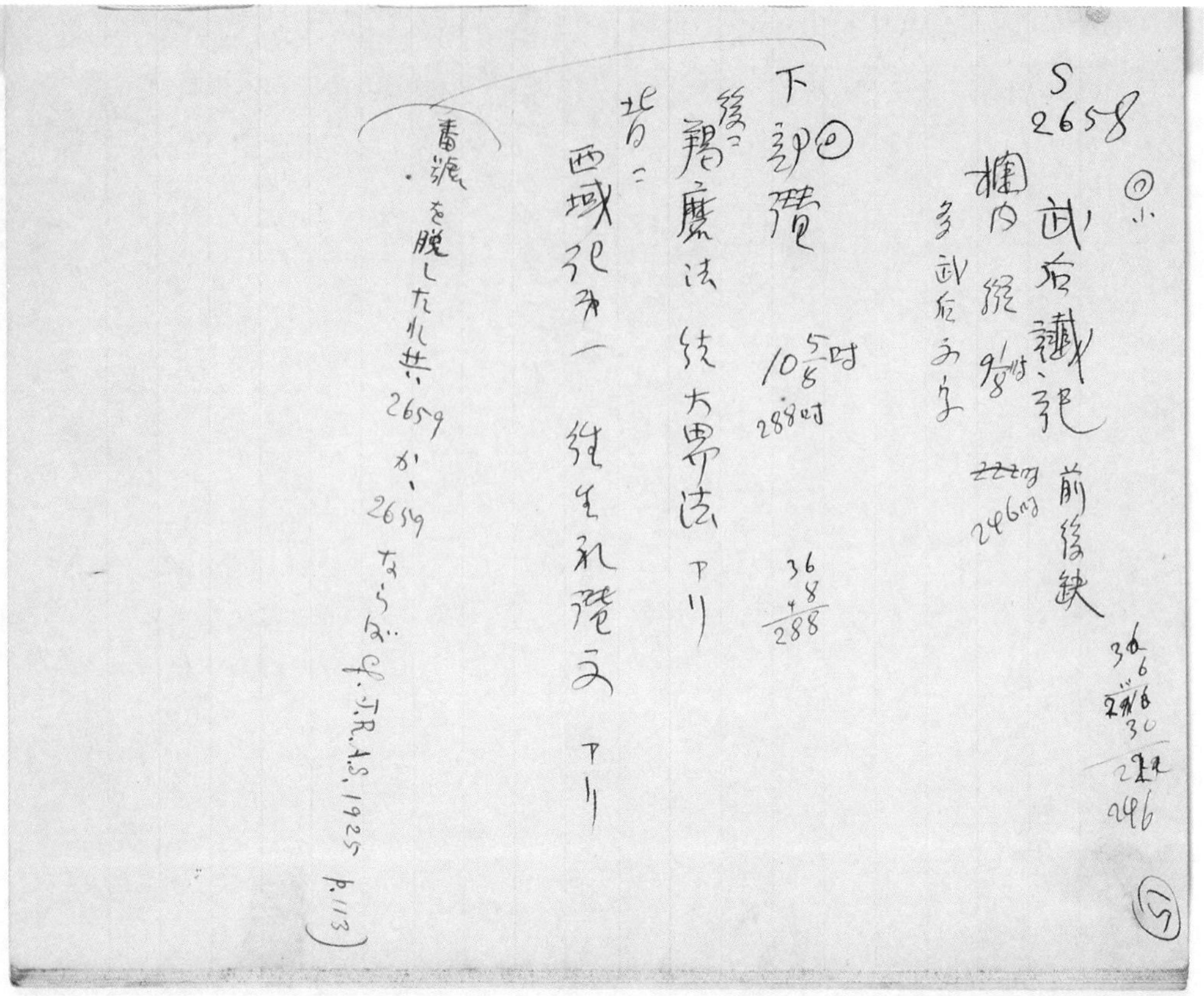

S 2658

◎小

武后讖記　前後缺

欄内 經 9 1/8吋

~~222吋~~ 246吋

多武后新字

36 × 6 … 30 … 246

下部讚 ◎

後に 羯磨法 続大界法 アリ

10 5/8吋

288吋

36 × 8 = 288

背に 西域記第一 往生礼讃文 アリ

(番號を脱したれ共 2659か、2659ならば cf. J.R.A.S. 1925 p.113)

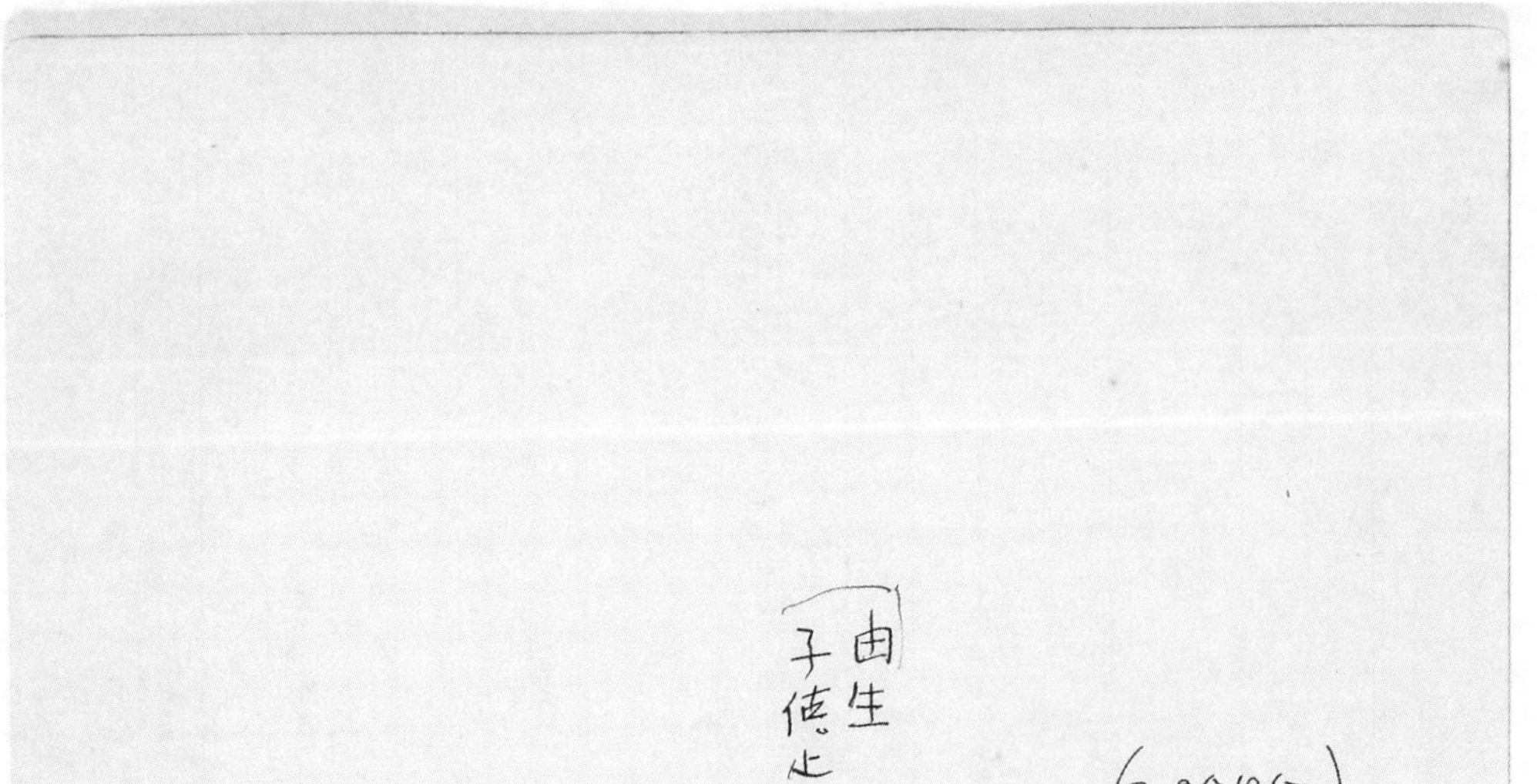

(由生

世之黠オ

子依止六藝以待明之

cf (P. 2545 / P. 3372)

S 1386

孝經一　序半缺　經文完具　敦煌紙　唐寫　(17)
士人章第五　全十八章也
孝治章第八
廣揚名章第十四
居家理治可移於官
維天福柒年壬寅歲十二月十二日永安寺學仕郎
高清子書記也
Cf. P.2545 P.3372 鄭序也
11 1/2 inch
71 inch
門，云秦滅法孔經存
哀公十一年，自衛皈魯修
禮樂，教於洙泗之間，
身通達者七十二人，唯有
閑居之中，為說孝之大本
者蓋三才之經緯，五行
則三才不
成五行德，序是以在天則曰至德，在地則曰愍德，施
之於人則曰孝德，故下文言夫孝者天之經，地之義，
人之行，三德同體而異名，蓋孝之殊途，經者不易之
稱，故曰孝經，
開宗明義章第一

S. 728

孝經　首缺　11 5/8 inch　7 1/2 inch　敦煌紙　民　民字缺筆　(19)
曾子曰
之本教之所由生
父母不敢毀傷孝之始也―
以顯父母孝之終也夫孝始於
忠於立身大雅云無念示祖生聿修厥德
天子章第二　子曰―――
夙夜匪懈以事一人　士人章第五　資於事父以
孝治章
丙申年五月四日靈圖寺沙彌德榮寫過　後輩弟子梁子松
庚子年二月十五日靈圖寺學郎李再昌已
背記中
學郎大歌張富千　一下趁到孝經邊
太公家教多不殘　𢶀攞兒實鄉偏

S.861

道書

黄麻紙　中庸書

十四行

欄内 7 7/8 inch / 10 inch

(21)

1 身死化為鳳皇六十年還化為人家ナ
有大建功德三十年得尸解入青華宮中黄
安世者入山學道在石室中誦經礼拜心不
精至而見飛騰四十年中化作翔鴻九十年
得轉身為女子形容端正好樂神仙精誠感
徹五十年中夜光玉女来降賜霊寶五牙法
行之十三年白日騰擧登黄曽天中得為天
女已七千歳王子期者斷穀不食獨坐空山
不脩諸行六十年化為青石後三十年上一日
雷震石裂中出一龍直入金堂山中為道寺
經屋八年聞道士誦經持識轉身生清梵王
門大建功德二十四年東華真人潛授神丹
服之壽三百歳心恒翹勤會道士為授此經
14 脩行十六年白日昇天得為太極仙王韓无

太上洞玄霊宝業報因縁経巻九　證実品第二十

cf 道蔵第百七五冊　巻九第十一第十二

S.1113

道書

欄内 7 7/8 inch / 19 inch

二十八行

黄麻紙

(23)

1 癡无所識咸謂道不真道為賢者施不為愚
癡陳
玄妙内篇経云若能脩无為一切无念負快怕
念至道　身泰清府出入紫微宮玄老為交
友列名上三天六物可常有万歳為一日松
喬何足壽仙度昇无極鍊易故身體身堅
殊金剛不復憂老死天地有變改我身无
終朽　巻上
本願大戒経云大道洞玄虚有念无不硌練
質入仙真遂成金剛體
太上八素真経云吟詠玄中玄獨步體自然
紫雲金剛身唱讃空真官國土兆安寧明得
神仙君種德富歸流流壽年命延吉慶普溢
14 物積善如丘山　出七巻
15 昇玄経云、、、
17 玉質
18 太上霊宝真本業道行因縁経頌曰
20 天師請問経太上道君頌曰
22 相好
23 太上說智慧消魔真経云太上告青童君曰

此内ニ楽書の佛画絵あり

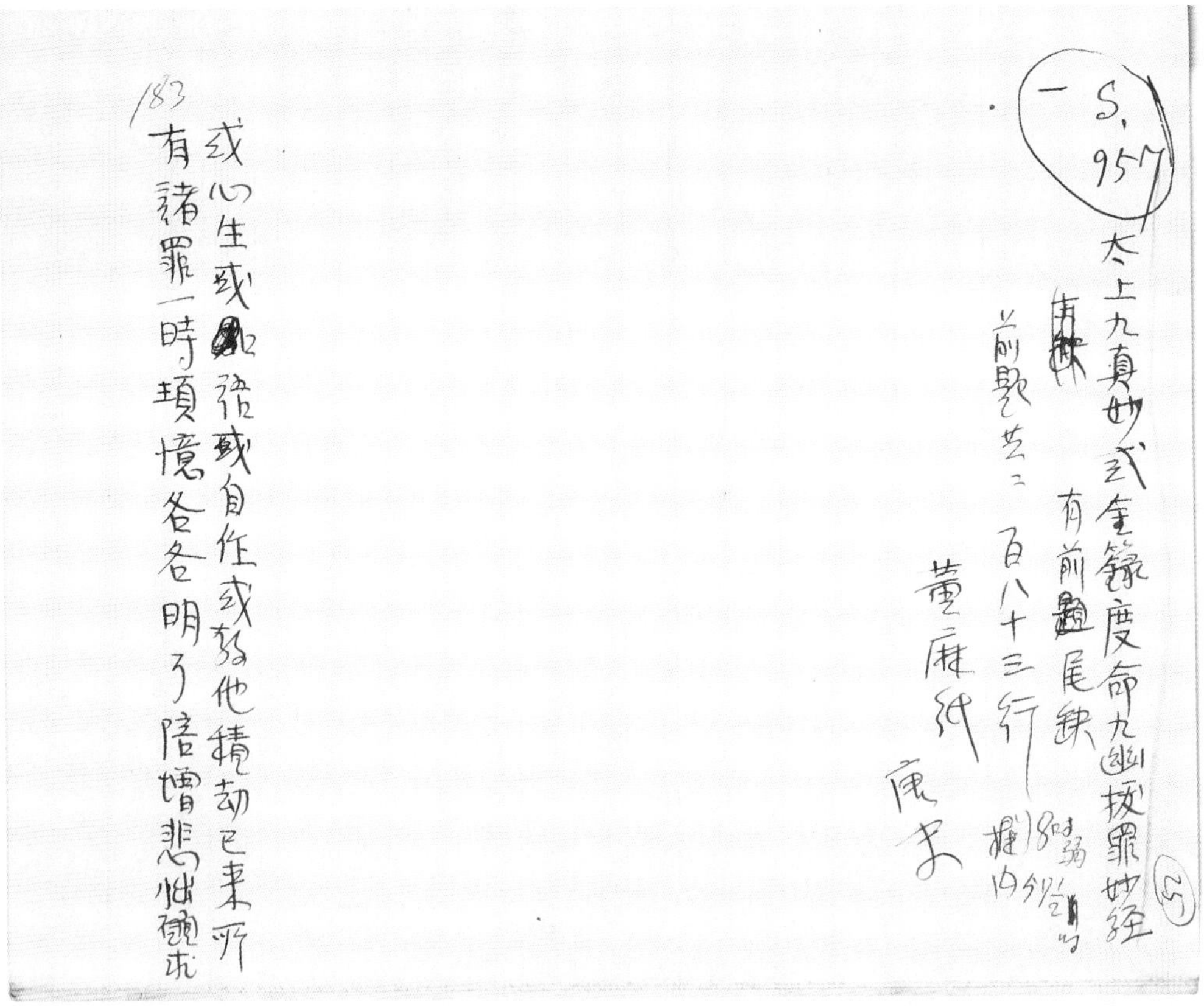

S. 957 (5)

太上九真妙戒金籙度命九幽拔罪妙経

有前題尾缺

前題共二百八十三行　18吋弱　摺内9½吋

黄麻紙　唐写

183

或心生或口語或自作或教他積劫已來所

有諸罪一時頓懺各各明了陪增悲惱

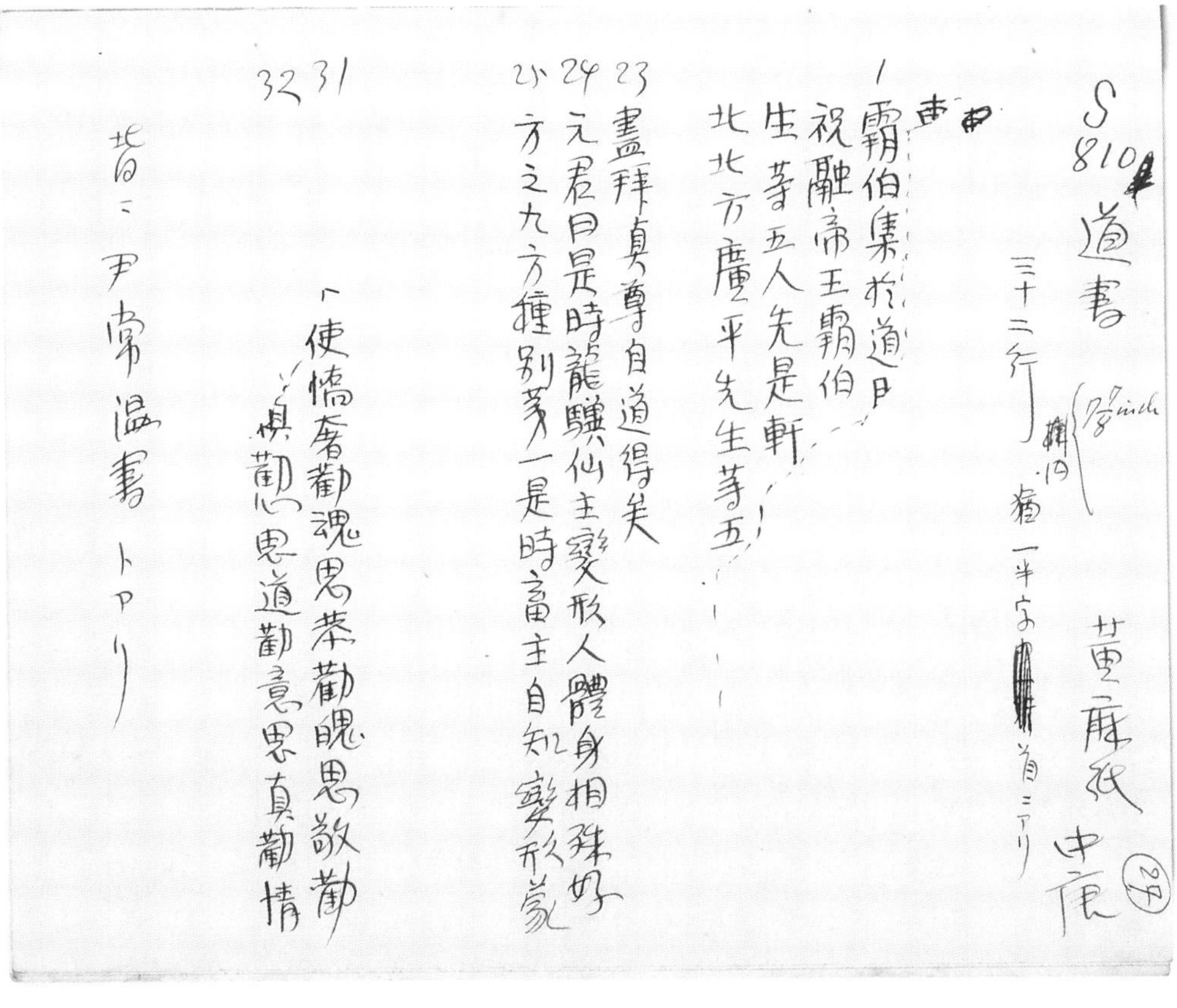

S 810 道書 (29)

三十二行　7⅞inch　摺13　猶一半字首ニアリ

黄麻紙　中唐

1 霸伯集於道戸

祝融帝王霸伯

生等五人先是軒

北北方應平先生等五

23 盡拜真尊自道得矣

24 元君曰是時龍驤仙主變形人體身相殊好

25 方之九方種別第一是時富主自知變形象

31 使惰者勸魂思恭勸魄思敬勸

32 具勸心思道勸意思真勸情

皆ニ尹常温書トアリ

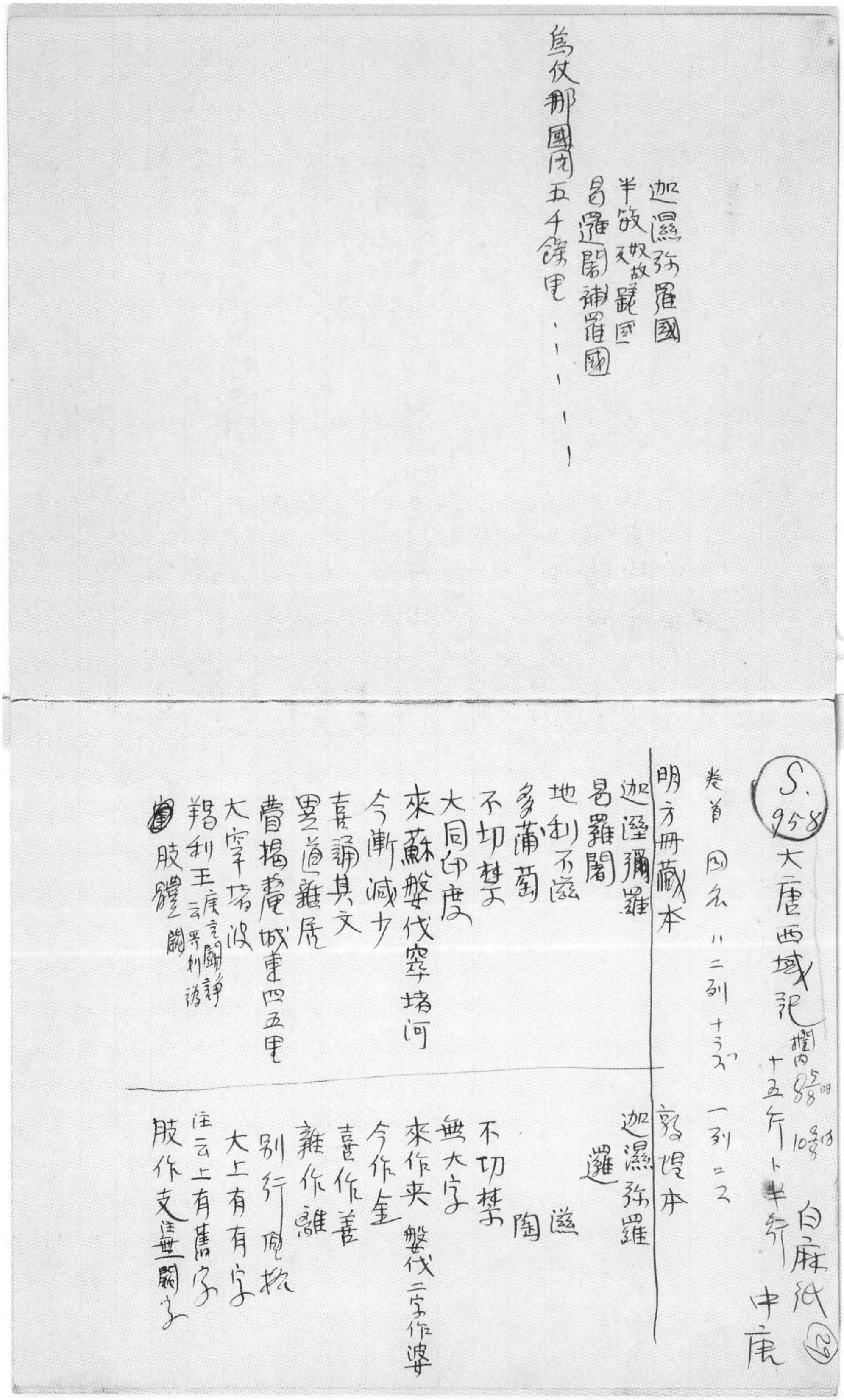
迦濕弥羅國
半笯嗟國
曷邏闍補羅國
烏仗那國周五千餘里

S.958
大唐西域記 欄内 8 5/8 10 5/8
十五行ト半行 白麻紙 中唐 (29)
巻首 国名ハ二列ナラズ 一列ニ入

明方冊藏本	敦煌本
迦溼彌羅	迦濕弥羅
曷羅闍	邏
地利不滋	滋
多蒲萄	陶
不切禁	不切禁
大同印度	無大字
來蘇槃伐窣堵河	來作夾 槃伐二字作婆
今漸減少	今作全
喜誦其文	喜作善
異道雜居	雜作離
曹揭釐城東四五里	別行 [illegible]
大窣堵波	大上有有字
羯利王 唐言鬭諍 舊云哥利訛也	注云上有舊字
肢體 闕	肢作支 注無闕字

世字
民字　缺筆

S[illegible]
礼記　自儒行不聞有司故曰儒注侯卿大夫
至大学此之謂自謙　三十六行　(31)

石印本　　　　　　敦煌本
注　安之言無也　　　無也下有不也二字
注　此哀公輕　　　　公輕間有之字
注　輟公既而礼館之　而下有以字
注　言没世不敢　　　世上有吾字
〃　當時服　　　　　服下有也字
大學第四十二　　　鄭氏注
注　得事之宜也　　　無之字
〃　事緣人所好来也　好下有而字
〃　或為至　　　　　至下有世字

以上

淵字缺筆
淵
世字不缺筆

②
S.1603
莊子 郭注　黄麻紙 中唐書體 佳 ㉝
天道篇　約三十九行　欄内 8吋 28 6/8吋

心不于也
1 吾服也恒服也 服老客行 釁自殊故能 不變其容也 以毀吾 也
之非以服有服也 有為為之則 不能恒服也 士成綺鴈行避
18 至人之心有所定之矣 定於无為
19 世之所貴者書書不過語語有貴也語之所
26 言者不知也而世豈識之乎哉 此絶學者 尚之意也
27 桓公讀書堂上輪扁鄧輪堂下釋推鑿而上
37 可傳者死矣然則君之所讀者古人之糟魄
38 也已矣 當古今之事已滅於古矣雖或傳之豈 能傳古在今哉古不在今今事已變故
39 絶學任性與時變化而後至焉
以下余白　10 6/8吋　35吋

背 五十六行
1 辯中邊論卷第二 世親菩薩造 三藏法師玄奘奉 詔譯
辯眞實品第三 已辯其障當說眞實 頌曰 唯有十 眞實
所取一切
54 理極成依三 論曰若事世間共所安立串習隨入覺慧
55 世間同執此事是地
56 於根本 實也義

S 1891

王注家語巻第十　(35)　首缺

白麻紙　初唐書　佳　七十三行　五刑解　完具　楣 66

1 楊也清路以新土門〻术清路行者蹕止　宮者不敢

2 蹕止無復行也霞弗命而民聽敬之至

3 故土壱也至恭嚴事无故天子之大喪而黼之被衮以

4 此民化之不令而行

12 天祭 是以君子無敢輕議於礼也

13 五刑解第卅　孔子家語

14 冉有問孔子古者三皇五帝不用五刑信　王氏注

73 之聞也請退而記之也　家語巻第十

以上

世民字不缺筆

---

197 妙覺輪化宿命備現　身耳无量數　神觀形无垸

202 功滿德共普　超度無君速　罪か

203 放良逍遥遅

~~203 放良~~

逍遥天為室　頁首眉題　一行凡何句五字

S.1605

道書

首尾並缺

二百三行 十七字

周隋 六朝書

六朝寫紙

S1906

出虚无正真

2 有負逆之對勸戒入

3 頌此幕令知宿命之根也

4 太上玄一真人曰吾昔受无極太上大道

5 无上八門開度法輪勸戒經頌脩行道成位

14 真人也輕傳漏洩考滅尒身

15 太上玄一第二真人光妙音說三塗五苦生死命根勸戒上經

16 道言吾於混沌无形之中歷觀諸天梵炁无

31 以度其身来者明慎詳而奉焉

32 道言吾昔歷觀諸天出遊東門見有百姓子

47 之根更受滅度以致飛仙也

48 道言吾嘗歷觀諸天出遊西門見有百姓子男

64 无量之報也

65 道言吾昔歷觀諸天出遊南門見有百姓子

80 道言吾嘗歷觀諸天出遊北門見有百姓子

98 令知至真也

99 道言吾昔歷觀諸天出遊東北門見有百姓

一二五 西南門

一三二 東南門

一五二 西北門

172 道言吾開八門以遙觀衆生見有百姓子男

189 三塗五苦无善命根偈頌

一行四句句四字

S 1906

道書

S 1605ト連接ス

放浪隨運遷 逍遙无為宣 顧看羅門憂 與尒長離別

S 1906

S 1605

1 法輪拔度命根升玄偈頌

一行四句句五字

9 升入玄門 斯慶樂未央

10 道言此三幕偈頌出元始之先无數之劫道

20 身獲神仙逍遙太空升入八門之中也

21 太上玄一真人鬱光說无量妙通轉神入定妙經

22 道言夫轉輪不滅得還生人中才智明達心

31 道言若學神仙思念无量（ ） 長生身與我

86 降雲龍八景玉輿飛升上清（ ）

87 无量妙通轉神偈頌

93 道言无量妙通轉神入定經頌皆訖道行（ ）

一行四句句五字

142 去也

二行あく

143 太上洞玄靈寶真一勸戒法輪妙經

ここが總書名

君子喻於義小人喻於利
注孔曰喻猶曉也
包曰
見不賢而
幾諫
注幾者微也
注而遂已之諫也
注方猶常也
注孝子在喪哀慼思慕無所改
於父之道也
恥躬之不逮也
注不妄出口
注俱曰不得中奢
〃儉約
〃欲遲而
〃方以類聚
〃是以不孤
論語卷第二　沙門寶印手札也
金光明寺學郎

敎問本
下喻作諭
孔曰諭曉猶
包作苞　下同
而作者
無諫字
無者字
無也字
方作防
無在喪二字
無所字
於作其
無也字
作不妄出者
得中奢者
儉作便
無而字
以作与
作是哀孤

S.1586

首缺
里仁
論語卷第二
集解
自不仁者不可以久處約章知者利仁注至卷尾
10 7/8吋
25 1/4吋
半行
(41)
新價紙
楷書

仁美故利
無惡也
得之不
得之
惡乎成名
顛沛必於
不仁者好仁者
仁者加乎
力於仁矣
者　蓋有之矣
也　優　日無言人耳我未見欲為
曰時人言不能為仁故為能有耳我未之見　子曰民之過也各於其黨
黨黨類也小人不能為君子之行於小人之過當恕而勿責之觀過使賢愚各當其所則為仁矣　子曰朝
有道　子曰士志於道而恥惡衣惡食者
子之於天下也無適也無莫也義之
孔曰懷安也　小懷土　孔曰重遷也　君子懷刑　孔曰安於法也　小人懷惠　苞曰恩惠
而行　孔曰放依也每事依利而行　怨　孔曰取怨之道　子曰能以禮讓為國
不能以禮讓為國如禮何　苞曰如禮何者言不能用禮　子曰不患
立不患莫己知也求為可知也　苞曰求善道而學行之則人知己　子曰參乎吾道一以
以下完具
一列
一列十リ

菩提無相自ゝ等 五言十五首

背 心海集至道篇五言三十首

修道說法戒禅之之

S 2295

老子変化經 九十六行

首缺、 7 7/8吋欄内

83

②

95 度數出有時節而化知吾者少非吾者多

老子變化經

大業八年八月十四日經生王儔寫

用紙四張

玄都玄壇道士覆校

裝潢人

秘書省寫

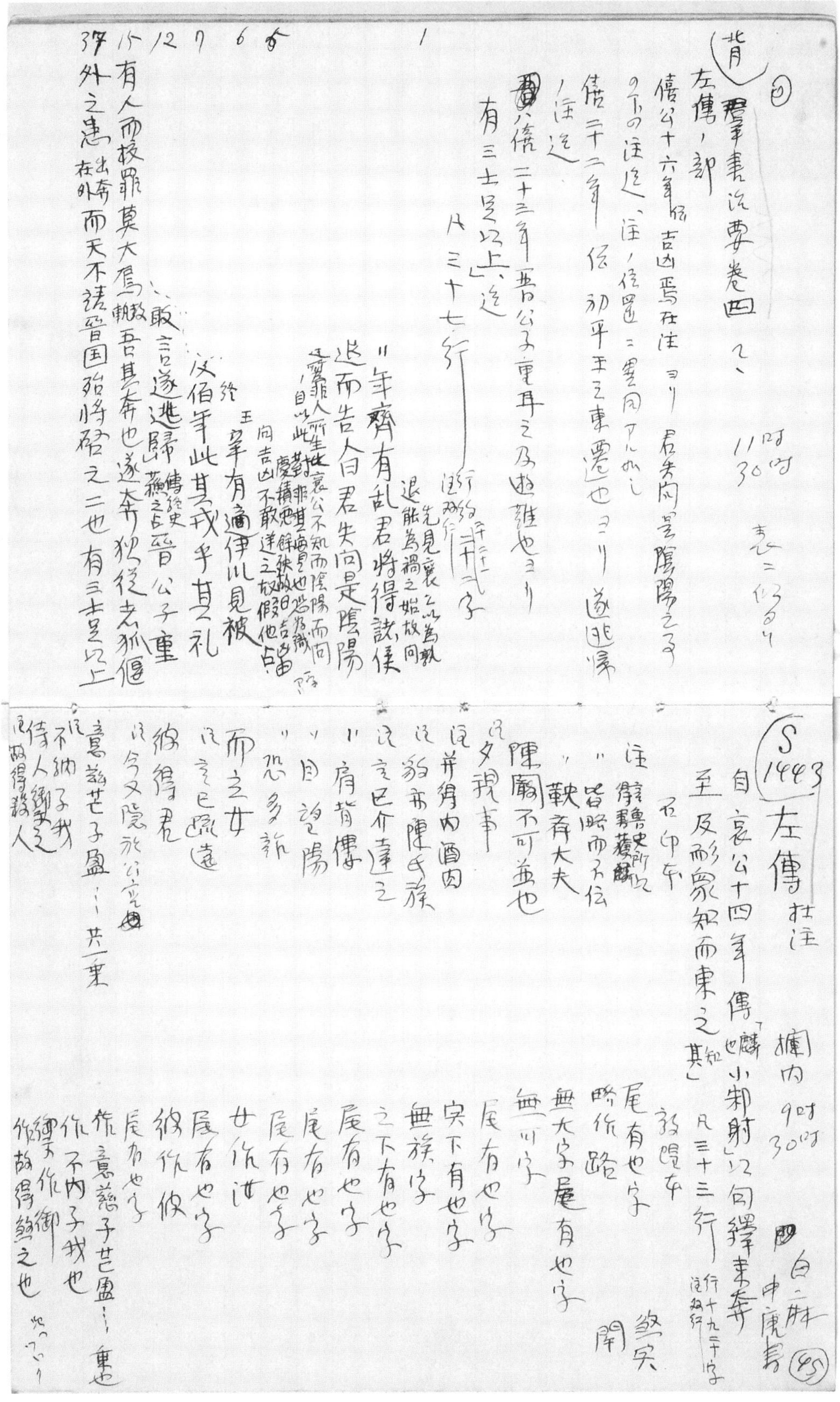

37 15 12 7 6 5 1

背

羣書治要巻四之、

11吋 30吋

表ニ似るり

左傳ノ部

僖公十六年伝 吉凶焉在注ヨリ 君失問是陰陽之予

の下の注迄、注ノ位置ニ異同アルかし

僖二十二年 伝 初平王之東遷也ヨリ 遂逃帰

ノ注迄

四 八 僖 二十三年 晋公子重耳之及於難也ヨリ

有三士足以上迄

凡三十七行

注行 双行 二十二字

年齊有乱君將得諸侯

退能為禍之始故問 先見襄公之為執

退而告人曰君失問是陰陽

王 辛有適伊川見被

及佰年此其戎乎其之礼

取言遂逃歸 傳經史 藏之占晋公子重

有人而校罪莫大焉 執效吾其奔也遂奔狄従者狐偃

外之患 出奔在外而天不靖晋国殆將啓之二也 有三士足以上

S 1443

左傳 杜注

自哀公十四年傳「麕也小邾射以句繹来奔

至反郲衆知而東之其知」

凡三十三行

行十九二十字 注双行

擁内 9吋 30吋

四 白二麻 中庸書

45

石印本

注

皆略而不伝

鞅斉大夫

陳齲不可並也

夕視事

并得内酒肉

翁亦陳氏族

言巳介達之

肩背僂

目望陽

恐多詐

而立女

言巳疏遠

今又隠於公宮也

彼得君

意茲芒子盈…共一乗

不納子我

侍人御鞅之

故得殺人

敦煌本

尾有也字

略作路

閑

無大字尾有也字

無…字

尾有也字

宍下有也字

無族字

之下有也字

尾有也字

尾有也字

女作汝

尾有也字

彼作彼

尾有也字

作意慈子芒盈…東也

作不内子我也

御下作御

作故得殺之也

次へつづく

前ページ続

〃 蹉其欲作乱　尾有也字
〃 子明如陳字　尾有也字
〃 奔中扶説之陳氏邑　路下邑下並有也字
〃 商闞名　尾有也字
〃 子我臣　尾有也字
〃 中行人車　尾有也字

(S 2122)

太上妙法本相經廣說普衆捨品第廿一 (47)

有後題　黄麻紙　後題共三百六十三行　行十七字

首缺　盛唐書

欄内 7 3/4吋

末世興此法　中天壇蕩然　南行補人空　於此還西窟

太上妙法本相經廣說普衆捨品第廿一

S 3389

洞淵神呪經卷四 首缺、

黄麻紙 初尾

三十六行 空十三行 二十五行 空九行 八十九行

行十七字

1

2 病、不利恐人家親強生異端

六畜墨死口舌官事水火

35 神爲人所利人耳不布施經神不祐人令人

36 有罪病即不差

空

1 道言靈圖既煥万帝朝真口詠仙章弛綫

22 神留習靈会 玉書應景乜

25 申遇之此道是祈自強

空九行

1 道言今有三洞大法法中最上若三界之中

83 王覺王子一切善矣

84 洞淵神呪經卷第四

49

S.3135

太玄真一本際經卷第二 黄麻紙 書似褚河南

後題共 二百六十二行 行十七字 欄内陰明

1

中車省 諮問唯ソ

2 究指論可否進退之議伏推試于太上道君

3 告来勤曰洲積功累德登上聖題徽作大法

末尾

礼道君一時而退

太玄真一本際經卷第二

儀鳳三年三月廿二日三洞女官郭金基奉為亡

師敬寫本際經一部以此勝福資益亡 師姓趙道

契九仙神遊八境

51

S. 3387

太玄真一本際経巻第三

後缺 共百八十六行 行十七字

首缺 中唐書 黄麻紙

欄内 8時

(53)

1 荘嚴道慧資

2 道君頌曰 一切衆會同聲稱善稱善力故即

6 昔聞深妙教 奉脩成其真 存念三度師

185 還本國忽然不見 天師汽氣還復如本

186 太玄真一本際経聖行品卷第三

S 3391 道書

二十二行 行十七字 十六字

首尾缺 晩唐書 黄麻紙

欄内 8時 15時

(55)

1 …炁陽氣上昇為天

2 …形下沉為地清濁氣合在中為人

3 …陽精之精為日為星陰精之質為月為

4 物故天從一得清地從一得寧神從一得靈

6 黄帝稽首再拜曰无始之氣為至極大道

21 夏氣嘘為秋氣吹為冬故春夏温熱故秋

22 冬寒冷故四時五行无始之氣也無數天地

以上

S 3013

無量壽宗要経

首尾缺 穀紙

S 2267

老子　本文ノミ

首尾缺

黄麻紙　晩唐書

欄内 8吋弱

89 1/4吋

知其雄守其雌三章　无撫知其衆

至德經以政治國　以奇用兵章　我好靜民自政我

无欲　凡百二十四行 ― 行十七八九字

1 无撫知其榮守其辱為天下谷為天下谷常

3 是以大制无割　六十七字

7 去奢去泰　五十七字

11 勿彊物壮則老謂之非道非道早也　六十七字

18 戰勝以喪禮處之　一百一十四字

22 道在天下猶川谷與江海　六十六字

28 其大　五十五字

31 可既　卅七字

35 以視人　五十六字

38 將不欲无欲以靜天地自正　卌七字

39 道經上（後人補筆カ）

40 老子德經下

48 華故去彼取此　一百廿九字

56 如玉落落如石　一百卅二字

58 有生於无　卅一字

(57)

64 名夫唯道善貸且成　五十九字

69 父　七十三字

71 无為有益不言之教无為之益天下希及之　卅七字　卅六字ヨリ七

74 不殆可以長久　卅字

77 清靜為天下政　卌字

80 甚於欲得知足之足常足　卅三字　（後人筆）

82 弥少是以聖人不行而知不見而名不為而成　卅六字　四十四字アリ

85 取天下　卌字　三十九字ヨリナし

89 姓皆注其耳目聖人皆咳之　六十三字

94 夫何故以其无死地　七十九字

98 生而不有為而恃長而不宰是謂玄德　六十六字

103 常　七十二字

106 猒飲食資貨有餘是謂盜誇盜誇非道　五十二字　字數合ス

111 吾何以知天下之然以此　八十四字

115 祥心使氣日彊物壮則老謂之非道非道早已　七十五字　字數合ス

119 賤故為天下貴　六十字　字數合ス

123 有故聖人云我无為民自化我无事民自富我

124 好靜民自政我无欲

背　新中四倫巻第一　首缺

後缺　共百二十三行 ― 行二十三四字

行數不佳

㊉

⊕
1 畏等一切仏法皆〃〃〃
2 別安立此中何者說名為空頌曰
3 寬住俱非有此无故於空別立二空 論曰 補特伽羅 乃法
122 障十此差別趣遍障隨十地障十一攝障隨眠二障
123 辯中邊論卷第一 世親菩薩造 三藏法師玄奘奉詔
124 辯中邊論卷第二 世親菩薩造 三藏法師玄奘奉 辯障
125 辯中邊論卷巳第二

以下空白

老解老本(武英殿) 殿本 無章名
聖人用之則為官長 無之字無則字
故大制不割 作是以大制无割
不可為也 無也字
故物或行 故作夫
或歔 歔作嘘
或強 強作彊 以下同
或挫或隳 挫作接 隳作墮
大軍之後必有凶年 無此字而有故字
不敢以取強 無敢字
果而勿矜、、、、 果而勿驕 果而勿矜 果而勿伐 果而不得已 是果而勿彊 物壯則

老謂之非道非道早也 七十三字
故有道者不處 無者字
兵者不祥之器 無之字
勝而不美 勝而二字作故
而美之者 作若美必樂之
夫樂殺人者 作夫樂殺者
則不可以得志於天下矣 作不可得意於天下
吉事尚左凶事尚右 吉上有故字 凶作喪
偏將軍 偏上有是以二字
殺人之衆 無之字 衆下有多字
以哀悲泣之 哀悲倒
道常無名 無作无 下同
天下莫能臣也 作天下不敢臣
侯王若能守之 作王侯若能守
知止可以不殆 無可以二字
道之在天下猶川谷之於江海 無猶之字 於作與
勝人者有力 無者字
強行者有志 作強行有志
大道氾兮 無兮字
萬物恃之而生 之而二字作以字
功成不名有 功成倒
衣養萬物而 養作被 無而字

(59)

前ページヨリツヅク
萬物帰焉而
可名為大
以其終不自為大
樂與餌
道之出口淡乎其無味
視之不足見聽之不足聞用之
将欲歙之
将欲廃之
固之利器不可以示人
而無不為侯王若能守之
化而欲作
夫亦将無欲
不欲以静天下将自定
則攘臂而扔之
不居其薄
處其實
以為天下貞
侯王無以貴高将恐蹶
是以侯王自謂孤寡不轂
此非以賤為本邪
數輿無輿

焉而二字作之字
為作於
作是以聖人終不為大
餌作珥
無之字口作言無乎其二字
無三之字
歙作翕
廃作癈
之作有示作視
無為字作王侯無之字
而作如
無夫字無作不
不作无 下将自定四字作地自正三字
扔作仍
居作處
處作居
貞作正
無高字
侯王倒寡作宜穀作轂
此作以非作其邪作耶
上輿作與下輿作譽

S.2060
老子　有注
黄麻紙　中庸書　一欄内 8.1cm / 61.2cm
自德經使我介然有知章民好徑下注其難脩身者少徑
其易岸無道
至大國者下流章小以下大國則聚
凡七十五行　一行十七八字　注双行　行二十二〜五七字
61

前ページヨリツヅク
琭琭
珞珞
天下萬物
勤而行之
大笑之
故建言
上德若谷
沖気の
孤寡
王公以為稱
或益之而損
我亦教之
吾将以為教父
次ヘツヅク

作祿祿
作落落
作天地之物
作懃能行
笑作咲下同
作是以建言
谷作俗
沖作冲
寡作宜
為稱作自名
作益之而損之
作亦我義教之
作吾以為學父

前ページヨリツヾク

無有入無間
吾是以知無為之有益
名与身孰親甲
大盈若沖
為天下正
禍莫大於不知足……
不闚牖見天道
為道日損
損之又損
無為而無不為
聖人無常心
德善
德信
歙歙
為天下渾其心聖人皆孩之
十有三
動之死地亦

無有字
無吾字知作和無之字
孰作熟 下同
盈作滿 冲作沖
正作政
禍作罪莫大於
可欲禍莫大於不知足咎莫大
甚於欲得知足之足常足
作不闚牖知天道
作為日損
下有之字
無而字
無常字
德作得
德作得
作揲揲
作為天下渾心而百
姓皆注其耳目聖人皆
孩之
十作什 下同
無亦字

陸行不遇虎兕
兕無所投其角
措其爪
勢成之
莫不尊道而貴德（道之尊 德之貴）
夫莫之命
德畜之
亭之毒之
為而不恃
閉其門
終身不勤
守柔曰強
是謂習常
介然有知
唯施是畏
而民好徑
田甚蕪
厭飲食
財貨有餘
是謂盜夸非道也哉
善建者不拔 善抱者不脱

下三字作遇兕虎
兕无所駐其角
錯其爪
勢作熱
作尊貴道德道尊德貴
命作爵
無德字
作成之熟之
無不字
閉其門
勤作懃
守作用
習作襲
介作爪
是作甚
作民甚好徑
田甚苗
飲作飽
財作資
夸作誇盜誇重出無也哉
無兩者字 拔作杕

63

子孫以祭祀不輟修之於身
其德乃真
修之於家
其德乃餘
修之於郷其德乃長
修之於國其德乃豐
修之於天下其德乃普
知天下然哉以此
蓋無毒螫蜂蠆以下至精之至也
和之至也
謂之不道早
解其分
不可得而親
不可得而疏
不可得而貴
以正治國
吾何以知其然哉
人多伎巧

作子孫祭祀不醊修作脩無極之
乃作能
作脩之家
作其德能有餘
脩之郷其德能長
脩之國其德能豐
脩之天下其德能普
下下有之字無哉字
作毒虫不螫攫鳥猛獸不
搏骨弱筋柔而握固未知
牝牡之合而朘作精之至
無也字
不作非下同
分作忿
而觀作親
無而字　下皆無而字
得作德　無而字
正作政　治作之
作吾何以知天下之然
人作民　伎巧作功奇
無伎字

法令滋彰
我無為而民自化……

令作物
作我无為民自化我无事
民自富我好靜民自政
我无欲民　以下缺

末尾此義の字数ハ全スルアリ全セザル
アリ　悉クハしラベズ

65

S.206 巴黎本 323.7 ト連接ス

S 2060 老子 別ニ出ヅ

李榮注

（李榮注）（五十三章ヨリ六十一章ニ至ル）

64

（P二八六四ヨリ続ク）

1. 其難脩身者少従其易序無道 朝甚除田甚蕪 雕廬峻宇除故造新下人妨農良田蕪

2. 識殉名好利并少求多業不脩丹田荒廢也 道 倉其虚 年登則畠宜罷農廢則倉虛行薄則業虛德充則道實

3. 服文綵帶利劔 猶畫以事華賤文而貴武脩貞者内不存私道德外唯飾以威儀毒意未祛帶則劔也

4. 厭飲食資貨有餘 愛寶御芋羮以葷食為業故從財夫體無味者飲和德為無為者禮士

5. 以不貪為寶此則内外無不可也而厭之以芳鮮積之以珠玉是盜誇之行非家國之基 是謂盜誇

6. 非道 取不足德有餘盜之謂也奢文綵事貪侈誇之義也唯盜与誇得非道行 善建不拔善

9. 脩之身其德能真脩之家其德有餘脩之鄉

17. 赤子 懷道抱德積行深君子氣專精固純欲無貪不散貞童類於赤子也 毒虫不螫猛獸不

18. 據攫鳥不搏 以毒曰螫以足曰據以爪曰搏攖兒所以無害者一為内無毒意二為慈母加護故不傷也含德

34. 不可得利不可得害不可得貴不可得賤故

35. 為天下貴 天有遠近則親踈明矣存得失則害利生矣定上下則貴賤成矣今解紛挫鋭和光同塵愛增平

36. 等親踈不能不能毀譽齊一利害不能干榮辱同忘貴賤無由得能行此者可以為天下貴也 以政理國 養百

45. 自化我無事人自富我好靜人自正我無欲人

73. 交 交會也海在平衆流之下百川於是交歸理國者自覩歟然萬國所以同會 天下之交牝

74. 常以靜勝牡 牝雌而靜牡雄而動夫靜可以制動陰可以居陽故知謙揚伏積企柔弱勝剛強也 故

75. 大國以下小國則取小國小以下大國則 聚

（参 道藏 第四百十一冊 第四百十二冊）

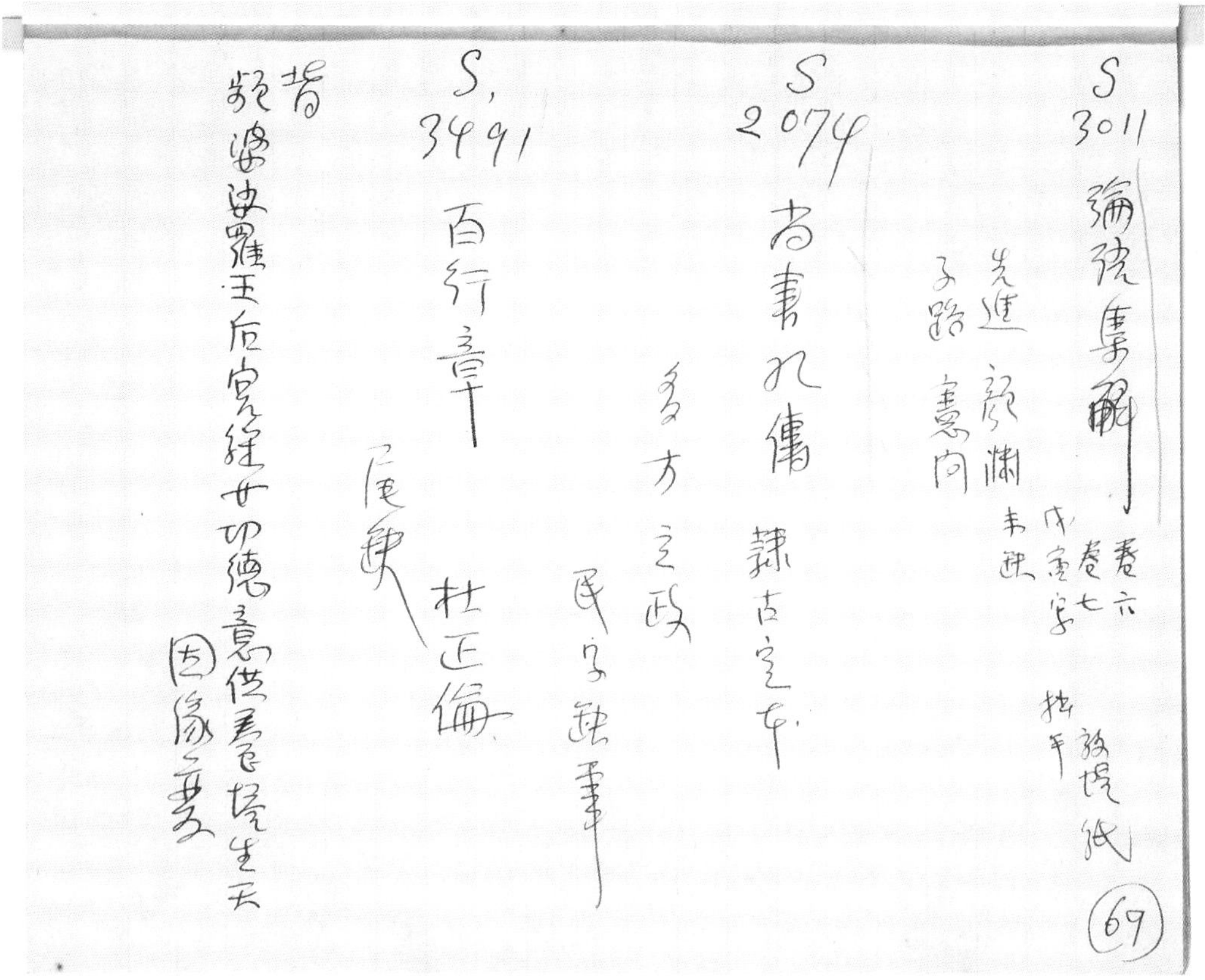

S 3011
論語集解 卷六 卷七
成實字 拙筆 敦煌紙
先進 顏淵 未缺
子路 憲問
(69)

S 2074
尚書孔傳 隸古定本
多方 立政
民字缺筆

S, 3491
百行章 杜正倫
尾缺

背
頻婆娑羅王后宮綵女功德意供養塔生天因緣變

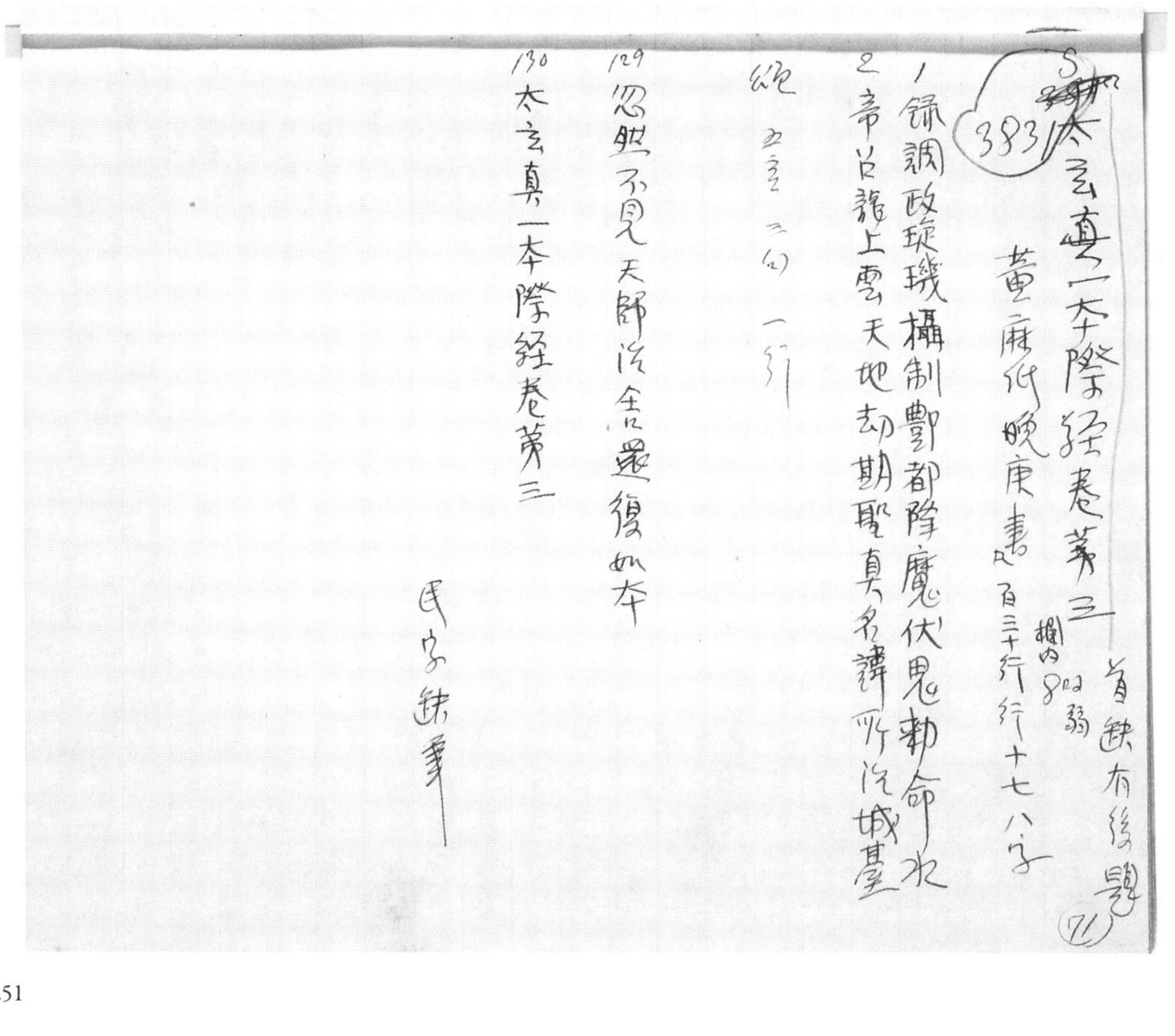

S 383
太玄真一本際經卷第三 首缺有絲闌
黄麻紙 晩唐書 百三十行 行十七八字 欄内8吋弱
1 録調政璇璣攝制酆都降魔伏鬼勅命水
2 帝召龍上雲天地劫期聖真名諱所治城基
總 五言 三句 一行
129 忽然不見天師治舍還復如本
130 太玄真一本際經卷第三
民字缺筆
(71)

40 孰之
41 道生一道始所生者一也　一生二　一生陰與陽
二生三　陰陽生和清濁三氣分爲天地人　三生萬物
天地人共生萬物　萬物負陰而抱陽　萬物无
不負陰而向陽迴心而就日　沖氣以爲和　萬物中皆有元氣
得以和柔若胷中有藏骨中有髓草木中
有空虛與氣通故得久生　人之所惡唯孤寡不
轂而王公以爲稱　孤寡不轂者不祥之名而王公
以爲稱者處謙卑法空虛和柔　故物或損之而益
引之不得推讓必還　或益之而損　夫增高者崩
50 貪富者致患　人之所教　謂衆人所以教去弱爲彊
51 去柔爲剛　我亦教之　言我教衆人使去彊爲弱去
52 剛爲柔　彊梁者不得其死　彊梁者謂不信玄
53 妙背叛道德不從經教尚勢任力不得其死者爲
54 天所絶兵刃所伐王法所殺不得以命死　吾將以爲
55 教父　父始也老子以彊梁之人爲教戒之始
56 天下之至柔馳騁天下之至堅　至柔者水也至堅
57 者金石也水能貫堅入剛无所不通　无有入於无

252
36
9
5
4
32
28
352

S 3926

老子河上公注

黃麻紙　中唐書　欄内　縱8吋　橫3尺2½寸　五百六十三行　後題共

行十六字詰　廿字前後

自昔之得一者章　侯王無以貴高將恐蹶

至卷尾

本文注文共ニ同大ニシテ一格ヲ空ケニテ別ツ

本文ニ小字ノ中ニ朱点ヲ附ス　章題ニ朱点ヲ附セル　ナキモノモアリ

1 貴高將恐　言侯王當屈己下人
之汲汲求賢不可但欲貴高於人无已時將恐顚蹶失
3 其位　故貴必以賤爲本　言必欲尊貴當以薄賤

283 當深藏其氣固守其精无使漏泄　長生久視之道
284 深根固蔕者乃長生久視之道
285 老子德經下　河上公章句第四
286 治大國若亨小鮮　鮮魚也亨小魚不去腸不去鱗不

560 天生萬物愛育之令長大无傷害　聖人之道爲而
561 不爭　聖人法天无所施爲化成事就不與下爭功
562 名故能全其聖功也
563 老子德經下　河上公章句

皆

以下附

虎豹　虎豹　虎豹識衍衛破

虎豹識衍衛破
狷者畢之重寄也　者也作

背

用木為棺

里字

又其再基长五月也
之棺槨衣衾而舉之
周尸為棺周棺為槨衣謂是陳其簠簋而哀
之衣衾謂單被可以免尸而起之

S
3824
無量壽宗要經乙、
穀紙
75

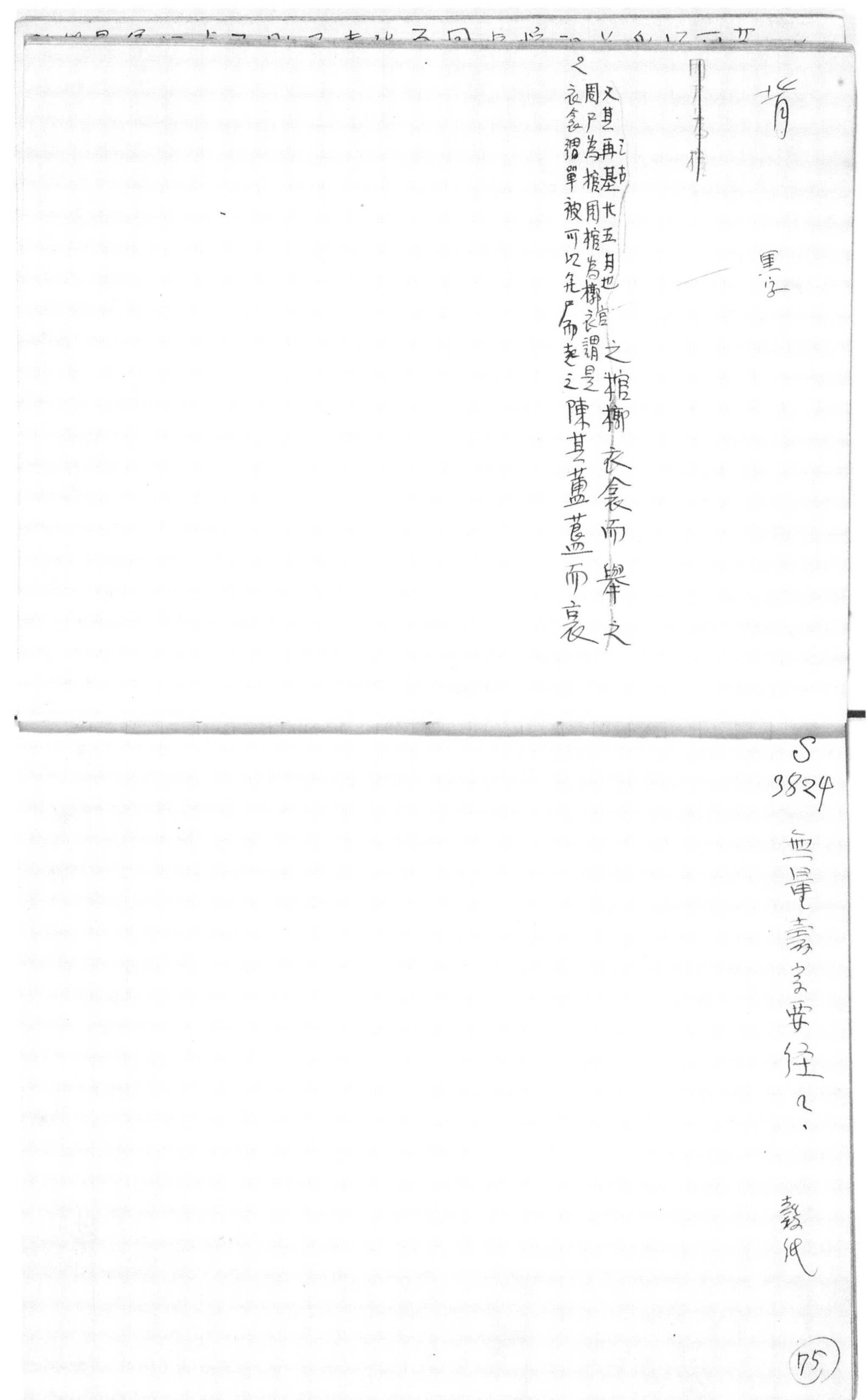

36
16
216
36
576
7
583

S 516

歴代法宝記

有前後題　首楷題アリ

一行二十二三字

分8.3吋
欄 $9\frac{1}{8}$吋

18行半
=10吋

77

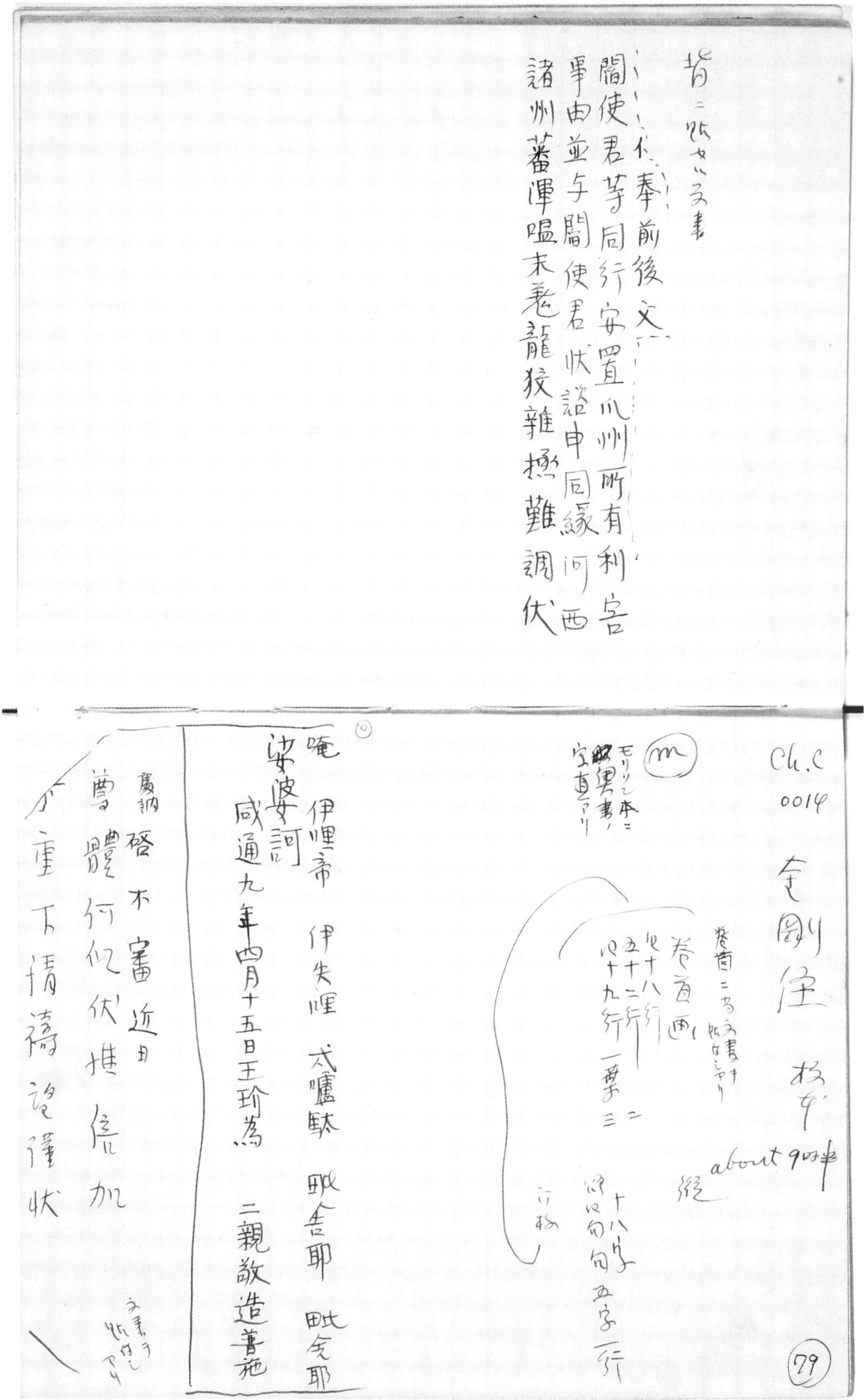
皆ニ帖ナシ文書

〃〃〃〃仏奉前後文ナ

閻使君等同行安置瓜州所有利害

事由並与閻使君状諮申同緣河西

諸州蕃渾嗢末羌龍狡雜摠難調伏

Ch.C 0014

金剛経　校字　about 900年

経

巻首ニある文書ハ帖付シアリ

巻首画1

七十八行

五十二行　二

四十九行　一葉　三

十八字

〃〃句〃句　五字一行

行校

(m)

モリソン本ニ此奥書ノ写真アリ

唵　伊哩帝　伊失哩　弌嚧駄　毗舍耶　毗舍耶

娑婆訶

咸通九年四月十五日王玠為　二親敬造普施

處納

啓　不審近日

曹體何似伏惟倍加

重下情禱望謹状

文書ヲ帖付シアリ

(1629)

勝鬘経疏

長卷　欄内経斷　一行二十六七字　(81)

次幡尸迦以下若第一問以當何名此経也

跋有

照法師疏

延昌四年五月廿三日於京承明寺寫勝鬘疏一部高昌客

一校竟

道人

受所供養許

(宗教研究新第一巻第一號を見よ、本経末尾の写真ありて矢吹教授の解題あり
矢吹教授英国博物館所蔵スタイン写本写真帖)

背記

无量壽観経義記　一巻

此経開首先知五要然後釋名何者五要　第一須知教

之大小教別二蔵謂聲聞蔵及菩薩蔵於聲聞法名聲聞

約16行　行約廿一二字

74 Ⅱ 15

S.81
大般涅槃經卷第十一
書頗佳
首缺
紙三百三十二行
欄内紙7/8吋
行十七字
衆生
薩地
誓願
比縁女
今日唱
如病人不能生悲傷仰
6 進已食飽不鄉燒水不下亦復不能致哉法
分言有疾
154
大般涅槃經聖行品第七
◎智慧捨離故名聖人有七聖覺故名聖人以
是義故復名聖行
大般涅槃經卷第十一
天監五年七月廿五日佛弟子譙
良顒奉為亡父於荊州竹林寺
敬造大般涅槃經一部願七世
含識速登法王无畏之地比丘
僧倫龔弘亮二人為營
83

S 54
法華經
首缺
有後題
黃麻紙
欄内紙8吋強
初唐書頗佳
85
從地踊出品第十五
如來壽量品第十六
妙法蓮華經 分別功德品第十七
妙法蓮華經卷第五

S.238 ⑨

金真玉光八景飛経　黄麻紙　書佳　行十七字　欄内5.4強　(87)

3 立冬之日上清真人帝君皇祖上詣高上九

招靈致真攝魔之符　一名九天位

帝君辯落七元上符　一名帝皇威章

略符の所空白

趙伯玄昔師方始先生受書道成青童登金闕

而元招靈致真攘落七元二符於府仰之揔

方退還戎山七百年後詣青童小童依盟受

文埋於委羽之山今升為上清左司君

玉君以經於陽洛山十一月上午子時盟九

天以傳南岳夫人今封於陽洛山中南岳赤

松子以陽羽之筆於太華山傳經於谷希子

今封一通於鳥鼠山

桐柏真人以六月廿九日以此文授許遠遊

金真玉光八景飛経

如意元季閏五月十三日経生郭忠寫

清都觀直歳輔思節、諸用忌錢造

用紙一十八張

S.170

道書　二十六行　行十七八字　空白　白麻紙　晩唐書　(89)

1 老子曰　者一道也所言太上者能煞

2 鬼生民有能述吾神経者皆是太上之子孫

11 身以為常則

12 老子曰能周旋八極復馳行度三灾九厄之

16 三灾九厄之中

17 老子曰吾具告子患共明聽子欲過度三灾

25 中宮以為腹宮令勅千鬼万神系還太十郷當

26 我者死值我者亡逃身深藏真偽勿為吾

欄内　縦八吋弱　横十七吋 7/8

牝ニ作リ　牡ニ正セシ

S,189

老子　本文ノミ

首缺　有後題

黄麻紙　中唐寫　(91)

百八十行　欄内縦約22糎

行十七字

1 實不居其華故去彼取此

2 昔之得一者天得一以清地得一以寧神得一

59 帶利劍厭飲食資貨有餘是謂盜夸盜夸

69 非道

66 含德之厚比於赤子毒虫不螫猛獸不據攫鳥

75 以政治国以奇用兵以无事取天下吾何以

88 治大国若烹小鮮以道莅天下其鬼不神非

91 大国者下流天下之郊天下之郊牝常以静

92 勝牡故大国以下小国則取小国小国以下大

178 有既以與人已愈多天之道利而不害聖人

179 之道為而不爭

186 老子道德経

(93)

S.

54
63
77
80
81
107
133
170
189 老子
238
516
575
615
728
7487
782
789
800
810

p.		
85	861	21
3	957	25
5	958	29
5	1113	23
83	1386	17
1	1443	45
3	1586	41
59	1603	33
91	1605	37
87	1629	81
77	1891	35
31	1906	39
9	2060	61, 67
19	2074	69
13	2122	47
18	2267 67	57
11	2295	43
11	2658	75
27	3018 1	69

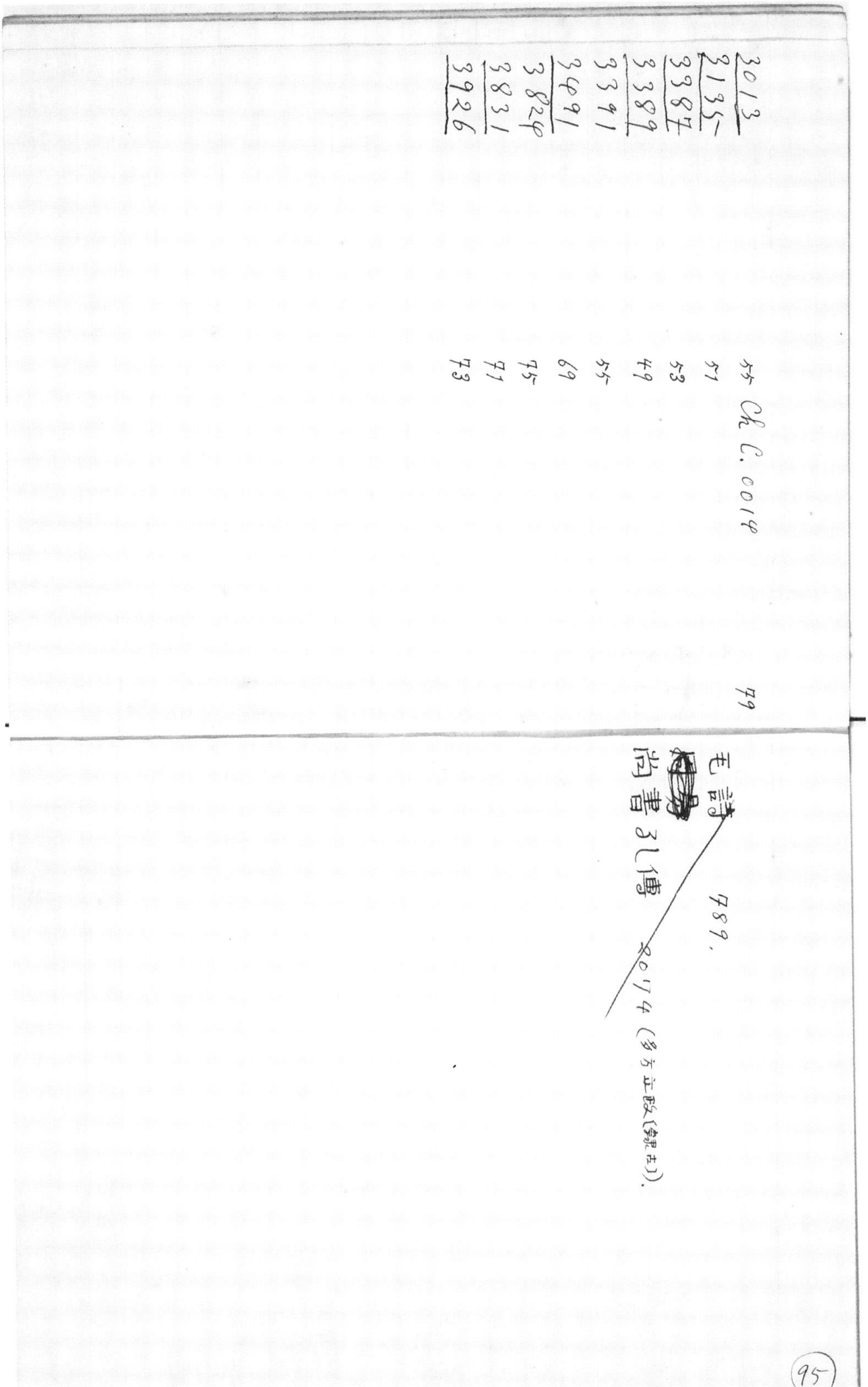

3013　55　Ch C. 0014　79
3135　51
3387　53
3389　49
3391　55
3491　69
3824　75
3831　71
3926　73

毛詩　789.
~~周易~~
尚書孔傳　20174（多方立政（鄭注））.

(95)

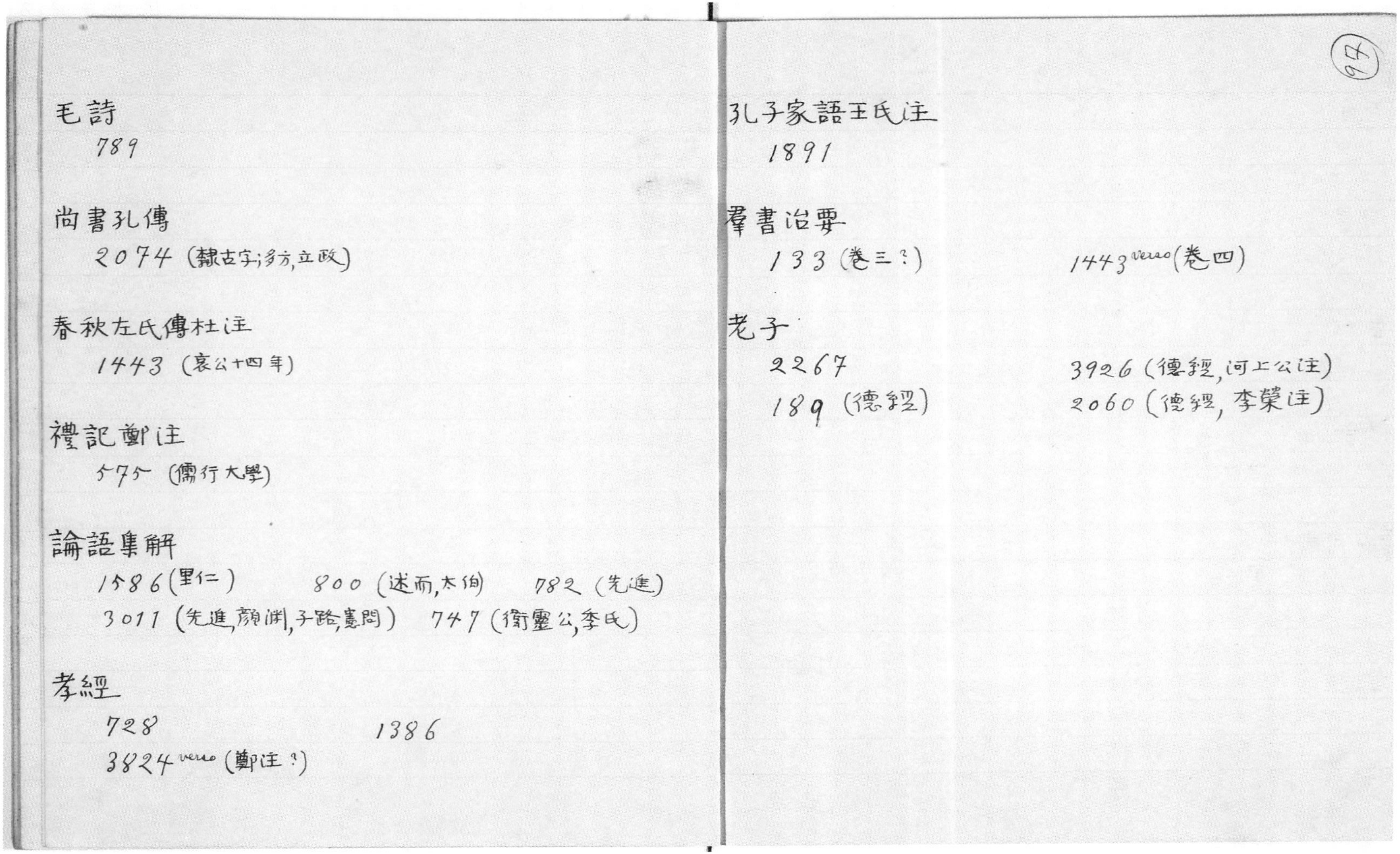

毛詩
789

尚書孔傳
2074（隷古字；多方、立政）

春秋左氏傳杜注
1443（哀公十四年）

禮記鄭注
575（儒行大學）

論語集解
1586（里仁）　800（述而、太伯　782（先進）
3011（先進、顔淵、子路、憲問）　747（衛靈公、季氏）

孝經
728　1386
3824 verso（鄭注？）

孔子家語王氏注
1891

羣書治要
133（巻三？）　1443 verso（巻四）

老子
2267　3926（德經、河上公注）
189（德經）　2060（德經、李榮注）

（影印部）

38-4　Mission Pelliot en Asie Centrale II

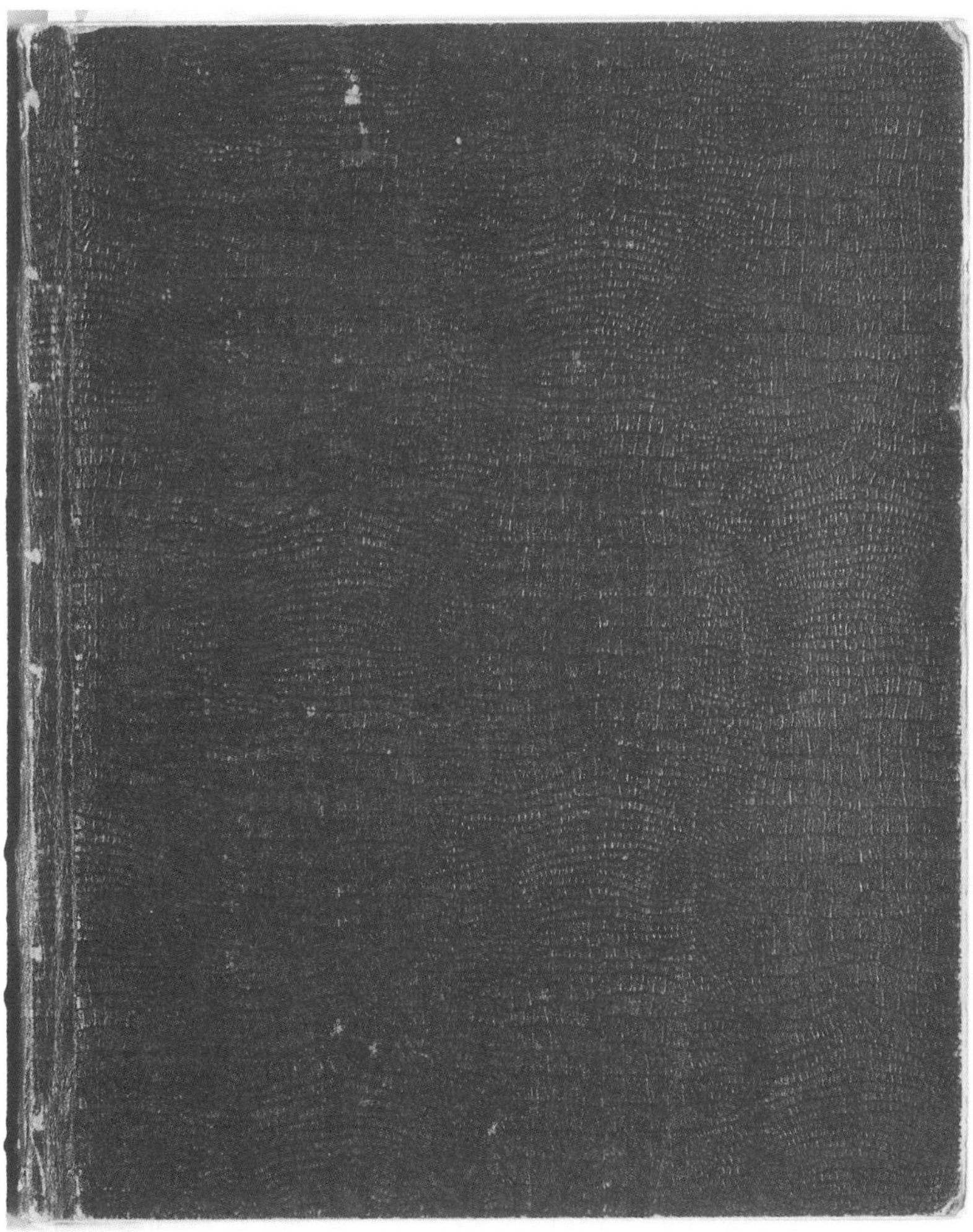

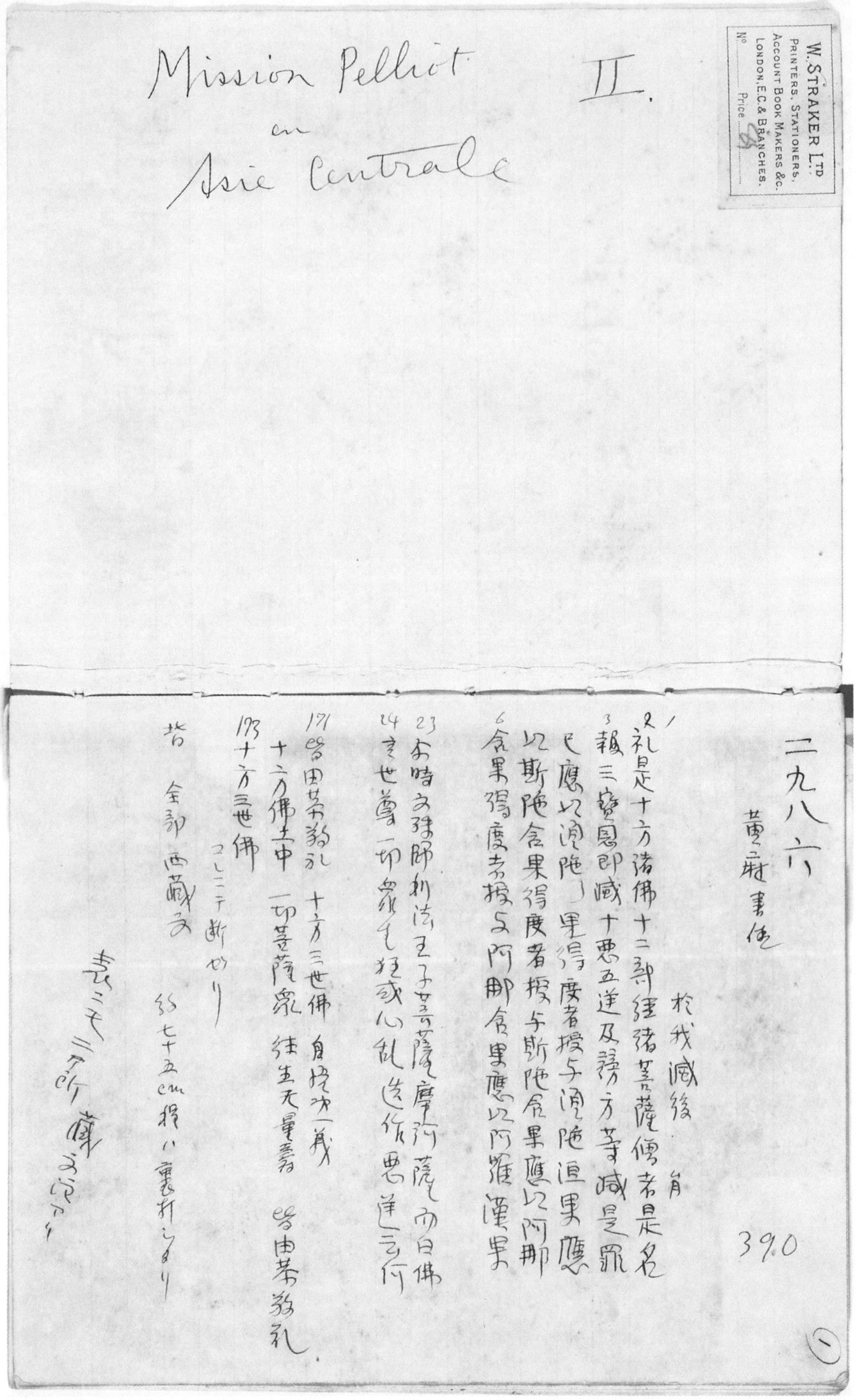
Mission Pelliot
en
Asie Centrale

II.

W. STRAKER LTD.
PRINTERS, STATIONERS,
ACCOUNT BOOK MAKERS &c.
LONDON, E.C. & BRANCHES.
No
Price

二九八六
黄麻書佐
390
1 於我滅後 肖
2 礼是十方諸佛十二部経諸菩薩傳者是名
3 報三寶恩即滅十悪五逆及謗方等滅是罪
已應以須陀洹果得度者授与須陀洹果應
以斯陀含果得度者授与斯陀含果應以阿那
6 含果得度者授与阿那含果應以阿羅漢果
23 爾時文殊師利法王子菩薩摩訶薩而白佛
24 言世尊一切衆生狂惑心乱造作悪業云何
171 皆由恭敬礼 十方三世佛 自將功徳
十方佛土中 一切菩薩衆 往生无量壽 皆由恭敬礼
173 十方三世佛
コレニテ断切り
皆 全部西蔵文 約七十五cm程ハ裏打シタリ
表ニモ三ヶ所 藏文アリ

三〇四六

二百九十八行

黄麻 書不佳

1 慶喜汝若愛樂

2 不捨般若波羅蜜多甚深經典下至一句勿

令忘失慶喜我說如是般若波羅蜜多甚深

經典付囑因緣雖有無量以要言之如我既

5 是汝等大師甚深般若波羅蜜多當知亦是

者何此等諸法無生無滅亦無作用云何可

得施設有盡

尒時世尊出廣長舌遍覆面輪還

298 慶喜云說意云何

背紙 ウイグル文 二十八行 48cm

三九六二 吐渾事思

1 諸川吐蕃兵馬還來劫掠沙州奸人探得事宜星夜來報

吐渾王集諸川蕃賊欲來侵凌抄掠

三〇一五 尚書堯典 孔傳

三十六行之十二字傳廿行三十三四字

氏字缺筆 從第日

$29\frac{1}{2}$

欄內 $23\frac{1}{2}$ 91

曰吁靜言庸違象恭滔天 靜謀滔漫

之心於所居嬀水之汭使行婦道於虞氏 帝曰欽哉 歎

能修己行敬以安人則修其所能者大

36

舜典第二

虞書

孔氏傳

石印本

傳違背之貌

〃言不可用

〃羲和之四子

〃蕩蕩言奔突有所滌除也

〃丸文所者皆非帝意

〃言鯀堪很戾

〃異已也退也

〃無成乃退

〃據衆言

〃言四岳能用帝命故……

〃廣求賢也

〃心不則德義之經爲頑

〃言並惡

〃能以義理下

〃其所能者大矣

以上

敦煌本

違背倒

無不字

無之字 子下有也字

之作水 除下有也字

意上有所字

很作恨

上也作已

退下有之字

據衆倒

能用間有有始行三字

無故字

無也字

頑下有口不道忠信之言

爲嚚之句

尾有也字

理作治

無矣字

[illegible]

1 沙弥五德十數　大德僧聽我沙弥某甲稽首和南大德僧足
但某甲自惟宿慶恩會此生遇大覺之餘暉預法流將漸
一心慕道割愛辭親隨仏出家供養三寶但以年齒有闕
未濯戒律清淨僧輪莫霑其位今僧布薩演大毗尼勝妙特
尊故非我分法有簡退今欲辭尊然仏制沙弥令誦五德十數
用克政道以驗邪人今欲對衆陳章創無聽許云五德者福田
經云一者發心離俗懷佩道故二者毀其形好應法服故三者永割
親愛無的莫故四者委棄身命遵崇道故五者志求大乘
為度人故　今時世尊而說偈言　毀形守志節　割愛無所親
出家弘聖道　誓度一切人　五德超俗務　是名良福田供養獲永安
其福第一尊　云十數者僧祇律云一者一切衆生皆依飲食而存
名色三者三受四者四聖諦五者五受陰六者六入七者七覺支
八者八聖道九者九有情居十者十一切入已說五德十數竟唯
願三寶久住世間弘濟有情四心無盡用資敬業普施群
生同發勝心成无上道　清衆咸重得聞塵沙幸願慈悲
16 布施歡喜　礼僧次而出

二七二一　空二白

又三行

切断セラレタルナリ

1 臨池坊？西壁上小巷子北壁舍壹口并屋上椽梁等闕？
壹扇東西門？間捌屋南北朋？壹丈玖尺東至呂定德？
西至姚？呂像？南至合大門道北至巷子

後ハ空白

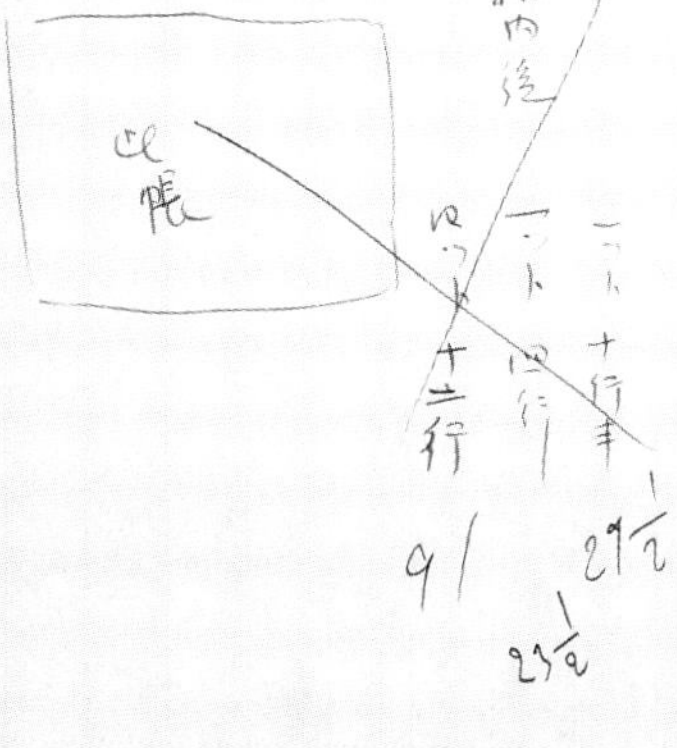

三〇四〇

十三行　敦煌紙 書き

1 越州諸暨縣香嚴寺經藏記沙門志閑

樓草堂僧宇清書

毗盧藏中有大經卷含真空而體解鏡妙

色以圓明於一塵中量出三界辟雲無波瀲

15 1/2
欄内 1/2
16 1/2
全長 19

12 泥黎天乗修八定四禪上昇非想峯……

13 厭離生死見諦歸

（巻二八〇四）

二九九一

雜物ナリ　敦煌紙

既ニ文カ帰教スカ

1 一切恭敬敬礼常住三寶

是諸衆等人各胡跪嚴持香花如法

供養願此香花雲遍滿十方界供養一切

99行——他紙ニ接ス

別紙

1 快哉不知般若之者痛得味甚實不遇

七行六字　以下小字

1 官案行道　夫娑象藍園……

十八行

15 僧尼飾詞　唯法師智達三積才通五典……

22 官府得脱　身無擇行口無擇言……

二十二行目ニテ終リ

三十一行目の所ヨリ別紙ヲ貼ス

9

1
主賜紫沙門　和尚寫真讃并序

1
又和尚俗姓張氏香号靈俊即清河郡天錫之貴子矣

三十三行

1
燉煌社人平詘子一十人剏於宕泉建窟一耶？功德記

西漢金山國頭聽大宰相清河張公撰

十八行

智　釋門智邕

1
莫高窟素畫功德讃文

瓜沙境大行軍都節度衙幕府判釋門智照述

十行

1
報恩吉祥之窟記

釋慧苑述

二十行

二テ斷ス

[illegible]

十七行　詞三首條リニアリ

文百四十一行

三周畢法文　亡妣一切取　ニアリ

前ニ文章ノ美辞句集か

祭考妣文

コレヲ寫シタル前ノ文書ヲ連續セルナリ

（二）

三一六九 尚書禹貢 孔傳

敦煌絵書考

隷古定

約二十五行

淡字鉄筆

27/45 $\frac{1}{2}$ 1cm 無欄

1 （山海岳上洛山間出過也 南北山四水合流而入熒）波

汭 被盟猪 菏澤在胡陵盟猪澤名在菏東北水流溢覆被之也 手土惟白

3 墳壚 高者壤下者壚壚疏也 手田推中上 手賦錯上中 田第 又雜出七

22 南河之北 運行也 衞河名故西 太行恒山至于碣石入于海 此二山連延東北接碣石而入滄海百川經此衆山禹皆治 至于

鳥鼠 西傾朱圉在積石以東鳥鼠渭所出在隴西之西三 雍州之南山也

至于倍尾 四山相連東南在豫州 沿經熊耳伊經外方

道嶓冢至于荊山 漾水 内方

cf 3469

紙質は伴似たれども 隷古字に相異あるし

背記 本 約三十行

1

曰 罰之派之不

士又云棟踌之士 縣不以者

夫辞訟者皆由性有剛者 各在於

逃於剛柔之間遇逢於逆境

不頓急者失在於不忍

6 之境故孝經云言満天下無過行満天下無怨悪又云夫然者

9 四海不運消流之水敵然路 虎之大 曾子曰夫見之為不負

22 不受故以全名又云夫不忍小在於大在至矣不忍小辱為大辱至

23 矣太公曰凡欲選士辭之以酒以觀其然示之以色以觀其情臨之以

財以觀其節窮之以作以觀其変四者不改是知其徳 孔記云

25 君以施下為仁臣以奉上為義又云二心不可以事一君一心可以事百

28 槙 諸古人覺孝思照師仕者思照一君何為不達

而不信身之賊又云凡今

学識 亦不

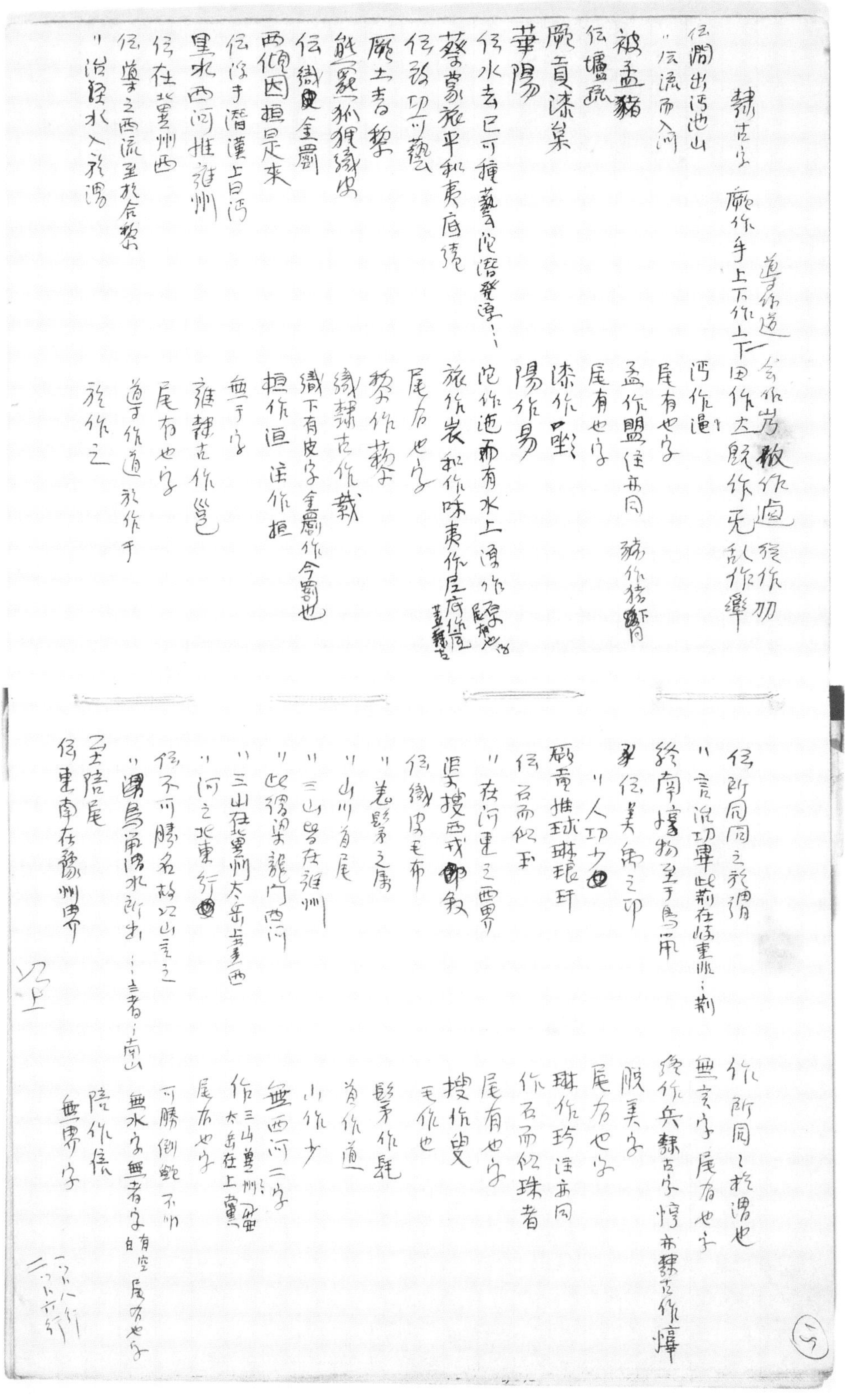

隷古字　廠作手　上下作丄丅　田作𠀢　既作旡　亂作䜌
道字作道　会作岕　敬作逌　従作刅
伝澗出汚池山　汚作漚
〃伝流而入河　尾有也字
被孟豬　孟作盟 注亦同　豬作猪 下同
伝壚疏　尾有也字
厥貢漆枲　漆作𣻊
華陽　陽作昜
伝水去已可種藝沱潛発源……　沱作池 而有水上 源作𠫑 尾有也字
蔡蒙旅平和夷底績　旅作𡵂 和作咊 夷作𡰥 底作底 蓋隷古
伝致功可藝　尾有也字
厥土青黎　黎作𥝢
熊羆狐狸織皮　織隷古作戠
伝織皮金罽　織下有皮字 金罽作今罽也
西傾因桓是来　桓作亘 注作桓
伝浮于潜漢上曰沔　無于字
黒水西河惟雍州　雍隷古作邕
伝在北冀州西　尾有也字
伝導之西流至於合黎　導字作道 於作于
〃治弱水入於渭　於作之

伝所同同之於渭　作所同〃於渭也
〃言洮切畢此荊在岐東非〃荊　無言字 尾有也字
終南惇物至于鳥鼠　終作㚇 隷古字 惇亦隷古作𢘻
伝美魚之山　脱美字
〃人功少也　尾有也字
厥貢推球琳琅玕　琳作玲 注亦同
伝石而似玉　作石而似珠者
〃在河東之西界　尾有也字
渠搜西戎即叙　搜作叟
伝織皮毛布　毛作也
〃羌髳之属　髳作髦
〃山川首尾　首作道
〃三山皆在雍州　山作少
〃此謂梁龍門西河　無西河二字
〃三山在北冀州太岳在上党西　作三山冀州之太岳在上党西
〃河之北東行　尾有也字
伝不可勝名故以山言之　可勝倒 能不明
〃鳥鼠渭水所出……言者……南山　無水字 無者字 白有空 尾有也字
至于陪尾　陪作倍
伝東南在豫州界　無界字
以上
一〃下八行
二〃下六行
⑤

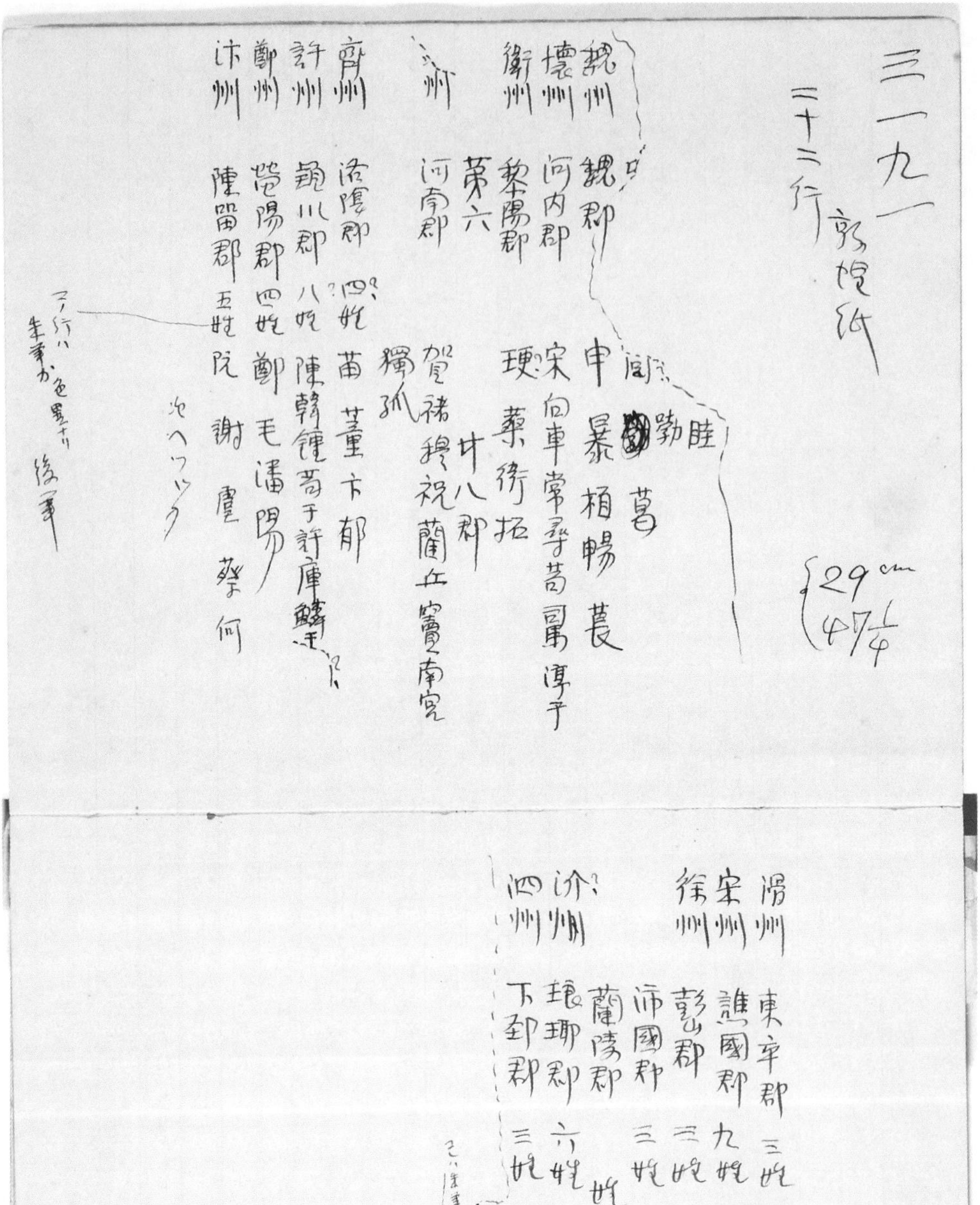
三一九一
二十三行　敦煌紙
29cm
47 1/4
魏州　魏郡　口?　申　暴　桓　暢　萇
閻?　晊 勃　葛
懷州　河內郡　宋　向　車　常　尋　茍　司馬　淳于
衛州　黎陽郡　瑌?　桑　衛　括
第六　廿八郡
〃州　河南郡　賀　褚　穆　祝　蘭　丘　寶　南宮
獨孤
齊州　洛陽郡　四?姓　苗　董　卞　郁
許州　潁川郡　八?姓　陳　韓　鍾　荀　于　許　庫　鱗?
鄭州　滎陽郡　四姓　鄭　毛　潘　陽
汴州　陳留郡　五姓　阮　謝　虞　蔡　何
次ヘツヾク
コノ行ハ朱筆カ色異ナリ　後筆
滑州　東平郡　三姓　豊　盛　上官
宋州　譙國郡　九姓　戴　李　石　熊　曹　安　桓　龐　夏?
徐州　彭城郡　三姓　焉　張　宋
沛國郡　三姓　周　張　朱
蘭陵郡　姓
沂?州　琅瑘郡　六姓　王　顏　惠　暢　乾　亓?
泗州　下邳郡　三姓　陳　祁　谷
盛　開　何　公孫
趙　一郡
高　盛
ここハ朱筆カ
黒字
一次ト十行強
ここト八行

三二〇四 莊子 有注

董麻 逍遥遊

二十二行

49cm

1 岬故夫智効一官行比一郷徳合一君

14 乗天地之正御六氣之辯

15 窮者彼且悪乎待哉 天地總名

22 便不失其所之待之不失則同於大通矣

故有待吾所不能齊也至我各安其性天

三四六九 尚書 禹貢

黄麻紙 書寫

隷古定本

十三行

P 3169 と同一カ

無欄 28 23

皆十五行

大小字の別行か

1 二山已可種藝 大埜先猪東原底平 大野澤名水所停曰猪言致功而平言可種 身太赤

12 也銅 瑶琨篠簜 瑶琨皆美石也 齒革羽毛惟木 齒象牙 羽毛旄

13 貢 小曰橘大曰柚其所包裹而公于江海達于

背記

1 文為後校

何樓乎寗子曰私不禮公邪正又云視聽

3 以細聲又云形無徼為不居聲無細為不中

8 身則人敬安可不習之乎淮南子曰方圓盡不具成左右視不並

14 火不幸失火? 遇而失火幸矣尹文子曰天日月

16 敗之夫不然識而謗立裒

浮雲之聚萬?

三三四五 文選 廿九 無注

董康 書佳

董康捺印アリ 摸写 28 1/2 22 3/4 120強

五十五行 ミ 十六七八字

1 …訖由太祖之威風抑亦仁公之翼

2 佐可謂德刑詳礼義信戰之器也以静難之

54 徽猷弾遺烈久而弥新用而不竭

ENd 文選巻第廿九

~~文選巻廿九~~

王仲寶 褚淵碑文 （今本巻五十八）

二九六二 吐渾一

敦煌紙 無欄 284 89

1 諸川吐蕃兵馬還来劫掠沙州奸人探得事宜星夜来報 僕射

吐渾王集諸川蕃賊欲来侵凌抄掠其吐蕃至今尚未齊集

僕射聞吐渾王反乱即乃點兵鏨凶门而出取西南上把疾路進軍纔

経信宿即至西同側近便擬交鋒其賊不敢拒敵即乃奔走

僕射遂号令三軍便須追逐行経一千里已来直到退渾國内方始趁趂

趂 僕射即令整理隊伍排比兵戈展旗幟動鳴鼉縱八陣騎兵

雄 分兵両道裹合四邊人持白刃突騎争先須臾陣合昏霧漲天

漢軍勇猛而乗勢曳戟衝山直進前蕃戎膽怯奔南北漢将雄

豪百當千處

忽聞戎犬起狼心 叛逆西同把險林 （不下嶮ニ作リ行セリ） 星夜排兵奔疾道

此時用命総須擒 雄〻上将謀如雨 蠢蠢蕃戎計豈深

自十載提戈駈醜虜 三邊獷獷不能侵 何期今歳興残害

輙尔依前起逆心 今日総須摽賊首 斯須霧合已雲沉

将軍号令兒郎曰 克励無辞百載勞 丈夫名宦向槍頭取

當敵何須避寶刀 漢家持刃如霜雪 虜騎天寛無處逃

16 頭中鋒鋩陪壟土 血濺戎屍透戰襖 一陣吐渾輸欲盡

17
上將威臨敵一乞羌寡
決戰一陣蕃軍大敗其吐渾王怕急突圍便走登涉高山把嶮而住 其
宰相三人當時於陣面上生擒抵馬前按軍令而寸斬告細小等捉洗三百
餘人收奪得駝馬牛羊二千頭疋然後唱大陣樂而歸軍幕敦煌北一千里
鎮伊州城西有納職縣其時迴鶻及吐渾居住在彼頻來抄劫伊州俘
虜人物侵奪畜牧曾無暫安 僕射乃於大中十年六月六日親統
甲兵詣彼擊逐伐除不經旬日中間即至納職城賊等不虞漢兵忽到都
無準備之心我軍遂列烏雲之陣四面急攻蕃賊麞狂星分南北漢軍
得勢押背便追不過五十里之間煞戮橫尸遍野處
敦煌上將漢諸侯 棄卻西戎朝鳳樓 聖主委令權右地
但是凶奴盡總雠 昨聞猃狁侵伊鎮 俘劫邊甿旦夕憂
元戎叱吒揚眉怒 當即行兵出遠收 兩軍相見如龍鬭
納職城西赤血流 我將軍意氣懷文武 威脅蕃渾膽已浮
犬羊纔見唐軍勝 星散迴兵所在抽 遠來今日須誅剪
押背擒羅豈肯休 千人中矢沙場殪 銛鍔剜鋒墜賊頭
搁鐵紅旗晶耀日 不忝田丹縱火牛 漢主神資通造化
殄卻殘凶總不留
僕射與犬羊決戰一陣迴鶻大敗各自蒼黃拋棄鞍馬走投 納職
城把劳而守於是中軍舉華蓋連擊錚錚四面族兵收奪駝馬 之類

(23)
一万頭疋我軍大勝疋騎不輸遂即收兵卻望沙州而返既至本軍遂 乃
朝朝秣馬日日練兵以備凶奴不曾暫暇先去大中十載 大唐差冊立迴
鶻使御史中丞王端章持節而赴單于下有押衙陳元弘走至沙州界
內以遊奕使佐承珍相見承珍忽於曠野之中迴然逢着一人猖狂奔走
遂處分左右領至馬前登時盤詰陳元弘進步向前稱是漢朝使命
北入迴鶻充冊立使行至雪山南畔被背亂迴鶻劫奪國信所以各 ?
波逃信腳而走得至此間不是惡人伏望 將軍希垂照察承珍知是漢朝使
人與馬馱至沙州即引入參見 僕射陳元弘拜跪起居具述根由立在
帳前 僕射問陳元弘使人於何處遇賊本使伏是何人元弘進步向
前啓 僕射元弘本使王端章奉 敕持節北入單于充冊立使行至
雪山南畔遇逢背叛迴鶻一千餘騎當被劫奪 國冊及諸敕信元
弘等出自京華素未諳野戰彼眾我寡遂落奔虞 僕射聞
言心生大怒這賊爭敢輒爾猖狂恣行凶害向陳元弘道使人且歸公
館便與根尋由未出兵之間至十一年八月五日伊州刺史王和清差走馬使至
云有背叛迴鶻五百餘帳首領翟都督等將迴鶻百姓已到伊州側
50
ここニて切断

背記 家相ノ事

家相図

角姓宅
依此自
用之

作舎先起四墻次起南墻其利三陪、傷南家母益三人 盗起東墻 負利

高西家父得田宅三年長口三人大富後起北墻斷平其居角姓與 陰

角宅圖

図

角家宅
圖依此
角用之

凡角家居宅須東高北高南平西下 水滴出巽來地大吉大門南出

西地大富貴西出庚北出於癸、吉作宅先起西墻次起南墻其利

三倍 高宮南縁家 母益口一人次起東墻其利傷西家父得田宅

三年益口三人大富貴後起北墻斷平其利百倍其宅門外下達

高宜財富貴 徴姓宅圖隠

図

徴宅圖

三三〇一 漢蕃集要 巻 敦煌紙 {30 1/2 411}

乃記十五行

某 佛經ノ後ヲ摘出抄録シテ左側ニ蕃文 med chang ヲ附セリ

乃 无味看法 觀嗜法 未雑法 四法踊法 四行踊法 三九種瑜伽者 世

向道 二出向道 三方便道 四无爲道 五解脱道 六勝進道 七變品道

分八中品道 九中品道 旋諸法中簡擇行觀 極簡擇行觀 多有所作

乙去の外八行

背記 其中ノ一例左ノ通リ

勝總 妙法 无言 福性

僧法図蘭觀麻麼 量三石八升 計 六十五人 張

支六斗 欠一斗 不見 六十五人各

27

三〇六二　千字文
敦煌紙ノ帳面書き　小児ノ書　縦15 横10 1/2 cm
八葉ほど少し残されり　欄アレド計ラズ
秋收冬藏ヨリ　愚蒙等誚謂語助　迄アリ
七行―九十四字

三〇九五　皮紙　中唐書か
百八行
1
性ヲ……
則心睡但无別睡則是睡覺見无別覺見睡為覺心
由同死人亦如草木睡心覺見故睡有覺見心
木若本覺无睡心者亦復无由得起
起夢中之見覺與不覺亦復如是……
無欄　28/200
27

19
大乘一異安心法　一切諸法皆菩薩於躰菩薩躰……
26
識相所是滅者不復更滅也　八識隨流教導用返流
78
大乘法門　全本是性淨國人屬大涅槃州清昇彼岸寂滅
方何真實是名真如本无變異亦如鳥飛空中不見脚迹處所六
根亦復如是人不見自心行迹處所心之所作喫　甚花騎揚羅福善惡
108
寧有處所一切万法但有名字而无形相用而常空　用空不
ここ二テ断切り

玄應音義卷二

雲公大般涅槃經音義　慧琳音義廿五

玄應音義　書ハ表ト明ヲ雖レ不中庸カ

百の五行

昔記　朱書

ノ月蝕　神職反　周易云月盈即蝕　釋名云日月虧日蝕稍稍侵虧如虫食木葉也漢書

云月薄蝕　韋昭曰氣往迫之曰薄虧毀曰蝕也

彗星　蘇醉反　字林因芮反　釋名云彗星星光稍稍似彗也　尔疋彗星爲欃槍

孫炎曰妖星也四曰彗　郭璞曰亦謂之孛　釋名云言其孛孛　叙祥彗也

欃音又銜反　槍又行反

第九卷　廝　下又作㒋同思移反　廣疋廝謂命使也　字書廝役也謂賤

役者也　漢書廝輿之卒　張晏曰廝微也　韋昭曰折薪曰廝　炊烹曰養

怖遽　渠庶反　廣雅遽畏也　遽懼也疾急也　韋昭注文有作懅　書之所注

郭璞注尔疋　釋言中遽懼也　作此字二形通用

咄善　字林丁兀反　說文咄相謂也　字書咄叱也　蜜緻又作遅同馳　緻亦蜜也

欝烝　於物反　尔疋欝氣也　李巡曰欝盛氣也　烝之勝反　說文烝　氣上行也

乳哺　蒲路反　哺含食也　謂口中嚼食也　經文作餔　字書与餔同　補胡反　謂申時食也

創皰　古文戧刅二形同　楚良反　說文創傷也　經文瘡　字有又　如也

非今所取　皰又作靤同　傍孝反　說文皰面生氣也　經文作疒疒

癘　下作瘵　字林同　竹世反　痢赤利也　關中多音滞　三蒼　癘下病也　釋名云下重而

赤白曰癘　言厲瞞而難差也　經蜇字与蛆同　知列反　虫螫也　又作䖶也

智也　二形並非經旨　著　後中知恕反　著之言處也　廣疋著補

18　第十卷　祠　礼　徐理反　祭無已也　謂年常祭祀潔敬無已之

人曰祀　地祭　礼記　王爲群姓立七祀　諸侯五祀　大夫三祀　士二祀　庶人一祀　或　鄭

玄曰　此大神所祈大事者　小神居民間　伺小過作譴告者也

輕躁　又趮同　子到反　周易震爲躁　躁猶動也　躁擾也　論語曰未　言謂之

躁　鄭玄曰謂不安靜也　　窔　敗也　楚人名美敗曰窔

肴饌　又作篹餈同　士眷反　說文饌具飲食也

悵怏　怏於亮反　說文怏心不服也　蒼頡篇怏懟也　唐損　徒郎以專反　唐徒也

徒空也　說文損棄也　　怡悅　古文嬰同　弋之反　尔雅怡樂也　方言悅善也

姝太　充朱反　說文姝好也　色美　方言趙魏燕代之間謂好爲姝

瓌異　又作傀同　古回反　傀美也　言方傀盛也　說文傀偉也　傳奇也　廣雅傀偉奇也

溉灌　哥賚反　說文溉灌也　謂灌注也

診之　說文丈刃反　說診視之也　三蒼診候也　聲類診驗也

恕己　尸預反　蒼頡篇恕如也　聲類以心度物曰恕

綜習　子宋反　三蒼綜理經也　謂機縷持絲交者　屈繩制經令得開合也

羸瘠　古文膌瘠膌三形同　才亦反　說文瘠瘦也

第十一卷　習習　經文從疒作瘤　書无此字　近人加之耳

噦噎　於越反　說文口

第十一巻 卅一行
第十二巻 廿六行
第十三巻 七行
第十四巻 九行
105 船舫甫垂女通俗文連并口舫？雨冊？？

三二七四 孝經疏
第十一章（首闕）尾ノ三紙完具
白麻紙 書佳
（民諱 闕說）
行草書 {28 668
31

1 生復坐吾語汝
故令復坐身體髮膚受
體廾復分為三段從復坐五
終始從夫孝始於事親至終
雖云至章末引詩伯成孝體廾
6 者擴手足為諸髮者鬢鬚之
402 必在故神鬼臨 之春秋祭祀此謂三年後孝子
感霜露之思親而後致祭祀也生民之本愛
敬哀戚是存已孝行之廾死生之義事存事
405 終義備於此死生之宜吉凶之禮我說備矣也

陰庭寔於處記
天寶元年十一月八日於郡學寫了 全

皆
文書
コノ紙ニ孝経ヲカケルナリ
此書中ニ御注孝経一巻
（張越第 被讀
コノ附近ニ張越第ノ所アルナリ
其注ニ衣服ヲ除セルニ於表巾
白
豆盧庫之印
朱印アリ 表ニ押ス
裏ノ騎縫毛押ス而二三ヶ所ニアリ
十三行

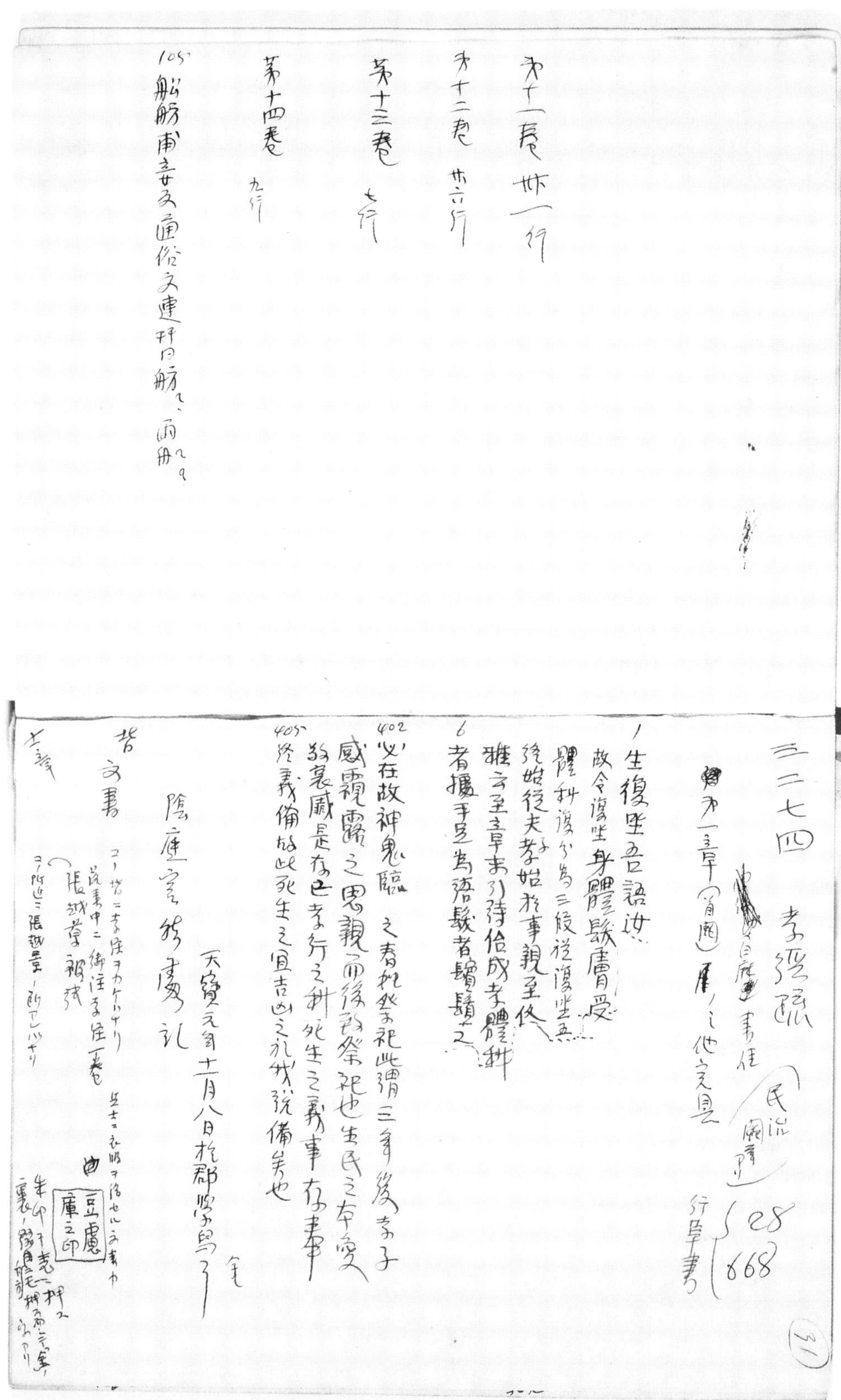

二九五四

敦煌紙書き

十三行 尾闕

30
43 1/2
（擇門不拜 1 所以37）

1 擇門不拜 王表

大唐高祖神堯皇帝巾烈春仗於含元殿前百寮拜首之舞蹈

歩香階仰觀 御座叫呼万歲唯有兩街僧尼内外臨壇大德

拱手西伏宋劉 天階時有鄂國公尉遲敬德与左金吾上

將軍劉文靜遂揖謂曰夫僧尼入道隨佛出家身居之國

人不依國例未居聖位且是凡僧便即高揖 王侯令

7 父母返拜有何益也誡返五常孰不可也時 太宗宮為僧尼

12 皇帝曰擇也之教非礼常規之 亦皆方外之從意也

13 有無内像外之像不可以据管窺天 不可以輕塵介

背紀 二十九行

1 无量未善巧无明於詞辯才不随意无明此二

12 无明障於九地於大神通未得自在変現无明微細秘密未能

15 分別三身品云佛於虚空藏菩薩摩訶薩言！ 一切有情

28 見巳无障智見无上智見得一切智道相智一切相智具足一切无上法宝引布施等

29 之又応諸経論義乃无辺余以朦眛採照不周學博聞者尋彦昭文

16

三四二八 孝経鄭注

敦煌紙書き

自第一章尾至廣揚名章第十三首

4 二六七四 に接すべし

30
164
(33)

1

年四十耳目不聰明行歩不及逮退就田里懸車 大雅云

在論語孝道以教弟子足以立身揚名而已

篇名云言也無念猶無忘祖先祖事脩之理厥其為孝之道無敢忘之先

功德不言詩而言雅者何詩者通辞雅者正也故始發章欲以正為始

子曰愛親者不敢悪於

愛敬盡於事親盡 於母

蓋天子之

𢶏於人 己𢶏人之親人亦𢶏己之親故君子不孝為也

敬以直内義以方外是以德教流行加於百姓 刑于四海 刑見也德教流行見於四海無所不通

甫刑云一人有慶兆人頼之 甫刑尚書篇名云言也一人天子 土無二王故一人慶善也頼蒙也

者何尚書

像也

諸侯章第三

諸侯在人上故言在上敬上不驕 之不驕故居高位而不危殆也

制節謹度滿而不溢 費用約儉謂之

居高位而不驕 故能長守富貴

滿而不溢所以

以不危所以長守貴

富貴不離其身 者富能不奢貴能不驕 故言不離其身也

然後能保

乃能安其社稷社謂 功於人故祭之

而和其人民 薄賦斂省徭役 是以人民和也

蓋諸侯之

詩云戰戰兢兢如臨深淵如履薄氷 引詩自明即孔子之謙戰戰恐懼兢兢

卿大夫章第四

服 先王制五服天子服日月星辰諸侯服山龍華虫卿大夫服藻火士服粉米皆謂

黼黻田獵戰伐採薬也人笠冠皮弁衣素績百王同之不改易也庶人雖富不服

15

敢道口言詩書非先王之法言不合詩書則不敢道也非先王之德行不敢行礼以儉奢樂以
不言非道不行非礼法則不行口無擇言言口詩書有何可擇身無擇行
過言詩書滿天下有何口過行滿天下無怨惡行礼樂滿天下有何怨惡三者備矣
之王服言先王道行先王德則為備矣然後乃能[illegible]其宗廟宗尊也廟皃也親雖
之若生為作宮室四時祭之若見鬼神之容皃也
附謂之卿大夫卿大詩云夙夜匪懈以事一人詩者直謂也云言也夙早
當
夫行孝當如此章也
士人章第五
資於事父以事母而愛同資者人之行事父与母同愛不同資於事父以事君而敬同愛不同也
故母取其愛不取其敬而君取其敬不取其愛兼之者父也兼并也愛与母同敬与君同并此二者事父之道故以
孝事君則忠移事父孝以事於君則為忠矣以敬事長則順移事父孝以事於長則為忠矣忠順不失以事
其上事君忠事長順二者不失可以事上上謂天子君忠嚴尊者也然後能保其祿位而守其祭祀內孝於父母外順君長然後乃能安其祿位而守其祭
祀食廩曰祿居官曰位謂祭祀繼世曰祀也蓋士之孝也士之行孝當加此章則是非知義理謂之為士詩云夙興夜寐無忝尒所
生詩者直詩云言也夙早也興起也暮寐臥忝辱所生謂父母言士為孝當早起夜臥無辱其父母而言所生者何事知義理則知父母已所從生也
庶人章第六用天之道時以嚮春生夏長秋收冬藏順四時言天之道也分地之利其高分別五土
高田宜黍稷下田宜稻麥丘陵坂險宜種棗栗此分地之利謹身節用以養父母行不為非為謹身富不奢泰為節用度財無晝什一而稅雖遭凶年父母不乏
庶人之孝也庶眾也眾人為孝當如此章上皆言蓋者孔子之謙庶人至賤無所復謙故直言此之故自天子至於庶人孝無終
始而患不及已者未之有也總說五孝上從天子下至庶人皆當行孝無終始能行孝道故患難不及其身未之有者善未有也
三才章第七曾子曰甚哉孝之大也上孔子語曾子孝至庶人皆當行孝
和孝之為大故喟然嘆曰甚哉孝之為大也子曰夫孝天之經春秋冬夏物有死生天之經地之義山川高下水泉流通地之義民之行
恭敬民之行天地之經而人是則之天有四時地有高下人君其間當是而則之也則天之明則視也視天之四時無失其早晚因地之利因高

33

34

宜何等種之以順天下是以其教不肅而成以用也天時順地利則天下民皆樂之是以其教不肅而成其政不嚴而治政荷
嚴而治先王見教之可以化人也見曰天地教化人之易是故先之以博愛而民莫遺其親
天修人事流化於人陳之以德義而民興行上好義則人莫敢不服先之以敬讓而民不爭若文王敬讓於朝虞芮推畔於野上行之則
下効之道之以礼樂而民和睦上好礼則民莫敢不敬之示之以好惡而民知禁善者賞之惡者罰之則民知有禁令不敢為非也詩
云赫赫師尹民具尒瞻詩者直謂詩也云言也赫赫明盛皃師尹大臣若冢宰之屬民已具矣當視人亦視世善而人善矣下之化上猶風之靡草
孝治章第八子曰昔者明王之以孝治天下不敢遺小國之
臣古者諸侯歲遣大夫聘問天子無恙天子待之以客礼此不敢遺小國之臣而況於公侯伯子男乎古者諸侯五年一朝天子天子使太子
迎蒭禾百車以客礼待之晝坐正殿夜設庭燎思与相見問其勞苦此天子以礼待諸侯公侯伯子男乎
五等諸侯之尊爵也公者正也當為王者正行天道王者知法也稱公侯之者候也當為王者伺候非常伯者
也當為王者長理百姓子者慈也當為王者慈愛人民男者任也當為王者任其職治及其封之公
伯七十里子男各五十里者法雷也雷震百里所潤同七十里者半百里五十里者半七十里德不倍者不異其爵
倍者不異其爵故得萬國之歡心以事其先王古者天子五年一巡狩勞來諸侯諸侯
相半別優劣也一朝天子各以其職來助祭
故万國之歡心以事其先王治國者不敢侮於鰥寡而況於士人乎治國者謂諸侯六十無妻曰鰥五十無夫曰寡士人中知義理者
者不見侵侮故得百姓之歡心以事其先君繇強以礼撫弱以仁覓奉所有祭其先王也治家者
有不失職不敢失於臣妾之心而況於妻子乎治家者謂諸卿大夫臣男子之賤（空白）稱妻婦人名妻子承奉宗廟家之長者務取和同
故得人之歡心以事其親小大盡節恭敬安親夫然故生則親安之養則致其樂則親安之祭則鬼享之
之祭則致其嚴故鬼享之也是以天下和平上下無怨故曰和平災害不生風雨時節百穀熟成禍亂不作君惠臣忠父慈子孝是以天下無禍亂
無曰起故明王之以孝治天下如此明王以孝治天下故致如此詩云有覺德行四國順之
覺大也有大德行四方之國順而於之化流明矣聖治章第九曾子見上明王孝治天下致於和平災害不生禍亂不作以為聖人合天地當有異於孝乎故問之也
聖人之德無以加於孝乎二者德之本又何加焉
姓人為貴貴其異於万物人之行莫大於孝孝莫大

35

58

父莫大於尊嚴其〻父教之善君 嚴父莫大於配天 尊嚴其父莫大於配天也 則周公其人也 其父尊嚴

昔者周公郊祀后稷以配天 郊者祭天之名在國之南郊故謂之郊后稷者周公之始祖自外至者無主不止故推始祖配天而食之

王於明堂以配上帝 文王周公之父明堂即天子布政之宮上帝者天之別名神無二主故異其處避后稷明堂之制八窓四闥上圓下方在國之南故乃稱之曰

海之內各以其職來祭 周公行孝於朝越裳重譯來貢故得万國之歡心也 夫聖人之德有

孝乎 孝悌之至通於神明豈聖人所能也 故親生之膝下以養父母日嚴 子親生之父母膝下是以養則致其樂

嚴以教敬因親以教愛 因人尊嚴其父教之以為敬親近於父母教之所順人情之事 聖人之教不肅

而成 指而教之皆不肅而成 其政不嚴而治 其身政不令而行故不嚴而治 其所因者本也 本是孝也孝道流行故不肅而

天性 天性之常也父子相生天之常道 君臣之義 君臣非骨肉之親但義合耳三諫不從待放而去 父母生之續莫大焉 父母生之

臨之厚莫重焉 君親擇賢顯之以爵寵之以祿即尊之至 故不愛其親而愛他人者 親

悖德 不能敬其親而愛他人親者謂之悖德 不敬其親而敬他人親者謂之悖禮 不能敬其親而敬他人親者謂之悖禮

以順則逆 以悖為順則逆乱之道 民無則焉 則法也民無法則即逆乱之道 不在於善而皆在於

凶德 悪人不能化善乃皆為悪若得付是 雖得之君子所不貴 不以其道得之故君子不貴也 君子則不然 君子則不逆乱之道也

言思可道 言中詩書故可道也 行思可樂 動中規矩故可樂也 德義可尊 可尊敬也 作事可法 可法則也

容止可觀 威儀中礼故可觀也 進退可度 難進而盡忠易退而補過 以臨其人 是以其人畏而愛

畏其刑罰愛其德義 則而象之 節用而愛人使人以時効其斷也 故能成其德教 上下教而罰謂之虐不教而誅謂之暴是以德成而教尊也

而行其政令 是以政令而行也 詩云淑人君子其儀不忒 淑善忒差也善人君子則威儀不差失為可法也

紀孝行章第十

子曰孝子之事親 紀孝行也 居則致其敬 盡其礼也

養則致其樂 樂竭歡心以事其上 病則致其憂 盡其哀情 擗踊哭泣 容色不備行不正履 喪則致其哀 祭則致其嚴 齋必變食居必遷坐

敬忌踧踖 若親存焉 五者備矣然後能事親 謂上五者孝道備矣然後能乃事其親也 事親者居上不驕

71

88

72 雖尊為君而不驕也 為下不乱 為臣則忠不敢為乱也 在醜不爭 同志為友等齊為醜之親以為善要不忍爭也 居上而驕則

亡 富貴不以其道得之是以則亡 為下而乱則刑 為臣下好則乱則刑罰其身 在醜而爭則兵 用文之中好為爭則推思之道也 三

者不除雖日用三牲之養猶為不孝 夫愛親者不敢悪於人今反驕乱忿爭雖日致三牲之養豈得孝乎

五刑章第十一

子曰五刑之属三千 五刑有五科條三千五刑劓墨宮割臏大辟穿窬

者劓劫賊傷人者墨男女不以礼交者宮割逾人開人關篇臏手殺人大

辟各以其所犯罪科之條有三千者謂以事同罪之屬也 而罪莫大於不孝

孝聖人所以悪之故不書在三千條中

要君者無上 事君先事然後食祿而反要君是無上也 非聖人者無法 非聖人者不可法 非孝

者無親 既不自孝又非他人為孝不可親也 此大乱之道 事君不忠非侮聖人非孝行者此則大乱之道

廣要道章第十二

子曰教人親愛莫善於孝 孝者德之本又何加於焉

教民礼順莫善於悌 先孝後悌人行之次 移風易俗莫善於樂 夫樂者感人情樂正則心正樂淫則心淫孔子曰悪鄭

安上治民莫善於礼 上好礼則人易使之 礼者敬而已矣 敬者礼之本又何加焉 故敬其父則

子悦 敬其兄則弟悦 敬其君則臣悦 敬一人則千万人悦 盡礼之事敬

所敬者寡而悦者眾 所敬一人是其少千万悦是其眾 此之謂要道 孝悌以教之教之礼無以化之則為要道也

廣至德章第十三

子曰君子之教以孝非家至而日見之 非門

教以孝所以敬天下之為人父者 天子無父事三老所以教天下之為孝 教以悌所

以敬天下之為人兄者 天子兄事五更所以天下弟也 教以臣所以敬天下之為人君者

詩云愷悌君子民之父母 以上三者教於天下真是人也父母 非至德

其孰能順民如此 德之君子能行此三者教於 非至德則不能如此

廣揚名章第十四

皆紀

又既七紙筆アリ中ニ

咸通八年十一月廿七日書 ママ、

アリ

又手帖中跋アリ 草稿

三三八二 (孝) 孝経 有注不知誰氏

約七十三行 三才章(首闕)ヨリ聖治章(尾闕)迄

27/135

(38)

1 穀食獨[illegible]

毒藥 山中得來典

農遂以教[illegible]

4 以順天下 教化天下之民雖能用善治民不加亂而[也]

而自為之

6 說於先王見教之可以化天下 先王周下民今

7 故先之以博愛而民莫遺其[親]

無敢遺忘

8 其二親 陳之以德義而民興[行]

興行

9 也矣 先之以敬讓而民不爭 天下

69 不通流 傳代方 是以四海之內各以其[職]來職祭 四海者南蠻北狄東夷西戎之謂

四海周公行孝內越常重譯來貢獻之名

70 以其方賄珍琦來助祭於先王之廟也 夫聖[人]

聖人之德廣大田復不

71 以加於孝乎 能加於孝乎 故親生之

72 父母日嚴 育養父生之母養之及至長大成人當須供父母尊

73 聖人見孝子有尊嚴之

三二一五

敦煌紙

二十行

27/36 字/行

1 大乘三案
念不起座見本性禪本性无性无性法身法身无身故
无滅壞善男子善女人等曰甚投暮善知識来怕怖生死
能生鏡鏡不能生心心不能生鏡即是三界虚遇唯心所藏
20 道心不孤去託境方生有光即有

以上ノミ後ハ空白甚ダ多シ

三四一五

敦煌紙

十二行

全体 31/42

字/行 31/32

(81)

1 蠅蚤 下音單 (蚤ヲ抹殺シアリ)
螋螫 嘞齧 橘鵲 甜 懐 豚 音乇 鐵
3 鉤斵 奎 昴 棲 攞 瓻 廢 雉 編
4 蚝 瘖灥 淋 瀝 驟 剔 音義 馥 閫 音困 讇 音諂
8 鏤 音閲 建 曄 鄕
9 阿摩鍒 毗摩鍒 怛摩鍒 曽伽鍒 醯摩羅若羯捭
九字ヨリ字カシ大ナリ 以下ニモ一行空カナシ
10 三曼那拔提 安婆陀 婆檀尼 婆羅摩他 安檀足
11 摩那斯 阿拙啼 比羅祇 菴摩賴垢 婆嵐弥
12 婆嵐摩安鍒 冨涅冨那 摩奴賴締

以上後空白ナリ

三八の八　ペリオ

唐紙

二百十六行

347cm

長興四年中興殿應聖節講經文

沙門乞之千年取變萬乘君生飽烏兔之靈光抱乾坤之氣象

……日影庭別布於祥煙歲歲重陽（黎後）皆采於嘉節住尊九

背記　筆蹟か

仁王般若經抄

（別ニ後ニ記セリ）

（43）

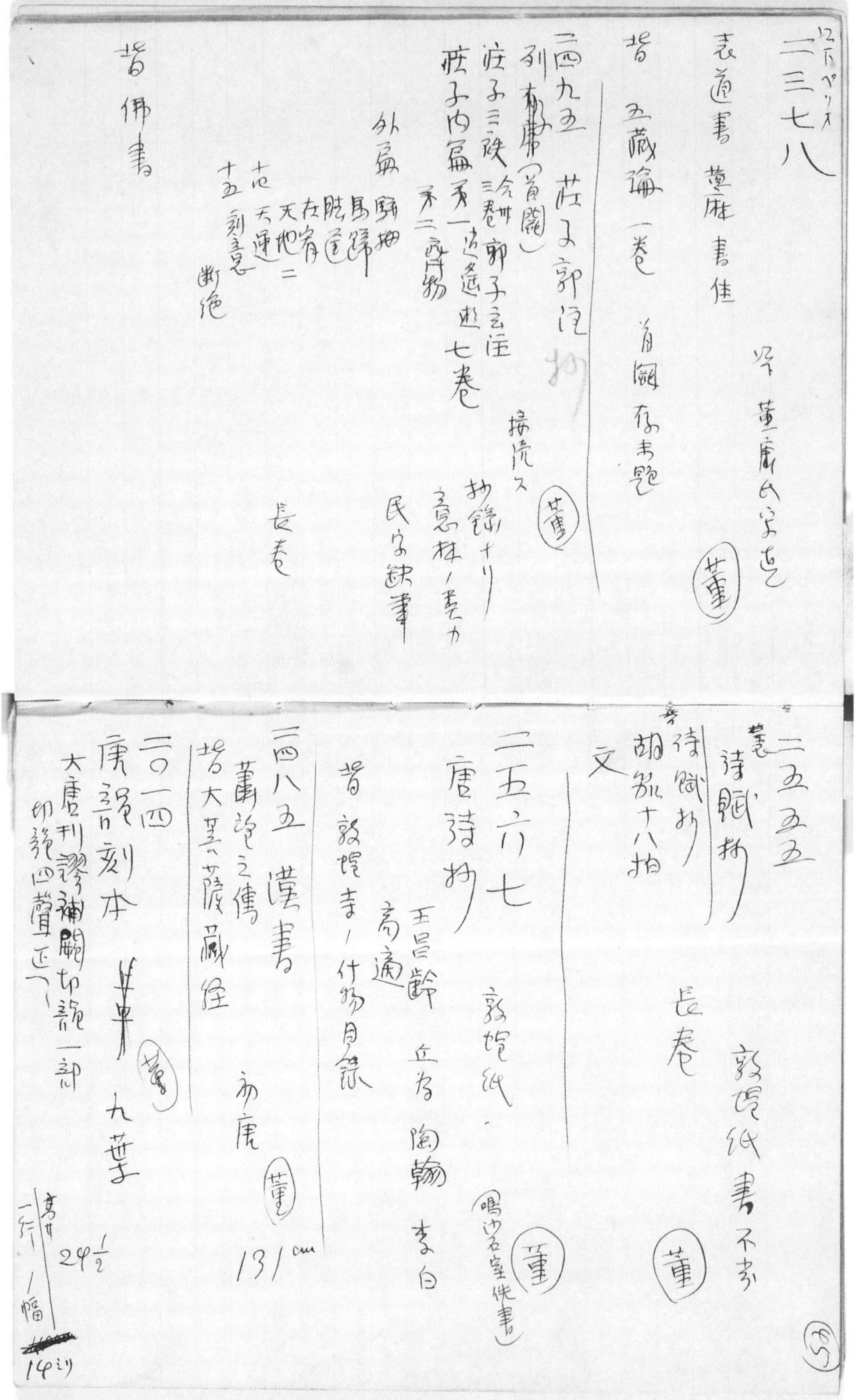

以下ペリオ
二三七八
表道書　董麻書　佳
罕董康氏家蔵
(董)
背　五蔵論一巻
首闕存末題
二四九五　荘子郭注　抄
列禦寇（首闕）
荘子三疏　三会卅三巻　郭子玄注
荘子内篇第一　逍遥遊　七巻
第二斉物
外篇　騈拇　馬蹄　胠篋　在宥　天地　二
十七　天運
十五　刻意
断絶
接虎久
(董)
抄録ナリ
意林ノ巻カ
民字缺筆
長巻
背　佛書

二五五五
詩賦抄
詩賦抄
胡笳十八拍
長巻
敦煌紙書不去
(董)
文
二五六七
唐詩抄
敦煌紙
（鳴沙石室佚書）
(董)
王昌齢　丘為　陶翰　李白
高適
背　敦煌寺ノ什物目録
二四八五　漢書
蕭望之傳
(董)
背大般若波羅蜜経
初唐
131cm
二〇一四
唐韻刻本
(董)
九葉
大唐刊謬補闕切韻一部
切韻四聲五ヘ
高廿　24 1/2
一行　一幅
14ミリ

二四九四　楚辞音義　黄麻　盛唐書　董
奄蔡深引為大傳
引世本（簡狄）　不避世字
相玉書
皆犯
下蔡學者楚辭也其俗奢淫好音謡
170

二四九三
敦煌紙
表裏共ニ讃曰アリ
裏ニ黄麻紙　智永爪ノ書　董
連珠
278cm

二五〇三
文選　黄麻　書　諸法　董
109

二五五二
二五六七ト同一筆　如之
前ノ多数ノ詩ハ題ナシ
後ニ李昂ー　数首アリ

三一二六　冥報記　董
敦煌紙
書不甚遒麗　後稍佳
蓑
李雄既王於蜀……
中和二年四月八日（欄外注ニアリ）
孔基
沮渠蒙遜
支法存
張超
吳慶祖
諸葛覆
徐其
李統
齊豫章王蕭嶷
魏城陽王元徽
末有題

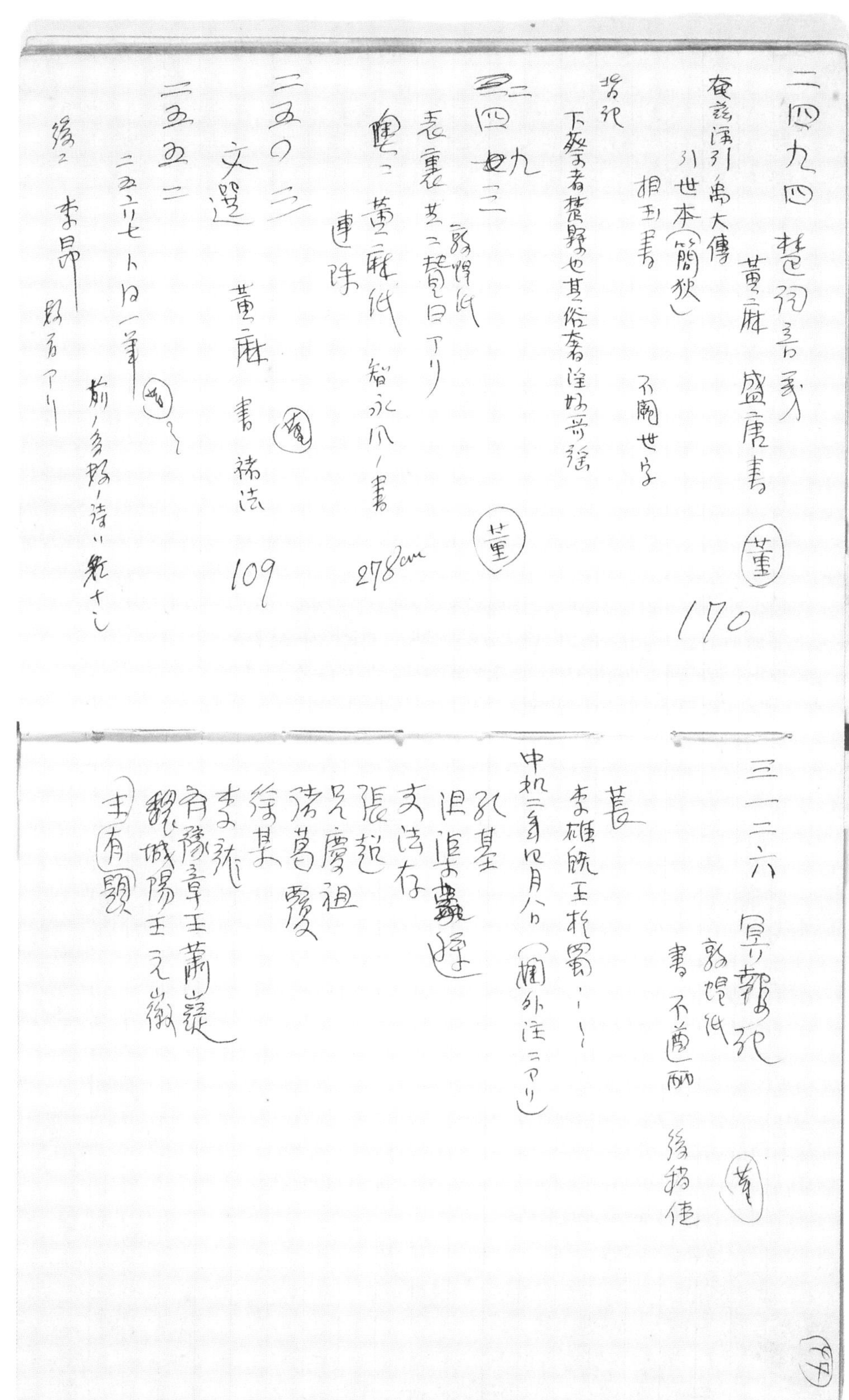

二〇一五 切韻 蝴蝶装 董
横44½ 縦24¼

二六七三 董 白麻 書似日本 唐風 佐理
上書 翟庭玉
龍門賦 河南縣尉盧竧撰 行草書
王昭君 安雅詞
北邙篇
初度嶺過韶州靈鷲廣果二寺其寺院相接 故同詩一首
江上羈情

二六四〇
常府君碑ノ前ニ 董
白頭吟ノ尾
五言擬晉朝秋夜聽擣衣
背 釋法琳別伝

384

二五八六 晉書 董 六朝黄麻紙
271
鳴沙石室佚書
去三行 劉隗
是時王氏得政隗之在門下也経庶言於
帝曰王氏強宜漸抑損王敦聞而上疏曰
臣叢昔蒙殊寵委以事機虚己求謹秉
以上董氏介

69

三六九三 | 三六九六
唐抄書 白麻 袋綴
切韻巻第四 去聲 五十六韻 字小 平字字大

三五五六
敦煌氏 長巻 書
沙和尚邈真讃（呉福高）
陳法嚴於右
大周故大雲寺法律尼 〃
其外沢山アリ
背 歸義軍節度使曹元徳 清泰三記 轉経文書 アリ

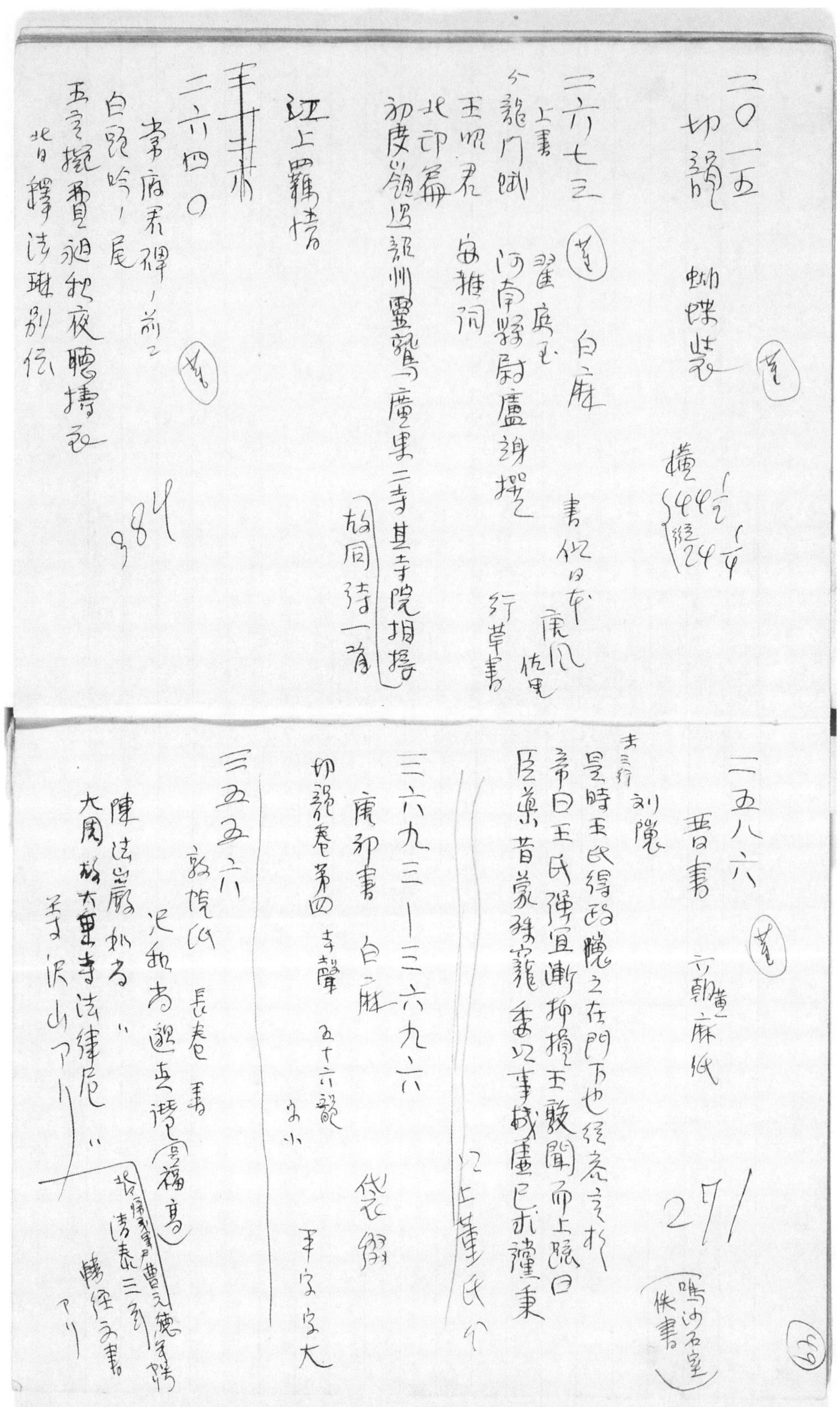

三八一三 背 判牒

晋書 志 卷第十二 苻洪 苻健 苻雄 王堕 魚遵

卷第十三 苻堅上

320

董

三七〇一a 三七〇四 白麻 六朝書

六朝諸子 劉子新論

3704 凡俗第卅六 利害第卅七 禍福第卌八 貪愛第卌九

正賞第五十一 鄙國第五十

3703背 釋迦授記 朱ソハミニテオク

3703 楞伽師資記 一卷

第七 唐朝荊州玉泉寺大師諱神秀 安州壽山寺大師

諱賾 洛州嵩山善會寺大師諱安

第八 洛州嵩山普寂 敬賢 南山義福

玉山惠福

三七一八 董 寫真讃

三五三八 佛儀軌 敦煌紙 書き

三七九四 星占書 敦煌紙

三七四四 文書 敦煌紙

三五五二 兒郎偉 衛 除夜駈儺之法…… 敦煌紙

2

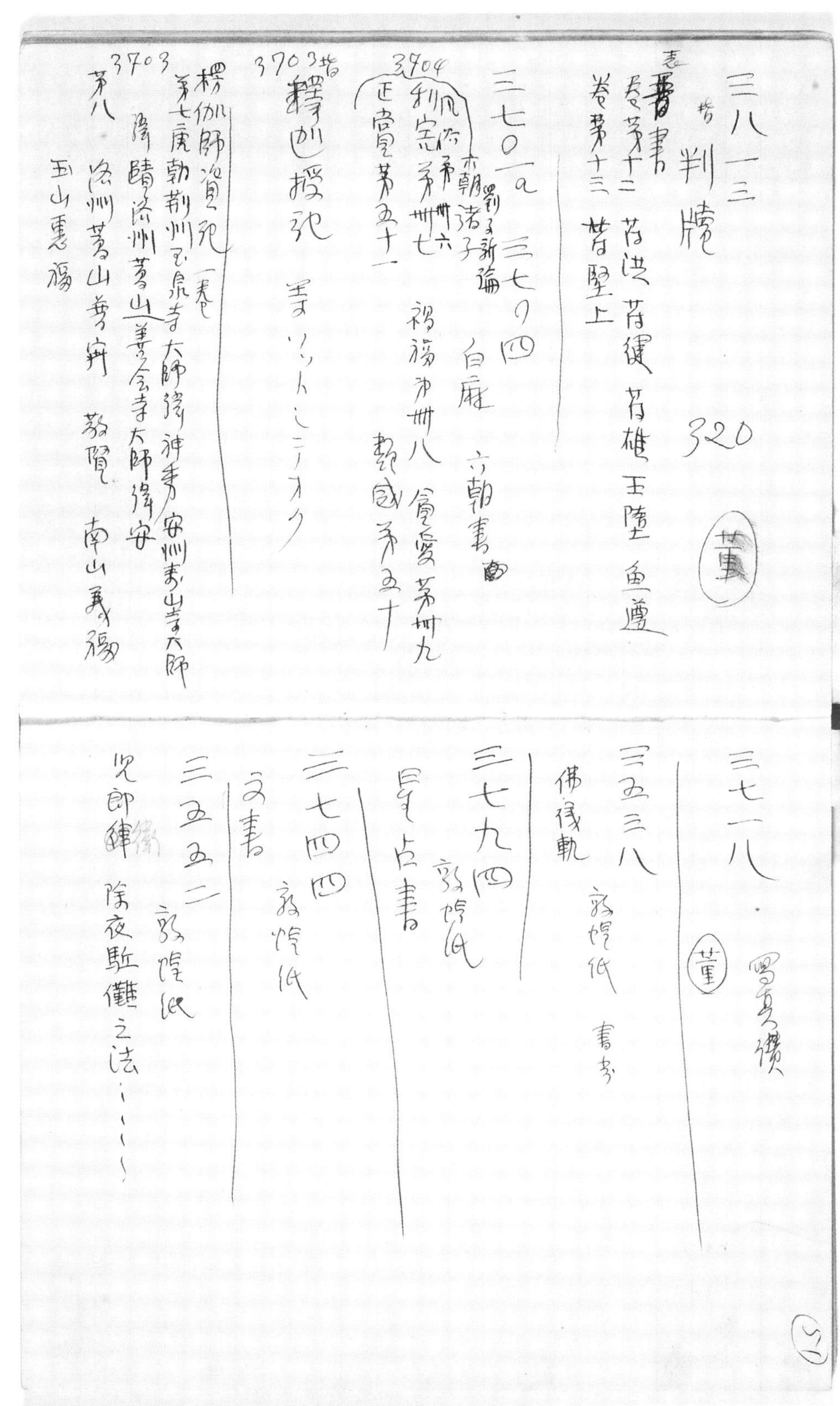

三八〇〇 敦煌紙
佛教儀式ノ文
背ハ楽書
佛教儀式

三六〇九 敦煌紙
佛書 表裏共

三六〇八
佛教儀式ノ文 白麻
三二五二ヘツヅク

唐律 職制律第三 首缺 308
戸婚律第四 尾缺
(董)

三七二三 敦煌紙
書儀ノ類
(董)
記室備要一部并序 計二百八十六首 郷貢進士郁知言撰

三八一一之
往大唐乾寧二年 ト首ニ落書アリ
(董)
陸集 白麻
殷濟 謝涉 劉長卿
胡笳十八拍 劉長卿

三八四一 cf. 3885ト同巻
龍門賦ノ断片
白麻ノ佛書
背 文書 蔵庫 目録 書か

三六三五
左傳正義 黄麻書 初唐
經ト注ト朱筆 伍篇
約87cm
背 左伝 有注 城濮ノ戦 書
哀十二年

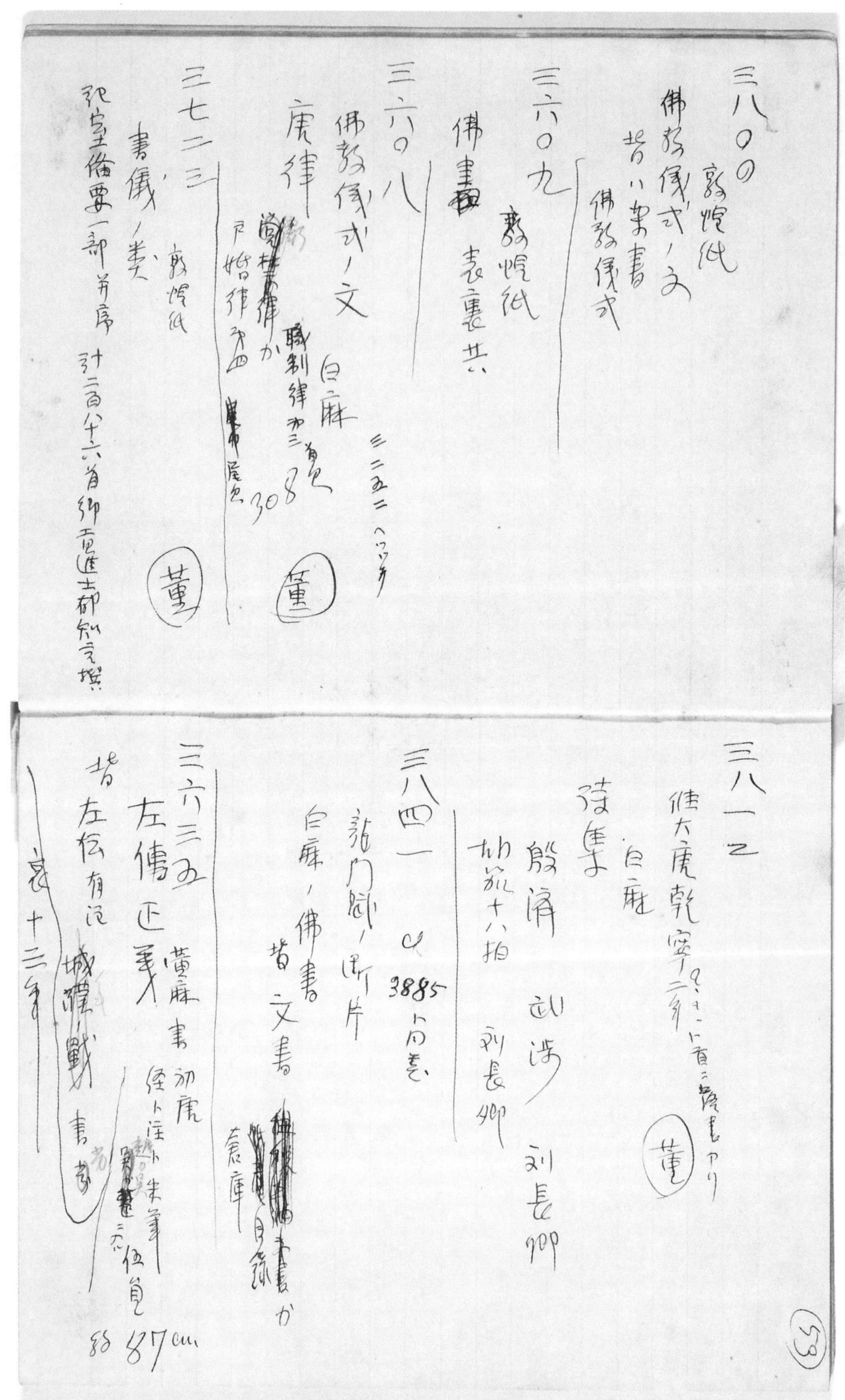

朱筆

已至為伯也

魯陽至事書　十月六日

注一盛至節之

日至則諾

三五五〇

佛教儀式文　敦煌紙

三七一七

广代法宝記 (董)　敦煌紙　長巻

首闕　本文殆完具

三七八二

敦煌紙 (董)　粘葉綴

占卜書

S 5597 ト同書

三八九九

懸泉府馬社〻〻

開元十四年　印アリ

皆佛書

三七二〇 (董)

咸通十年ノモアル

詩モアル

孤書墓誌銘

立僧讚

三七三二

道書　皮紙　唐末書

三五三五

佛教儀式　敦煌

(57)

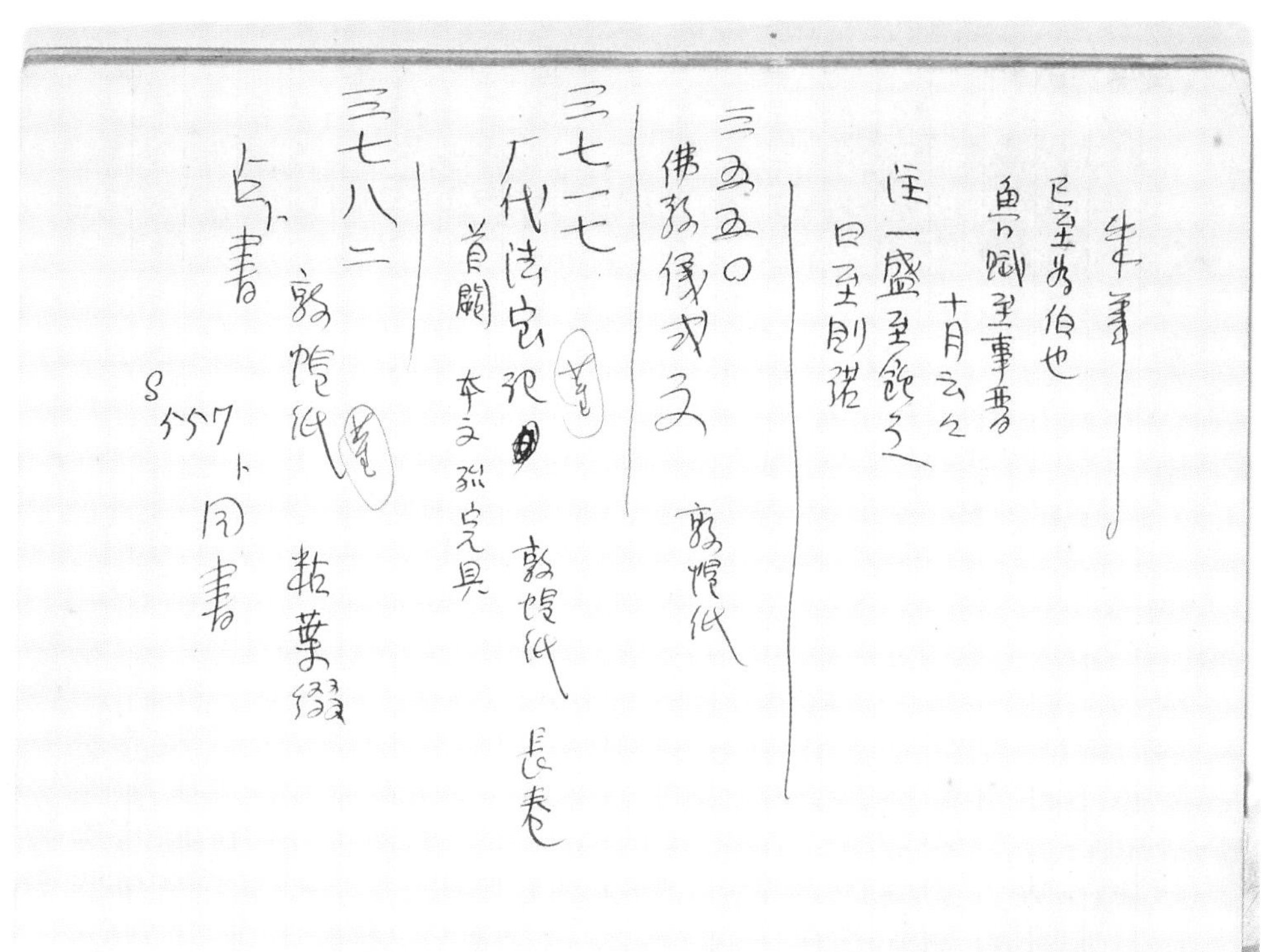

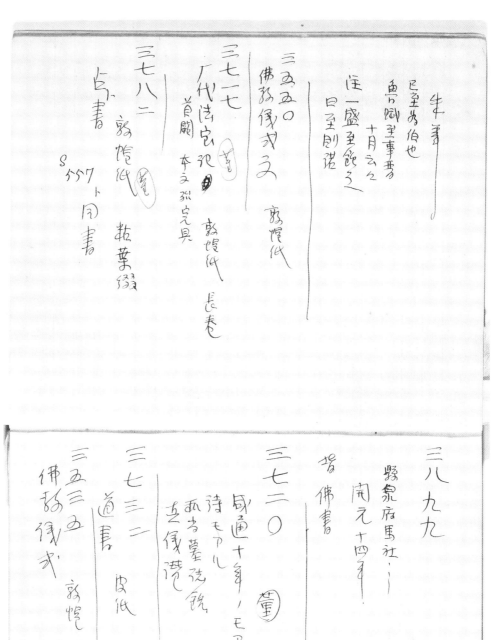

三七九二
草書　白麻　前後闕
晋　金光五礼本
字連讃

三五五七
~~漢書~~刑法志第三　漢書　有注
白麻
民字缺筆
84

晋　文辞

三五四七
沙州院牒
尾闕
有沙州院印　裏
「之朱記」
上等
白麻
表半分印

~~丰五四女~~

三七二二
白麻
愍／民字缺筆
擢說第廿五
遠佞人第廿六
屏姦臣第廿七
慎所從第廿八
辨邪正第廿九
儲訓第卅
治道集巻第三
治道集巻第四
（君臣）臣君相済　君臣成敗　寛猛相済　審大臣
擇任使　懲誡臣　為臣難
擧大罪過略小過　臣體　諷諫
懲誡臣第卅六（尾闕）迄
386

袁子正書　晋斉王攸太子箴

晋　佛教儀式

(57)

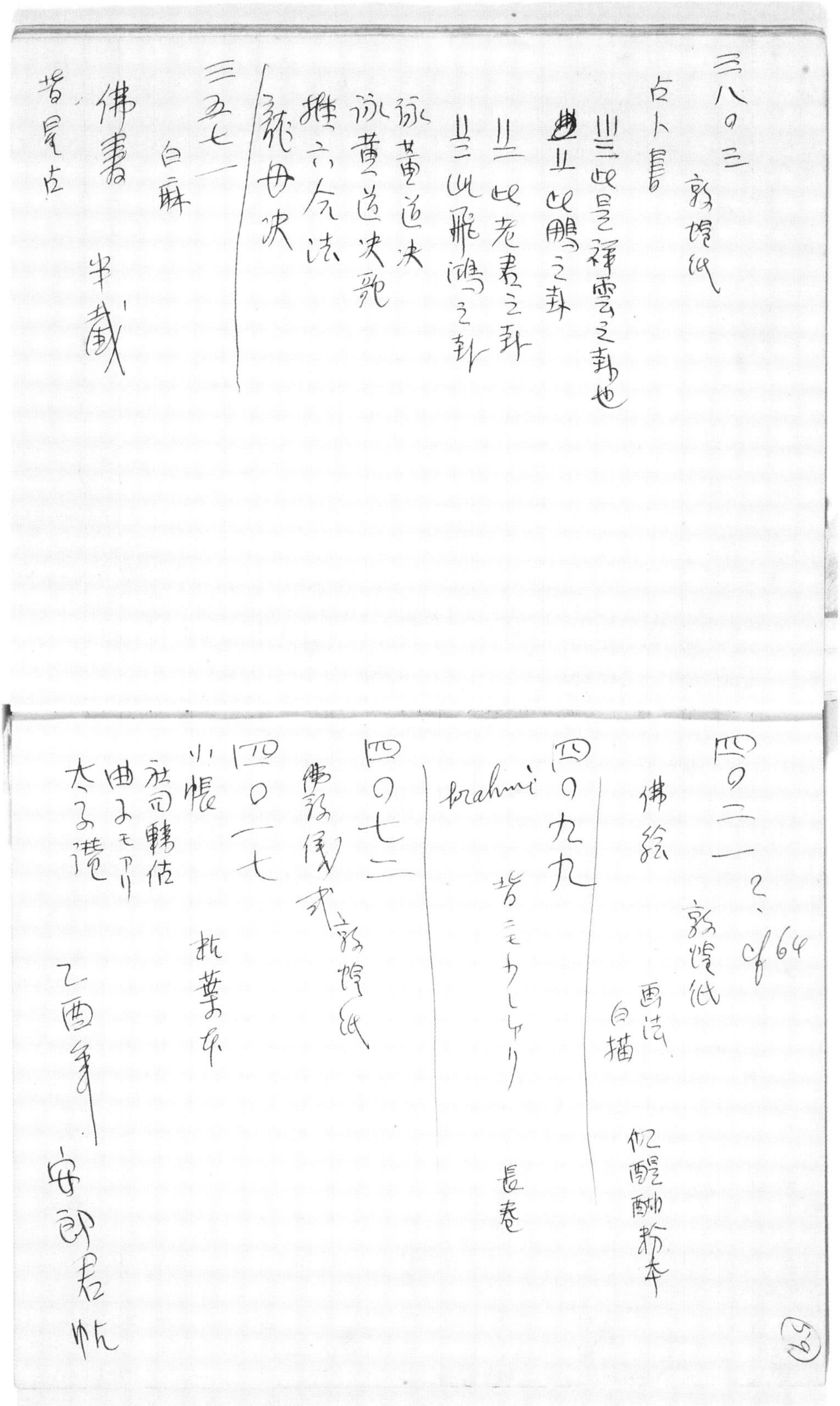

三八の三 敦煌紙
占卜書
三三 此是禅雲之卦也
三二 此鵰之卦
二二 此老君之卦
三二 此飛鴻之卦
詠董道決
詠黄道決要
推六気法
龍母決

三五七一 白麻
佛書 半截
背 星占

四の二一二、 敦煌紙 cf 64
佛絵 画法 白描
似醍醐粉本

四の九九 背ニモカキアリ 長巻
brahmi

四の七二 佛教儀式 敦煌紙

四〇一七 小帳 梵葉本
社司轉帖 曲子モアリ
太子讃
乙酉年 安郎君帖

59

四〇四三
乾寧年祭文稿　敦煌紙

四〇七五　敦煌紙

文契断片
丁丑年四月八日……
背 佛書

四〇六五　敦煌
佛教儀式

四〇〇七
佛名経
背 落書

四〇五九
素書　二葉　敦煌紙

公正部

四〇八五
太公家教八素　敦煌紙

四〇〇四　敦煌什物文書

四〇三九
佛経目録　裏三

四〇三五
佛書
背 亦同　敦煌紙

(19)

四〇八八　尼律摩経　白麻　二葉

四〇八九　kaluri　敦煌紙

四〇五〇　書儀　断葉　書佳

四〇〇〇　敦煌紙　黄図 4006

壬申年聖経袟数、報恩寺

四〇四七　聖経袟数　小断片　字注文書

楊

四〇一四　描画佛　彩色

四〇四八　敦煌紙

櫛基　古卜書　工　騰昇　泰漸　工

四〇五三　傳武文　敦煌紙

背文書

四〇七〇

四〇一四ノ続キ

(38)

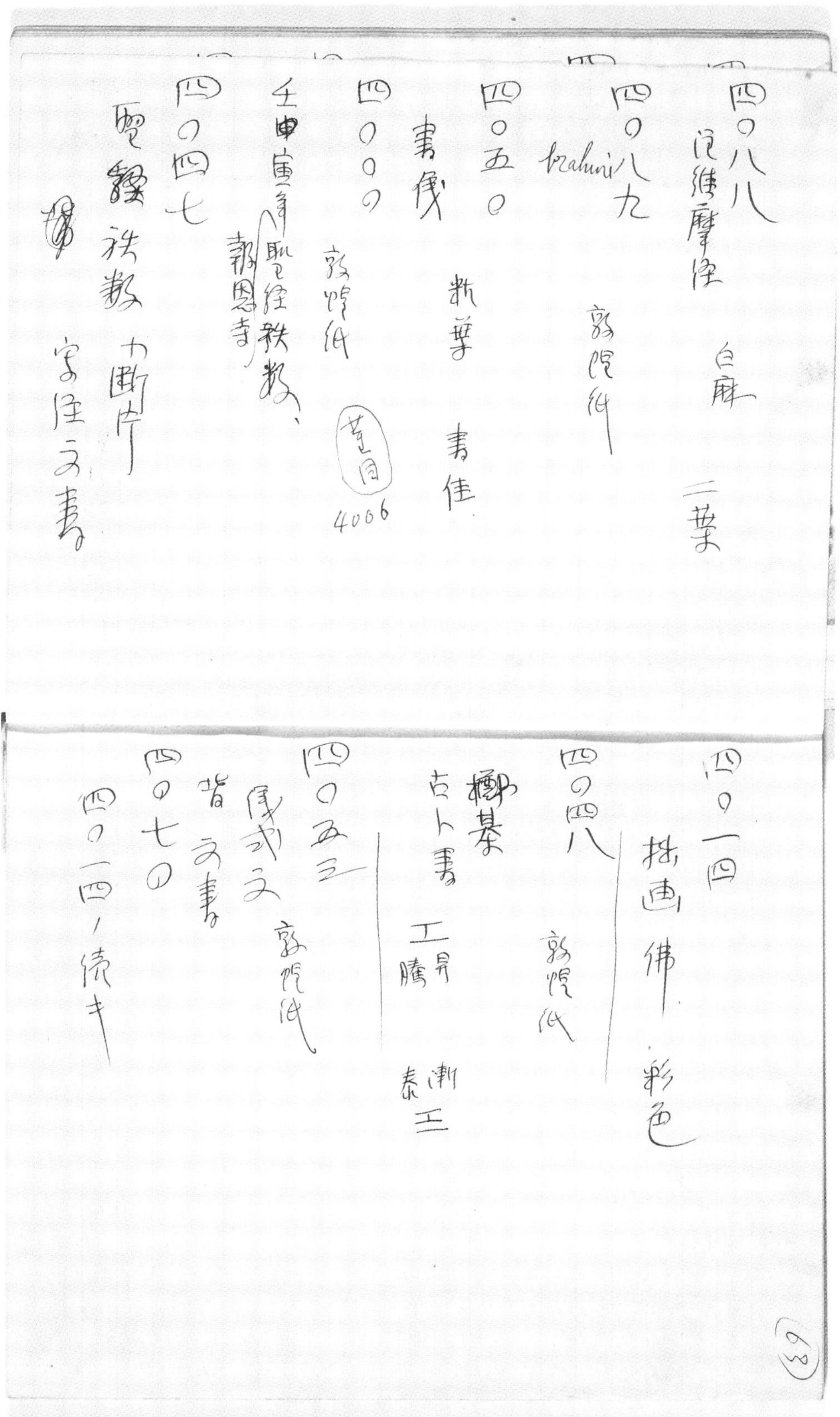

四の一の
敦煌紀録ノ断片
皆紀アリ

四の二一：
庚子年文書
cf (P.59)

四の二七
佛経
皆市同
敦煌紙
半截

四の六六
道経
黄麻
皆千字文

四の八四
平康郷百姓郭懇子文書

四の八二
唐獅子絵
皆丹画
似粉本

四の四九
佛画右目様

四〇の九
佛画ノ佛右目様
マンダラ中ノ小佛

四の八七
佛画右目

(95)

四〇三六 書儀 敦煌断簡

四〇五七 大蔵随函広釈経音序一等アリ 不完 敦煌紙 (董)

皆ノ文書 (m)

四〇三四 文選~ 董二麻 (董)

~~事末賦ノ巻~~

翰苑 断簡

右注ニ引 漢書 史記 晋書 新序 晋楽書

恩 則天字アリ (m)

故秦宗觀楚在壇為貴一魏右務寬照軍

非寶一而賢無今古求ム不求才有行蔵

皆用ム不用 東方有虎之氣論南方有鷲雀之

皆龍一知人則折而推戴所難一

人類三章第三

四〇九四 梵葉 (m)

玉梵志詩一巻（上中下三巻為一部）

太子勧世詞 大漢乾祐二年

四〇二五 佛書 汚し

四〇六一 断片

佛教儀式文書

壬午年文書ノハシ

四〇二九 彩色描画 夜の旧軸

四〇一三 白描描画 小佛

(69)

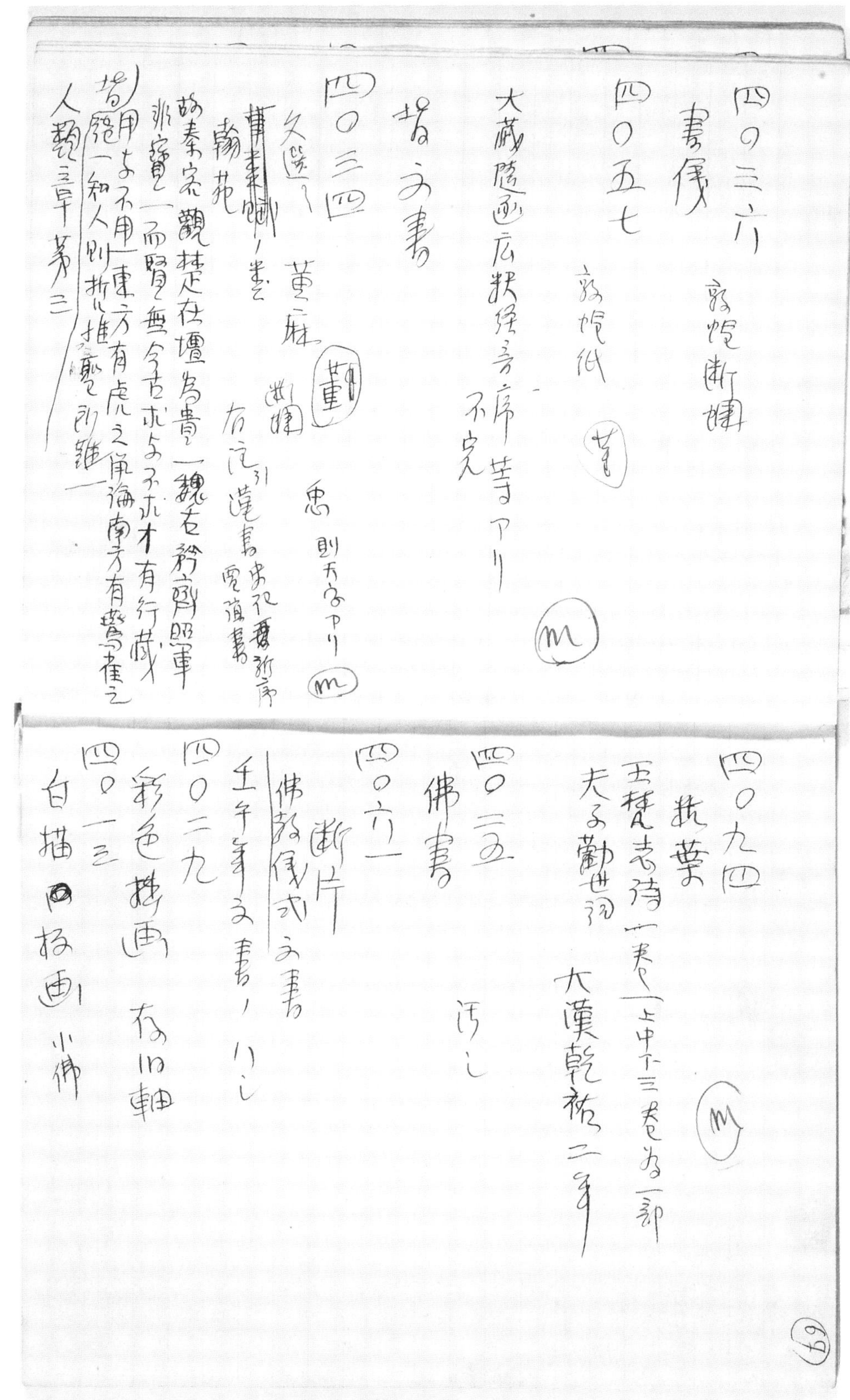

四〇七三
道書
~~[illegible]~~
背 月記
大暦十年ヨリ十五年
建中元年ヨリ四年?
興元元年二年
貞元二年
角心経流ノ字
(m)

四〇四四
執葉ノ帖
曹使帖
乾寧六年
光啓三年ノ修境人名寫書 一巻
(m)

四〇九五
佛画
四金剛
[illegible]

四〇〇六
佛書
敦煌紙

四〇三三
禹貢 残断 白麻 (m)
戴皮山崑崙ヨリ東迤北会于匯
13 分3
隷古定本
二十四行

四〇六七
彩色佛画

四〇八〇
右同
~~閻~~焔摩天

四〇七九
佛教儀式
敦煌紙

(69)

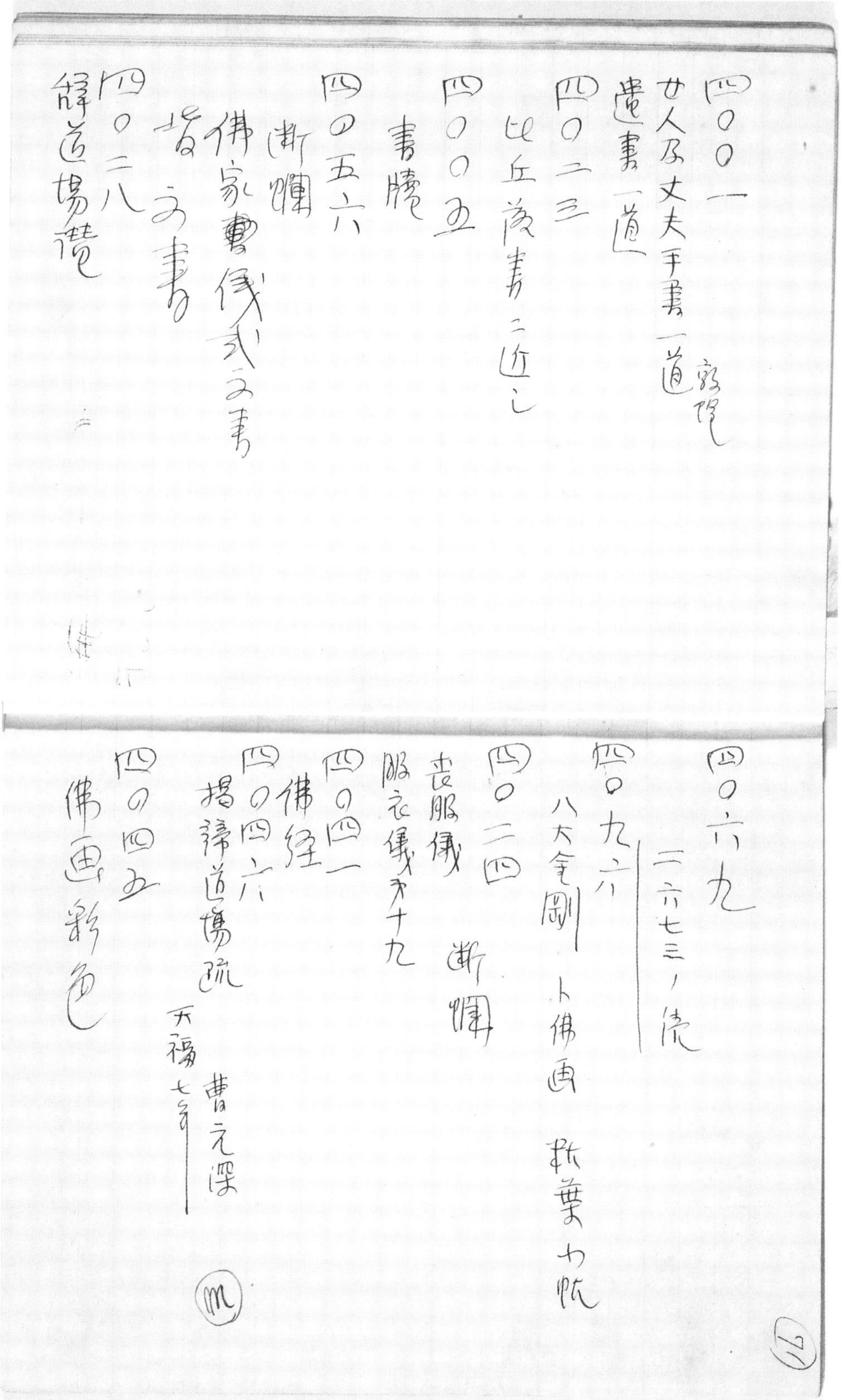
四〇〇一
廿人及丈夫手書一道 敦煌
遺書一道
四〇二三
比丘發書二通
四〇〇五
書牒
四〇五六
断爛
佛家書儀式文書
皆文書
四〇二八
辞道場牒

四〇六九
二六七三ノ続
四〇九六
八大金剛 ト佛画 折葉十帖
四〇二四
断爛
喪服儀
服衣儀第十九
四〇四一
佛経
四〇四六
揭諦道場疏
天福七年 曹元深
四〇四五
佛画彩色

四〇五八
人相 相十二相属法
左傳ノ断片ヲハリツク 黄麻
古人勤艱ノ所 八行 背面
幅13cm

四〇七六
四〇一三ト同じ 枚画

四〇八一
八行
丁卯年正月壹日 已後至戊辰年
僧侶ノ文牘

四〇一八
佛経 黄麻
觀世音不空羂索心咒見廾
ーーーーーーーー出現像成驗

四〇七七
勒佛
（五台山）大聖文殊師利ササ
高28
幅20

四〇三八
粘葉 葉子 八葉

四〇一一
児郎偉（衛）駈儺之法

四〇五二
粘葉 事林
朱筆 此事林一巻云々
黄仲舒 倪寛 甯越 蘇秦
路温舒

四〇一二
佛教儀式

(93)

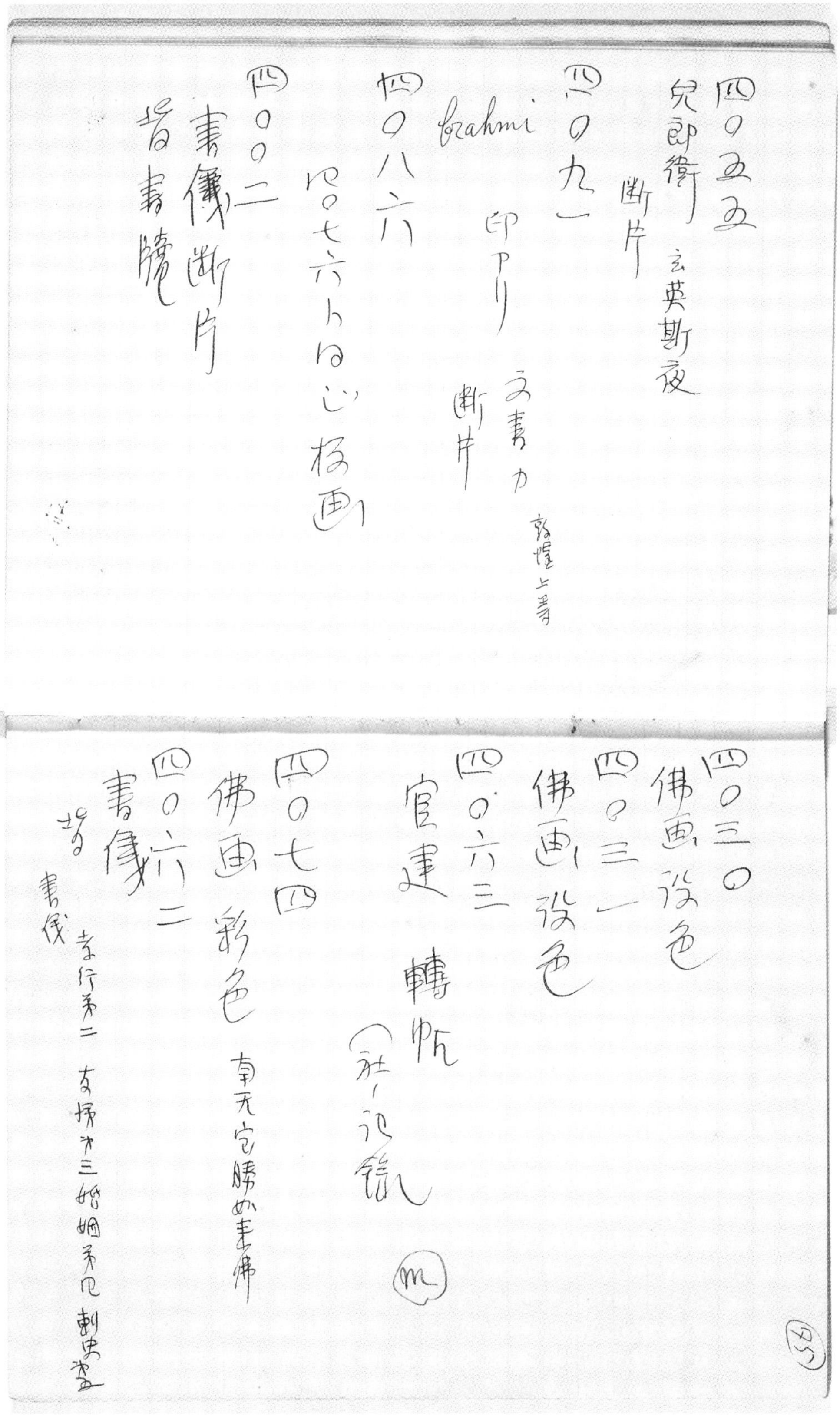

四〇五五
兜郎衛 玄英斯夜
四〇九一 断片
brahmi 印アリ 文書カ 断片
敦煌上寺
四〇八六 四〇七六ト同じ様画
四〇〇二 書儀断片
書 書牘

四〇三〇 佛画設色
四〇三一 佛画設色
四〇六三 官建轉帖 社ノ記録
m
四〇七四 佛画彩色 南无宝勝如来佛
四〇六二 書儀
書 書儀 李行第二 支婦第三 婚姻弟兄 刺史盤

四〇九八
粘葉 八大金剛図 彩色
金剛経 末闕

四〇九七
四〇九八ト続ク

四〇四二
陳情 五言
詩ナリ
背
玉燭宝典ノ巻 月ノ異名
引月令

四〇二二
郭煙氏
子産 羊祜 伯仁 姚英 郭泳 雷彪
孟嘗 黄向 劉訓 倉慈 侯覇 寇恂
邵信 杜詩 張堪 秦彭 沈豊 鄭弘
譚僖 魚菜
酒事
刹霊

四〇三七
文書断片

四〇六〇
白描仏画
施主会稽鎮遏使羅祐通一心供養

四〇七八
松画 四〇八六トおなじ

四〇九三
茶酒論一巻
庚寅年
粘葉細長き本
書儀
並心経

四〇一六
粘葉 天地開闢已来帝王紀一巻（完具）
惟大唐乾祐三年庚戌歳正月誠授位
日写此書一巻記
十五葉

四〇〇三
渠社轉帖

四〇一五
佛教儀式文ノ尾断片

四〇九〇
佛画、彩色

四〇六四
粘葉 二葉
半葉七行
兵書ノ類
有注双行

四〇四〇
洪潤郷百姓文書

m

四〇五一
粘葉
劉家太子 小説 五葉

四〇九二
新集雑別紙
乙丑年[illegible]月[illegible] 粘葉 細長
書儀ノ類

四〇一九
鷰子賦 断爛 cf 3757
不可読

新集吉凶書儀 同

四〇七一
星占書 粘葉 細長

開宝七年十二月十一日靈州大都督府
白衣術士人康遵課

藏文アリ

79

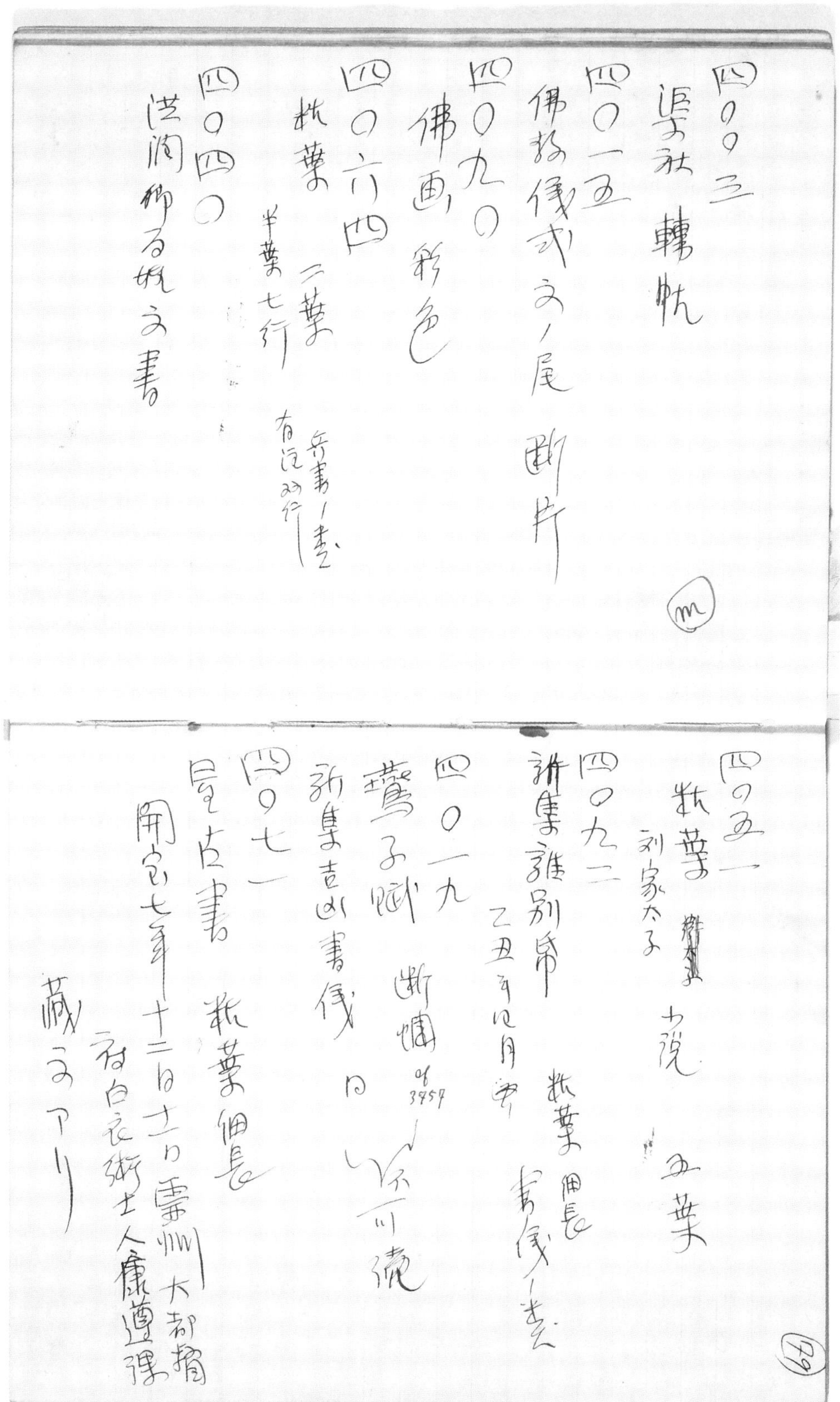

四〇〇八 文書断片

四〇六八 蔵仏経 黄麻 経生ノ書

背 brahmi アリ

四〇二〇 儀式文書 断爛

四〇二六 細字写行 古人ノ行ヲ手ニ記ス

東観漢記 張堪ナルク

背 佛教ノ道詩

四〇三二 二葉上下相接ス 廿字包筆

一葉 引周書異記 内典天地経 清浄法行経 三教一評論か

四〇八三 丁巳年買牛ノ文書

三八九四 大公家教か 敦煌紙 断爛

三八九七 佛経 背文書 敦煌紙 断爛

133

(15)

三五三六
佛経唯識疏 前後闕
敦 断簡
三七六四
太公家教
三七二七 敦
敦煌僧俗真影讃
因縁記
其他佛教雑文
付法蔵伝ノ一部
大唐義浄三蔵讃 卓哉大士遍游隨機應
物懐念済世含悲飛錫西邁返白馬東帰讃歎
五印行盡四依譯経九部宣教三時 寛上同
葦羣下承規該通内外藝為因師
達摩伝 芳雅文

三五三七
佛經疏
禅決日 曇林序
大法師云
敦
三九二〇
貝葉形 中心ニ穴アリ
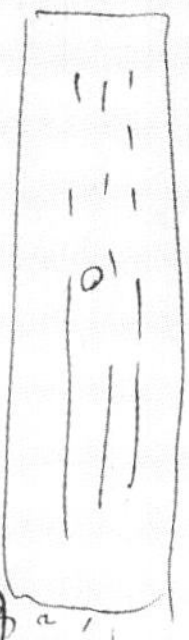
経ニ書ス 密教
1 千臂千眼陀羅尼経
2 如意輪陀羅尼経
9 佛説熾盛光消災経
序アリ
8 佛説大威儀経
9 高王觀世音経
3 仏説大輪金剛總持陀羅尼神呪経
4 金剛頂経 不空譯 瑜伽念誦儀
5 仏説救抜焔口餓鬼陀羅尼経
6 仏説大威徳熾盛光消除一切
七雑陀羅尼経
廿三葉

楞伽師資記断簡
83

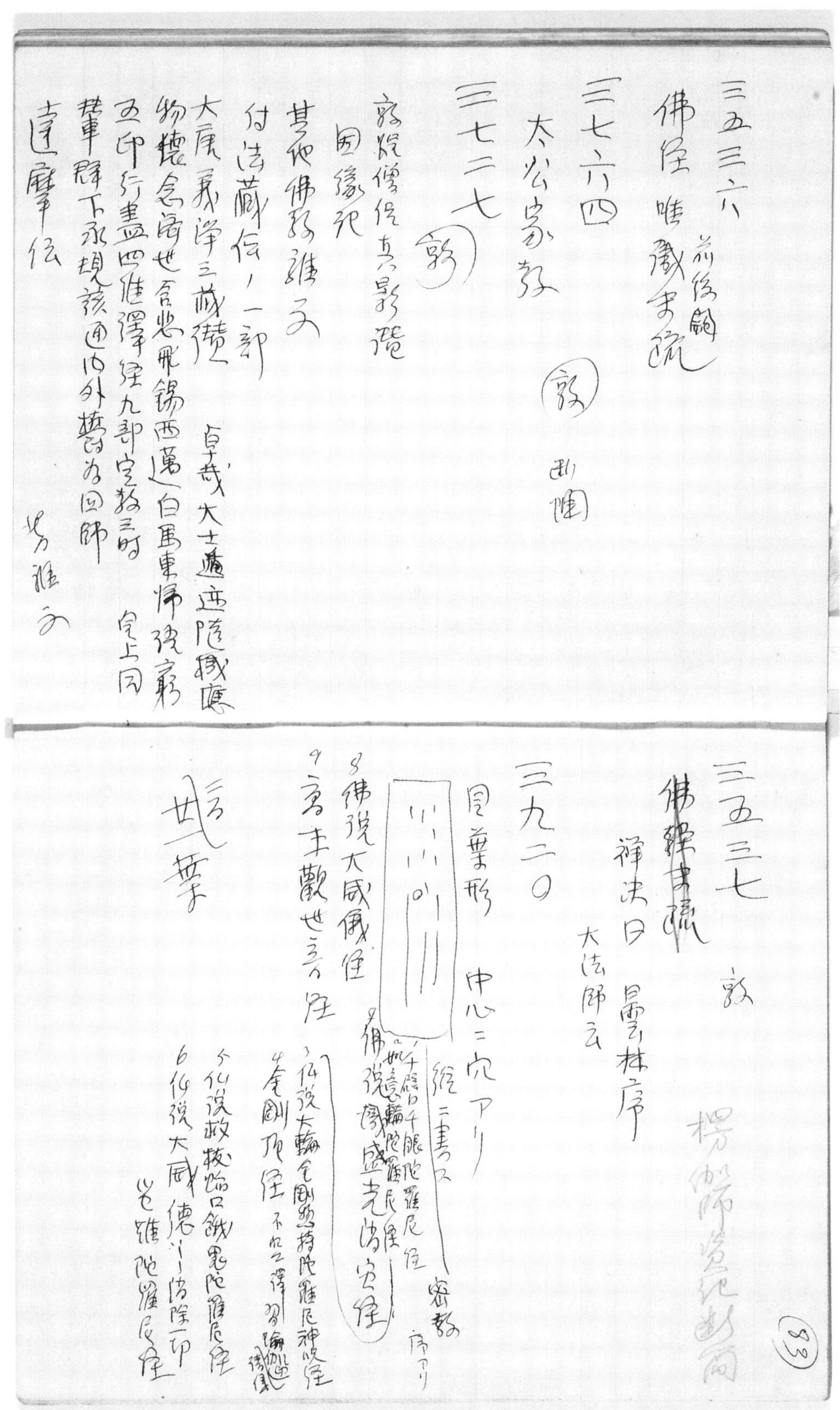

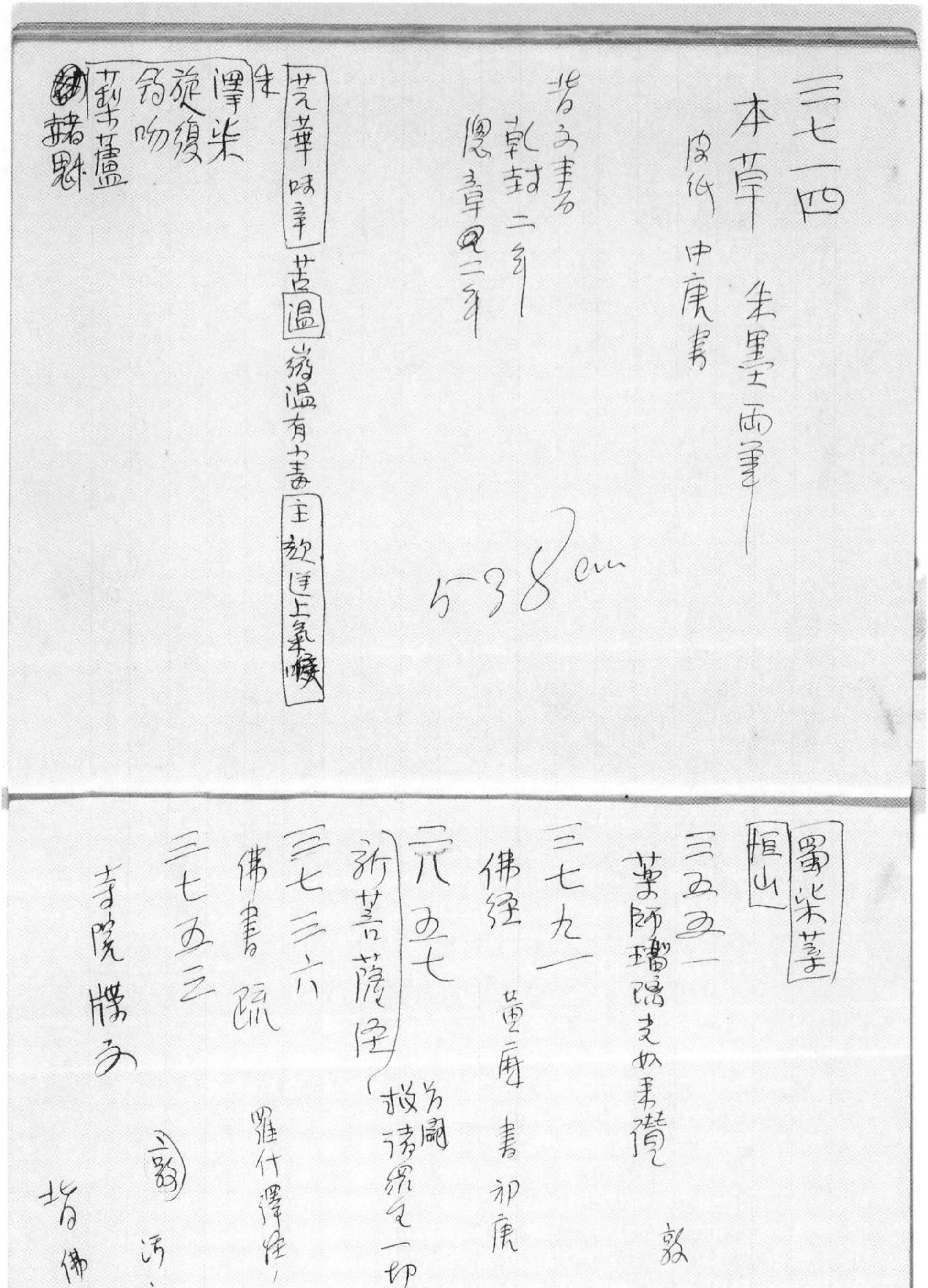

三七一四
本草 朱墨両筆
皮紙 中庚書
皆文書
乾封二年
恩章四二年
538cm
芫華味辛 苦温 消温有小毒主欬逆上氣喉
朱
澤柒
旋復
鈎吻
梨蘆
猪(?)

蜀柒茎
恒山
三五五一
薬師瑠璃光如来讃
敦
三七九一
佛経 曹庫 書 初唐
二八五七
祈菩薩経
校讀寫(?)一切雑経
敦
三七三六
佛書 疏
羅什譯経ノ疏
敦
三七五三
寺院牒文
敦
皆佛説ノ抄(?)

三五五四
佛経　白麻
塔記
謹上河西節度公徳政及祥瑞五更
轉兼十二時共一十七首　并序
勅授沙州釋門義学都法師兼摂京城臨壇
供奉大徳賜紫沙門悟真　謹
其序アリ
其詞ナシ

三八二〇
心経

三五四八
諸星母陀羅尼経　沙門法成於甘州修多寺譯
完具　存旧軸

三八二七
曹
曹延禄　文書断片
開宝七年六月六日臣父薨亡臣兄（延恭）瓜州　云々トアリ
背書
文書草稿断片

三八五九
丙申年報恩寺常住百姓老小孫息名目
背　ラクガキ
不完

三八四九
書儀　黄麻　書極佳
後ニ
新定書儀鏡　壹上壹下　京兆杜友晋撰　杜
序アリ
黄門侍郎盧藏用儀例一巻　序アリ

(87)

背
仏説諸経雑縁喩因由記　長巻
三五七七
佛法儀雑文
三八四二
佛法儀雑文　ま二丁亥ノ年　背紙書
三五四六八
仏法儀雑文　汚し
三六一〇
開蒙要訓

89

三八三二
法華経玄賛第一　大慈恩寺沙門基撰
初ノ一紙補写（疑後世）
第二紙以下ハオキマリ草書　長巻
三九二二
貝葉形　漢字左行横書　穴ハ左ヨリ八寸ニ一ツアリ
首闕
法句経一巻
九葉　半葉七行ニ凡三十八字
三八三八
~~数息法　九宮法~~
粘葉
推九曜行年法　終ノミアリ
推九宮行年法
第九宮~~[illegible]~~之図なし

三九一一
曲子集か　粘葉三葉　六行
擣練子 平
望江南 平
酒泉子 平
首題闕

三九〇七
籝金一部　冊　粘葉
序半行アリ　少室山處士李若立撰
功臣良将篇第八
侍中篇第十
諸王篇第二
北堂書鈔
初学記ニ似タリ

三九〇九
粘葉　四葉
今時礼書本　書儀ノ类
論通婚書法第一
論障車詞法第八
児郎衛

三九一七
中論第巻下尾　貝葉形経本 穴一ツ 中ニ近シ
廣明　道真施入目録
冊 中論巻第一
三界寺律大徳沙門道真念記

三九〇八
粘葉　墨付キ十六枚
新集周公解夢書一巻
（天文章第一　地理章第二　山林草木章第三
水火盗賊章第四　官禄兄弟章第五　人身梳鏡章第六）

飲食章第七　仏道章第八
庄園田宅章第九　衣服章第十
六畜倉数章第十一　龍蛇章第十二
刀剣弓弩章第十三　夫妻花粉章第十四
樓閣家具銭帛章第十五
舟車橋市穀章第十六
生死疾病章第十七
塚墓棺財凶具章第十八
十二支日得夢章第十九
十二時得夢章第廿
建除満日得夢章第廿一
悪夢為無禁忌等章第廿二
夫人悪夢三日不説化為除殃
厭攘悪夢章第廿三
周公備急解夢書一巻
心経

（93）

三九一九
仏説菩薩修行化法経　貝葉形　綴ニカク
小キ字数種アリ
三九〇六
粘葉
雑抄一巻
字宝
書儀
三七七六
天福柒年壬寅ノ記アリ
粘葉
天部地部郡邑部　丈夫立身部
雑説ヲ集ム

三九二四
~~思益経~~ 折リ本
仏説無常経
法句経 寫

二五二三
梵葉長方形 二五二二？ 二葉ニ四行
地隠
下急州 帰城郡
下裕州 蓮山郡
下静州 静永郡
長
下曲州 二至八

三九二一
仏説ササ本業経 行 寫 梵葉
大乗施王経が済リ 則天字ヲ雑ヘ用フ 然シ後ノモノナリ

(95)

三八二四
法花経普門品 梵葉
金剛経
心経
出家讃文等
辛未年四月十二日緑写経却宋本
主用三界寺僧永長紀耳

三八一九 カ梵葉本
法偈文

三八二八
觀音功德ヲ讃嘆セルモノ

三七〇五
論語述而 泰伯 斷簡 （寫）
巻第四
集解本 存二軸
首闕（破レメアリ）

三七六三
佛書 （寫）
背文書 寺ノ帳カ

三七五九
一巻本 南无觀世音仏說八陽経（青面表紙）
佛說八陽神呪経
戊子年閏五月十六日記ストアリ 完具

三八七七 大唐内典録
東晋朝伝譯仏経録第五 黄麻
後周宇文氏伝譯仏経録第十五序
唐朝伝譯仏経録第十八
歴代所出衆経録目第九
大唐歴代衆経挙要轉読録第四
大唐内典録歴代衆経有目闕本録第五
歴代道俗述作注解録第六

背戸ニ接ス

（99）

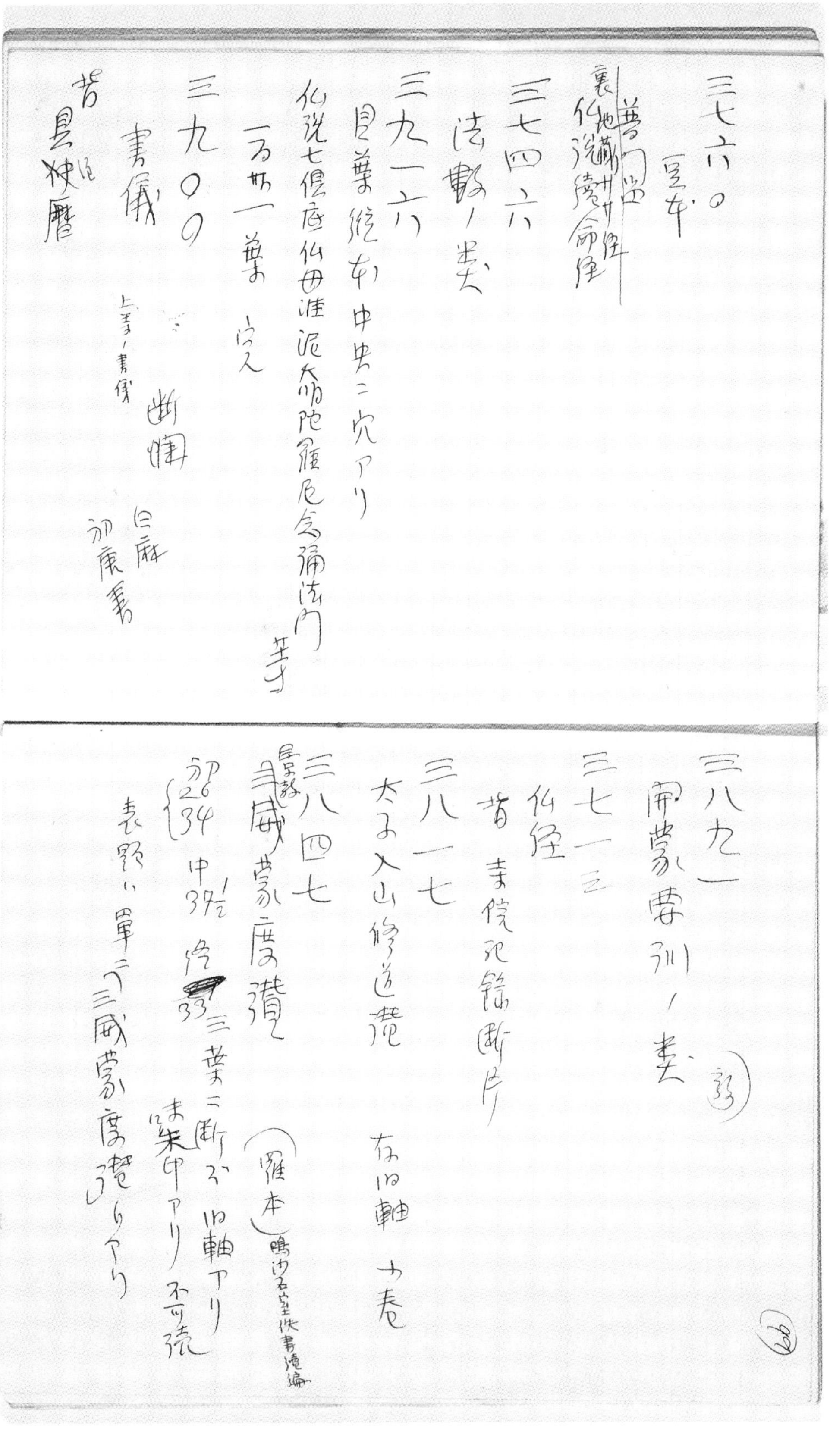

三七六〇 写本
普門品
裏 地藏菩薩経 仏説続命経
三七四六 法數ノ類
三九一六 貝葉経 本中央ニ穴アリ
仏説七倶胝仏母准泥大明陀羅尼念誦法門 等
一百卅一葉
三九〇〇 書儀 断簡
上ニ書ノ書儀
背 具注暦 白麻 別康書

三八九一 開蒙要訓ノ類
三七一三 仏経
背 書儀記録断片
三八一七 太子入山修道讃 有旧軸 一巻
三八四七 景教 三威蒙度讃 （羅本）鳴沙石室佚書續編
部 26 34 中 37½ 後 33 三葉ニ断ツ 旧軸アリ 末尾中アリ 不可読
表題ハ単ニ三威蒙度讃トアリ

三七二一
沙州年表
序アリ書名ナし 楊ノ
前度支孔目官兼御史中丞楊 同年 上 120
開元十一年ニ至ル
背 庚辰年 己卯年 文書

三五七四
法儀文

三七二八
法律疏 背晋徳し文アリ

三八五四
佛経目録断片
背大暦ノ文書

三八五の
寺院ノ文書 酉年
背ハ寺院

三七七一
背佛経 〃
太子文学河南元希聲 二首
司禮寺博士清河房元陽 二首
洛陽縣尉弘農楊齊悊 二首
茶陵丞安定胡晧 七首
滄州安邑縣令宋國喬備 四首
太子文学河南元希声 二首
以下重複

191

三八三四
梵葉十本
陀羅尼

二八三七
梵葉十本 陀羅尼
又大部禁方ナリ

三九一〇
梵葉
茶酒論 己卯年
新合千文皇帝感辞壹拾壹首 癸未年 書[illegible]

三八〇九
礼佛月日ニ関スル佛書

三九一二
梵葉
仏説摩利支天陀羅尼経
太平興国七年

三九〇四
梵葉 四行
〃般若心経 梵漢
〃観世音経 恵道微内外流之
四句偈 尾闕

三八〇一
梵葉
金剛経

三八二五
法儀文 梵葉

三九二三
貝葉形紅紙 左行 穴左ヨリ1/3ノ所
佛頂尊勝陀羅尼

(103)

三九一四
貝葉絵形　完　下ヨリ上ヘ了
金剛童子神呪　等

三九一三
梵葉
金剛頂経　不空譯

三九一八
貝葉絵形
仏説迴向輪経　于闐三蔵尸羅達摩於北庭龍興寺　遍場譯
仏説金剛壇広大清浄陀羅尼経　沙門曇清於安西譯
此金剛壇広大清浄陀羅尼経近刻和尚法孫曇清於安西
翻譯至今大唐貞元九年約一
卅年矣
其経梵本在于闐蔵中有一十偈
癸酉歳七月十五日西州没落
之亥年　並撰勘ノ記アリ
跋文最モ注意スベシ

三八八五　二六七三ト同一ノ書
詩ヲ集メタル
李邕
孟顥然
郭元振
蘇肌
前大將軍
前大斗軍使将軍康太和書与吐蕃贊普
前北庭節度蓋嘉運制副使符文事
前河西隴右両節度使蓋嘉運制廿九貧燕支賊下事
内ニハ吐蕃贊普ノコトナカリ
昔
葉二才

(105)

三八六一
梵葉
ブラフミ文、西蔵文各一葉
大悲陀羅尼真言
終リニ西蔵漢字仏説對譯アリ

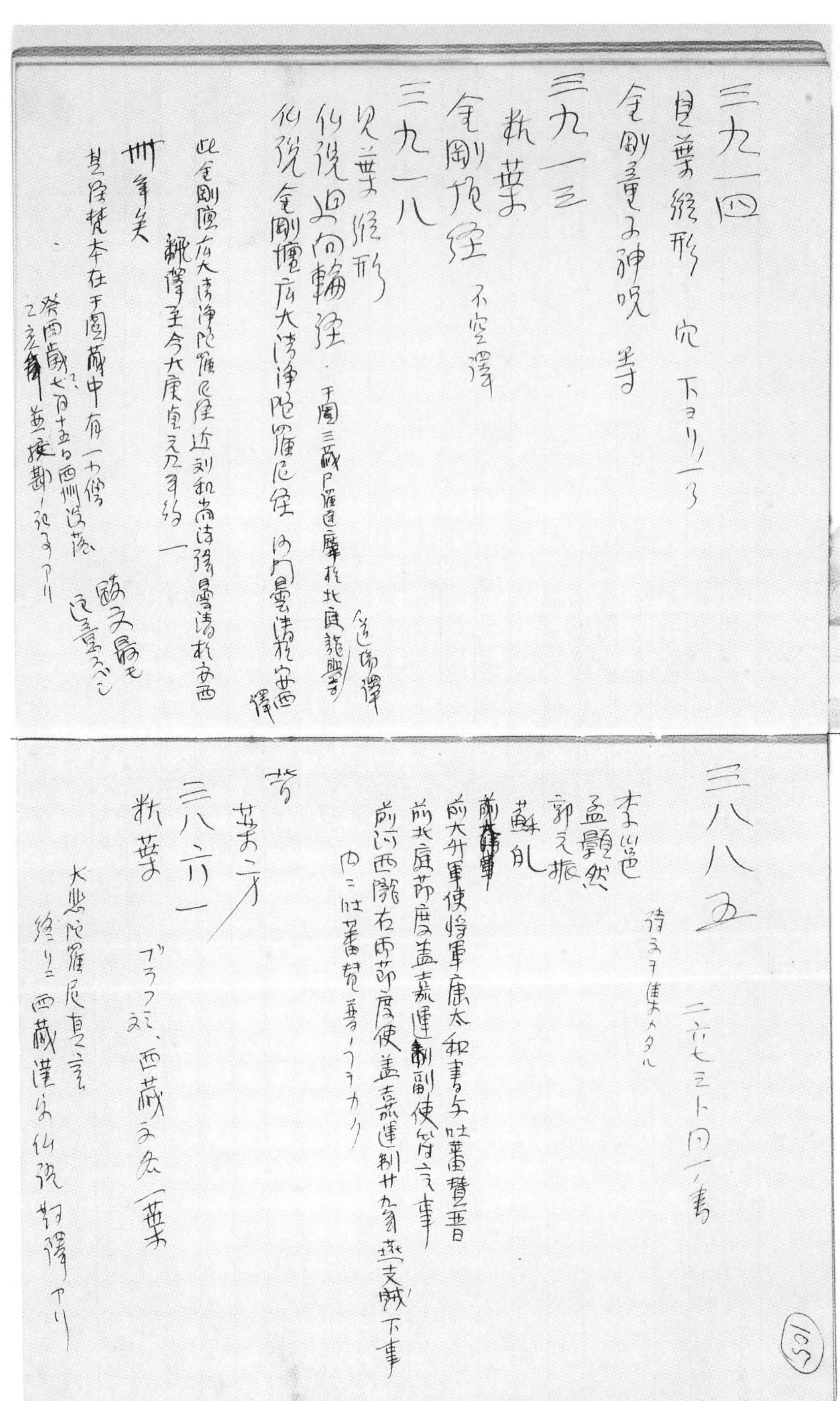

三八九六
占卜書
火兆身訓

三八九八
背戸籍
三八七七ノ続キ

三八二一
雑葉
十二時行孝文 等

三七四七
三乗通教経録 第二
第一ノ続ヨリ
313
賢愚経十三巻　明今昔因縁為宗　文質均
元嘉廿二年出 宋文帝時涼州沙門曇学於于闐得

無量清浄経二巻、　明行観得果為宗　文多 質少
三乗中大乗宗
其外
太始 建始 大康 等ニ書セル経ヲ挙グ
108

三六〇二
荘子秋水
駢拇（首闕） 馬蹄第九 胠篋第十 在宥第十一 末闕
黄麻
137

背
神亀揩書失法

三七六八
文子道徳第五
天宝十載七月十七日　道学博士索[illegible]林記之
白麻
349
道不戦而克 小弱有道 不争而得 與有道
校定

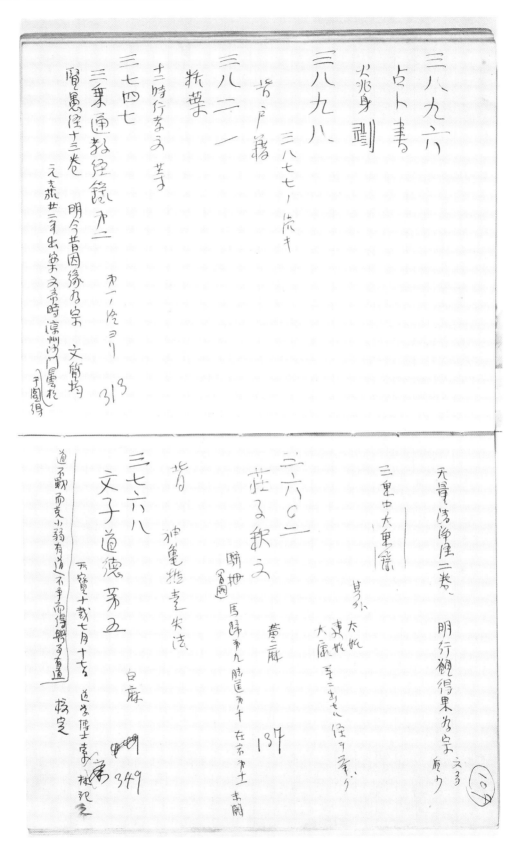

三七九五

礼拜月日文　（敦）

三七一六

仏書

書儀

新定唐家禮親儀　唐家礼凶吊儀

新集書儀一巻　天成五年庚寅歳五月十五日敦煌伎術院　礼生張儒通

王梵志詩

晏子賦

齖洽醜婦賦

三六七一

雜抄一巻

開蒙要訓　馬仁壽撰

(107)

三八二三 大字佛經雜字 粘葉 小僧覺帳

三七六二 佛書斷片

三七一〇 六朝書道書斷片

三八二六 法儀文 和戒文

三七六六 白麻 紙臣世字 （三七八二と同筆）
佛道先後篇第三
釋李師資篇第四
上老君同師李耶之聖弑也……
儒生向日大唐運興盖太
4025

三七五七 鷰子賦 cf 4019

三八一八 觀音偈

三八三〇 孝經 本文ノミ
紹 諸侯章第三一廣要道章

三七八五 佛經 黄麻 書佳
諸佛經要疏

三九一五 貝葉長形紙 此一ノ
八名普密陀羅尼
八陽神咒經
安宅咒經

（三）

三七九七
太公家教　汚し

三五四二
法儀文　(殘)　汚

三五四四
文契
社

三八〇〇
摩訶僧祇律

觀音偈

三八〇九
玄奘法師
礼佛月日文

三九〇二
一、佛書
一、末[illegible]天子に法儀に関する書

三七九八－三七九九
切韻斷片二
入平

三七七七

此巻入頭說偈行人合法藥服防外五章中五章内五章
持犯軌則義理文一
又菩薩戒持法一巻　了性句并序一巻　淨心論一巻　鄭州
忍和尚導凡趣聖悟解脫宗修心要論一巻　並在内

附箋ヲ貼ス　ヒモアリ

三六八五
解夢書斷片

三七五八 法儀文

三九〇三 瓜州任官文書 帰義軍印アリ

三七九〇 道書 後題 太玄真一本際経第一 首闕 黄麻

三五四一 法儀文

背 邈真讃 金山白帝云々ノ文句アリ

三八一 道書 背印

三八五一 沙州准目録色蔵経数

三七九六 百行章 断片

三七三八 李嶠雑詠注

六行 靈烏十首 末 鳳 有鳥自丹穴其名曰鳳皇

注引孝経援神契等 西京記 春秋元命包

五言詩

三七二六 和尚寫真讃

15

三七五五
道書経　黄麻書佳
皆佛書
三八一六
臣嵩言　御注孝経（十八章）残
広明元年ノ上表ヲ首ニ冠ス
十七ノ表題迄アリ
三五四五
法儀文
三八九〇
古詩ノ解釈　巳上牛事　断簡
行書少シ佳

85

三八〇七　白麻
佛経目録　右三経同帙
小乗経
小乗経重翻
小乗律廿五部　二百七十四巻
大乗論五十三部　三百六巻　廿二帙
三七五〇
文書断片
三五三四
論語　述而ノ尾ヨリ太伯ノ終迄
集解　玄宗四日七夕孟郎……

大唐内典録巻八　α、
（二十）

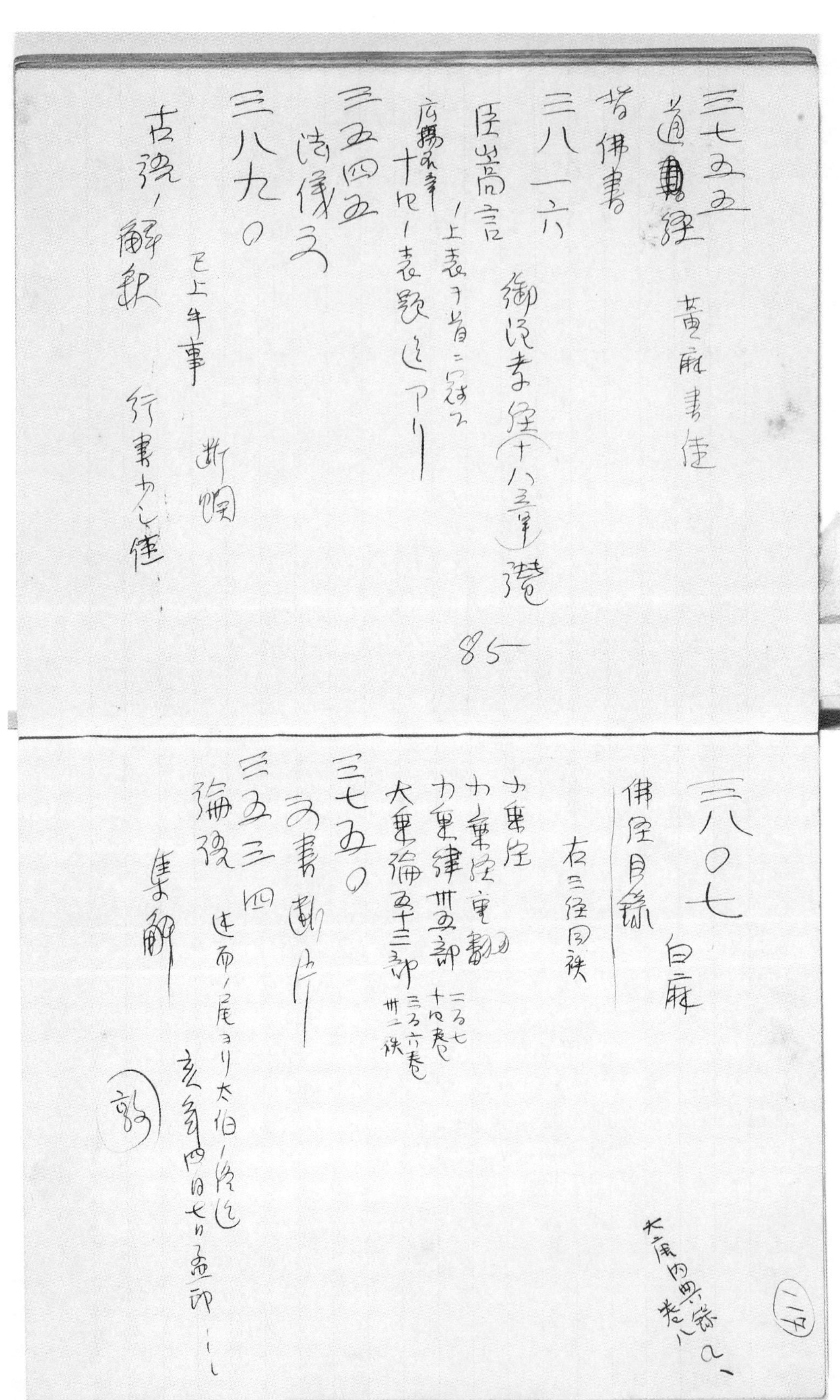

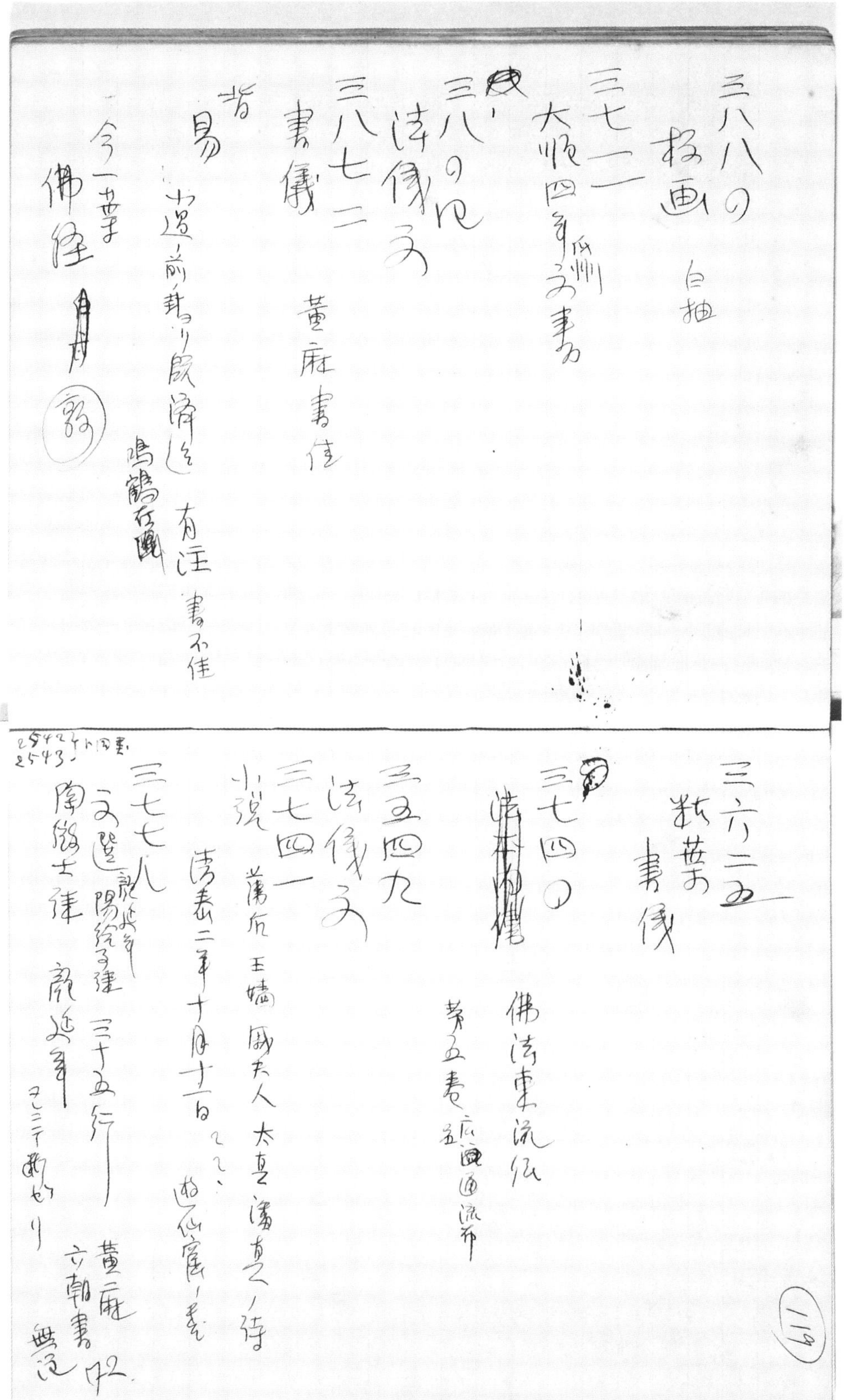

三八八の 板画 白描

三七二一 大順四年瓜州文書

三八の九 法儀文

三八七二 書儀 黄麻 書佳

背 易 小過前封り殿済之 鳴鶴在陰 有注 書不佳 (?)

今一葉 佛経 白描

三六三五 粘葉 書儀

三七四〇 佛法東流伝 第五巻

三五四九 法儀文

三七四一 小説 蕭后 王嬙 戚夫人 太真 潘妃之侍 清泰二年十月十一日 遊仙窟ノ類

2542 2543 ト同書

三七七八 文選 顔延年 陽給事誄 三十五行 黄麻 六朝書 佳 陶徴士誄 顔延年 ここニテ断切り 無注

三八九三
唐小説 遊仙窟ノ如キ小説 断簡

三五四〇 汚キ法儀文

三七四二
三七六六ノ続 廿巳
釋異道流第八
廢法非老子第九
明典真偽第十九
三洞經寶強為真
三洞延潔為偽

三八五二
佛經目錄
背面ノ

264

三六六一
桃葉 冊
一ヨリ十迄アリ 一帝王政令ヨリ
十救助 草木天地也〻〻〻 表也耳 矣巳止

三八九五
老子 黄庭書佳
（據叢書十二函大藏會展觀目錄中村不折氏有老子五十五章及五十六章殘片未詳其与此聯接否）
自四十九章 至五十五章
ノ者吾亦ノ
下渾其心百姓皆注其耳
含德之厚比於赤子蜂蠆虺蛇不螫猛獸不
不搏攫鳥骨弱筋柔而握固未知牝牡之
而不嗄 和

三八四の
上生礼一本 従表作梵 弥勒

三七五四
夫ヨトナ叹ノ問答 首尾ナシ

三七七四 僧龍藏牒 丑年十二月
右寺用帯ノ家ノ財産記録 158

(121)
129

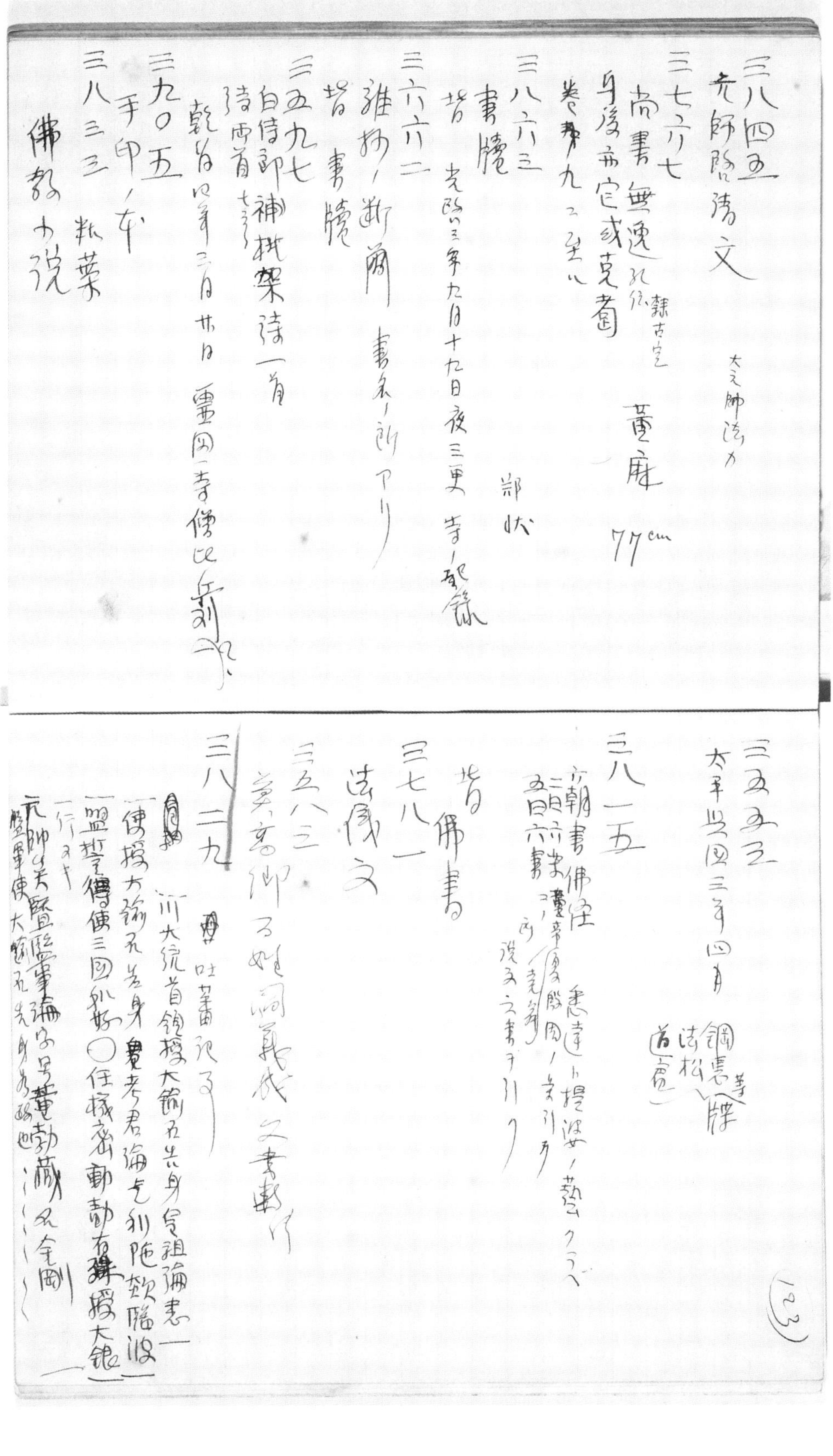

三八四五 先師啓請文 大元帥法カ

三七六七 尚書無逸 孔傳 隷古定
乎後帝宅或克壽 黄麻
巻背九二至八 77cm

三八六三 書牘 鄴状
皆 光啓三年九月十九日夜三更 寺ノ記録

三六六二 雑抄ノ断簡 書名ノ記アリ
皆 書牘

三五九七 白侍郎補枇杷詩一首
待西首 七言
乾符四年三月廿日 靈図寺僧比丘 手記

三九〇五 手印ノ本

三八三三 粘葉
佛教小説

三五五三 太平興国三年四月 鋼惠等牒
法松
道□

三八一五 六朝書佛經 慧達ト提婆ノ藝クラベ
二日六葉 薑帝ノ慶殿図ノ条ハカ
五日六葉 ニ所ノ説経
六書 後文之書アリ

皆 佛書

三七八一 法儀文

三五八三 奚宰御乃姓洞罪代之書断片

三八二九 （印） 吐蕃印アリ
一 川大院首領授大銘孔告身兮祖論悉—
一使授大銘孔告身覺孝君論乞利陁欽臨波—
一盟誓傳使三回外好◯任穣密勤勤有鎌授大銀—
一行ヌキ
元帥兵監臨軍論字呂薑勃藏孔金剛
盤軍使大銘孔告身為孫也 …… —

三八八六
書儀
書張大同顯德七年歳次庚申七月一日大雲寺學郎
皆 瓜州沙州ノ僧ノ詩
三六七七 墓誌銘
蕃中二年巳歳五月一日葬于南沙陽関渠
北京 之禮也
前沙州法曹参軍繆琳述トアリ
三七五六
雑抄ノ断簡
三六七五
老子ノ 二十八行 黄麻 初唐書
1 形而對應来或益之而損之而益損之有
28 故懷德以安民抱一以持身棄案以崇道捻
三六二四
勸善ノ文 霍馱
貞元十九年甲申歳四月廿三日

三七三四
佛経音義ノ 玄應音義十七（即慧琳六四）
優婆塞五戒威儀経
攝萬子
三抵
舍利弗問経
習令
颰焔
亟之
保傳
攄至
貌惻
若鏡
圍内
麗酒
酒忍
負捷
敦煌紙
唐末
三八〇三
法儀文 雑筆
五臺山讃文
三八〇八
仏蔵経四巻
鴦掘魔羅経四巻 一手
(125)

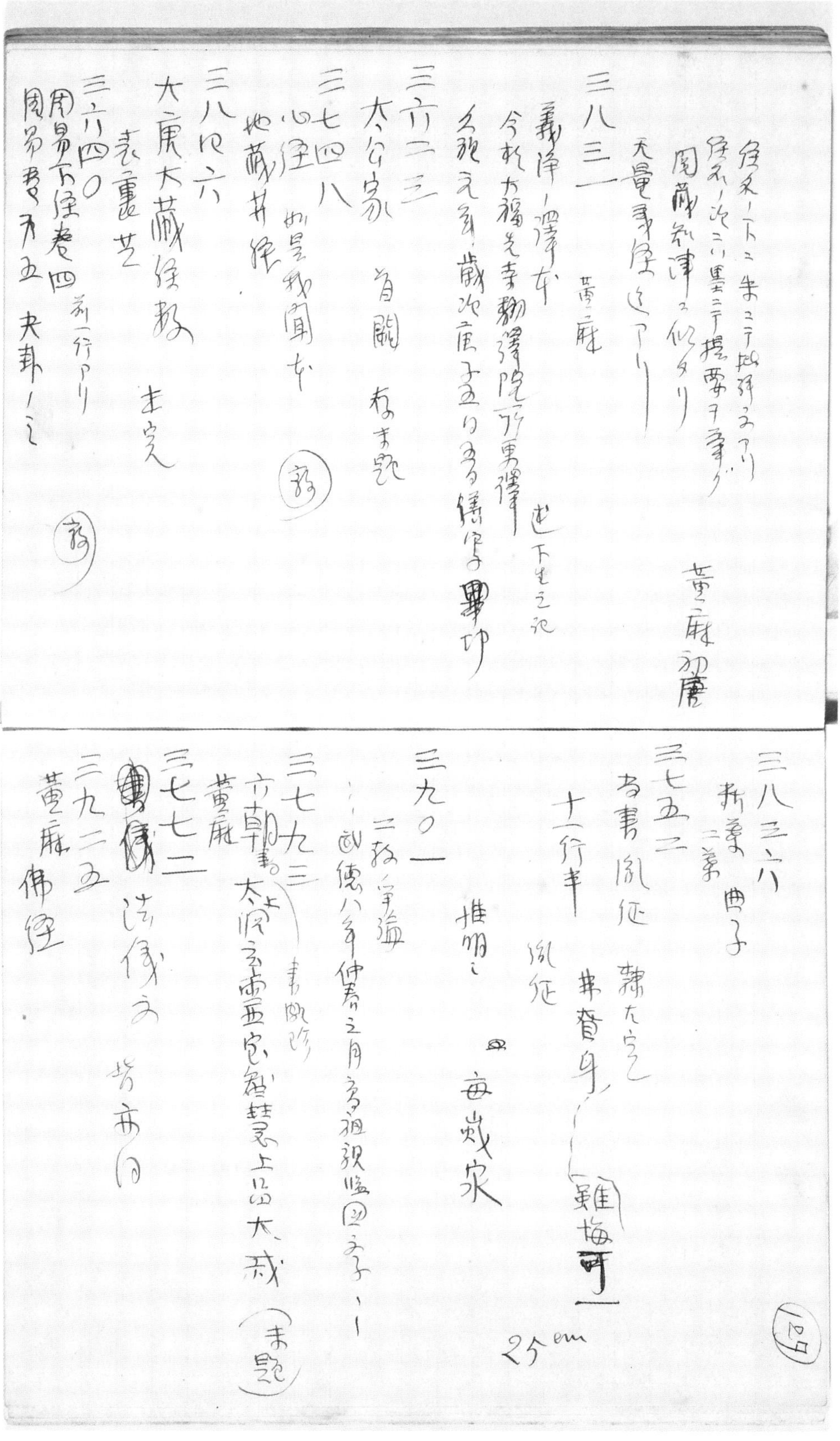

経名ノ下ニ朱ニテ地羅文アリ
経名ノ次ニ小ク墨ニテ提要ヲ書ケリ
周蔵戒律ニ似タリ
无量寿経 迄アリ
黄麻初唐

三八三一
黄麻
義浄ノ譯本
今於大福先寺翻譯院所翻譯　述 下生之記
久視元年歳次庚子五月五日繕写畢功

三六二三
太公家教　首闕　存末題

三七四八
心経　如是我聞本
地蔵井経
(教)

三八四六
大唐大蔵経数
表裏書　未完

三六四〇
周易下経巻四　前一行アリ
周易巻五　夬卦ノミ
(教)

三八三六
拆菓　二菓　曲子

三七五二
尚書胤征　隷古定
十一行半　胤征　弗貸身ノ……雖悔可
一

25cm

(129)

三九〇一
推明之　四　毋戕衆

二教争論
武徳八年仲春之月高祖親臨国子……

三七九三
六朝書　書断片
太上洞玄霊宝智慧上品大戒　(未題)
黄麻

三七七二
~~書儀~~
法儀文　首尾同

三九二五
黄麻
佛経

三八〇二
道経 不完 虫蝕多し
三八六〇
丙午年六月廿七日翟信子麦ヲ借ル文書
三七二四
[illegible] 佛
本號三同ジ八五三ノ説之
三七八七
麦ヲ領スル文書断片
二八一〇
道経首印々強明 黄麻ノ薄キモノ
[illegible]アリ
三八五八 黄麻 初唐
前モアリ
報孔恩 秋法如 傳

三八五五
仏経目録 龍興寺ノ名見エ
三七八三
論語正文ノミ 黄麻 字ヘタ
述而首闕 泰伯 子罕 郷党ナト
有木軸
文徳元年正月十三日燉煌郡学士 張圓通書
三五四三
佛経 首闕 黄麻
坊ニアリ
四分尼戒本
三八一四
大唐西域記巻第二 白紙 中唐書 末題 首闕 387cm
勝尊者 世親
ノ 越窣堵波吾身所十
之 邏樹南有窣堵波迦膩 王之所建也迦膩色迦

(129)

三八二二　董方　若安日

三七一九　（顧）
尔疋　釋詁　若爾・釋言　釋訓　不完
「逢遇也遍逢遇遻也」——
ま　手ゞ物ゞ美也　コレ三三ア後ル
148cm

三八五三
乞經目錄

三七一二
比丘戒本弟序　序ノミ

三六七六
黄麻　道經
背　詩（多ク燉煌人詩）

三八五六　比丘律斷片

三八九二　背律文
仏母讃
无相法身讃
後ニ九想觀詩アリ

三七八九　莊子
黄麻
画カキノ所　盤礴
文王觀於臧
列子射
肩吾ト孫叔敖ノ問答
楚王与凡君坐
まゝ空白アリ
99cm

背
佛壽

(131)

三七二五　老子道経巻上　首闕　存末題

117cm

注畢行字稍大　黄麻

主可名於大

執大象天下往

老子道経巻上

国子監学生楊献子初校

国子監大成王仙周再校

開元廿三年五月　日令史陳琛

宣徳郎行主客主事専検校写書楊光喬

朝議郎行礼部員外郎上柱国高都郡開国公楊仲昌

正議大夫行礼部侍郎上柱国夏県開国男姚弈

金紫光禄大夫礼部尚書同中書門下三品上柱国成紀県開国男林甫

背、仏書

三八三九　浄土讃　（写）　七本

三七八六　道経　黄麻書佳

背仏書

三五三九　仏本行集経ノ書キカケ

背弟子安

三八〇五　勅河西帰義軍節度使　牒

同光叁年六月壹日牒

使検校司空兼太保曹議金

朱印多ク押セリ

三八三五　折り本　如二千印

観世音菩薩秘密蔵無鄣礙如意心輪陀羅尼経

等

(133)

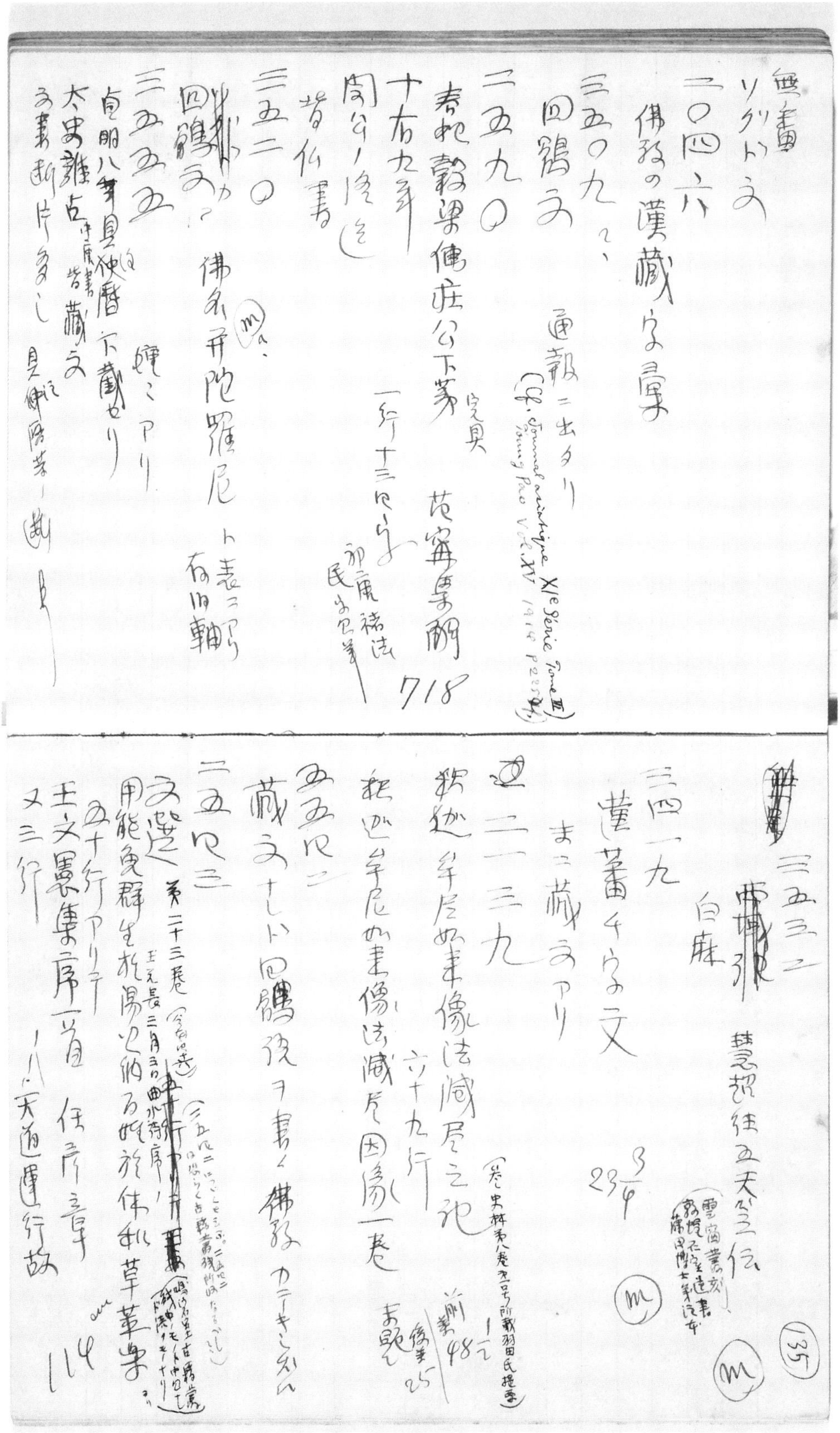
無番
ソグド文
二〇四六
佛教の漢蔵字彙
三五〇九ノ、
回鶻文 通報ニ出タリ (cf. Journal asiatique XIe Série Tome III, T'oung Pao Vol. XV 1914 p225)
二五九〇
春秋穀梁傳荘公下第 完具 范寧集解 718
十有九年
周公ノ後迄 一行十三四字
背 仏書
三五二〇
回鶻文ニ 佛名并陀羅尼ト表ニアリ
三五五五
貞明八年具注暦 下蔵セリ 裏ニアリ
太史雑占 背蔵文
文書断片多し 具注暦等一断片

三五三二
白麻
慧超往五天竺伝 (雪窓叢刻 敦煌石室遺書 藤田博士箋注本)
23 3/4
135
三四一九
蓮華千字文
裏ニ蔵文アリ
二一三九
釈迦牟尼如来像法滅尽之記 六十九行 (史林第八巻第四号所載羽田氏提要)
五五八二
釈迦牟尼如来像法滅尽因縁一巻
蔵文ナレド回鶻絵ヲ書ク 佛教
二五八三
文選 第二十三巻
用能免群生於湯火納百姓於休和草莱楽
五十行アリテ
王文憲集序一首 任彦昇
又三行
天道運行故

二七六二
張議潭ノ子ノ碑銘　146
春秋七十有四
吏斎ノ記アリ

三五一三
イラニアン　オリアンタル
金光明経ノ方
寄瑩ヤリ巴里言語学雑誌
(Mémoires de la société de Linguistique de Paris Tome XVIIIe) 1914
(JA 1910)
善須行

二五二四
数華
十七葉、十二行

王公之驛令
用友人才之筆
勤喜送別

斉遊
薦報兄父字巻孝孝
恩弟田書孝行盛

神仙子
没リ

三五三三
寺院文書
文書朱印アリ
XXXI　XXXII

大佛頂萬行首楞嚴経巻六　有表題
新

佛名経巻一　麻紙

四
願文

二八七〇　首ニアリ
綴
仏画
七往生浄土経
新
楷書
有旧軸

137

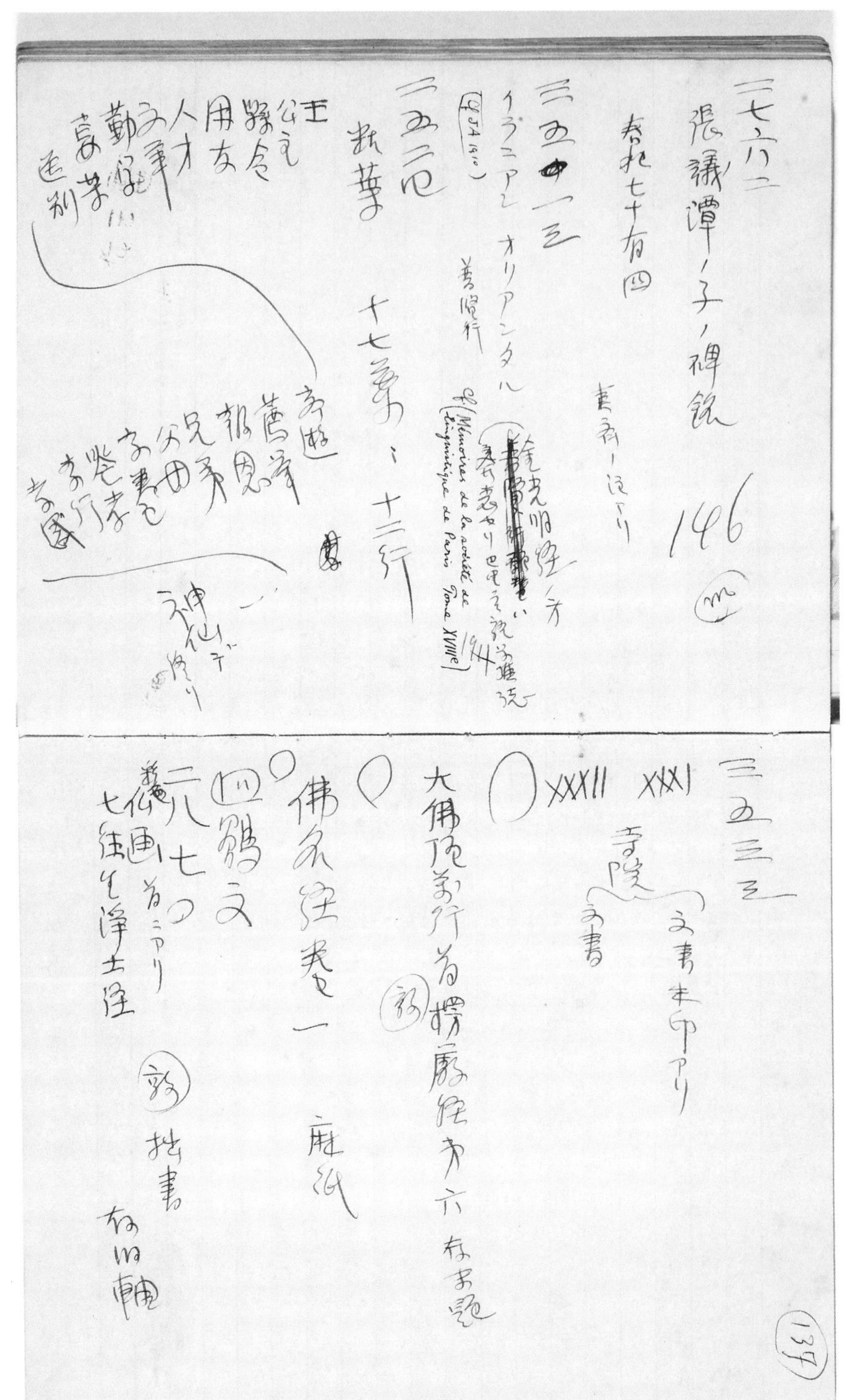

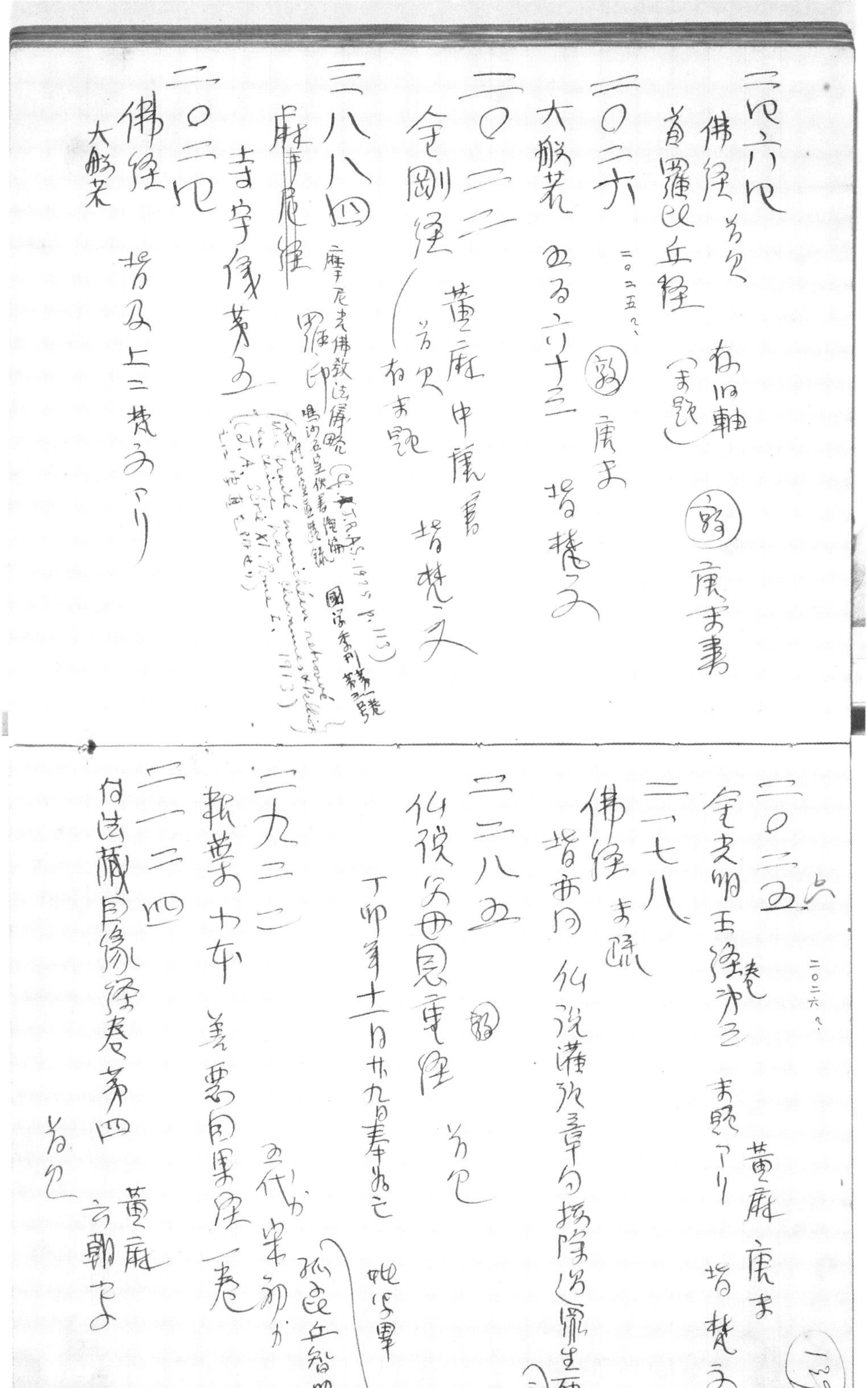

二〇六〇 佛経 首欠 首羅比丘経（末題） 有旧軸 (印) 唐末書

二〇二六 大般若 五百六十三 (印) 唐末 皆梵文

二〇二五？

二〇二二 金剛経 首欠（有末題） 黄麻 中唐書 皆梵文

三八八四 摩尼経 寺宇儀第五

摩尼光佛教法儀略（J.R.A.S. 1925 p.113） 國学季刊 第一卷第二號

羅振玉 鳴沙石室佚書續編

（Un traité manichéen retrouvé en Chine, Chavannes et Pelliot (J.A. série XI, Tome I, 1913)）

二〇二四 佛経 大般若 背及上ニ梵文アリ

二〇二五 金光明王経巻第二 末題アリ 黄麻 唐末 皆梵文

二〇二六？

二一七八 佛経 末題 背面 仏説灌頂章句抜除過罪生死得度経

二一八五 仏説父母恩重経 (印) 首欠 丁卯年十一月廿九日奉写之 姓ゝ畢

二九二二 報業十本 善悪因果経一巻 五代か宋初か 比丘智照

二一二四 付法蔵因縁経巻第四 首欠 黄麻 六朝末

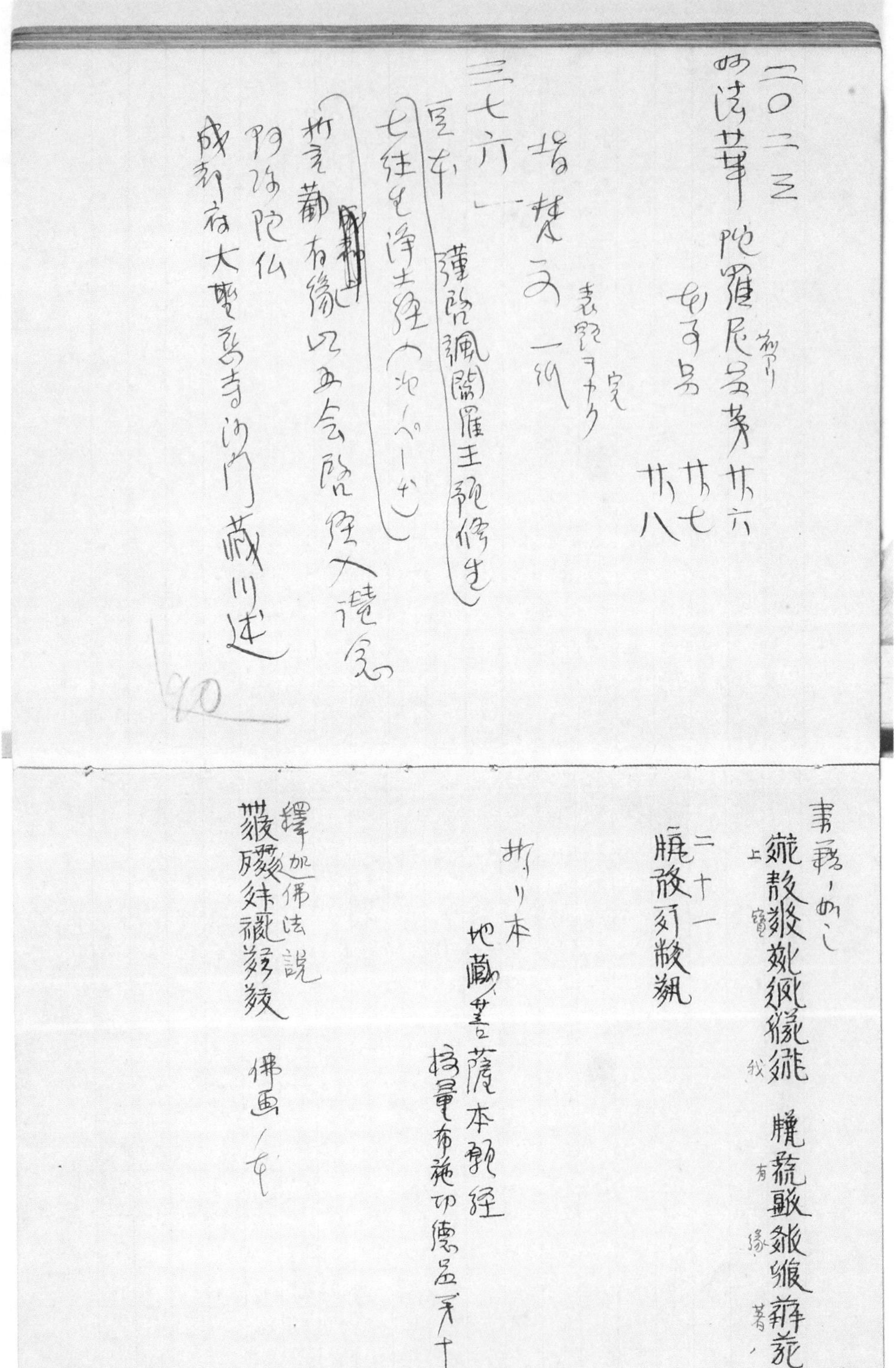

二〇二三

妙法華 陀羅尼品《初アリ》第廿六

[illegible] 廿七

廿八

三七六 皆梵文 一紙 表題ヲナク 完

至本 謹啓諷閻羅王預修生七往生浄土経（七〇ページ）

誓勧有縁以五会啓経入讃念

阿弥陀仏

成都府大聖慈寺沙門蔵川述

90

書[illegible]

[illegible]

二十一

[illegible]

折り本

地蔵菩薩本願経

校量布施功徳品第十

[illegible] 釋迦佛法説

佛画ノ本

141

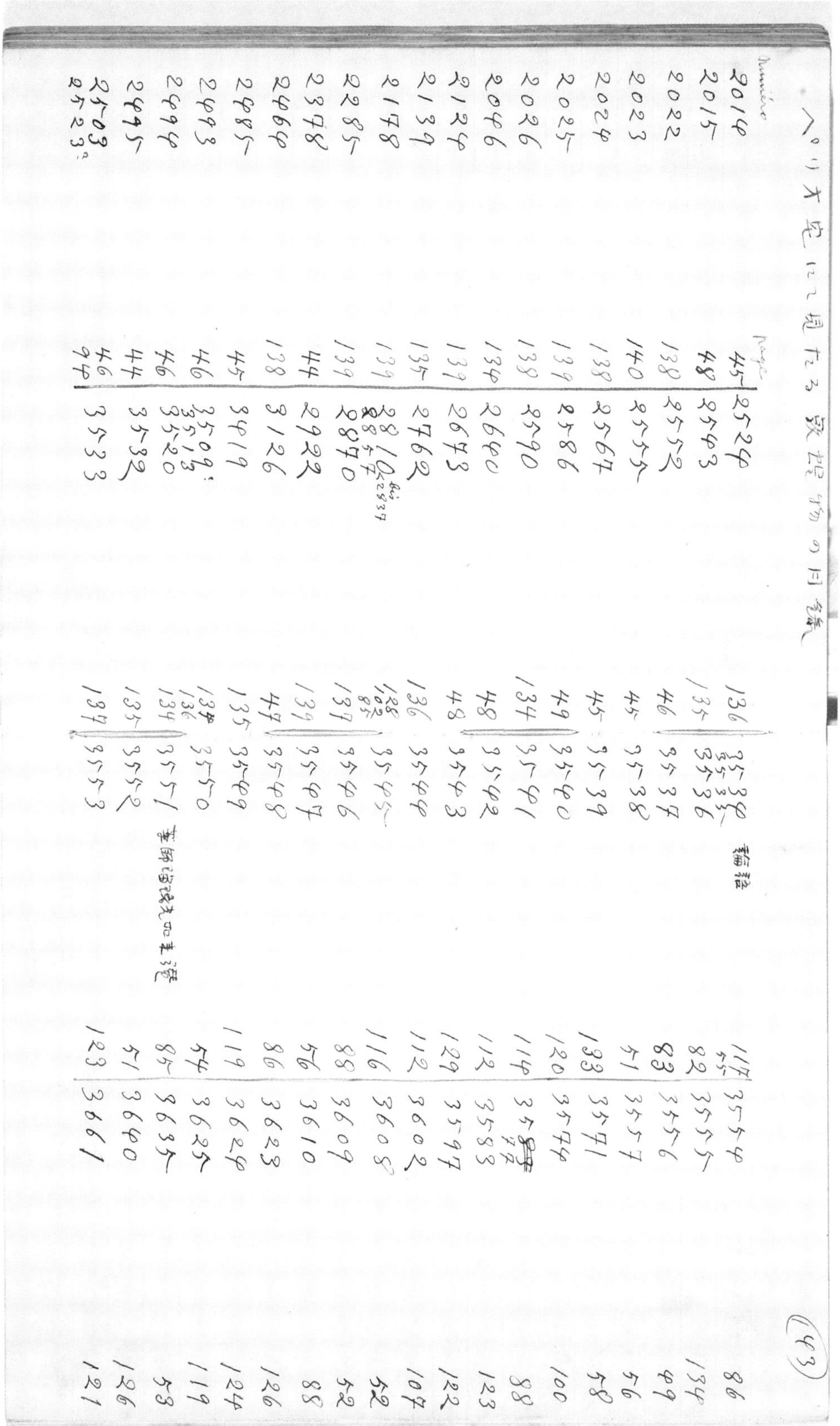

ペリオ宅にて見たる敦煌物の目録

(143)

numéro	page							
2014	45	2524	136	3534 3533	論語	117 55	3554	86
2015	48	2543	135	3536		82	3555	134
2022	138	2552	46	3537		83	3556	49
2023	140	2555	45	3538		51	3557	56
2024	138	2567	45	3539		133	3571	58
2025	139	2586	49	3540		120	3574	100
2026	138	2590	134	3541		114	35~~89~~ 77	88
2046	134	2640	48	3542		112	3583	123
2124	139	2673	48	3543		129	3597	122
2139	135	2762	136	3544		112	3602	107
2178	139	2810 bis <2837 2857	128 102 85	3545		116	3608	52
2285	139	2870	137	3546		88	3609	52
2378	44	2922	139	3547		56	3610	88
2464	138	3126	47	3548		86	3623	126
2485	45	3419	135	3549		119	3624	124
2493	46	3509? 3513	134 136	3550		54	3625	119
2494	46	3520	134	3551	薬師瑠璃光如来讃	85	3635	53
2495	44	3532	135	3552		51	3640	126
2503 2523?	46 94	3533	137	3553		123	3661	121

(145)

3662	122	3719	130	3748	126	3776	93
3671	109	3720	55	3750	117	3777	113
3675 3676	124 130	3721	100	3752	127	3778	119
3677	124	3722	57	3753	85	3781	123
3685	113	3723	52	3754 3755	121 116	3782	54
3693 }	49	3724	128	3756	124	3783	129
3696 }		3725	132	3757	111	3785	111
3701a	50	3726	115	3758	114	3786	133
3703	50	3727	82	3759	96	3787	128
3704	50	3728	100	3760 3761	98 140	3789 莊子田子方	131
3705	96	3732	55	3762	110	3790	114
3710	110	3734 3736	125 85	3763	96	3791	85
3711	118	3738 李嶠雜詠注	115	3764	82	3792	56
3712	130	3740	119	3766	110	3793	127
3713	99	3741	119	3767 尚書無逸	122	3794	51
3714	84	3742	120	3768	107	3795	108
3716	108	3744	51	3771	101	3796	115
3717	54	3746	98	3772	127	3797	112
3718	51	3747	106	3774	121	3798 } 3799 }	113

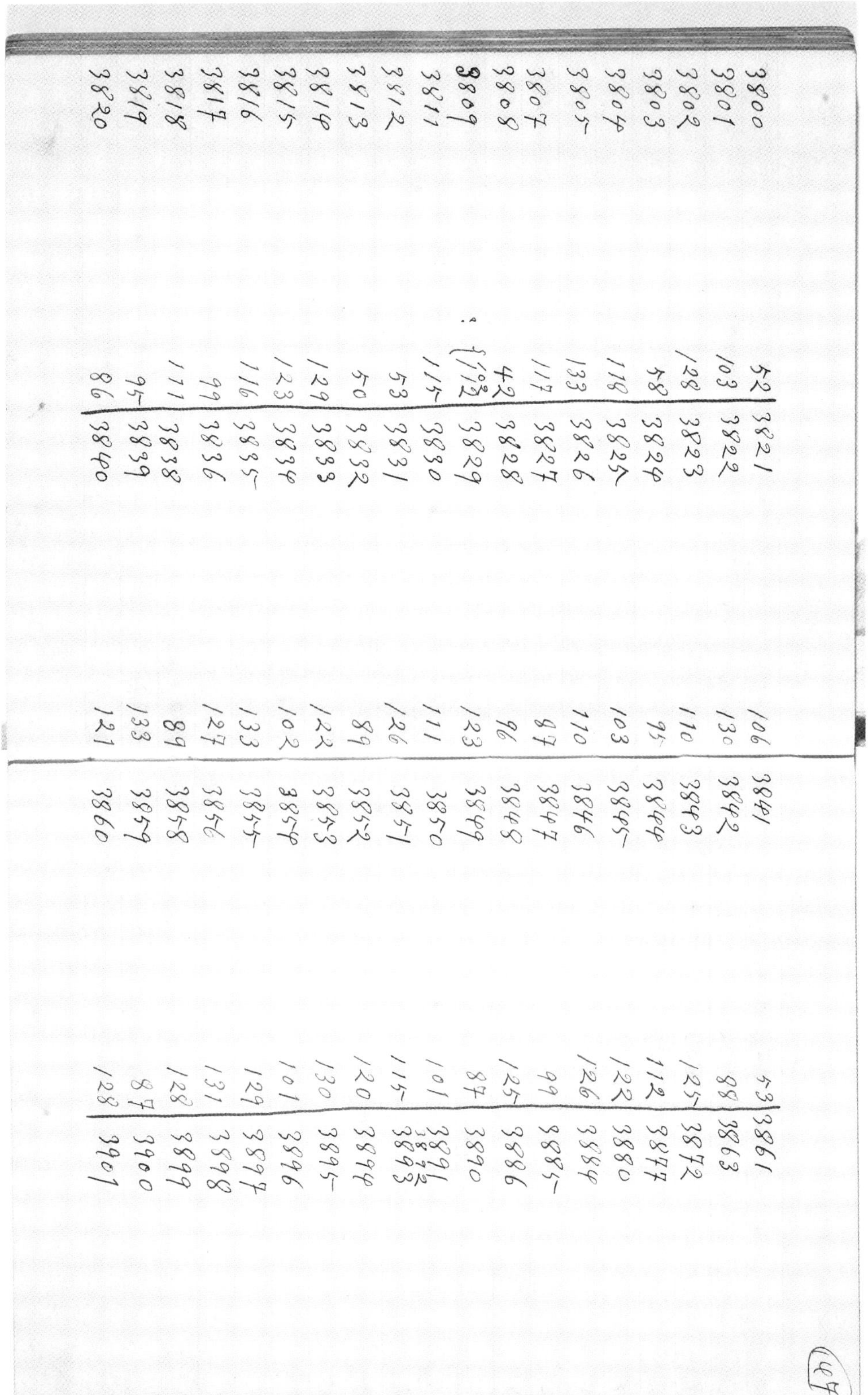

3800	52	3821	106	3841	53	3861	105
3801	103	3822	130	3842	88	3863	122
3802	128	3823	110	3843	125	3872	118
3803	58	3824	95	3844	112	3877	97
3804	118	3825	103	3845	122	3880	118
3805	133	3826	110	3846	126	3884	138
3807	117	3827	87	3847	99	3885	105
3808	42	3828	96	3848	125	3886	124
3809	: {102 / 112	3829	123	3849	87	3890	116
3811	115	3830	111	3850	101	3891	99
						3892	131
3812	53	3831	126	3851	115	3893	120
3813	50	3832	89	3852	120	3894	81
3814	129	3833	122	3853	130	3895	121
3815	123	3834	102	3854	101	3896	106
3816	116	3835	133	3855	129	3897	81
3817	99	3836	127	3856	131	3898	106
3818	111	3838	89	3858	128	3899	55
3819	95	3839	133	3859	87	3900	78
3820	86	3840	121	3860	128	3901	127

(149)

3902	113	3921	95	4014	63	4033 尚書	69
3903	114	3922	89	4015	78	4034	66
3904	103	3923	103	4016	77	4035	61
3905	122	3924	94	4017	59	4036	66
3906	93	3925	127	4018	72	4037	77
3907	90	4000	62	4019	79	4038	73
3908	91	4001	70	4020	80	4039	61
3909	91	4002	74	4021	59 64	4040	78
3910	102	4003	78	4022	76	4041	71
3911	90	4004	61	4023	70	4042	76
3912	102	4005	70	4024	71	4043	71
3913	104	4006	69	4025	67	4044	68
3914	104	4007	60	4026	80	4045	71
3915	111	4008	80	4027	64	4046	71
3916	98	4009	65	4028	70	4047	62
3917	91	4010	64	4029	67	4048	63
3918	104	4011	73	4030	75	4049	65
3919	93	4012	73	4031	75	4050	62
3920	83	4013	67	4032	81	4051	79

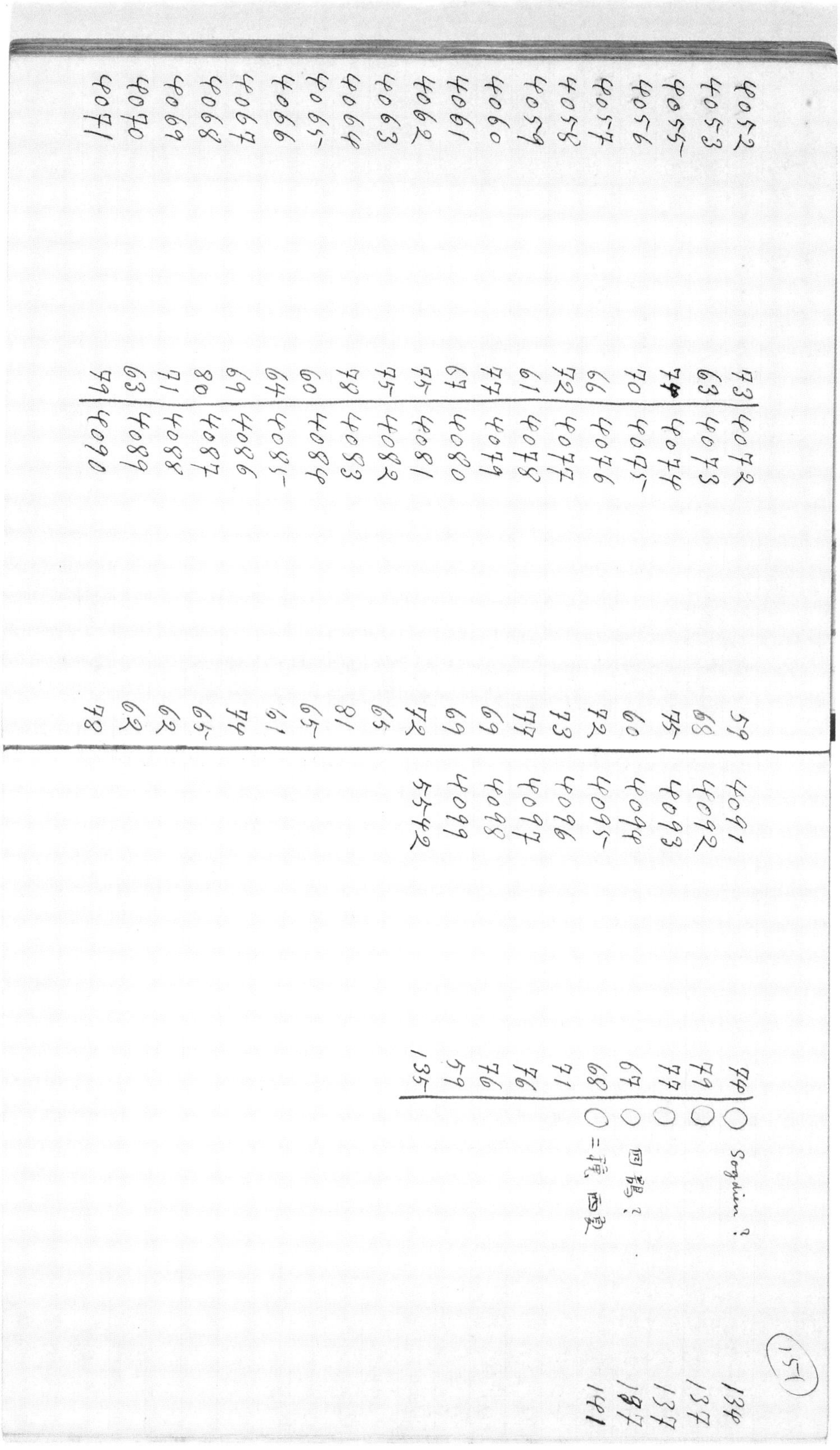

(151)

4052	73	4072	59	4091	74	○ Sogdien ?	134
4053	63	4073	68	4092	79	○	137
4055	74	4074	75	4093	77	○	137
4056	70	4075	60	4094	67	○ 回鶻 ?	137
4057	66	4076	72	4095	68	○ =種 西夏	141
4058	72	4077	73	4096	71		
4059	61	4078	77	4097	76		
4060	77	4079	69	4098	76		
4061	67	4080	69	4099	59		
4062	75	4081	72	5542	135		
4063	75	4082	65				
4064	78	4083	81				
4065	60	4084	65				
4066	64	4085	61				
4067	69	4086	74				
4068	80	4087	65				
4069	71	4088	62				
4070	63	4089	62				
4071	79	4090	78				

三三七八 孝経 有注（不知誰注） 十二 27 91
（新）
六十三行　諸侯之章（首闕）ヨリ三才章（後半尾闕）
十三行アリ
背 雜療病藥方　存前題　五十行　前題共

1 者 子已下故能敬上愛下謂之不驕也 在上不危
2 者奉天法度謂之謹度也 制節 制其身費用約儉謂之制節謹度 滿而不溢 位之
3 危所以長守貴 危謂 身居官雖高不驕傾 人能備行六事於天下 滿而不溢所以長守
4 是以長守富貴不離其身 富之与貴不離其身
5 人民 保安然後故能社禝於民上 薄賦斂者使役而人民和也 然後能保其社禝而和其人 重解社云 社者五色土 故者天子封五色土以爲 主禮東方青土南方赤土西方白土北方
61 順故日臣之所行 天地之經而民是則之 則之言法先王天尊地卑之義伏羲乃畫八卦寅則是辰採擇神明揆度吉凶違方物之精扶於天地 月
63 則法之天四時 地卑之義乃知君父有尊臣子爲卑於是而法則之 則天之明 比近法諸身遠法諸千變万行不可窮極地有山川民其間見天尊

1 雜療病藥方
療人風甚療方　麻黄根　乾薑　胡粉　牡厲　已上四味擣末
塗療上即差
5 療風冷熱不調方　甘草　乾薑　桂心　訶梨勒　以水一升
煎取半升服之即差

四五二一
廻鶻文
大般若か　今世ノ書本ト同式
中三十葉
最後ノ葉ニ行カアと氏 抹殺ニテ読ミ難し
最初ノ頁ノ佛画ノ下ニ……ドアリ
半葉 25 19
（二）

三十 義
義哉 哉？
也

二十
大般若経

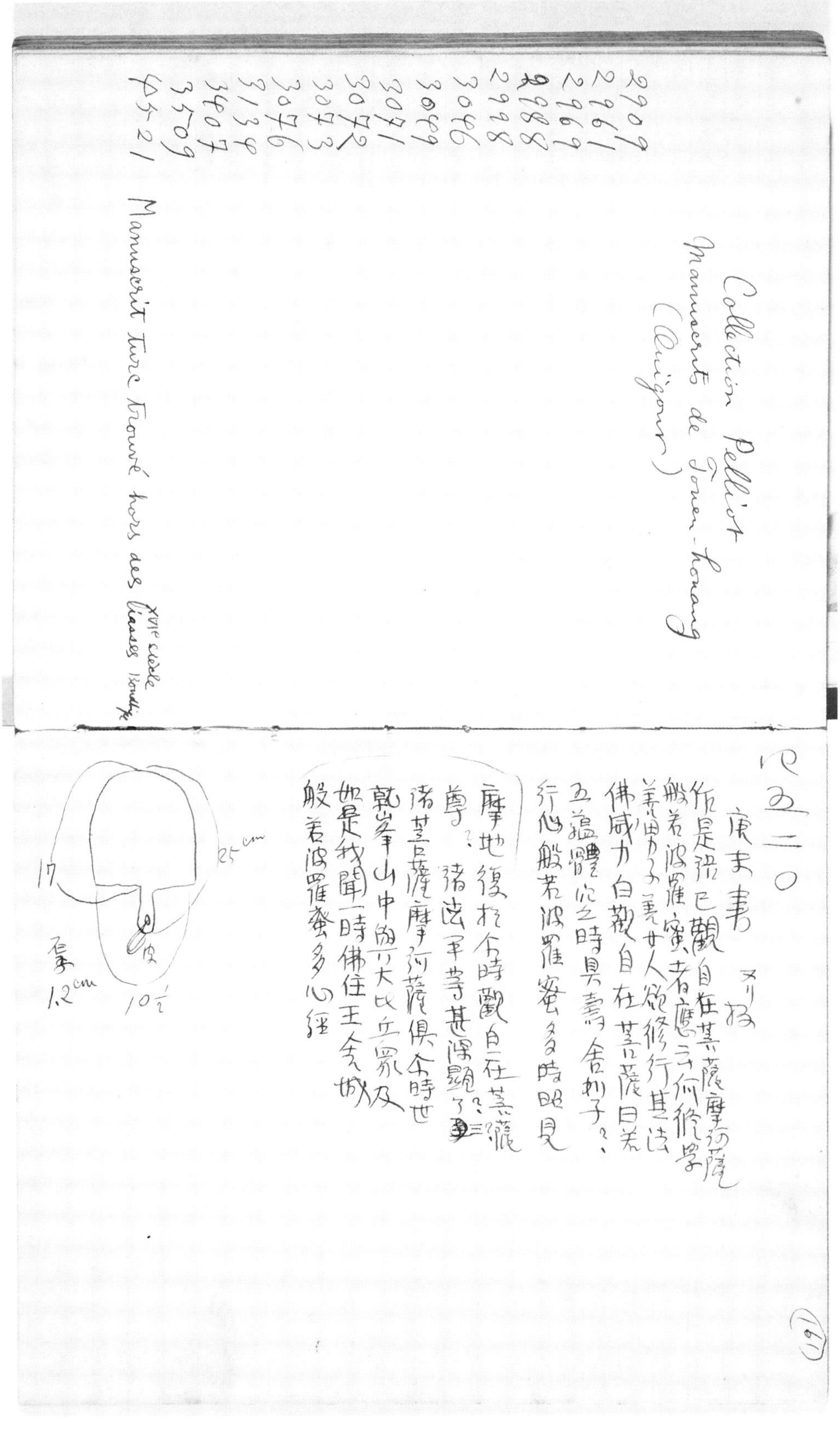

Collection Pelliot
Manuscrits de Touen-houang
(Ouïgour)

2909
2961
2969
2988
2998
3046
3049
3071
3072
3073
3076
3134
3407
3509
4521 Manuscrit turc trouvé hors des liasses XVIe siècle Bouddhique

四五二〇
庚未書 ヌリ校
作是語已觀自在菩薩摩訶薩
般若波羅蜜者應云何修學
善男子善女人欲修行甚法
佛威力白觀自在菩薩曰若
五蘊體空之時具壽舍利子
行心般若波羅蜜多時照見
摩地復於今時觀自在菩薩
尊。諸苾芻等甚深顯了三
諸菩薩摩訶薩俱今時世
鷲峯山中與大比丘衆及
如是我聞一時佛住王舍城
般若波羅蜜多心經

(161)

Collection de Pelliot
Manuscrits de Touen-houang
(en Brahmi)

2022
2023
2024
2025
2026
2027
2028
2029
2030
2031
2739
2740
2741
2742
2778
2781
2

(167)

2782
2783
2784
2785
2786
2787
2788
2789
2790
2800.
2801
2834
2855
2889
2891
2892
2893
2895
2896

2897
2898
2900
2906
2910
2921
2925
2927
2928
2929
2933
2936
2958
3510
169

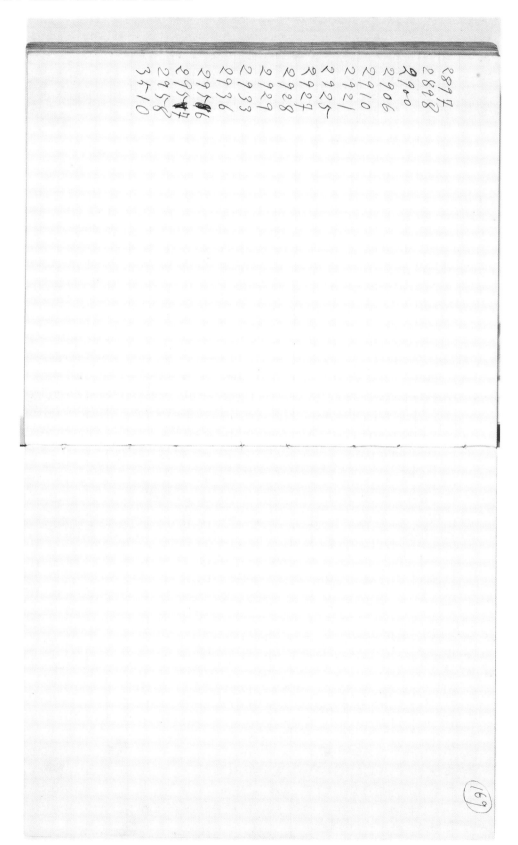

Collection de Pelliot
Manuscrits de Touen-houang
(Sogdien)

2020 D'un côté, manuscrit sogdien en écriture "Ouigoure".
D'autre côté, un 受戒懺悔文 en Chinois

2021.
3511

(173)

三三四九

下平十七

1.筭經一巻并序

夫筭者天地之經緯羣生之元首五常
之表裏五行之平均自然之終始万
孝天氣生於軒究推四時之運移況精微之際筆
又推方圓規矩均尺丈制法度之權衡平明
亦杼但行之者富貴有餘背之者貪且賤
盖意明情学者安有不成哉昔魯人孫学
遠之人不解学者如天無日月地無泉源人無眼
九筭者正身端坐一從右膝而起左
之万百相從千十相望六不積聚五不單張筭下
百見万步至万重陰之法亡十百遇不滿自當抱

九〻八十一　八九七十二　七九六十三　六九五十四
二九十八　一九如九　八〻六十四　七八五十六
一廿四　二八十六　一八如八　七〻卌九
三七廿一　二七十四　一七如七　六〻卅六

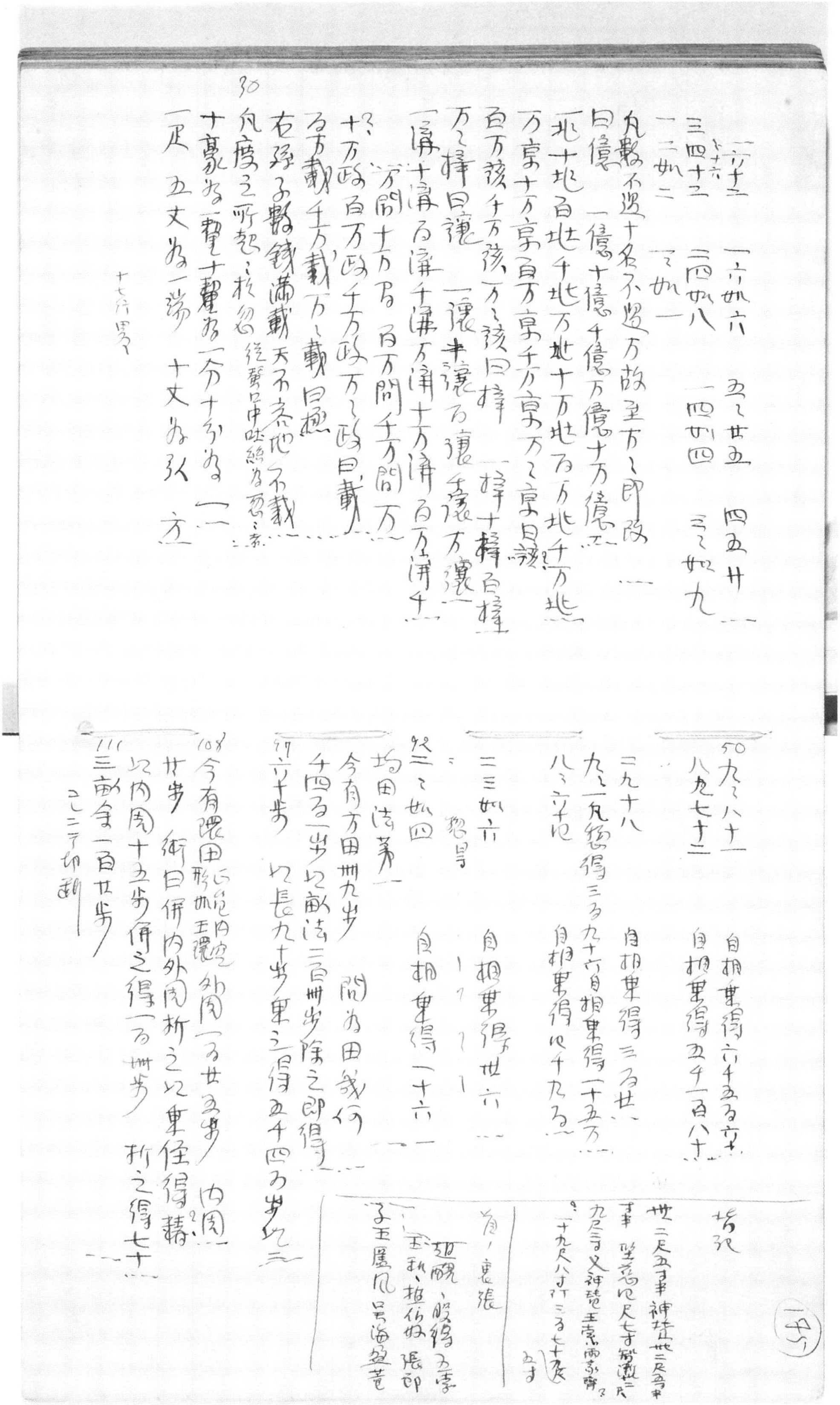
30
二六十二 一六如六 五五廿五 四五廿
三四十二 二四如八 一四如四 三三如九
一二如二 一一如一
凡數不過十名不過万故至万万即改
曰億 一億十億千億万億十万億
兆十兆百兆千兆万兆十万兆百万兆千万兆
万京十万京百万京千万京万万京曰垓
百万垓千万垓万万垓曰秭 一秭十秭百秭
万万秭曰壤 一壤十壤百壤千壤万壤
一溝十溝百溝千溝万溝十万溝百万溝千
万閒十万閒百万閒千万閒万
十万正百万正千万正万万正曰載
百万載千万載万万載曰極
右孫子數錢滿載 天不容地不載
凡度之所起起於忽 從蠶口中吐絲為忽
十毫為一氂十氂為一分十分為一
一疋 五丈為一端 十丈為弘 方
十七行畧

50
九九八十一 自相乘得六千五百六十一
八九七十二 自相乘得五千一百八十四
二九十八 自相乘得三百廿四
九九一九總得三百九十六自相乘得一十五万
八八六十四 自相乘得四千九百
二三如六 自相乘得卅六
二二如四 總見 自相乘得一十六
均田法第一
今有方田卅九步 問為田幾何
千四百一步以畝法二百卌步除之即得
97
六十步 以長九十步乘之得五千四百步
108
今有環田形如玉環 外周一百廿五步 内周
廿步 術曰併内外周折之以乘徑得積
以内周十五步併之得一百卌步 折之得七十
111
三畝余一百廿步

三二五六

法儀文　（叙）

傳通者則我　聖神聲菩之得點佗地　聖君三皇習

皆　書表ヨリ仕　（道聞補）

一天台老所居山名法号智顗年始七歳曰隨迎父孃入妻至法花
六巻隨聞便誦餘一巻不聞而自誦也後年十五禮佛大和上受度云々
不思議人法為名老人郎

ここまで別
後ルは讃普ノ法儀文アレバ天北と同係なし

因為大悲菩薩來讃歎遊方果聲聞住持法藏

四五一七

佛画ノ切抜　五葉

佛画ノ針画　五葉　刺繍ノ下画ト似タリ

（二丁）

179

Collection de Pelliot
Manuscrits de Touen-houang:
(Tibétain)

2851
2853
2855
2878
2890
2986
2989
2990
3036
3073
3088
3137
3184
3243
3289
3327
3337

3447
3077

三三七二

孝経

民

7978 則弟悦敬其君則臣悦敬一人則千万人悦所敬者寡而悦者衆此之謂

79 要道 廣至徳章第十三 子曰君子之教以孝非家至而

悦見之

これニテ紙ノ綴目ハガレタルナリ

皆飛中　　十人三字无五

癸酉年四月三日浄土寺ノ

又

1 社司 轉帖

2 右縁常年建福一日人各粟壹斗鑪餅壹雙餪餻

6 帖者准條科罰 帖周却付本司用憑 告罰 壬申年十二月廿六日録 22

社官 宋?子 社長 僧安德 、、、、、、

右ノ行上ノ方ヨリアリ

まこに行挽孔アレ

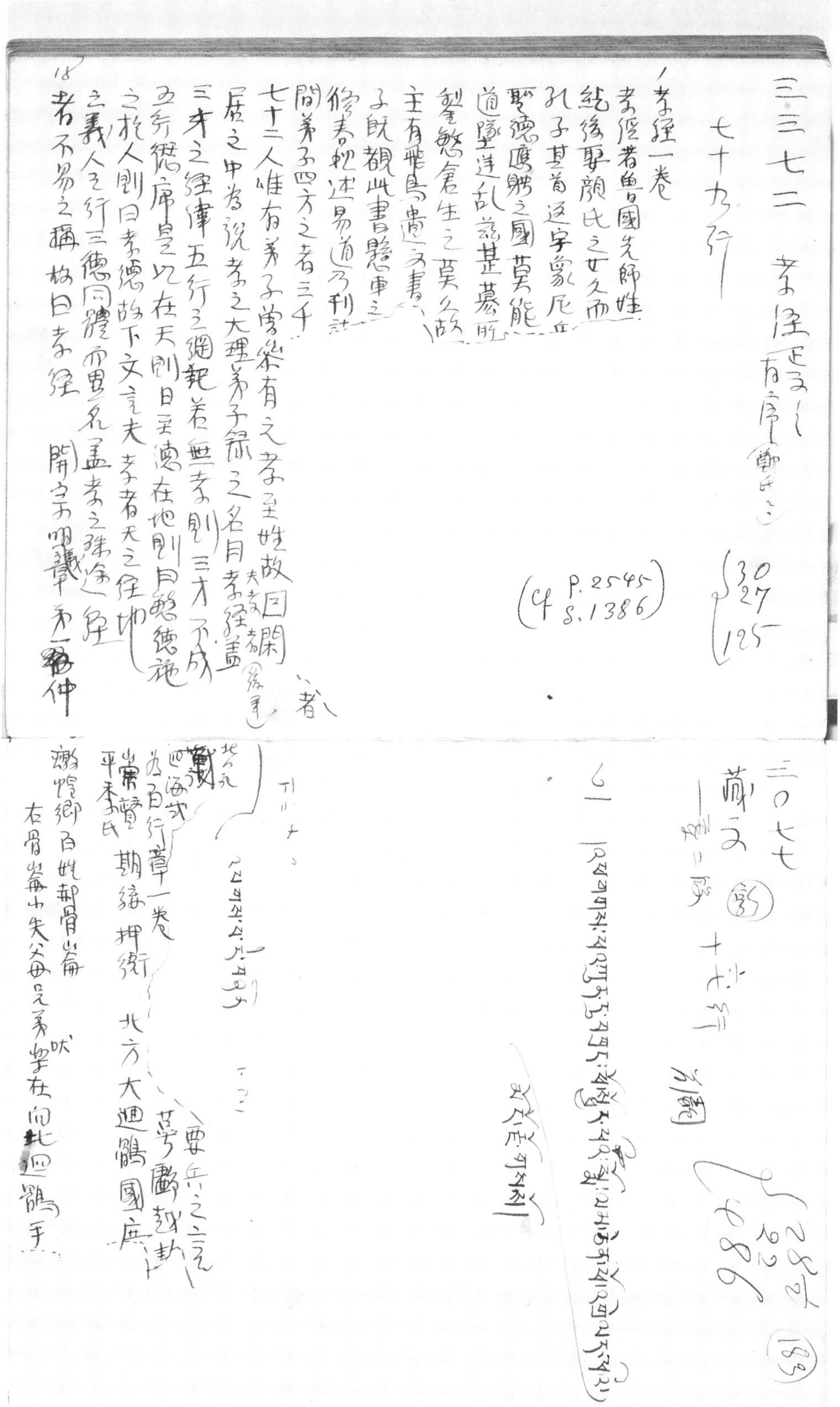
三三七二　孝經　有序（鄭氏注）

七十九行

30
27
125

(cf P. 2545
S. 1386)

1 孝經一卷

孝經者魯國先師姓
紇後娶顔氏之女而
孔子其首返宇彖尼丘
聖德應聘之國莫能
道墜達乱慈甚慕所
黎慜倉生之莫久故
主有飛鳥遺文書
子既覩此書懸車之
脩春秋述易道乃刊註
問弟子四方之者三千
七十二人唯有弟子曾參有之孝至性故因閑
居之中為說孝之大理弟子錄之名曰孝經盡
三才之經律五行之綱紀若無孝則三才不成
五行僭序是以在天則曰至德在地則曰愍德施
之於人則曰孝德故下文言夫孝者天之經地
之義人之行三德同體而異名蓋孝之殊途遂經
者不易之稱故曰孝經
開宗明義章第一　仲

18

者

三〇七七　蔵文

十六行

286
22
686

(183)

北方大迴鶻國

敦煌鄉百姓郝骨崙
右骨崙小失父母兄弟　學在向北迴鶻手

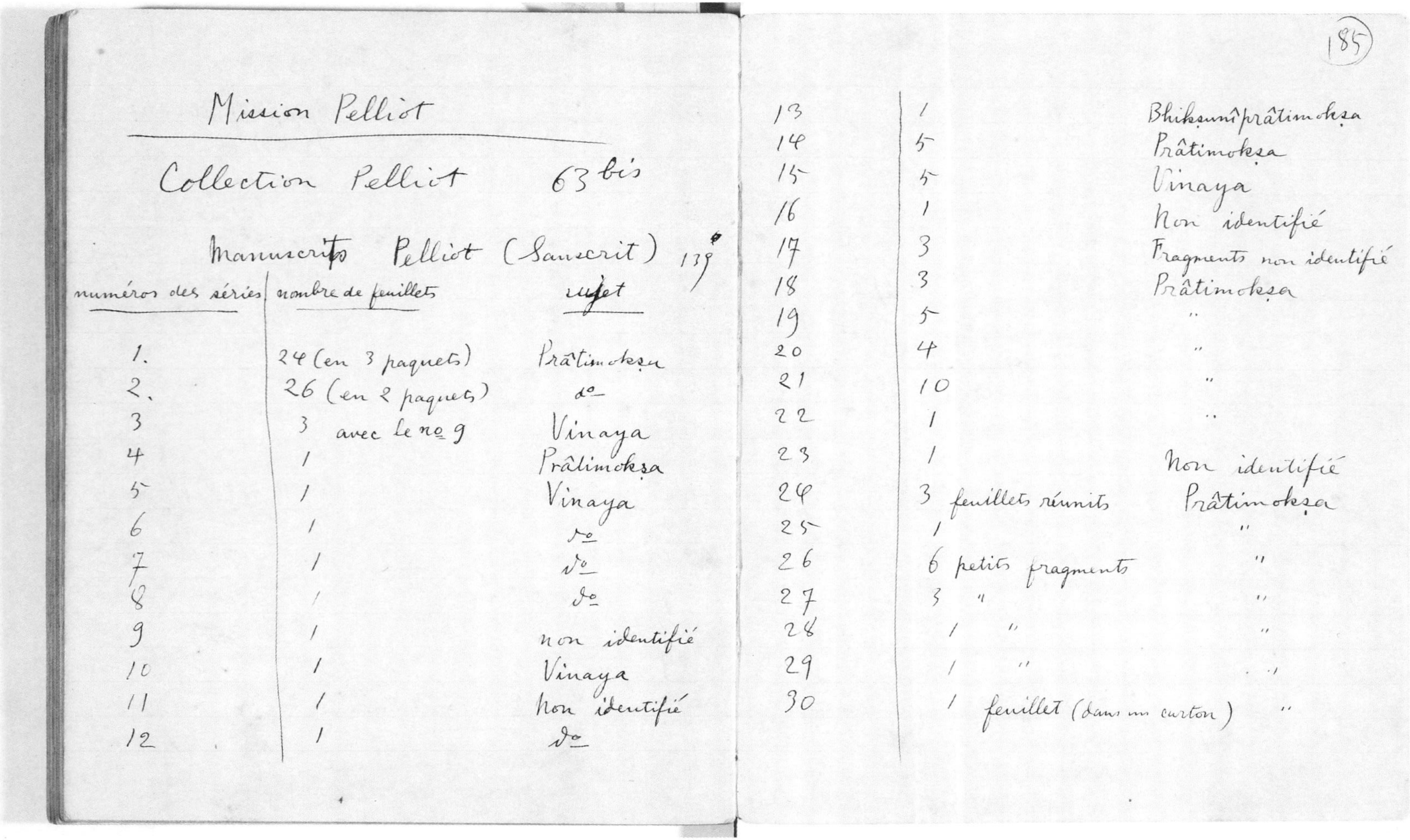

Mission Pelliot

Collection Pelliot 63 bis

Manuscrits Pelliot (Sanscrit) 139

numéros des séries	nombre de feuillets	sujet
1.	24 (en 3 paquets)	Prâtimokṣa
2.	26 (en 2 paquets)	d°
3	3 avec le n° 9	Vinaya
4	1	Prâtimokṣa
5	1	Vinaya
6	1	d°
7	1	d°
8	1	d°
9	1	non identifié
10	1	Vinaya
11	1	Non identifié
12	1	d°

185

13	1	Bhikṣunīprâtimokṣa
14	5	Prâtimokṣa
15	5	Vinaya
16	1	Non identifié
17	3	Fragments non identifié
18	3	Prâtimokṣa
19	5	"
20	4	"
21	10	"
22	1	"
23	1	Non identifié
24	3 feuillets réunits	Prâtimokṣa
25	1	"
26	6 petits fragments	"
27	3 "	"
28	1 "	"
29	1 "	"
30	1 feuillet (dans un carton)	"

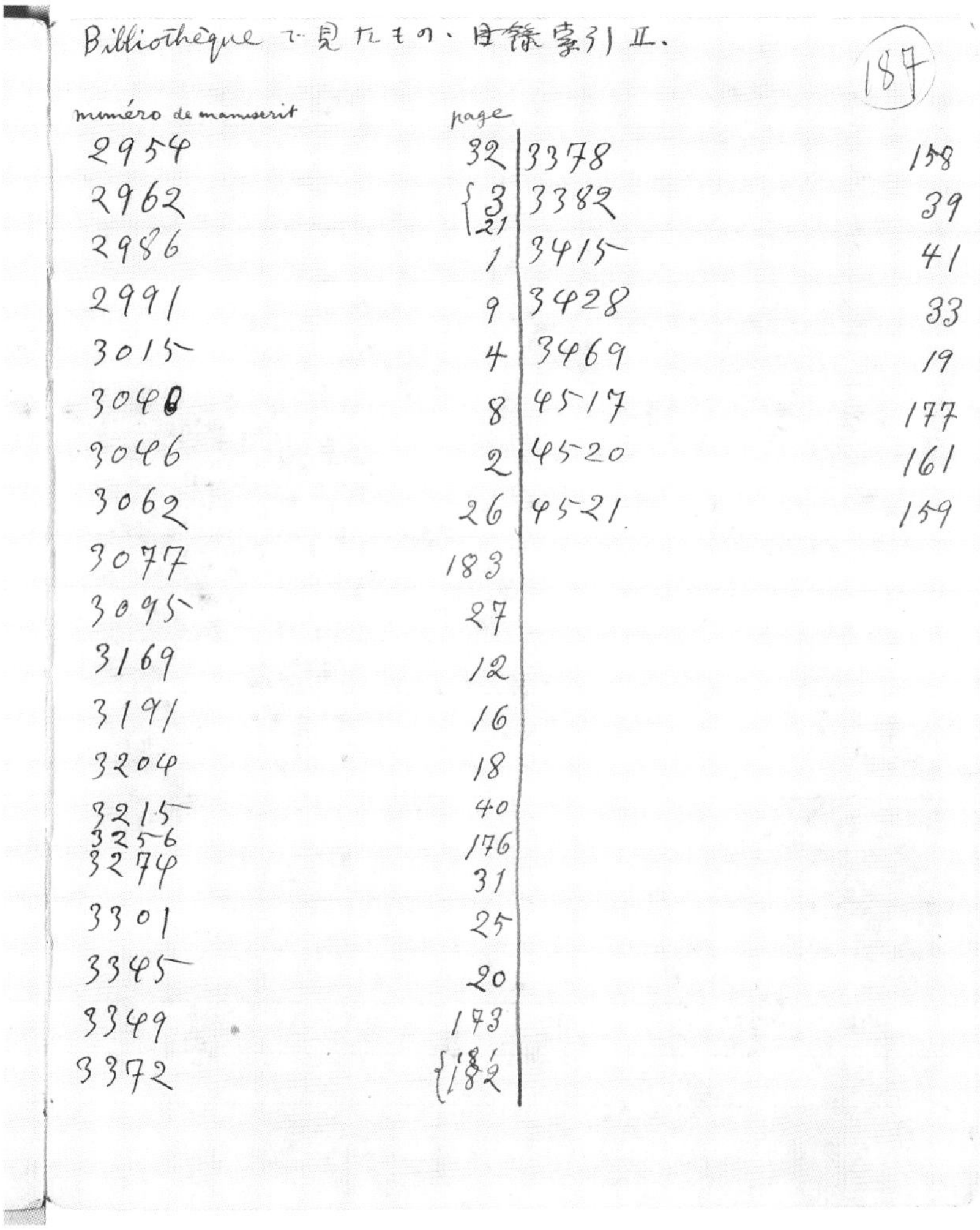

Bibliothèque で見たもの、目録索引 II.

(187)

numéro de manuscrit	page		
2954	32	3378	158
2962	{3 21	3382	39
2986	1	3415	41
2991	9	3428	33
3015	4	3469	19
3040	8	4517	177
3046	2	4520	161
3062	26	4521.	159
3077	183		
3095	27		
3169	12		
3191	16		
3204	18		
3215	40		
3256	176		
3274	31		
3301	25		
3345	20		
3349	173		
3372	{181 182		

（影印部）

39　倫敦補遺

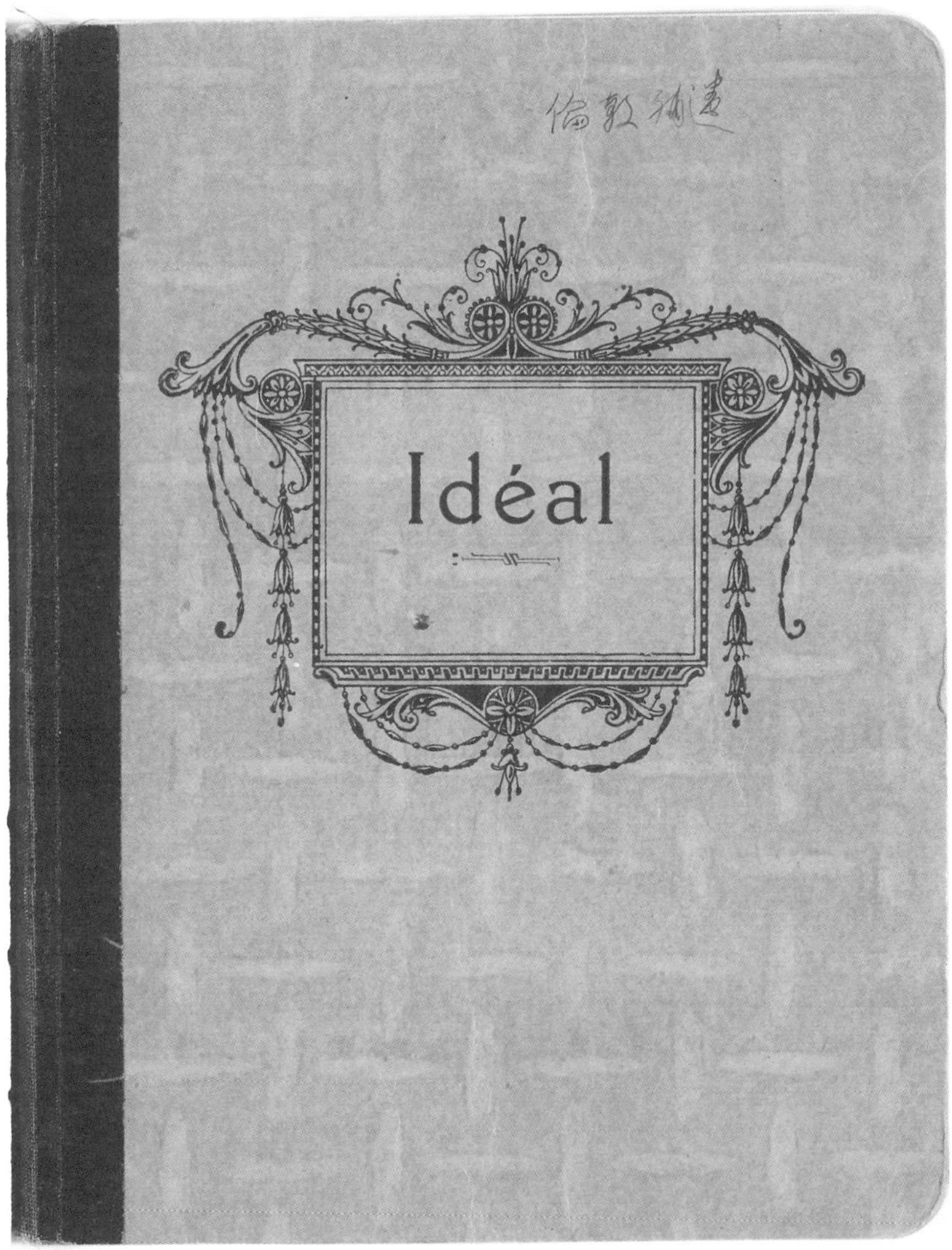

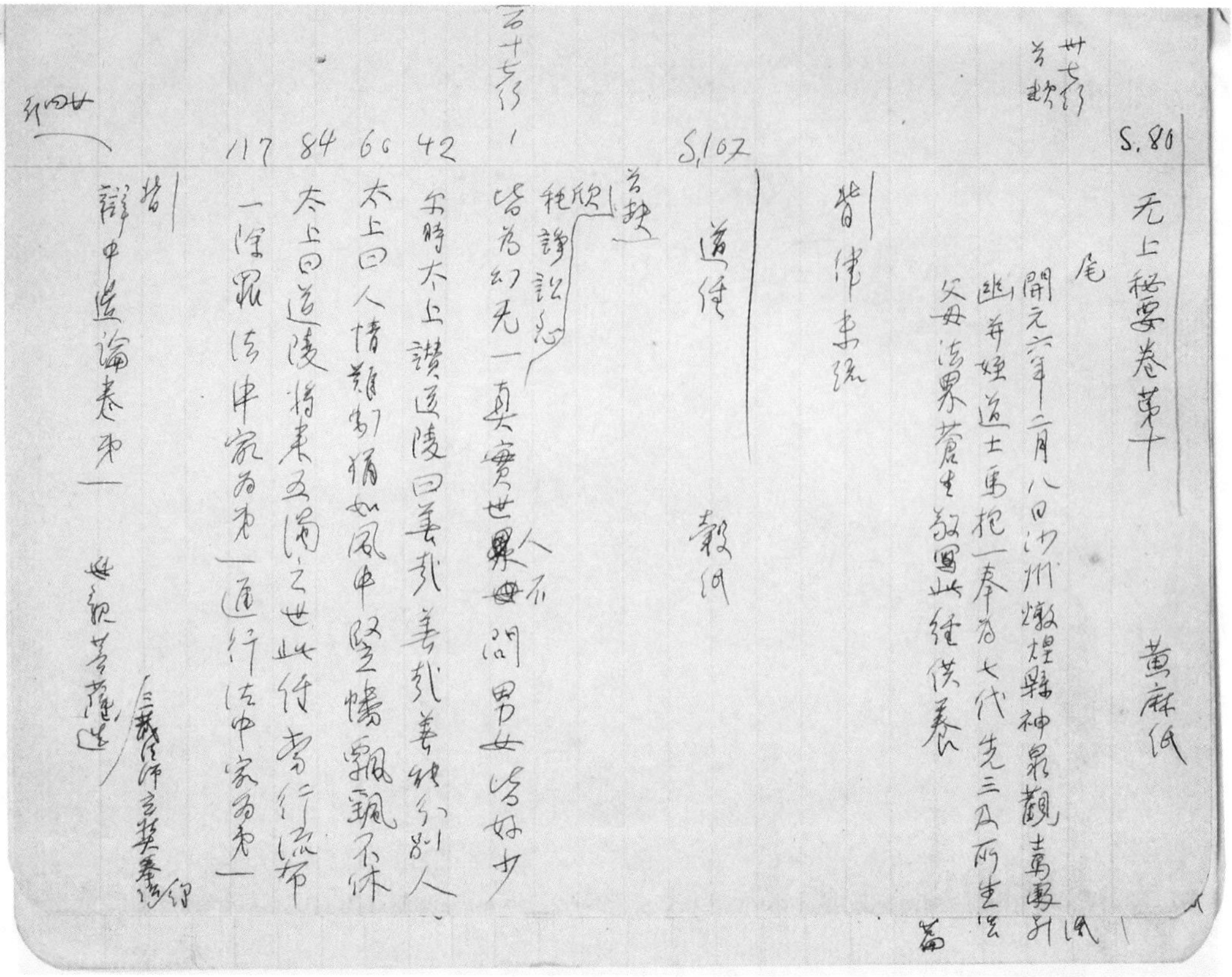

S.80
无上秘要卷第十　黄麻紙
廿七行　首缺
尾
開元六年二月八日沙州燉煌縣神泉觀[illegible]
幽并姪道士馬抱一奉為七代先三及所生
父母法界蒼生敬寫此經供養

背　佛本[illegible]

S.107
道經　穀紙
五十七行
首缺
1　皆為幻无一真實世界人不問男女皆好如
　（欣・稚・諍・訟・心）
42　尒時太上讃道陵曰善哉善哉善能分別人
66　太上曰人情難制猶如風中竪幡飄飄不休
84　太上曰道陵將來五濁之世此經當行流布
117　一[illegible]法中家為本一通行法中家為本一

背　[illegible]中道論卷第一　世親菩薩造
　　三藏法師玄奘奉詔譯

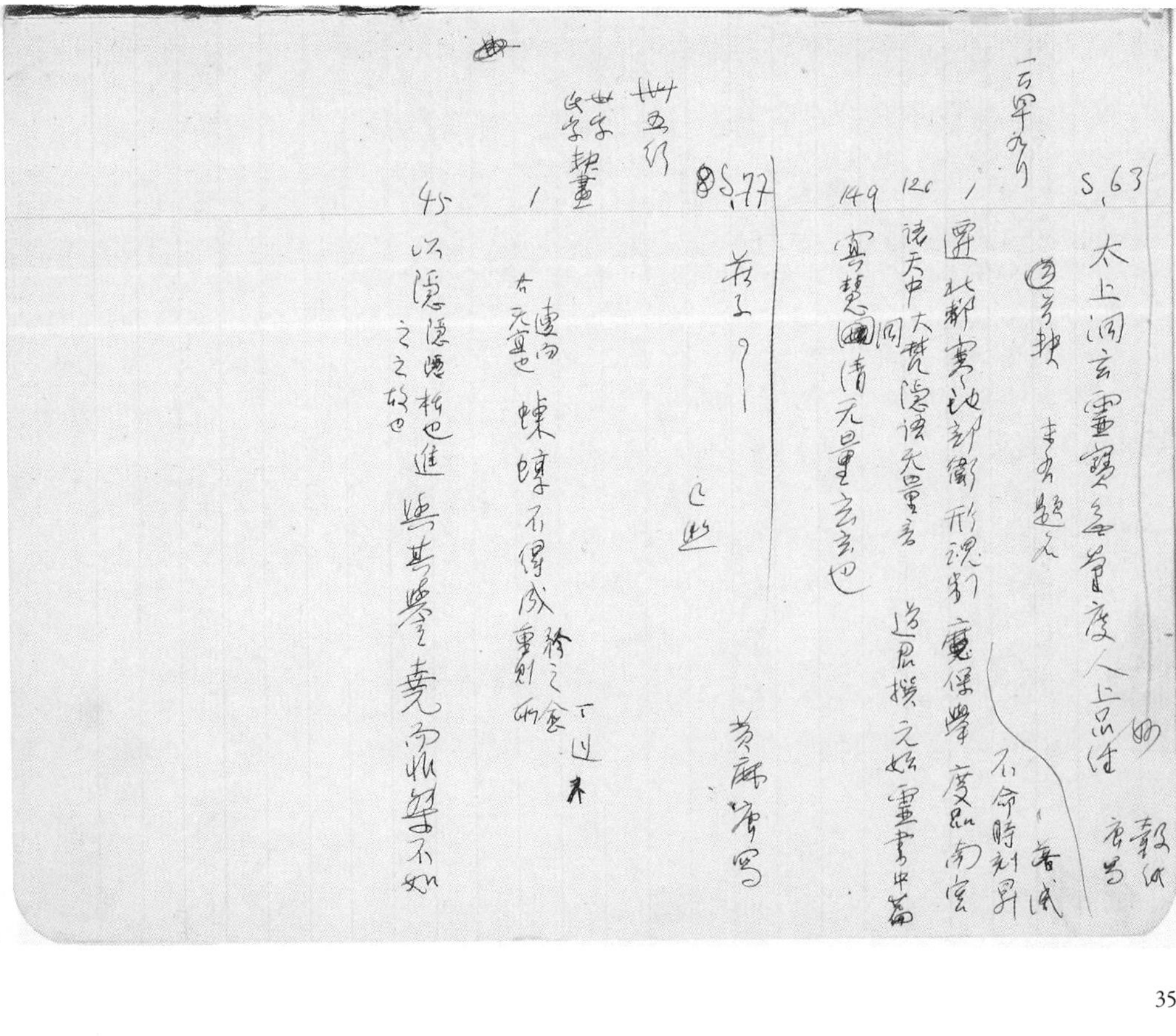

S.63
太上洞玄靈寶无量度人上品經　穀紙　[illegible]
一百四十九行
道首缺　[illegible]題名
1　羅[illegible]鄰[illegible]形[illegible]度[illegible]　[illegible]命時刻[illegible]
120　諸天中大梵隱語无量音　道君[illegible]元始靈書中篇
149　[illegible]清无量玄玄也

S.77
[illegible]子[illegible]　已出　黄麻[illegible]寫
卅五行　首缺

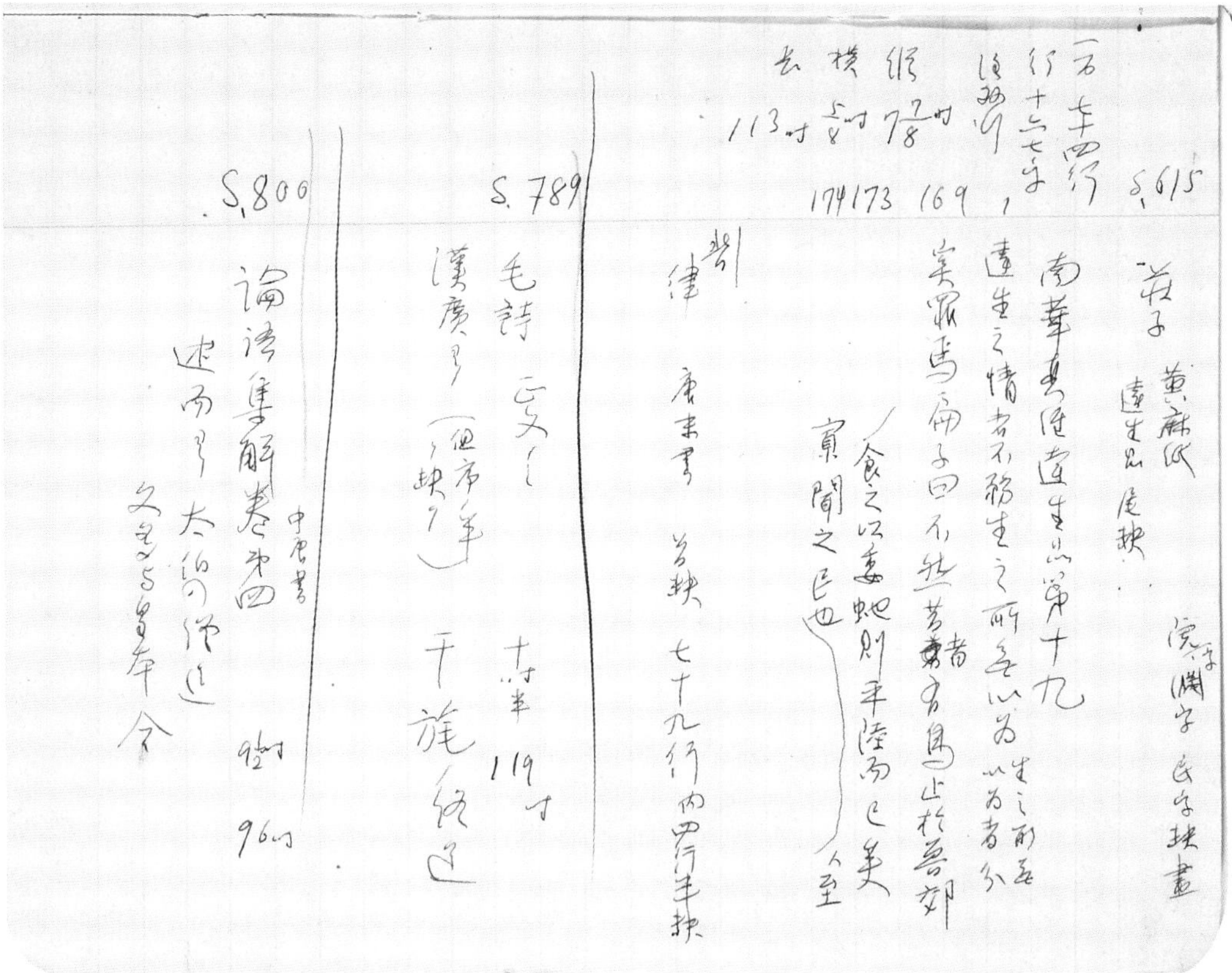

S.615

荘子　黄麻紙　達生品　尾缺

完存　闕字　民字缺畫

一百十四行　行十六七字

長　横　縦

113寸　5/8寸　7 7/8寸

174 173 169

南華真經達生品第十九

達生之情者不務生之所無以爲　生之所無以爲者分

…

食之以委蛇則平陸而已矣

…寡聞之民也

S.789

律　唐末書　首缺　七十九行内四行半缺

毛詩正義

漢廣（但序半缺）　十寸半　119寸

干旄　終了

S.800

論語集解巻第四　中唐書

述而第七　太伯第八　終了

文字多異本合　9寸　96寸

S.747

論語集解

衛霊公第十五　邦有道如矢

季氏第十六　陳亢問伯魚章半之

民字缺筆

10 1/2寸　73寸　書拙

S.782

論語巻第六　集解

先進第十一　諸子言志章半之

唐末書拙

漢字　蓄字

民字缺筆

文字多異　疏本合

10 1/4寸　30 1/2寸

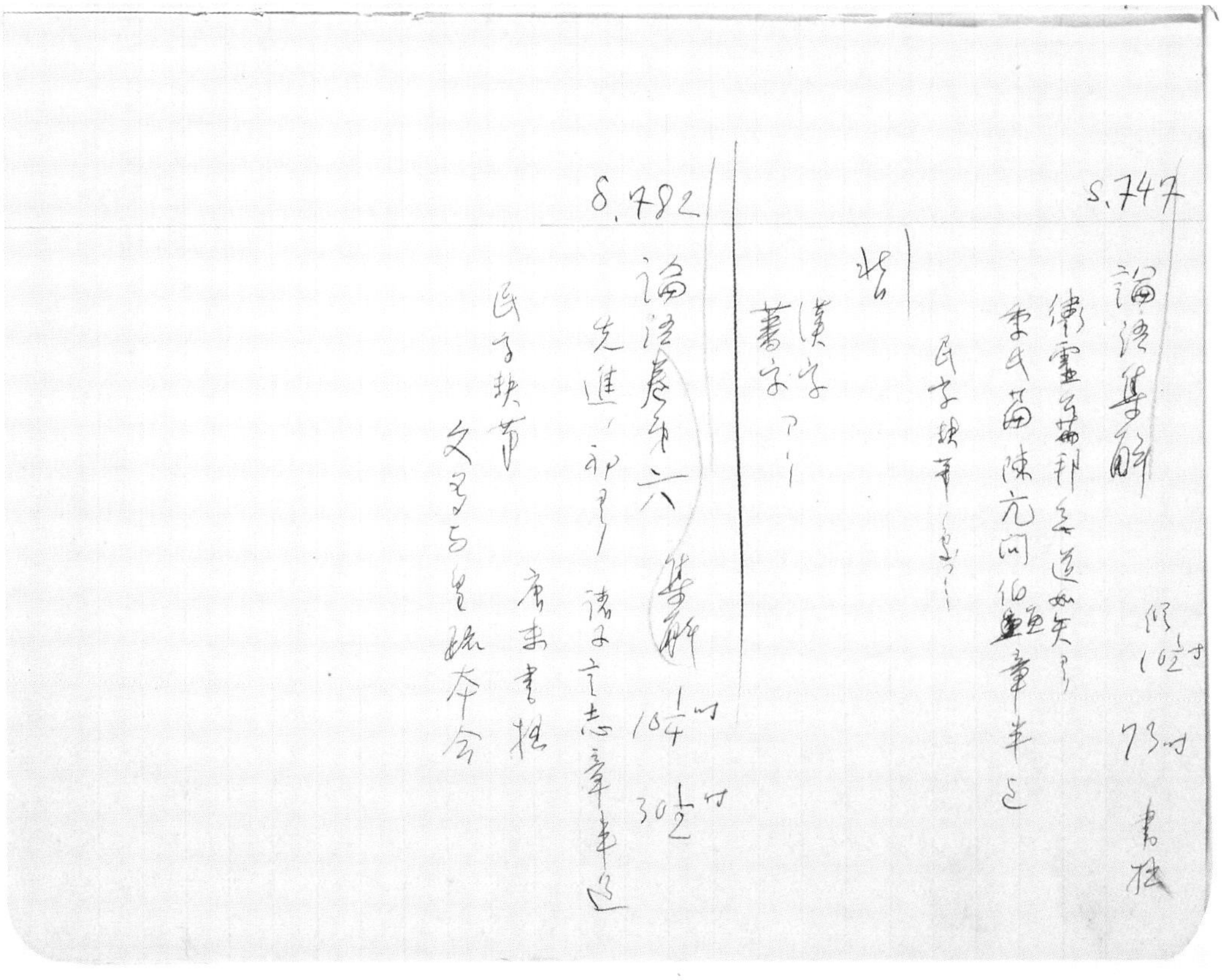

S.2658

武后識記　前後缺　9 1/8吋
24吋　黄麻
書法佳
武后新字多し
武后の時
物

S.1386　11 1/2吋
71吋

孝経　序半缺　今文十八章本
経文完
敦煌残唐末

士人章第五
孝治章第八
廣揚名章第十四
居家理治可移於官

維天福柒年壬寅歳十二月十一日永安寺学仕郎
高清子書記了也

由生　廿之数
子估　此六藝以待明之

門、云秦滅法孔経存
哀公十一年自衛反魯循
禮楽、教於洙泗之間、
身通達者七十二人、唯有
閔居之中、為説孝之大
者蓋三才之経緯、五行
成五行然序其以在天則曰至徳在地則曰無徳　則三才不能
之於人則曰孝徳、故下文言夫孝者天之経地之義

人之行、三徳同體而異名、蓋孝之殊途、経者不易
稱、故曰孝経
開宗明義章第一

S.728

孝経　首缺　11 5/8寸　[illegible]紙
70 1/2寸　民字缺筆

1 曽子[illegible]
之本教之所由生
父母
走於至于大雅云無念爾祖聿脩厥徳
天子章第二　子曰
夙夜匪懈以事一人　士人章第五
孝治章
丙申年五月四日霊圖寺沙彌徳榮写過　後筆
李果子松
庚子年二月十五日霊圖寺沙彌李再昌記
皆視中
沙彌大歌張富千　一下　未題到孝経遂
太公家教[illegible]不残　樓[illegible]安[illegible]偏
[illegible]

S.861

道書　7 7/8寸　十四行　黄麻　中唐書

1 自死四化為鳳皇六十年還化為人家
有大建功徳三十年得尸解入金月華中黄
安世者入山学道在石室中誦経礼拝不
精至而見飛騰四十年中化作鵝鳴九十里
得轉身為女子形容端正好楽神仙精誠感
徹五十年中夜夢玉女来降賜霊寳五牙法
行之三年白日騰挙登黄曽天中得為天
女已七千歳王子朝者断穀不食獨坐空山
不修諸行六十年化為青石後三十年一旦
雷震石裂中出一龍直入金堂山中為道士字
絳屋八年聞道士誦経持誠轉身生清境王
門大建功徳二十四年東華真人授神丹
服之壽三万歳心恒翹勤會道士為授此経
脩行十六年白日昇天得為太極仙卿[illegible]

S.3831

太玄真一本際経巻第二　黄麻 晩唐写

首缺 8寸弱　百三十行 行十七八字

1 録詞政璇璣攝對鄷都障魔伏鬼勅命水

頌　五言三句 一行

129 思然不見天師治舍還復如本

130 太玄真一本際経巻第二

尾完 楷書

S.516

歴代法寶記

前後缺 並存　首稍損　583寸 9 1/8寸

每行二十三四字

S.1113

道書 5 7/8寸 19寸 廿八行　黄麻

1 處无所識感謂道不真道為覺者施不可思

靡陳

玄妙内篇経云 老君假天為一切天地負挟怕

—— 巻上

本際 大哉経云 ——

太上八素真経云

巻第七

昇玄経云

太上靈寶本業道行因縁経頌曰

天師請問経太上道君頌曰

太上說智慧消魔真経云

別

佛曲

Ch.C
0014

金剛經 卷首畫 印本 9½寸 (已影照)

背：紙別文書
(奉前後文
閻使君等同行安置瓜州所有利害
事由並與閻使君狀諮申同緣河西
諸州蕃渾嗢末羌龍狡雜極難調伏

末：紙別文書
(處訥啓不審近日
尊體何似伏惟倍加
不重下情禱望謹狀

S.957
一尺寸三行 8寸 57½寸

太上业助戒金籙度命九幽拔罪妙經 九
首書題 尾缺
黃麻 寫本

183
有諸羅一時頓悟合明了陰瓊悲性頗本

S.810 廿二行
道書 1尺8寸
黃麻 中唐書

(首
霸伯集於道旦
祝融帝王霸伯
生等五人先生軒
於北方廣軒先生等五

24 23
晝拜真尊日道得夫
之君日與付親攝仙里變形飾身相殊好
俱勸心思道勸息思真勸情

32
背
尹帝圖書

迦濕弥羅国
半笯嗟国
曷邏闍補羅国
烏仗那国周五千餘里

S958

大唐西域記　8 5/8寸　10 3/8寸
十五行本　白麻　中唐

巻三　国名一列
明方冊藏本
迦溼彌羅　｜　迦濕弥羅
今本
曷羅闍　｜　邏
地利不謡　｜　溢
多蒲萄　｜　陶
不切禁　｜　不功禁
大同印度　｜　无大字
来蘇婆伐窣堵河　｜　来作夹　婆伐二字作娑
介斷滅少　｜　全作全
喜誦其文　｜　喜作善
異道雜居　｜　雜作離
瞢揭釐城東四五里　｜　釐作頃
大窣堵中　｜　大上有有字
羯利王　唐言鬪諍　云哥利訛　｜　注云上舊字
股體爛　｜　股作支　注无闕字

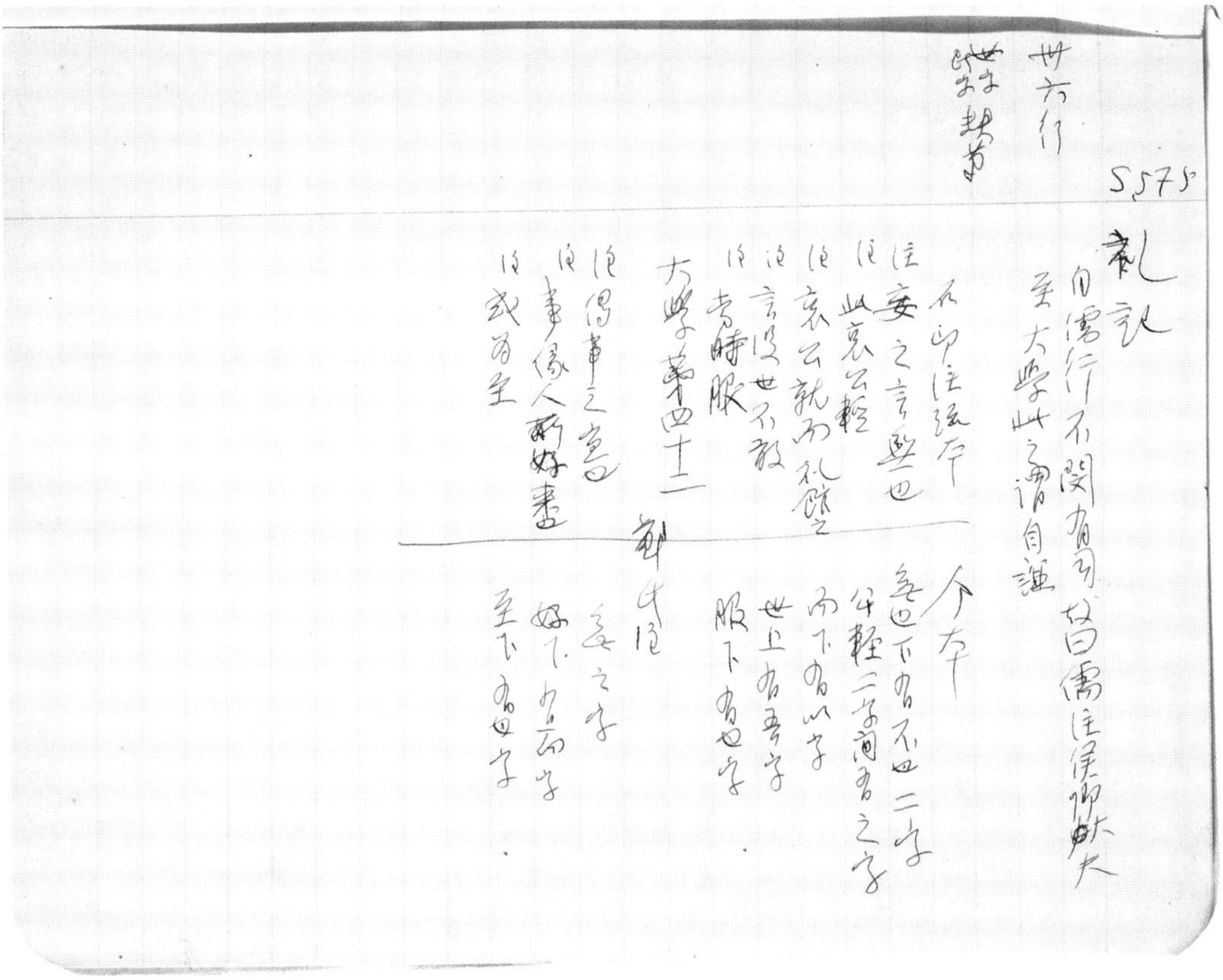

S.575

礼記

自需行不閑有司故曰儒注侯卿大夫

至大學卅之謂自誣

卅六行

[illegible]

注　不可注疏作　个本

注　安之言無也　無也下有不也二字

注　此哀公輕　今輕二字爲者之字

注　哀公就而禮之　而下有以字

注　言後世不敬　世上有其字

注　當時服　服下有也字

大學第四十二　鄭氏注

注　得事之宜　宜之字

注　事緣人所好惡　好下有所字

注　或爲至　至下有也字

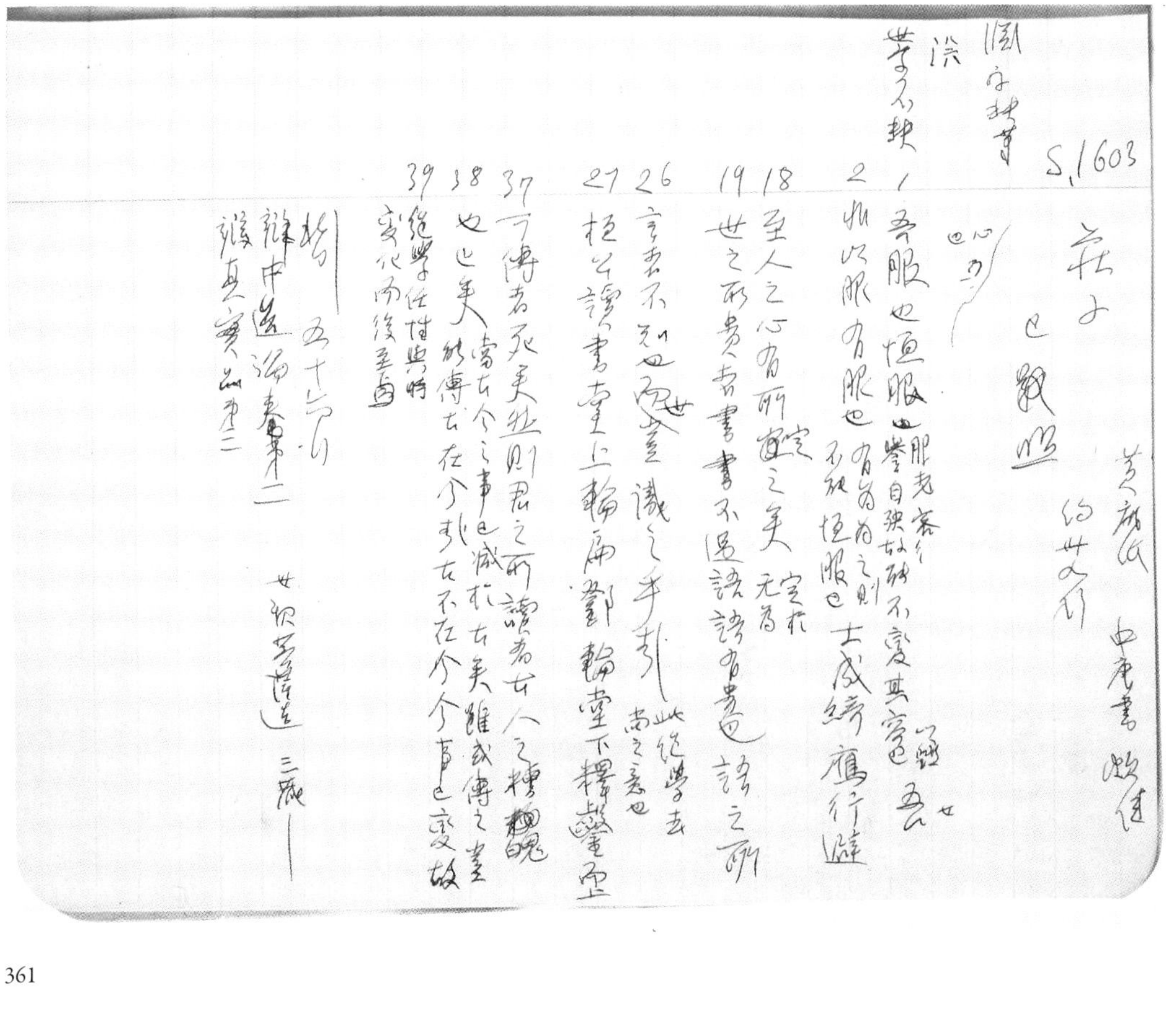

S.1603

荘子　巳殘點

[illegible]　約廿五行

中庸書數佳

[illegible]

[illegible]

1　吾服也恒服也　服者容　鑒自強故不變其容也　以鑒　五云　廿

2　此以服有服也　有爲爲之則不能恒服也　士成綺雁行避

18　至人之心有所定之矣　定於无爲

19　世之所貴者書書不過語語有貴也　語之所

26　言者不知也而世豈識之乎哉　此絶學去尚之意也

27　桓公讀書堂上輪扁斲輪堂下釋椎鑿而上

37　可傳者死矣然則君之所讀者古人之糟魄

38　也已矣　當古今之事已滅於古矣雖或傳之豈能傳古在今哉古不在今今事已變故

39　絶學任性與時變化而後至焉

[illegible]　五十六行

雜中道論卷第二

殘真人實品卷二

世紙箋[illegible]　三藏

七十三、

S,1891

王注家語巻第十　首欠　905／66行

白麻紙書　佳　世民字不缺筆

五刑解完

1 1尸ゝ清路行者蹕止　空書不敬

2 揚也清路以禦霞　弗命而民聴敎之至

3 政出上也蹕止無復行也

此王業嚴肅夫故

4 民代之不令而行　天子之大喪而蹕之禮

12 揆天且以君子無敎輕議於礼也

13 五刑解第廿　孔子家語　王氏注

14 冉有問孔子曰古者三皇五帝不用五刑信

23 之謂也請退而記之也　家語巻第十

一百三行注　S,1605

道書　首尾欠　同隋六朝書　六朝寫紙

1 2 出虛无正真　有爲迷之對戒之

3 頌此篇令知宿命之根也

4 太上言一真人曰吾昔受无極太上大道

14 真人曰輕傳漏洩考滅今身

15 太上言一第二真人夫時吾說三徒五苦生死命根觀哉　上経

16 道言吾於混沌无形之中歷觀諸天梵炁元

32 道言吾昔歷觀諸天出遊東門見有百姓子

48 西門　子男

65 皆道言　二字ゝ以下起入

86 南门

97 北门　東北门

115 西南门　152 西北门

132 東南门

142 道言吾兩門以遊觀衆生見有百姓子男

189 三徒五苦无善命根偈頌　無行四ゝ字

S.1906　道書

S.1605　道經

1　法輪拔度甲根升玄偈頌　行四、五字

9　外入玄門　斯慶樂未央

10　道言此三篇偈頌出之始之先无數之劫道

21　太玄真人真館先説无量妙通轉神入定妙經

23　道言夫陽輪不滅得還生人中未絶明道心

31　道言若學神仙思念无量○長生自然我

86　淨口訣八景玉輿飛升上清

87　天尊妙通思念轉神偈頌　行四五字

93　道言无量妙通轉神入定經頌皆誦道經

142　者也

（空三行）

143　太上洞玄靈寶真一勸戒法輪妙經

卅八

S.1586

論語卷第二

敦煌俗書

10 5/8寸

25寸

集解本　抄

不仁者不可以久處約章　知者利仁注

至卷尾止

（仁美故利　無思也）

1　論語卷第二

2　沙門寶印手札也

30　金光明寺學郎

君子喩於義小人喩於利

注孔曰喩猶曉也

見不賢

幾諫

注幾者微也

注見志已之諫也

注方猶常也

注孝子在喪哀戚思慕無所改

於父之道

恥躬之不逮也

注不妄出也

注俱不得中奢

注儉約

注言欲遲也

注方以類聚

是以不孤

下喩作諭

孔曰諭曉猶

而作者

無諫字

無者字

無也字

方作常

無在喪二字

無所字

於作其

無也字

作不妄出者

得作中者

儉作使

無而字

以作与

作是以孤

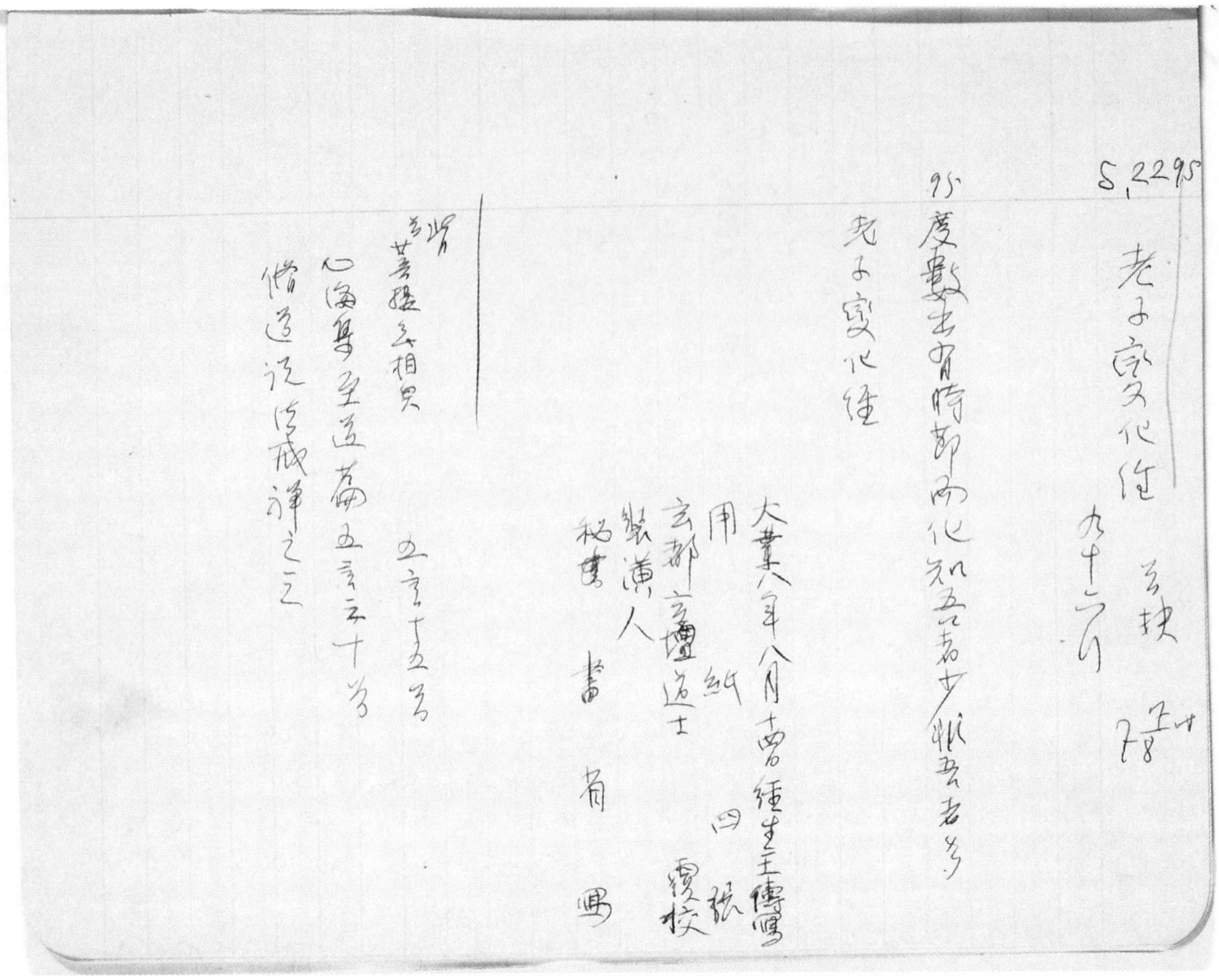

S.2295

老子変化経　九十六行

老子変化経

大業八年八月十四日経生王儔写

用紙　四張

玄都玄壇道士　覆校

装潢人

秘書　省　写

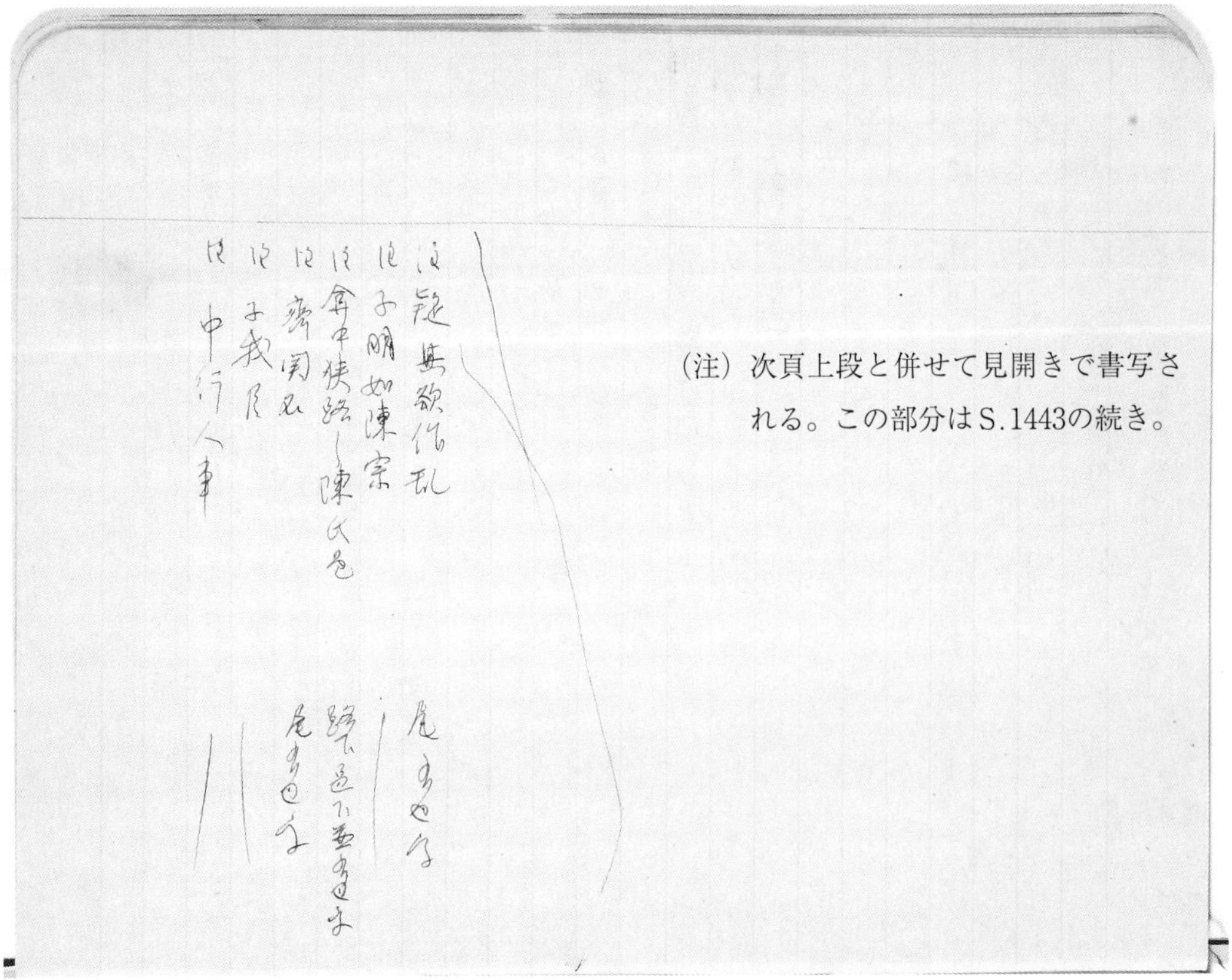

（注）次頁上段と併せて見開きで書写される。この部分はS.1443の続き。

卅三行
行十九字
注雙行

S.1443

左傳杜注

哀公十四年傳「麟也」小邾射以句繹來奔

及彤衆知而東之[illegible]

注 [illegible]在山本　捷紀

注 言魯史所以得書獲麟

注 皆略而不傳

注 鞅齊大夫

陳闞不可並也

注 夕視事

注 弁得内酒肉

注 [illegible]在陳氏族

注 言已介達之

注 [illegible]

注 目逆陽

以忌其許

而立女

距言已疏遠

從得君

陳逆[illegible]於公宮

惡茲其子固一共一乘

注 不納不我

待人禦之

注 故得殺人

群書治要巻四

○僖公十六年傳 [illegible]在注

君失[illegible]之[illegible]注[illegible]

注[illegible]左[illegible]

○僖廿二年傳 [illegible]王之東遷也

逐此歸 注[illegible]

○僖二十三年 [illegible]公子重耳之及於難也

[illegible]二十三行以上

凡廿七行 行廿廿一二字

注雙行

11寸

30寸

1 2 3 4 5 6 4

11年齊有亂 居將得諸侯

退而告人曰 君其[illegible]

辛有適伊川見被[illegible]

反伯耳此其戎乎其礼

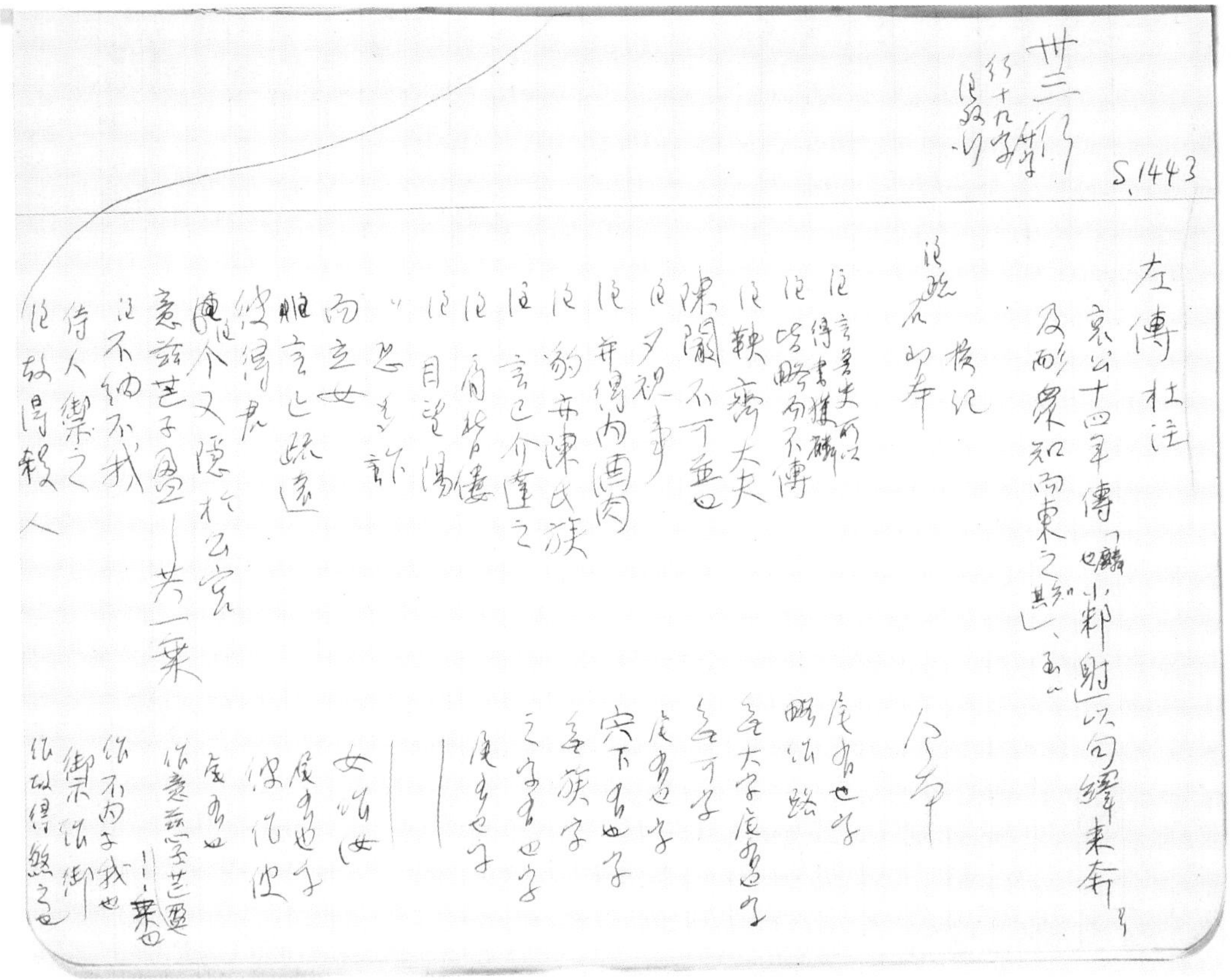

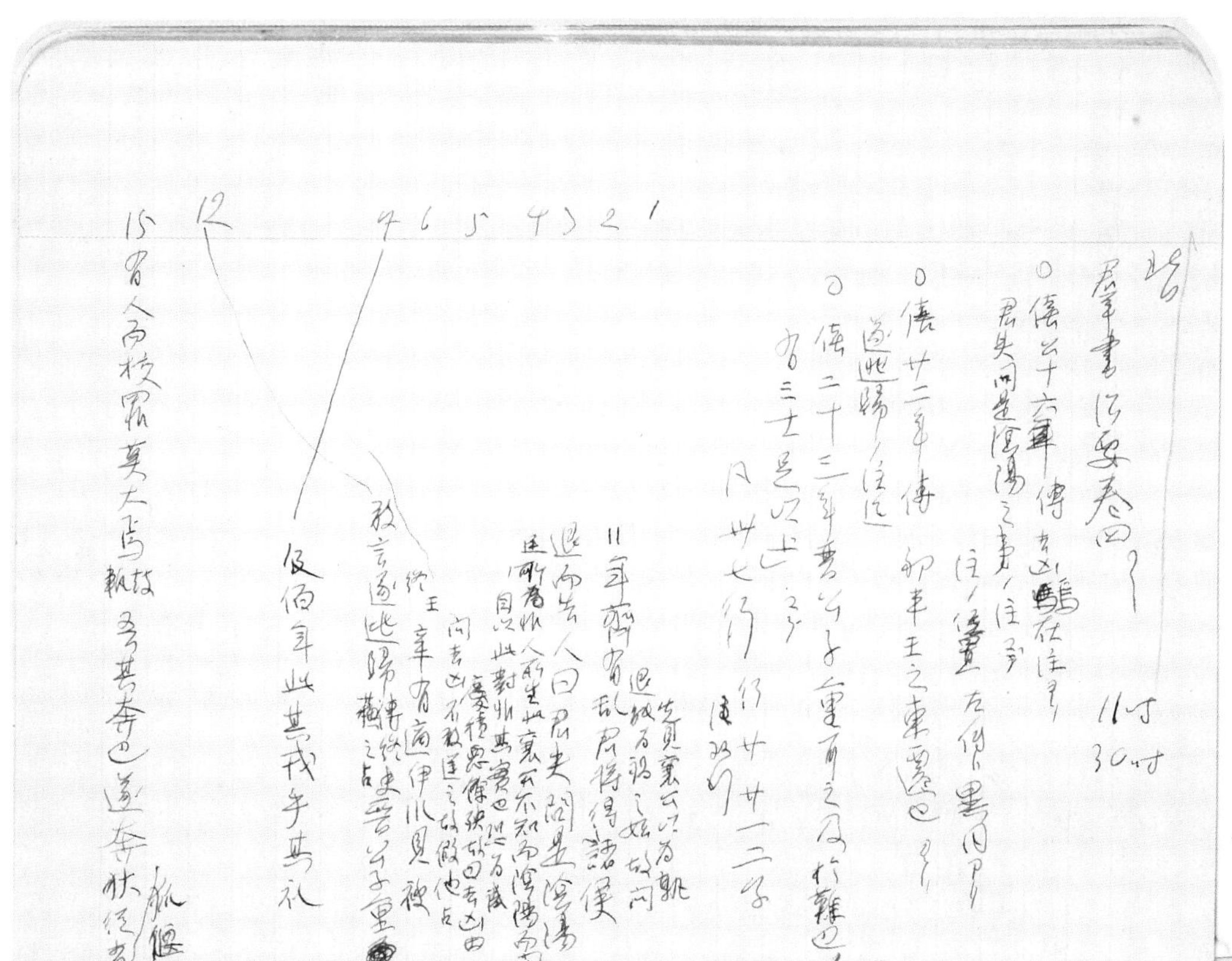

37
外之患出於外者而天不請晉國弦將啓之二也 首三十

以上

S.2122
太上妙法本相經廣說普衆捨品第廿一
首缺
黃麻 首尾書
三百六十三行 行十七字
[illegible]

末世興此法 中天積萬然 南行補全
於蒙逃亞宣

太上妙法本相經廣說普衆捨品第廿一

S.3389
洞淵神呪經卷四 首缺
黃麻 初唐寫
廿行 空十三行 廿五行 空[illegible]
八十四行 行十七字

1
不利惡人家 親強生異端

36
吾賜福即不差
空

1
道言 靈通既變 万帝朝真 口詠仙章記從

25
申還無道 世旅自强
空九行

1
道言 今有三洞大法 法中最上居三界之中

83
王魔王子一切善美人

84
洞淵神呪經卷第四

S.3135

太玄真一本際経巻第二　素紙 楮 13兩
二百六十三行 十七字　黄麻紙 8寸

1 2
不能捨言而至正道之議伏惟識学太上道君　中東谷誂問唯

尾
礼道君一時而退

太玄真一本際経巻第二
儀鳳三年三月廿二日三洞女官郭金基奉為亡
師敬写太上本際経一部以此勝福資益亡師惟願道
契九仙神遊八境

S.3387

太玄真一本際経巻第三　素紙 黄麻 中唐書 8寸
百八十六行 十七字

1 2
荘嚴道場
道君頌曰一切衆生會同聲稱善稱善敬卿

185 還本国忽然不見 天師法会還復如本
186 太玄真一本際経聖行品経巻第三

S.3391

道書　素紙 晩唐書 黄麻紙
廿六行 十六七字 8寸 15寸

1 為陽氣上昇為天
2 下沈為地 清濁氣会在中為人
陽精之精為日為星 陰精之精為月為
4 物始天得一得清 地得一得寧 神得一得靈
6 萬物皆為再拝四天始之氣為至極大道
21 夏氣暄為杖氣吹為冬 故春夏温熱 故秋
22 冬涼冷 故四時五行元始之氣也 生殺天地

S.3410

三寶義字要經　素紙 黄麻紙

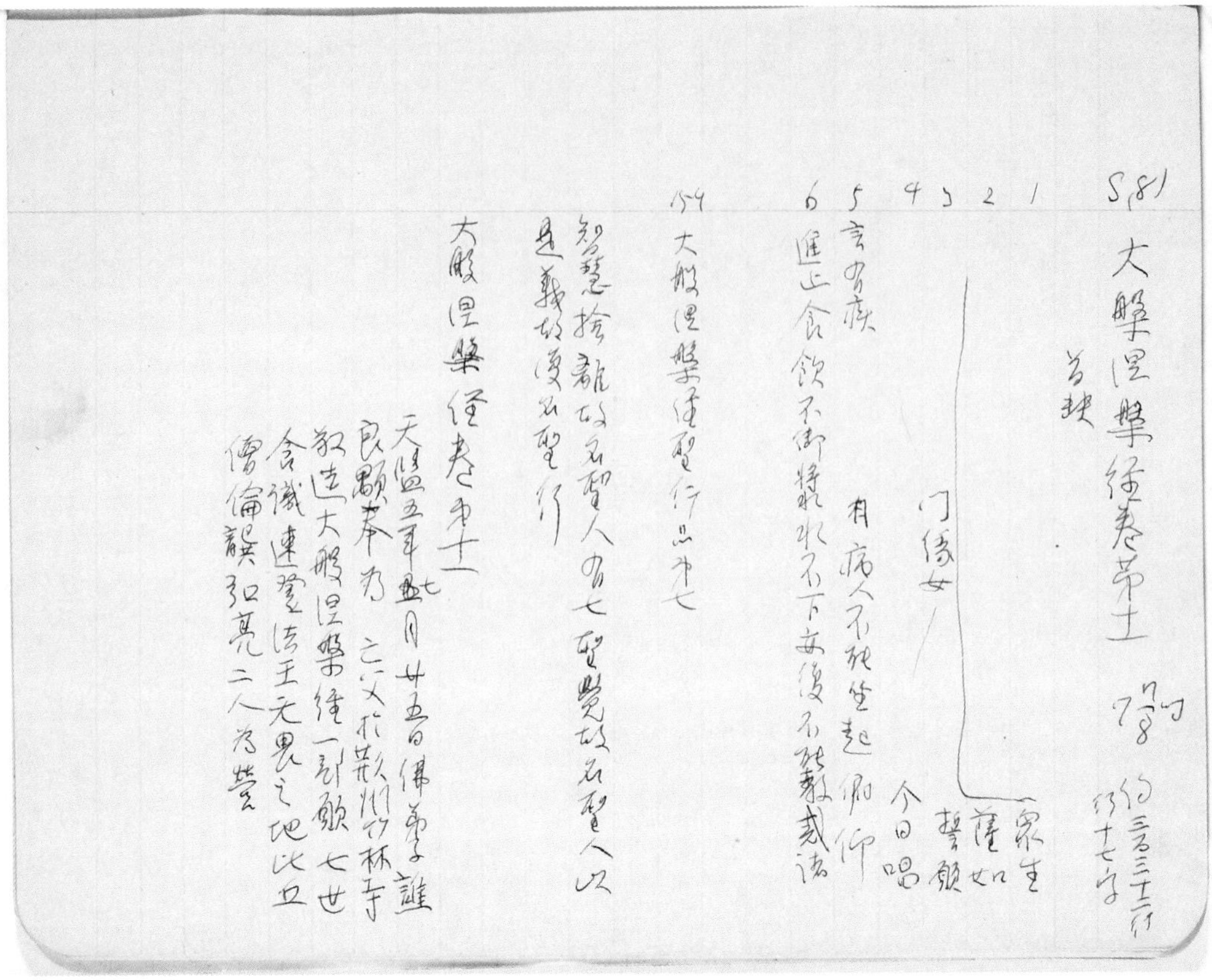
S.81
大般涅槃経巻第十一
首缺
7 8紙
約三百三十行
行十七字
1 衆生
2 薩如
3 誓願
4 今日唱
門傍女
有病人不能坐起俯仰
5 言有疾
6 進止食飲不御将視不下安復不能敷載諸
1.54 大般涅槃経聖行品第十七
智慧捨離故名聖人有七聖覚故名聖人以
是義故復名聖行
大般涅槃経巻第十一
天監五年七月廿五日仏弟子譙
良顯奉為 亡父於荊州竹林寺
敬造大般涅槃経一部願七世
含識速登法王无畏之地比丘
僧倫譔弘亮二人為營

S.54
法華経
首缺
8紙
惠麻紙.
初唐書 好佳
従地踊出品第十五
如来寿量品第十六
妙法蓮華経分別功徳品第十七
妙法蓮華経巻第五

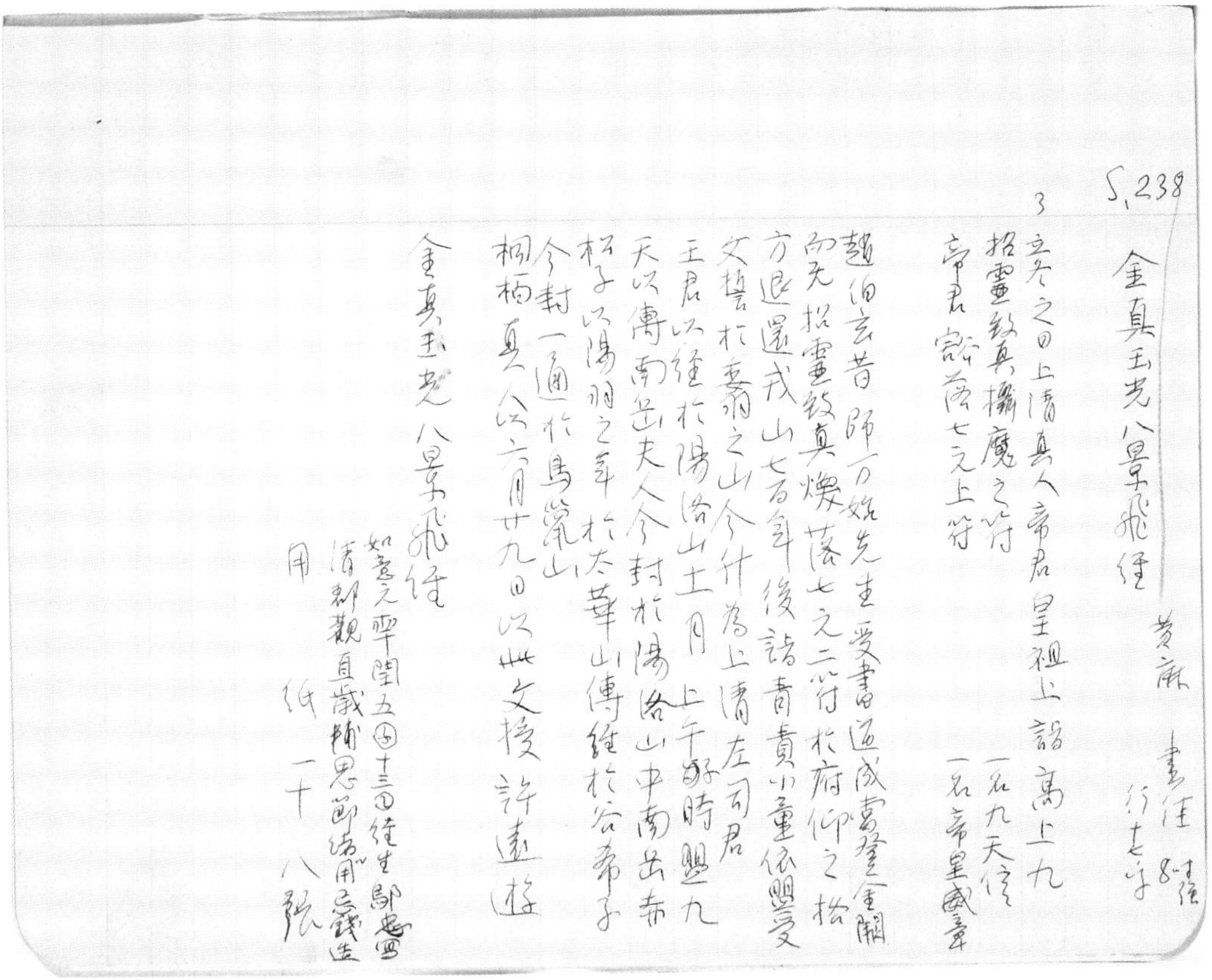
S.238
金真玉光八景飛経　黄麻　書佳　行十七字　8紙
3
立冬之日上清真人帝君皇祖上諱高上九
招靈致真攝魔之符　一名九天信
帝君諱薦七元上符　一名帝皇威章
趙伯玄昔師一乃婉先生受書道成當登金闕
而先招靈致真煥落七元二符於府仰之於
方退還戎山七百年後諸青童小童依盟受
文於蒙翁之山今什為上清左司君
王君以經於陽洛山土月上午吉時盟九
天以傳南岳夫人今封於陽洛山中南岳赤
松子以陽羽之年於太華山傳經於谷希子
今封一通於鳥鼠山
桐柏真人以六月廿九日以四文授許遠遊
金真玉光八景飛経
如意元年閏五月十三日經生鄔忠寫
清都觀直歲輔思節為用[illegible]錢造
用　紙　一十　八張

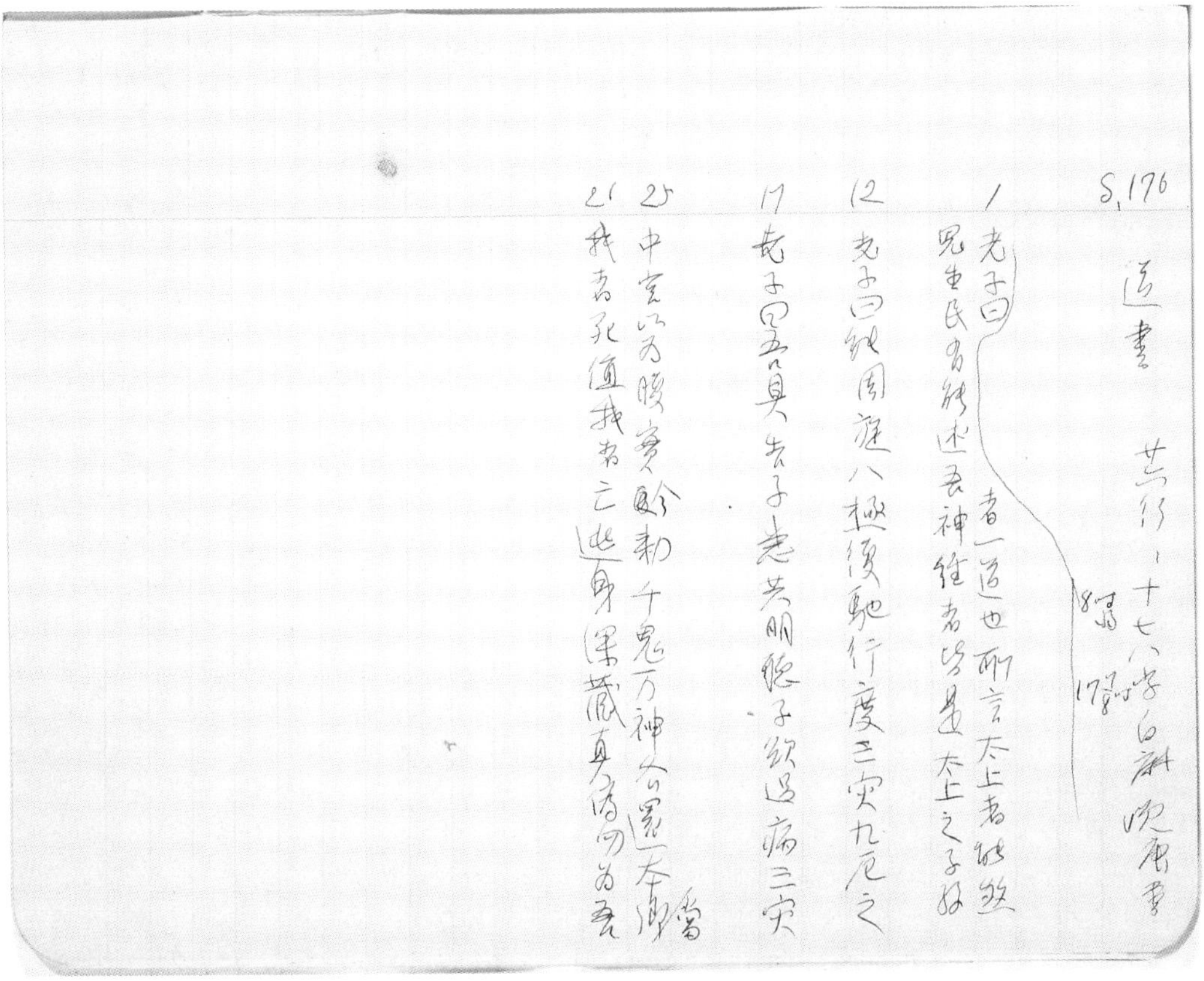
S.176
道書　廿行、十七八字　白麻　[illegible]書
8紙
17紙
1
老子曰　者一道也所言太上者始然
凡生民者能述吾神經者皆是太上之子孫
12
老子曰能周旋八極復馳行度三災九厄之
17
老子曰吾具告子患苦明聽子欲返痛三災
25
中宮以為腰賓賂勅千鬼万神令還太御　當
21
我者死值我者亡遊身深藏真人隨向為吾

S.189

老子 殘

首缺 尾完

黄麻中本書

每行〻十七字 8吋 122 1/2吋

1 實不居其華 故去彼取此

2 之 昔之得一者 天得一以清

88 治大國若烹小鮮 以道蒞天下 其鬼不神

179 之道 為而不爭

180 老子道德經

S.3926

老子河上公注

黄麻紙 中本書 8吋 352 1/2吋

首缺 五百六十三行〻十六字乃至廿一字

昔之得一者章 侯王無以貴高將恐蹶

卷尾〻完

正文注文 共連接 後處亦空一格

正文皆如來 又章首如來 間有不如來者

全〻保代本

1 汲汲求賢不可但欲貴高於人无已時將恐顛蹶之失 （貴高恐　言侯王當屈己下人）

2

3 其位　故貴以賤為本　言必欲尊貴當以薄賤

4140 就之

道生一 道始所生者一也　一生二　一生陰與陽

二生三　陰陽生和清濁三氣分為天地人　三生萬物

天地人共生萬物　萬物負陰而抱陽　萬物无

不負陰而向陽迴心而就日　沖氣以為和　萬物中皆有元氣

得以和柔若胸中有藏骨中有髓草木中

有空虛與氣通故得久生　人之所惡唯孤寡不

轂輦而王公以為稱　孤寡不轂輦者不祥之名而王

以為稱者處謙卑法空虛和柔　故物或損之而益

引之不得推讓必還　或益之而損　夫増高者崩

貪富者致患　人之所教　謂衆人所以教去弱為彊

去柔為剛　我亦教之　言我教衆人使去彊為弱去

剛為柔　彊梁者不得其死　彊梁者謂不信玄

妙背叛道德不從經教尚勢任力不得其死者為

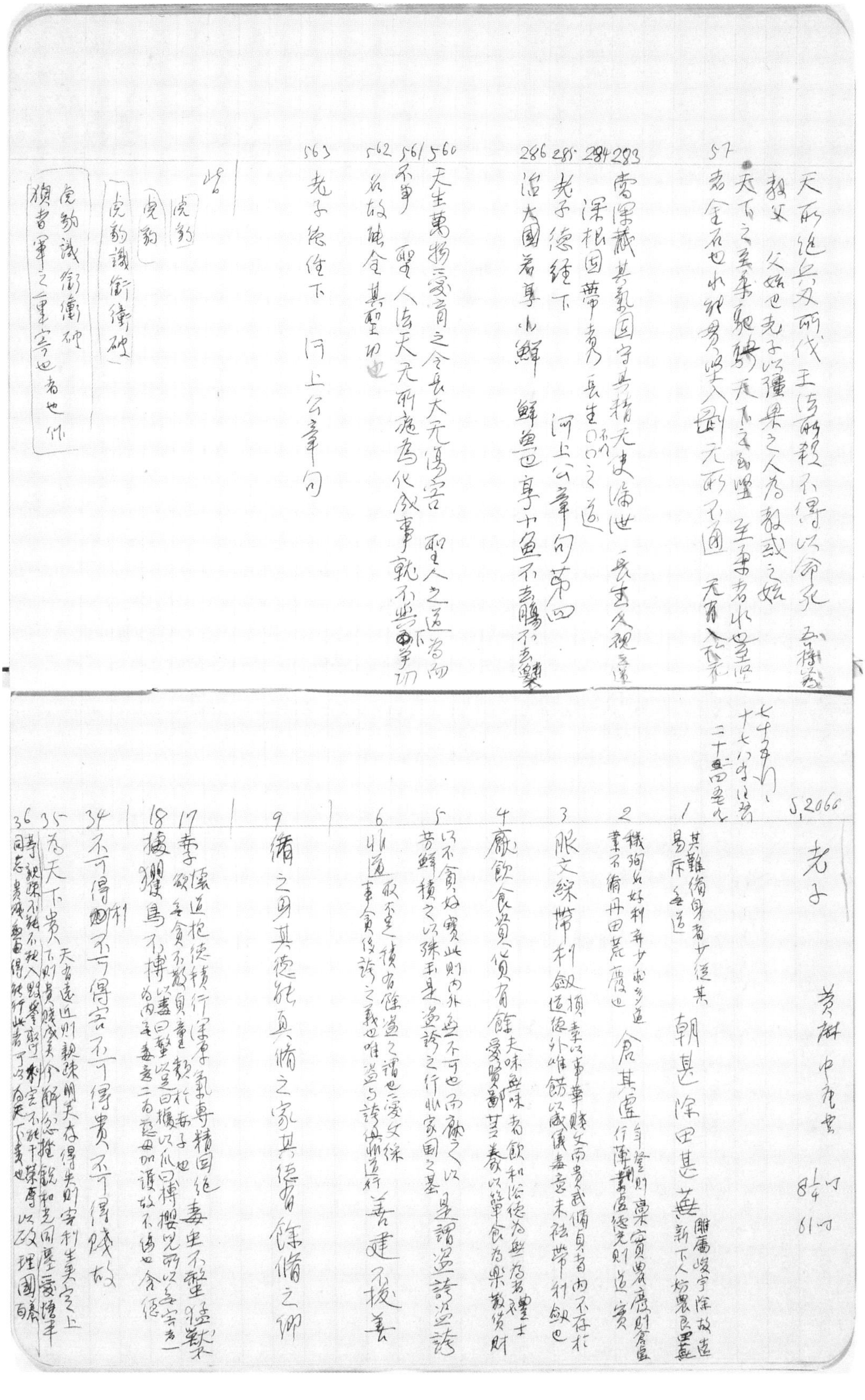

天所絶兵刃所伐王法所殺不得以命死　不得壽終
教父　父始也老子以強梁之人為教戒之始
57 天下之至柔馳騁天下之至堅　至柔者水也至堅
者金石也水能貫堅入剛無所不通　無有入無間
283 當深藏其氣固守其精無使漏泄　長生久視之道
284 深根固蔕者乃長生〇〇之道
285 老子徳経下　河上公章句第四
286 治大国若烹小鮮　鮮魚也烹小魚不去腸不去鱗
560 天生萬物愛育之令長大無所害　聖人之道為而
561 不爭　聖人法天元所施為化成事就不與下爭功
562 名故能全其聖功也
563 老子徳経下　河上公章句
皆
虎豹
虎豹
虎豹識銜衝砷
虎豹識銜衝砷
猶皆軍之重害也者也　作

七十三年八月
十七八日
二十四日
5,2066
老子　黄樹中　8 1/4 寸　6 1寸
1 其難備身者少従其易斥無道　朝甚除　田甚蕪　雕畫峻宇除故造新下人於農民田蕪
2 饑狗好利棄本求末道業不脩丹田荒廢也　倉甚虚　年登則稟實貴農廢則倉虚行薄業虚徳兌則道實
3 服文綵　帯利劔　損其本以事華好文而貴武備負者内不存於道徳外唯餙以威儀毒意未祛帯利劔也
4 厭飲食　資貨有餘　夫味無味者飲和於徳為無為者禮士愛賢鄙蒐養以簞食為樂散貨財
5 以不貪好寶此則内外無不可也而厭之以芳鮮積之以珠玉是盗誇之行非家國之基　是謂盗誇盗誇
6 非道　取不足積有餘盗之謂也愛文綵事貪後誇之義也唯道與誇俱非道行　善建不抜善
9 脩之身其徳能真　脩之家其徳有餘　脩之郷
17 含徳　懐道抱徳積行淳厚氣專精固絶欲無貪不敵負聲穀於赤子也　毒虫不螫猛獸
18 攫鳥不搏　以毒曰螫以足曰攫以爪曰搏嬰兒所以無害者一為内無毒害之意無加護故不傷也含徳
34 不可得而利　不可得而害不可得貴不可得賤故
35 為天下貴　天子遠近則親疎明矣在得失則害利生矣之上不貴賤成矣今解忿挫鋭和光同塵愛憎畢
36 等親疎不能不能入毀譽不能得能行此者可以為天下貴也同志貴賤無有得以致理國百姓

45 自化我無事人自富我好靜人自正我無欲人

73 交 天下之交牝
交會也海在中衆流之下百川於是交歸理國者自視然若國形以同會

74 常以靜勝牡
牝雌而靜牝雄而動夫靜可以制動陰可以勝陽故知謙揖伏讓企柔弱勝剛強也故

75 大國以下小國則取小國小以下大國則取

此以又已呈布 3237 之 速 接 又八十一以字

3237 之 接 字

百二十字以 九十六字

S.2267

老子 正文 有尾跋

黄麻 晚唐書

8寸弱

89行

1 无極知其榮守其辱為天下谷為天下谷常

3 無以大制天割 七十六字

7 去奢去泰 五十七字

11 勿強物壯則老謂之非道非道早已 六十七字

18 戰勝以喪禮處之 一百一十四字

22 道在天下猶川谷與江海 六十六字

28 其大 五十五字

31 可既 廿七字

35 以視人 五十六字

38 將不欲无欲以靜天地自正 卅七字

39 道經上 (從八補了以下)

40 老子德經下

48 華始去彼取此 一百廿九字

56 如玉落落如石 一百卌二字

58 自生於无 廿一字

64 名夫唯道善貸且成 九十五字

69 父 三十七字

71 天輔有為不言之教天為之益天下希及之 廿七字 [實卅一字]

74 不死可以長久 卅字

77 清靜為天下政 卅字

勝善 根力 (從八加善)

80 甚於欲得知足之足常足 卅三字

82 孫少是以聖人不行而知不見而名不為而成 廿六字 [實卅四字]

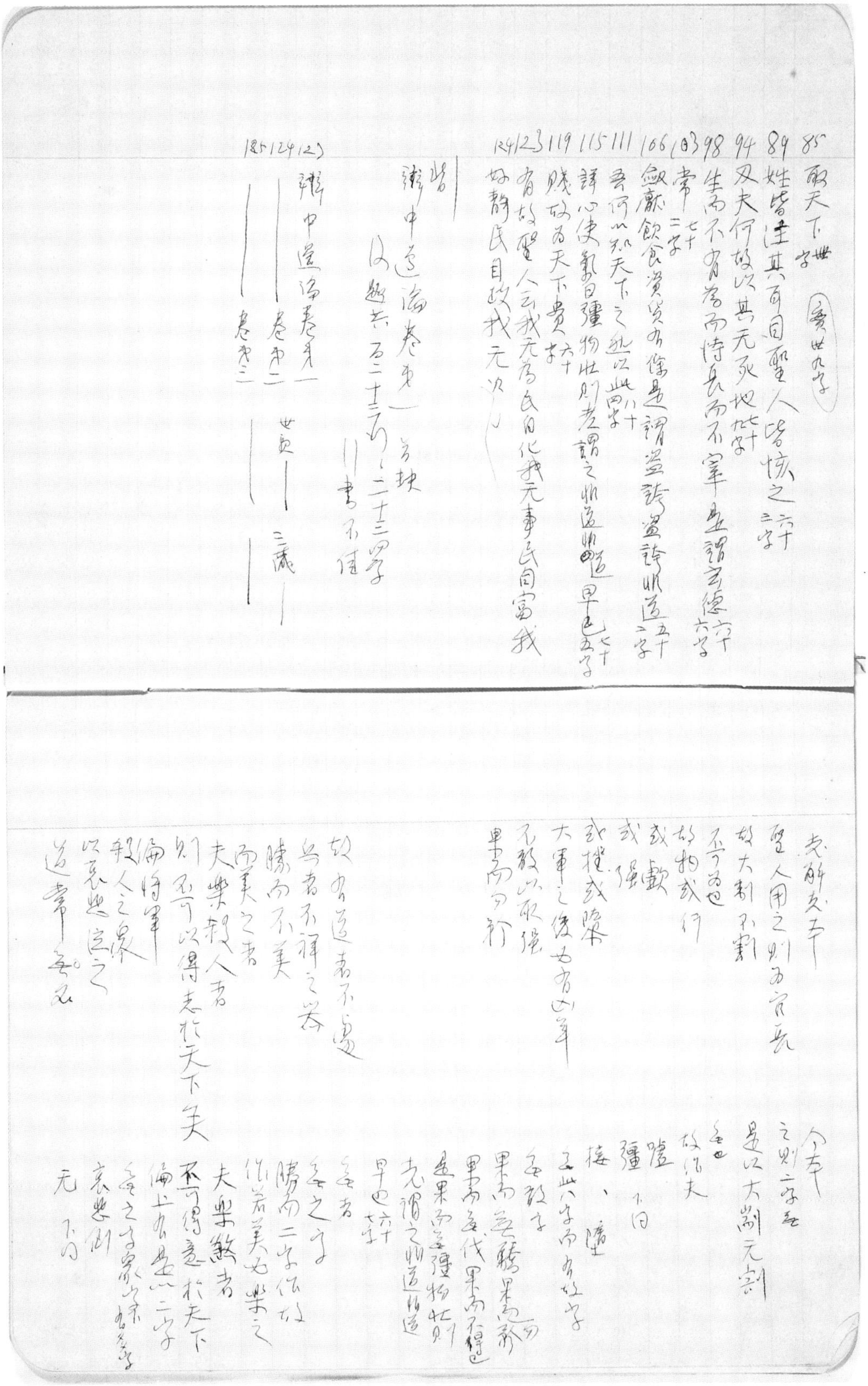
85 取天下 卅字
[illegible]世九字
89 姓皆注其耳目聖人皆孩之 六十二字
94 又夫何故以其无死地 七十九字
98 生而不有為而恃長而不宰是謂玄德 六十六字
103 常 七十二字
106 厭飲食資貨有餘是謂盗誇盗誇非道 五十二字
111 吾何以知天下之然以此 八十四字
115 詳心使氣曰強物壯則老謂之非道非道早已 七十五字
119 賤故為天下貴 六十字
123 而故聖人云我无為民自化我无事民自富我
124 好靜民自政我无欲
皆
125 識中道論卷第一 去缺
以難矣二十三而二十三字
書不佳
124 識中道論卷第一 世更
127 卷第二 二歲
卷第三

夫佳兵 十字
今本
聖人用之則為官長
之則二字無
故大制不割
是以大制無割
不可為也
無也
故物或行
故凡夫
或歔
隨
或強
強 下同
或挫或隳
接、隳
大軍之後必有凶年
無此六字而有故字
不敢以取強
無敢字
果而勿矜
果而無驕果而勿矜
果而無伐果而不得已
是果而勿強物壯則
老謂之非道非道
早已 六十字
故有道者不處
無者
兵者不祥之器
無之字
勝而不美
勝而二字作故
而美之者
作若美之樂之
夫樂殺人者
夫樂殺者
則不可以得志於天下矣
不可得意於天下
偏將軍
偏上有是以二字
殺人之衆
無之字衆作殺
以哀悲泣之
哀悲作悲哀
道常無名
无 下同

天下莫能臣也　天下不敢臣
侯王若能守之　王侯若能守
知止可以不殆　無可以二字
道之在天下猶川谷之於江海　無兩之字於作與
勝人者有力　無者字
強行者有志　無者字
大道氾兮　無兮字
萬物恃之而生　之而二字作以
功成不名有　功成則
衣養萬物而　養作被 無而字
萬物歸焉而　焉而二字作之
可名為大　為作於
以其終不自為大　是以聖人終不為大
樂與餌　珥
道之出口淡乎其無味　無之字出口作言無乎其二字
視之不足見聽之不足聞用之　無三之字
將欲歙之　翕
將欲廢之　癈
國之利器不可以示人　之作者示作視
而無不為侯王若能守之　無為字 無不之字 王侯
化而欲作　而作如
夫亦將無欲　無夫字 無作不
不欲以靜天下將自定　不作無 天下將自定四字作地自正三字
則攘臂而扔之　扔作仍

孤寡宜

不居其薄　居作處
處其實　處作居
以為天下貞　貞作正
侯王無以貴高將恐蹶　無高字
是以侯王自謂孤寡不穀　侯王則宜 轂
此非以賤為本耶　此作以非作其耶作邪
數輿無輿　上輿作譽下輿作譽
琭琭　祿祿
珞珞　落落
天下萬物　萬作之
勤而行之　作勤能行
大笑之　笑作唉 下同
故建言　故作是以
上德若谷　谷作俗
沖氣　沖
王公以為稱　為稱作自名
或益之而損　作益之而損之
我亦教之　亦我義教之
吾將以為教父　吾以為學父
無有入無間　無有字
吾是以知無為之有益　無吾字 無之字 知作和
名與身孰親　孰作熟 下同
大盈若沖　盈作滿 沖 是字之
為天下正　正作政
禍莫大於不知足　罪莫大於可欲 禍莫大於不知足 咎莫大於欲得 知足之

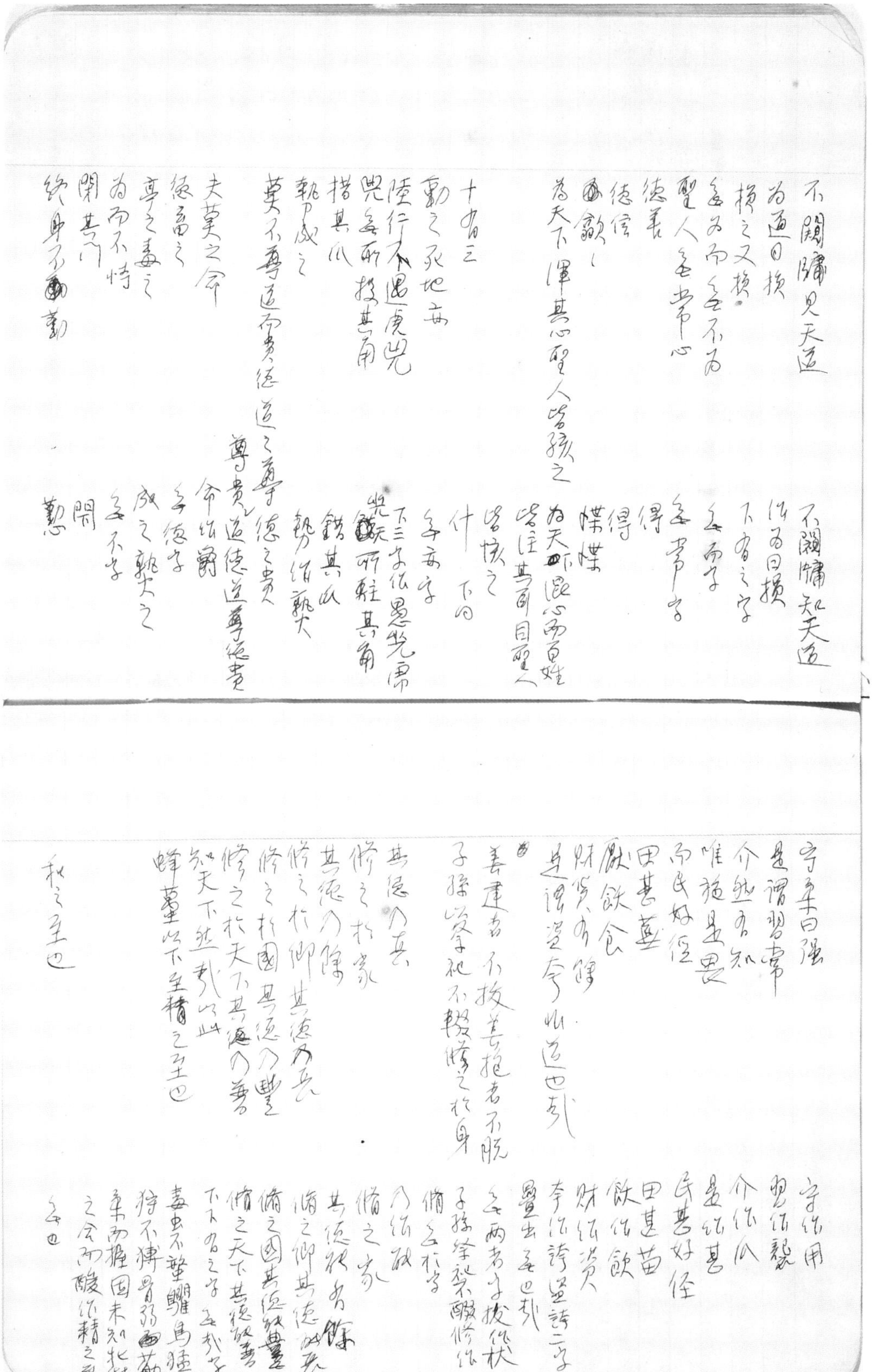

不闚牖見天道
為道日損
損之又損
無為而無不為
聖人無常心
徳善
徳信
歙歙
為天下渾其心聖人皆孩之
十有三
動之死地亦
陸行不遇虎兕
兕無所投其角
措其爪
勢成之
莫不尊道而貴徳道之尊徳之貴
夫莫之命
徳畜之
亭之毒之
為而不恃
閉其門
終身不勤

不闚牖知天道
作為日損
下有之字
無而字
無常字
得
慄慄
為天下渾心為百姓
皆注其耳目聖人
皆孩之
什　下同
無亦字
下三字作遇兕虎
兕無所駐其角
錯其爪
勢作熟大
尊貴之道徳道尊徳貴
命作爵
無徳字
成之熟之
無不字
閉
懃

守柔曰強
是謂習常
介然有知
唯施是畏
而民好徑
田甚蕪
厭飲食
財貨有餘
是謂盗夸非道也哉
善建者不拔善抱者不脱
子孫以祭祀不輟修之於身
其徳乃真
修之於家
其徳乃餘
修之於郷其徳乃長
修之於国其徳乃豊
修之於天下其徳乃普
知天下然哉以此
蜂蠆以下至精之至也
和之至也

守作用
是作襲
介作仍
是作甚
民甚好径
田甚苗
飲作飫
財作資
夸作誇盗誇二字
疊出無也哉
無兩者字拔作扷
子孫祭祀不輟修作
脩無於字
乃作能
脩之家
其徳能有餘
脩之郷其徳能長
脩之國其徳能豊
脩之天下其徳能普
下有之字無哉字
毒虫不螫鷙鳥猛
獣不搏骨弱筋勅
柔而握固未知牝牡
之合而朘作精之至
無也

謂之不道
解其分
不可得而親
不可得而疏
不可得而貴
以正治国
吾何以知其然哉
人多伎巧
法令滋彰
我無為而民自化

不能以下同
分能怨
而觀能親
是而守下皆無而子
得能德之而守
正能政能之
吾何以知天下之然
人能民 無伎子
令能物
我無為民自化我無
事民自富我好靜
民自朴我無欲毆
（下缺）

（影印部）

40-1　Pelliot 2193-3808

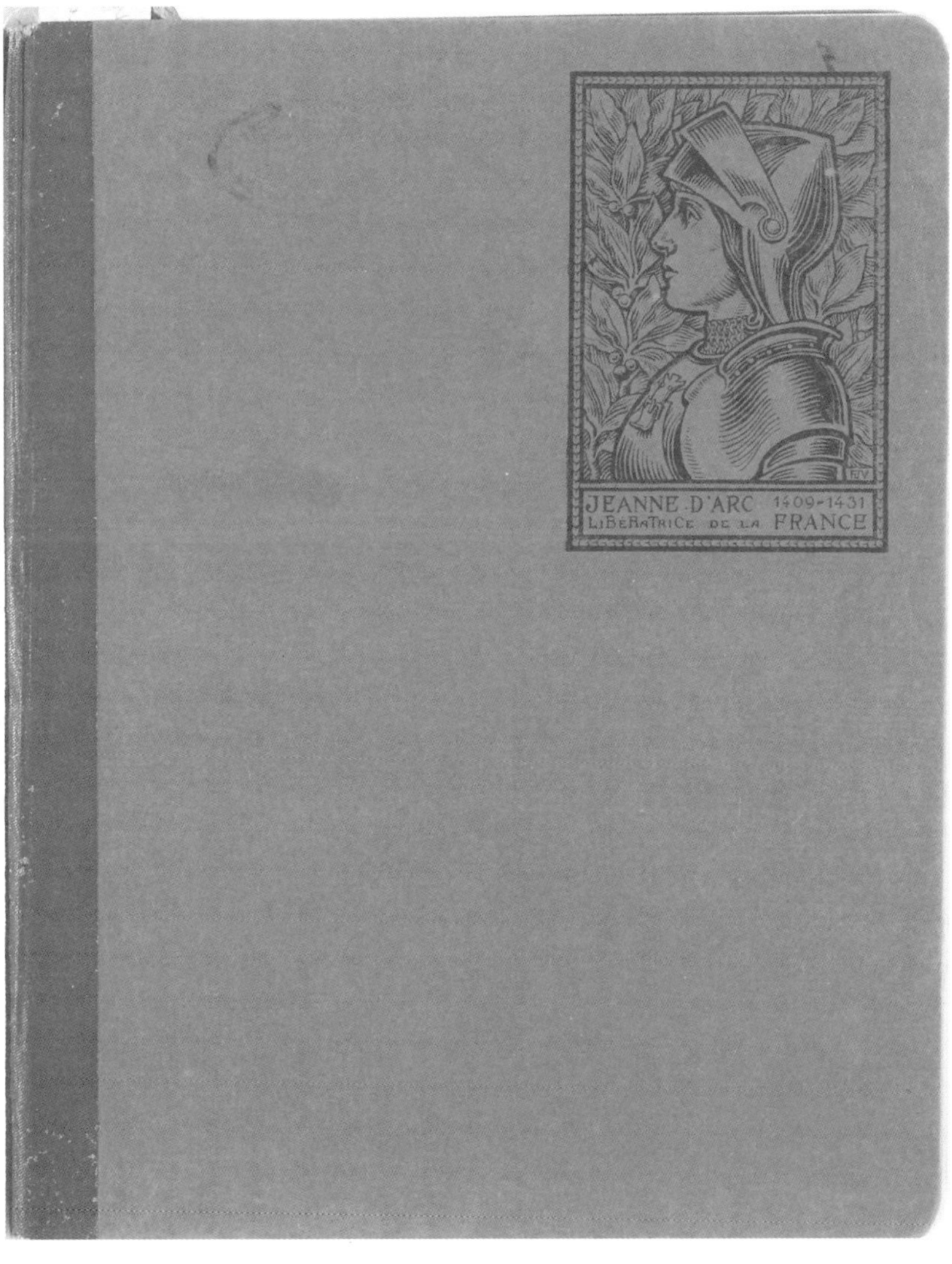

2193	大目連縁起	24
2319	大目乾連救母変文	23
2735	老子	34
2819	唐公式令 王績集	1, 別
2973		38
2978	毛詩	30
2980	尚書泰誓	41
2981	左傳 太公家教	15
3048	醜女縁起	36
3107	大目乾連変文	37
3123		16
3197		29
3237	老子 李栄注	31
3252	唐律	28
3258		45
3277	老子 李栄注	33
3311	経書跋尾	35
3345	文選	19
3378	孝経 注	25
3380	禮記 大伝 少儀	21
3469	尚書禹貢	17
3480		40
3808	琵琶譜	27

唐公式令断簡　董康　大正　文庫抄

2819

移式

尚書省　為某事

某省　某省臺云　其省臺云云　主姓名　故移

年月日

某司郎中具官封　都事主事姓名

都省則左右司郎中一人署　令史姓名

書令史姓名

右尚書省與諸臺省相移式内外諸司

非相管隷者皆為移其長官署位准尚

書長官無則次官通判者署州別駕長史司馬縣丞署位

亦准尚書省判官皆准郎中

關式

吏部

兵部　云云謹關　為某事

年月日

吏部郎中具官封名　主事姓名

令史姓名

書令史姓名

右尚書省諸司相關式其内外諸司同長

官而別職局者皆准此判官署位准郎中

為

牒式

尚書都省　為某事

某司云云案主姓名故牒

年月日

主事姓名

左右司郎中一人具官封名　令史姓名

書令史姓名

右尚書都省牒省内諸司式其應受

判之司於管内行牒皆准此判官署位

皆准左右司郎中

符式

尚書省　為某事

某寺主者云云案主姓名符到奉行

吏部郎中具官封名　都省左右司郎中一人准　主事姓名　令史姓名

書令史姓名

年月日

右尚書省下符式凡應為解向上者上官向

下皆為符首判之官署位准郎中其出符

者皆須案成并案送都省檢勾　若事當計會者仍別

錄會目與符俱送都省其餘公文及内外諸司應出文書

者皆准此

冊

制授告身式

門下具官封姓名　應不稱姓者依別制冊書亦准此　德行庸勳云云

可某官　若有勳官封及別兼帶者云某官及勳官封如故其折貶責滿不言勳封者同銜授法　主者施

行　名制授人數多者並於制書之前名歷名件授

年月日

中書令具官封臣姓名宣

中書侍郎具官封臣姓名奉

中書舍人具官封臣姓名行

侍中具官封臣名

黄門侍郎具官封臣名

給事中具官封臣名　等言

制書如右請奉

制付外施行謹言

年月日

制可

月日都事姓名受

右司郎中付某司

左丞相具官封名

右丞相具官封名

吏部尚書具官封名

吏部侍郎具官封名

左丞相具官封名一人其武官則右丞署若左右丞內無仍見在者通署
告具官封名奉被
制書如右符到奉行
主事姓名
吏部郎中具官姓名　令史姓名
書令史姓名
年月日下
右制授告身式其餘司應授官爵者准此
奏授告身式
尚書吏部餘司授官奏者各載司名謹奏某官名等擬官事具
官姓名某州某縣本品若干人
右一人云云謂若為人舉者注舉人具官封姓及所舉之狀若選者皆略注其由歷及身才行即日解吏得叙者亦略述解由乃擢用之狀令擬某官某品替某甲考滿若
因他故解免及元闕者亦隨狀言之
左丞相具官封臣名
右丞相具官封臣名
吏部尚書具官封臣名
吏部侍郎具官封臣名
吏部侍郎具官封臣名等言謹件同申人具姓名等若
干人擬官如右謹以申聞謹奏
年月日吏部郎中具官封臣姓名上

日　吏部
給事中具官封臣姓名讀
黃門侍郎具官封臣姓名省
侍中具官封臣姓名審
月日都事姓名受
右司郎中付吏部
聞　御畫
吏部尚書具官封名
吏部侍郎具官封名
吏部侍郎具官封名
左丞具官封名
告具官封姓名計奏被
勅書如右符到奉行
郎中　主事
年月日　令史
書令史

2.39

公表函

王　集

名鉄照来仰　而　才木山・下　係交如葉動後来

一寸去走公子之殊賞濃王孫之處　恵山水此尋風雲

未必如何　也　吾之通字仲淹生於隋末守道不仕大業中隠居此濱倣孔子六経遠近従学門人弟子相趨

段当時此濱今学為王子濱也．

未十六何度　此濱之集門人常以千数唯河南董恒南陽程元中賈瓊河東薛収太原姚義太原温彦博京兆杜

杜淹等十餘人称為俊疑而姚義多博微因済方之仲由薛収以理達稱見方荘周薛貴

妙玄理

有廿四何度　王之仲淹以大業十三年於郷里時年卅二門人謚為文中子及唐家受禄命門人多至公

輔而文中子之道未行於時今国指遠濱同覧故無王四傷寫賛之之遇也

元正賊　正

三月二賊丹取

蛍兵

木木川、云條交茹菜動猿未
十山去麦ム子之殊賞潛王孫之遠慮山水幽尋風雲
路深蘭窓左闢園無斜臨石當階而虎踞泉度牖而
龍吟月照南浦烟生北林閑丘壑之新趣縱江湖之權旨丁
道集香室風吹戎襟松花柏葉之醇酎鳳翮龍肩
之素琴白牛溪裏齒四時信茲山之奧域昔吾兄
之所止許由避地張超成市案俗刪詩依經定史康成
負笈而相繼根矩樞衣而聿至組帶青衿鏘鏘儗儗
階庭礼樂生徒杞梓山似尼丘泉疑泗溪吾兄通守伊洛生於隨末守
道不仕大業中隱居此溪續孔子六經近百餘卷
門人弟子相趨成市故此溪今号王子溪也冗高敬手今
二紀地猶如昨人多已矣念昔日之良游憶當時之
君子佩蘭蔭竹誅茅席芷樹即環林門成闕里姚
仲由之正色薛莊周之言理此溪之集門人常以百數唯河南陽程元中賈瓊河東
義太原温彥博京兆杜淹等十餘人稱為俊彥而姚義多
慷慨同儕方之仲由薛收以理達稱見方莊周薛賈妙言理
逢流洗耳樂經籍之懷息憂喜時披冊而翫筆
而釣鯉何當一旦邈成千祀木壞山頹舟移谷徙
之上東巖之前講堂猶在碑書宛然想聞道於中室
空憶擂經於下邃壇場草樹院宇風烟昔文仲之偉

霧霈遭時喪之乱鳥逸安從須時蓄銳聲而待旦振
人小吉明夷大難蹇切則鳴鳳不聞修書則騏驎為斷
惜矣吾兄遭時不平沒身之後天下文明此門人於廊
廟瘞夫子於佳城死而可作何時復生式瞻虛館載
步前楹眷眷長想悠悠我情俎豆衣冠之舊地金
石絲竹之餘聲身沒而不朽知何愁吾兄仲淹以大業十三年於鄉館
星家受錄命門人多至公輔而文中子之道未行於
時余因遊溪周覽故迹蓋傷高賢之不遇也
歸途而嘆息往往溪橫時時路塞勿登宗岫依然舊識
地迴心遙山高視有望烟火於桑梓雜世謀膝於鄉園斜
逮姑射之西正是汾河之北悵矣懷抱悠悠武川域憶昔
過庭童顏稚齒何嘗負不懈何遊不經弄春風於澗詠
南董恒秋月於山扃地寵照雪曲軒聚螢錄於扇枕端布開
薛收太山姚經何斯樂之易失後衛哀而茹恤而天未悔禍遺
觸石橫肱家不祑子歲先公明早卒余伺此而浩蕩又逢時
之不仁而地遂關雲雷屯與俎豆而同恥苦矣
戒投竿齊而隱身辛收元吉堅偶昌辰容北海之嘉道許
山之不臣養拙辭官全和保真豈若馮敬生之謙南
北嶺趙元淑之亢人殺憂取賤顛頓傷負掬井的而無代樂毒
山河之苦辛豈期我家生事都盡弄百不念當
歸寧憂

遠志坐青山而非隠遊緑潭而似書舊知山裏絶氣埃登
高目暮心悠哉乎平去何時返仲淵長遊遂不来幽蘭
白雪之琴曲桂樹凌晨之杯酒丘園散誕堀室俳佪坐
芽枯木心如死灰忽有山薯野蘭將水朮麦杞茎煎
羹松根醸醪既採藥而為食譚随情而不矯負鎹
春萌胥鐘歳扶草衝密而饒叢樹弥深而是馬地
窮寞而森沈路從横而寵窈野萆鸛唳山梁雉嚶
遠遊之所幽栖之次或飲積而新来已聞雞而始至菴
兩茅廠甫數四山為嶮而無人嶺時平而有地石菌柚菜
金芝吐穂鏡軌山精力點木魅影鏡砌而奥躍樹當窓
而鳥華而絅寛之人生豈難歡何知是巣林必安忽何禁
於拾紫忽何羨於還丹紅蒸促節之杖緑蘿斑皮之冠
野食之蔬園蔬一籃送院藉而長嘯得劉壺而甚醉曉
入紫之春歸藥園欄老菜地僻郢生谷寒之楊柳則
絛岳鍜治杏樹則花飛坐壇賦成鼓吹詩如丸彈
携婚醉之鳴鸛對新婚之伯鷓鴞我有懷抱蕭然
自保古人則難与同歸然吾則此貿且将老磵溪詁
渚之蘋芰丘陵陂陰之菜果接菓移瑩栽苗散
稲不藏無用之器不受非常之保寶抵玉蔬鳥會揮

金雞草接用友於丞案弄兒童於繈褓樂山澤之浮
遊笑江湖之枯槁戒非僊仙儷非媚道無與無切形骸
自空坐成老圃居下農身与代而相弃貴随山而不
窮披衣壷北遂食精東籬有白頭四皓疣眉八公十
童昇日江人取風御老則杖頭安息邦君則車邊
畫然人期暗合道術潜通解束 相訪患公合中

閏

元日賦

若夫四時定歳二年啓正無許都之日維值荊州之
處一年風雲淋暢宇宙融明磔雞獻瘦羊助生趙
國則庭人鳩獻漢邪則治中鸛鶩尔其儺燈迎
齋後風設送終本始之義錢二逐三之節土風則白鵞
鹿為娯升柄則青龍主悦正容端表門新户潔况
復春来氣亭和家之少長相經過正朝參賀賓客
年前嬰多小婦壮衣金翠遊童盛綺羅梆花
頌遂迴文寫栢葉樽宜長命歌遥憶二京風日
好玉城走轂年光早旌旃曄之千門路冠 蓋紛之
兩宮道天子拜安平儲官迎太保大農問飲食
之節尚書奏會朝之羙酒則凍酈新加飯則歒

胡始造遍側駢塡威儀析旋樂調百戲觴稱万
年西京馬騎和鍾鼓東國魚龍雜管絃班劍來
早朌蘭蘸將夕但願皇家四海平安歲歲常朝万方
客別有故園人獨守寒鄉春晦夜竹聲驚百鳥含息
桃符安四隣歲酒輕三老夫無所欲光陰若難足
試看鶵鶵何日還望歸鴻已相續莫愁來歲
但恨前途促年年歲歲有元正何年何歲罷逢迎聊 晩
獻雀而相賀且吞雞而同聲取長樂佳栖方太
平何必欽障之彼律仰望帷之織成辭御床而表
德望塞延而茂名乃爲歌曰 獻歲風光早芳
春節會多但以二月内恣意飽相遇
三月三日賦 并叙 傳隱出
余以大業四年猴遊京邑暮春三月暫駐娛遊新
之船即赴君葉公之華賞蘭與洛接袂方轅西望昆池東
臨灞岸帷屏竟野士女盈川寶馬香車星流雲布氣
鮮風暖誠如褚萸之絳絡騷價絲已是張衡之說不能
點尔所爲賦焉同博弈之獵賢訟彼沉之順俗洛白

去未可抱之而難近亭黃花於當盛然而笑云
年去年來已復春三月三日傍河潯出是遨遊名爲 地
禊飲辰須兩京之貴族聚三都之麗人自洎秋織非
徑鮮神滿居已向天泉諸袁紹應過薄洛津薦
晦日光年芳早情知上已風光好誰家園裏之紅花
何處堤頭無綠草翠幕差參臨灞池朱帷曜日
橫橋道過岸而誅茅入波蕩而藉草艷艷風色
似似望抱南隣戚屬北里 常崔平居自奢逢上
之卷霧值章臺之侯家舊來士霞座主車混而衙街教
氣全收而野華滿楢葉下之龍驂歸軸朱輪之彩 傾新
市衣香滿狹檳車錦則鳳金花萃綾則鴛鴦戲 犀角門床
花歷曲城而轉蓋臨渭浦而俱茄坐帳 鄭
鋪象牙洛都故事陳留風俗瞻鶴鈎欹塡 校 款
盤鹹葉金瓶之酥麵列刀錢盡流九曲觴用聚八多坐 位 第五
箏蕉而帝女之章關彩書五之扇十博退而魚畫樽蒲傳
而馬足新葉卵妝之玄縣洞婦東傳了仙琴對採愜趙
瑟而絃急促奏箏而桂高運歌舞節鼓唯非鼓方
響銀

緪架琵琶金虎構席闌賞珍惜盤樂從欄棨遷

箋水次臨石礁而筆洗倚欄而半醉浪動見移汀傘

雁菲萍著浦而編客蔣蓮汀而衝槐樹泊漁舟荷艶

的皐翁閒舊學西暑新賢脩太玄於暮齒壇中董狐

聘筆校書雲閣上射策 青鳳 北闕會集于東川輕

超竹但真成梆泉琴壇 仙華

164

2981

七牧鄭祁平陽棟 陽渠水馬者壹也 之羊 之田以為

馬蹄羊為鄭大夫

左傳昭公 廿八、九年

六十九行 徒廿九年

書信仙謗 何廿九年

執歸馬者貴之 壹其 馬也

各服 服

皆太公家教 中庸行 書 佳

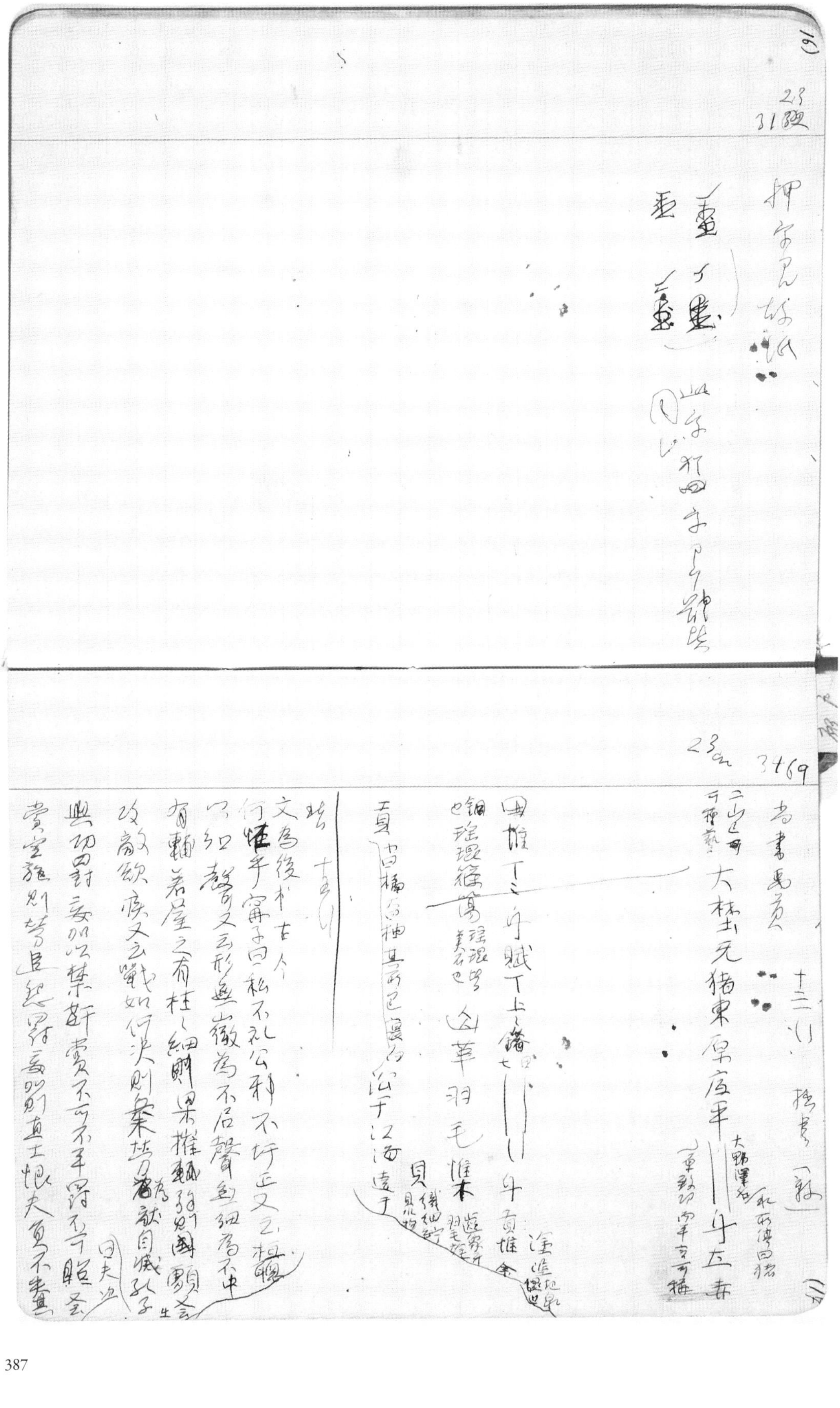

23
31

押字几坟

重了墨

垂　蚉

此字以朽田字下ㄣ雖路

3469

23cm

尚書禹貢　十二(川)　揚書(？)

大埜元猪東原底平　二山之間可種藝　大野澤名　水所停曰猪　東郊(？)可耕　厥土赤

田惟下之中賦下上之錯　貢惟金　銅也　瑤琨篠簜　瑤琨美石也　齒革羽毛惟木　齒象牙　羽毛旌　貝　織細紵　貝水物

貢　橘柚其所包裹　沿于江海達于

十三(川)　書(？)

文為後未古今

何怪乎甯子曰私不礼公利不圻正又云極

以知聲又云形無徽為不居聲無細為不中

有輻若屋之有柱之細則果摧輻弱則國顛文云

攻敵欲疾又云戰如何决則氣去為敵自滅孔子生

無功對妄加以禁讦賞不可不罪不可賂圣　曰夫迫

賞寔寵則勞邑怨罪妄則直士恨夫負不憲

規方不共矩又云治上則下正治身則人敬安不暫之云
手得貪子曰方圓畫不俱成左右視不並見古人云
夫欲思其利必先慮其失欲思其成必先慮其敗
子思曰昊照鏡覆於匱照清水莫撲於漣漪者曰
夫獵猛獸者示於後園釣鯨鯢者求於池水何則能無
後園非猛獸所据池水莫鯨鯢所處又云車无三寸
之轄則不可馳之元兩廟疇則不可閉俗言曰吹灰
而欲无眯勢矣涉水而欲不濕少焉古人云夫失
風過風而失火不幸失公遇雨失蓑幸矣君子曰
夫日月欲明浮雲蓋之叢蘭欲茂而秋風敗之
夫不如我而

欲之良

22 3/4

1.21

十八 二十五

十七

3345

文選卷第廿九

王仲寶 褚淵碑文

黃節校正

六朝書

黃侃

主由太祖之威風抑亦仁宗之翼
佐可謂德刑詳禮義信戰之器也以靜難之
徽猷淳遠照久而彌新用而不竭

文選卷第廿九

19

92cm 3380

禮記大傳 四十二行 白麻

少儀 首初 世字不諱

別為宗 別人尊之謂之大宗

尊之故謂 有子世不遷之宗其五世則遷之

之小宗也

宗

詩云不顯不承無斁於人斯此之謂 斁厭 言文 也字無

主ム酉

第六七共 斁厭也

少儀第十七 一千九百二十二言 鄭玄注

聞始見君子者

—

貝於君則曰納甸於有司 甸謂田野之物也 貝冒寡

背 戒律本

2319 367 二百六十七行 背行

大目乾連冥間救母變文一卷 并偈子無城三両

句後云是

夫為七月十五日者天堂啟戶地獄開門三塗

業十善增長為衆僧治下安居僧之神

八部龍天盡來歎福承供養者

—

優婆塞八方優婆姨作礼圍遶歡喜信受奉行

大目犍連變文一卷

24)

2193

大目連縁起　表紙標題名（頭）6紙

言字十行

4.56

[illegible]四当

目連縁起

昔有目連慈母号曰青提夫人住在西

西方家中甚富銭物無数牛馬成群在

世慳貪多饒無寶自從夫主亡後而乃

霜居唯有一児小名羅卜慈母雖然不

世間財寶少経営　火宅忙忙何日了

佛法三寶甚不驚　无上菩提勤苦作

明朝日未聴真経　今日為君宣此事

界道真本記

巻川三末

3378

孝経（表）村書　6十二行

90cm

(25)

身子已不敢驕以受下謹之不驕也　高而不危

制節謹度満而不溢　制其身費用約儉謂之制節　謹者奉天法度謂之謹度也

危所以長守貴　自居官雖高而不敢傾危謂之長守貴　満而不溢所以長守

是以長守富貴不離其身　人能備行六事於天下　富之与貴不離其身　然後能保其社稷而和其

守富

人民　儀安然後能保社稷於民也　薄賦斂省徭役而人民和也

重解社云　社者五土[illegible]穀　故者李　主稷東方青土西方白土　西方　白土北方　村五色土也

卿大夫章第四

士仁章第五

庶人章第六

二才章第七

順故臣　則之　言法先王天尊地卑之義伏羲乃画八卦寅　之所行天地之経而民是則之　星辰探繋神明揆度吉凶遠方物之精扶天地

相比迹法讀其遠法語于変万行不可窮極也　有高下民居其間見天尊

地卑之義乃知君父為尊臣子為卑於是而法則之

則天之明

則月

背　醫方書

雜療藥方　五十八

療人風甘瘡方　麻黄根　乾薑　胡粉　牡蠣已上擣末

塗瘡上即差

療風冷熱不調方　甘草　乾薑　桂心　訶梨勒　以水一升

煎取半升服之即差

○傾盃樂ハ我雅樂ニ云フ太食調中ニアリ

此譜ハ~~曲譜~~琵琶譜ナリ

取本呂律口傳　鐘本未寫本

琵琶絃名

推手為琵　引手為琶

一乚乀上　是ニ散

柱名　エ丁七八九十匕卜

推是也

笙

竹名

千十下乙工美一八也ヤ言七行ｲ上九乞匕比

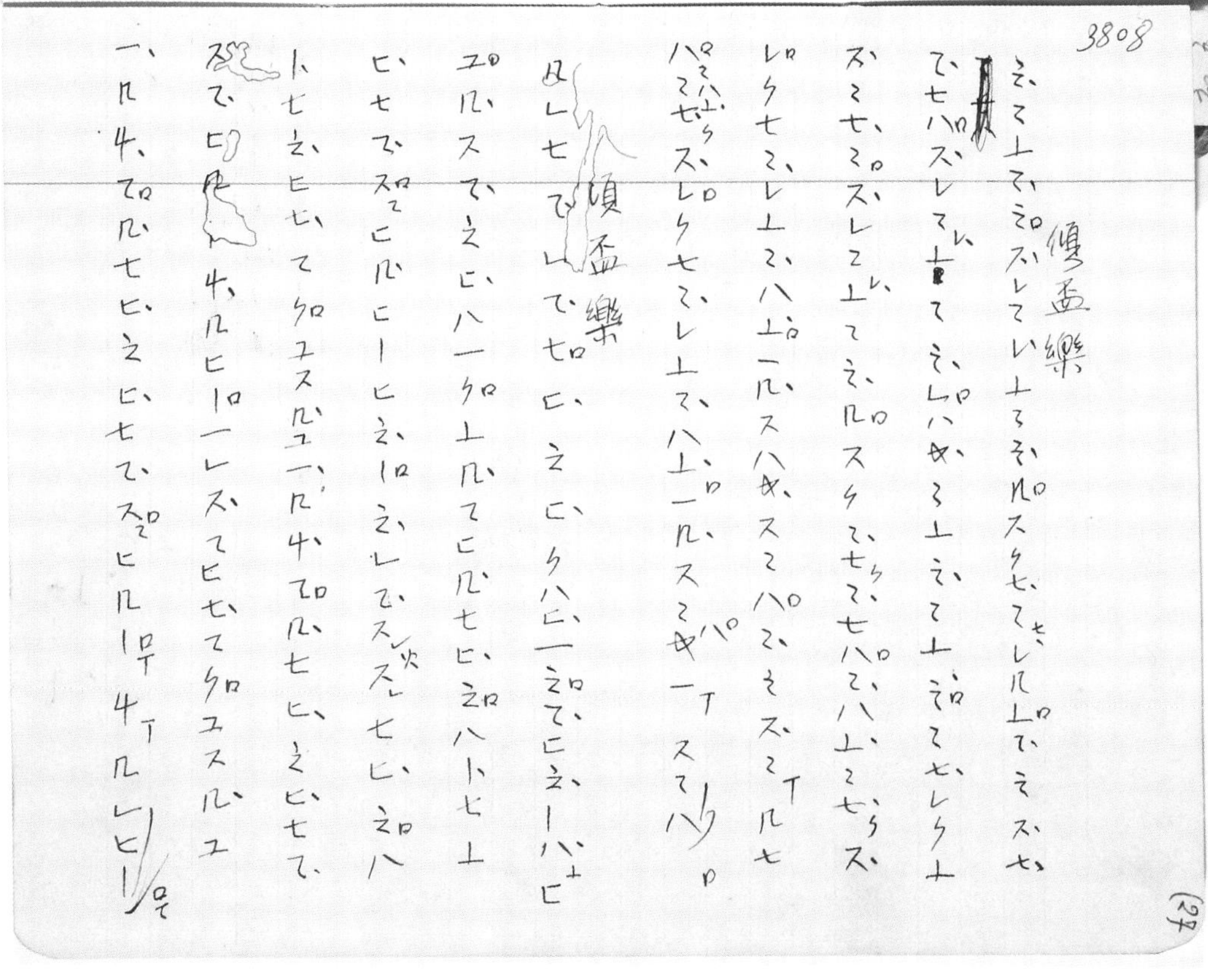

3608 325-2 紙29 35cm

唐律断簡　白麻上等　素紙

朱點アリ

即奴婢私嫁女与良人為妻妾者准盗論知情娶者

因罪而還壓之者止依本法

厩庫律第五　凡弐拾捌條

諸牧畜産

石十加一等

之内(戒)別處法

羅書寫者不出　逃亡之後内移　換寫者出後人事須記

行九

唐律疏議　唐時小説(此下同本別にアリ)

僅探譜二〇〇

書籍一片　書畫　書禮頌

華ノ詩アリ

五〇

一〇　3147

季布歌

以下

井柳堆基墳　昇山逐北動山嶽崖　禾淨霞壁

寶貝勤勞搖搖

豊宝將去拜公勤　歳陰一食信一宿

更無頭角及珠珍　兼拜資州刺史

(29)

301

2978

毛詩（殘）學童本 — 字ゝ注合入

小雅 節南山之什

于邁是用不潰于成 國雖靡止或聖或否 民

雖靡膴或哲或謀或肅或艾 四

七十二行

節南山之什十篇七十九章五百五十二句 卷第十二

谷風之什 詁訓傳廿 卷第十三

谷風之什 第五十二章三百五十六句 毛詩卷第十三

甫田之什 詁訓傳第廿一 卷第十四

膠續字美 墨ノ來ゝある

2648

155

3237

老子注 李榮注 殘卷

自大國者章第六十一

至天下章第六十七

大國以謙…下小國則可以…人 故或下而取 或下而取

傳二國 國也 夫大國不過欲兼畜人 小國不過欲入事人

大雨 者…

我有三寶章

夫慈以陣則勝以守則固 天將救之以慈衛之

一慈文用不失其道…

㊃

論語本

S.2060 見樓 係スべきもの

(321)

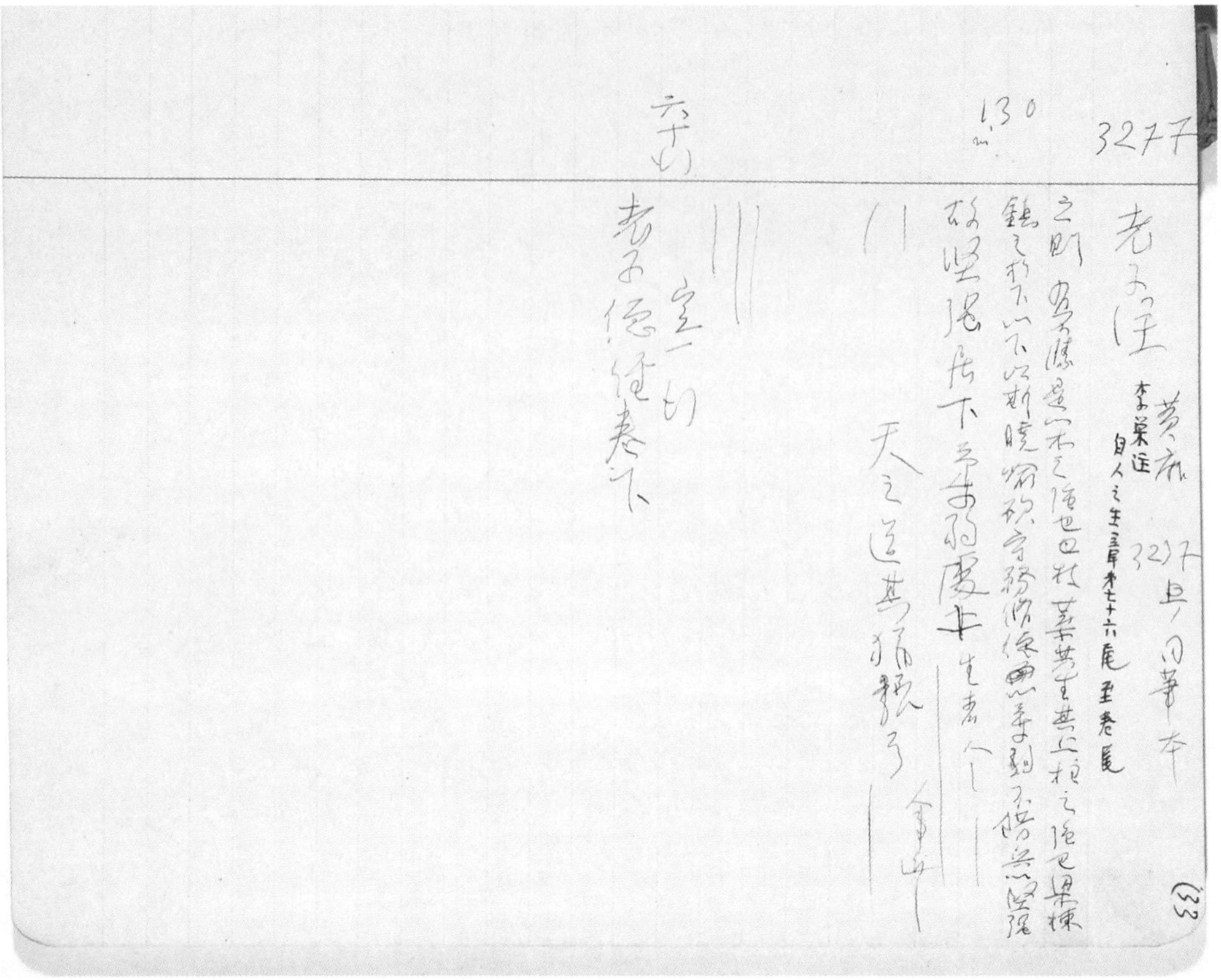

3277

130

老子注　黄本　3277　吳　日筆本

李巢注　自人之生三章　卷七十六尾　至卷尾

之則虫虫虎是以木之除也曰枝葉其主共上根之除也果棟

観之於下以下以析暁病殺守務強係無以手剄不借無堅強

故堅強居下柔弱處上　生者人

天之道其猶張弓

六十八

宝一切

老子德經卷下

2735

老子　無注　無章　有字數　黄本

序

道經卅七章二千一百八十四字

德經卌四章二千八百二十五字

五千文上下二篇合八十一章四千九百九十九字

太極左仙公序係師定河上真人章句

老子以無極元年七月甲子日將度關關令尹

喜稽首再拜小令好樂長生欲從明君受

一言之書老子曰善哉子之問也吾道甚深

不可妄傳生道入腹神明皆存百節關孔六

甲相連仙面身中錯綜五光瑞照兕宇中上

與天連行之立仙拜為真人傳不得法使

及其身身死名滅下流子孫今謹以至德

二載歲次丁酉五月戊申朔十四日辛酉

將軍……鄉受治里清信弟子吳榮陽載

十七歲五月八日生……依明科詣師中

張……先受道德五千文修行供養

因寶斷金為盟……

朱

……

朱子

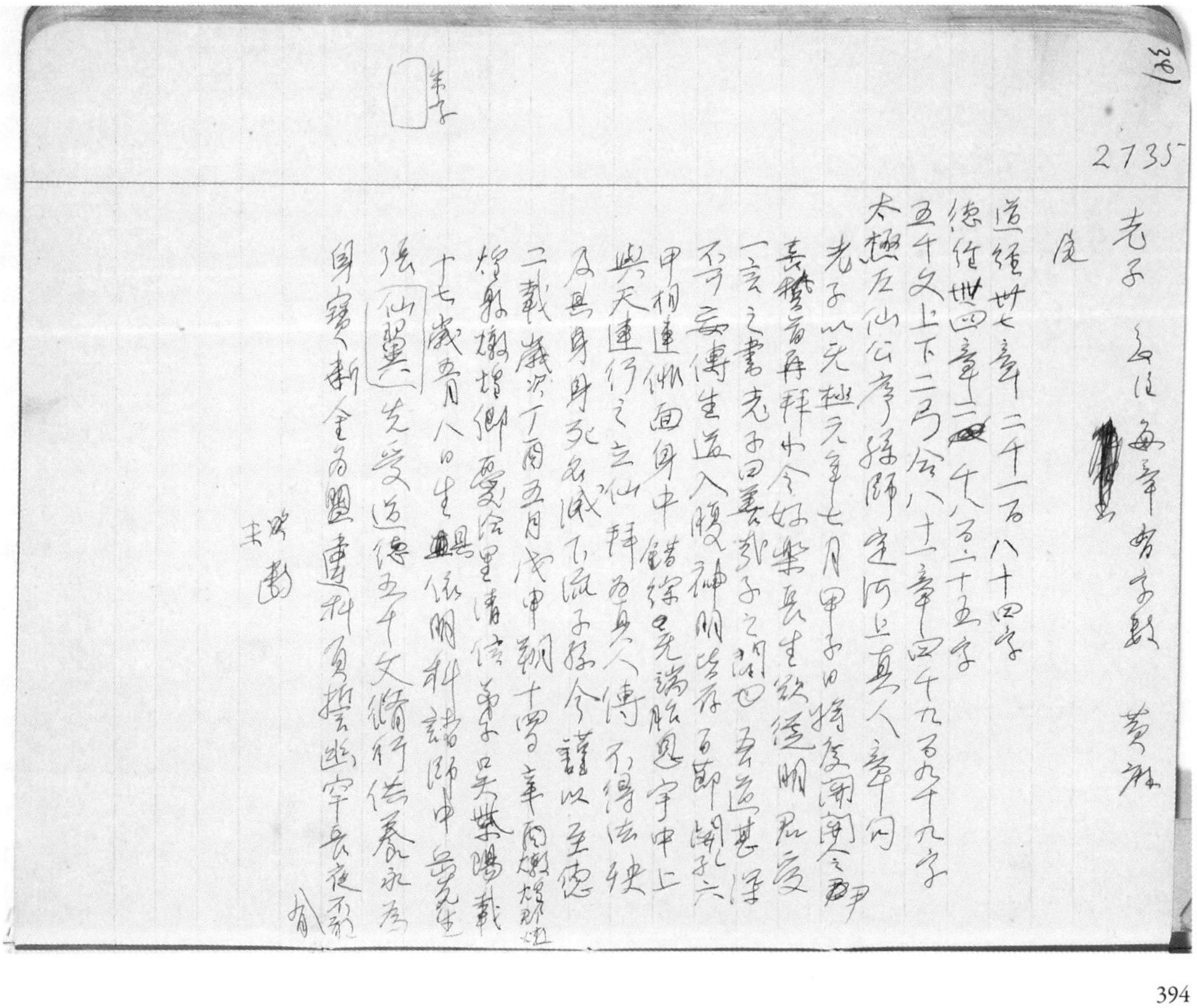

33cm

3311

律書殘卷 黄麻

永徽四年二月營右內率府長史弘文館直學士臣□行王

徵事郎守四門博士飛騎尉臣趙君贊

朝散大夫行太學博士臣賈公彥

宣德郎行太常博士臣孔志約

朝散大夫行太常博士上騎都尉臣柳宣

國子博士弘文館學士上輕車都尉臣劉伯莊

銀青光祿大夫守中書令監脩國史上騎都尉臣柳奭

光祿大夫吏部尚書監脩國史上柱國河南郡開國公臣褚遂良

光祿大夫侍中兼太子少保監脩國史上護軍固安縣開國公臣崔敦禮

尚書右僕射兼太子少傅監脩國史上護軍北平縣開國公臣張行成

尚書左僕射兼太子少師監脩國史上柱國燕國公臣志寧

司空上柱國英國公臣勣

太尉揚州都督監脩國史上柱國趙國公臣無忌

用紙 廿 張

尺 一万四千 二百 言

以下別筆

國書從士儒元珍 初校

國子監四門學生張德海 再校

太學博士薛伯珍 覆勘

神部員外郎 判

(55)

(36)

3048

醜女緣起（寫）

一善女前生供養羅漢常施之緣使生

醜陋死後託生於波斯匿王宮醜陋非常

歸依世尊種々事緣乃唐中記載

3107

三一廿

大日乾蓮殘文一卷 寶蓮（朱）

表紙 標題共 厚斷

大日乾蓮萬同根無字真文一卷 并序

指

后宮

請西方白鶴至山寶吹頓逍遙揩 婉

2973

詠月 翻詩（朱）

其 同前

初夜閑行看月時 西南角上細如眉 誰家

鏡匣參差着露出稜鏡子如 同前

月生三四離當比不似真珠不似弓 有意玉環

初出破却西明鏡照臺空

詩雜書第 新月詩

團白玉海東生 衝斷浮雲意氣行照

團影照深重向來畢那頻分明

同前

今夜黄昏獨上樓 可憐新月復新秋 出

輪掛在天西 西一隻眉生本底 同前

廓落新秋鏡像安 桂輪光照 滿階欄紅

樓直上照明鏡 照海當心泊玉盤 同前

夜月沉無所霞流光處 照人家輪西

漸覺西南轉 庭樹移陰東北斜

同前 厚斷

73

指
漢書蕭望之傳
其稱甚美夫能誠於人 至尾
張良傳
會晉雞鳴往父又先在後怒曰後何也
當如是出一編書
見之
裝陵為之屬姻大陵 以下カ廿二字

(39)

2980

尚書　（敦）書抄

尚書秦斷第卅二　周書　孔氏傳

秦穆公伐鄭（遣三帥帥師往伐之）晉襄公帥師敗諸崤（崤山晉）
（要塞也以其不假道故晉帥師）還歸。作秦斷（晉舍三帥還歸秦穆公悔過作誓也）
秦斷（誓。貪鄭取敗，悔而自誓）公曰嗟。我士。聽亡嘩（誓其群臣通稱士也）予斷
告女羣言之首（衆言之本要也）古人有言曰。民訖自若是
多般（言民之行已盡用順道是多樂。稱古人言悔前不順是自也）責人斯亡難。惟受
責俾如流。是惟艱哉（責人以義責之亡難也，已有非，惟受人責，即改之，如水流下）
我心之憂。日月逾邁。若弗云來（言我心之憂，欲改過
自新，如日月並行過，如不復云來，雖欲改悔無所及也）惟古之謀人。則曰
未就予忌（忌，疾）惟今之謀人。姑將以為親（謂忠賢審固之謀人）
人。姑將以為親（雖將今事為我謀之人，我且將以為親而用之。悔前還古從聽，取敗也）雖則
云然。尚猷詢茲黃髮。則罔所愆（言前雖則有云然之過，今庶幾）
以道謀此黃髮賢老。則行事无所過矣。番番良士。旅力既愆。我尚有之

之 勇武播播之士，雖衆迅仡仡勇夫。射御弗
老我今疲我，然吾山今用之也
違，我尚弗欲。仡仡往勇之夫，射御不違，偉截截善
我疲我不欲用，自悔之至也
諞言，毋君子司言，我皇多有之。昧昧我思之
易詞未　未
惟察察便巧。善為辯偽之言，使君子思異
諓我前多之，以我昧昧思之，前後也如有一个臣，
無未　其未　生　未
斷猗 亡他技 开心休休焉。其如有容
寔未　容未　如有束縛　斷斷猗
然專壹之臣，雖無他技藝，其心休休，人之有技，若己有之
樂善，其如是則能有容，言特任之至
彥聖，开心好之，非啻口自开口出，是能容之 人之有技藝者
其未　言未
已有之，樂善之至也。人之美聖，其心好之，
不啻如自其口出。心好之至，夫人好能容民，以保我子孫黎
民亦職有利哉 未 用此好使賢之人以安我子孫，人之有技
家民安生有利哉，之能興國也
〇疾之惡之，人之彥聖而違之，俾不達 人見
人有技，擊冒疾害以惡之。人之美 未
聖，而違此其顯望塞之使不得上通，是弗容，以能保我
宮未 以生
子孫，黎民亦曰殆哉。機 冒疾之人，其不能容民，用之亦不 邦
杌未 未未
之杌隉，曰由一人 杌隉不安言危也，一人所任用
國之傾危，由由所任不用賢耶之榮懷

亦尚一人之慶 國之光榮為民所歸，亦尚我君所任用賢
之善也。穆穆公陳其賢則兒用賢則昌耶

整頓前
段之意

書 卷第十三

2711 謹畢到第九書下回じ
川島中
張峯与陽保居 了り

(80)

3480

詩文（残）

登楼賦　王仲宣

落花篇　樊鑄

甘州進士馮待徵

3258

夫子与小児問答之語　並唐代教訓之書

(55)

琵琶譜　　太秦天皇宸翰写之

傾盃楽急　早四　拍子十六

律以比巴黄鐘調彈之

ヒ乙〻乙コクヒ乙〻乙乀ﾘコク〻乙〻乙也ムし八ﾘ

乙〻乙〻乙也ム八乙〻七ﾘヒ七ヒ乀コ十下八乙〻七ﾘ

八十下コ十下十乀乙〻七八コ下十下ナクヒ七ク

乃ﾘ乙〻乙八ム也也也ム乀〻ﾘ乙〻乙七コ下十

下ナク乃ﾘ喚頭し八コク〻乙〻八ﾘ

四天王文
祭四天王文
天王文
背
燃燈文
文　押衙
正月十二日先聖恭僖皇后忌辰行香
文
順宗忌正月廿三日
穆宗忌正月廿二日
德宗忌正月廿三日
憲宗忌正月廿七日
僖宗忌三月六日
肅宗忌四月十八日
昭和皇后忌五月廿三日
睿宗忌六月廿日
懿宗忌七月十八日
宣宗忌八月十日
敬宗忌十二月八日

2857
建佛堂門樓文（擬題）　卅四行、十三四字
文中　我河西歸義軍節度使大王ノ語アリ

2854
法儀文一卷（擬）
首缺
七行未詳
國忌行香文
我河西節度臣張議潮奉為先聖恭皇帝
遠忌行香之福事也ノ句アリ
先聖皇帝遠忌文
我河西節度使臣張議潮奉為先聖恭皇帝 云恭皇后
遠忌行香之福事也ノ句アリ
亡文　文中亡妣某七功德ノ語アリ
結壇四日文
竪幢傘文
文中奉為當今大中皇帝建茲弘業也ノ句アリ
星流霹靂文
行城
文中　我當今大中大唐皇帝ノ語アリ
又　我河西節度使吏部尚書ノ語アリ
我副使安公

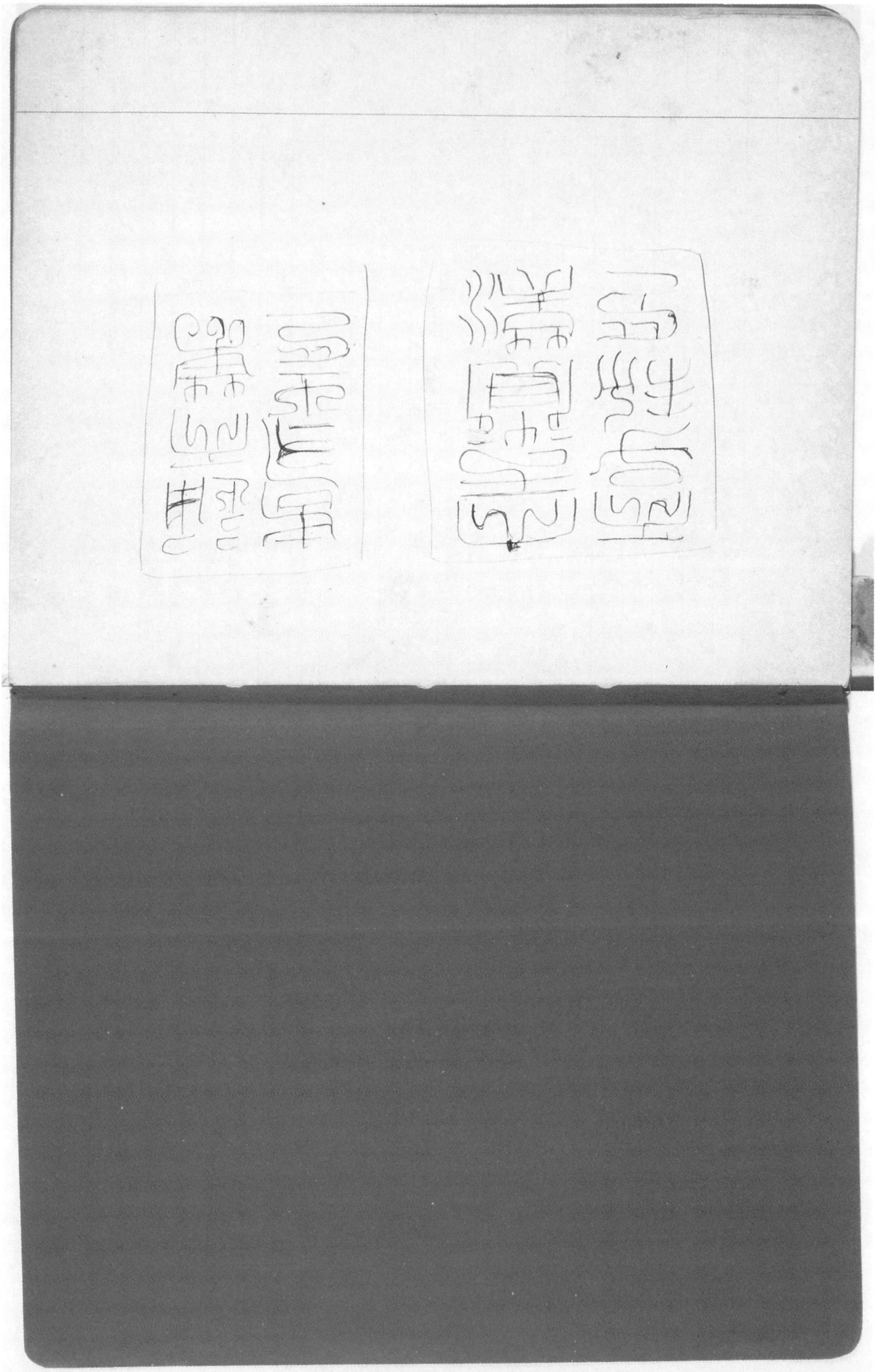

（影印部）

40-2　Pelliot 2964-4808

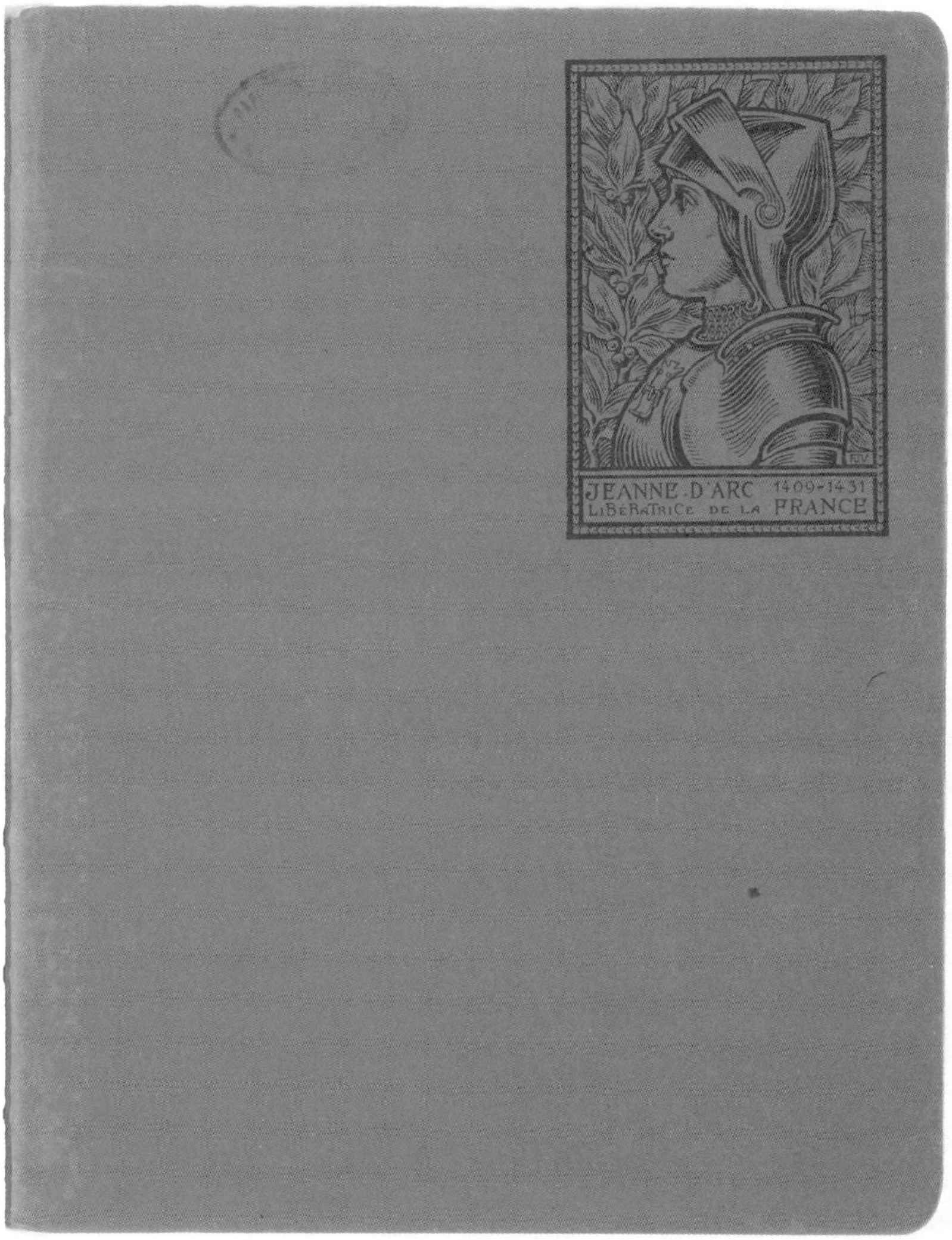

（ ）は朱書

二九六七

誤爲古今服變廣狭制以致差謬今見淮南節度使杜佑進上新製唐礼圖十五卷其有喪礼服制度一卷精麤不差輕重合宜當窮本書理深得其宜故持此以造時要

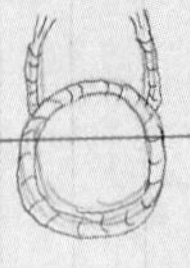

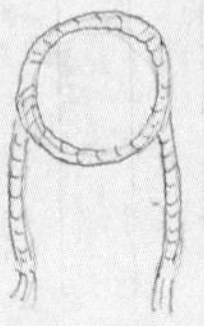

（苴絰）按開元礼云苴麻首絰大九寸左本在下繩纓十三月小祥別除之五分首絰去以爲要絰大七寸二分絞重兩結相去各四寸今人並無制也婦人絰如男子又有絞帯按儀礼喪服傳鄭注云首絰象繩布冠鬻以圍也又云苴麻大扼〻圍九寸謂自中指至大指爲扼此言中之制其降殺大小但通人之形亦不先九寸爲限如童子當室者亦取小童中指至大指如之

（以上一圖）

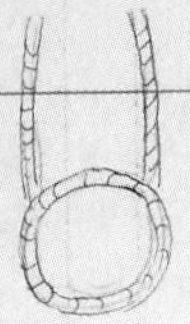

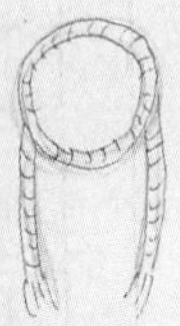

牡麻首絰大七寸二分半布爲絞帯 杖周与不

（二圖）

杖周絰帯与三年同 大功首絰大五寸七分長殤及未成人皆九月絰以繩纓

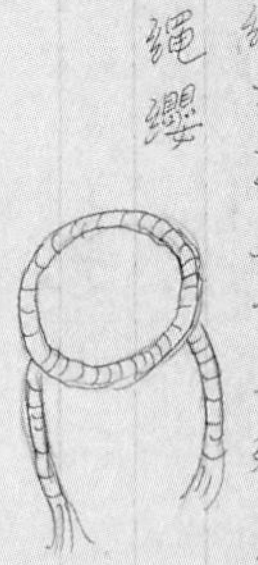

（中殤七月絰）無纓腰絰要大四寸六分小功首絰与大功腰絰大九寸九分其緦麻与澡麻同斷本爲首絰大三寸七分要絰大二寸九分布帯吉履自齊衰以下皆以布爲絞帯傳云絞帯象革帯腰絰象大帯舊法喪服變除云今之孝

（三圖）

子腰纏即絞帯其來久矣鄭司農云麻在首及在腰皆爲之絰〻實也又三礼義宗云男子重首婦人重腰絰服之法先除重義具喪礼此不備載之

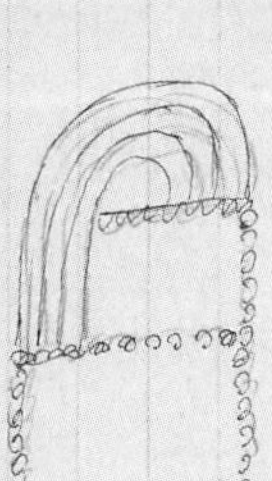

（斬衰冠）按開元礼云斬衰之冠正服義服冠同六升古纏通屈之一條繩爲武垂下

（四圖）

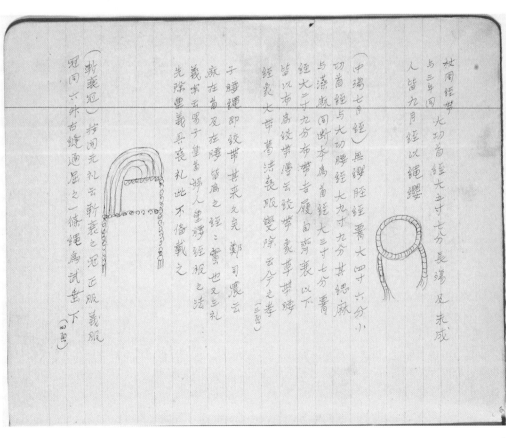

爲纓所爲絛屬於絰上今都無此繩纓
武之制於義乖全童子已下當室者
則免而杖之也

(緦)用婦人以六升布爲緦〻同衆髮今無
此制今幞頭或得其義耳礼云十三月
小祥除首絰練八升布爲冠纓武亦如
之婦人練緦除腰絰廿五月大祥縞冠素(十鳥)
紕纓婦人縞緦廿七月禫祭玄冠皂纓
婦人縞月服常

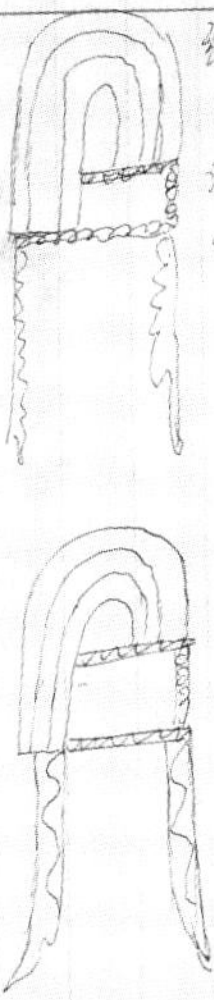

(冠)齊衰正服義服加冠七升左縫右纓
武内縪以内藏之十三月小祥練九升布以
爲冠纓武亦如之
(齊衰冠)杖同及不杖同冠同七升
(大功冠)降服義服並同十升(六鳥)
(小功冠)同十五升已上並布爲纓武

(斬衰衣)按開元礼云衰外削幅裳内削
幅〻爲三袧〻猶攝也削猶殺也若齊衰(七鳥)
已下則裳外削副也

(負出於適一寸)負在背上謂負板也廣
一尺下至腰適一寸
(適博四寸)又云辟領一尺六寸謂辟領一邊
開四寸量之有八別一尺六寸也

(衰)長六寸博四寸當心綴衣(九鳥)

(衣帶)下七尺腰也廣一尺長七尺用布半幅
爲之以掩裳之上際也

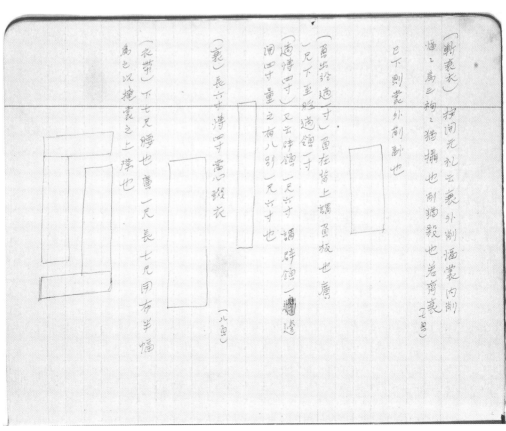

（衽二尺五寸）謂袖中也 是袖第二節

（九圖）

（袂屬幅）屬連袂二寸 倍之四尺四寸 兩袂共用布八尺八寸 此士之制 大夫已上移之三尺三寸 倍之六尺六寸 兩袂共用布一丈三尺二寸也

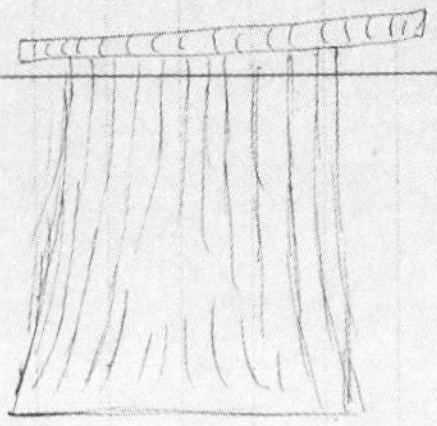

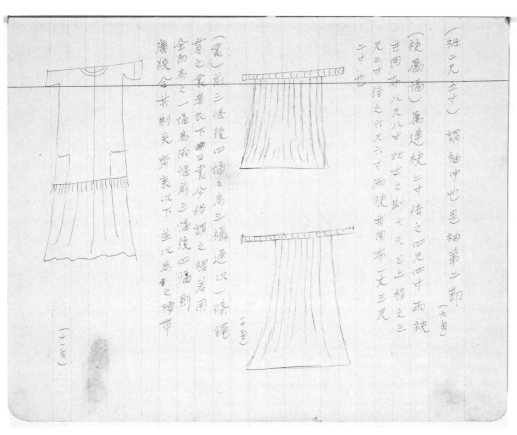

（十圖）

（裳）前三幅後四幅々為三襵 連以一條繩

古之裳者衣下曲曰裳 今俗謂之裙 若用全布為之 一幅為兩幅 前三幅後四幅 則廣狹合其制矣 齊衰以下並以為者之腰帯

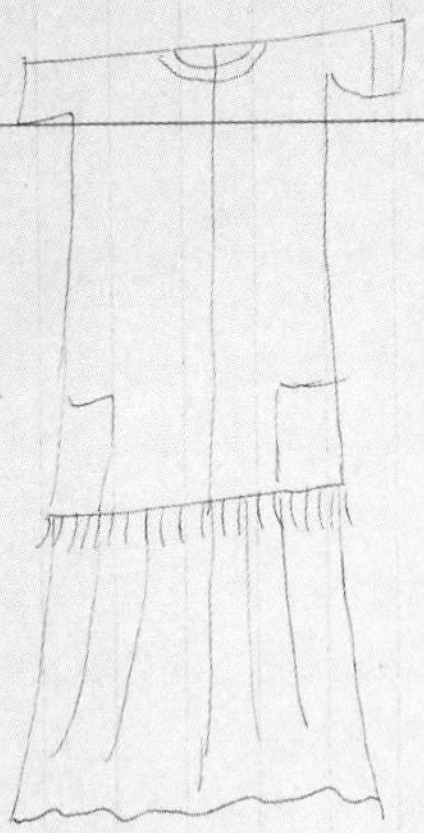

（十一圖）

按儀礼喪服度自緦麻已上其制与斬衰同 但以布精麁為降殺耳 愚以大功已下無心前衰及負板何也 言衰者衰摧也 言孝子哀摧之義也 故今至小祥衣冠帯屨悉除衰輕耳 又按崔凱喪服變除云 子為父十三月小祥 小祥小吉也 故衰除負板及心前衰 則大功已下不合衰之義明矣 礼總言同不言其異者略之也

（三四二一）

長廿五 三〇・五 燉煌紙（裏） 收穀文書

氏 承帝嚳之苗裔 文王之子 於殷

氏 承帝顓頊之苗 禹之 顓頊

氏

始平出四姓 雍州 馮 龐 宣 陸

馮氏 承姬姓周文王裔畢公高之後

龐氏 承帝之苗裔 之胤錯楚王子龐之後

陸氏 承帝嚳之苗裔 武丁封為陸氏遂有陸氏興焉

宣氏

扶風郡出六姓 岐州 馬 竇 班 曹 惠

馬氏 承顓頊之苗裔 錯伯益之後

竇氏 承顓頊之苗裔 夏禹之胤

班氏 承后稷之苗裔 周文王之胤

輔氏 承姬姓周文王之苗裔 武王之胤 錯周懿王之子

曹氏 承周成王之苗裔 曹之胤 錯曹伯爵之後

惠氏 承姬姓周文王之苗 曹 周公旦之胤 錯曹伯爵之

新平郡出一姓 幽州 古

古氏 承帝顓頊之苗裔 后稷之胤 （別號柳下惠之後）

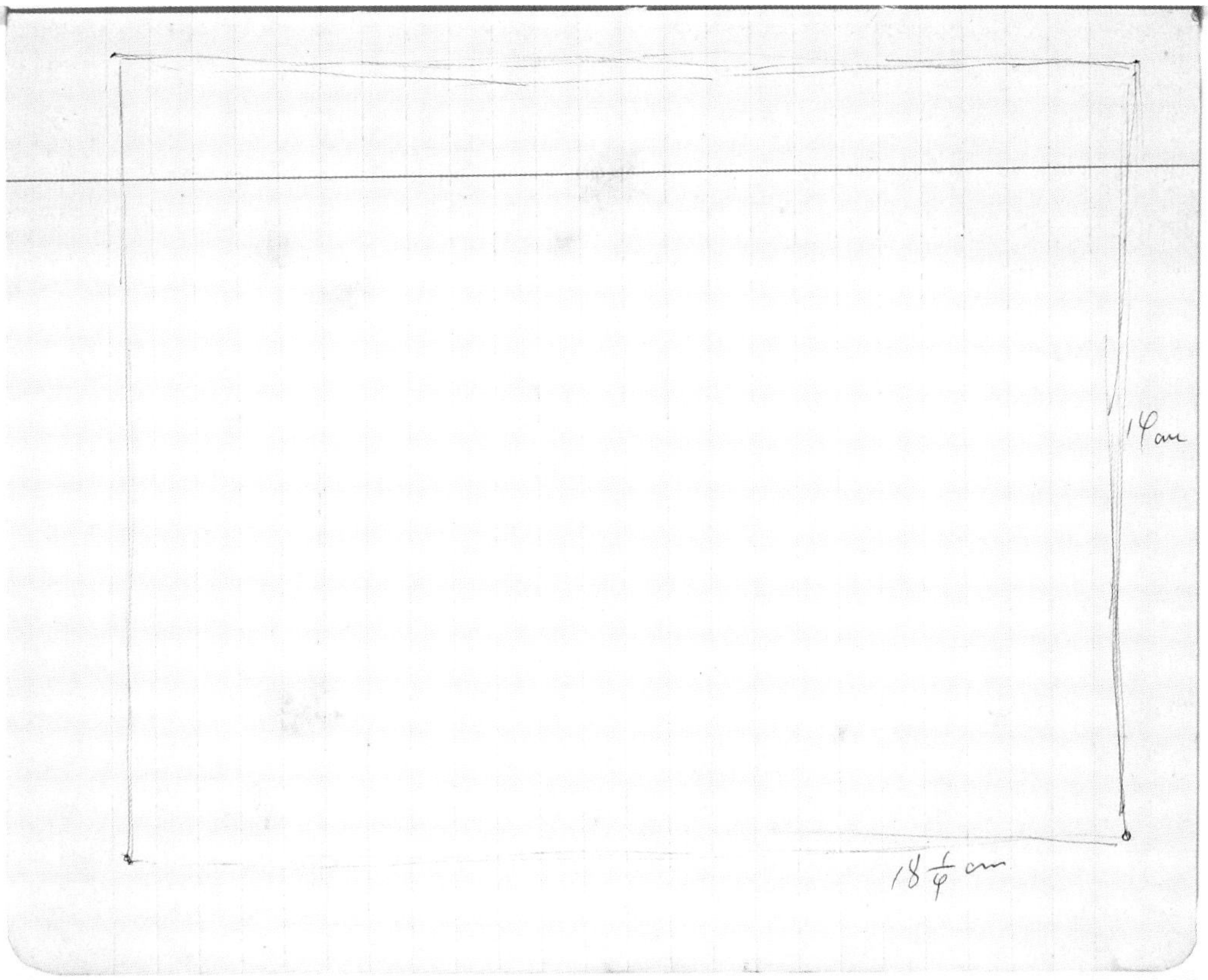

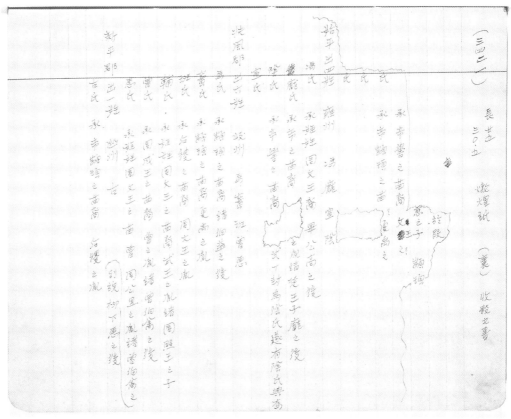

（三四八五） 目連變文 （長）一米六九 四廿六行、 （燉煌紙） 後缺

（初） 夫爲七月十五日者天堂啓戶地獄門開三塗
業消十善增長爲衆僧於下此日會福之神八部龍天

（終） 欲得見没苦難 無過修福救眞魂
和尚都傳道息文令造福以救充除仏一人無由敢得頭口？
（雖？）

裏書 張大慶 記

二九四二 長三米三五

1. 並訪無物支給
9 沙州地税耆壽訪捕不濟 軍州請加税四升
17 甘州地税勾徵耆壽訪捕納不濟
24 沙州祭社廣破用
29 故沙州刺史王懐亮擅破官物充使料徵半放半
33 沙州訪遠年什物徵收不濟
37 瓜州申欠勾徵訪不濟
41 兵馬使下馬揮一百疋加錯秣飼
44 兩界來往般次食遞
47 判諸國首領停糧
50 甘州請肅州使司貯糧
55 肅州刺史王崇正錯用官張瓌傷官衛
59 建康軍請肅州多樂屯

62 甘州欠年支粮及少冬装

68 甘州請專使催粮

71 絛同歳置冬裝粮料烽鋪事

75 思結首領遠來請粮事

78 李都督恵甘粛州斛斗一千石

82 貸便沙州斛斗頻徵不納

85 甘州兵健月粮請加全支

87 關東兵馬使請加米

95 瓜州屯田請取禾外均充諸欠

99 瓜州別駕楊顔犯罪出斛斗三百石贖罪

103 玉門過尚書妄破斛斗

106 建康無毛斗取朱充斛市充

111 瓜州尚長史採鑛鑄錢置作

115 肅州先差李庭玉來定又申募家令覆來

119 于亭申佐田苗秋收稍虫損不成欠禾

122 朱都護請放家口向西并勒男及女質送

128 甘州鎮守畢温揚孫魏遂等權知軍州

131 判官張元璟請替

136 關東防援 ~~本提抱掌實在親隊~~

139 張璟詐稱節度

148 伊西庭留後周逸構突厥煞使主兼矯詔河已西（副元帥）

175 差鄯支使往四鎮索救援河西兵馬一万人

184 周逸与逆賊僕固懷恩書

185行にておわる

186行は不完全

3213 祭文

維歳次壬辰二月壬辰朔廿四日甲寅阿表師正智致以
香藥之 用奠于 故外生石騰妙律師之靈
惟靈幻懐聡慧柔範清貞䳡珠映淨七衆備精
四依無缺八敬逾明梵宇洛慕秦徒侶傷悼悲念
府痛割五情今爾盛年倏滅親戚彫零痛苦乳
於路左 爾靈神其 歆饗
尚饗

維歳次庚寅十一月 朔十一日 和尚
以香藥之 奠致于
小師惟英之靈嗚呼爾 靈幼而
慕道行修清貞 聡慧温着美人
與嘉聲忽嬰時疾倏爾魂傾
盛年保壽永謝荒 扃悲悲汝異
矣今余謹於致祭郊外爾神
歆饗
尚饗

惟歳次庚寅十一月 朔十一日 當寺徒
衆僧幽清 當等以香藥之奠祭彼沙弥
惟英之靈念汝當年 應法未滿 戒律志行
純素受學殷勤能精經戒歷夏過
春將謂後代傳法廣布慈雲何 少
年之 殞逝使親 戚對悲 辛寺宇悽愴
安伴悲分送終白雪霜結巖椿寒
凍若霧水凍龍門祭汝 郊壙整来
乾 烟

裏
芳田國彰未六稿譽起八 (中説

又
廣書二和尚 國不収文アリ
出 勅煌 八 亦傳わい所アリ

3399

粘葉斷殘 第七行上至其何文

幽州都督張仁亶上九諫書
臣聞興國之君樂聞其過亡國之主樂聞其譽樂聞其過
則終德而日新樂聞其譽則益驕而志滿終德日新萬邦仰
化益驕自滿九族乃離事君之禮有犯無隱忠孝之至
臣滅身存國是以紀信亡身於高祖乎肯盡之節於主
功蓋一時名傳千載臣雖鄙野竊有慕焉父子君臣
其同一體若手足無患動運有功手足有瘡殘痛徹
心髓君父有難不能致身於死君父有過不能盡命
以爭之點點偷名利貪貪食榮祿懼父君之威不
能死諫遂令家破國危忝為臣子偷生何用父有爭
子不陷於不義君有爭臣不失於天下故竭書榮
者為已身名利者為家唯有列直之臣亡家而安國
毅勇之士衛主以亡軀臣今不避誅而逆鱗且
諫者非愛死而輕生志在君安於上人安於下昔
大禹鑿九功斜鄉善九德箕子獻九疇之榮臣今
進九諫之書特望人君十留意察 一日諫累乱 二日納
直諫 三日有重刑 四日用輕典 五日均賞罰 六日見
人怨 七日簡牧宰 八日弃貪佞 九日安賢良 諫累
乱第一 臣聞堯放四凶光宅天下周誅三叛海表來
庭逆樹德務滋除惡務本至如誅斬逆賊亡萬由輕
滅族碎身木堪塞責只恐崑山火焰玉石俱焚
禾似莠而同誅虛似實而俱喪如其濫罰悔.

亦何徒臣是農人每自鋤耨草長則速煞禾小
則鑊鋤志在鋤草養苗不照覺悟煞禾豆以農
喻政錯失可知陛下幸開納諫之門容臣寸直
言之路則正朝失臣今吉言之日死逆鱗死當不須
納直諫第二 臣聞聖明之君必用直臣之諫昏暗
之主多受佞媚之言納諫者惟木從繩受佞者
如甘似蜜其言甘其言蜜甚言且甚利 深
故知蘇當言者必遵苦口之藥火孤者客諫
逆耳之言昔項羽所以失天下者為不用范增之榮
高祖所以得天下者為納張良之謀太宗至聖不
違魏徵之言大帝至明常開仁執之諫 二人殁
後臣莫繼焉豈不以日月盛明辟星權影蓋非聖
主無失蓋安朝無直臣之是獻究野人本性愚
直草經點舉明主收言陛下乃國至尊欲察
野人之說 有刑罰第三 臣聞鳳且中天必負羽
翼無人夏成立先藉棟梁翻折則蟲蟻恍情枝摧則
鷹鵰無托臣前任外官性皆亡良將忠臣流竄
將盡豈謂伴翦羽翼何以安國理家逢自無輔弼
翮不可以游水沖天野遂琉之英賢何以克隆周族
陛下明御衆豈明乃方盡藉心敬刑方利海內有
刑蕭物足表皇威欲逆先誅紡章主聖故知刑
臣逆子何代無之雖慈父嚴君不能全免只可斬
其首惡容引者皆誅慾人破家之聲響振天

下邑案論語云齊之以刑民免而無恥季康問於孔
子曰如殺無道以就有道何如孔子曰如子爲政
焉用殺又按尚書云伊尹去而樂之甚子內而紂
誠傳說相如殷武養茅用而國興故知得賢人

4505
行ん界長24.8cm
幅ん十二ミリ半

戒本
黄絹紙書
霊隠軸
六朝 似此或前 大化年中ノ写
前後闕
佛言比丘我爲釋迦文佛如來無所著等正覺爲未曾有
是戒經
（以下略）
及種種恭敬 方饒慚愧者 使見得奉事 已說大戒經
令衆僧和合 沙門釋迦文手書諷讀 願一切比丘奉行
建成先上道界
此一行 異ニシテ
ワギメハ 後ニ云セアリ

4504
毎行界長23.7cm
幅15.5mm

大般若経
第卅四品
第卅五品
黄紙書 此段時
五ノ前断行 卅三ハ十九字
毎行廿字

4503
界長24.9cm

金剛経
柳公權書 唐拓本

界長 25.7cm
每行幅 16.7mm

4506

黃紙寫經 大乘□經　未見元號年(?)

首缺
傈元劉入其出窮轉生受身譬如王法痛苦極刑故
自無三性无量苦惱轉質其身以於易道所受壽
命識炳識拒護神精識自無趣之當獨道向相從共
一
明皆悉隱蔽明曜顯赫唯見佛光今時尚難即　見元

又別本

金光明經卷第二　首缺
前[illegible]
金光明經鬼神品第十三
金光明經授記品第十四
金光明經除病品第十五
金光明經流水長者子品第十六
金光明經捨身品第十七
金光明經讚佛品第十八

界長不定
紙高 25.5cm
每行幅 17mm

金光明經卷第二　[illegible]

皇興五年歲在辛亥大魏定州中山郡盧奴縣城內西坊里住原鄉涼州武威
郡租厲縣梁澤北鄉武訓里方亭南葦亭北張壤主父宜曹諱昺
息張保興自慨多難父母恩育無以仰報又感鄉援靡託恩戀是
在無單城竭家建福興造經法華一部金光明一部摩維一部元
量一部欲令流通本鄉道俗異翫頒使福鍾皇家祚隆万代
亡父母託生蓮華受悟无生潤及現存普濟一切群生之類　祐閒
若有讀誦者常為流通
咸同斯願

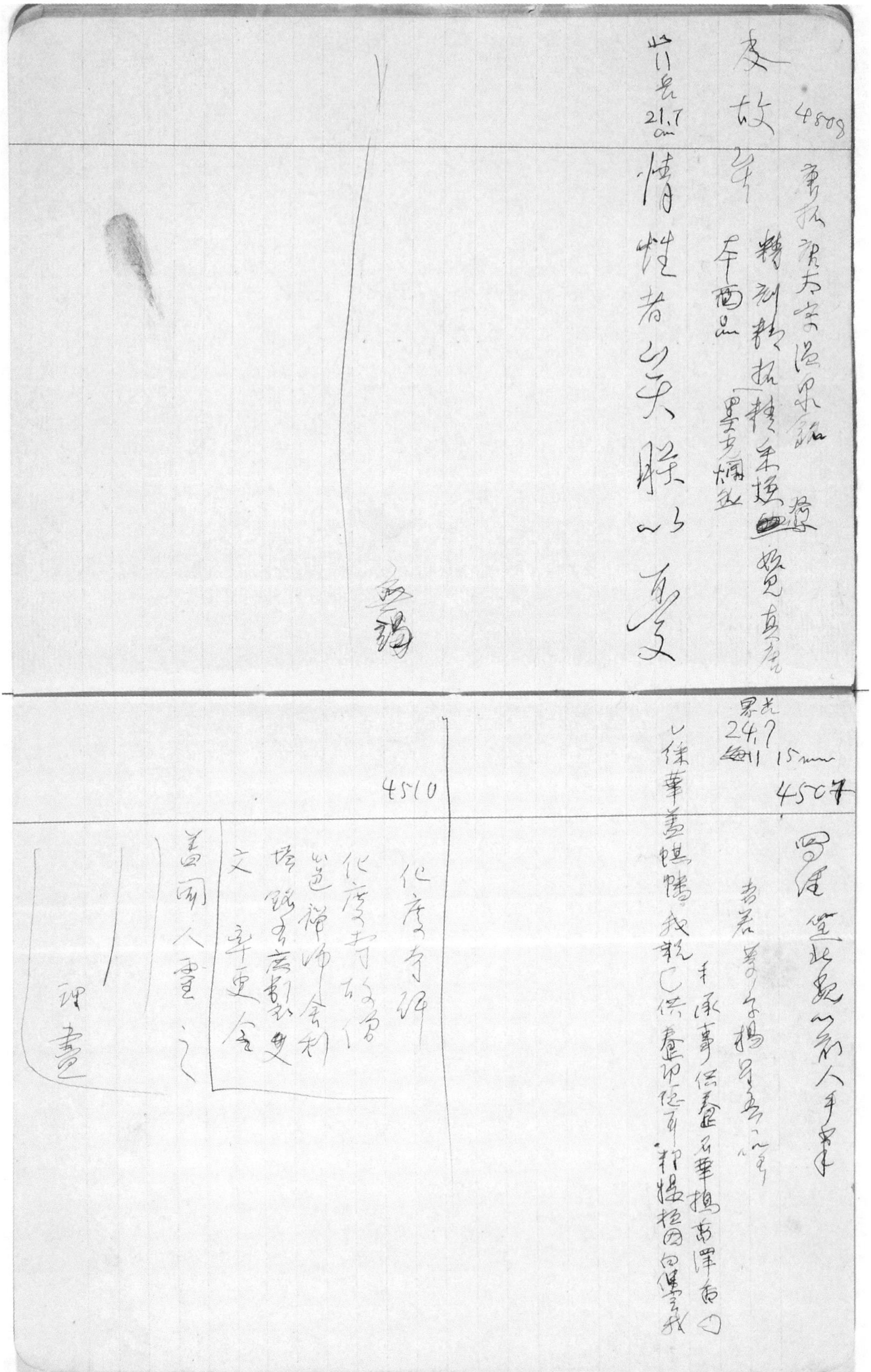
4808
宋拓唐太宗温泉銘
21.7cm
24.7
15mm
4507
4510
化度寺碑
化度寺故僧邕禪師舎利塔銘
文 率更令
蓋聞人靈之

號 六十

4511

佛説觀世音經 紫紙金泥書

首缺

為説法 心 以時

身而為説法

身而為説法 應

者身而為説法 應

法 身而為説法 應

阿耨多羅三藐三菩提心

佛説觀世音經

芸 11

4512

法華經 藍紙金泥 續經品 我聞佛 第

世尊

於無數因佛光所照 悉見彼大衆

或有諸比丘 在於山林中 精進持淨戒 猶如護明珠

各各相問 是事何因緣

身色如淨明 無量衆

求名利無厭 多游族姓家 棄捨所習誦 廢忘不通利

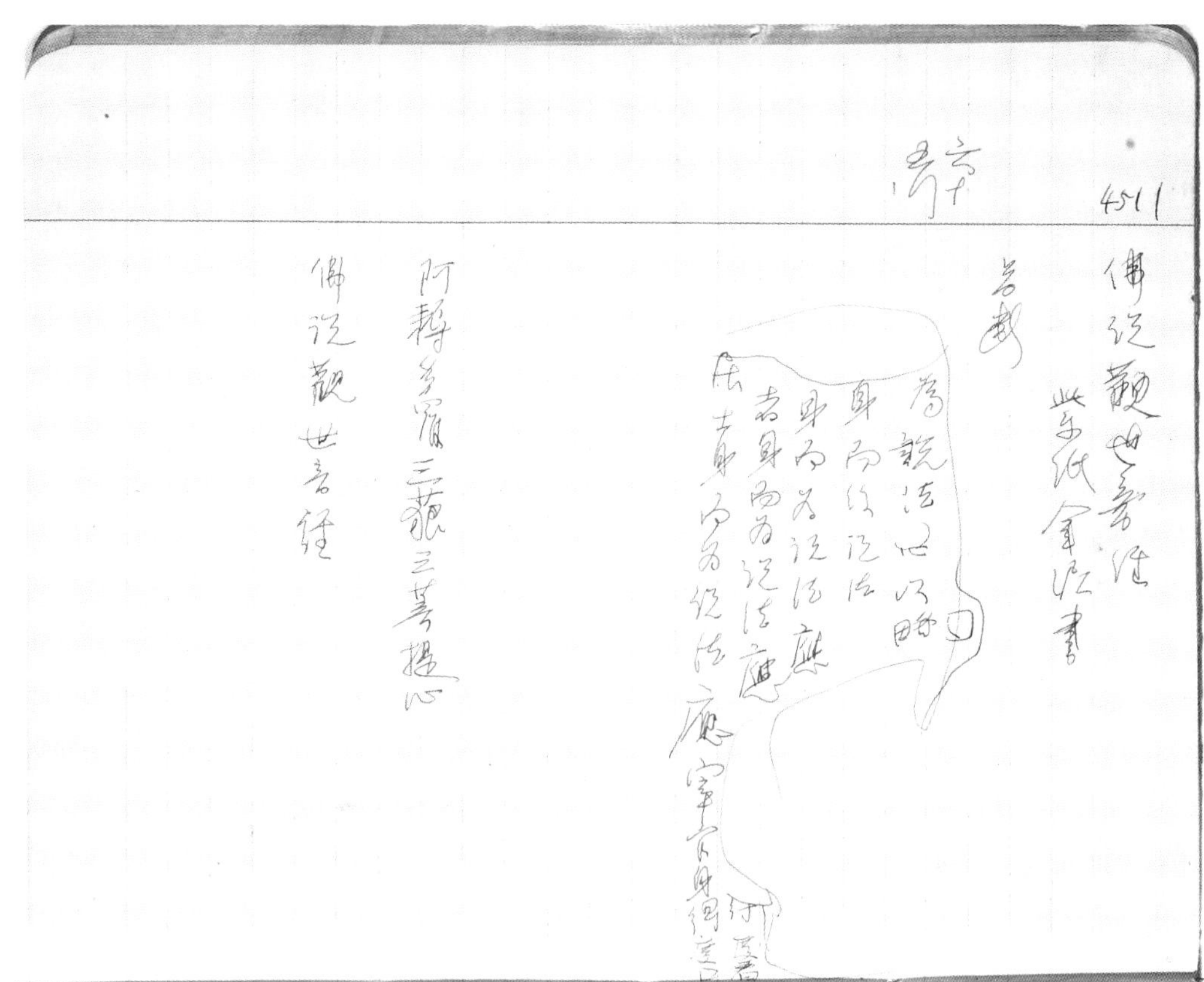

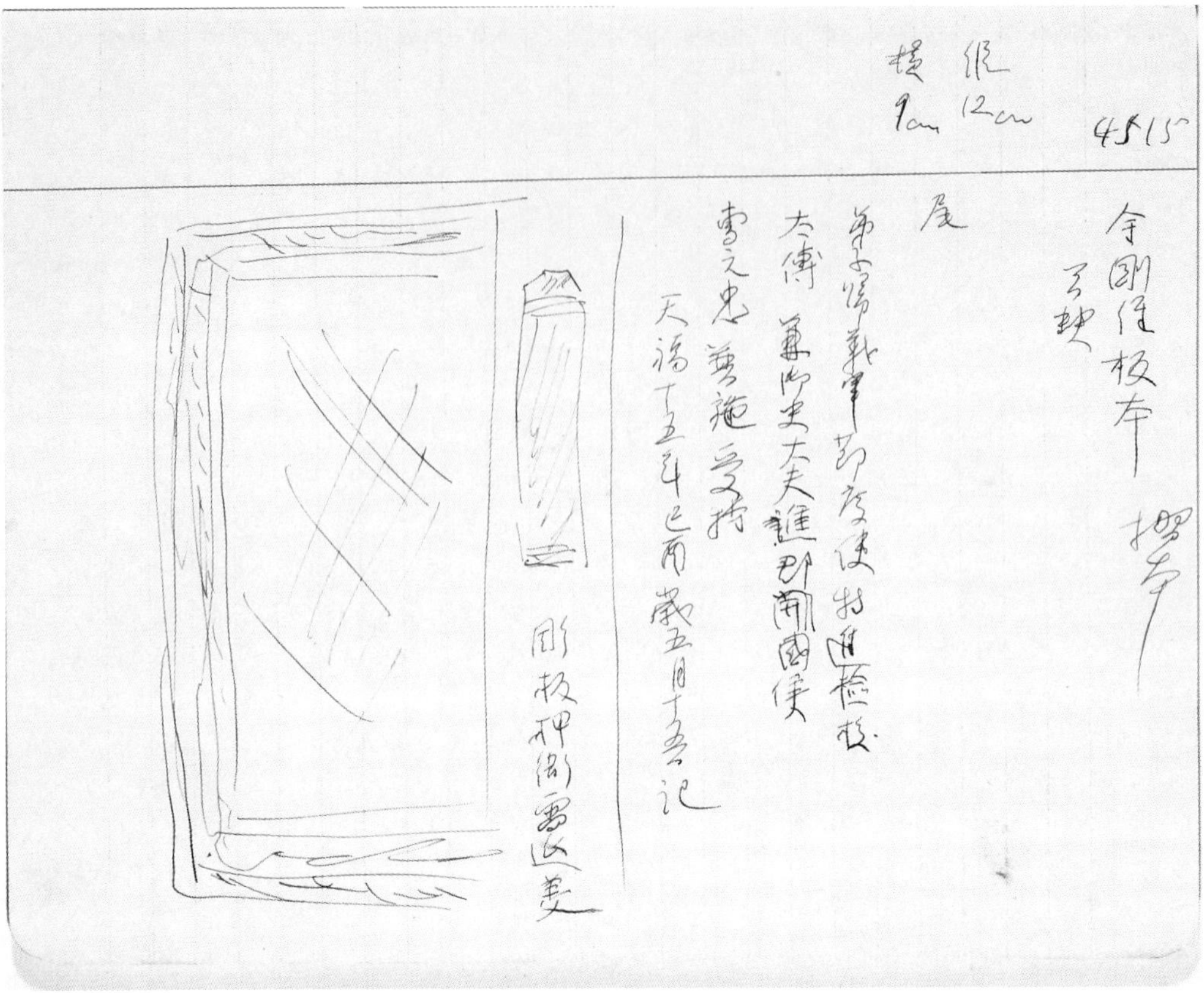

横 9cm 縦 12cm 45.15

金剛経板本 摺本

首缺

尾

弟子帰義軍節度使特進検校

太傅兼御史大夫譙郡開国侯

曹元忠普施受持

天福十五年己酉歳五月十五日記

彫板押衙雷延美

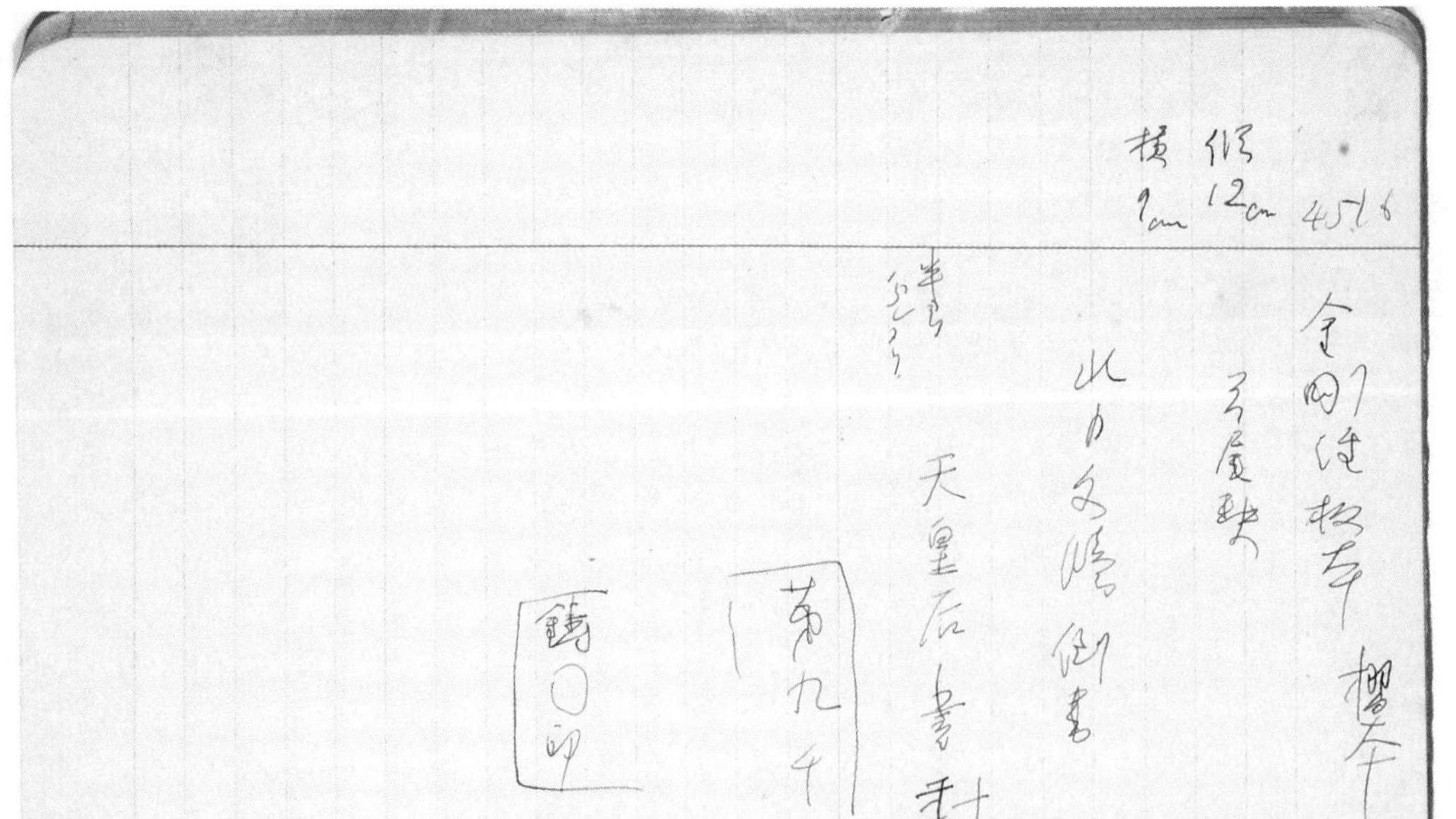

横 9cm 縦 12cm 45.16

金剛経板本 摺本

首尾缺

比丘文瞻御書

天皇后書封

第九千

鑄〇印

4513

觀音経畫巻

上段畫　白ノ経　下段ハ文　六ノ経

拙畫

彩因果経ノ絵数ニシテ唐末五代

拙畫ナリ

4518

佛畫粉本数四十七種

内ニ左ノ此墨書アリ

今遠悩情懇

天皇后聖顔　不

恠懲尤細賜照察謹奉状奏

聞謹奏

天壽二年五月日寶勝状奏　畳印

4519

曼多羅

朱黄ノ絵向ノ密教ノ梵字文字ヲ填書シ有

縦64cm

横58.5cm

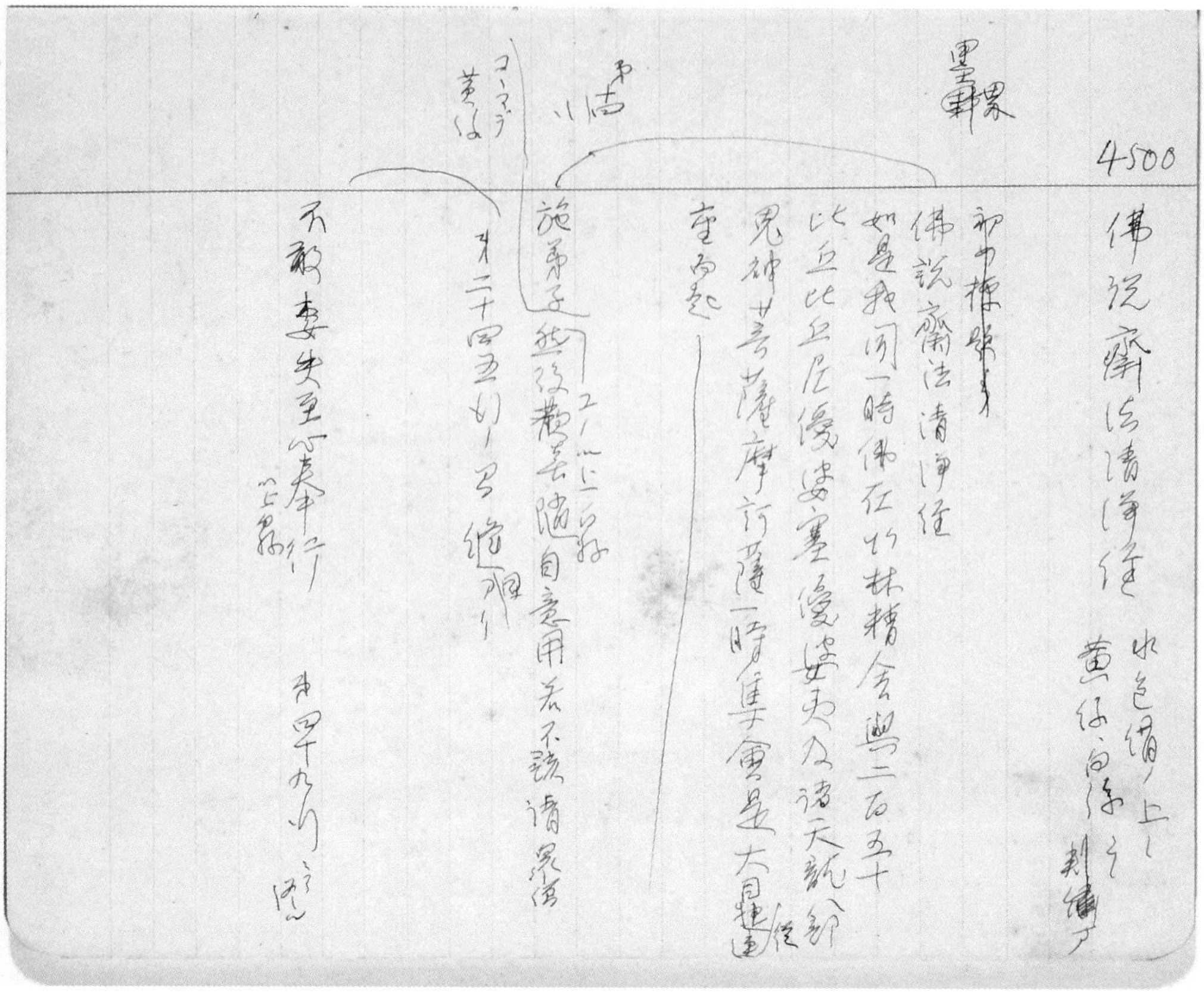

4500

墨罫界

佛説齋法清淨經　水色絹ノ上ノ黄紙白字ニ刺繍ノ

初中擲界ノ

佛說齋法清淨經

如是我聞一時佛在竹林精舍與二百五十

比丘比丘尼優婆塞優婆夷及諸天龍鬼

鬼神菩薩摩訶薩一時集會是大目揵連従

座而起

中ハ高

施弟子然後教若隨自意用若不誤請衆僧

コーマノヂ　黄紙

第二十四五切ノ了　終

不敢妄失至心奉行

以上終

中四十九行

4501

梵四十六行

墨格罫

一切如来尊勝佛頂陀羅尼加句靈驗本

佛頂尊勝陀羅尼

4502

妙法蓮華經　卷之第五

若典　黄麻紙

尾完

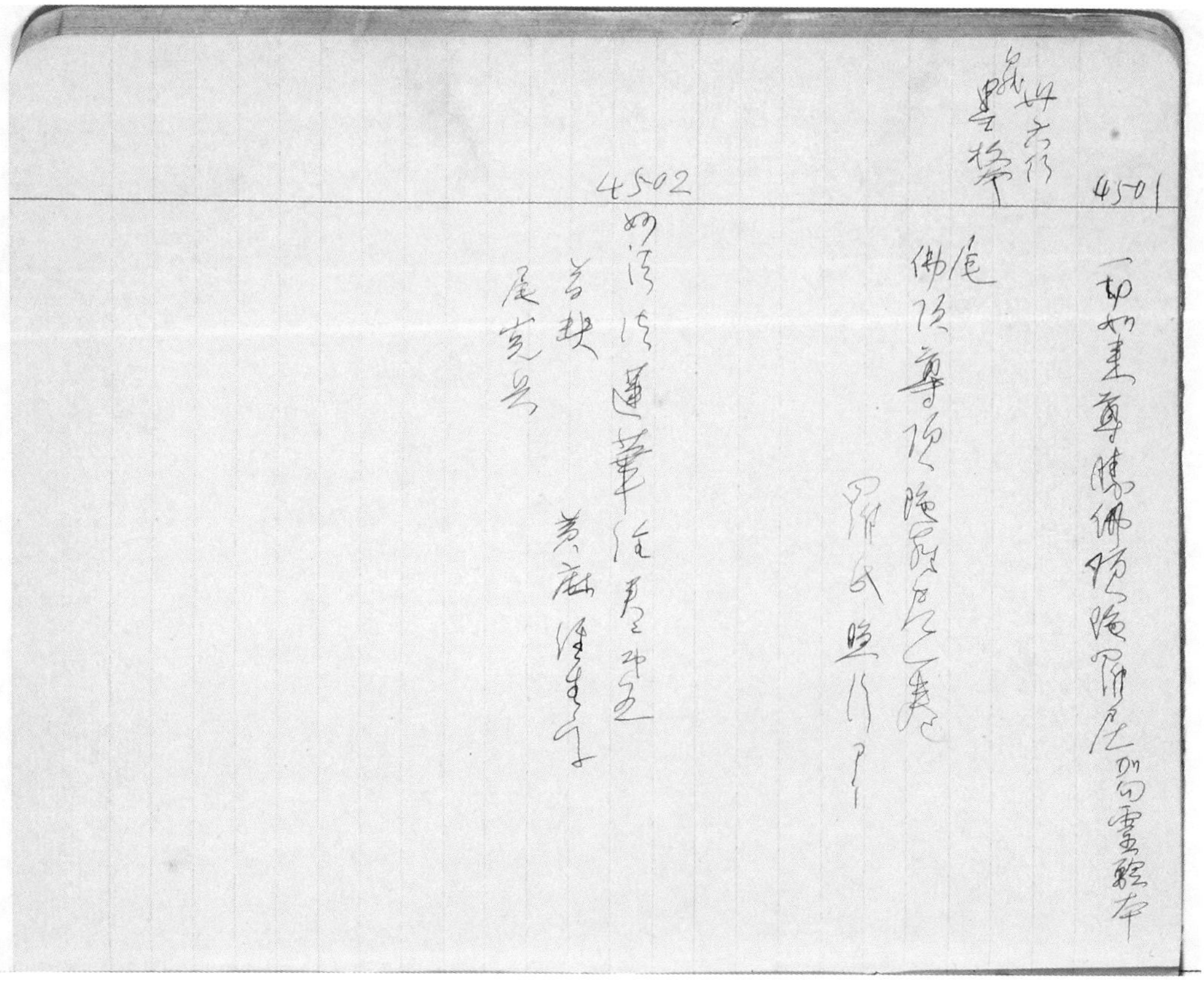

2986

佛經　首尾缺斷　黄麻書　390

1 礼是十方諸佛十二部經諸大菩薩僧〔於我滅後〕有者是名

報三寶恩即滅十悪五逆及謗方等誹是罪

23 爾時文殊師利法王子菩薩摩訶薩而白佛

24 言世尊一切衆生狂惑心就造作悪業逆行

171/172 皆由恭敬礼　十方三世佛　自證本一義

十方佛大中　一切菩薩衆　往生无量壽　皆由恭敬礼

173 十方三世佛

此全部　蕃文　約70cm程讀難く損り

表ニモ蕃文後二頁アリ

3046
佛経　黄麻　書不佳
二百九十八行
2　1
慶喜汝若愛楽
不捨般若波羅蜜多甚深経典下至一句
令忘失慶喜我説如是般若波羅蜜多甚深
者何此等諸法無生無滅無住異云何可
得施設有書
今時世尊告慶喜言汝遍覆面輪
慶喜言於意云何
298
此
ウイグル文　48cm　廿八行

3015
尚書~~典~~堯典孔傳
廿六行行十一字傳双行行十三字　1/2 24　1/2 23　91
已字缺筆　注同
1
曰吁静言庸違象恭滔天　静謀　滔漫
心於所居媢疾之使行婦道於虞氏　帝曰欽哉　舜歎
既修己行敬以安人則其所継者大
舜典第二
虞書
孔氏傳
36
不印張本
傳　違皆之類
〃　言不可用
〃　義和之四子
〃　蕩蕩言之奔突有所滌除
〃　凡言呼者皆非帝意
〃　言鯀很戾
〃　异已也退也
〃　無成乃退
〃　據衆言
〃　言四岳能用帝命故
今本
違背例
無不字
無之字子下有也字
之作水滌下有也
意上有所字
很作狠
也上也作已
退下有之字
據衆例
能作有有始行三字
無故字

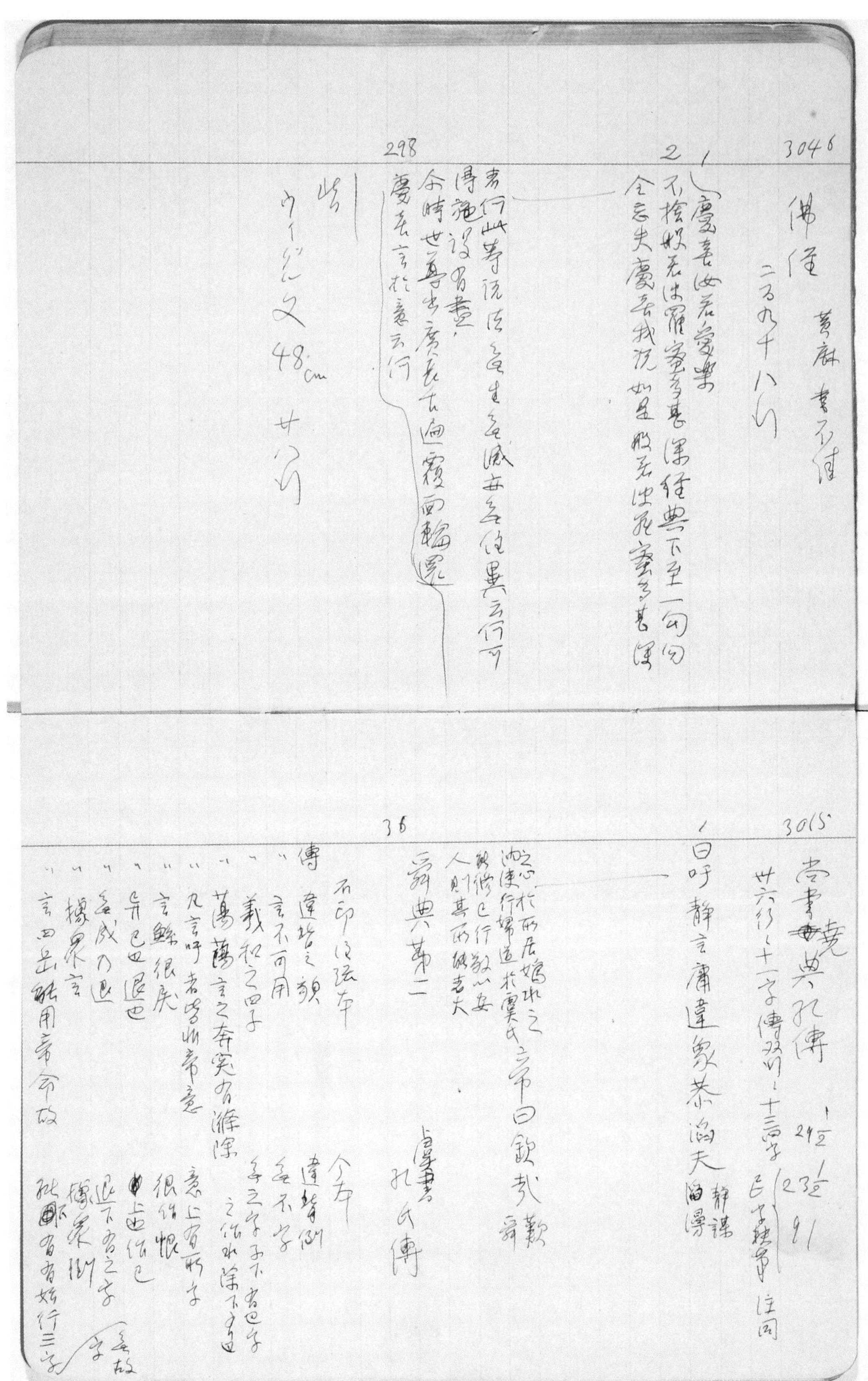

〃廣戒賢也　　無也
〃心不助德義之經為頌　　頌下四句「口不道也
　　但之言為疊句
〃言無惡　　虎言也字
〃能以義理下　　理保法
〃其所能者大矣　　無矣字

背記
沙弥五德十數　大德僧聽我沙弥某甲稽首和南大德僧足
從來甲自惟宿慶恩會此生遇大覺之餘暉預法流徒衆
一心慕道割愛辞親遁俗出家供養三寶但以年幼
未閑戒律清淨僧輪受霑其德今僧中薩演大毘尼藏妙特
尊故跪我今為沙弥間進今欲辞尊然後對沙弥令請五德十數
用更致道以驗邪人今欲對衆陳章敢慕聽許言五德者福田
經云一者發心離俗懷佩道故二者毀其形好應法服故三者永割
親愛無所寅故四者委棄身命尊崇道故五者志求大乘
為度人故　今幸世尊而說偈言　毀形守志節　割愛無所親
出家弘聖道　誓度一切人　五德超俗務　是名良福田　供養獲永安
其福第一尊　言十數者　僧祇律云一者衆生一切皆依飲食而存
名色三者三受四者四聖諦五者五受陰六者六入七者七覺
八者八聖道九者九有情居十者十一切入已說五德十數竟唯
願三寶久住世間弘濟有情恩無盡用資散業善施群
生同發勝心成無上道　請衆咸重得聞慶沙弥願慈悲
布施歡喜　礼僧　次而出
空白

又三行　切斷
隨也坊通壁上小巷子北壁舍壹口并屋上椽標等闌
臺廟東西門閣樹底南北明壹丈玖尺東至呂定德
西至妹呂像　南至合大門道北至巷子
從空

3040
伎蔵記　断簡　書写（敦）
十三行
1 趙州諸懸教香厳寺伎蔵記沙門志門撰并
重偈守清書
毗靈識中

12
沿梁天栗作八定回禅上昇無想没有
13
默鮮生飛見論師

2991
帰敬文（敦）
1 一切菩薩礼常住三宝
99行 佗紙、欠
別紙 教文数種
七行
廿四行 廿行又別紙、欠

一三廿
1 和尚俗姓張氏 香年 主陽紫沙門 霊俊即清河郡天錫之貴系矣
2 和尚寫真讃并序

三八十
1 燉煌社人平詘子一十人敬於宮泉建窟一所記
西郷 全中國頭陀大宰相清河張公撰

三十
1 莫高窟重修功徳讃文
瓜州境大行軍都衙節度衙幕府判釋門智照述
智 釋門 智

三卅
1 報恩吉祥之窟記 釋 慧苑述

三廿
三あり

此記 十七行
廃詞三首あり

又石室十行
前文三周畢洪文 李姚一切教にア
祭孝姚文 美辞集り
云々 四ケ所（蔵文書）連貼 又只十四

3169

尚書 禹貢 孔傳

殘古寫本 （夏）書 禹

約廿五行 治 地 ... 無烏絲欄

27 / 45 1/2 cm

1 ……滎大陂

2 ……盟豬 荷澤在胡陵 盟豬澤名在荷東北水流溢覆被之也 山海出上洛山澗出澠也 南北山四水合流而入河也

3 墳壚 高者壤下者壚 壚疏也 厥田惟中上 厥賦錯上中 田第 又雜出二七

22 23 24 25 cf 3464

南行之北東行也 ... 太行恒山至于碣石入于海 此二山連延東北接碣石而入滄海 百川經此衆山禹皆治

鳥鼠 西傾朱圉在積石以東 鳥鼠渭水所出在隴西之西 三者雍州之南山也 至于

至于陪尾 四山相連東南在豫州 ... 外方

導嶓冢至于荊山 漾水 西方

紙質字體亦元乃殘古寫本に異るなかめ

1 6 9 22 23 24 25 28

記

約卅行

士又云棟楹之士 ... 夫許訟者皆由性有剛色剛者在於 四行之罪之下 目

6 不顧忌者失在於不恕 之境故孝經云言滿天下無口過 行滿天下無怨惡 又云夫然 狷過於剛柔之間不達

9 四海不達涓流之水故然歟 云之大 曾子曰夫見之為不則

22 不容故以全名又云夫不忍十年在內大在至矣不忍十尊為太尊

23 美太公曰凡欲選士醉之以酒以觀其然示之以色以觀其情 陳之以

24 財以觀其欲窮之以任以觀其不變曰君不改足知其德

25 君以聽下為仁臣以奉上為義又云二心不可以事一君二心不可 事君

28 慎諸古人 嘗孝思昭 師仕者思昭 遵君行為不違 而不信用之賊 又云凡今 字義 示不？

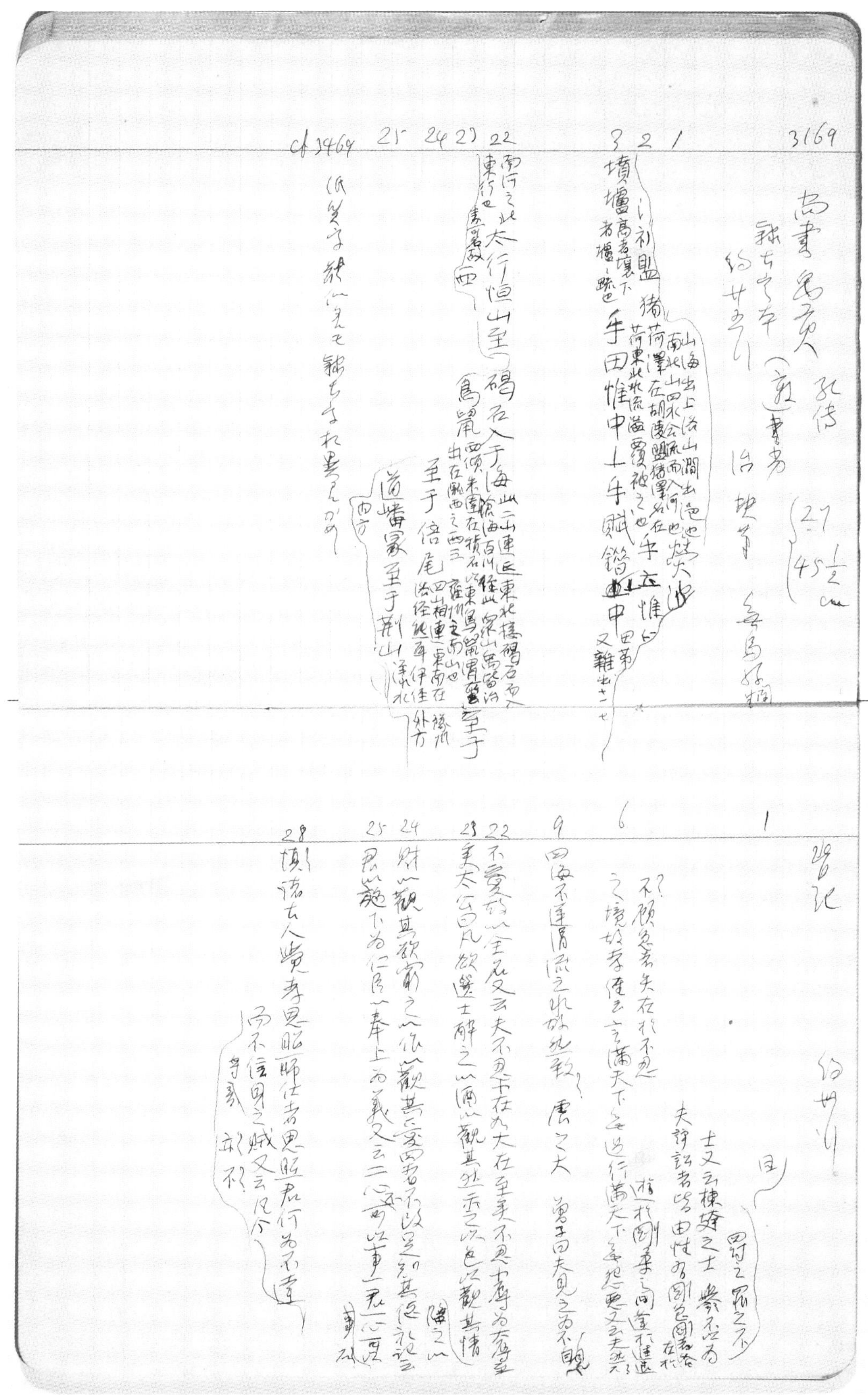

肆土字　厥作𡋯上下作上丁　導作道　会作岁
攸作逌　従作加　田作太　既作无　以作樂
（一）傳　淌出汅沮山作湟
令流而入河　反多也字
被孟豬　盟注同　豬作楮下同
傳　壞疏　反多也字
厥貢漆枲　紵
華陽　易
傳　水去已可種藝　沱潜　淮　治　涂　而有水上　原作泉　反多也字
蔡蒙旅平　和夷底績　嶓　味　底　底
傳　致功可藝　反多也字
厥土青黎　蔡
熊羆狐狸織皮　戴
傳　織金罽　織下有皮字　全罽作今罽也
西傾因桓是來　桓　注作桓
傳　浮于潜漢上曰沔　集于字
黑水西河惟雍州　道
傳　在冀州西　反多也字
傳　渭之西流至于合黎　道　于
傳　治涇水入於渭　之
傳　所同同之於渭　作所同同於渭也
傳　言治功畢此荊在岐東非荊州　無言字　反多也字
終南惇物至于鳥鼠　終作冬　惇作㥫

傳　美石似玉　脫美字
傳　人功少　反多也字
厥貢惟球琳琅玕　琳作玲　注同
傳　石而似玉　作石而似珠者
傳　在河東之西界　反多也字
渠搜西戎即叙　叟
傳　織皮毛布　毛作也
傳　崑崙之屬　崙作毘
傳　山川皆通　皆作道
傳　三山皆在雍州　山作少
傳　此謂因龍門西河　無西河二字
傳　三山在冀州太岳上黨西　作三山冀州西　太岳在上黨
傳　河之北東行　反多也字
傳　不可勝名故以山言之　可勝數例來也
傳　鳥鼠渭水所出　三危　南山　無水字　無危字　有室道尾
至于陪尾　陪作倍　反多也字
傳　東南在豫州界　無界字

3191

郡望譜 廿六行 （紙） 29.4 cm

魏州 魏郡 同 嘞眭 萬
申 暴 柏 暢 萇
懷州 河内郡 宋 向 車 常 尋 苟 司馬 淳于
衛州 黎陽郡 瑰 蔡 衛 柘
州 第六 廿八郡
河南郡 賀 褚 穆 褐 蘭 丘 竇 南宮 獨孤

（二行 書か 異か 近す）

齊州 治陰郡 四姓 黄 董 卞 郁
許州 潁川郡 八姓 陳 韓 鍾 荀 于 許 庫 鮮于？
鄭州 滎陽郡 四姓 鄭 毛 潘 陽
汴州 陳留郡 五姓 阮 謝 虞 蔡 何
滑州 東平郡 三姓 貴 盛 上官
宋州 譙國郡 九姓 戴 李 石 睢 曹 安 桓 嵇 夏？
徐州 彭城郡 三姓 馬 張 宋
沛國郡 三姓 周 張 朱
蘭陵郡 姓
汾！州 琅瑘郡 六姓 王 顔 惠 暢 乾 可？
泗州 下邳郡 三姓 陳 祁 谷 國 闞 何 余 孫

二行書 道一郡 以 高密

3204

莊子 黄麻 寫 廿二行 49cm

1 出 再 故夫知效一官行比一鄉德合一君

14 乘天地之正御六氣之辯 天地 摠名

15 窮者彼且惡乎待哉

22 使不失其所待所待不失則同於大通矣
故有待吾所不能齊也至於各安其性天

2962 62

吐渾事略 文欄 變

28 1/4
89

諸川吐蕃兵馬還來劫掠沙州奸人探得事宜星夜來報僕射 收換起
吐渾王集諸川蕃賊欲來侵凌抄掠其吐蕃至今尚未齊集
僕射聞吐渾王反亂即乃點兵鑿凶門而出取西南上把疾路進軍纔
經信宿即至西同側近便擬交鋒其賊不敢拒敵即乃奔走
僕射遂號令三軍便須追逐行經一千里已來直到退渾國內方始趁
趂 僕射即令整理隊伍排比兵戈展旗幟動鳴鼉縱八陣騁英
雄分兵兩道裹合四邊人持白刃突騎爭先須臾陣合昏霧漲天
漢軍勇猛而乘勢曳戟衝山直進前蕃戎膽怯奔南北漢將雄
豪百當千處

唐代詩復訂

忽聞戎犬起狼心叛逆西同把險林星夜排兵奔疾道
此時用命總須擒雄雄上將謀如雨蠢蠢蕃戎計豈深
自十載提戈驅醜虜三邊獷悍不能侵何期今歲興殘害
輒爾依前起逆心今日總須摽賊首斯須霧合已沉沉
將軍号令兒郎曰封勵無辭百載勞丈夫名宦向槍頭敢
當敵何須避劍刀漢家持刃如霜雪虜騎天寬無處逃
頭中鋒鋌陪垂血濺戎屍透戰襖一陣吐渾輸欲盡
上將威臨煞氣高

唐代塞

此戰一陣蕃渾大敗其吐渾國王怕急突圍便走登涉高山把險而住其
宰相三人當時於陣面上生擒祇回馬前按軍令而寸斬告細小等提拾三百
餘人收奪得駝馬牛羊二千頭疋然後唱大陣樂而歸軍幕燉煌北一千里
鎮伊州城西有納職縣其時迴鶻及吐渾居住在彼頻來抄劫伊州俘
擄人物侵奪畜牧曾無暫安僕射乃於大中十年六月六日親統
甲兵詣彼擊逐伐除不經旬日中間即至納職城賊等不虞漢兵忽到都

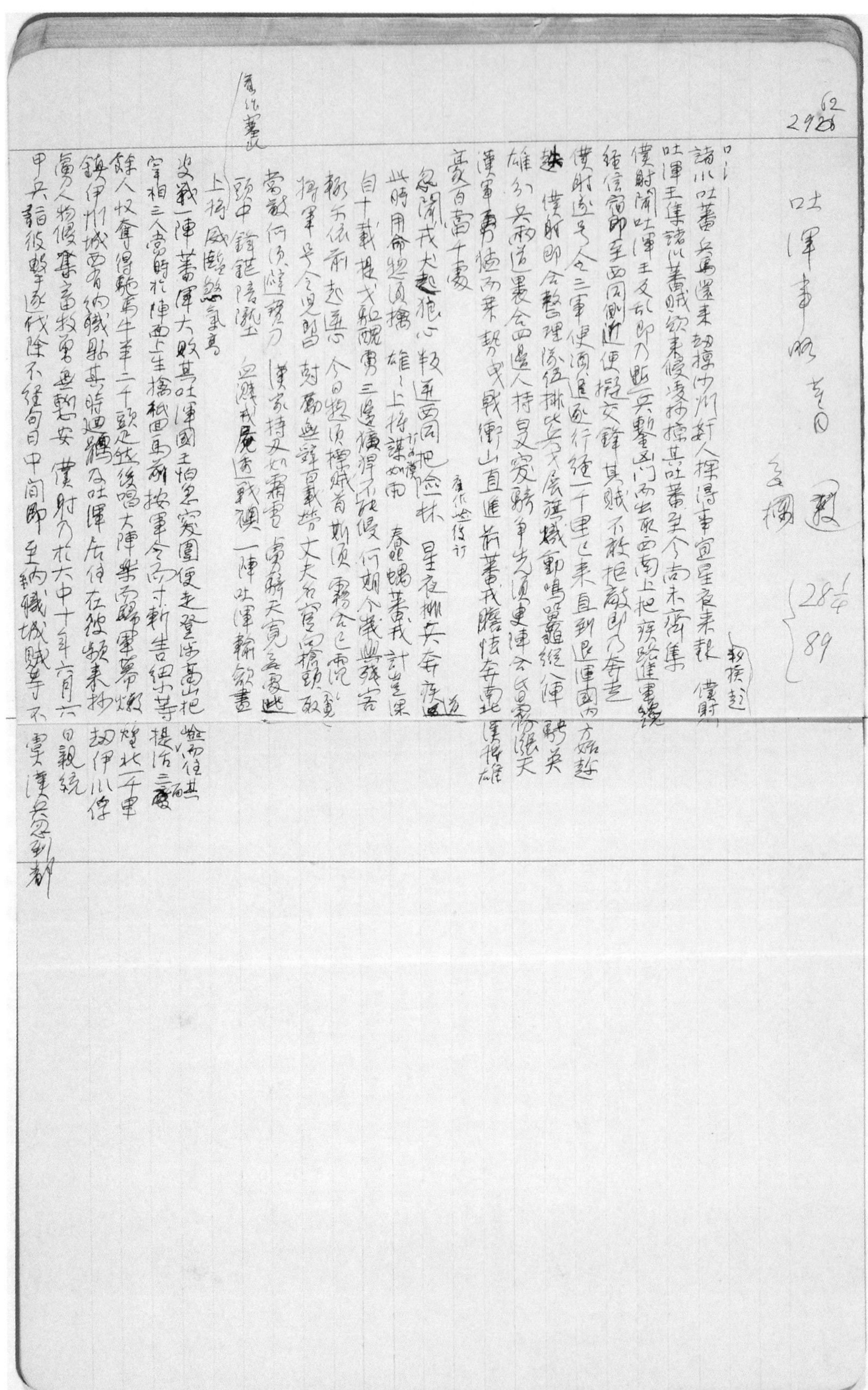

都無旋踵之心我軍遂列烏雲之陣四面急攻蕃賊獐狂星分南北漢軍
得勢押背便追不過五十里之間煞戮橫屍遍野處
燉煌上將漢諸侯　棄却西戎朝鳳樓　聖主委令權右地
但是兇奴盡總讎　昨聞獫狁侵伊鎮　俘劫邊甿旦夕憂
元戎叱吒揚眉怒　當即行兵出遠收　兩軍相見如龍鬪
納職城西噴(?)血流　我將軍意氣懷文武　威懾蕃渾膽已浮
犬羊纔見唐軍勝　星散迴兵所在抽　遠來今日須誅剪
押背擒羅豈有休　千人中矢沙場殪　銛鋒𠜾剉墜賊頭
擲(?)鏁紅旗晶耀日　不忝田單縱火牛　漢主神資通造化
殄却殘兇總不留
僕射與犬羊決戰一陣迴鶻大敗各自蒼黃拋棄鞍馬走投入納職
城把勞而守於是中軍舉華角連擊錚錚四面族兵收奪駝馬之類
一万頭匹我軍大勝疋騎不輸遂卽收兵却望沙州而返既至本軍遂乃
朝朝秣馬日日練兵以備兇奴不曾暫暇先去大中十載　大唐差冊立迴
鶻使御史中丞王端章持節而赴單于下有押衙陳元弘走至沙州界
內以游弈使佐承珍相見承珍忽於曠野之中迥然逢着一人猖狂奔走
遂處分左右領至馬前登時盤詰陳元弘進步向前稱是漢朝使命
北入迴鶻充冊立使行至雪山南畔被背亂迴鶻劫奪國信所以各？
沙迸信脚而走不是得至沙州恐人伏望　將軍希垂照察承珍知是漢朝使
人與馬䭾至沙州卽引入參見　僕射陳元弘拜跪起居具述根由立在
帳前　僕射問陳元弘使人於何處遇賊本使伏是何人元弘進步向
前啓　僕射元弘本使王端章奉　勅持節北入單于充冊立使行至
雪山南畔遇逢背叛迴鶻一千餘騎當被劫奪國冊及諸勅信之
弘等出自京華素未諳野戰使衆我寡遂落奸虞　僕射聞
言心生大怒這賊爭敢輒尔猖狂恣行兇害向陳元弘道使人且歸公
館便與根尋由未出兵之間至十一年八月五日伊州刺史王和清差走馬使至
云有背叛迴鶻五百餘帳首領翟都督等將迴鶻百姓已到伊州側
似(?)都

七敵文

出記　相宅書
家相圖
角姓宅
依此角
用去
墻
作宅先起出墻次起南墻其利三陰陽南家安吉盈起
東墻其利
南西家又得田宅三年食口三人大富後起北墻斷其陰
角姓地形陰
角宅圖
圖
角家宅
畫依此
角用之
凡角家宅須東高北南南高西下

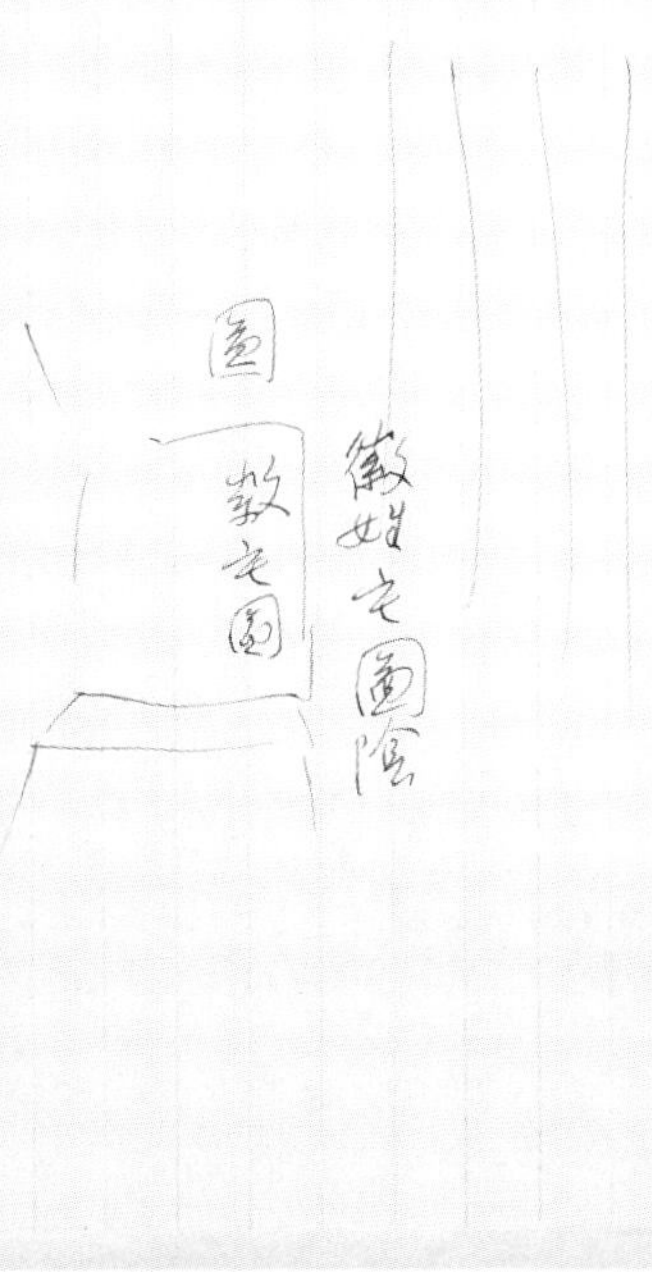

3301

漢書集要ノ數

百四十五門

佛得中ノ語ヲ摘出シテ左ノ門ニ著ス 文 medchang ヲ附ス

{30 1/2
411 cm

（敦）

了 無味着法 缺憎法 出離法 四法縁法 四行縁法 言九種瑜伽者 一世

問道 二出問道 三方便道 四無問道 五解脱道 六勝進道 七愛品道

八中品道 九中品道 於諸法中簡擇行觀 極簡擇行觀 尤名所 [illegible]

此紀ノ一例

勝徳、妙法、無言、福性 計六十五人

佛法圖齋觀寮度（南）量三石八升 限閉六十五人分

文六升ス一斗不充

3062

千字文 （敦煌紙ノ一帖） 書寫 讀覺書

八葉トシテ 殘

{15
10 1/2 cm

往秋收奘藏ヲ

恩勝等請謂助造了

七月十四日半字

3098

佛書 百八ノ 史的 中原書

{28
200

1 性書ノ 則心睡但無別睡則是睡覺無別覺見睡為覺之心

由同凡人無如草木睡心覺故睡有覺

19 大乘一異ノ安心法 一切法皆菩薩ノ所菩薩

26 故相所是滅者不復更滅也 八識隨流教導用逸

28 大乘法門 全本是性淨國人屬大臣樂州清昇

106 有何差異 是如真如本無異異ノ如鳥飛空中不見

御遊靈前六 彼岸解脱藏

108 寧有處所一切方法但有名字究形相用而常空了用

宗

後缺

1

18

背記來書　玄應音義　665行

月蝕　神職反　周易云月因節蝕　釋名云月虧曰蝕　稍稍侵虧如虫食木葉也　漢書
云日月薄蝕　韋昭曰氣往迫之曰薄　虧曰蝕也
彗星　蘇醉反　字林囚芮反　釋名云彗星星光稍稍似彗也　字從彗　星攙槍
孫炎曰妖星也　四曰彗　郭璞曰亦謂之索　釋名云言其去　孛知祥彗也
攙　音叉銜反　槍又仁行反
第九卷　廝　下又作斯同　思移反　廣疋廝請命使也　字書廝僕也役也謂賤
役者也　漢書廝輿之卒　張晏曰廝微也　韋昭曰折薪曰廝　炊烹曰養
怖懍　渠甚反　廣雅懍畏也懼也病也　韋昭　經文有作懍　書之所住
郭璞注子虛　釋言中凌慢也　作此字二形通用
咄善　字林丁兀反　說文咄相謂也　字書咄叱也　蜜緻又作達同　馳緻亦蜜也
欝烝　於物反　字定欝氣也　李巡曰欝盛氣也　烝之勝反　說文烝氣上行也
亂哺　蒲路反　哺含食也　謂口中嚼食也　經文作餔字　與晡同　補胡反　謂申時食也
創蛇　古文戧及二形同　楚良反　說文創傷也　經文瘡之字有又　如也
輔孝反　說文皰面生氣也　經文作疱
非今所取　皰又作皰同　仕世反　瘵赤利也　關中多音帶　三蒼
廗下作瞸字林同　竹世反　廗赤利也　關中多音帶三蒼　廗下病也　釋名云下重而
赤白廗言廗瞸而難差也　經者字與蛆同　知列反　蟲螫也　又作蜇也
智也　二形並似徑古著後中　如反著之言處也　廣正若補
第十卷　祠祀　徐理反　祭無巳也　謂年常祭祀　祭之
人曰祀　地曰祭　祀記王為群姓立七祀　諸侯五祀　大夫三祀　士二祀　庶人一祀　或竈
玄晶大神所祈　大事者　小神居民間何小過作譴告者也
輕躁　又趮同　子到反　周易震為躁　躁猶動也　躁擾也　論語曰未言謂之
躁　鄭玄曰謂不安靜也
口爽　爽敗也　楚人名羹敗曰爽
香餧　又作餒同　奴罪反　說文餧其飲食也

悵快　快於亮反　說文快心不服也　蒼頡篇快對也　廣挾經
郎尊反　案廣徒也
徒空也　說文按業也　怡悅　古文嬰同　弋之反　字雅怡
業也　方言怡喜也　說文怡和也
姝　太元末反　說文姝好也　美又方言趙魏燕代之間謂好為姝
瑰異　又作傀同　古畏反　傀美也　方言傀盛也　說文傀偉也　偉
奇也　廣雅傀偉奇玩也
敗灌　亭貫反　說文敗灌也　謂灌注也
診之　說文丈刃反　說診視之也　三蒼診候也　驗　診驗也
恕己　尸預反　蒼頡篇恕如也　聲類以心度物曰恕
綜習　子宋反　三蒼綜理經也　說謂機縷持絲文者屈繩制經
今得開合也
羸瘠　古文膌䐸三形同　才亦反　說文瘠瘦也
第十一卷　習習　經文從广作瘤　書無此字　近人之謬
嘰嚪　於越反　說文
十二卷　廿行
第十三卷　廿七行
第十四卷　七行
第十五卷　九行
105　舫　甫妄反　通俗文連舟曰舫　兩舟

3274

孝經疏　白麻 書経 行草也
已治 典章
第一章首闕 其餘皆完

{28
868

1
生復坐吾語汝
故今復坐曰身體髮膚受
體科復分為三段從復坐吾
從始從太子孝始於事親至終
雅云至章末引詩俗成孝體科
者獲手足為語髮者體膚之

402
如在故神鬼臨之春秋祭祀此謂三年後孝子
感雨視霜露之思親而修致祭祀也生民之本二愛
敬哀戚是存之孝行之科死生之義事存奉
終義備故此死生之宜吉凶之礼我說備矣也

405
天寶元年十一月八日於郡北寫了 全

陰庭宮務處記

背1 文牘 貴人文牘 皆孝經筆書也 無書衣眼ノ紙見 文牘力
茂書中 御注孝經一卷
張越草衿識

豆盧庫之印
朱印表押ス
裏紙繼ノ下方ニモ押サル
全ノ十ノ一

2954
釋門不拜 王表
十三紙 尾缺
{30 1/2
43
（[illegible]）書写

1 釋門不拜 王表 此一紙 三十三cm了
大唐高祖神堯皇帝初春仗於含元殿門百寮稽首之舞蹈
步香階仰觀 御坐叫呼万歳唯有兩街僧尼內外臨壇大德
拱手西仗寂對 大階時有鄂國公（達）尉敦德與左金吾上
將軍劉文靖達相謂曰夫僧尼入道隨佛出家身是國
人不依國例未居聖位身是凡僧便即高揖 王庭令
父母返拜有何益也誠返五常孰不可也時 太宗尚為儲君

背紙 廿四行

1 无量未善巧无明不詞辯才不通達天地 此二
2 无明障於九地於大神通未自在究竟无明微細秘密未斷
24 之事攝法經論義乃无迎全勝眛採略不周學博聞
志寺序明文

3428

孝經鄭注（翁）書写

第一章ゝ尾至廣揚名章第十四首 30 164

伯二六七四と接スベし

在 年四十有目不聽而行步不及逮退就田里懸車 大雅云

論習孝道以教弟子是以之時揚名而已

而名云言也無念猶無忘祖先祖事脩之理厥其為孝之道是故云念

卯德不言詩而言雅者何詩者通辭雅者正也始於賤章故正為始孔

子曰愛親者不敢惡於

慢於人 己博人之親人亦慢己

敬 以直内義以方外故君子行孝為也 愛敬盡於事親 於母

德教施行加於百姓 刑于四海 刑見也德教流行見四海無所不通 蓋天子之

甫刑云一人有慶兆人賴之 甫刑尚書篇名 土無二王故云一人 一人天子 云言也一人慶善也賴蒙

者行尚書

諸侯章第三

諸侯在人上故言在上敬上愛謂之不驕故居高位而不危 制節謹度滿而不溢 費用約儉謂之

不危所以長守貴 故能居高位而不驕長守富貴

滿而不溢所以長守富 富貴不離其身 故能守富貴不驕 故云不離其身也 然後能保

其社稷 社謂 而和其人民 薄賦斂省徭役是以人民和也 蓋諸侯之

詩云戰戰兢兢如臨深淵如履薄冰 引詩自明即孔子之謹 戰戰恐懼兢兢 謂

卿大夫章第四

服 先王制五服天子服日月星辰諸侯服山龍華蟲卿大夫服藻火士服粉米皆 雖富不服

不敢道 口言詩書非先王之法言不合詩書則不敢道也 非先王之德行不敢行 禮以檢奢

不言非道不行非法 非禮法則不行 口無擇言 言有何可擇 身無擇行

過 言詩書滿天下有何口過 行滿天下無怨惡 行禮樂滿天下有何怨惡 三者備矣

全服言先王道行先王德則為備矣然後乃能守其宗廟 宗尊也廟貌也 親雖亡沒事之若生為作宮室四時祭之若見鬼神之容貌也

附謂之卿大夫 卿大夫 詩云夙夜匪懈以事一人 詩者有謂 一人天子也言 夙早

夫行孝當如此章也

士人章第五

資於事父以事母而愛同 資者人之行事 父與母同愛不同 資於事父以事君而敬同 同也 不同也

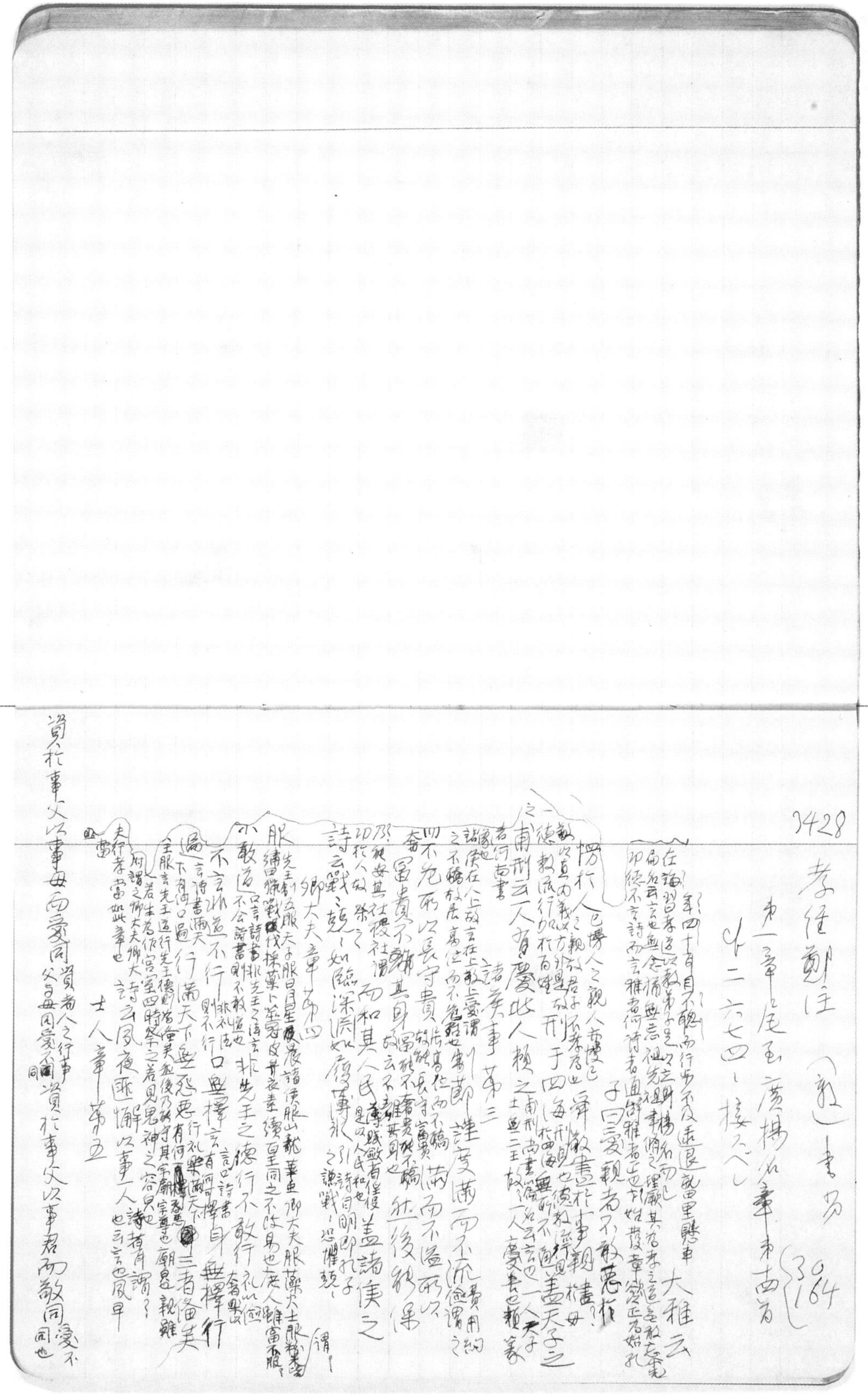

故母取其愛而君取其敬兼之者父也故以孝事君則忠以敬事長則順忠順不失以事其上然後能保其祿位而守其祭祀蓋士之孝也詩云夙興夜寐無忝爾所生

庶人章第六

用天之道分地之利謹身節用以養父母此庶人之孝也故自天子至於庶人孝無終始而患不及者未之有也

三才章第七

曾子曰甚哉孝之大也子曰夫孝天之經也地之義也民之行也天地之經而民是則之則天之明因地之利以順天下是以其教不肅而成其政不嚴而治先王見教之可以化民也是故先之以博愛而民莫遺其親陳之以德義而民興行先之以敬讓而民不爭導之以禮樂而民和睦示之以好惡而民知禁詩云赫赫師尹民具爾瞻

孝治章第八

子曰昔者明王之以孝治天下也不敢遺小國之臣而況於公侯伯子男乎故得萬國之歡心以事其先王治國者不敢侮於鰥寡而況於士民乎故得百姓之歡心以事其先君治家者不敢失於臣妾之心而況於妻子乎故得人之歡心以事其親夫然故生則親安之祭則鬼享之是以天下和平災害不生禍亂不作故明王之以孝治天下也如此詩云有覺德行四國順之

聖治章第九

曾子曰敢問聖人之德無以加於孝乎子曰天地之性人為貴人之行莫大於孝孝莫大於嚴父嚴父莫大於配天則周公其人也昔者周公郊祀后稷以配天宗祀文王於明堂以配上帝是以四海之內各以其職來祭夫聖人之德又何以加於孝乎故親生之膝下以養父母日嚴聖人因嚴以教敬因親以教愛聖人之教不肅而成其政不嚴而治其所因者本也父子之道天性也君臣之義也父母生之續莫大焉君親臨之厚莫重焉故不愛其親而愛他人者謂之悖德不敬其親而敬他人者謂之悖禮以順則逆民無則焉不在於善而皆在於凶德雖得之君子所不貴君子則不然言思可道行思可樂德義可尊作事可法容止可觀進退可度以臨其民是以其民畏而愛之則而象之故能成其德教

88

而行其政令 節用愛人使人以時 是以政令而行也 詩云淑人君子其儀不忒 淑善也 忒差也 善人君子威儀不差 可法也

紀孝行章第十 子曰孝子之事親 紀孝行也 居則致其敬 盡其禮也

養則致其樂 樂竭歡心以事其上 病則致其憂 盡其哀情 祭則致其嚴 齋必變食 居必遷坐

還坐就位 敬忌踧踖 若親存也 五者備矣 然後能事親 謂上五者孝道備矣 然後乃能事其親也 事親者居上不驕 雖尊為君而不驕也

為下不亂 為臣則忠 不亂敬為亂也 在醜不爭 醜類也 以為善 不忿爭也 居上而驕則

亡 富貴不以其道得之 是以則亡 為下而亂則刑 為臣不好則亂 明刑罰其身 在醜而爭則兵 朋友之中好為忿爭 則推兵之道也 三

者不除 雖日用三牲之養 猶為不孝 夫愛親者不敢惡於人 今交驕亂忿爭 雖日致三牲之養 豈得孝乎

五刑章第十一 子曰五刑之屬三千 五刑者 科條三千 劓墨宮割臏大辟 穿窬 隋劓 劫賊傷人者墨 男女不以禮交者宮割 穿窬入垣墻開人關鑰者臏 手殺人者大辟 各以其所犯科之 條有三千 而罪莫大於不孝 書在三千條中 孝聖人所以惡之 故不

要君者無上 事君先事而後食祿 今要君 是無上也 非聖人者無法 非侮聖人者 不可法 非孝

者無親 已不自孝而非他人 者不可親也 此大亂之道 事君不忠 非侮聖人 非孝行者 此則大亂之道

廣要道章第十二 子曰教民親愛莫善於孝 孝德之本也 又何加焉

於悌 先孝後悌 人行之次 移風易俗莫善於樂 夫樂者感人情 樂正則心正 樂淫則心淫 孔子曰思鄭 安上治民莫善於禮 禮無 書禮 故曰

所悅者衆 所敬三人是其少 千萬悅是其衆 此之謂要道 孝悌以教之 以化之 則為要道也

兄則弟悅 敬其君則臣悅 敬一人則千萬人悅 教之

教以孝所以敬天下之為人父者 天子無父 事三老 所以教天下之為孝 教以弟所

兄者 天子兄事五更 所以天下弟也 教以臣所以敬天下之為人君者

云愷悌君子民之父母 以上三者教於天下 真民之父母 非至德 十

德之君子能行此三者 教於天下 非至德則不能如此 廣揚名章第十四

學紀 貼紙あり

中

咸通五年 十二月廿七日書之

3382

孝経（新選）　有信不知頼氏

給七十二行

三才章（若拙）三ノ　聖治章（民国）ヲ

27
138

1 教以食籍
2 妻華
3 山中得黍奥
4 農遂以教興
5 以順天下教化天下
之民誰能用善治已不加粛而成
而自善之
6 治修 先王見教之可以化天下 先王固下民令
7 故先之以博愛而民莫遺其
8 無敢遺忘 陳之以徳義而民興
9 其親 學行 先之以敬讓而民不争矣
也夫

69 不通流 是以四海之内各以其職来祭 四海者南蛮北狄
71 傳方代 四海周公行孝内外常重譯来貢献之各 東 又謂之
71 以其方賄珍琦来助祭於先王之廟也 夫聖 ○
72 以加於孝乎 聖人德廣大因復不 能加於孝乎 故親生之
73 父母日厳 育養父生之母養之至 長大成人當須供養尊
人 聖人見孝子方尊嚴

3215

佛書（新）　二十行

27
36

内字一字

1 大乗三宗
2 念不起處見本性禅本性元性元性法身法身元象
3 元感 様境表男子表女人等因其投墓 表不識来怕怖表

20 放生鏡 鏡不放生 心不殺生 鏡即也 三界虚界 唯心所識
道心不孤 表託境方生 也即有

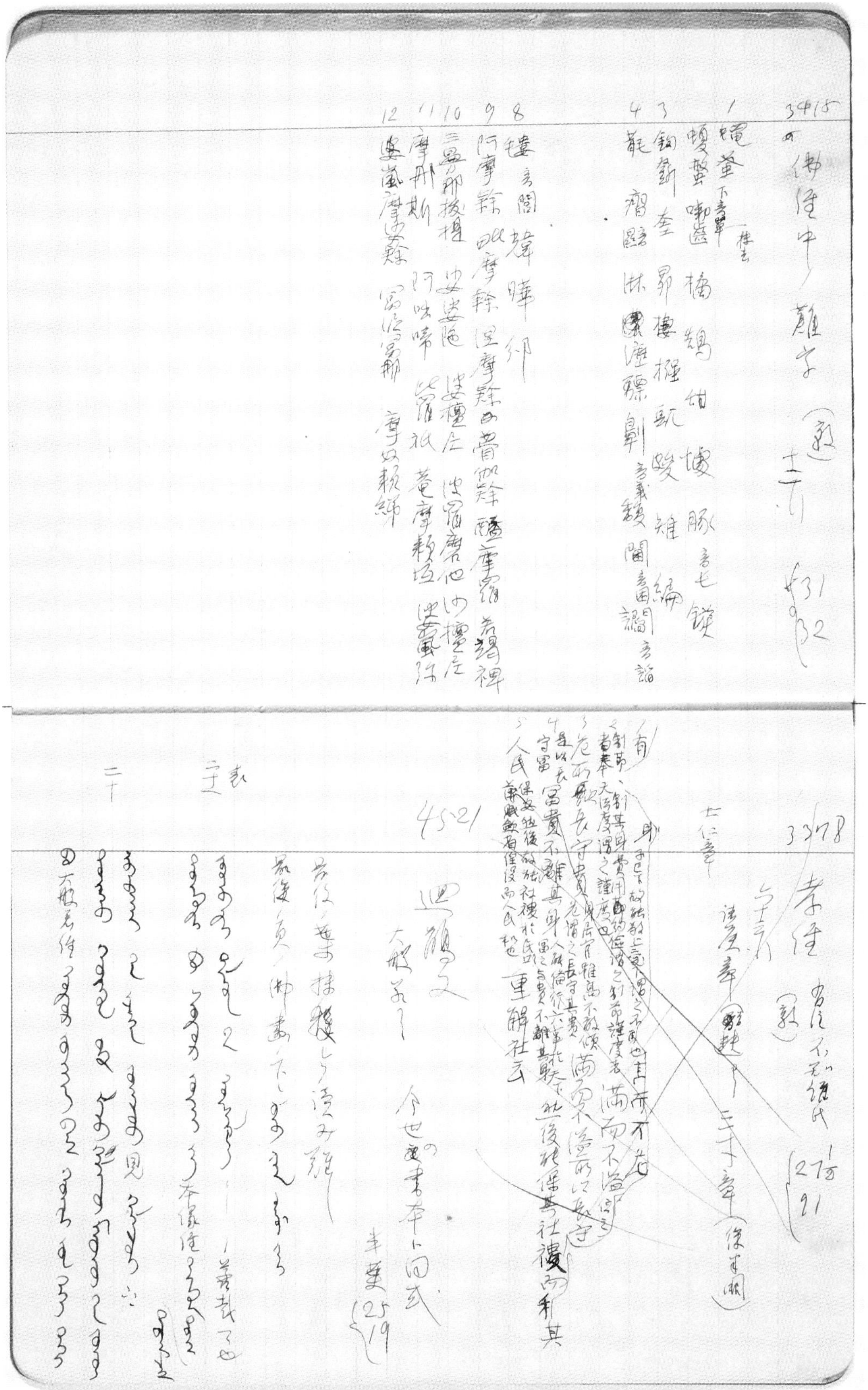
3415
佛経中ノ難字（敦）十一リ
431 32
1 3 4 8 9 10 11 12
3378
孝経（敦）
45-21
満而不溢
富貴不離其身
然後能保其社稷而和其人民
今世の書本に同式
半葉 25 19
二十
字表

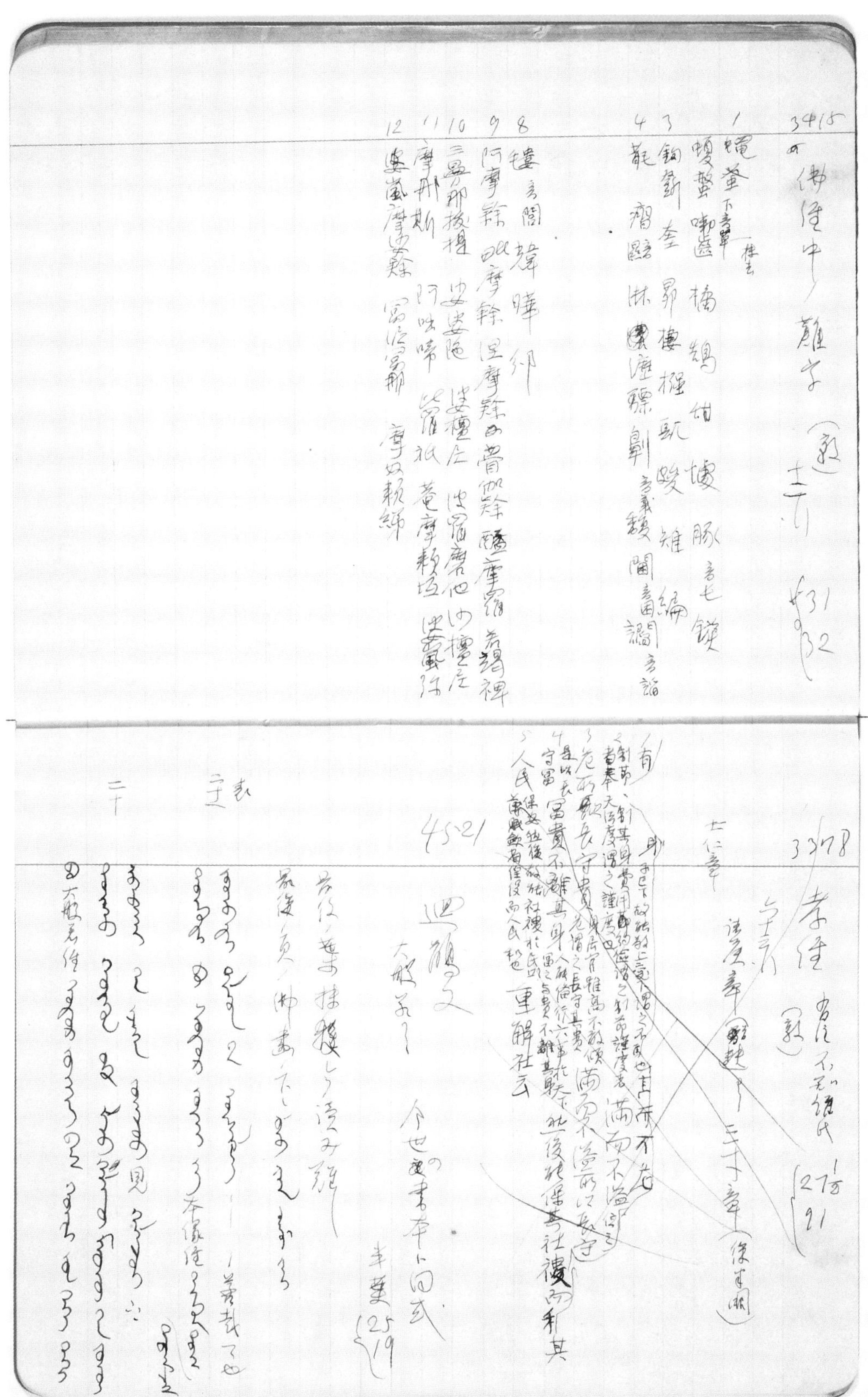

4524

両面、唐文

唐本書

作是語已觀自在菩薩摩訶薩
般若波羅蜜者應云修学
善男子善女人欲修行甚深
佛威力白觀自在菩薩曰若
五蘊體空时具壽舍利子
行心般若波羅蜜多时照見
摩地復於尔時觀自在菩薩
尊〻諸法平等甚深顯了三
諸菩薩摩訶薩俱尔時世
鷲峯山中与大比丘衆及
如是我聞一時佛住王舍城
般若波羅蜜多心経

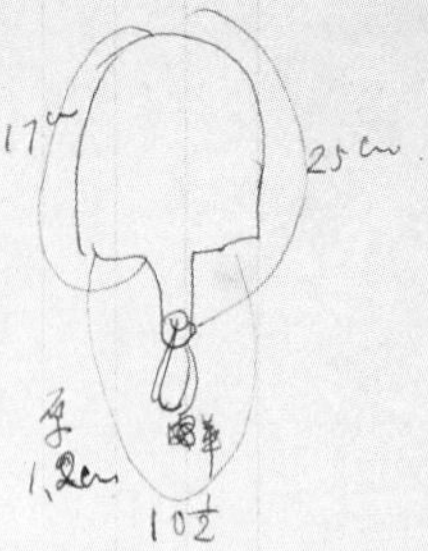

3256

法儀文（題）

傳通者則哉

聖神贊善之謂歟伏惟　聖君三星寶

道開誦

略

書　判ハ此ニ付

1 天生者所居山名法華智覺観寺始七歳因随父兄入寺至法花
六卷随開便誦除一卷不開而自悟也行年廿五遇思大和上寡訖

不思議之法為名者人耶

従文　讃善ノ法儀文ノ二文ト解ス

4517

佛画切抜　五葉

佛画ノ針書　刺繍ノ下書　五葉

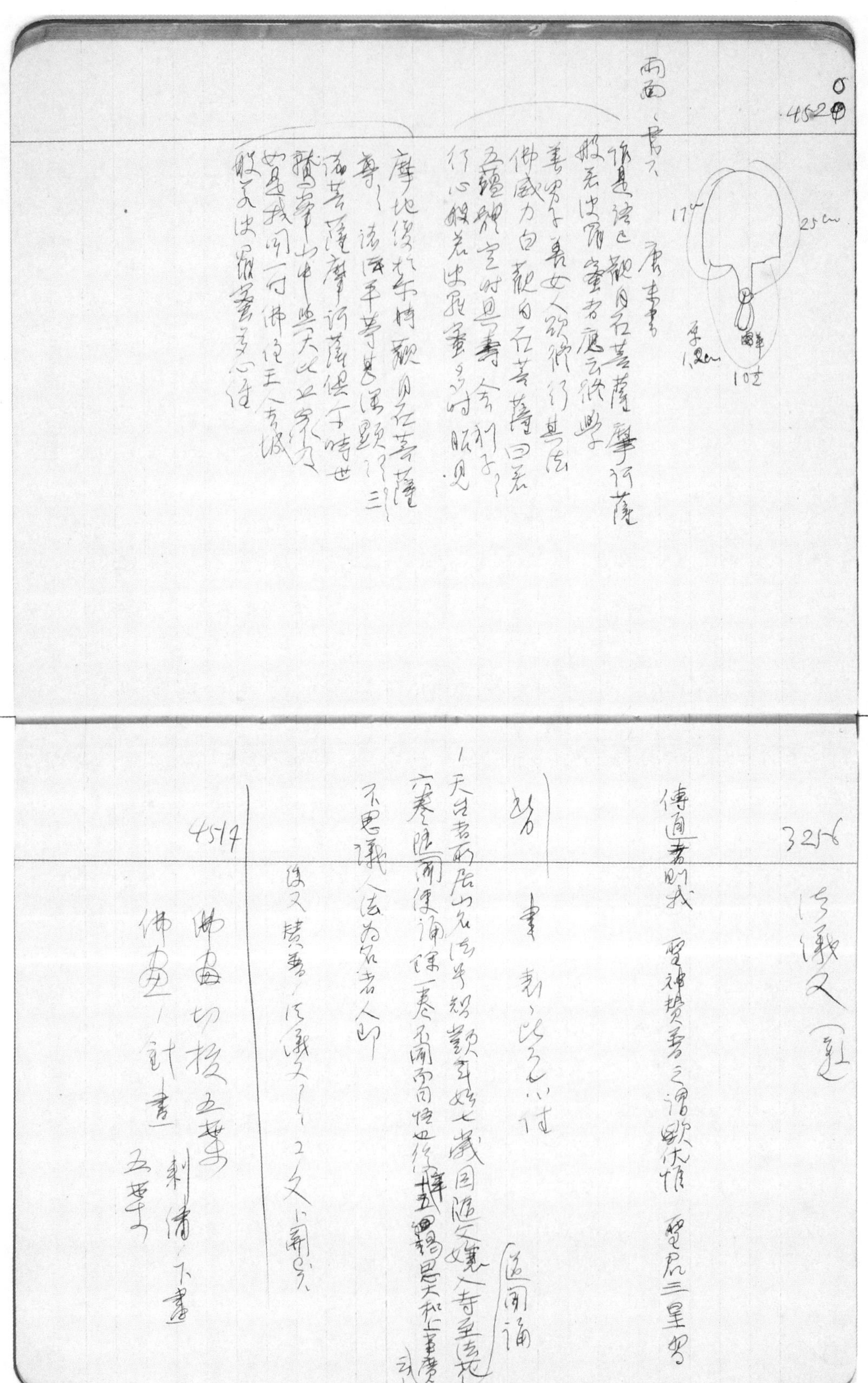

3372

孝經 乙

78 則弟悅敬其君則臣悅敬一人則千萬人悅所敬者寡而悅者衆 此之謂

79 要道章 廣至德章第十三 子曰君子之教以孝也非家至而 悅見之

經注 八九

十八章

此紙中

癸酉年十月三日淨土寺

又 1 社司轉帖

2 右緣常年建福一日人各粟一斗[illegible]

帖者准條科罰帖周却付本司用憑告罰 壬申年十二月廿日錄

6 社官宋毅子 社長[illegible]安德

2545 背 2545 十三 孝 1

3372

孝經 [illegible] 序 七十九行

孝經一卷 并序

孝經者魯國先師姓孔名。 梁。

紇後娶顏氏之女徵在而無子。故其於尼丘山而生[illegible]。 名丘。仲尼。居有。

孔子甚有及之字家居

聖德挺聘之諸國無能當。春秋。

道隱逢亂茲甚[illegible] 獨生。皇靈。衰。世代。之。黜

[illegible]倉生之莫是久。故。命。孔子。使。述。六。藝。以。待。明

主有飛鳥爰遂文書 秦。滅。法。孔。經。存。孔

子既覩此書懸車南山之 彰。魯。哀。公。十。 歸魯

修春秋述易道刪詩書定禮樂教於洙泗之

門弟子四方之者三十餘人受業身通達 者

七十二人唯有弟子曾參有至孝之性故因閑 大孝皆經畢

居之中為說孝之大理弟子錄之名曰孝經夫

三才之經緯五行之綱紀若無孝則三才不成

五行僭序是以在天則曰至德在地則曰愍德施

之於人則曰孝德故下文言夫孝者天之經地

之義人之行 三德同體而異名蓋孝之殊途經

者不易之稱故曰孝經 開宗明義章第一 仲

尼居。曾子侍。子曰。先王有至德要道以順

ア077

蕃文（敦
一葉二面　十六行
方書

22
486

背

四海式
若石行章一巻　要兵之言
崇贊　甚鄆越勢
平季氏期綾押衙　北方大迴鶻國序
燉煌郷百姓　郝骨崙
右骨崙小失父母見弟吹坐在向北迴鶻手

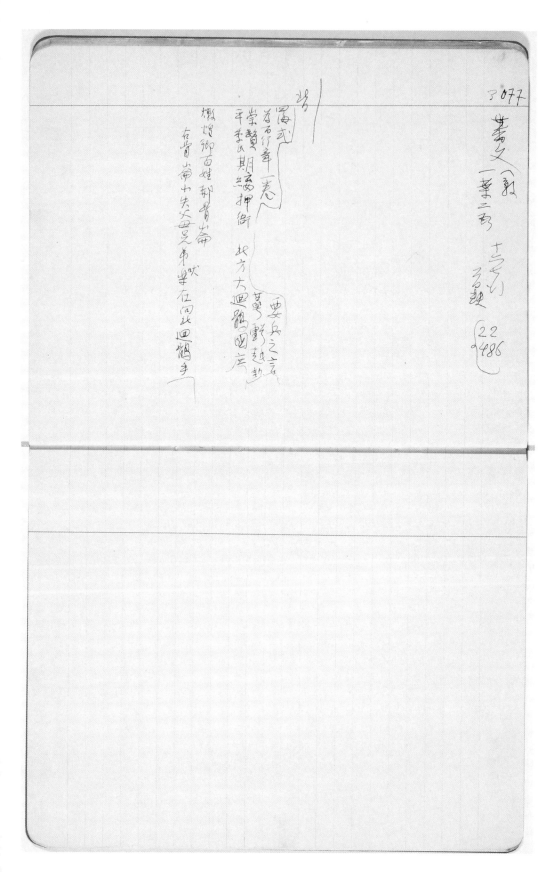

（影印部）

40-3 Pelliot 2119-2984

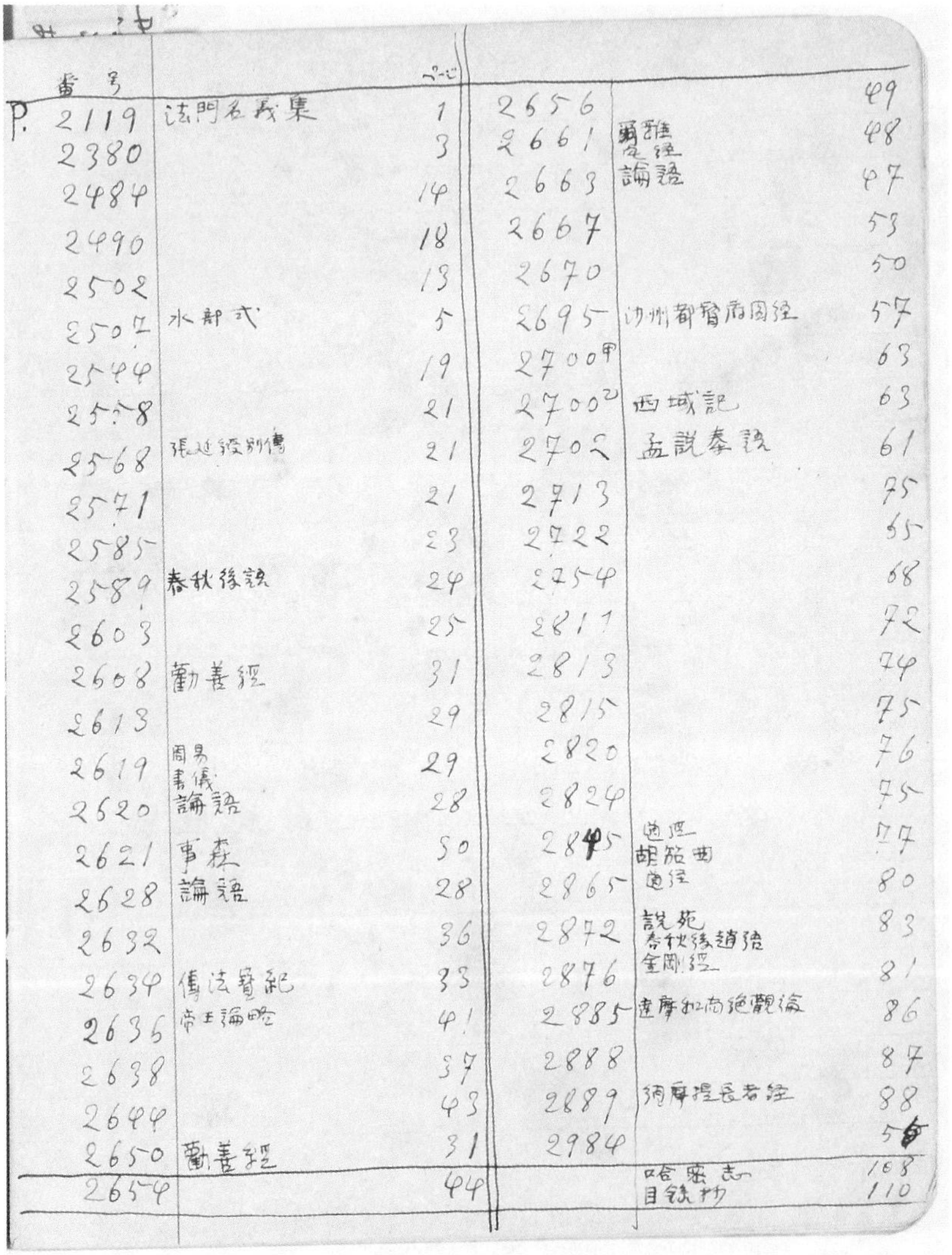

番号		ページ			
P. 2119	法門名義集	1	2656		49
2380		3	2661	爾雅 孝経	48
2484		14	2663	論語	47
2490		18	2667		53
2502		13	2670		50
2507	水部式	5	2695	沙州都督府図経	57
2544		19	2700甲		63
2558		21	2700乙	西域記	63
2568	張延綬別傳	21	2702	孟説秦語	61
2571		21	2713		75
2585		23	2722		65
2589	春秋後語	24	2754		68
2603		25	2811		72
2608	勸善經	31	2813		74
2613		29	2815		75
2619	周易 書儀	29	2820		76
2620	論語	28	2824		75
2621	事森	50	2845	道經 胡笳曲	77
2628	論語	28	2865	道経	80
2632		36	2872	說苑 春秋後語	83
2634	傳法寶紀	33	2876	金剛經	81
2636	帝王論略	41	2885	達摩和尚絶觀論	86
2638		37	2888		87
2644		43	2889	須摩提長者経	88
2650	勸善經	31	2984		56
2654		44		哈密志	108
				目録抄	110

二一一九、

~~法門名義集~~

法門名義集　東宮學士李師政奉陽城公教撰

若夫法體沖寂眞性平等名相本無言語斯絶然而
證等之智力了不同之緣體寂之緣人乃成无礙之
辯若杜口變言聖人何以垂化發心捨教凡惑无由
生解故无說不妨於樂說以知无名不壞於假名
因名以返寂然則探法之名釋名之義理之津道
可不務乎但布在羣典難得而究集而釋之則
易觀矣　今緣其所見聞所未詳以類分之
稱為七品　身心第一　過患第二　功德第三
理教第四　賢聖第五　因果第六　世界第七
但法门无量鄙識有崖其猶以管窺天以
蠡酌海得淺遺深十不知一請後達者補
其闕焉
諸法门名數名注要略
身心品法门名義第一

二三九〇

(下)

表

大唐開元廿七年二月一日
開元聖文神武皇帝上為
宗廟下為蒼生內出錢七千貫散為
道士馮楚瓘　初校
道士常乘雲　再校
道士　衙思遠　三校
（下缺）

裏

潼谿下
三年正月　李希烈反　七月收襄城縣
（十三日　收汝州）
三月廿日　哥舒　初收汝州李希烈　設兵馬　瑞　幷相　白司官
收汝州又收鄧州　兵馬大使　至貞元二年四月七日中毒被陳
仙期斬首送至城　西市　示号令　至六月又斬陳仙期首
扶立吳少誠奏求使節　與吳少誠蔡州刺史兼觀察使
貞元三年甲子十月李希烈反　貞元四年乙丑　全　含元殿　立
欲御丹鳳樓豎金雞故大赦天下

2810
4073

2507.
長 2m.89
幅(欄內)m.23 (紙面)m.28.
水部式(鳴沙石室佚書)
黄麻紙

涇渭白渠及諸大渠用水漑灌之處皆安斗門並
須累石及安木傍壁仰使牢固不得當渠造堰
諸漑灌大渠有水下地高者不得當渠 堰聽
於上流勢高之處為斗門引取其斗門皆須州縣官
司檢行安置不得私造其傍支渠有地高水下須臨
時暫堰漑灌者聽之凡澆田皆仰預知頃畝依次
取用水遍即令閉塞務使均普不得偏併
諸渠長及斗門長至澆田之時專知節水多少其州
縣每年各差一官檢校長官及都水官司時加巡察
若用水得所田疇豐殖及用水不平并虛弃水利 恒
者年終錄為功過附考
京兆府高陵縣界清白二渠交口着斗門堰清水
准水為五分三分入中白渠二分入清渠若水雨過多
即與上下用水處相知開放還入清水二月一日以
前八月卅日以後亦任開放涇渭二水大白渠每年
京兆少尹一人檢校其二水口大斗門至澆田之時須
有開下放水多少委當界縣官共專當官司相
知量事開閉
涇水南白渠中白渠南渠水入口初分欲入中白渠偶南
渠處各着斗門堰南白渠水一尺以上二尺以下
入中白渠及偶南渠若水雨過多放還本渠其南
北白渠雨水汎漲舊有洩水處令水次州縣相知檢
校疏決勿使損田

龍首涇堰五門六門昇原等堰令隨近縣官專
知檢校仍堰別各於州縣差中男廿人匠十二人分
番看守開閉節水所有損壞隨即修理如破多
人少任縣申州差夫相助
藍田新開渠每斗門置長一人有水槽處置二人
恒令巡行若渠堰破壞即用隨近人修理公私材
木並聽運下百姓須漑田處令造斗門節用勿
令廢運其藍田以東先有水磑者仰磑主作節
水斗門使通水過
合璧宮舊渠深處量置斗門節水使得平滿
聽百姓以次取用仍量置渠長斗門長檢校若
漑灌周遍令依舊流不得回茲弃水
河西諸州用水漑田其州縣府鎮官人公廨田及職
田計營頃畝共百姓均出人功同修渠堰若田多
少亦准百姓量減少營
揚州揚子津斗門二所宜於所管三府兵及輕疾內
量差分番守當隨須開閉若有毀壞便令兩處
併功修理從中橋以下洛水內及城外在側不得造
浮磑及捺堰
洛水中橋天津橋等每令橋南北捉街衛士灑掃
所有穿穴隨即陪填仍令巡街郎將等檢校勿
使非理破損若水漲令縣家檢校
諸水碾磑若擁水質泥塞渠不自踈導致令水

溢渠壞於公私有妨者碾磑即令毀破
同州河西縣瀵水正月一日以後七月卅日以前聽百姓
用水仍令分水通靈陂
諸州運船向北太倉從子苑内過者若經宿船别
留一兩人看守餘並關出
沙州用水澆田令縣官檢校仍置前官四人三月以
後九月以前行水時前官各借官馬一疋
會寧關有船伍拾隻宜令所管差强了官檢校
着兵防守勿令北岸停泊自餘緣河堪渡處亦
委所在州軍嚴加捉搦
滄瀛貝莫登萊海泗魏德等十州共差水手五千
四百人三千四百人海運二千人平河宜二年与替不煩
更給勲賜仍折免將役年及正役年課役兼准
屯丁例每夫一年各帖一丁其丁取免雜徭人家道
稍殷有者人出二千五百文資助
勝州轉運水手一百廿人均出晋絳兩州取勳官充
不足兼取白丁並二年与替其勳官每年賜勳一
轉賜絹三疋布三端以當州應入京錢物充其白
丁充者應免課役及資助並准海運水手例不願
代者聽之
河陽橋置水手二百五十人陝州大陽橋置水手二
百人仍各置竹木匠十人在水手數内其河陽橋水
手於河陽縣取一百人餘出河清濟源偃師汜水

鞏温等縣其大陽橋水手出當州並於八等以下
户取白丁灼然解水者分為四番並免課役不在征
防雜抽使役及簡點之限一補以後非身死遭憂
不得輙替如不存檢校致有損壞所由官与下
考水手决卌安東都里鎮防人粮令萊州召取
當州經渡海得勳人諳知風水者置海師貳人拖
師肆人隸蓬萊鎮令候風調海晏併運鎮粮
同京上勳官例年滿聽選
桂廣二府鑄錢及嶺南諸州庸調并和市折租
等物遞至揚州訖令揚州差綱部領送都應須
運脚於所送物内取充
諸溉灌小渠上先有碾磑其水以下即棄者每年
八月卅日以後正月一日以前聽動用自餘之月仰所
管官司於用磑斗門下着鏁封印仍去却磑石
先盡百姓溉灌若天雨水足不須澆田任聽動用
其傍渠疑有偷水之磑亦准此斷塞
都水監三津各配守橋丁卅人於白丁中男内取灼然
便水者充分為四番上下仍不在簡點及雜徭之限
五月一日以後九月半以前不得去家十里每水大漲
即追赴橋如能接得公私材木栰等依令分賞
三津仍各配木匠八人四番上下若破壞多當橋丁匠
不足三橋通役如又不足仰本縣長官量差役事
了日停都水監漁師二百五十人其中長上十人隨

駕京都短番一百廿人出虢州明資一百廿人出房
州各為分四番上下每番送卅人並取白丁及雜色
人五等已下戶充並簡善採捕者為之免其課役
及雜徭本司雜戶官戶並令教習年滿廿補替
漁師其應上人限每月卅日文牒并身到所由其
尚食典膳祠祭中書門下所須魚並都水採供
諸陵各所管縣供餘應給魚處及冬藏度支
每年支錢二百貫送都水監量依時價給直仍
隨季具破除見在申比部勾覆年終具錄申所
司計會如有廻殘入来年支數

（此間数行欠失セルヲ其ノマヽニツギ合セタルモノヽ如シ）

ツギ目

限内木運

已了及水大有餘溉灌亦聽兼用
京兆府灞橋河南府永濟橋差應上勳官并兵部
散官季別一人折番檢校仍取當縣殘疾及中男
分番守當灞橋番別五人永濟橋番別二人
諸州貯官船之處須魚膏供用者量須多△
役當處防人採取無防人之處通役雜職
皇城內溝渠擁塞停水之處及道損壞皆令
當處諸司修理其橋將作修造十字街側令當
鋪衛士修理其京城內及羅郭墻各依地分當
修理河陽橋每年所須竹索令宣常洪三州□丁（坊）

9

匠預造宣洪州各大索廿條常州小索一千二百條
腳以官物充仍差綱部送量程發遣使及期
限大陽蒲津橋竹索每三年一度令司竹監給竹
役津家水手造充其舊索每委所由檢覆如
斟量牢好即且用不得浪有毀換其供橋雜
匠料須多少預申所司量配先取近橋人充若
無巧手聽以次差配依番追上若須併使亦任
津司与管匠州相知量事折番隨須追役如當
當年無役准式徵課
諸浮橋腳船皆預備半副自餘調度預備
一副隨闕代換河陽橋船於潭洪二州役丁匠造
送大陽蒲津橋船於嵐石隰勝慈等州折丁
採木浮送橋所役匠造供若橋所見匠不充亦
申所司量配自餘供橋調度并雜物一事以
仰以當橋所換不任用物迴易便充若用不足即
預申省與橋側州縣相知量以官物充每年出
入破用錄申所司勾當其有側近可採造者役
水手鎮兵雜匠等造貯隨須給用必使預為支
擬不得臨時闕事
諸置浮橋處每年十月以後凌牡開解合〔本△〕冰釋
抽正解合所須人夫採運榆條造石籠及絚索等
雜使者皆先役當津水手及所配兵若不足△
以鎮兵及橋側州縣人夫充即橋在兩州兩縣ミ△

者並於兩州兩縣准户均差仍與津司相知
湏多少使得濟事役各不得過十日
蒲津橋水匠一十五人虔州大江水贛石險難
給水匠十五人並於本州取白丁便水及解木作
充分為四番上下免其課役
孝義橋所湏竹簟配宣饒等州造送應
塞繫簟船別給水手一人分為四番其洛水
簟取河陽橋故退者充

40
100
100
60

二

2502
東
敦煌紙

寅年六月思董薩部落百姓鉢興逸為無粮
用今於處便麦四碩伍斗並僕斗其麦並
限至秋八月內還足如違限不還一任掣
奪家資雜物用充麦直如身東西不在一
仰保人等代還恐人無信故立此
契兩共平章書紙為記

九九八十一 八九七十二 七九六十三 六九五十四 五九卌五 四九三十六
三九廿七 二九十八 一九如九 八八六十四 七八五十六
六八卌八 五八卌 四八卅二 三八廿四 二八十六
一八如八 七七卌九 六七卌二 五七卅五 四七廿八
三七廿一 二七十四 六六卅六 五六卅 四六廿四
三六十八 二六十二 一六如六 五五廿五
四五廿 三五十五 二五十 一五如五 四四十六
三四十二 二四如八 一四如四 三三如九 二三如六
一三如三

13

2484　敦煌紙　縦30½cm　長2m.

戊辰年十月十八日就東園筭會小印子群牧駝馬牛羊見行籍
押衙兼知馬官索懷定群見行大駮馬叁拾肆足　三歲父馬陸足
肆足　當年駮馬駒肆足　大騍馬肆拾柒足　三歲騍馬屯足拾屯足　二歲父馬
二歲騍馬叁足　當年騍馬駒屯柒拾壹足
知馬官洪全子群見行大駮馬玖拾陸足　三歲父馬貳足　二歲父馬陸足
當年父馬駒玖足　大騍馬陸拾足　三歲騍馬玖足　二歲騍馬壹
拾壹足　當年騍馬駒壹拾貳足
知駝官張憨兒群見行大駮駝壹拾柒頭　三歲駮駝壹頭　二歲父駝
貳頭　當年駮駝兒貳頭　大騍駝壹拾壹頭　三歲騍駝壹頭
二歲騍駝貳頭　當年騍駝肆頭
知駝官氾醜兒群見行大駮駝貳拾貳頭　三歲父駝無　二歲父駝壹頭
當年父駝兒叁頭　大騍駝柒頭　三歲騍駝壹頭　二歲騍駝無
當年騍駝兒壹頭
牧牛人陳順德群見行大耕牛叁頭　三歲耕牛伍頭　二歲耕牛叁頭　當年兒
犢牛壹頭　大牸牛壹拾捌頭　三歲牸牛陸頭　二歲牸牛貳頭　當年女
犢子貳頭　又寄群牧大牸牛貳頭不入計數
計牛大小肆拾頭
（三頁　六行　畧）
牧羊人楊住成群見行大白羊羯貳伯柒拾伍口　二齒白羊羯肆拾叁口　當年
當年白兒羔子陸拾捌口　大白母羊壹伯五拾柒口　二齒白母羊肆拾柒口
白女羔子陸拾叁口　白羊大小共計陸伯伍拾叁口
大古羯壹伯壹拾陸口　二齒古羯叁拾肆口　當年古兒羔子肆拾貳口　大古母

羊捌拾肆口　二歳古母貳拾捌口　當年古女羔子叁拾叁口

羖羊大小共計叁佰叁拾柒口

（此間拾五頁　八十八行ヲ略ス）

牧羊人令孤于興群見行大白羊羯拾口　白女羊伍口　羖羊羯拾口

大羖母羊陸口（以下空白）

初メト用紙ノ接目毎トニ 歸義軍節度使新鑄印 ノ

朱印ヲ捺ス　計六ヶ処ヘ印ス

88

17

2490

廣順二年次歳壬午正月日記ノ條里圖ヲ、

六枚。初二行ヲ写ス。

半畝	八十	半畝一	百歩
半畝	七十	半畝八	十九歩
半畝	六十	半畝七	十八歩
半畝	五十	半畝六	十七歩
半畝	四十	半畝五	十六歩
半畝	三十	半畝四	十五歩
半畝	二十	半畝三	十四歩
半畝	一十	半畝二	十三歩
半畝		半畝一	十二歩
一百十		半畝	一歩

一畝

第一葉 十一行。 一行十段ヲ原則トスルモ 不完 九モアリ

第二葉 十九行 十二行完。 七行不完

第三葉 十九行 十二行完 七行不完

第四葉 二十行 十六行完 四行不完。

第五葉 二十行 十五行完 五行不完

第六葉 二十行 十二行完 八行不完

2544

一行廿　一行十　行八　一行五　行六　一行八　一行七　一行四

新詩文　校書多張字　敦煌紙

首題 酒賦一本　江州刺使劉長卿撰

兩人打一言道合郎知言酒如泉水酒如林

錦衣篇　錦衣兵服九天來 祿位功勳勤顯德　先春收

將軍何言不小使

漢家篇　漢家煙塵在東北 漢將辭家破殘賊

只今由憶李將軍

五將登壇但出師　長風都是送旌旗

老人甲子無計論 有中白毛世偶

今日歸心逐府行　先人篇

渡春　長安少年無遠圖 一生惟羨執金吾

不任何經春

君不見黃河之水天上來 流到海不復迴

為箇咸陽不復都

君不見秦始皇北遊渤海上 青陵漢家帝

為此同歎萬國愁

千秋万歲歸山間 杉柏合枝

19

三四
蓋色衰飢變成書私懷起　唯有明朝封五勝　老人相問嘆嗟詩
〃
三五
奉同遊貴起西東陌上春
〃
〃
三四十
晴仲春草木新初雨後[illegible]塵
言[illegible]摘介如等[illegible]史羅遊[illegible]斯
三六十
大夫沈帯四化國龍門賦　何[illegible]野[illegible]靈[illegible]　頌[illegible]
國門[illegible]南廿里[illegible]峨[illegible]
三廿
南[illegible]台曉人暮北印針故壞千[illegible]
[illegible]裏[illegible]何遺草　此部[illegible]
与[illegible]妻乎[illegible]山頂如何[illegible]臺
三四十
永和九年（蘭亭叙）[illegible]　[illegible]不[illegible]
定　二二丁
〃
〃

二五五八
佛說七千佛神符益算經一卷
初閲
佛說益算經　[illegible]文 八十三行　[illegible]文 五十四行
全

2568
南陽張延緩別傳
河西節度判官權掌書記朝議郎兼監察御史中丞柱國賜緋魚袋張俅撰
1.22
大文廿八行
于時大唐光啓三年閏十二月十五日傳記
（鳴沙石室佚書）

2097
25[illegible]
俗家[illegible]文教誨　楚目（印經跋節用集）
一百七十五行
諸男生日曰
生女曰
滿月曰
孩子曰
都尾
育生日尾
退之[illegible]故門第五　都[illegible]別[illegible]　都尾
都[illegible]曰
又曰　又曰　又曰

21

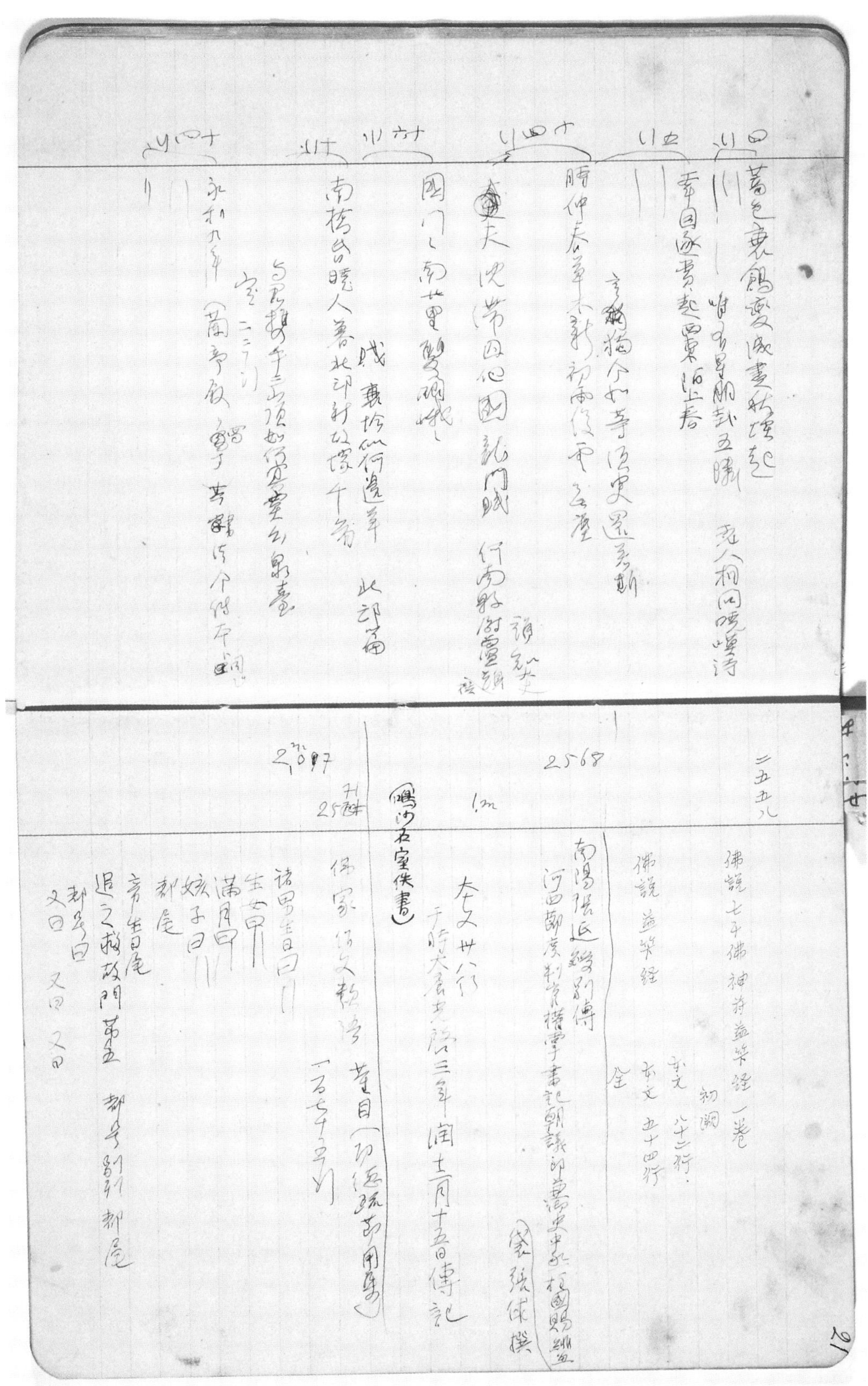

劉[illegible]去 帝之 官人夫人 父母 兄弟男女
帝忌曰 又曰
皇后曰
則天后曰
武后曰
太夫人
夫人
三孝
三孝先三
三姪曰
三男曰
三女曰
臨壙曰
兄弟三
如是 實[illegible]陀

2585

大周長安三年歲次癸卯十月己未朔四日壬戌三藏法師義
淨奉 制於長安西明寺新譯并綴文正字
翻經沙門婆羅門三藏寶思惟證梵義
翻經沙門婆羅門尸利[illegible]多讀梵文
翻經沙門吐火羅七寶臺上坐法寶證義
翻經沙門崇先寺神英證義
翻經沙門大興善寺伏禮證義
翻經沙門大福先寺上坐波崙筆受
翻經沙門清禪寺寺主德感證義
翻經沙門大周西寺仁亮證義
翻經沙門大總持寺上坐大儀證義
翻經沙門大周西寺寺主法藏證義
翻經沙門佛授記寺都維那惠表筆受

23

2589

收在鳴沙石室佚書 百十四行 戰國策 魏策 春秋後語

2m34

出王再拜而遣之唐雎到入見秦〻王〻曰大人芒然而
遠至此甚苦矣夫魏之來求救者寡人知魏之急也唐
雎對曰大王知魏之急而救不發臣竊以為用策之
臣無任矣夫魏力乘之國然所以西面而事秦稱東
藩受冠帶祠春秋者以秦之強足以為与也今齊楚
之兵已合於魏郊而秦救不發多恃賴其未急也使
之而急彼且割地而約從于齊矣收爲弋待其急而
救之是失一東藩之魏而彊二敵之齊楚則王何利焉
於是秦王遽發兵救魏〻以復完也　趙惠文
王卒范痤

十行 九行

武侯十六年卒子惠王立
馬陵為齊軍所虜龐涓死
八 惠王卅年秦趙齊共伐我秦將公孫鞅詐我
為人君仁義而已矣何以利為
十 惠王卅六年卒葬有日矣天大雨雪甚至於牛目
太子既立是為襄王
九 襄王元年与諸侯會于徐州諸相王也
襄王嘿然無以應之而遂罷華者耳
古 襄王十六年卒子哀王立
哀王八年相田需死
十二 鄢陵君以五十里之地存者徒以有先生故也

十三行
初鄢陵人縮高其子仕於秦
大赦降城亡子不得与居今縮高

十五

2603

讚普滿偈
由在嚴普滿塔六層其義細別道而層校倉
抽機構欄及門外塗飾亦白漿五等都計
料錢一千五伯貫文為 國及六軍兼
姓由修普滿塔開讚時一人為首轉化多人
每人化錢十文豆陌謹課偈詞十首使當頭
筆首勝事難逢切要知敢脩聰賢細尋
思新合法會開晨日山海干戈偃息時俳
事菁修唯在信君恩酬報更何疑同裝
普滿寺無意在夜僧十偈詞
第一首巍峨長慈瑞煙濃高絕般輔頭感
蹤擇燦金恩白大玲瓏棋疊十重亂高伴寺
鳴人樂憫雲神州億封孝幾度曾登瞻
宇宙一僧內禮紫金容
第二首遊主經今二百秋覓細碑記見因由
涌靈照耀何方得古神功設處於歲月漸
遥備化情雨風頻催信心受勝境摧殘

後滿國人心總朝終
第四首何人會遊此不閑 歎幾多故遊好意自閑
衆西覩如十里窟外遥看似八坊山雲程衡
高時身上月桂仍疑辰于攀每度下来迴手
望如從天上到人間
第五首崔嵬寶漢出金輪 鳥陣衝来到此
分勢偉三層百里見名蓮十絶八方開窗向客至
風難立影裏僧居日易暁經歴歳深山嶽故
時每終佇過聖明君
第六首見説初從羅漢僧来門行化現威
神蹤淮接海北梁棟似電如雷運斧斤
碑上細出彼鐫成佛前端正塑金身當時
寶塔新終日此會筆無見老人
第七首春大澄上看京華景引吟情到
日斜過極目樹芳堆錦繡近城河勢曳雲霞
竹叢鳴鶯韻和風散富貴朱門楊柳遶
西北鳳樓連玉殿紫雲深處帝王家 第八首
終後經今幾歳華恐風狂雨莫能遮構
欄物忽落朱膠色料柱金消軟立花近日轉
加深破碎是人無不起傷嗟 講開敢望裝
嚴就金仗梁園百萬家 第九首
至德年終歳月遥持經捅滴来劫盡
笑磨壞爲多虫穴冊朦臘緑是鳥巢塵

梁 御書懸户觀風飄拂、綱桂林楣今開 構
講會同嚴飾梭利金鴻導首抄、第十首
十首同草灣不圖其如端正重難傳高
位自有神靈護書夜無堂嚴遊
樣好已知通國情功多須是人家終々
後僧施勸門徒聴且待裝嚴就即休
開運二年八月日相國寺主上座賜紫
沙門演正言 當講佐律僧録圓鑒

2620

論語（集）解 祖本

子曰先進於禮樂野

論語卷第六

2628

論語 安紙

子路篇

有以避人之法 有避世之法也

法者也 已之為士則從避世之法也 耰而不輟 鄭曰耰覆種也 覆種不止 輟止也 不遠篤

堯曰第廿 何晏集解

堯曰

信也 君道無隱蔽 也簡在天心故也 睡野本

二六一三

二米九 百五行

咸通十四年癸巳歲正月四日當寺 尊宿剛管徒衆等就庫

交割前都師義進法進手下常住幡像幢傘供養具鐺鑊銅鐵

函櫃車乘氈褥天王衣物金銀器皿及官匹帛紙布等

點檢分付後都師 [illegible] 直歲法深 具色目如後

窠轉經文

29

2619

易 完 從節 中字有封 已校訖

1m03

皆 書儀

5 姊妹 姊書

十一 囚

月日 位姓名狀通 其即記室

答書

與親家翁母書 月日 姓名九通

親家翁 記室 二廿 題函

答書

與親家翁 書

答書

從叔書

答書

問馬墜書

答書

問疾

答書

答書

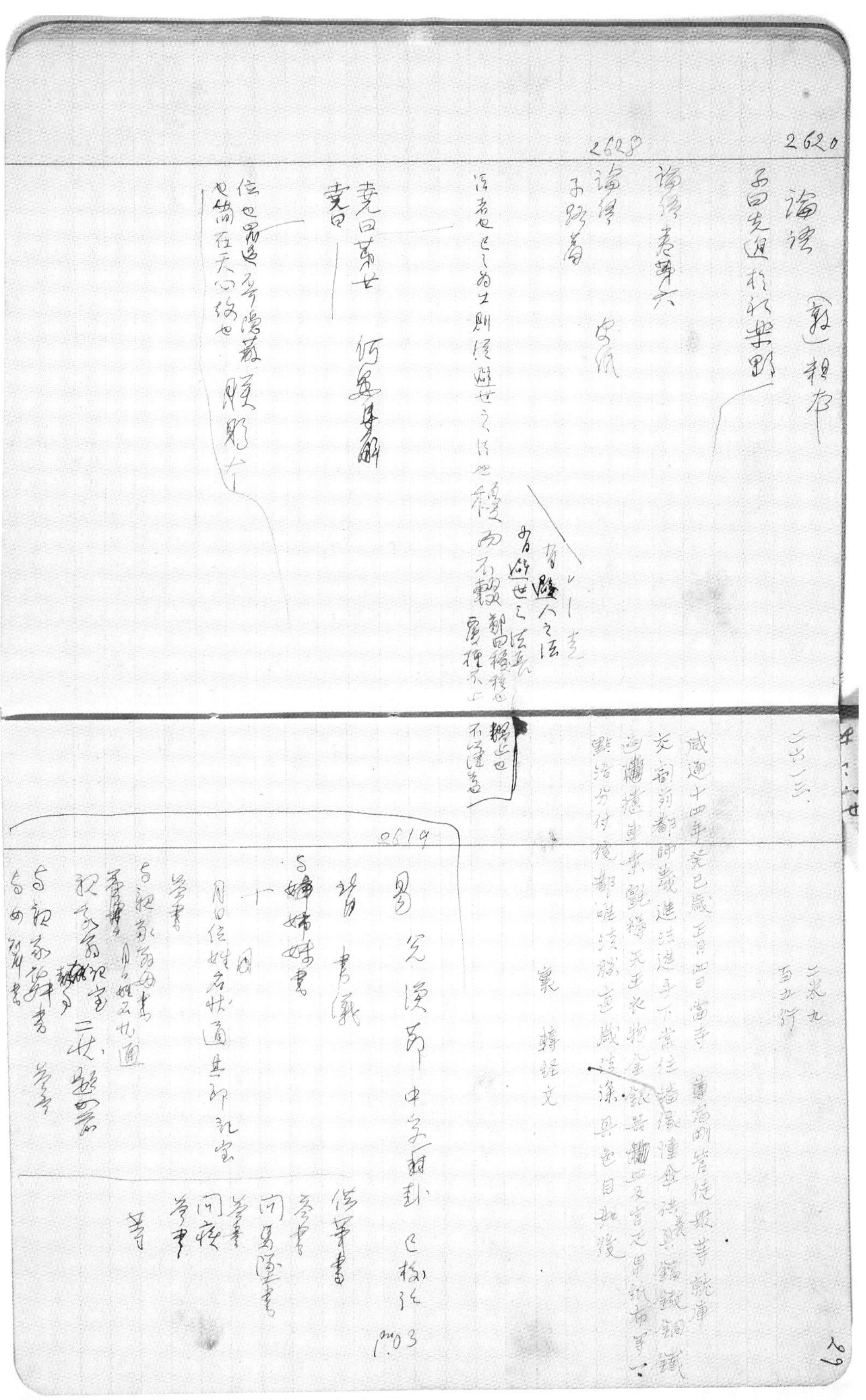

2621

類書　巻之四　事表　或八事表　張力　杜書

巳

○虞徳篇　三篇アリ

○孝友

靈輒　史記

韓信　前漢書

巡　秦穆公　高士傳

楚昭　後漢書

明母

以上　方幼篇（札）

閔子騫　孝妣

蔡順　孝子傳

董黯　會稽錄

薛苞

郭巨　孝子傳

江革　漢書

鮑出　漢書

魏孔　後漢書

王祥

趙孝

孟宗

季札　說苑？

孟軻

虞徳篇

許由　高士傳

魏芝　列女傳

范冉　後漢書

楊震　後漢書

陳寔　漢書

黄昌

郝子廉　前漢書

羊續　前漢書　良史傳

盛宗　吳錄

華歆　世說

季友

龐　列女傳

蔡順　後漢書

老萊子　孝子傳

王祥　同

吳猛　同

孟宗

黄香　史記

事表

戊子年四月十五日李印自記

書寫好記

寫書不飲酒恒日筆硯

且作隨疑追印与後人看

詩

事儀

子書識

武邸出飾

御前進使

（本文也）

漁父　數須往

跋

前進士河鍋揆

占百鳴可趣

心印發菊西

熟目閲事法

廣子年廿月

十日河閲納

元亀三

二六〇九

勸善經一巻

長〇、四一、十九行、

勑左相馮[?]下諸州勸諸衆生每日念

阿彌陀佛一千口斷悪行善今年大熟無人

收刈有數種病死第一瘧病死第二天行

病死第三赤白痢死第四赤眼死第五第八産

生死第六水痢死第七風病死今勸衆生

寫此經本一門難寫兩本免六親見此經

不寫者滅門門上榜之得過此難無福者不

可得見此經甚經從南來正月八日雷電霹

靂空中有一童子年四歲又見一老人在路中

見一蛇身長丈丈尺人頭言是遞呼差入[?]白

為太山崩要女人丈丈衆須手丈丈頭着

病者難差寫此經者得免此難不信者着但

四月一日三家使一年五男同一歸猶尼巡

門勸寫此經流傳若被卒風吹却不免

此難聖人流傳流真言報諸衆生歎

莫信邪師見聞者遞相勸念阿彌

陀佛不久見太平時

貞元十九年正月廿三日下

勸善經

二六五〇、[?]十九行

本文一行目「勅」字　上方に書ク

四行目之第八産は　第五女人産となる

六行目　此經本は　此經一本となる

八行目　甚經の二字なし　九行目「路」字なし　十行目「長」

字なし　十一行目　女人の「人」字なし　十二行目　須は[?]須

十三行目　着但は　但着　十三行目　男は　男　十五行目　流の字なし

「歎」字なし　十六行目那の後に「言」字あり「遞」は「遞」十八行目　經「下」字なし

91.

2634.

傳法寶紀并序　京兆杜朏字方明撰
稽首善知識能令護本心猶如瑠璃水中珠力頓請現
所以令脩紀明此遞傳法願當盡未來廣開仏智見
本已來離言說相離名字相離心緣相畢竟平等无有

2634

傳法寶紀并序　京兆杜朏字方明撰
稽首善知識能令護本心猶如瑠璃水中珠力頓請現
所以令脩紀明此遞傳法願當盡未來廣開仏知見
序曰我真實法身法仏所得離諸化仏言說傳乎文字
者則此真如門乃以證心自覺而相傳耳是故論云一切法從
本已來離言說相離名字相離心緣相畢竟平等无有
變異不可破壞唯是一心故名真如又曰證發心者從淨心
地乃至究竟證何境界所謂真如以依轉識說爲境界
而此證者无有境界唯真如智名爲法身又脩多羅說
菩薩摩訶薩獨一靜處自覺觀察不由於他離見妄想上
上昇進入如來地是名自覺聖智是故若非得无上乘
傳乎心地其孰能入真境界者哉昔廬山遠上人禪經
序云仏付阿難〻〻傳末田〻〻地〻傳舍那婆斯則知爾
後不墜於地存乎其人至矣豈夫繫執因果探研句義
者所能入乎則猶多聞所謂宗通者宗通謂緣自得勝
進遠離言說文字妄想趣無漏界自覺地自相遠離一切
虛妄覺相降伏一切外道眾魔緣自覺趣光明暉發是
名宗通相是直趣之地非義說所入信矣其有發迹天竺
來適此土者有菩提達摩歟時爲震旦有勝患者而傳
默指真境乎如彼弱溺頓使返照乎眾如暗室發大明焉
以得而言亡既而味性有殊高拔或六毀所習无求
勝智翻然頓授盡爲鮮矣唯東魏惠可以身命求之大師傳

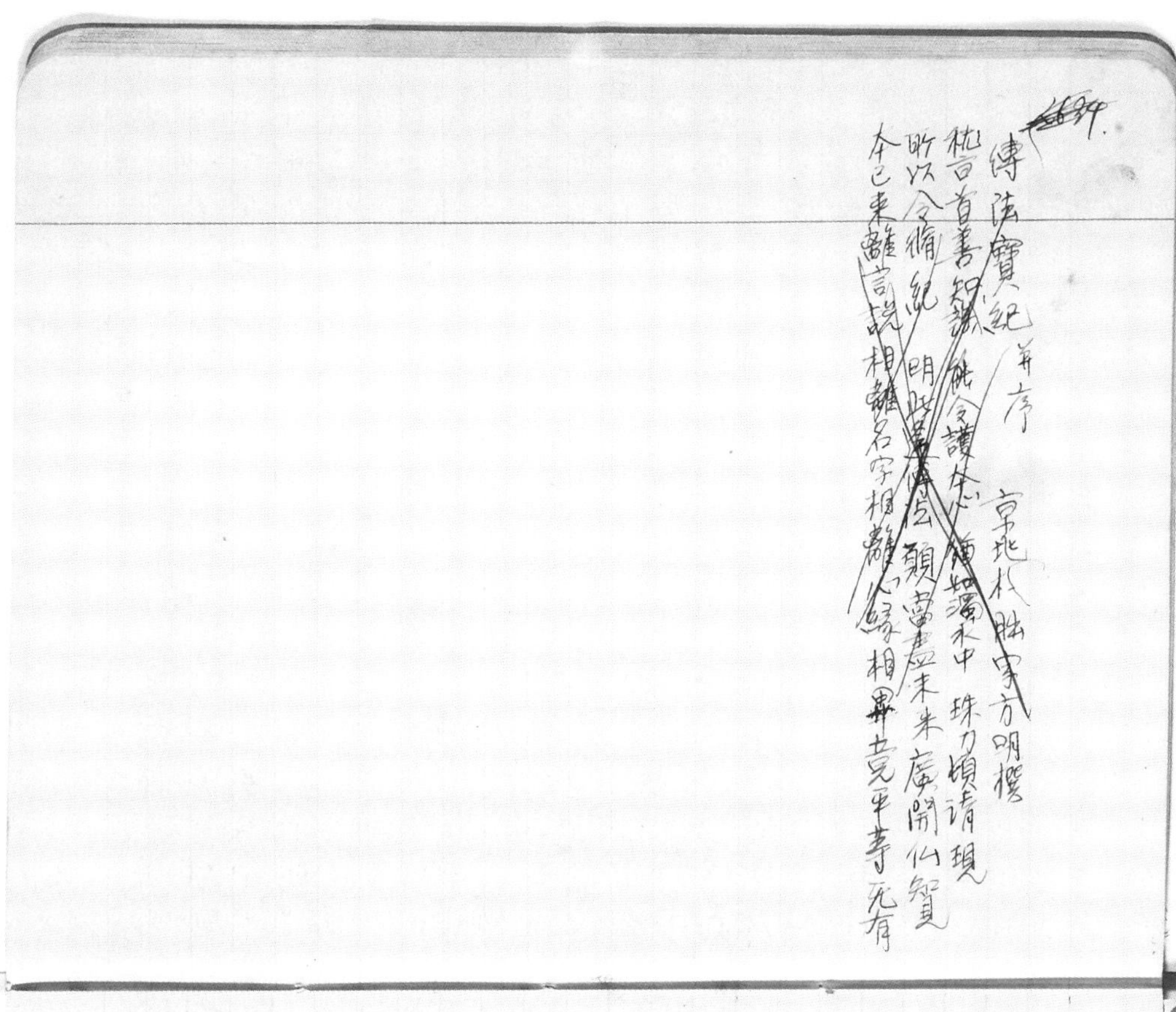

之而去惠可傳僧璨璨傳道信信傳弘忍忍傳法如如及乎
大通同遵達摩之後師資開道皆善以方便取證於心隨所發
言略無繫說今人間或有文字稱達摩論者蓋是當時
學人隨自得語以為真論書而寶之亦多謬也若夫超悟
相承者既得之於心則無所容聲矣何言語文字措其間
哉夫不見至極者宜指小以明大欲若世法有練身丹以日
畀天者必須得仙人身傳練訣真丹乃成若依經字擬
畫終虛濫矣此世中有為丹猶在必然況出世上真宗豈
繫于言說故斯道微密罕得其門雖法不依人依義不依語
自非善知識何以觀之今此至人無引未易能名將以後之發
蒙或因景慕故今修略紀自達摩後相承傳法者著之
於次以為傳寶紀一卷雖當發其所見不在通所化方處其目
所取書紀以明者既而無為證合而傳記自簡至於贊
證聖趣靡得甄言也又別有見圖將為後記然相承
禪師諸界自然至寂處相迹自消月在生平不現其無所靡聞
靈迹以啟略諸又猶及秩戒西元迹不取矣又目達摩之後
至于如隨唐其有高僧玄拔詳之闡境者亦何世無之
已非相傳授故別條列傳則照此法門之多主也

東魏嵩山少林寺釋菩提達摩
北齊嵩山少林寺釋惠可
隋皖公山釋僧璨
唐雙峯山東山寺釋道信
唐雙峯山東山寺釋弘忍
唐嵩山少林寺釋法如
唐當陽玉泉寺釋神秀

達摩大婆羅門種南天竺國王第三子神機聰晤傳
自覺聖智廣為人天開佛知見為我震旦國人故航海
高山時罕有知者唯道昱惠可宿心潛會精竭求之師
六年志取通照大師當從容謂曰爾能為法捨身命不惠
因斷其臂以驗誠懇案餘傳云被賊斫臂蓋是一時謬傳耳自後始密以方便開發
方便開發皆師資

35

2632

占夢書
占十二時法
占日闘十月十二日同占法
鳥鳴占 占四時事占法 第廿七
占地動 不廿三
占日月傍氣法
占風法
五音行宅法
六情法
六衝法　十二刑法
六鈎法
五行生相法

3.26

手決一卷
咸通十三年八月廿五日於燉煌郡寫記
姓、録、宅、吉凶、録

皆
六姓
徴姓　李史潘田鄭蔡毋賈丁秦 ── 廿
宮姓　蒙米范馮閻 ── 卅
商姓　王梁唐陽章張 ── 廿
羽姓　吳孟袁彭馬 ── 廿

2638

2.16

敦

朱印　河西都僧統印

儭司教授福集法律金光定法律願清等　状
右奉　處分令執掌人衆儭利從癸巳年六
月一日已後至丙申年六月一日已前中間三年應
所有　官施私施疾病死亡僧尼散施緤車
頭衆儭並前儭迴殘所得綾錦綾綃緤褐布
衣物盤椀卧具什物等請諸寺僧首禪律老宿
等就淨土寺算會逐年破除並支給以應管僧尼
一了出唱具名如後
巳年　官施衣物唱得布貳阡叁伯貳拾尺　陰僧
統和尚衣物唱得布玖阡叁拾貳尺　僧法律衣物唱
得布叁伯陸拾叁尺　陰家夫人臨曠衣物唱得
布捌伯叁拾尺　甲午年　官施衣物唱得布貳阡叁
伯貳拾尺　大乘律衣物唱得布肆阡捌伯肆拾尺　又
書伴衣物唱得布伍阡伍伯捌拾尺　龍張僧政衣
物唱得布肆阡柒伯柒拾陸尺　普精進衣物唱
得布貳阡玖伯肆拾捌尺　乙未年　曹僕射臨曠衣物
唱得布叁阡伍伯肆拾尺　大王臨壙衣物唱
得布捌阡叁伯貳拾尺　梁寺判臨曠衣物唱得
布伍伯壹拾尺　國元染衣物唱得布叁阡肆伯
柒拾伍尺　普祥藏衣物唱布貳阡伍伯捌拾
尺　大公主花羅衣唱得布捌伯尺　王僧統
和尚衣物唱得布陸阡叁伯捌拾貳尺　孫上律衣

97

物唱得布貳阡貳伯陸拾陸尺

已上件應出唱衣物計得布伍
萬捌阡伍伯貳尺

廻殘樓機綾叁疋生絹伍疋黃小綾襖子壹領鳥玉 大領之
常住羅具玖半計又得見布捌伯肆尺 㲲緤 安
叁拾疋、細緤柒疋 絹壹伯貳拾捌尺 綿綾貳疋
官施見布肆伯尺 㲲緤壹拾壹疋 大綾貳疋
宰相錦襖子價樓機綾貳疋 散施綿綾叁疋又
綿綾壹尺王僧統襖子價入 細緤陸尺 㲲緤半
疋 又㲲緤玖尺絹價入 紅

上件三年共得大小綾柒疋
生絹伍疋 綿綾伍疋 㲲緤伍拾
壹伯貳拾尺八 生絹
柒疋 計壹阡肆伯伍拾貳
大 細緤壹拾叁疋 計叁伯
貳拾伍尺 布壹阡貳伯肆
尺 已前出唱衣物及見緤布
都計陸萬壹阡肆伯伍拾陸
尺

出破數 樓機綾壹尺寄上于闐 皇后用
樓機壹尺贖鞍上 官家用 大綾壹尺
上司空用 又樓機綾壹疋浴大衆用 生
絹貳尺大雲永安慶寺人事用 又生絹

貳尺 郡君小娘子會親人事用 又生絹壹
疋 又賀 官鞍價用 生絹壹疋 買㲲緤
玖尺 浴大衆用 生絹壹疋二月八日賞樂師
用 生絹壹疋 大公主上梁人事用 絹捌疋
尺 綿文書估用 綿綾壹尺聖光寺慶用
綿綾壹尺用之 寺窟上梁用 綿綾壹尺安
國慶寺人事用 綿綾壹尺 甘州大公主滿
月人事用 綿綾壹疋 二月八日賞樂師用
綿綾壹尺 于闐僧襖衣用 綿綾襖子壹領
三界寺去賞樂人事用 細緤壹拾柒尺 㲲緤 大公
主滿月及三年中間諸處人事等用
伍拾柒尺 三年中間諸處人事七月十五日
賞樂人 二月八日賞樂師禪僧衣直諸寺
蘭若 安陽等用 布貳阡柒伯壹拾尺
三年中間治僧行八日樂師七月十五日供樂
三窟禪僧衣直布翟慶陽平孝等用
貳伯壹拾尺 東修開新安寺布翟法律用
捌拾尺賞 觀和尚用 壹伯伍拾尺賞交
儭大德三人用 玖拾尺賞都司三判官等用
貳拾尺交大衆維那用 肆伯尺 繪新日供主
用 貳伯肆拾尺 折送路潞機收用

已前件都計破得大小綾肆尺
生絹捌疋捌尺 綿綾陸疋伯 㲲緤

39.

官

叁伯貳拾伍尺　麁緤壹疋肆伯
貳拾伍尺布叁疋玖伯尺　已上件
三年間破除外見存大白綾壹
疋　樓機綾貳疋　布伍萬伍阡
捌伯陸尺

應管諸寺合得儭僧計叁伯伍拾陸人
沙彌壹伯陸拾叁人合全捌拾壹人半合得
儭大戒式叉尼計叁伯柒拾玖人尼沙彌計
柒拾壹人合全叁拾伍人半　已上件僧尼通
計捌伯伍拾貳人〻各支布陸拾尺僧尼沙
彌各支布叁拾尺

准前件見存緤半滿二種支
付外餘布肆阡陸伯捌拾陸尺

右通前件三年中間沿眾諸色出唱
人事平孝贈設破除及見在一一謹
實如前謹錄狀　上伏請　處分
牒件狀如前謹牒

清泰三年六月日儭司法律
儭司教授福集
儭司法律

户

背　唐證序

辯密三六.

帝王論略　史紙

二米六五.五
三四七行、
長

隨刑此必然之理也所謂禎祥
獲麟磻溪之兆殷感傳巖之夢是其祥也所謂妖孽者
鬼哭山鳴日闘星霣亡周之褒姒亡秦之孫強是其孽也由
天意人事相參而成將為子說治亂之跡暨愚二貫
皇五帝之君德合天地明並日月窮機體奇微妙玄
非庸所敢輕議但略陳其事存而不論暨乎三代則臣
明世有治亂興亡之運可得而言其明者可為軌範昏
闇者以其狂暴試論之至於守文承平無咎無譽非
所由者亦所不說也

炎帝　黃帝　三皇　少昊　顓頊　帝嚳　唐堯　虞舜　五帝　夏禹
桀　殷湯　太戊　武丁　紂　周文王　武王　成王　太
厲王　宣王　幽王
泰始皇　二世
以下本文

帝王論第一

帝王論第二
漢高祖　太宗文皇帝　世宗孝景皇帝　世祖武皇帝　孝昭皇帝　海昏侯
高祖孝宣皇帝　孝元皇帝　孝成皇帝　孝哀皇帝　高新王　莽
後漢世祖光武皇帝　顯宗孝明皇帝　肅宗孝章皇帝　孝桓皇帝　孝靈
皇帝
以下本文　元帝以至3

160
180
340

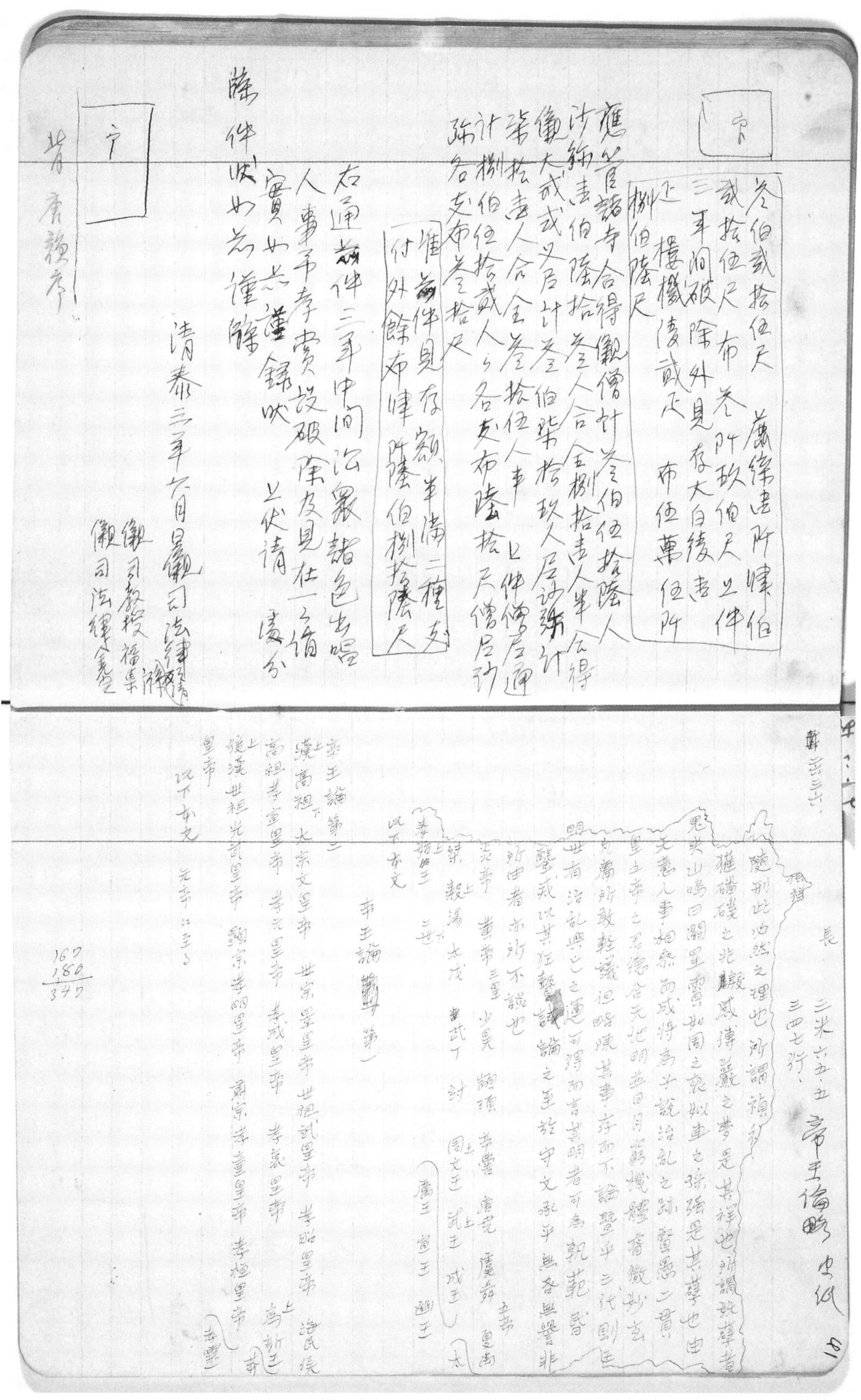

二六四四

妙法蓮華經第三

咸亨三年三月七日經生王謙寫

用紙十九張

初校經生王思謙

再校經行寺僧仁敬

三校經行寺僧思忠

詳閱太原寺大德神符

詳閱太原寺大德嘉尚

詳閱太原寺主慧立

詳閱太原寺上座道成

判官少府監掌冶署令向義感

使太中大夫守工部侍郎永興縣開國公虞昶

長 冊0.四三.五

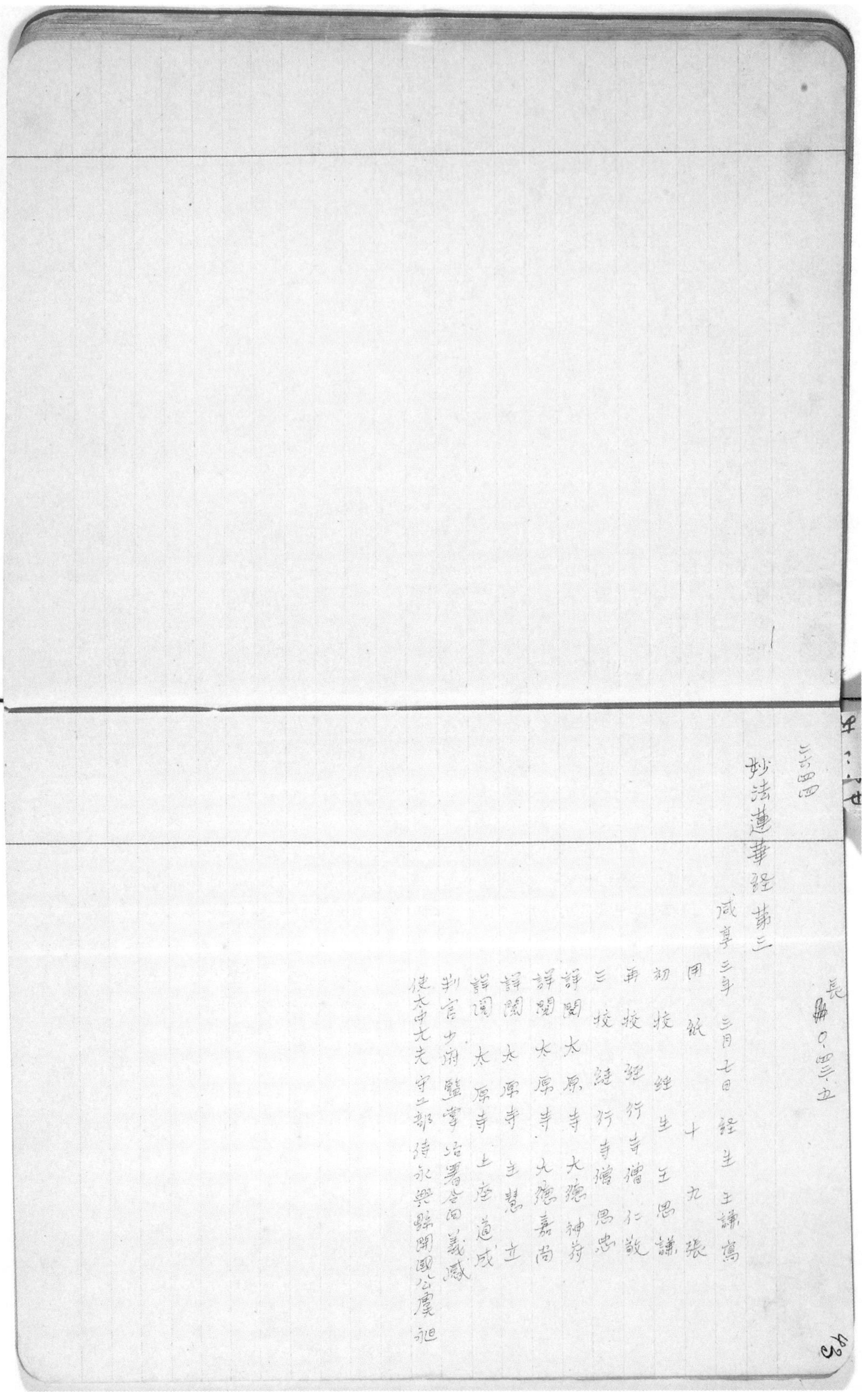

2654

羅敎後請胡師迦葉摩騰竺蘭二人等翻譯仙
本從漢言又立白馬興聖二寺勅度王公子女等
令作沙門承事胡師摩騰用其法草師出賤奉敬者衆（我）
諸道士怢其先手相謂曰今日至尊棄我道法遠求胡（若）
等今日朝正之次各將太上天尊所制經書盡已所能共
上表乞胡師比挍令至尊意悟使有所歸爾時南岳道
士褚善信等七十人將靈寶真文一部
太上靈寶玉訣一部　崆峒靈章一部　昇玄步虛章一卷
太上左右仙人請問一部　自然五稱一部　諸天內音一部
合一百二卷　華岳道士劉正念等七十人將智惠定志一部
智惠上品大戒一部　仙人請問本行因緣一部　明真科一部
合六十二卷　恒岳道士桓文度等七十人將本業上品一部
法輪罪福一部　明真科儀一部　太上諸洞玄真文一部
合八十卷　岱岳道士焦得心等七十人將諸天靈書度命一部
九天神章一部　太上說太極太虛自然一部　滅度五鍊生尸一部
自然齋儀一部　合八十五卷　嵩高岳道士呂惠通等百四人
將太上妙志上品一部　中三元品戒一部　太上左仙公神
仙本起內傳一部　服御五芽立成一部　朝夕禮儀一部
合九十五卷　霍岳太白山五臺山白鹿山宮山合十八諸山
士祁文信等二百七十人將太極真人敷靈寶文一部　勸道
太上洞玄靈寶天文五符經一部　步虛文一部　神仙藥法
一部　八解品一部　上天符錄勅禁一部　合八十四卷
弁帝成子一部　許成子一部　列子一部　黄子一部

莊子一部　老子一部　惠子一部　合卄七家諸子經書：
總有二百卅五卷　正月九日揚州豫章郡吳丘縣
南岳道士褚善信以為表頭五岳十八山觀太上三洞弟
子道士褚善信等六百九十人死罪上言臣聞太上无
形无極无上虛无自然大道元首自從化道道教從
生无為之尊自然之父上古同尊百王不易陛下
道邁羲皇德過堯舜光宅四海八表歸仁臣等竊承陛下
棄本追末求西教臣觀西域所事號是胡神說諸不參華
夏請胡道人今翻譯其語託同修漢臣等恐陛下雖翻
得法語然非大道如不依信願陛下聽臣等與驗試臣
等五岳諸山道士多有聰明智惠精通經典從之皇已來
太上經符志能曉了太虛符呪無皆明　玄上符錄
氣或有策使鬼神或有入火不燒或有履水不溺或白
日昇天或有隱形於地至於方藥法術无有不能願陛下
許臣等得與比挍一則聖上意安二則得辨真偽三則大道
有歸四則不亂華俗臣等若比對不如任陛重法臣比
對若勝有乞除虛誑臣信山等誠惶誠恐死罪死罪以聞
久乃沙門迦葉摩騰竺法蘭二人和說法善明法相心大
歡信既得道士表即遣尚書令宋庠引諸道士至長
樂宮前帝謂道士曰諸大德莫自誤矣大德所言太上
无形无上无為之尊自然之父者今日西域所將來循多
羅之教雖過今日始傳大德比來乃存影響其非其人
法大德今既見其法何捨本從末何異古人棄公之業
雜也

85

96

補紀本問曰若仙道是真應有形色云何畫畫其像
以法顯之空非虛無自然之字帝曰摩騰法師曾答
說之仙有四種身謂法報應化一者法身無生無
無宗蕩寂空無自然湛然者報身獨立無終
閑然無

略

麻、麩、麦、穀、草子 十麦、粟、麺、華豆
胡麻子、黄麻、紅藍、麦飯ノ類、鉄、膝、合、勺
穀ハ絶シ 錢ノ貫大數
十月廿三日 僚 四吐蕃監使 較勃詞強
十一月七日 貸 監使 部落使 呂□思恭
十一月 曹僚 貸 何庭等二人
トアリ

2653

論語卿□□□□ 十三行 （迹）
未 西□□行
丑年三月七日生 言学 吳良義
甲寅年二月七日生 二月 未時日食 二
丙寅年 十二月二日 巳時日食
又一行目
問人於他邦 再拜而送之
ム度

97

末四行敦煌　　九十三行　　1.94m　初廿五行半面

2681

爾雅（六朝寫本）　闕末不甚寫
（白麻　書佳
首缺
釋天
秋為收成冬為
謂之景風　不熟　甘雨時降萬
祥
穀不熟為饑

野
東至泰遠西至邠國南至
極遠之國也　日下謂
距齊
四極　六蠻謂之
別
宅住邦尚

2656

不知書名（敦煌）
張常　出擇妙記
進華
華蔭哀傷左伯
長高

69

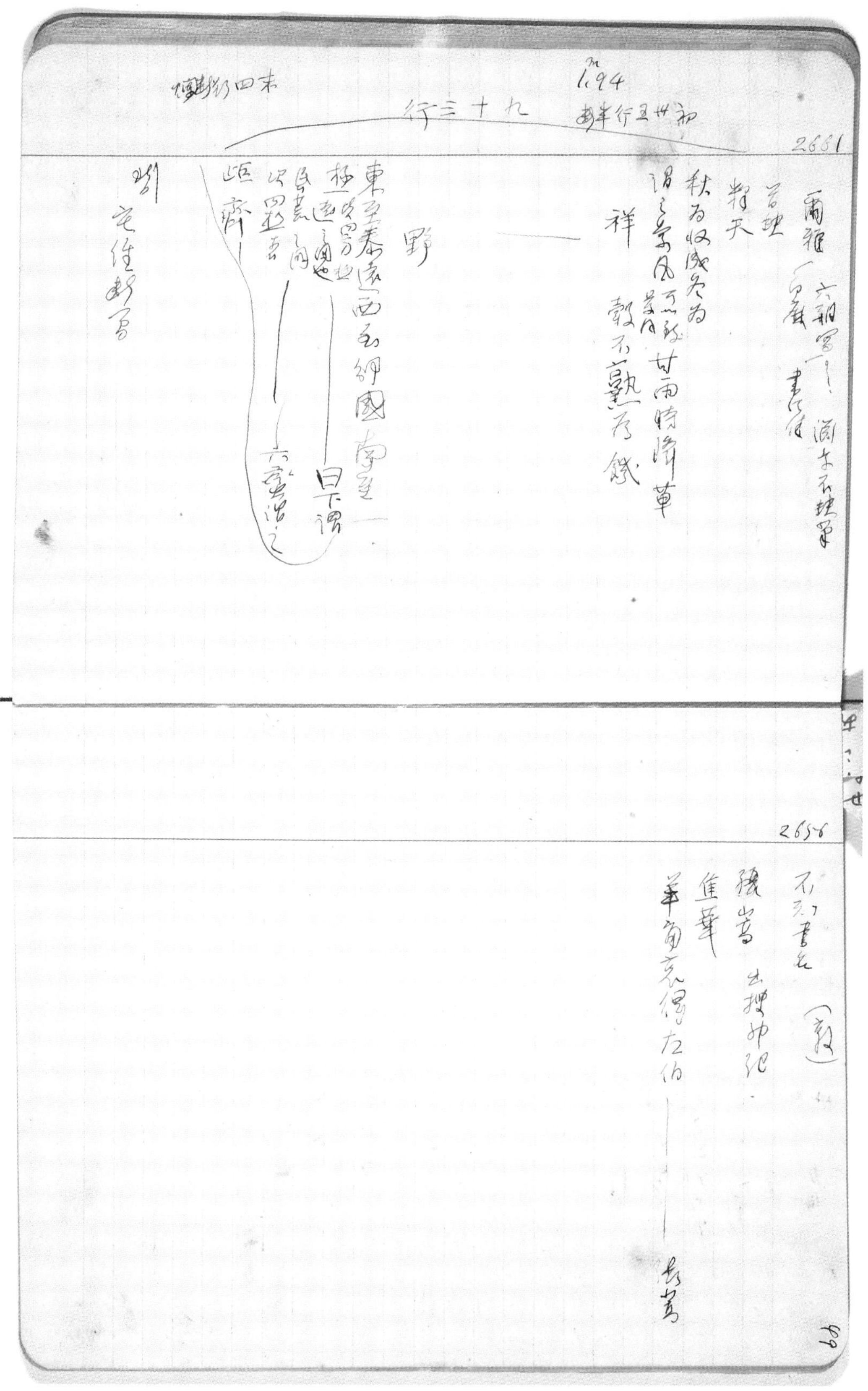

二六七〇、

延德啓不審近日

尊體何似伏惟

爲國爲人倍加

保重謹啓

節度親從都頭知上司孔目官銀青光祿大夫檢校國子祭酒兼御史中丞上柱國高延德　啓上

謝

河西節度使司空阿郎張

二六六七、
坐六十行、
十六行、の後に營造部第七あり。 長七八、五
今ゐの一部を續す
53

三十五行 今有城周迴十八里四面有門〻有二樓又四角〻有一大樓 一十五小樓
廿歩置一勢 卌
三十六行 歩置一方梁 六十歩置一石車 置一鉤 一大樓上着卌人一小
樓着廿人 弩着三人
三十七行 一方梁着八石車置廿人一鉤置二人 又欲一歩着戰士一人
△問凡用兵幾何
三十八行 曰一十二大樓用人四百八十六人 二百七十 張弩用人八百一十
一百卌五人 方梁用
三十九行 人二千一百六十人 二千四百
得四百八十人 次張小樓
（衍書）△術曰先張大樓十二以卌乘之
四十行 次張城十八里以三百歩乘之得 五千四百 次以廿歩除之得弩
四百七十張 以二人因之
四十一行 曰一十人 次更置檣歩五千四百以卌歩除之得方梁一百卅五以八
因之 得一千八十人 次因
四十二行 〻歩五千四百六十歩除之得石車九十 以廿人乘之得一千八百人
四十三行 次更置檣歩五
四百以二歩除之得一千九十牧以二人乘之得二千一百六十人 次更
檣歩五千四百以一人因之得一
四十四行 兼不長道得五千四百人即是 欲得樓都數併之得一万
二千九百卅人
四十五行 今有四千三百人舊九軍出証一軍有儀同欲使二人共馱三馱共火
四火共飾 共幃 六共一

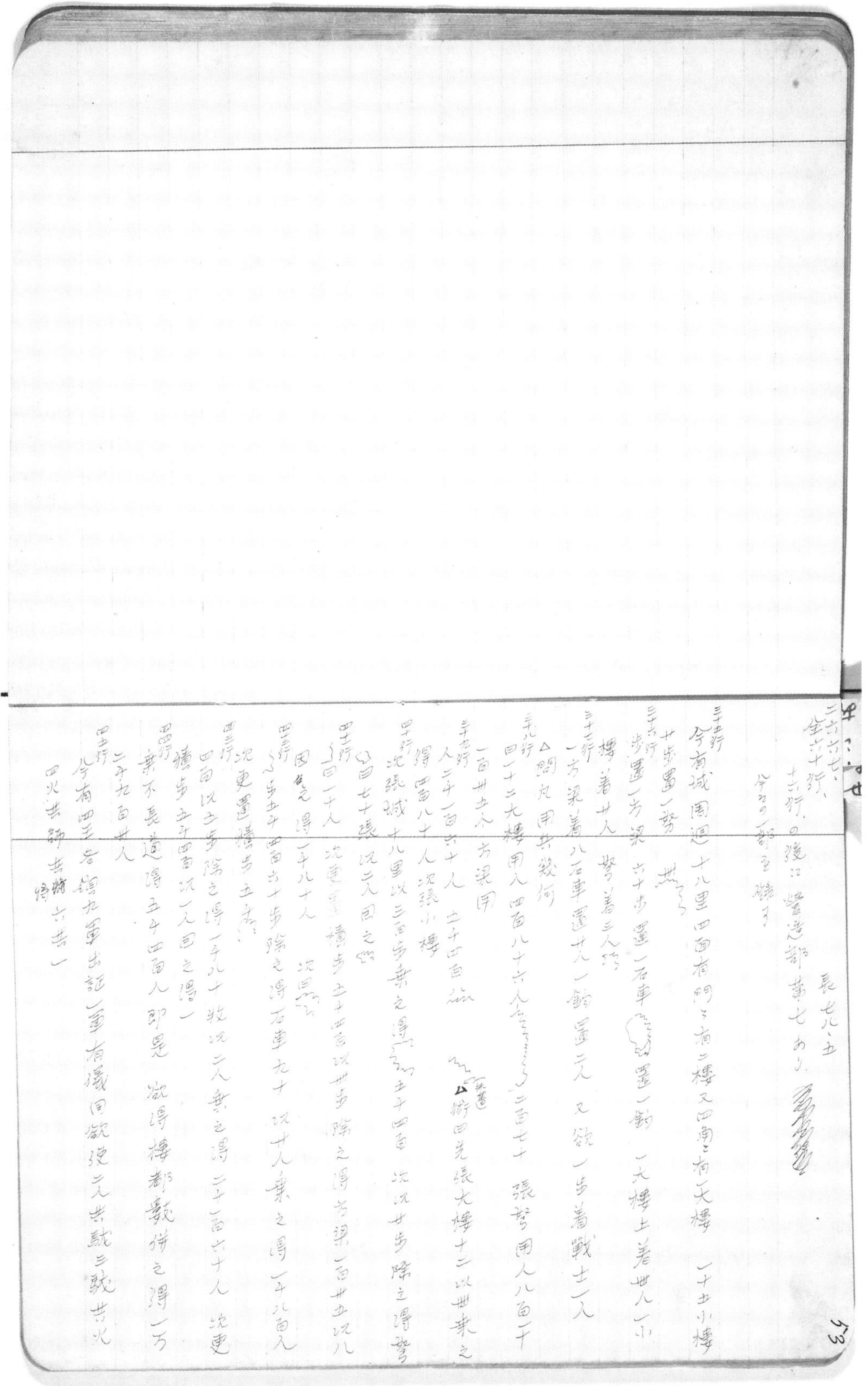

「一九八四」長五十二、十七行、

裏

四〇行 都督七都 共一營主 八營主 共一儀同 △問合 得幾何

四一行 △四四王 卅六儀同 二百八十八營主

四二行 二千六十六都督 一万二九千十六時 二万四百八十師 卅四万一

四三行 千 九百卅九 七十二万 五千 七百六十駄 一百卅

四四行 五万一千五百卅九 正身 △術曰 先張四王 以九回之 得儀同

之數 卅六人 欲以八回之

四五行 得營主之數 二百八十八 次以七回之 得都督數 二千

一十六人 次以六回之 得大将之數 一万

〜八 次以五回之 得師之數 六万四百八十人 次以四回

之得火之數 廿四万一千九百廿

五行 〜口得 駄之數 七十二万 五千七百六十 次以二回之得

正身數 一百卅五万一千五百廿八

八行、 〜部第九

此行あたり満す ↑

伍拾畝已受 卅畝口分

合應受田壹頃伍拾壹畝

一頃一畝未受

一段捌畝永業 城南七里灌渠渠 東賀德素 西渠 南沙 北渠

一段柒畝永業 城南七里陽開渠 東李万其 西沙 南李懷保

一段伍畝永業 城南七里陽開渠 東李懷保 西王智信 南渠 北李文卿

一段肆畝口分 城南七里灌渠渠 東官田 西□邑 南渠 北自田

一段柒畝口分 城南七里陽開渠 東荒 西渠 南渠 北沙

一段拾玖畝口分 城南七里陽開渠 東張武達 西張玄素 南道 北渠

戸主白樹合年貳拾肆歳 品子 承故父阿通軽車都尉蔭 聖暦元年 □□ 下中戸 課戸見輸

母張年陸拾伍歳 寡

姊伯藥年貳拾伍歳 中女

戸主王万壽年伍拾壹歳 白丁

女尚品年貳拾壹歳 中女

計租二石

壹拾壹畝已受

一十畝

神龍元年全家没落 開元九年帳後□□年 九月七日 拾□没落 放出 下中戸 課戸見輸 (行木)

99

（沙州都督府圖經卷三）七十九行
（三六九七）
（鳴沙石室佚書所收卽別本）　77.

甘露　右武德六年六月己酉甘露 十五日
木連理　右唐調露元年於燉煌鄉董行端園內木生連理
甘露　右唐垂拱四年董行端園內露降於樹上垂流於池
晝夜不絕
野穀　右唐聖神皇帝垂拱四年野穀生於武興川其苗
莖高二尺已上四散似蓬其子如葵子色黃赤似葵子
肥而有脂炒之作麨甘而不熱收得數百石以充軍糧
瑞石　右唐乾封元年有百姓嚴洪爽於城西李先王廟側
得上件石其色翠碧上有赤文作古字云下代卅卜年
七百其表奏為上瑞當為封嶽並天感置寺觀號為
万壽此州以得此瑞石遂寺觀自号靈圖
白雀　右唐咸亨二年有百姓王會昌於平康鄉界獲白
雀一雙馴善不驚當即進上
黃龍　右唐弘道元年臘月為高宗大帝行道其夜崇教
寺僧徒都集及直官等同見空中一黃龍見可長三
丈以上騎驎光鱗眼目精明首向北升尾南下當
即表奏　制為上瑞
五色鳥　右大周天授二年一月百姓陰嗣鑒於平康鄉界武
孝通園內見五色鳥頭上有冠翅尾五色丹觜赤色
合州官人百姓並往看見群鳥隨之青黃赤白黑
五色具備頭上有冠性甚馴善刺史李無虧表
奏謹檢瑞應圖曰代樂鳥者天下有道則見也
止於武孝通園內又陰嗣鑒得之臣以為陰者
母道鑒者明也天顯　曲日楊光　广

慶雲　右大周天授二年冬至日得支度崔撝等狀稱今
日冬至卯時有五色雲扶日闊一丈已上其時大明
大授陪以上北至辰時復有五色雲在日四邊抱光彩甚
鮮見在官人百姓等同見咸以為　聖神皇帝陛下
受命之符刺史李無虧表奏謹檢瑞應圖曰
聖人在上日有大光天下和平又曰天子孝則景雲出遊
有人從已酉已北已東來者咸吉諸慶
敎曰赤總見五色雲抱日
蒲昌海五色　右大周天授二年臘月得石城鎮將康拂躭延弟地舍撥狀
稱其蒲昌海水舊來濁黑混雜自從八月已來水清
明徹底其水五色得老人及天竺婆羅門云中國有聖
天子海水即清無波奴身等歡樂望請奏　聖人知
者刺史李無虧表奏云淮海水五色大瑞謹檢瑞
應圖禮升威儀曰人君乘土而王其政太平則河傑
夷也天應魏國當塗之[illegible]用土德之昌也
白狼　右大周天授二年得百姓陰守忠狀稱白狼頻到守
忠莊邊見小兒及畜生並不傷其色如雪者刺史李
無虧表奏謹檢瑞應圖云王者仁智明悊即至動准
法度則見又云周宣王時白狼見犬戎服者天顯陛下
仁智明悊動法度四夷服之徵也又見於陰守忠之莊
邊者陰者臣道天告臣子並守忠於陛也前件四瑞諸
州皆見並是天應　陛下聞天統殊徵歸易服色迭
聖孝是以陽烏疊於曉澄海以通輝瑞烏檣祥劃景

雲西昔邑胡戎唱知識中国之有聖君治迹謡諺嘉大周
之應寶命
歌謡
神皇聖氏生於文王之祖也於昭武王永天剪商誰其下
武聖母神皇穆斯九族綏彼四方遵以礼儀調以陰陽三
農五穀萬庾千箱載興文教載揖明堂八窓四闥上圓
下方多士濟々流水洋々明堂之興百工時揆庶人子来數不騰
甫々在上無幽不察無遠不相千齡所鍾万國攸向俗被仁
禮家懐孝讓帝德廣運聖壽遐延明在下於昭于天本
枝百代福祐万年推彼洛邑
聖母營之推彼河水　神皇清之穆々帝子
聖母生之浩々海瀆　神皇平之福兮祐兮在
聖母兮盛兮昌兮在　神皇兮
聖母皇々撫臨四方東西南北無思不服兇戮狂讐侵
我西土　皇赫斯怒爰整其旅荒徼之外各安其所
穆々　聖君受天之祐
聖皇爲誰　神皇聖母於萬斯年受天之祜
永清之李　皇哭王京如喪其孝人不聊生悲傷
作鎮淮海波鷩　皇々聖母定彼服攘綏以
大德盛以往兵神謀獨運　天鑒孔明危邦再静乱
俗還平河圖洛書龜背龍脊
聖母臨人永昌帝業既營大室爰構明堂如天之履如
地之方包含五色吐納三光傍洞八牖中制九房百
神薦趾膺乾之統得神之経子来之作不日而成不

得而得非名如天之壽於万斯齡萬山海沙塢地
隣薔服家接渾鄉昔年寇盜永变調傷四人攫之
百姓進々　聖人哀念賜以推良既育或引将昔
靡萃誇今日重裳春蘭秋菊無絶斯芳
右廣載初元年四月　風俗使於百姓閭採得
前件歌謡具件如上説
沙州都督府圖経巻第三

(二七〇二)

一（四九行）

孟說秦語中第二

（十三行目）秦興師臨周而求九鼎周顯王患之

（卅三行目）武王二年初樗里疾爲左丞相 甘茂爲右丞相

（四十行目）始張儀西并巴蜀之地北開西河之外南取上庸

二 別文（三十一行）

六行目 張儀去齊西說趙肅侯曰

三 別文（九行）

四行目 惠王十三年韓魏相攻期年不解惠王欲救問於左右

19

(2701? cf Catalogue)

二七〇四〇（乙）

西域記斷片 九之廿八 十二之廿三

事見於前或名始於金代草

而知歸請吏革音梯山而奉

阿耆尼國屈支國跋祿迦

赭時國怖捍國窣堵利

賀國劫布呾那國喝捍國捕喝國貨利習彌

伽國羯霜那國呾蜜國赤鄂衍那國忽露

渴國鞠和衍那國鑊沙國珂咄羅國

陁國縛伽浪國紇露悉泯健國忽

懔國銳秣陁國胡寔健國呾剌健國揭職國

梵衍那國迦畢試國颯秣建國屈霜你伽

國伐地國縛喝國歷選皇猷遐觀帝錄庖犧

出震之初軒轅垂衣之始所以司牧黎元所以疆

畫分野暨乎唐堯之受天運光格四表虞舜之納

二七〇〇（甲）

長八六

仲夏炎熱伏惟

禪闍梨道體清適伏願勝常但法真蒙恩去四月

三日共本禪師及諸同伴入寺並平善到伊州於安化

寺共圖律師同住當來日被腳家惹適不獲就譁

述至于今悵望不息覲想康杭不以為過從沙州

又續行三五百里乃逢伴賊去住處卌里異常驚恐禪

字不明

93

闍梨福力得勉斯難[illegible]知近有僧迪眞至孝狀
特問小人不勝珎重具委猶諸吉猶解憂愁法眞未
遇中間阿孃孤獨老年小々伏望垂情時往檢校有所
乏少爲作方便迴日倍酬此之恩德終身頂荷如事
了即當奔赴未間但多馳戀謹因使次謹奉狀
不宣謹狀
日闍梨　侍前　　五月一日　比丘　法眞　狀上
不獲別後狀　　詮禪闍梨　藏闍梨及合寺
般等並附和南　　院内小師贊行自離等爲

言觀　和尚行高　　備人王克茂謹上
上人行精潔森嚴坐禪眞誓救衆生苦空中造法溉隨
春日浪靜永離黑風旋操得摩尼寶閻浮濟有緣
七言觀神清骨氣峻
神清濯濯威人威骨氣冷冷殿所歸度人未滿
言衆且莫淺空攀錫飛
五言　觀德重良賓
形兒恢然重神凝氣色純无生高道相特異福微備德實
瞻仰柔和淺所遵雖居方丈室應化西曲句
五言　語魚
有魚失潮浪灘際至洄埋泥轉[illegible]軌沙裏恆思升水
鱗甲折目陷色無光不露慈雨多應日曝亡
塵

二七二二、　襄
藏經大小乘経律論錄
大乘經律論等總二千七伯四十五卷
大乘重單合譯經三伯八十四部一千八伯八十卷一伯七十九袟
大乘單譯經一伯三十部二伯九十三卷二十四袟
大乘律二十六部五十四卷
大乘論九十七部五伯一十八卷
小乘經律論總一千七伯六十二卷
小乘重單合譯一伯五十三部九十四卷三十一袟
小乘[illegible]單譯經一伯三十部二伯九十三卷二十四袟
小乘律五十四部四伯四十六卷四十五袟
小乘論三十六部六伯九十八卷七十二袟
賢聖傳集一伯八部五伯四十一卷五十七袟
其諸賢聖集見入藏者總一伯八部五伯四十一卷五十七
袟西土集傳六十部一伯七十三卷梵本譯　東土傳三十
部三伯六十八卷是此方撰集其從譯論傳記
大般若經六十袟　卷屬十三袟
大寶積經十二袟　卷屬五袟
大集經三袟　古華嚴經六袟
新華嚴經八袟　卷屬四袟
大般涅槃經四袟　卷屬二袟
不空𦋺索經三袟　陀羅尼集十四袟
汪譜
單譯二十四袟　大乘律五袟

大智度論十袟　巻屬五袟
瑜伽師地論十袟　巻屬廿五袟
小乘長阿含二袟　中阿含六袟
増一阿含経五袟　雑阿含五袟
單譯経正法念處七袟
佛本行集経六袟　巻屬四袟
別譯阿含経二袟　巻屬十一袟
根本五袟　根本雑事律四袟
根本尼陀目迦一袟　僧祇律四袟
十誦律六袟　尼律二袟
小乘諸論七十三袟　賢聖集及諸專記等
五十四袟
五分律三袟　四分律六袟　諸律揭磨十四袟
見入藏者總一千七伯六部　六五千四十八巻四伯八十袟
十万一千紙二伯万更八十二万八千行，四十万八伯七万
六十字

（以上三十九行）

法王記　謹按諸経律論歷帝記周書異記漢法本内傳録
佛生年代兼此土儒居老成年代自流震旦往朝諸德非不廣明具録
（以下四十六行，後缺）

67

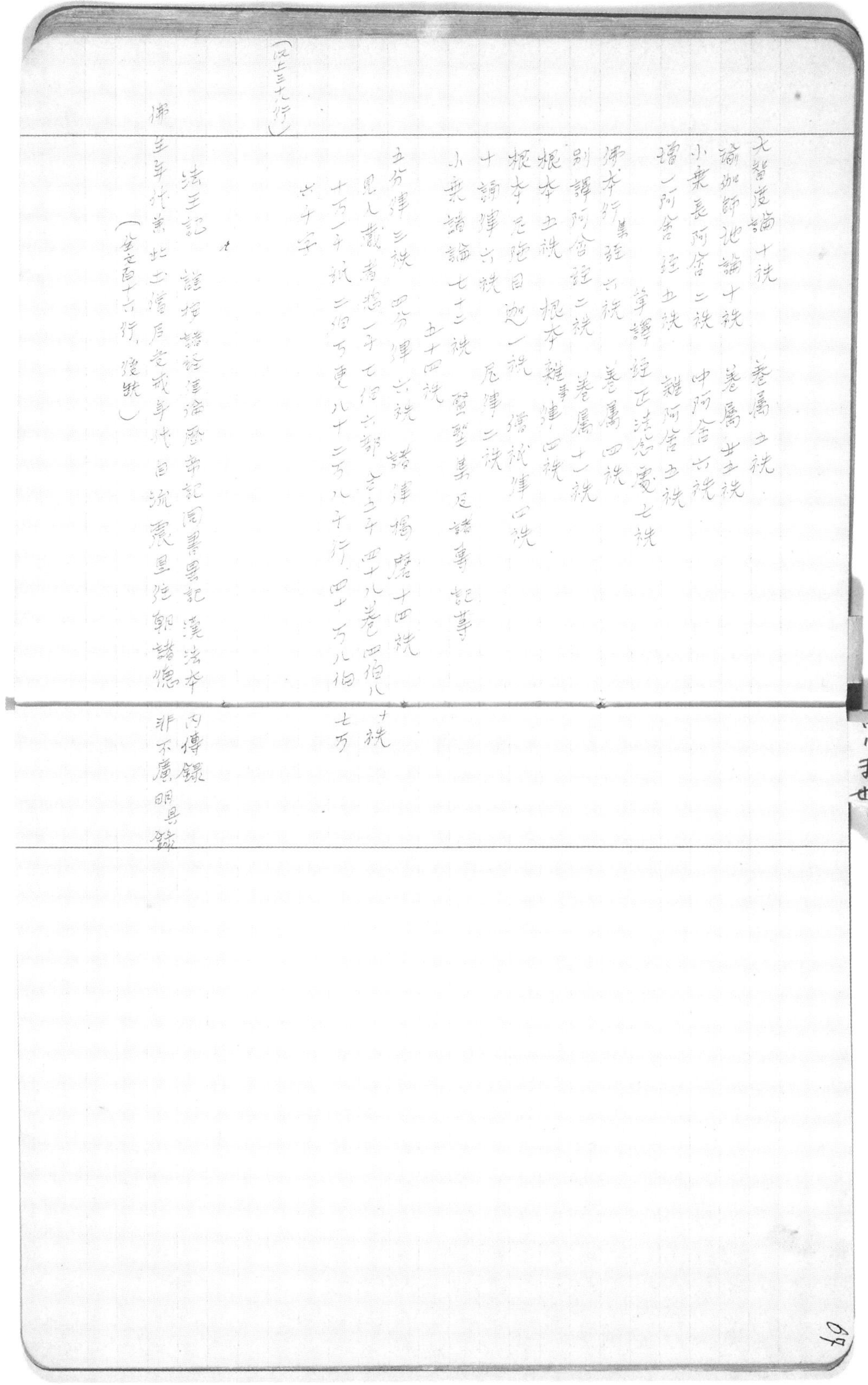

2754

問深權帷塵而府縣
宿嚴方、全無辟前第晨整出靜邊隍脫
於千里身要寬、實所甘心、忽隨軍入將何寒貴者怨官司
處事、多識科條、積習生常、仍懷忿慢、為損妻孥之樂、且折
祿之資、遠處謀諜、謝於謹慎、危烽要路、失不防微於一新
緩牆引弓為寇入境、便當難免、失戶即遣死刑、假令素懈、實
疏見羅、如何不避、勤心職事、臨下常途、豈待提嘶、然為身己、比
聞烽火先遣、是殘疾中等、遠以望斷、擬且聞者即不心寒、所部
何能不懼、略檢本州兵士、尚書二石餘人、分捉城隍、雖言老患、校量烽
候、於事即輕、望抽壹伯餘兵、兼助諸烽守備、實冀驅官巡察、同
示是非、令長務閑、親加檢校、必使在烽調度無闕、所須覘候用心隨
機、弛報若虞、分明不累事、結條、歲暮論功、自冒上第、必閤稱的務
務剋違非直自下糾繩、考日必當貶降、遠方時外特異、中州守境
牒道左資、謹慎、幸宜勵勸、無掛刑書、無仰躬命專知、不得更誰邀尉寸
奉判：伊州鎮人元孝仁、魏大師造偽印事　大師造宿綽歷隍
經欲使不歸、再務一年、歲之為性非淳、詐違犯公私、觸不處容、安波
雜宜既撰本州狀、詔還、遂至于今、往者追送伊州、節身已付
納職縣、何時為常事、防援稍似涉、宣驗至伊、五復來西出、後屬
孝仁避鎮、益送驗相逢同惡十人、更為虛詐、判即公家流坐、依律合
從重論、不可私送伊州、灼然須於此斷、且孝仁重此、當且執日留伐、更
日送身、自不止肯去、雖是驛官宜經、然由懼情深、以死為明、不能
出寧之欲、椽乃同狀、是獻劇之詞、既無真實、所寄封罪過於　此儔

早事重私錄極難、收報伊州、清不責　責
奉判：裴都護左右私向西州事　都護左右車議積難此
更被虜畢非不是安西再經聞奏、所敬、兩度改張、偕為邊鎮
人所以示依允、請士達琮數令住真島、詳審是蒞理、雜柳遣、籍
後屬將軍依請、公翻賊、遂都護當方、思聞奪事數、緣茲赴救、更
請停行、別降　餘言始諸所奏、准　自勒令上道、限日便到、翻茲、
伏請想西州守文、無失而達士運違、承事多年、遂敵迎新、途生
去就巧、別各初判、命郎不當　手下　勅文禮私歸、有戲　公
依奉、怪其近宦、依狀即勒遣、收該其方便來由、權稱都護
西許處其處詐、方得遣身、尋後買藥將來、判難以如實、
下遣、當見擔、自生疑、久以安西佇息、返報更復、仍歡容、論相
歸通信、宣傳、即云在手、雖無公驗、詞色不是、是入王庭、免仰云所且
容在、今者重辭後、勒果肯下、自遣往西州來、時怨報奇
西州果無本貫、容止即若罪、若安西出蕃、取物二貳、賂諸議
迴無文牒、何妨毀諸私來、若不討會、相知而處、豈既安穩、伏請
都護明示指揮、　翻積出語、量殘段陵、解敗、侵來且出還、勒
問行人分云不死、雖無音信、何以非真、今既莫測、本云、為　知長
逝、頗復由地太、似無情、待知的死、不疑追奪、元應未曉、職田下
無牟本州　日除　除
且給於後更聽、將文用料、不多、且分惠都護、既當律、議事宜若
無左右空闕、軍威士達之位、早緣教習、行動之處、理公倚隨、
但為州將、改官身充鎮邑、絕茲詿誤、勞擾庭、收攬之初、
恩勒即令發遣、公府奉符之後、給勒不許史復、以忠厚都護、

69

須限日使其上道至彼、無幾、指遣迎歸、勘尚檀來所由、推
議曾放，雖有文牒，終須色目，宜悉牽錄無掌，狀云判在許、在此既無
符命、須依事勘，來安伏請都護敦諭，得使兩州安穩，都護徒使西
州，當時左右家，息元許、勅有明文，爭後改任，此龜茲事，奏更啟、
將自進出、問事意更不審知，此為西州擬收的，任日欲加枚檢、數兵
遠方，有勅東西州下，條依遣去，不知此色何故卻迴、若是卻溢 急
不須計，遮更敗別，一日其人，手無放什分，遣厝狠也，遣歸，路日還兵
尤茲雖損，條安西急報，奉判伊州鎮人侯莫陳等請安西効勳
已同末果，皆蒙辭吐蕃，很境土惠衛冠替，頗展効，庭申
表識心報國，伊州兵募一百餘人，棲望歸問，時迴賀神祀流類、
素蕩雄畜、頁戟從戎、西懷壯志，遂抑思歸之列，莫去成從之 縱
遠之功，誠事難心，故難違，在安西都護，勝接鎮填，若萬一久乞之
未決，恨是軍謀不及，良由其力志徵，同下待、必知飢渴，方糧
畜滅，公忠若斷，弦崔使令春，宜應電擊，千里經略，急擬風行、
彼此偵藉，雄兒東西，各資賤勇，得即是務要，諮眾更無
兵強，幸已裝束，遣途無義，遣遣不遣，況享義往來，倚勝
阿無雖言八九人，路驗瓜州，首於國利，急軍機宜，奈自夫心
何容留礙、高頭阿離公諸頭尋略，因貧病遂阻各商龍
遊蕩子之家，思悲鏡而獨舞頭，寄隱之微，但經鵠以安棲事 翻
出於兩情，運以徹於露使，意無天之援，不可空攜春霄，嬋妻之男
實是雄窮，秋夜念和唱之鏡，遣論帷當之西頭，緣病公司
身離遂、猖狂遂回，困不能拘，剃推恐孤危，倚山邊，壹敢致危柳
從前薄生人之婦，昔時尚被奪將，死鬼之妻，今日何須不
埋況有

張
務 都

女、負在掌中、既日公膽識無眼下、公且則兩人全愛、雖且則子無依、
且子且可如初、嫌其豈殊於舊、何勞採藥、自遇下山、已屬棄 破
境徵先困、僅從蒙賊、雄遣
任從再合，於理無妨，以妝條知，任為公驗、 檢校之勅、
真郭微叔因僅從蒙賊之嫌，遣補乏官，方除、方石、未開
遣蒙罪過之蹤，於各橫有情，豈緣公務，所為無賴，且事
陰私，權乎是即破三人，侯已剴，便輕，公人首則黜，何從何殺，唯其、
兵下養囊，貽何好，何標買城屬專行，無杖，皆是使人之方乎、
無事，母筋雖見牧羊之失，兄然恩農之教，然十名且氣力優剴之法、
誠表雖容，寔之柑執，禮容無之憲、宗所以猶野帶密罹
天常經之榮，於茲且英、敬龍之貴，豈為別途，者今免譴此 誠甚
東、何得不思其位，不顧其身，懷浪，有頼忤、謗行賊禍、
會之情，安可蒙，就，但為毋問，即匠、其是聊依輕東、按雜 賠問無令好
請不遮，得為而為之者，皆 律之、

2841

金紫光祿大夫守刑部尚書兼御史中丞侯昌業直諫表
臣聞三皇理化委於質而分別九州五帝臨朝斷睿謨足而始畫八卦
羲軒既降 堯舜守生使上國彌聖德之聲異域制崇之露路
乃觀音現於靈應志公出自梁朝具載繁文皓叡甚再沒休祥感應後
應人之曰爲果起風煙國之自致 陛下自龍東昇啟以慶方邦不習
先皇之指蹤唯留後患之根本鉞旨尚書不重於貴賣思負者每
重於魚宗偉之武交加旌麾渾雜王郢是江湖小吏結構黨徒未從
奢群便生患計 陛下亦是不納李蔚杜文本聲響之諫遂與士卒以
就誅之後路參差難除根本遂使王先之黑亂尚君長再興皆存僥倖
起於江西黃巢結集於江北至今遊歷縱覆討蕩鄉閭燒却郡城然
傷黎庶哀哉痛切損害編戶十室九空悲聲不絕日見荒蕪成去
一切地水是我先身一切火風是我本體六道死生猶是人之交四方業之
主却不惜於蒼生天散劉龍敬唯求戲樂致嬪妃於前殿奉歡於復
宮御步東南野遊西內輕抑國不覽正化之言每求悅禪唯當敗
天之御召臣去歲連年中曾授司天御史亦知乾象辯星辰近日
無二字也 未來妖祥變動昔一十三百八縣咸授首在中原七百八十二星並是光光
於化樞昨去二月一日夜見扶達不朝於帝主積卒已增於軒轅六甲向
陳徙東交錯騰蛇附路大理勅抗於天廚三台向積水之河八座攙搶
提之境乾象既施差異世界豈得安寧感動幽玄是天子之過也
臣明求五道闕祿寡官懷惕向班列之中彰早過闕諫之世非輕
俸祿寶貨精休人授爵祿不逢有德之君出戰門佐無道之主四
陛下自登合知非飛龍在天 乾數四象乾坤之政禮合八儀總得
稱

海晏靜方安泰使蠻夷自伏戎虜休征不望 堯舜之年且
同先帝之日豈得十年天子戰亂大郡明取丹令遇指揮喧稱五
士志誠進狀強奪波斯之寶掠取茶店之珍渾鏁櫃坊全城
般運使千門悲悼萬戶驚憂慟哭徹於青霄祥雲覆於宸咸
宰相豆盧瑑國史韋彙並三諫 皇恩無聽賢士命喪比干
胡塵之鄉大國中華亞全如此 陛下不見頻年數旱累歲蝗虫
凡蔟寡然波潮洪溢不思憂患唯數人貪歡使胡野有寬抑之聲
八表無靜煙之氣 陛下自登九五親崇福數爲朱學則亂賜於宣徽
昇沉患害於大內宮人侍女每奏諫而宜依極品重臣獻盡忠而不納
爲復是唐家今去之年 陛下壽足之歲況盛尤甚乖張頗深臣
聞周易云方以類聚物以群分吉凶定也 陛下顏聚則龐亂於乾象
群分則無吉向人萬物進行皆猶天地臣登科進再及宏詞授祿冊庭
事織亂點東連渤海西接流沙南徹幽諸北連玄徼四方之內具委淺
深六律之中綱紀被矣路值邊鄙寶陽春之至君王失政必見社稷傾
危況今邊塞未寧草軍興亂於私則日夜悲憐於公則常布愛
憎權勢朝愚聖同定矣 陛下納臣之諫如推屋再立根基堅臣之
言善將安泰即得金城永堅世路和平臣死同諭海去其消流國心頭
變則 陛下將何塞責伏惟 陛下或因停歡罷戲寢殿之中拔手
識爲鬼村終將迷瑤之路何以政化之蹤係取太帝善爲千載後之天子
禮定天子之威將忠孝者爲股肱用心信者充爲耳目今乃歲當庚子之
次入五年國君不終之文見露且安星本當大行之山中宿根由之禍領
行度差別樸及紀綱賴私司錄遊却咸安泰自後江淮海岱晉益燕
已來人民瘡殘思惠無燈晝續鬼火夜行萬戶悲聲千里不絕 陛

73

下曹傳戲賞救接蒼生於內殿開揚薛道場捨私財寶供養僧
佛同弥慈世福共力禳災仍降明恩抑諸道節度觀察防禦史刺
虎心之禱祭祀鄉靈捨造請齋開同於福慶冀憂心頭初敢具走
聞伏惟 皇帝陛下斷從前不律之行立己後万業之權纘嗣
人民備德陰陽和順世路晴平使乳豪移動歸圓社稷
輒將肝膽吾輕剔天威頓首 闕 庭誠惶誠恐謹言

安方行後に異書

2813

法將土府 （殘）拉也

平旦寅
日出卯
食時辰
禺中巳
正南午
日映未
晡時申
日入莫學
黃昏
雞鳴丑
コトケア七言句去ミナ異シ、小月ノ次

2815

河西節度使臣張議潮奉為先聖皇帝
表某氏寫忘遠忌行香追福疏（不完）

（殘）廿川

7
2813

佛法儀文 （殘）拉也

辭娘讚一卷

入山讚文一卷 西白七言句四單出纏
無心 無依山 寺ノ字衍ム

2824

紙

廿八宿神咒

三界九地之圖 （殘）

欲界色界無色界ノ各天ヲ揭ゲ
東ト北明ノ四ヘ下ニ七金山ヲ
メグリ四洲ヲ畫キ更ニ下ニ諸地獄ヲ
數若ヲ畫ク
此表裏ヲ存シ此寫ヲ帶ブ

2820

實願平安（安徒）
個社平安義
生日
社宗弟子後從（横事）處錄
三考
那夏
雜念
六月初七　六更　六事　男意　六安
足海
平安

2845

送侄　明砂画　晚年　1月　黄麻侯

胡笳蔡琰　以造琰字文姬漢中蔡邕女漢末為胡虜掠胡中十二年
生子二人魏文帝与邕有舊以金帛贖之因為曲遂寫幽怨之詞
承義郎前廬州合肥縣令劉商　第一柏　漢室將衰兮四夷不賓
動干戈兮征戰頻哀ゝ父母生育我見離別兮當此辰紗窗對鏡
未経事只為珠廉能蔽身一朝虜騎滿中國艾蒿之後逢胡人分將
薄命委鋒鏑可料紅顏為虜塵　第二柏　馬上將余向絶域厭生求
死ゝ不得我羯膻腥豈是人豺狼喜怒難姑息行盡天山足
霜霰風土蕭條近胡國万里重陰鳥不飛寒沙茫ゝ無南北
弟三柏　如縲囚兮在羈紲憂慮百端無處說使余力兮敢余髮
食余肉兮取余血誠知煞身願如此將余為妻不如死果被蛾眉
帶累人空悲怨貿桑於木　弟四柏　山川路長誰記得何處天涯
是鄉國自從驚怕少精神不覺風霜損顏色夜中歸夢雖來
去朦朧空辭傳消息漢ゝ胡天叫不聞明漢月應相識
第五柏　水頭宿兮草頭坐風吹漢地衣裳破羊脂沐髮長不梳
羔子皮裘領仍左狐襟貉袖腥復羶晝披衣兮夜披臥年ゝ
歲ゝ祇如此日長月長不可過　弟六柏　怪得春光不來久胡中
風土無花柳天翻地覆誰得知如今正南看北斗姓名音
信兩不通度日經年常閉口是非取与在指揮言語傳情不如手
弟七柏　男兒婦人帶弓箭寒馬蕃羊臥霜霰寸步東西豈自由
偷生未死非願情龜茲篳篥愁中聽碎葉琵琶夜深怨竟夕無雲
月上天故鄉應得同相見　弟八柏　當時蘇武單于問道是宜
學他刺作得書之千重万重恨騙胡十年（鴻為傳信）
能去集鸞弓射死為遠

77

近遂令是鷹轉怕人絕域何堪遠方寸　第九拍憶惜私家

恣嬌小遠

取珎禽學馴擾如今棄憶故鄉悔不當時放林表朔風蕭蕭寒日暮河
寥落故天曉旦夕思歸恨此身愁心想得籠中鳥　第十拍　日東月往
相推遷迢迢歲星欲周天無冬無夏對霜霰草青草黃為年
漢家甲子有白朔絕域三光空自懸幾迴鴻雁來去腸斷攤蜡
戲湯圓　第十一拍　恨悽悽乘芳思腥膻增胡地芳穗胡天生得兒擬
損及生母子情怨然朝朝暮暮人眠前膝生手養能不憐　第十二拍
落井甘水說故望斷若歸心寧知遠使問名姓漢語冷
夢魂幾度到鄉國覺後翻令哀死深如今莫是夢中事
書過雅心不情不任　第十三拍　童稚去學衣在人側將來不可留
又憶遠御悄別情雨隨寧去胡與歸舊國山川萬里路迢迢我指(面)
無由得消息　痕滿眼看夕陽路日依依向南北　第十四拍
莫以胡兒可羞恥恩情且欲言其子手中十指長斷殊截之痛
情皆骨肉似還家豈不見親族交此凱歌回生死南風萬里
吹我心心亦隨風過遠水　第十五拍　歎息襟懷無定分當時怨
來歸又恨不知形熟悲若何如有鋒鋩攢方寸悲歡並行情
未決心竟知白頭問不緣生得天倫親背向仇讎豈見
言　第十六拍　來勝時背人苦歸蹤始知胡知長重陽日出
何處秋鷹啾　南方平竹出顧自迷戍遠近依依隨鷹
川記途未盡馬蹄若不見人是草黃　第十七拍過胡天
千万里唯見空沙朔風起馬飢措雪衛草根人渴水飲
流水燕山雜烽戍鞍轅漢家營勞力前進是漢
家鄉生涯免向胡中死　第十八拍　東故鄉見

親族由以園廿歲荒莽秋草綠月燭重於妾燼灰盛
空空泉更洗沉浸再持由櫛禮儀好一奇
同生死豈出入天山十二年衰盡在胡家曲
山川路長誰記得何處天崖是鄉國自從驚怕　精
不覺見風霜損顏色夜中歸夢來去朦朧空傳辭
息浸浸胡天叫　明漢月應相識

79

2865

六朝書道経 叢林
二百五十七行
篆文
第一段 八行
第二段 六行
第三段 八行
第四段 八行、
六朝書道の見本として百二枚
四十八廿千ノ口ニゲラミて 思ひつきます

2876

金剛経粘葉本
首ニ八大金剛ノ図畫アリ
綾褾

第一頁、
凡欲受持金剛経先須啓請八大金剛弟
子某甲稽首供養受持此経作頭大聖降
臨家庭為明證此八金剛常非衛護持
経之人不令災横禍之所侵悩患不横
死除至心
啓請文
奉請三界尊者大師釋迦牟尼奉請
十方三世諸佛弟子某甲稽首供養受持金剛
経上報四恩下抜三塗苦若有見聞者
第二頁、
速發菩提心
金剛般若波羅蜜経後秦羅什法師譯
法會因由分第一
如是我聞
第卅九頁裏
金剛——経 西川過家真印本
大身真言
那謨薄伽跋帝 鉢喇攘 波羅 曰
18

第五十五頁

天祐三年歲次丙寅四月五日八十三老
翁刺血和墨手寫此經流布沙州一切
信士國土安寧法輪常轉以死寫之
乞早過世餘無所願

右畫圖ノ紙ノ末四十九頁ノ末三十
一頁ヲ写セし

69cm

2872

漢書五行志

說苑卷第十八辨物

書經大傳

黃麟紙

第二紙

皆五星之變

火土為占春秋冬夏伏見有時
為變異得時居常是為吉祥也
古者有主時四者主春者張昏而中可以種
天子南下布之民主夏者大火昏而中可種黍菽
乎天子而下布之民主秋者虛昏而中可以種麥上告乎
亂於下通不窮是以亡也
八荒之內有四海四海之內有九州天子居中州而制八方兩
河間曰冀州
幽王二年西周三川皆震伯陽父曰周將亡矣夫天地
大國必依山川山崩川竭
不過十年
山崩
也川竭
國亡

昔

忠但

~~64~~

趙世家 鄒陽 巻一 蔡澤 范雎 列伝

之宮
仲連曰然
獨朝之后叢锌同

著之後

紂之 文王紂之三公也 鬼侯有女而好入之於紂 紂以為悪 醢鬼侯 鄂侯争之急辨之疾

未若 甚孝成王既与平原君约

（見魯仲連傳後） 未并二行 而平原君家樓臨民家

第廿行 而秦未拔邯鄲王為如書遺平原君

五十九行 断

第六行 断

本行 断 蝴

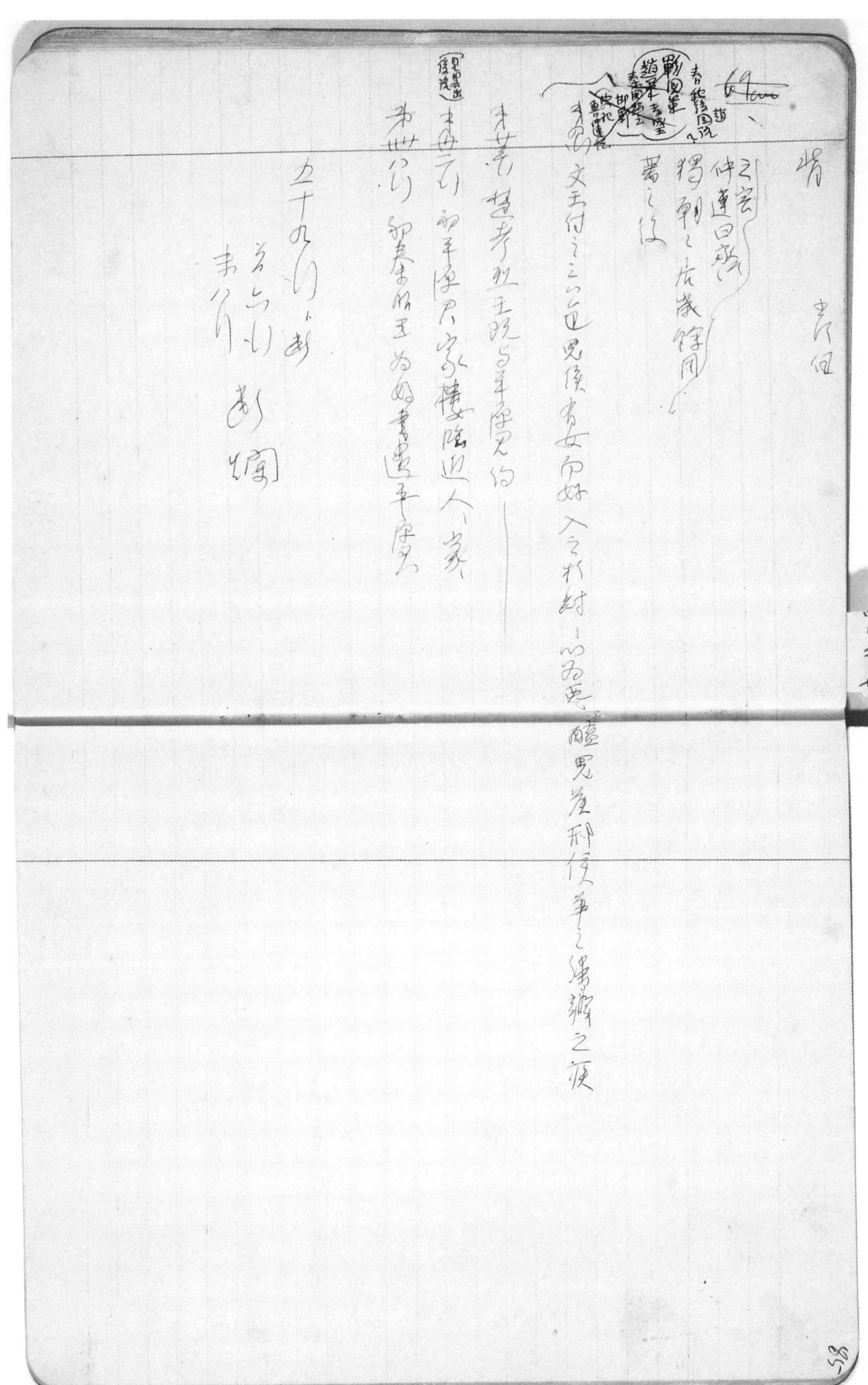

2885

達摩和尚絕觀論一卷　未有標題
（敦煌）　引書佳
斷烟羽子抄
辛巳年乙年三月六日寫記　僧法成

2888

千字文斷簡（敦煌）書杜
安定篤初誠美文慎終
獲叛亡布射遼丸嵇琴阮
俗無

87

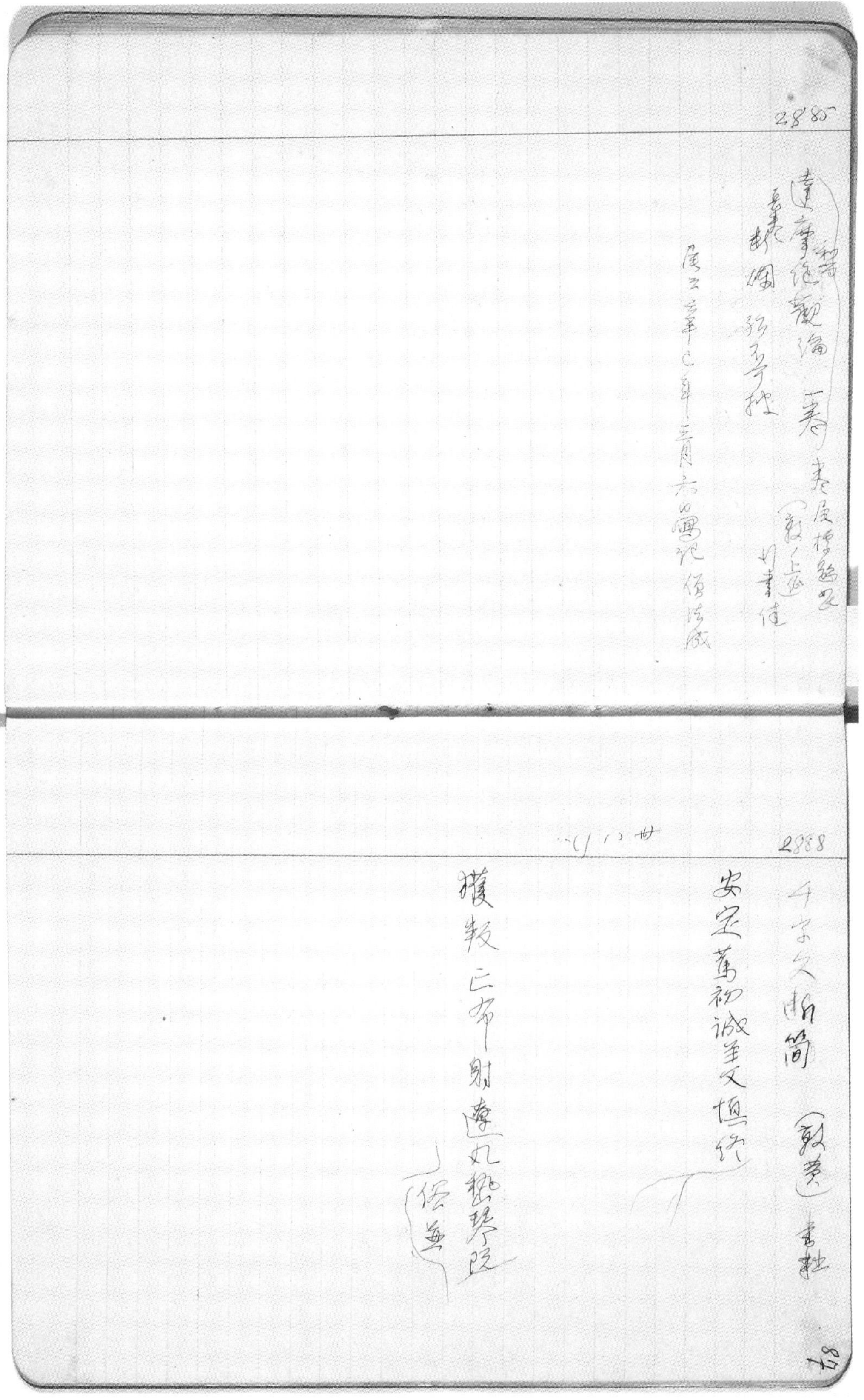

須摩提長者経　完

紙墨ヨリ見ルモ藤原鎌倉頃ノ一種ノ経紙ニ似タリ

書ハ中唐以後ニシテ我[illegible]後ニ似タリ

于闐開元寺一切経　此一行書五代ナルベシ　一本書

須摩提長者経　一名會諸佛前　亦名如来所説示現衆生

如是我聞

標紙ハ後ヨリ補ヒ紙質異ナリ

須摩提長者経　持経僧法律善恵

トアリ　五代以後ノ筆ナルベシ

皆

背ニブラミ文字十四行アリ

（影印部）

40-4　Pelliot 2011-3436

		(頁)			(頁)
2992	大乘無量壽經	5	2517	老子義疏	19
3078	散頒刑部格	1	2518	二十五等人図	18
3195	唐詩雜抄	4	2529	毛詩	24
3201	医方書	7	2530	周易	25
3349	[illegible]經	9	2531	莊子	~~26~~ 26
3436	楞伽師資記	10	2532	周易	25
			2533	尚書	25
			2535	穀梁伝	26
			2536		26
			2537	略出籯金	28
2011	切韻	12	2538	毛詩	27
2329	老子	14	2545	孝經	28
2370	老子	13	2546	子書	29
2407	老子序	14	2548	論語	29
2435	老子	15	2550	相墓書	30
2469	道書	17	2553	文選	31
2481		18	2554	昭君詞	31
2488	貳師泉賦	21	2547	周公孔子問答	31
2491	~~論語~~ 燕子賦	23	2577	老子注	36
2496	論語	24	2584	老子	32
2498	李陵与蘇武書	21	2594	老子注	35
2505	書儀	17	2596	老子序	32
2508	莊子	16	2674	孝經鄭注	33
2513	漢書王莽伝	20	2823	老子	38
2515	辯才家教	20	2864	〃注	37
2516	尚書孔伝	19			

1 3078

九十一行　黄麻　154cm

散頒刑部格巻
銀青光祿大夫行尚書右丞上柱國臣蘇瓌等奉　勅刪定
刑部　都部　比部　司門
一偽造官文書印若轉將用行并盗用官文書
印及亡印而行用并偽造前代官文書印若
將行用因得成官假与人官情受假各先決
杖一百頭首配流嶺南遠惡處從配緣邊有
軍府小州并不在會赦之限其同情受用偽
文書之人亦准此
一官人在任緣贓賄計罪成殿已上雖非贓賄
罪至除免會恩及別勅免並即錄奏聽
犯贓狀貶授嶺南惡處及邊遠官
一流外行署州縣雜任於監主犯贓一疋以上先
決杖六十滿五疋以上先決一百并配入軍如當
州無府配側近州斷後一月內即差綱領送所
配府取領報訖申所司贓不滿疋者即解却
雖會恩並不在免軍及解免之限東在都及
京犯者於尚書省門對衆決在外州縣者長
官集衆對決贓多者仍依本法
一法司斷九品以上官罪皆錄所犯狀進內其
外推斷罪定於後雪免者皆得罪及合雪

1

所由并元斷官同奏事若在外以狀申省
司亦具出入之狀奏聞若前人失錯縱寺官
經赦亦宜奏若推斷公坐者不在奏限應
雪畢雖亦狀皆於本使勘檢如灼然合雪具
狀條奏選司若使司已停即於刑部大理
陳牒問取使人合雪之狀然後爲雪仍牒中
書省并錄狀進內訖然後注
一盜及詐請兩京及九城宮庫物贓滿一疋已
上首處斬從配流若盜司農諸倉及少府
監諸庫物并軍糧軍資贓滿五疋以上首處
死從處流若一疋以上首處流從徒三年所由
官人不存檢校失數滿卅疋已上者奏聞
一詐請官奴婢及藏隱并替換者並配流嶺南
無官亦蔭者於配所役三年有官亦蔭者不得當
贖官奴婢犯者配遠州驅使
一工樂雜戶犯者沒爲官奴婢並不在赦限
一盜計贓滿一疋以上及詐請官私奴婢并恐喝
取財勘當知實先決杖一百仍依法与罪
一私鑄錢人勘當得實先決杖一百頭首處盡
家資沒官從者配流不得官當亦蔭贖有官
者仍除名句合頭首及居停主人雖不自鑄
亦處盡家資亦沒官若家人共犯罪其家
長資財並沒家長不知坐其所由者一房資財
其鑄錢處鄰保處徒一年里正坊正各決杖一百
若有人糺告應沒家資並賞糺人同犯自首
告者免罪依例酬賞
一略及和誘和同相賣爲奴婢自首者非追得
賣人並不得成首其略良人仍先決杖一百然後
依法若於羈縻及輕稅州自首者雖得良人
非本州者亦不成首
一但有告密一准令條受告官司盡理推鞫如
先有合決笞杖者先決本笞杖然後推逐狀
內不當密條者不須勘當密條灼然有遮
留者即准律掩捕馳驛聞奏如無指的不須
浪追及奏若推勘事虛先決杖一百然後依
法科罪仍不得減贖若責狀不吐確稱有密
者即令自抄狀自封長官重封如不解書推
勘官人爲抄長官封印署馳驛進奏仍禁身
待進止有不肯抄狀并不受推勘者即与無
密同便准前決杖及枷本罪若死囚一日者已
到有告密者不須爲受其有相知遣人投頭
分告及取人文狀或稱聞人傳說或稱起有如
此或云恐如此即告并重告他人所告之密勘
當虛事真杖及反坐無密等罪一准告人

科決其告密人雖被封進狀內所告非密及
稱狀有不盡並妄請面見者亦同無密科罪
縱別言他事並不須為勘當或緣闕競或有
冤濫即注被奪集密封事忽論誡官司不為追
即擒攝云黨助逆徒有如此色者並不須為勘
當仍令州縣録敕於所在村坊要路牓示使
人具知勿陷入罪

一先火劫賊必藉主人兼倚鄉豪助成影棲
其所獲賊各委州縣長官盡理詳覆應合
死者奏聞其居停主人先決杖百仍与賊同
罪其鄰保里正坊正村正各決杖六十並移貫
邊州其有捉獲賊應合賞准強盜法其賞
出賊家及居停主人其賊黨有能密告官
司因而擒獲者免其罪仍同賞例如有賊
發州縣專知官及長官隱蔽不言及句官不
能糺舉者並解却若捉賊不獲貶棲遠惡
官限內捕獲過半以上即免貶責如擒獲外
境五人以上与中上考應貶者聽叨過相折御
史巡察使出日仍訪察奏聞

一盜及殺官驛馬一疋以上者先決杖一百配流嶺
南不得官當贖其知情博換賣買及過致
人居停主人知情者並准此人有糺告者每

91
糺得一疋賞物廿疋糺數雖多不得過一百疋其
賞物並出隱殺盜驛馬人告數滿十疋以上者
衛士免軍百姓免蕳點戶奴放從良所由官
縱者与下考受財求者准盜人科罪

此帳廿丈

皆犯 佛書 廿人ヲ畏等ノ文アル経ヲ抄録セリ

又？雖似人行同禽獸或於寺舍織
汗伽藍仏境尊前行諸犯行癡心
狂乱汗染僧尼无羞无恥如斯耶

22 問世間現有貧賤衆生常受苦厄
悩諸仏菩薩慈悲盖護威神自在何不

35 浄住子云何菩修道不亦五欲何以
故五欲是間世法諸魔覺因愚人

45 智度論云復次菩薩觀種〻不浄於諸衰中
女衰最重刀火雷電霹靂惡家毒虵

61 空故一切説相常清浄故智度論云
七十云諸法性常空心亦不著空

64 月燈三昧経云雖有色族及多聞

六十六行 二十一 浮り

3

3195

唐詩雜鈔（擬）擬書

□詞人述莫
主每論邊外
侯貴兵且八
金部曲燕山下崆弦每
勒繡鞍鳥加每逐潭姚
與學孫吳傳道
角三五聲曲裏寶
辛勤動作一年行黃雲白草無前後
原身榮在朝野
陣出下騎大宛馬金鞍
李廣猶來先將士衛
驕盼日邊庭羽書紙
驚意氣能甘万里去
朝望旌旗夕刁斗塞
下應多亦少年開西不見春楊柳從軍但問所從誰擊手
劍酣歌當此時此去無邊朗□平原須寄仲宣詩
送蕭判官　賦得黃花戍　君不見黃花曲裏黃戍日蕭
々帶寒樹樓上笛臨北斗黃門何處是西川路每對分
時更華來年々祇對黃花戍樓中幾度照明月笛裏何
人吹落梅多君莫下推辭傑欲奏平戎赴天闕轉盼奔
酒別安親去々雲霄羽翼新知君馬上貂裘暖須念黃
花久戍人　怨美人怨　調待徵
妾本江南採蓮女君是江東學劍人逢君游俠英雄日
值妾容華桃李春年華灼々艷桃李結帶簪花
配君子行逢楚漢正相持辭家上馬從君起歲々年々
征戰間侍君帷幕損紅顏不惜羅襦寶衣汗只
韓香粉着刀鐶相期相許玉關中唯鑾鳴珮入秦宮

誰悟四面楚歌起果知五星漢道雄天時人事有興滅
殺穴窮勢屈心權析還軍中馬力先戰夜帳下娥眉
隨李皓君王死時遺神彩賤妾此時容色改枕山
意氣都已無渡江面目今何在終々天陽地与君辭恨
似流波無息時使妾元來不相識豈見中途懷
若悲　長門怨　魏奉古
長門桂殿倚空城每至黃昏愁轉盈黃昏來偏
得君王意一日無端寵愛輕守宮宿容華為誰惜
長門一閉無行跡聞道他人更可憐聽知欲妒無
盈呈移北斗露凄々羅幃々風閨孤燈欲滅留
殘焰明月初圓照夜啼向月唯淚影相逐不如
變昔同今屋雲浮彤練此城遊花綴珠衣紫臺
宿自從指辭仕漢宮君寵黃昏不逢黃今買
得長門賦㭊為寒々床夜々空
燕歌行一首　漢家煙塵在東北漢將辭家
破殘賊男兒本自重橫行天子非常賜顏色摐
金伐鼓下榆關旌旆逶迤碣石間校尉羽書飛瀚
海單于獵火照狼山々川蕭條極邊土胡騎憑
陵雜風雨戰士軍前半死生美人帳下猶歌舞大漠
窮秋塞草腓孤城落日鬬兵稀身當恩遇恒
輕敵力盡關山未息圍鐵衣遠戍辛勤久玉筯
計不空惧

2992.

大衆[illegible]件/號 (数)

衆宰相念以兩地社稷無二途路一家人使到日[illegible]元
許西迴即是恩幸伏且朝廷路次甘州兩地
宜不是此件行使久後亦要往來其天使般
次希垂放過西來近見遠聞豈不是痛
執之名幸矣今遣釋門僧政慶福都頭王通
信等一行結歡通好
衆宰相各附白花綿綾壹拾疋白緤壹疋以充
父大王留念到日　檢領 況
衆宰相先次
大王結爲父子之分今者縱然
大王奄世痛勢情義不可斷絶宰相僧中可[illegible]計
天子所有世界之事並令允就即是衆宰相
周旋之力不宜謹狀
二月日歸義軍節度兵馬留後使檢校司徒兼御史大夫曹
道途阻僻信使多乖安於膳(?)企之餘 莫
盡 牋毫以內方深渴仰猥辱
緘封對 倫(?)譔詞
周獎之仁深積感銘之懇所 不入
守衆貢人使具委
來情況接壃場莫不專切今則莿(?)

卯州康太傅及慶州
許太保李奉
聖旨部領大軍援送
貢奉使人及有
天使去八月廿一日得軍前
大傅書係玄(?)尚都監
件(?)司空已於八月十六日到方渠鎮上
都監尚量定取(?)撫近者
九月五日發離方渠於六(?)州日半明至土
橋子應接看當道至八月廿二日專差
軍將袁知敏部(?)賫書係往方渠鎮諮
報軍前太傅已依此時日進副詑(?)身(?)各(?)
點(?)邀(?)至土取九月二日發赴土橋子接迎於
九日到府次伏況般次行止已及方渠鎮得
軍前文書令具子細披啓今差都頭曰(?)行
豊(?)尚書(?)密(?)已下同行持狀諮
聞便請
可以斟酌差兵迎取(?)惠(?)自(?)人使倍情
儀但緣走馬經行不果外馳禮
雖有微信別狀披伸幸望

5

春私書箋
照察謹狀
朔方軍節度使檢校太傅兼御史大夫張
季夏極熱伏惟
弟順化可汗天子尊體動止萬福即日
兄大王蒙恩不審近日
尊體何似伏惟順時倍加
保重遠誠所望已前西頭所有世界事
宜每有般次去日累曾申陳計應上達得
去年 兄大王當便親到甘州所有社稷
久遠之事 弟天子面對商儀平穩已訖
兄大王當便發遣一伴般次入京昨五月
初其天使以沙州大小道使平善達到甘州
弟天子遣突律似都督往沙州通報衷
私無意之人稍有參差言語天使以小
道使蒙賜館驛看待無改頭並不
感積允過西來昨六月十二日使臣以當道
平善到府兼賚持衣賜分物并加

兄大王委官告者皆具足
弟順化可汗天子恩施周備
聖澤西臨以
弟天子大同增歡慶今遣內親從都頭價
榮寶等謝
賀輕信上好燕脂表玉壹團重捌斤白綿
綾伍疋安西緤兩疋立機細緤拾捌疋官陸拾
疋已前物等到望
檢容更有懷無在賁都頭口申陳子細
謹狀
狀狀謹 謹空
天福柒已歲二月五日
天 大福拾
郭囚果事

3201

外臣錫言臣聞愚者不可奪其智老者不可備其力貪者
不可責其財病者不可强其役輪不可節而直轅不可
揉而曲此數者各其分也臣家不血食四百餘年更植
征羸瘦仍加冷疾自到大蕃不服水土既無藥餌疾
疢尤甚忽恐一朝東征西伐特乞不將臣隨軍而行臣
既嬰疾疢又的知欲到漢界則相平械足駈馳道路
蒙犯霜雪臣則死於是也又臣雖愚若得陪星使致
晉告得隣國協和杜絶猜貳則臣之分也若隨軍旅
犯封境作威作福作寒作暑臣誡其口而不能
言擧其舌而不能擧此者何也猶席縫猛而不能
捕嵐矣豈尺所短而寸無所長武大蕃將相或
説諌聖神日異俗之因何所用武即請降絲綸
以誅之臣必對刹劍顛微軀知泡的不賞死生
踐然没収視反聴澄心攝妄還源歸素契理今
眞亦何所悲恐 贊普他時有須當臣
寸而所役決年面方之師衆如臣者未可得
爲 錫干犯 聖威誠惶誠恐頓首 謹言
年月日破落 朝散大夫殿中侍御史臣王錫上
破落外臣錫言王者之要莫過於安萬姓佛法之大莫過
於利蒼生至如兵者不得已而用之今者 大蕃之興
商賈交易停其斥候杜狡嫌疑、伏惟 聖神贊普聰明
廣運 聖德弘深武略貫於前王仁慈光於後嗣是以每
擧戎師多見剋捷抑亦天時人事安可定准故道經曰

7

知足不辱知止不殆又易所謂物不可以終通故授之以否
聖神得無慮爲臣去年已獻表切論兩國和好事遂特蒙
遣赴軍鎮共諸將相商議夫爲將者務欲增人我深懇
取淨俗之慮譬安肯捨悲蒼生注救風俗若戰之捷功則
況於己若戰之敗則恥歸於國迭爲矯誑蒙蔽　君主
又安可共議先高古之事也伏見　贊普聖誠節竭身
力或澄心而妙入禪定或發恩而廣譯真經更建立
伽藍雕刻素像交馳驛使近召請僧徒豈不是弘菩薩
之心啓慈悲之額精修六度極拔四生耶若如此者同
聲聞之於非菩薩之行菩薩行者於施則三事體空
於見則四生齊等不彼不此無是無非雖於、、一
凡果殊異其動靜念無非利益有情
聖神與兵戰伐鬪主宇豈不是欲成勳績垂万代
耶若如此者是霸業之迹非王道之術夫王道者銷
鋒戢戈無納諫中朝不閉外户　聖神修道是
有爲於是着相於是名聞修理國是擁者虐万姓是
危社稷是反王道何者年年用兵是危社稷之害
万姓之幸二事既不行有於王道哉夫修道者修之於
内不得於外慈悲於蒼生是内修也　聖神近戰
不歇令非安業父母兄弟各在異所道路既遠音
信不接目際无外心潰腹斷更於戰陣務資煞戮
雖修塔建寺邀請僧居寫經說齋遷造佛此只

人天有漏有爲之福非真福田臣雖是漢在大唐國
了人窮欲窮其數者不可而得於中與臣表裏親戚
不過三二　其名爲陣槍傷不過一二而已
何所區
同假令
門只
了其臣説勢不
已伐者修道

尚十七〃

50

凡数不過十〻不過万〻好至万〻即改

曰億　一億十億千億万億十万億〻

一兆十兆百兆千兆万兆十万兆百万兆千万兆

万京十万京百万京千万京万〻京曰該

百万該千万該万〻該曰梓　一梓十梓百梓

万〻梓曰譲　一譲十譲百譲千譲万譲

一溝十溝百溝千溝万溝十万溝百万溝千

万澗十万澗百万澗千万澗一万

十万政百万政千万政万〻政曰載

百万載千万載万〻載曰極

右孫子数　銭満載天不容地不載

凡度之所起〻於忽　絲蚕口中吐絲為一忽〻者

十毫為一釐十釐為一分十分為一

一尺　五丈為一端　十丈為疋　方

一

九〻八十一　自相乗得六千五百六十一

八九七十二　自相乗得五千一百八十

二九十八

九〻一九　總得二百九十六

八〻六十四

自相乗得二百廿

自相乗得一十五万

自相乗得四千九百

三四如六　自相乗得廿六

9½二〻如四　自相乗得十六

百十八

3349

算経　[illegible]

算経一巻并序

夫算者天地之経緯群生之元首五常

之表裏五行之中均皇極之終始 力

孝元氣於歴究四時之運移記精微之筆

又推方員規矩均尺丈制法度立權衡平斛

下椙但行之者富貴有餘指之者貧且賤此

盡意明樂者安有不成哉昔曾人請算上之

言人不解算者如天無日月地無泉源人無眼

淺　凡算者正身端坐　從右膝而起志

之方百相似十十相望六不積聚五不單張算者

百貝方歩至万乗除之法言十自過不滿自當　相

九〻八十一　八九七十二　七九六十三　六九五十四

九十八　一九如九　八〻六十四　七八五十六

一廿四　二八十六　一八如八　七〻卌九

主七廿五　二七十四　一七如七　六〻卅六

六十一　一六如六　五〻廿五　四五廿

三四十二　二四如八　一四如四　三〻如九

一二如二　一〻如一

均田法第一

今有方田卅九歩　問為田幾何

十四百二十一歩以畝法二百卅歩除之即得

97

六十歩　以長九十歩乗之得五千四百歩以二

109

今有環田正圓內空（形如玉環）外周一百廿五步 內周
廿步 術曰併內外周折之以乘徑得積
以內周十五步併之得一百卅步 折之得七十
三畝余百廿步

訖

7.16

3436

楞伽師資記（寫）

首缺

卌八行 款 無序文

淨覺所得者謂之德菩提也

楞伽師資記一卷 東都沙門釋淨覺居太行
山靈泉谷 第一宋朝求那跋陀羅三藏 南天竺國人
大乘學 時號摩訶衍 元嘉年隨船至廣州 太祖迎於
丹陽郡 譯出楞伽經 王公道俗 請開禪訓 跋陀未善
宋言 有愧即以義學人鉄昌者於是 書訖 開禪訓
三藏云

——

古楞伽經四卷 仁者依行自然度脫 餘廣
如續高僧傳所明 略辯大乘入道四行 弟子
曇林序
法師者西域南天竺國 是大婆羅門國王第三之子也
神思幽明 聞皆曉悟 志存摩訶衍

——

惟有道育惠可 此二沙門 年雖
後生 俊志高遠 幸逢法師 事之數年

第三齊朝鄴中沙門恵可 承達摩禅師後
其可禅師 俗姓姫 武牢人 年十四遇達摩禅師
遊化嵩洛 奉事六年 精究一乗

第四隋朝舒州思空山粲禅師 承可禅師後
其粲禅師 罔知姓位 不測所生 按
續高僧伝曰 可後粲禅師

第五唐朝蘄州雙峯山道信禅師 承粲禅師
後 其信禅師 再敞禅門 宇内流布 有菩薩
戒一本

第六唐朝蘄州雙峯山幽居寺大師 諱弘
忍 承信禅師後 忍伝法 妙法人尊 時号為東
山淨門

時荊州神秀禅師 伏膺高軌 親受付囑 玄
賾以咸亨元年 至雙峯山 恭承教誨 敢
奉驅馳 首尾五年 往還三覲 道俗齊
會

資州智詵 白松山劉主簿兼文性 華州恵蔵
隨州玄約 憶不見之 嵩山老安 深有道行 潞州
法如 韶州恵能 揚州高麗僧智徳 此並堪為人
師

第七唐朝荊州玉泉寺 諱秀 安州壽
山寺大師 諱玄賾 洛州嵩山會善寺大師
諱安 此三大師 是則天 大聖皇后 應天
神龍皇帝 太上皇 前後為三主國師也上
忍大師 授記云 後傳吾道 只可十耳 俱承
忍禅師後

第八唐朝洛州嵩山普寂禅師 嵩山敬賢
禅師 長安蘭山義福禅師 藍田玉山恵
禅師 並同一師 學法侶 應行 俱承大
通和上後

付嘱普寂禅師 敬賢 義福 恵福等
自宋朝以来 大徳禅師 代代相承 起自宋
朝求那跋陀羅三蔵 歴代伝灯 至於唐朝 総八代

二

遣使来者二十余人也

2011

王仁昫 刊謬切韻 白庸

{27
41}

川謬補缺切韻巻第二 廿八韻 旁 先蘇前 仙相然 蕭蘇彫 宵相焦 豪胡刀 歌古俄 麻莫霞 覃徒含 談徒甘 陽与章

石郎 庚古行 耕古莖 清七精 青倉經 尤雨求 侯胡溝 幽於虬 侵七林 鹽余廉 添他兼 蒸諸膺 登都滕 咸胡讒 銜戶監 嚴語輸 凡符芝

刊謬補缺切韻巻第三上聲五十二韻 右巻二万二千五十六字 二千七十七? 壹百十五 新加韻二千八百一十二 訓三百六十七 亦或一十九 正廿一 通俗四文本 舊韻四千一百廿一 訓卅三 或亦五文 古二文 俗一千三百卅 補舊缺訓一

朝議郎行衢州信安縣尉王仁昫字德溫新撰定

大中廿一華 蔣本 ト仙ミ一

~~川謬補缺切韻巻第二 廿八韻 旁 先蘇前 仙相然 蕭蘇彫~~

記 荷山反人姓又草陸田 文語取凡之上聲失三 范 模 范 蟄 蜂 范 符山反 田反 又朋 范 朋范反 朋 脱 盂

川謬補缺切韻巻第四 去聲五十七韻 右巻一万二千一十四字 二千一百卅六 三百卅二 舊韻四千九十七 訓卅五 或亦三文 古一文 俗一千七 補舊缺訓一 百卅六新加韻二千七百六十 訓三百九十二 亦或廿五 正廿三 通俗六文本

朝議郎行衢州信安縣尉王仁昫字德溫新撰定

刊謬缺切韻巻第四 上聲五十一韻

送 蘇弄反

二 宋 蘇統反 濁与用韻同 夏侯別今依夏侯

三 用 余共反

四 絳 古巷反

補缺

聲五十七韻 二韻 右巻一万二千七十七字 二千一百五十六 千三百卅三新加 舊韻四千四百六十五 訓卅一 或亦九文 古一文 俗八百卅八 補舊缺訓 韻二千七百七十四 訓四百一十六 亦或一十九 通俗二文 古四文本

朝議郎

最後ミ 別ミ 萃 婉女文 / 新 ...

2584　2370

章句二卷　章　2584　2435

尹　2584

老子　黄庭　2033　192cm　書付

序廿五行　次く　道士鄭思遠曰—七行

次太極隠訣　十二行、十七字

1

踊身在虚空之中　如雲之升去地百餘丈
而止於玄虚良久俛而答帝曰余上不至天
中不累人下不居地何民之有陛下焉能令
余富貴貧賤乎帝乃悟知是神人方下輦稽
首禮謝曰朕以不徳忝統先業才不任大憂
於不堪雖治世事而心敬道徳直以闇昧多
所不了唯願道君弘恩有以教之則幽夕覩
太陽之耀光河上公即授素書老子道徳経
章句二卷謂帝曰熟研此則所疑自解余注
是経以来千七百餘年凡傳三人連子四矣
勿示非其人文帝跪受経畢失公所在論
者以為文帝好老子大道世人不能盡通其
義而精思遐感仰徹太上道君遣神人特下
教之便去耳恐文帝心未純信故示神變以
悟帝意欲成其道真時人因号曰河上公焉
太極左仙葛玄曰老子以上皇元年正月
十二日丙午太歳丁卯下為周師至无極元
年太歳癸丑五月壬午去周西度関関令君
喜宿命合道豫占見紫雲西邁知有道人当
度仍齋戒焼香想見道真以其年十二月廿
五日老子度関也喜見老子迎設礼稱弟子

誦詠　2584

老子曰此應為此究利天下楽賢世傳弘大
道子神仙者矣以廿八日日中授太上道徳経
義同霊无大无不包細无不入聖王不能盡
通其義昔漢孝文皇帝好大道從容无為
之堂嘆凡聖無能解此玄奥精思遠感上徹
太上道遣真人下授文帝帝敬之為道人郎
信楼傳授至人此字授守升霄所雜傳多設
今審吾按此書之使與玄同相應十方諸天
人神仙天地鬼神所宗奉文同無一異矣吾
已於諸天神仙太王按定受傳天人至士賢人
儒高宗極正真弘道大度何可不精得聖
人本文者乎吾所以有言此欲正玄妙於天地
地人耳今說是至美明矣夫学仙者必能弘出
贖也
道士鄭思遠曰余家師葛仙公受太極真人
徐来勤道徳経上下二卷仙公曰異者所好加親
見真人教以口訣云此文道之祖宗也誦詠万
遍夷心注玄者皆必升仙尤尊是書日夕朝
拜朝拜願念且如靈寶法矣学仙君子
宜弘之焉仙公常以此言无應仙之相及者如不傳也

1

古之善為士者章　濁以靜之徐清安以動之

增　御書　三十二行

聲傳隸第四　七十六行

13

2407

老子序　廿五行、十七字　2世 45

1 老子道德經序訣　太極左仙公葛

2 老子體自然而然生于太无之

24 演道德則万神震　福滅九陰短

25 ……之矣能知乎　之文悪之

4

2329

老子　萬麻　書作　20 205½

有序十五行　鄭思遠曰　六行　太上隱訣　十三行

2407 2439 太極隱訣

道可道　孔德之容章　弟廿一　七十六行

自古及今其名不去以閲衆　用去

2370

2329

章

一　萬物　觀所徼　万　觀其徼　五十四字

二　行不言之教　作而不為　始為而不恃　成功不處。　行无為之教　辭　無始字　為上　有生而不有　四字　居下　八十五字

三　不上賢　難得貨　實其腹　彊　使知者　不敢不為　作不尚賢　得不貴之字　實作寶　強　使夫智者　無不爲　五十六字

四　淵似。常存　然　廿七字

五 其猶橐籥。
愈出多
聞數窮
守中。
六 用之不勤。
七 其无尸，故能成其尸。
八 持而盈之
九 而梲之
長寶
十 其谷名成功
而无知明白四達而无為天門
而為雌
十一 鑿戶牖
十二 五音令人耳
十三 寵辱若驚
吾所以大患
若可寄天下
十四 其上不皦其下不忽。
繩繩不可
无物之狀
十五 強為之容。豫若冬涉
儼若容散

橐。
喻
言
忠 卅四字
愍 廿二字
私 卅六字
滿 五十字
銳
保
其谷名功成名 卅字
能无為天門
能而行能雌 白 有明白
四達能无知 七字 六十字
鑿 卅七字
音 卅九字
為
太上有字 七十八字
託
在 在 昧
棄棄
象 九十字
喻
容渙 八十字

十六 十七 十八 十九 二十 廿一

六十六字
卅八言
廿六字
卅四字
一百五字

5

2435
老子
黄麻 初唐書佳 1/192
二序、太極隱訣
八十三行、十七字 楷
未載

49
五言言輒叩齒三咽液三過道德上

83
而不恃長而不宰是謂玄德

28
傳例與尸例、抄錄下五行
書功

（已照）

2508a

莊子　黄蘗　{21 147}　巳廿

朱　八十五行　佛書1步　大乘稻芊経疏

ア　出生死海今至無到彼岸故所言稻芊者夫一切経皆

回義而之甚名

85　（懸）氏於是言之慈氏也言経行之處者謂依勒共

2,1　七成就大　云　大書為般若大集大宝積等経所說諸法　（皆是）

貝釋大六轉大

（已照）

2508b

莊子　黄蘗様　為倍带　黄尾寔　{20 100}　廿淡

標題　南華真経巻第十五

1　南華真経剡意品第十五

皆　五十行　書写　多誤字

1　所在之謂諸有情說法若為問二頂尊故佐以慰問平不

之　礼若受至礼者不成恭敬有過失故経俱坐盤陀石上三

（因縁）此三引證也此曰意故故引證

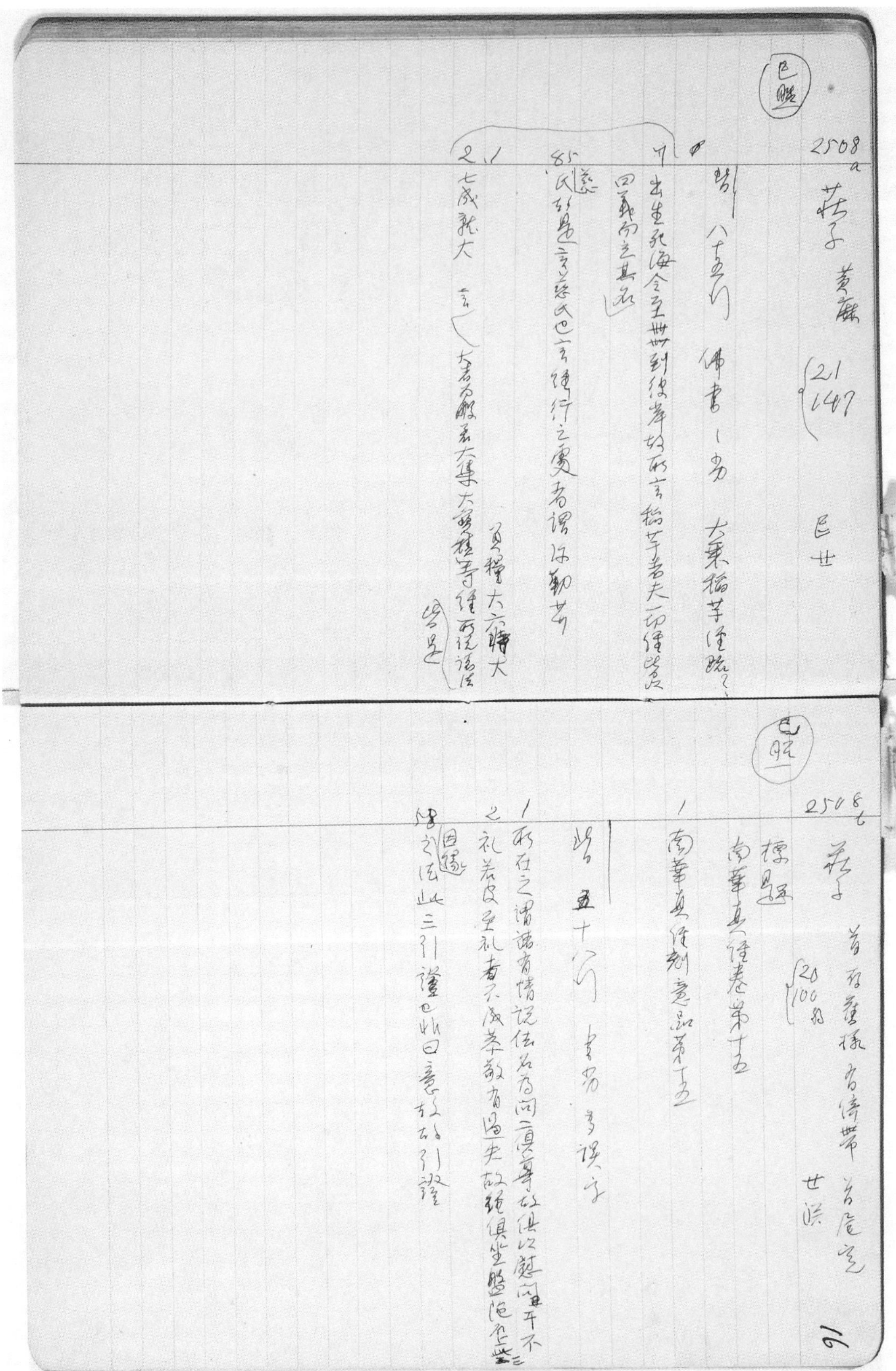

2505

書儀（殘） 書杜 125行

七月13日

1

2 辭 秋夏年月日 書儀上卷

年廣[illegible]白載夏四叢 禽曰社周四年 昌白稅齡 金六

通用 稱者數以年言之 經云數年 安祥年 踰年 二年 果云

積年 數句言之 頻 移歲稔 舊改考安年以 數移歲稔 [illegible]

3 三年云歷年 遷 山等 證 經年 直已上 任情用之 移歲 [illegible]

4 月 始月 云以月

5 日

6 春時 春云青陽

7 夏時 朱明 夏云安曰 炎節 風曰炎風 秋 白藏 素秋 高秋 景節 時曰玄英 冬 安 金風

8 正月孟春

9 三月季春

10 五月仲夏

11 七月孟秋

12 九月季秋

13 十一月仲冬 十月孟冬 十二月季冬

14 十二月 相 辭文

15 正月孟春 猶寒 餘寒 尚寒 太簇 握手專城 相當鄰國之迢度分顧昌

16 驛悲情山頭之難前面涕異途登山氣咽心悶[illegible]切風 騷

26 二月仲春

[illegible]

三界寺 僧比丘法成 律書記可 未考

廣順參年

廣順參年二月十四日時寫

2469

道書 黃[illegible] 小字、十六字 （26 / 148½）

1 本際大戒經云 故[illegible]心於天人今度於後學也

2 三元品戒經云

3 三皇經云

6 太上太真科經云

12 太上元元本如經云

14 太上太清真經云

16 靈寶玉訣經云 時有精進學士王龍賜傳寫

22 太上業書錄傳經云

27 上清隱書龍文經云

34 老子大千生經 關令尹喜頌曰

38 昇玄經云

52 老子西昇經

59 靈寶玉訣經云

64 太上靈寶元量度人上品妙經云

76 明威經

81 洞淵經

[illegible]記

首 寺院帳簿

度 佛書末疏

三

2518　二十五等人圖　（貳）未分　1/2　272　147

九十八　完

陳偉優

1 譯　（的譯）章二十五等人圖。并序

2 人　文有二十五等寔常攈弉之叙遂使愚智而登任　言胃

3 苟不同途深邃異號書品自竟未指諭況夫人即品類家

靈者長生之質長而留於一世假如越錦青羅廿仍若華明

月晦白玉有瑕故知天下無全美者也但録其行善採之

一材則可佳焉無所辭用全須寧宗表遂階先賢苟欲培保

閲色人雖盡士今有等倫而省古史今書人之　兆

凡人二十五等但省畢行可比塵愚究察情懐甚知聖智是

以傳言得失今舉瑞懐試未会議但為來者之極學可因其

往及異類於後　其者陞之以為機要　之乎

上上五等人　神人　聖人　真人　道人　志人

上上五等人　德人　賢人　智人　善人　辯人

中五等人　公人　忠人　信人　義人　禮人

次五等人　士人　工人　庶人　農人　商人

下五等人　衆人　奴人　肉人　小人　愚人

神人第一

神人者非世人也与太始而䜟生共混極而同志性自然也不見所來

亦不知所往或隠或顕或[illegible]中虚取風上下無度同上[illegible]於漢

巫山[illegible]於楚王如化不[illegible]窮隠顕自得國有道則現無道則隠此

20 神人之異也　聖人第二

94 雖然此書是十人之書也　愚人第二十五　愚人者幽帶之人也　昧

冢遮膽怨猶疑陸者掩耳之旋川者刻舟之闇者祐盧之遠[illegible]

（敗善陀余良）

聲色之須更動静則得失不知是以其好醜便不益顔長於

巷意自勞出言受辭或有[illegible]時混衆選相和君宰即[illegible]座豎時鵬

化有日即以蘭辭又異蜂蛛此乃愚人之也　今了是

2481

[illegible]　不知書名　（貳）　書抜　31　260

究圖冊府十一如十文辭典切　書

召四十五　廿四八　[illegible]

1 自可雄視識行此往範[illegible]　虞劉之妙瑞明古東手之理　得[illegible]相

145 意無係於以大倉以華暁殊[illegible]有記於著典　（未完）

第一　蠹[illegible]按其[illegible]道教[illegible]

僧正第二　私度　衆講　[illegible]財　已上六道同一頭尾

儒學第三　盗物　懺雜　寺[illegible]　青[illegible]　已上六道同一頭尾

祥瑞第四　[illegible]　[illegible]　[illegible]　已上六道同一頭尾

慶賀第五　[illegible]　[illegible]　已上八道同一頭尾

祠祭第六　[illegible]　[illegible]　已上十道同一頭尾

禮儀第七　[illegible]　已上六道同一頭尾

於記　語序文了集中

大般若経中五（雲）序

和尚題真讃并　沙門[illegible]撰

[illegible]

181

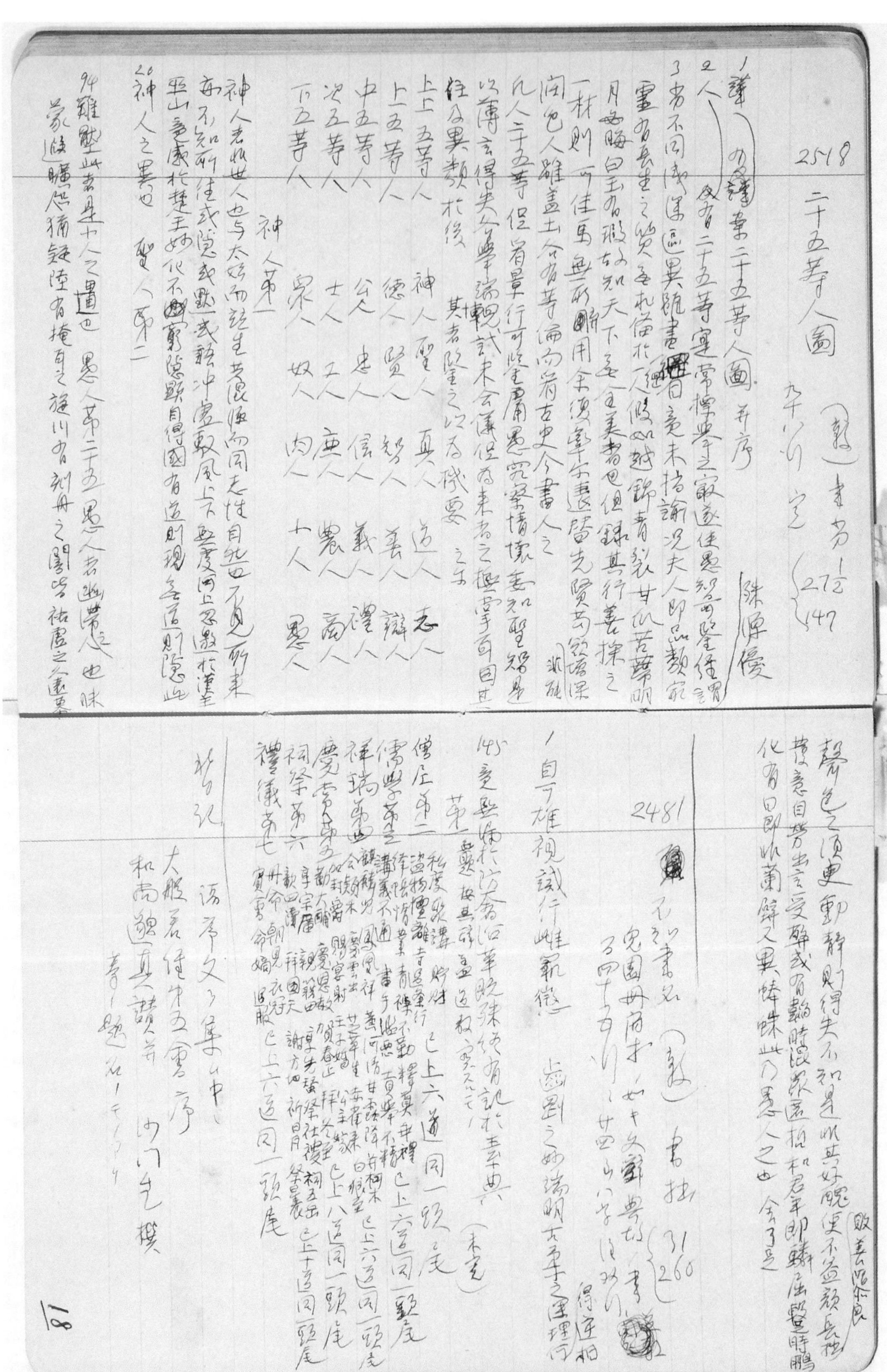

2517

老子義疏　治正世　朱買校　羅師

1 仙長生下

2 而本自深根本而固日月者根深本以長生固帶而以久視喆明

3 云長生道視明照也

治大國章而以次前者前章正明積行果

聖人之道爲而不爭　聖人上德以自救成

老子道德經義疏卷第五

2516

尚書孔傳　黄麻　羅師

19

般庚爲微子之命

介肱今它後女何生在上　言不從之後計女何得久生在民上稱

迨　言將以付與死也不然合異皆歸於仁　君子之道出處默語順一生回

尚書卷第五

野棘知人意因何不早迴　蹤跡爭饒得待後

使悟來

薩石二書記

2545

辯才家教（敦）書名 28 168

1 辯才家教巻上 并序

2 昔辯才者是不可思議人也是善知識教化兩得提挈衆生成

道從迷愚之中癡迷之類人身難得中國難生邦得遇（來）

自須依本知四時八節知四季所量時候菜某年歲時豊歟

凶年即貴哉樹院熟菜提防水積行防霜積穀防飢勤心

讀詩書自然足知學時縱難用還易由陪海須愧其永

鸛寄千林高枝而貴本勸時人須於此義豈可輕乎辯才之

美榮之道知達之義理終身無欲人之仰貴疑言如堂生木

4 全生發水 貞清門第一 學士問辯才曰何名為貞清辯才

省問章第二 學士問辯才曰如何者事辯才答曰

勸善問章第三

六親章第四

積行章第五

十勸章第六

經業門第七

貞女章第八

公宮四字教章第十

五字訓教章第十一

108 家兩以後兄弟妯娌如魚水 于時學士問辯才曰悉以廣法

晉濟群生教遇迷來辯賢英秀開知慧如燭照明幽顯章句

如等審聽能依教法信受奉行 辯才家教

甲子年四月廿五日題記 僧王保全記

48 48

2513

漢書王莽傳 第六九上 22 87

卅八、十五行 廿臣

1 更始二年二月更始到長安

2 下詔大赦非王莽子他皆除其罪故王

38 蝇聲引詩匪雞則鳴蒼蠅之聲又字蠅聲美聖之

紫色 卅八行

1 師古曰紫閒色也又之四同然因蘊顯而假說明既不觀

日允名為本原蘭書議要名之

20

2488

貳師泉賦（殘）書寫

(2800 / 77)

貳師泉賦 十字 從文殺十三行 秦將賦 共1

高興歌 九行（未完）

1 貳師泉賦 鄉貢進士張俠撰

2 昔貳師之伐戎專征大宛 錦[illegible]深齒勞 連伐不賓之獯（鄉貢[illegible]射芭南）

3 而擊衆亂 銘常業之業 名紀靈通於萬古

15 逆父殺濟泉賦 前進士何蠲撰 含去國之愁

16 昔逆父之口 [illegible]中流 筆遞 [illegible] 浪渡頭 我有黑綸之恩君

29 奈花未必而來不得 邊挾拾

29 秦將賦 秦將昔時坑趙卒 入深谷 拋一重刀 布一重[illegible]

56 問鬼哭至今由寃白將軍——秦將賦 終

51 高興歌 酒賦一本 江州刺史劉長卿撰

52 天下特遺越今古 六尺堂[illegible] 文武促人之朝[illegible]醉如泥[illegible]

59 酒是[illegible]流[illegible]不歇 如滄海喻 黃河 鵝頸 綠[illegible]滿酒若

卷紀

天獨奴安 緒之

辛卯年正月八日吳獨奴自手書紀之耳

辛卯年正月八日吳獨奴自手書

2488

李陵与蘇武書（殘）書寫

(272 / 110)

20

1 李陵与蘇武書 中

2 陵家世潁西 名傳甲族 父祖相繼 為王者師 入則守宙肅

清 出則海內肅 怙死節 効主輕生 盡忠傑 須鄙愚 幸藉

餘叙 先君獸納 矢未比於先君 識衣靜學 頗當用 先帝

好文 儒文可擇 先帝好武 儒武可施 當日奏金殿 面對玉

皆帝既得人 許陵為將 領五千之步卒 南截金河 指望單于

之一方 此請玉塞 為陵意者 擬傾巨海 以蟻 以太山壓卵 誰

為志不可支 天奪人願 成陵者在天 敗陵者在天 豈予也

知後何言 陵自料飛拉敵 伏初 [illegible] 山之下 與賊相

遇 胡騎驍雄 陵軍疲步 賊勢雖廣 陵視若亡于 時且引就

[illegible]聲鼓 飛鏑 暗日 鳴笳 沸天 視死如歸 決戰力 輔主 陵將蓋

石公之略 盡孫權之計 其時 殺胡兵積屍 如燕脂山 血流如

諾 頁 水 此一日之效 陵自料 生不辱主 死不辱父 臣子之心

然也 況陵初授 勅命五將同入 陵獨居先 况步卒行疲 又

糧賜 寧[illegible] 怨 萬兵將均 食 又 斬 袁 遂 漢 境 深入 萬 進 胡

息 輸續 命 新 本 運 糧 者 如雨 救 援 者 如 雲 陵之 苦 明

與後 救兵 之 失 窮賊 臣 聽 背 敗 陵 軍 陷 事 既 不 遂 知 [illegible] 矣

言 唯 照 此 心 天 心 不 諒 且 人 生 百 年 安 須 達 時 遇 世 富 貴 [illegible]

欲 [illegible] 誰 貪 陵 如 今 受 万 人 之 侏 為 一 部 之 王 呼 吸 風 生

叱 嗟 異 聽 請 思 高 意 笑 一 降 重 夫 見 機 而 作 是 周 易 之 言

言 小 人 即 困 執 君 子 變 通 是 以 子 胥 棄 於 錢 塘 屈 原 沉 於 湘

漢 子 推 焚 於 綿 上 申 徒 投 於 首 陽 此 四 子 者 生 為 遂 名 之 人 死

作 非 命 之 鬼 徒 執 而 不 返 三 隅 風 父 母 之 骸 骨 留 萬 代 宣 說

此輩之人無是犯人矣足下今擬忠於主々已毀崩盡孝於
親々已逝夫妻室段姊於榆推毀雖有無志而無所歸漢家
若重印臣只今盡足下於麟台之上只今書足下名於碩堂
之前只今封足下母為郡君只今立足下子為輔弼陵有罪
任坐子且不遜者則是君主之情驗取何在願足下無生歸
意塞外為鞋不弦於漢無冬之月胡風盡開朔雲暮合想
子寒凍情何可堪試曉單于百年受貴海遇遊。深願敦
珍術謹遣白書單言不盡右勸王李陵頓首蘇子座前

竊因蘇子卿謹獻書於右勸王閣下

武聞見利而動小人也守道而安君子也夫欲求大道無議小
利欲救滄海必藉巨舟此即僕之拙見也僕且生逢明時喜遇
聖代特承往使遠方於是授金璋仗玉節生有榮祿死當
無廢常懷報德無以憩身使命奉書俾傳高向致足下
婚單于女受單于官擬賜持權出懷頓首何幸如斯僕
見足下心事以往日殊衆罪有不固思有餘矣足罪有七僕
且足下父祖名將門傳軒冕秖合預料未萌慎終如始何
得空領步卒不滿五千深入虜廷遠涉絕漠萬里不向則虜
敵已驅致使戰敗而歸輸早大漢閱中無中不是易 足下
於蒼生何辜杖被負心宰子不堪為將其罪一也 足下
食君之祿須達君命盡梅漢將杖黃國家使傾万石
之粮杖陷五千之卒子之不信其罪二也 足下辜本恩
未臨報而躁無懷漢主之恩有貴大我之賣足下官楚榮
因讒而得尚不肯已退毀我國家衰良虎自爲子當此
為臣說君之不忠其罪三也 足下所領五千之卒賊
實掌書三五十人訓令無方告示失所義從不起恩安

72

上臨粮賜不均處御不則致使管敢背叛仲由記鮮
於李氏為將不能勵其兵其罪也 足下老母被
誅少妻受戮獨戀蓄中無用之賞遠違天總常
出致責然嫁滅足下氏族以令天下軍將也此則因
子害母子之不孝其罪五也 足下嫁婚單于女受單
官重酒色貪金帛常事鬪戰唯習弓弋因遷擬入
雲霄淪化人於世異族其罪六也 僕憶昔初入蕃
中辭公權賤餞送已畢今朝盡遭僅足下一人遠送郊
外單進灞上踏踏即行闇影西況金蹤東上便宿交野
言情百年是時傾翰墨題送別之詩動請文採出塞
之頃臨欲揆纏君言再三令僕莫號單于輕命重
禮僕得子一說貴如千金 銜命於邑至今日八九年
辛穴乞度今死者鵝是賀子一言奈何今日卻致說辭
令僕號毛血之人猶臣書苦足下之言都無終始遜物
意積銘是述十人無堪大用子之不忠其罪七也 僕且松
柏為心業田窮海萬物翻為無僕終不改見書云武亭
崩武已歸天見書云老母被殺以叩地孤臣罪逆不自滅
云哀子痛深上延慈母引領南望飛鳥北狄馬胡風
懸思附哭歸漢謹遣白書言不盡蘇武頓首
少卿座前

天成三年戊子歲六月七日學郎李幸思書記

幸思比是老生兒投師習業弄無知
父母偏憐昔愛子日諷万章不滯遲

22

[illegible] 文[illegible] [illegible]

仲臺夏孤飛今見貴社齊集意樂投

入叓有追因隊去於怙抱子君有入社遊局

續當揃備伏乞三官衆社等乞

賜收紙入案不敢不申伏聽處分

副此紙[illegible] 米[illegible]因出筆

點[illegible]入二[illegible]寫之王[illegible]

[illegible]

1 友 秋 庫 局

11 了 平 麦

今 月 十 [illegible]

249[illegible]1

燕子賦一　（[illegible]）[illegible]

29½

246

23

1 鷰子賦一卷

2 仲春二月雙鷰翱翔欲造宅舍夫妻平章

東西步度南北占詳但避將軍太歲自往得

福無殃取高頭之規壘作屋上攀手樑

使積草為床安不遇危不單於[illegible]

131

133 132

雀同詞而對曰鵰信時而鵰翱巢一枝遺遙

令自何在二中知

鷰子賦一首

背

淨土寺[illegible]保真之[illegible]流[illegible]還[illegible]

戒文天[illegible]運

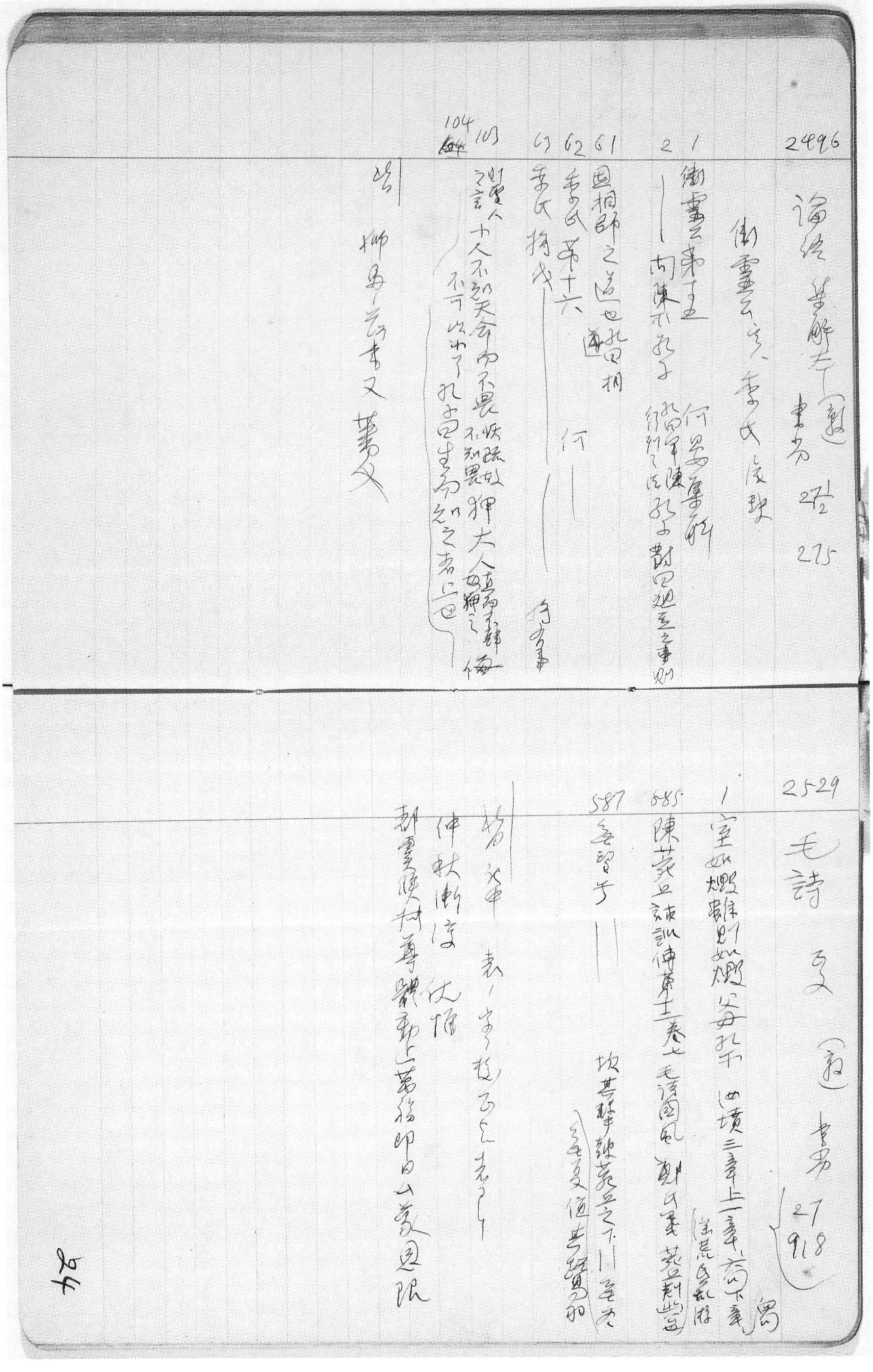

2496
論語集解[illegible]（疏） 書号 27½ 275
衛靈公、季氏ノ段鈔
1 衛靈公第十五 何晏集解
2 ―問陳於孔子 孔曰軍陳行列之法 孔子對曰俎豆之事則
61 固相師之道也 孔曰相導
62 季氏第十六 何
63 季氏將伐 ― 將有事
103 畏聖人之言 小人不知天命而不畏 恢疏故不知畏 狎大人 直而不肆故狎之 侮
不可以小了 孔子曰生而知之者上也
104 皆 柳[illegible]ノ書又 [illegible]

2529
毛詩[illegible]（疏） 書号 27 918
1 室如燬 雖則如燬 父母孔邇 汝墳三章上一章[illegible] 注疏[illegible]
885 陳荒ヨ疏訓傳第十二卷七 毛詩國風 鄭氏箋 [illegible]
587 [illegible] ― 故其[illegible]之下[illegible]
皆以中 表ノ字[illegible]
仲秋斷[illegible] 伏惟
謝[illegible]村尊[illegible]萬福 即日[illegible]蒙恩[illegible]
24

2530
周易 黃麻書 羅印
21 1/2
548

1 來剛以噬 以柔乘剛 於物物亦
得尊位而居於中能行
2 云 而斜行戰剛勝者也噬不服得中而勝
曰噬乾肉得黃金也雖不正而刑戮得當
3 雖貞厲而无咎也 象曰貞厲无咎得當也上九何 履

32 坤下艮上 ䷖ 剝不利有攸往彖曰剝剝也柔變
55 震下坤上 ䷗ 復亨出入无疾朋來无咎反復其
161 巽下兌上 ䷛ 大過 棟橈利有攸往亨 大者相過也
（末筆上〻里有 以下同）
243 咎象曰用出征以正邦也

周易卷第三

五言 在山下溪泠泰地斷長飢 語似青江上人
皆共基亂相逢 開書今日後 語不知年 顧君 寧健在
著偷欲動
顯慶五年五月曹年時記
五年六月十五日 造此詩一首

2532
周易 黃麻 羅印
九十五行、十三行字 巳 黃紙擣 書跡
120
191

1 吉往有功也天地解而雷雨作雷雨作而
25 兌下艮上 ䷨ 損有孚元吉无咎可貞利有
93 象曰莫益之偏辭也或擊之自外來
94 也
95 周易卷第四

2533
書 說文 羅印
黃麻書 紙 值
百六行 行十三四字
書寫 瀏 依 朱筆校點了
21 1/2
235 1/2

1 寰宇同六府孔修風萬國共貫也水火金木土 九州同 小節
39 大康失邦啓子也般于遊田不恤民事為羿所逐不得返國昆弟五人
50 其六 一曰皇祖又訓民可近不可下 皇君 禮也
105 汗信盛與惟仁
109 於寧

25

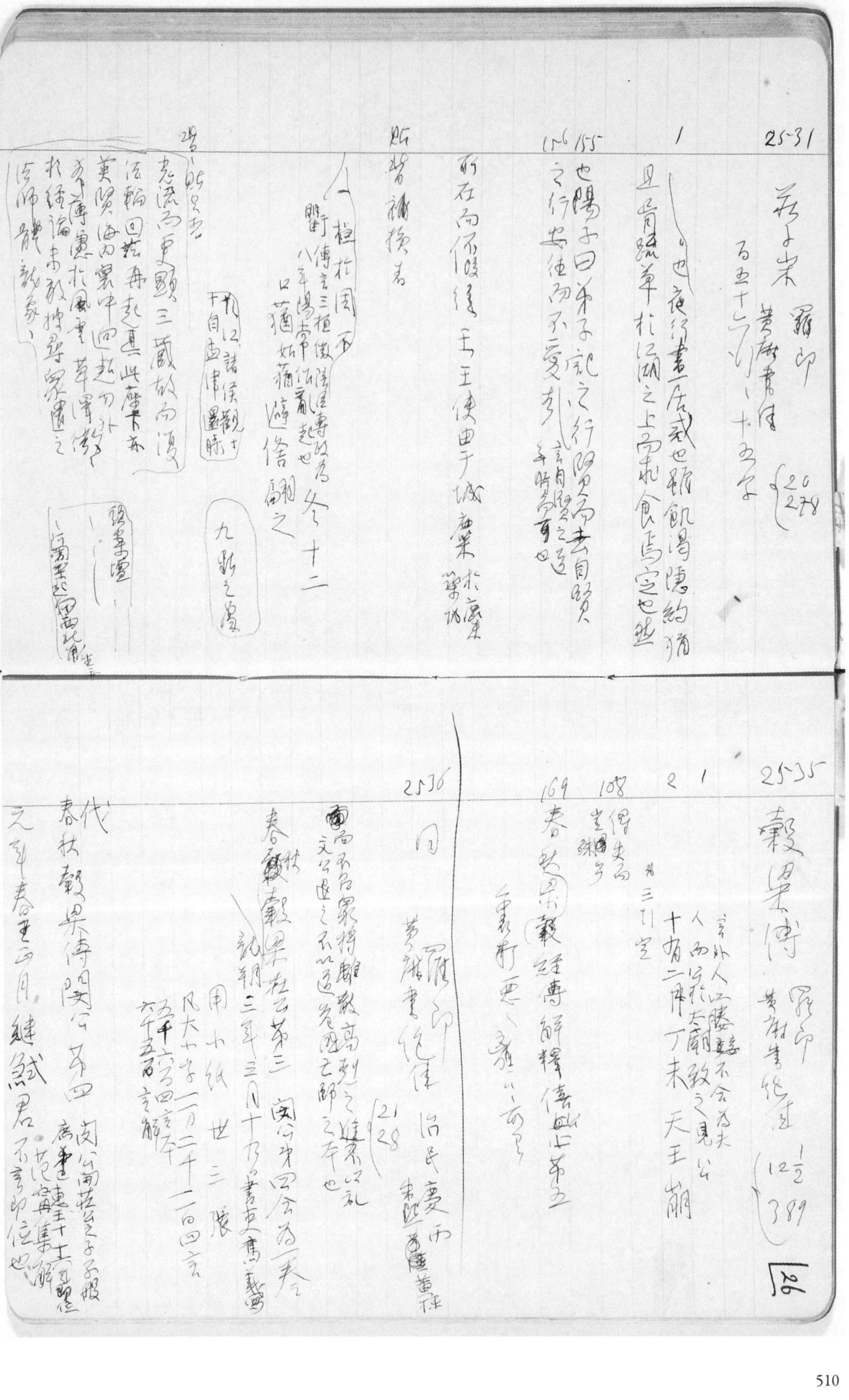

25-31

荘子宋　羅印　黄[illegible]書[illegible]

百五十六ゝ　十五字　20 278

1　也　夜行晝[illegible]戒也雖飢渴隱約猶

且胥疏草於江湖之上而求食焉定也然

156 155　也陽子曰弟子記之行賢而去自賢之行安往而不愛哉　言自賢之道 [illegible]

所在而係縷　玉王使由于城　[illegible]

貼　皆補換者

一柤於園下

[illegible]傳言三柤[illegible]　八年[illegible]　冬十二

口猶如藕[illegible]

九[illegible]之[illegible]

[illegible]於江諸侯觀[illegible]自由律[illegible]

[illegible]

忠流而更題三藏故而復

法輪回[illegible]再起真此[illegible]

[illegible]海內[illegible]中[illegible]

[illegible]傳[illegible]於風[illegible]

於經論未[illegible]

法師[illegible]

25 35

穀梁傳　羅印　黄[illegible]書[illegible]　12 1/2 389

2 1

十有二年丁未天王崩

108 169

春秋穀梁經傳解釋[illegible]第五

2536

同　羅印　黄[illegible]書[illegible]　21 28

春秋穀梁莊公第三

[illegible]三年三月十[illegible]

用小紙　廿三張

凡大小字一万二千一百四言

代

春秋穀梁傳閔公第四

[illegible]

背記 陰陽書

29 3 2 1

1 君於 月在箕干食其國救兵亂 月在南斗當宿 西合

2 之女占轍戰諍使救之後宮行淫自露而敗 天子惡

29 穀不收月行觸諸侯點后宮有事 同光貳年甲申歲

陰陽書 羅印 20 25

3 2 1 2534

1 章埜土去南徽二姓用之凶 殯埋更子孫斷 凶

2 可用若值大禍日者被妯嫂音与姓相尅害

深

陰陽書卷第十三 葬事

先擇日第十
立成法第十一
藏門大禍日立成法第十二

2538

毛詩 羅印 書不使 30 249

柏舟已 匏有苦葉 了

1 邶柏舟故訓傳第三 毛詩國風 鄭氏箋

柏舟言仁而不遇也 衛頃公之時仁人不遇小人在側 不遇者君不受己之志也

毋人主濟度者即我適寶去 毋人之子雖古常度者循

婦人之念男女是天家者使為妃正也 唯信之而復

而我猶不之也人出師否卯須我友人尚出 我及未至我猶待

背

佛書 書諸比丘何

1 若除惡道 得此人趣 除六道也 天色有者除三惡道宿 中

101 知被渡見者海更有經論与此義同者 知者謂了

102 因緣心釋論同此記一卷

又

1 此薄斷義云何女來而不敬之處諸煩惱故是且在義 大德作大

七刻

27

2537

異出營嬴全（叙）寫本 冊 26

1 賜出山營嬴全一部 并序　十宝山處士李若立撰
後叙文名

11 綱[illegible]其機要令成百篇分為五卷先録其事
之營嬴全攷録 云爾

帝徳篇第一

筆章東牛表遮眠要用

父母不 冊

此行

癸酉年八月十五日李判官並來判官文字以下

記之名記之　記 別行

南天十方自同名毗盧遮那佛

南无圓滿寶同名釋迦牟尼佛

南无西方阿弥陀如來一切寶佛

南无東方不可思議如來佛

南无南方不可思議法晴佛

弟子葉甲至於今日業障等如來菩見

癸酉年八月十五日李判官以下会下得一返自後長住記

南无上方甘露上王佛

南无下方无量智慧佛

大化捨身無受礙無有不知我今五逆深重

弟子菩无始以來至於今日積悪如恒河沙罪滿

2545

孝經 并序（寫） 東播 1/2 29 95

大同宇[illegible] 五刑章

五卷 372 卜楼對文

十部

56 君子其義哉　記孝行章第十

59 驕則亡要君而犯則刑 五刑章

60 [illegible]為不孝　聖人者

61

此行 記之

文 [illegible]

1 丙辰年六月十七日郭殘友請得女家僧本子雨硯擲殊 同日

2 就宅寫[illegible]酒五[illegible]外付[illegible]会昔酒者研南山刻[illegible]

郭[illegible]至

市[illegible]

[illegible]一十三[illegible]字[illegible]

28.

2548

論語（疏）書名

上諸楚文

存卅四行

長洪

28
226

1 論語卷第六

2 先進第十一

3 子曰先進於禮樂野人也後進於禮

何晏集解

133 曾子曰君子以文會友以友輔仁

134 論語卷第六

經二千六十四字

---

4 3 2 1

2546

子書　白唐書儀

28
109

以川亻

蘅其惠山之謂

有好醜則言有善惡君言之善則悅

15 義則自受其辭君之宜豈不仁哉也

16 知人第十八

17 親之習也學雲未治則与魚叔游潘濤之依也陽未實君与

榮駐同塘士之

38 鳥喚第十九

51 因數第廿

卷第二中

74 說附第廿一

校風截收风飀長灡

衣石貨轄

丁里北車鑾工

29

2550

相生書　白樹

雲家篇

艮家篇

甲子家篇　十二神法第廿

入地深淺法第廿一

造家形式法第廿二

造家明鏡法第廿三

陰陽家墓入地深淺法五姓同用卅五家書第卅七

113
29

廿 315-11 連貼

○△禅師傳　紙　28 395

八品十之一　義幽慶響

1

2 法者是一乗最上乗也　禅師咸亨三年六月初詣王屋山五飛　玄門一三　去之後四内之属法倶名

賢得衆人觀禅師女妙是女同氣力此是佛日神道　禅師行向緯州向緯州城内四遣

道俗老老少少皆悉人皆厳持香花於芳橋迎禅師　禅師乃為諸方行人並皆歡悦禅師随

問曰汝等何二女人禅師行至在路左迎禅師　禅師不答然亦不問二女人随即讖悔自稱昔日持経

禅師乞歓喜禅師語云汝何為於諸方行時作羅迎女人郡南聚實不有方迎禅師語云

315 藁第一巻是従書

①

2554

文選 殘文 數紙 書佳

廿九行

2014
132

上品

1 以秋芳來日苦短去

6 會吟行 謝靈運

69 贈白信者憾之

2553　1　40

昭君詞 敦

首缺 下卷完 凡五廿七行

建 前

28
194

上卷之錄畢此入下卷

背 跋

2574

周公孔子占法 敦 李核

15
48

周公孔子占法

正月 二月 三月 四月 五月 六月 七月 八月 九月 十月 十一月

寅時 三 一 二 三 一 二 三 一 二 三 一

卯時 二 三 一 二 三 一 二 三 一 二 三

凡時下得一占家口憂患不死 風

一 占家中平安 占家中病者 初憂

重至理不死

占表 一 二 三

十三十

背紀 四天王經 頌子頭真言

係十九行

31

2584

老子玄序　黄庭書佳中卷？
202
377

2770
甘之道
其？

首序　鄭士遠曰
次有太極隱訣
道經上
亡得不欲　无欲以靜天地自正
老子道經上
道士李同玄經

2596卜書拔

1
文宣道德之源大
自然經也余先師有言
極思上道唱諸大權業則柱
真則衆妙感會内觀形影則
道德則六神衆伏禍滅凡
寧家執雖先手元為之文思
榮撓之不濁澄之不清自然也。聽。道。而見。傳。之不。
告无窮常者也故知常曰明大。道。何為哉。知。
之由人斯文尊妙可不極精乎粗述一兩権。
有道者實之下可
2596
河上公者　莫知其姓名也　漢孝文皇帝時結草
為庵于河之濱常讀老子道德經　文帝好老
子之言　詔命諸王公大臣州牧二千石朝直衆

~~2674~~
孝經？
2
66

~~事由老子之事親孝故忠可移於君欲忠君也~~

2596
官皆令誦之有所不解數句時天下莫能通
者聞侍郎説河上公誦老子乃遣詔使齎所
不了義問之公曰道尊德貴非可遥問也
文帝即駕從詣之帝曰普天之下莫非王土
率土之濱莫非王臣域中有四大王居其一
也子雖有道猶朕民也不能自屈何乃高乎
朕足使人富貴貧賤須臾河上公即拊掌坐

以下
2370
5
見日之官
連接？

2596
老子序　黄庭書佳　邵良
122
31
十八行　十六七八字

1
之不榮撓之不濁澄之不清自然也聽道而

18
高絶今余富貴貧賤乎帝乃悟知是神人

2674

孝經鄭注（敦）書寫

29
66

3428

1

子曰君子之事親孝故忠可移於君〔欲求忠臣必出孝子之門故言可移於君〕事兄悌故順〔以敬事長則順〕可移於長〔故可移於長〕居家理故治可移於官〔君子所居則化所在理故可移於官〕是以行成於內而名立於後世矣〔行於親者可移於君弟於兄者可移於長治於家者可移於官三德並備於內而名立於後世矣若聖人則法古後人奉而行之也〕

諫諍章第十五

曾子曰若夫慈愛恭敬安親揚名則聞命矣敢問子從父之令可謂孝乎〔曾子專心於孝以爲君子當無曲君父之令故問之也〕子曰是何言與是何言與〔諫諍之端以開曾子〕昔者天子有諍臣七人雖無道不失其天下〔七人謂三公左輔右弼前疑後承〕雖抗王者使不陷於不義故無此言也故能長久不失其天下也諸侯有諍臣五人雖無道不失其國大夫有諍臣三人雖無道不失其家〔未聞其當〕士有諍友則身不離於令名〔令善也士卑無臣故以友諍之〕父有諍子則身不陷於不義〔君有諫諍之義父子至親不諫之〕故當不義則子不可以不諍於父臣不可以不諍於君故當不義則諍之〔不諫之〕從父之令又焉得爲孝乎〔委曲從父之令又焉得爲忠臣〕

應感章第十六

子曰昔者明王事父孝故事天明〔盡孝於父者故事天明〕事母孝故事地察〔盡孝於母者能事地察〕長幼順故上下治〔於長故上下治於君幼順〕天地明察神明彰矣〔事天能明事地能察德合天地謂之彰矣〕故雖天子必有尊也言有父也必有先也言有兄也〔若兄即五更是〕宗廟致敬不忘親也〔設宗廟四時齊戒以祭之〕修身慎行恐辱先也〔修身者不毀傷慎行者不歷危殆常恐辱其先人〕宗廟致敬鬼神著矣孝悌之至通於神明光於四海無所不通〔孝至於天則風雨時孝至於地則萬物成〕詩云自東自西自南自北無思不服〔孝道流行莫敢不服〕

事君章第十七

子曰君子之事上也進思盡忠〔死君之難爲盡忠〕退思補過〔待放三年服思其過〕將順其美匡救其惡故上下能相親也〔君臣同心故能相親〕詩云心乎愛矣遐不謂矣中心藏之何日忘之〔忠心常藏善道何於一日而忘君之左右〕

33

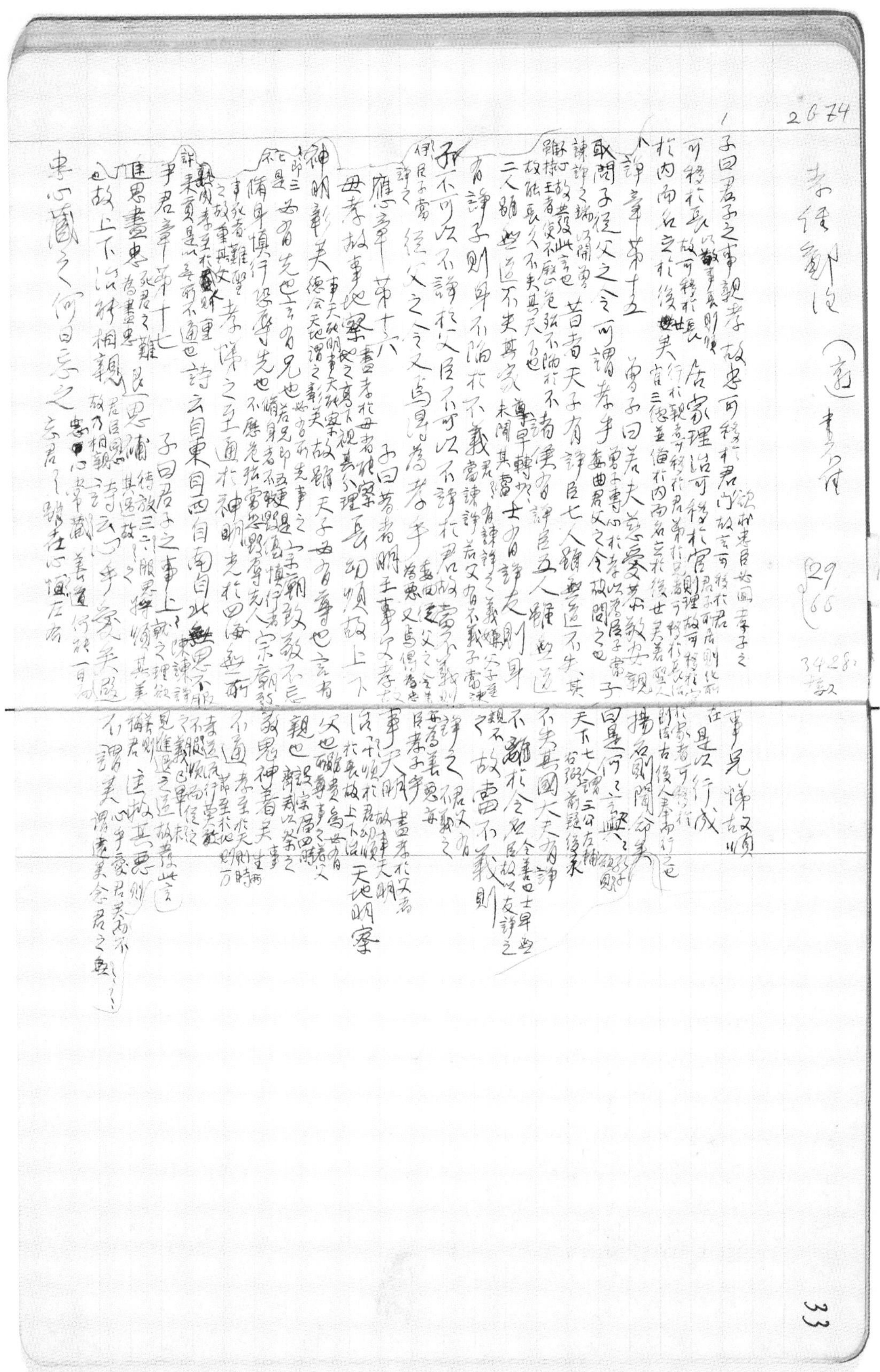

喪親章第十八　子曰孝子之喪親　上陳孝道生事已了 死事未見故著此以言之

氣竭而息　礼無容　不觸　言不文　父母之喪不対　服美不安　以縗麻服之

聲不委曲　悲哀在心故不楽　食旨不甘　不甘而食疏食水飲

故不楽　三日不食恐傷及生人　毀不

傷生　故孝子不為也

喪不過三年示人有終　三年企而及

而之棺槨衣衾而舉之　周

之　簠簋祭器之名受斗二升内恵　外方祭不見親故哀戚之　擗踊

宅葬地也吉地乃葬之　為之

以　故云葬事大故卜之

以時思之　四時変易物有感傷　即先君先祖合之若生存

盡矣　終始　死生之義備矣

乃事矣孝乃成矣

十八章各陳其情矣

孝経一巻

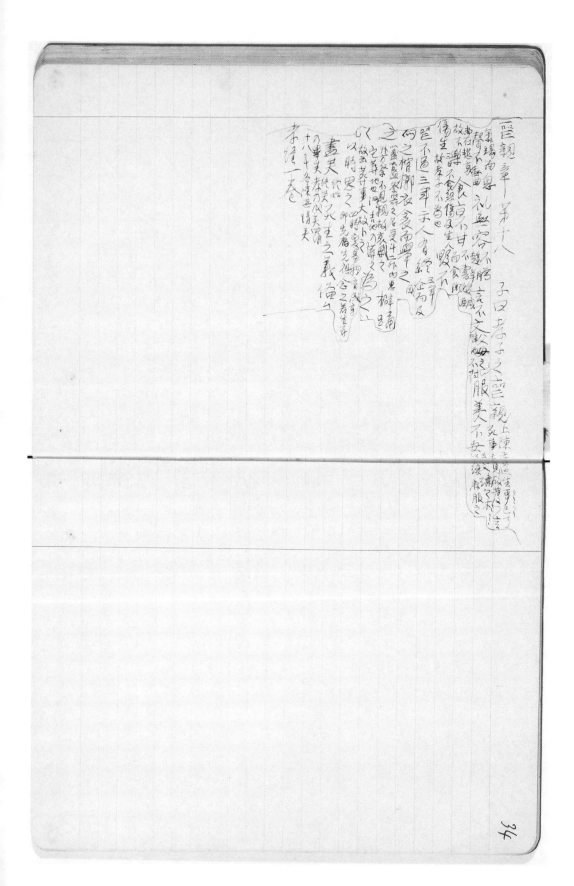

(0)

2594

老子　有經卌何上云

黃庭中下卷書

四十六章　卅九章上　卅二章下　121 / 96

1 得一以靈谷得一以盈万物得一以生侯

2 王得一以為天下正　一之氣也未分為二故言一也天地號大所稟者之一萬物歸富

4645 強梁者不得其死吾將以為學父　不從君不順聖人之教貪榮尚勝專己以陵人強梁違科犯法不盡天年中道而夭不得其死也物皆含道聖人之

（按）琭琭如玉珞珞如石　一章終

反者道之動弱夫唯道善貸且生　一章終

（引）道生一　為學又了

周公注　明悲鳴　者桓山有鳥生四子羽翼已成　其母悲鳴莫知所之　飛鳴臨　鶴如法也

舊紀

孔子備問書一卷

孔子問公曰

何謂天地　答曰

天為地蓋者何

伏以金山天子殿下上稟靈符特受玄黃之冊下副人望而南面為君繼五涼之中興擁八州之勝地十二冕旒漸覩祕戒之化出警入蹕將成萬乘之尊八備蕭韶以像堯階之儛永白雀之瑞膺周文之德光臣不才輒課白雀詩一首每句之中皆以霜雪白為詞臨紙惟汗伏增戰悚　三楚漁人臣張永進上

白雀飛來過白亭　鼓翅翻身入帝城

深向後宮呈寶瑞　玉樓高處送嘉聲

白衣白鞾白紗巾　白馬銀鞍拂白纓

自古不聞書不載　一斂孤郎白丙兵

王母本住在崑崙　為貢白環來入秦

漢武遙指東方朔　朕感白雲段天上人

紫姑南嶺白狼遙　為効禎祥而此州

昔日周王呈九尾　爭似如今躍斗牛

白旗白綾白旄頭　白玉雕鞍白瑞鳩

築壇侍拜天郊後　自有金星助冕旒

白巖聖迹術王都　玉女乘雲虛迩五湖

山上白鹿半攫霜　毛始舉頭遙泉白

迹勝宮去保王社稷　守嶽獻白山陘下白灣津

一道長河挾岸春　白雪鮮花連万朶

不王向東樓擁白雲　東苑西園池白莎白渠流水好陽春

六宮畫夏遊公家子　白羅綽約玉顏

35

新年河北澤白龍宮賀拔爲王此處連昨來
再起興雲雨爲黄　君王瑞一同岩哉
丈信金山白雪凝霜七丈雪壇今鞭長掛
淅南樹神通日夜助王觀出山南西南獨
秀高白霞爲蓋繞周遭山腹有泉深
万丈白龍時復震波濤白樓臺殿白
銀鉤玉　龍擇對之使雑尾扇移香案
出似月如霜　復劍幽白羊歸子白鐘鐺停障
乾蹄銜白珠　青衣童子捧白綾宮官執持
尾缺

老子注　下　河上公注

2 { 143 / 156

七十八、九章

2577

六十七章末ヨリ七十六章（尾缺）

2594 同本、斷簡

1 復傾危逆之固也以慈爲心 玄天所以救護故曰救之 至道於爲
□守故曰衛之內明其帥交戰爲陣 辭持破或勝身不失道

2 爲守方首道同父母固自然無害天
將救也外物不傷道之衛也　古之善爲士者

76 死之徒 柔弱者生之徒 純上有識無情生之理必有徒類 是以兵強

71 則不勝 木強則共 不以徒而固乃恃兵爲強暴於天下好
殺物衆所惡衆宜爲衆扶弱及其設

36

⑤ 2864

老子經　北河上云　萬敍

卅二章　道　度　男五十三章了（度世）

2954　2577　四本　2954　道　連接

七千五

{21 15 6½}

1 不設教凡情失理化之所興以言由仁義之華彰道德之
實因隱果之理寧柔弱之法父本也以隱果爲教本也
下之至柔馳騁天下之至堅　有象之至柔者水也
無形之至柔者道也　天

74 織倉稟空虛此乃說之人皆化料之行者使我微知政事
也行者爲之大道 不步者爲之小徑 當所施爲事無畏不行　大道

75 甚夷 其人好徑 徑正道平而易 邪徑險而難 理因者多徑

此

1 銀塗玉應須築殿白金欄　欄上畫金方
項蓋圓白玉壘階爲燈道　輪化　大羅
天白衣殿下白頭飾廣運壽謀奉
一人白帝化萬千古後猶傳盛　德比松鶴白
衣依出寫金經摺　人王不出庭　八大
金剛侍寶梓長當護念我王城白壇白獸戲
白蓮花大　聖擁其侍萬一家太子福近千万萬
菜　王妃長降五香車　樓成白壁鈷珠
珠五部龍軒　信楠勒乃拱白羊紅鑲頂

白龍行雨灑埃塵白旄神毒雜樹　試揮白
象衛珠畫合儀春光　駕幸東城苑雅樂前
臨國日月　從百官在國趨爲像白又交馳未
去勞爲感我王洪澤　虔盡純年勞居戎貊白
結果復出家庭　國男過茶白東即歸公
挺拔推先敵按劍先登　渾舍人白雪山巖
衛海清六戎交歸有道須手我　王白首如神
挹沙南奏付宋中國白　金藏金鎮國豐遙達
偏體報爲戎攘蘭獻捷千人喜　勅賜紅袍
与上功文道守節白如銀　出入　王宮隠帶每白
三危儀合得佳祈寶壽萬　明君冥詞陳
白米晚休筆勢相催白汗流額見
金山明聖主　近齡滄海　乃千秋　頌曰
白銀搶懸太白旗。白虎雙旌三戰捷、五方色
中白當上。不是我王争得知。樓成白壁從儀形。
曷地水才讚聖明、自從湯帝昇霞後。白雀之因當
帝使今來降瑞報　成康、累見河西再冊王轄白
滿朝謀似雨　國門長鎮在燉煌

乙丑年二月　勅歸義軍節度
乙丑年二月　使押衙陽否人銀書
乙丑年二月　以上書讀華　郵同了

37

2823

2 1

老子 黄麻書 佳 中巻以上 1/2 19 84

廿二章後半 廿三章末 五十行

又朱書 墨書

廣理喩以【□】成

希言自然 朱

此明言教不可執滯也 希言者忘言也 夫
言者在理 執滯於悟 教之人理因言
都忘失於悟之斷 則明因言以詮理 不可
都忘悟理則言忘 故云希 亦若能因彼言
教悟證精微 不滯筌蹄 則合於自然矣
故云希言自然

飄風不終朝驟雨不終日 朱

飄風狂疾之風也 驟雨暴急之雨也 夫風
者所以散物 雨者所以潤物 若狂疾暴急
則害物而不久 以況言教所以詮理 若執言
滯教 則無由悟了 必失道而生迷 故風雨不
可飄驟 言教不可執滯也 欲明忘言即合
自然 故舉飄風驟雨之喩爾

孰為此者天地 天地尚不能久 而 朱
況於人乎

孰誰也 設問云 誰為此飄風驟雨者 答云
天地 天地至大 欲為狂暴 尚不能久 況於凡
人執滯言教 而為卒暴 不能盡忘斷殺
造極 欲求了悟 其可得乎

故従事於道者 朱

従順也 虛極至道 冲用無方 在物則通 未
當凝滯 故凡人欲體斯妙 而順事者 不當
有所執滯爾 故云従事於道

道者同於道 朱

順事於道之人 故謂之道者 謂能順事於
道 則不凝滯 悟了言教 一無封執 而與道
同 故云同於道爾

德者同於德 朱

德者道用之名也 謂其功用被物 有所
得 故謂之德爾 謂體悟之人 順事於道 豈
唯自能了出 抑亦功濟蒼生 蒼生沐其德 德
者忘其功 凡所施為 同於道用 故云德者
同於德爾

失者同於失 朱

失者謂執滯言教 而失道也 夫言教者
道理之筌蹄也 悟道忘筌蹄者乃在魚兔 今
滯守筌蹄 則失魚兔矣 執滯言教 則失
妙理矣 失理則無由得道 是自同於失也
故云失者同於失

同於道者道亦得之 同於得者德亦 朱
得之 同於失者失亦得之

此明氣同則應也 故虎嘯則風起 鶴鳴子和
性殊則肝膽楚越 道合則夷夏同人 以類

58

相從物無違者故同道則道迎同失則
失來猶方諸挹月而水流陽燧照日而
火就今故云同於道者道亦得之
信不足焉有不信焉
言人之所以不能體了證理忘言謂於信
九　悟不足而生惑滯既生惑滯則執言求悟

暫紀
郭相引經書佛典
老莊惡人甚矣

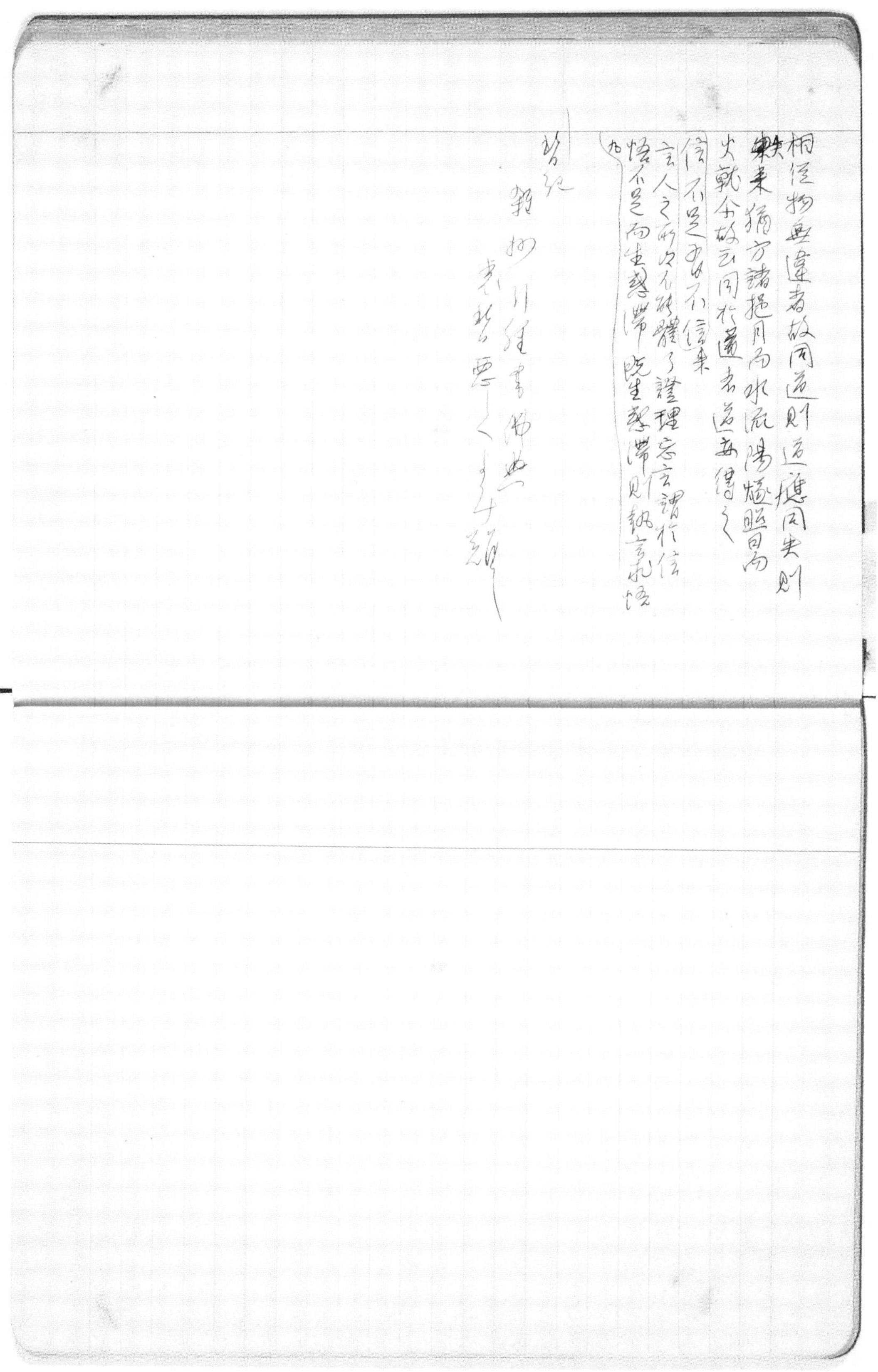

（影印部）

40-5　Pelliot 2016-2833

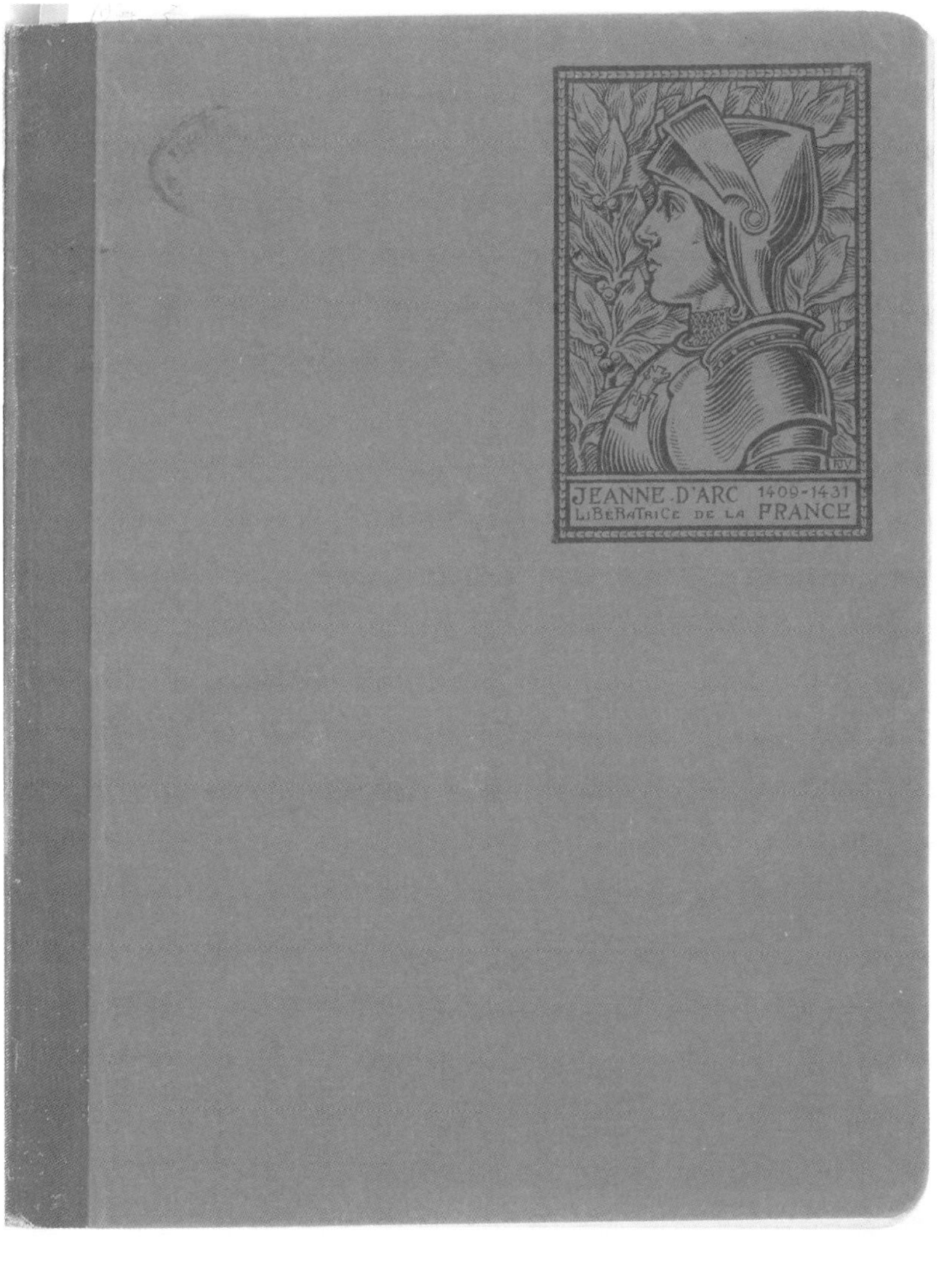

2016

切韻

（郭）

首欠。

莁具言之子细研窮究其

巢穴澄□□□与重詳思輕重白其方才令愿：

楪緘之金篋珎之寶之而已哉寧詞阻險敢不躬

談一洙愚心克諧雅況依次編記而不別者共一

字數訓則執優而尸之旁而副之其有或假不失

元本以四聲尋譯冀覽者去疑宿滯者豁如

也又紐其脣齒喉舌牙部件而次之有可細不

可行因之及古體有依約之並採以為證庶無壅

而昭其憑起終五年精成一部前後總加四万二千

三百八十三言仍篆隸石經勤存正體幸不譏繁

于時歲次辛卯天寶之十載也

切韻平聲上第一　九廿八韻

道德經斷片ノ裏　2421.

薫善崇大會者則誰為之有我禪門教主虔及法將
石公奉為聖神贊普次及法界有情之所建也伏惟聖神
道闡公方威加四海明齊日月德合乾坤故得雜虜歸
心蠻夷稽顙大施法弘建為懷崇々聖君可略言矣
然有恭從其命宣其化者次有我二教授大德清河
彭城公之謂也伏惟二教授公量闊滄溟情涂物
表學該內外道貫古今談般若則不謝於說唐鏡詰
書乃有分於周孔故使千乘仰則一郡欽風魏々法棟令
昔未有每以詺之暇恩酬國恩若非廣建勝因何以
表其忠節於是擇形要施建勝官周々判擁種之林
成大夏之棟其有專其事成其願者則有此寺
劉首渤海高公受及張宗二公令狐寺菩皆松
皇比勤介為心霞食不遑務興福事不逾歲月功
力畢為兩驟星馳法臺嶷立雖朱粉未就而霞蓋已
經將聲法鼓誰可當人則有首出千僧才端三倫者則
（二行ノ分空白ナリ）
我法將會為公俊骨天資聰靈神假威容挺特捨令
縱辯流珠談維識寔是天親演維摩乃狀因元
屬年當歲首月啓初春敷演大乘以資家國起

縱 ,24½m.　横 ,33m.　黄麻紙

第一祖達摩禪師　梁武帝撰　2460.
我聞滄海之內有驪龍珠白毫色天莫見人不識我
大師得之矣大師諱達摩云天竺人莫知其所居未詳其姓
字大師以精靈為骨陰陽為器性即天假智乃神與含靈
之緯抱凌雲之志氣頓鄔隨身子之聰

右道經ノ裏ニ佛典ヲ写シ更ニ其末端ニ改メテ右ノ
四行半ヲ写シ中止セルモノ也
黄麻紙　縦 ,24½m.　幅 ,16½（五行ノ部分ノ）

3

2506

毛詩[illegible] 行十二字 百三十六行 ([illegible])

背面

塞舊戎裝卸着漢衣裳。家住大楊海東[illegible]寓不會宮商。今日得逢明聖主感恩光獻中心

臣遠涉山水。來慕當今。到丹闕。御龍樓。弃氈帳。弓与劍不歸邊地。學唐化。禮儀同。休恩深。見中華好。与舜日月。垂衣理。菊花濃。臣遐方無珍寶。願公千秋住。感 皇澤。垂珠淚獻中心

又

莫却多少雲水。直至如今。涉歷山阻。意難任。早晚。得到唐國裏。朝聖明主。望丹闕。步步淚滿衣襟。生死大唐好。喜難任。齊拍手。奏香音。各將向本國裏。呈歌舞。願皇壽。千万歲獻中心

臨江仙

岸闊臨江底見沙。東風吹柳西斜。春光催綻後園花。鶯啼燕語。撩亂爭不思家。每恨經年離別苦。等閑拋弃涯。如今時世已參差。不如歸去歸去也沉醉臥煙霞。

酒泉子 每見惶惶。隊隊雄軍驚御輦。
驀街穿巷把皇宮。祇擬奪九重。長槍
短劍如麻亂。爭那失計無投竄。金箱
玉印自携將。任他亂芬芳

2501

閫外春秋卷第四

（鳴沙石室佚書）

王⺀ 宣亮 師

卅行

箋命

惠訊譯郵

2m86

閫外春秋卷第四 宣一行

五卅七行

閫外春秋卷第五 後漢 少室山布衣李筌上

後漢光武皇帝 建武六年

3m

閫外春秋卷五 （宣一行）

二百四行

卅七紙 （宣行）

7

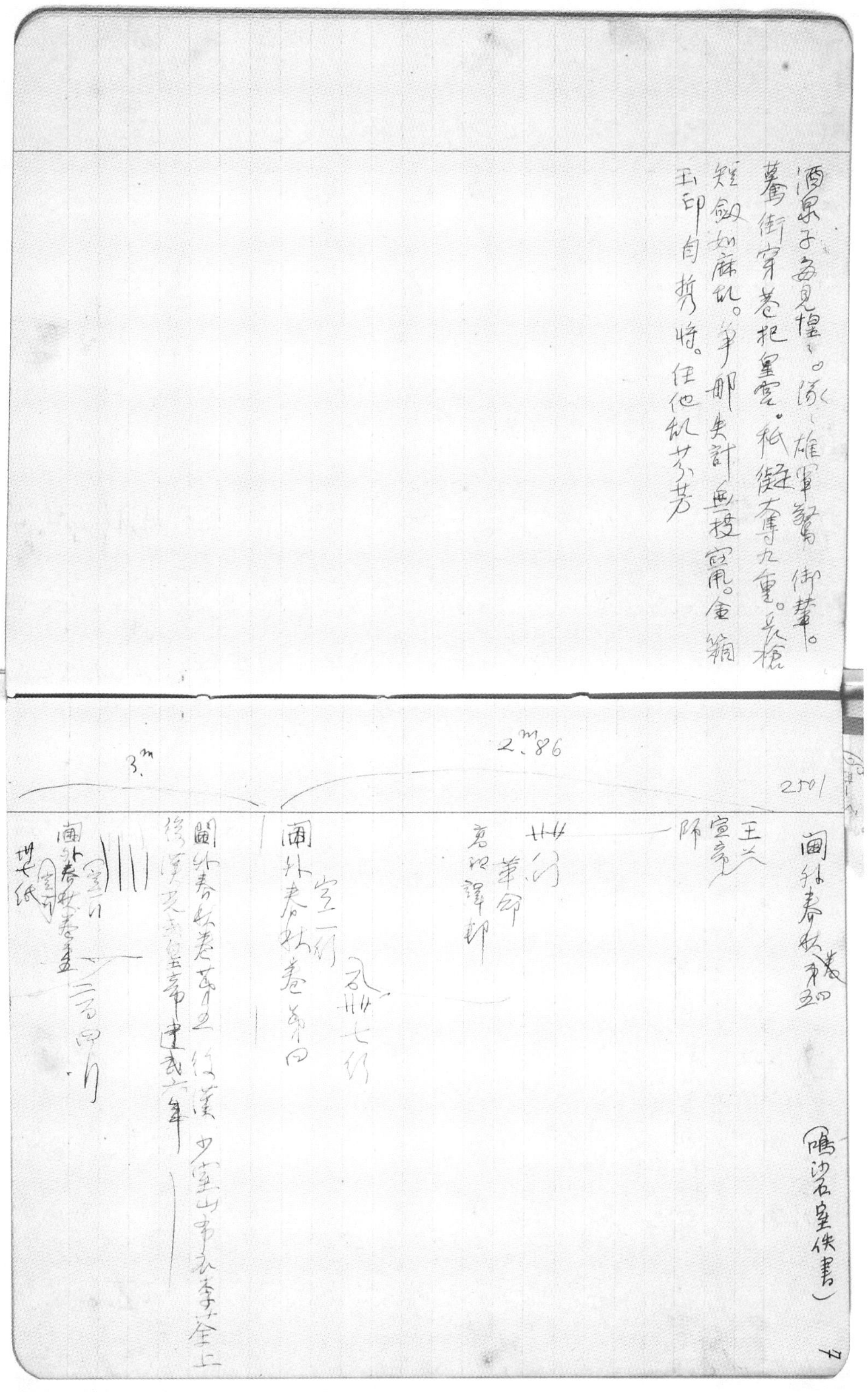

(鳴沙石室古籍叢殘)

(pl 11)

全文 四七行

二三四九

(二五四九误)

無先子礼

不得乘策馬前去令

尉行者至隴西爲隗囂將苗宇等所却宇適舒令降

蹈

紂乃大怒以莭樋賊之趙熊之字也之曰此人義士也勿煞之賜劒令自裁舒受劒銜須口中

對宇而歎曰吾負國恩義在死節終不終不能降華歆賜劒得免乱兵所誅顏無令吾

須污土遂伏劒而死

八行目 文字をひく

十行目 貞烈部 獻皇后曰賢人見毫釐之善不謂之小不敢

不自勉而行也有纖芥之 行かはる 惡不謂之微不敢不懷畏

懼而思改悔 羊皇后曰憂樂行之難也不可不自

勉 行かはる

十五行目より 烈女傳をひく

證 四六行目

賢妃此言安可忘 烈女傳曰魯漆室之女過時而未適人

倚柱而嘯隣人聞之莫不悽 行かはる

四七行目

(上文不明) 子欲嫁乎吾爲子求偶 漆室女曰豈爲不嫁之

故而悲哉所悲 行かはる

(熊田)

9

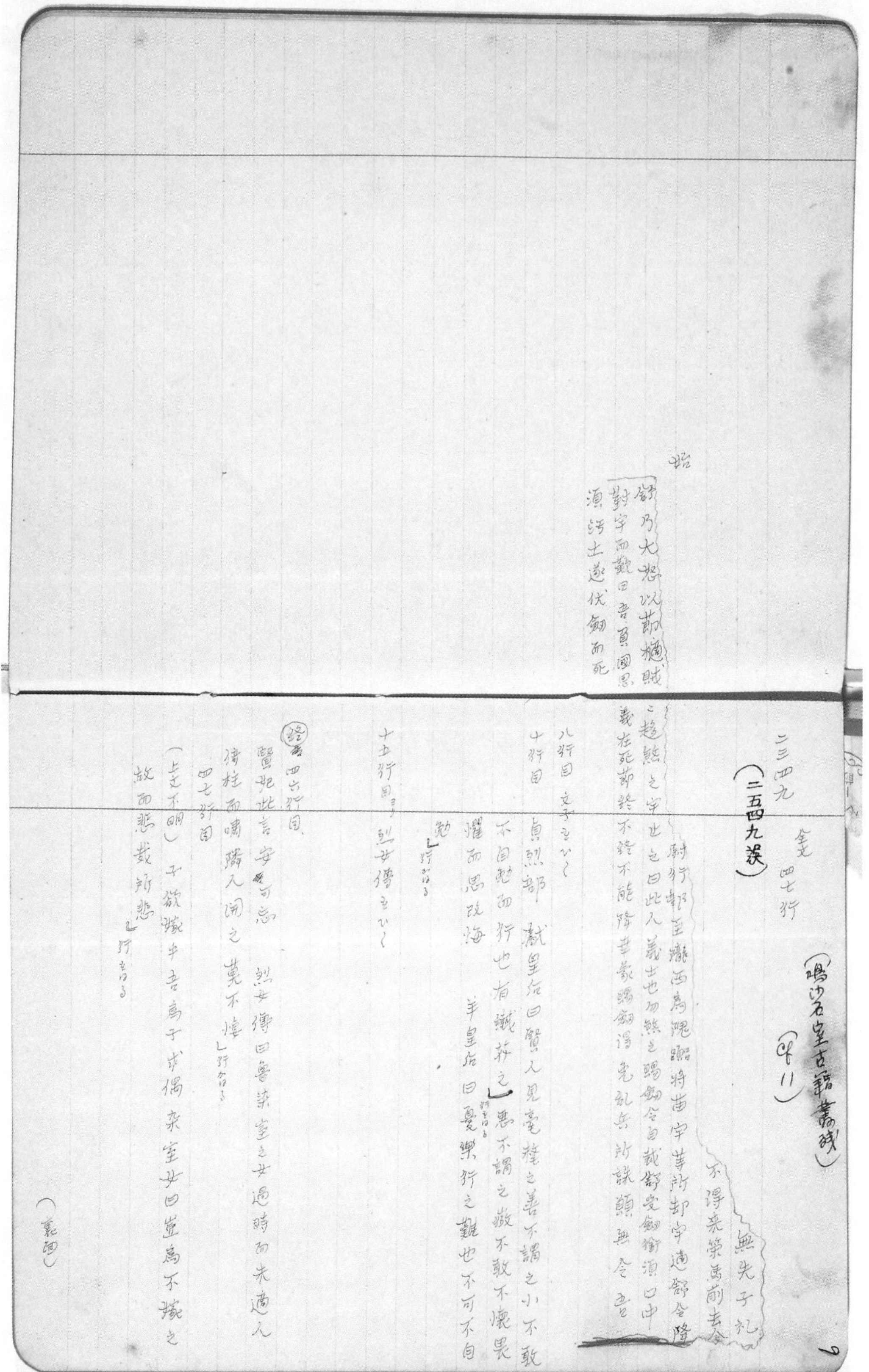

古文尚書虞夏商周書目録

堯典一　舜典二　大禹三　皋繇謨四　益稷五

右虞書五篇

禹貢一　甘誓二　五子之歌三　胤征四

右夏書四篇

湯誓一　中虺之誥二　湯誥三　伊訓四　太甲上五

太甲中六　太甲下七　咸有一德八　盤庚上九　盤庚中十

盤庚下十一　說命上十二　說命中十三　說命下十四

高宗肜日十五　西伯戡黎十六　微子十七

右商書十七篇

太誓上一　太誓中二　大誓下三　梅誓四　武成五

洪範六　旅獒七　金縢八　大誥九　微子之命十

康誥十一　酒誥十二　梓材十三　召誥十四　洛誥十五

多士十六　無逸十七　君奭十八　蔡仲之命十九

多方廿　立政廿一　周官廿二　君敕廿三　顧命廿四

康王之誥廿五　畢命廿六　君牙廿七　冏命廿八

呂刑廿九　文侯之命卅　粊誓卅一　秦誓卅二

右周書卅二篇

凡虞夏商周書五十八篇

孔國字子國　又曰孔安國　漢武帝時爲臨

淮太守　孔子十世孫

右[illegible]

[illegible]未到[illegible]　四十七行　二十七篇　[illegible]字　二

佛肸　爲斷姻
聯肸於中牟　敎置護於庭中

父子曰

貞烈[illegible]　[illegible]后曰

單皇后曰

獻[illegible]后曰

芳人女婦將婚　其父誡之曰

烈女傳曰　魯之女師者　魯孔丘之　宜無母

司徒王[illegible]之婦

[illegible]富[illegible]年[illegible]以[illegible]　勢女爲妾

詩云婦

詩云爲善學之　[illegible]門　入[illegible]其婦

周宣王夜臥而晏起　姜后

詩曰天地不將　生造化陶[illegible]

烈女傳曰　魯漆室之女　過時而未適人　倚柱

而嘯

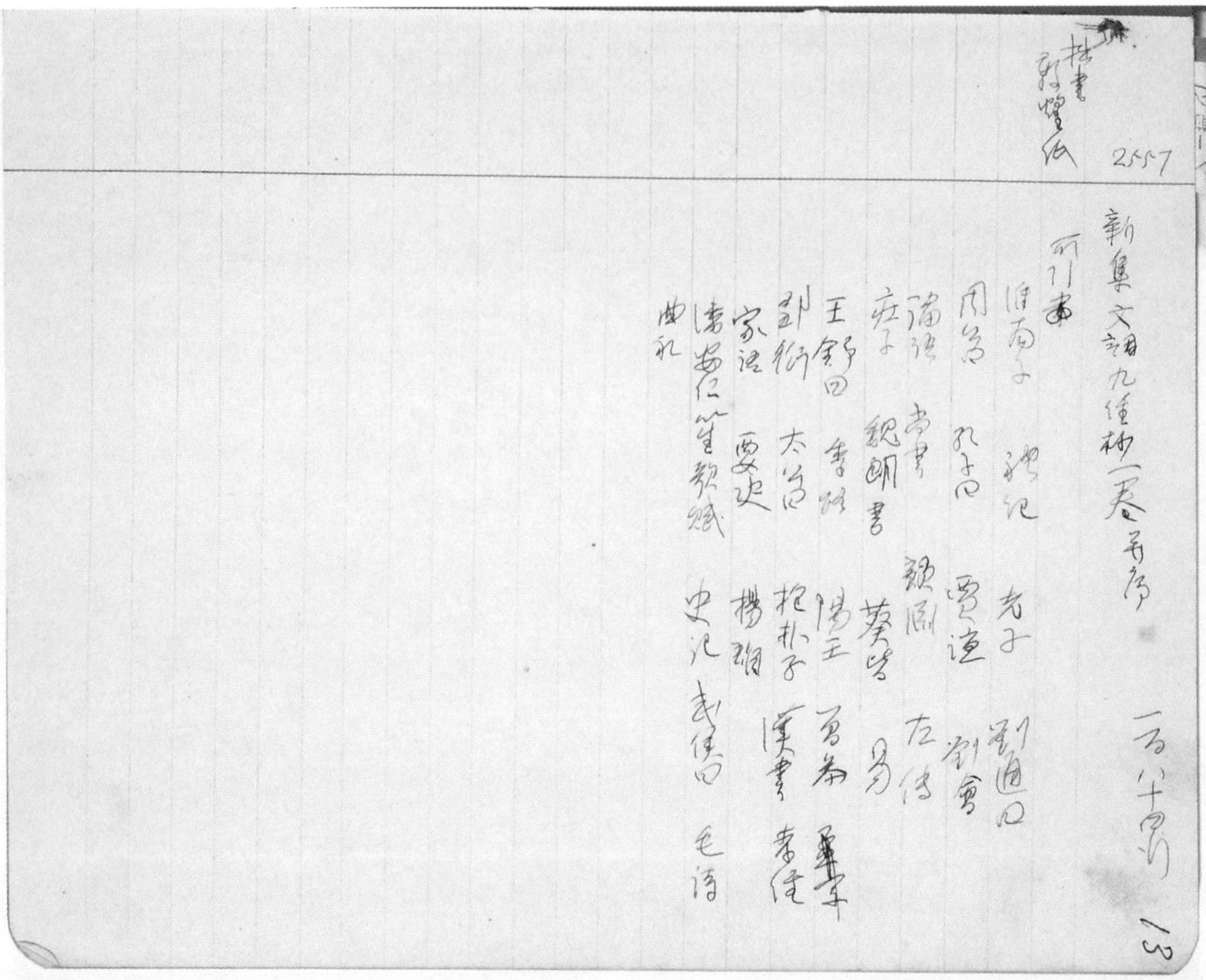

所引書

淮南子 禮記 老子 劉向曰

周易 孔子曰 賈誼 劉會

論語 尚書 顏淵 左傳

莊子 魏明書 蔡邕 易

王朗曰 季路 陽王 周禮 晏子

鄒衍 太公曰 抱朴子 漢書 孝經

家語 要決 楊雄

潘安仁笙歌賦 史記 武侯曰 毛詩

曲禮

.55 二冊 行三十二行

2563

莊子 郭注 大宗師

三十二行

不然有自然也 看目知我之自然 然也 故而傷性 我乘以隨者

而未嘗知也

許由曰噫 縱然補劓 師夫 宰吾

其詩焉子輿入曰子之歌詩何故若是 聽其音悄然不任其聲 以趨出遠詞 曰吾思夫使我至此極者而弗得也 父母豈欲吾貧哉 天無私 載天地豈 得也 求

此送書

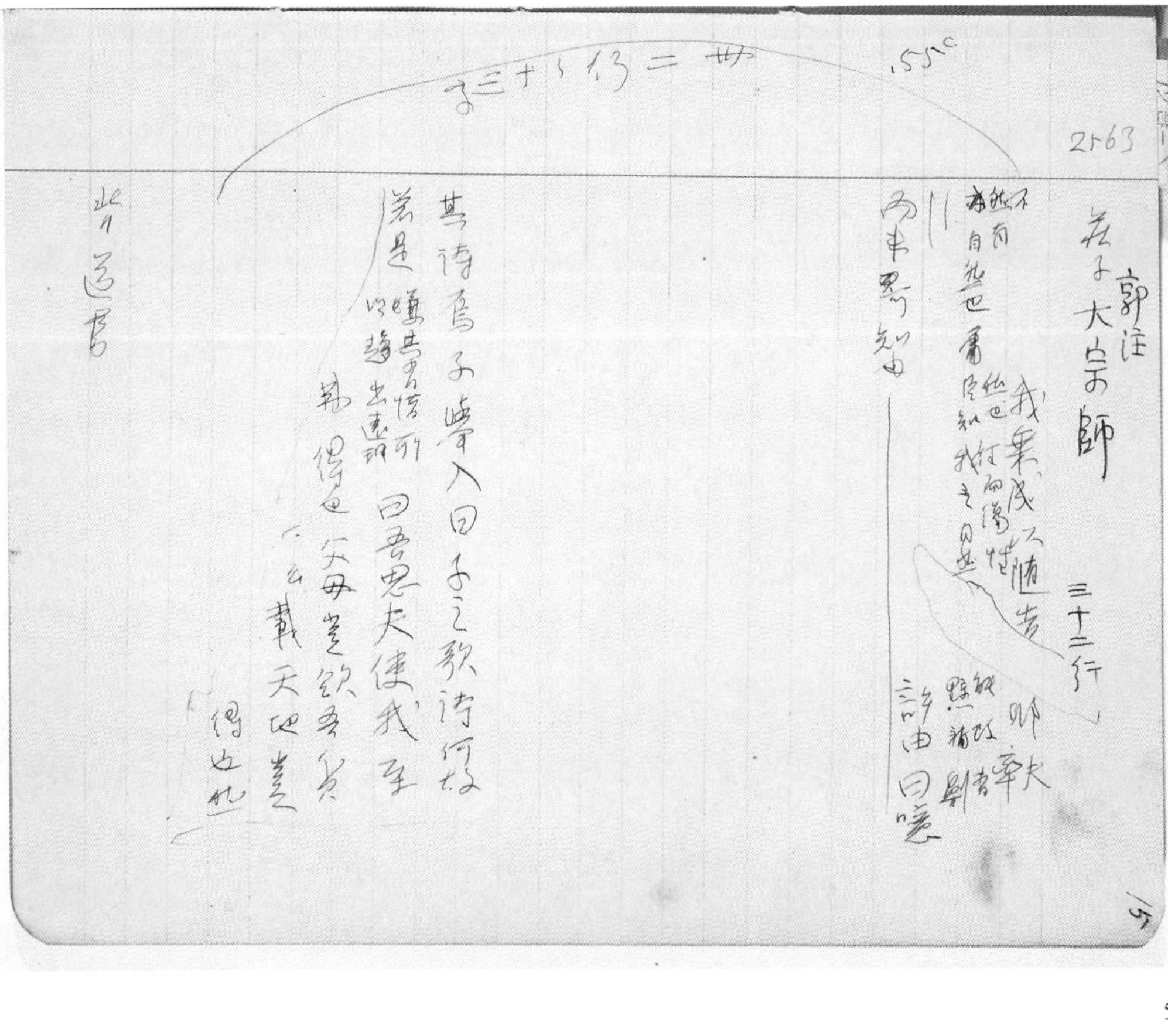

2559

道書 佚 未知名 首尾 書法佳 一尺五十三行半

受五岳真形圖儀ト似ス

中ゝ

梁天監ム年太歳ム月ム日子上建天師ム治李雨

州郡縣郷里男女生姓名年如干歳清信道

明州鳴弟子姓五岳真形圖文 云々

2.42

(三皇) 朱文

授受三皇法 ——

中ゝ朱 竹符 一行

句勒符 一点アリ

17

二五六五 醫方書

長一米七〇 散

百五行

令生省睡方

馬頭三兩炙 酸棗中主三兩 別搗研如脂 苦菜子三兩 通草三兩 玄参六兩

伏神三兩 麦門冬三兩去心 枳殻二兩炙

右搗篩蜜和為丸食訖水服廿丸日二服加至卅丸為恒常

宜喫苦菜爛煮下飯為佳 無所忌 蘇楚

19

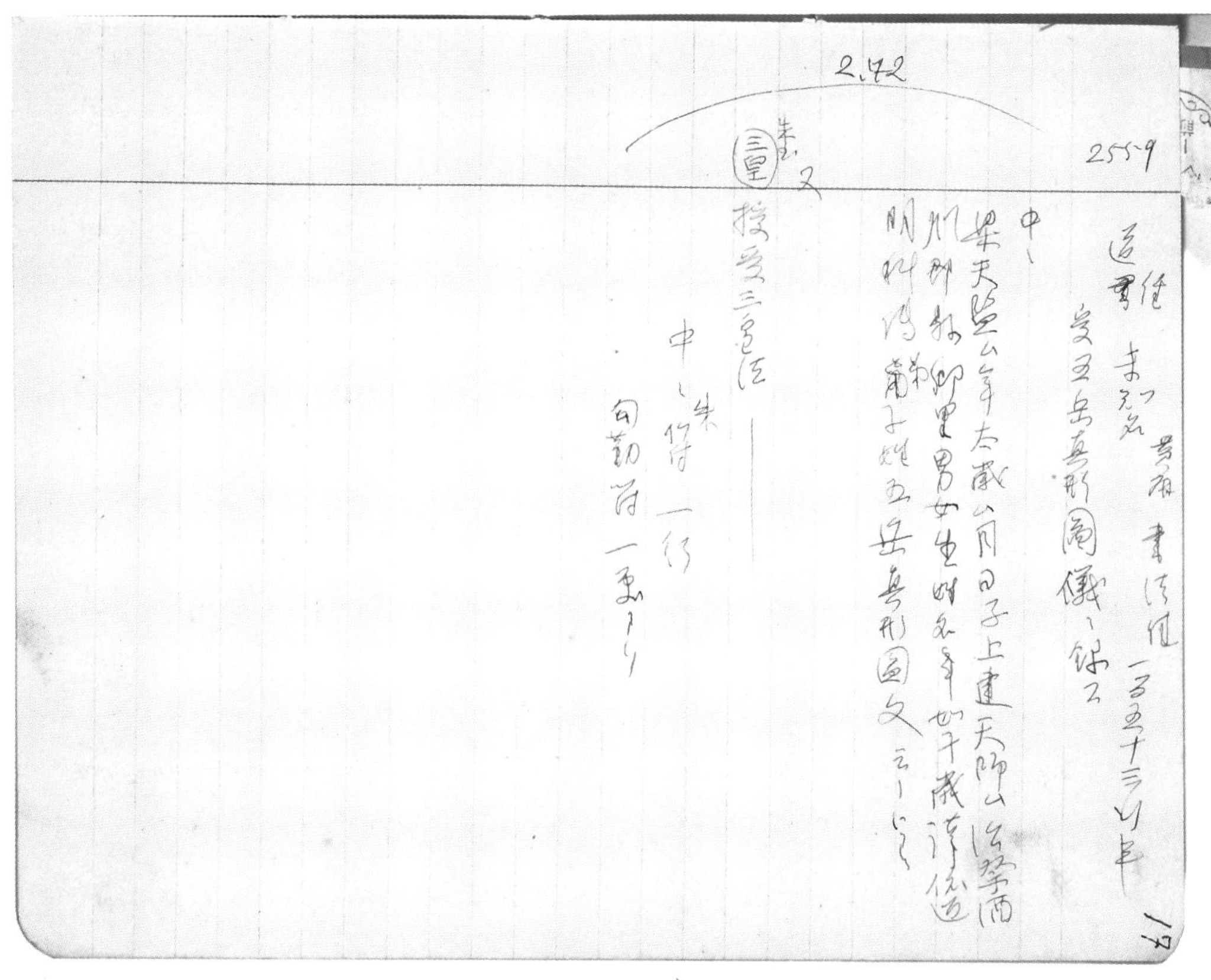

120
64
182
266

（二五七二）

相書

長廿 罘六一
二六六行

相五官部第三
相六府部第四
相面部第五
相髮部第六
相眉部第八
相眼部第九
相鼻部第十
相耳鷄部第十一
相鼻部第十二
相脣部第十三
相口部第十四
相[illegible]遊部第十五
相舌聲部第十六
相音部第十七
相[illegible]頸頷部第十八
相玉枕項第十九
相背胷膺第廿
想脇腹第廿一
相妳肚臍第廿二
相玉莖袋器第廿三
相脾膝第廿四

2

相脚踝第廿五
相行步第廿六
相臂手第廿七
相毫毛第廿八
相人面部[illegible]三亭第廿九
相男子第卅
相女人九惡第卅一
相鵠文第卅二
相手掌文第卅三
相脚足下文第卅四
相人面色氣第卅五

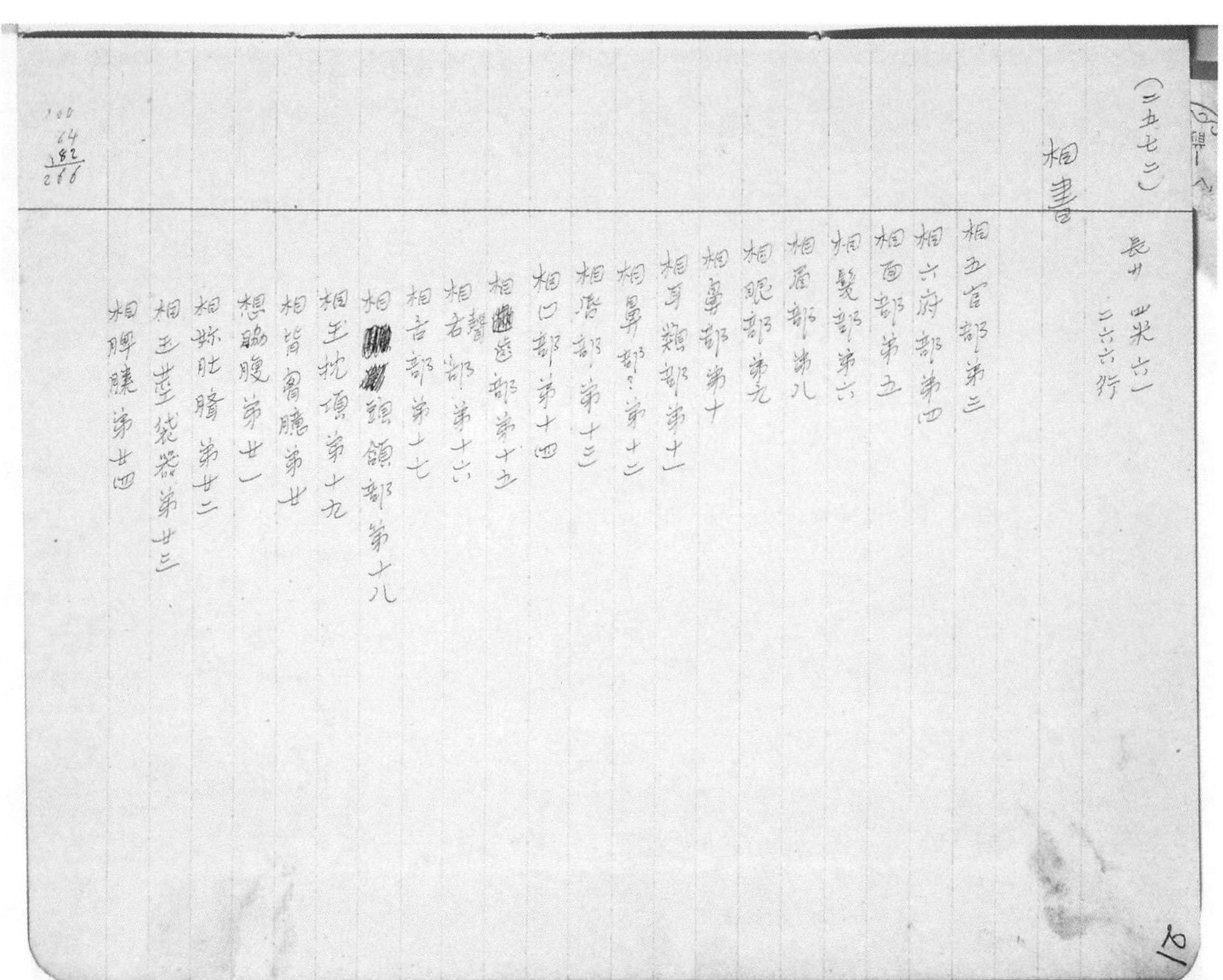

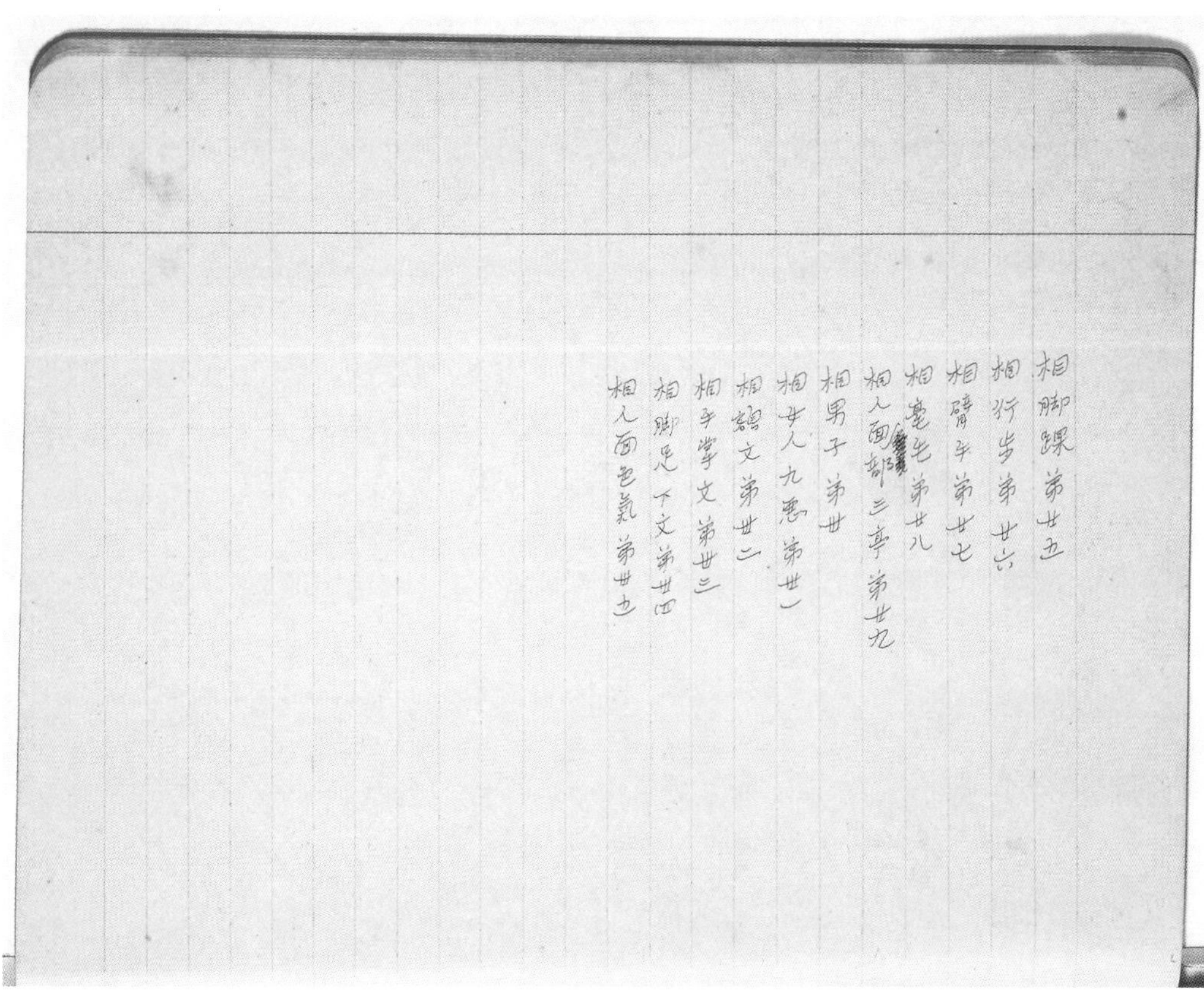

単一ヘ

二五八一

孔子備問書一巻　周公注　敦煌紙

孔子周公曰　百十行

何謂天地

問曰天何謂禁　天高地盖者何　ヨキツテ始マリ

問曰夫子何以無父兄　ヲキツテ終ル

二五七九

前者トオナジ　前後ヲ缺ク

25

単一ヘ

2592　長　一米廿八　四十四行

燉煌郷　燉煌縣

天宝六載燉煌縣龍勒郷都郷里残戸籍

寡女曰果載貳歳　黄女　天寶五載帳後附空

女无尚載叁拾陸歳　中女空

女害子載貳拾柒歳　中女空

女路仁載貳拾壹歳　中女空

女王載柒歳　小女空

亡兄妻張載陸拾陸歳　老寡空

妹果果載肆拾玖歳　中女空

合應受田壹頃捌拾肆畝　肆拾畝已受並永業

一頃卌四畝未受

一段貳拾畝永業　城西十里平渠　東渠　西張行福　南畢思亮　北渠

一段拾畝永業　城西十里平渠　東路　西舎　南仁節　北仁貞

一段貳畝永業　城西七里陰安渠　東渠　西渠　南渠　北陰智運

25

一段捌畝永業　城西廿里長西渠　東磨祥　西坑　南渠　北岸
主鄭恩養載肆拾叁歲　白丁　丙空　課戶見輸
母[illegible]猩載陸拾柒歲　老寡
燉煌縣　龍勒鄉　都鄉里　天寶六載籍
妻氾載叁拾玖歲　丁妻空
男嗣方載壹拾捌歲　中男空
女王王載壹拾壹歲　小女空
女羅娘載壹拾壹歲　小女天寶四載帳後漏附空
女羅娘載壹拾歲　小女天寶三載籍後漏附空
女妃娘載陸歲　小女天寶四載帳後漏附空
女羅妃載貳歲　黃女天寶五載帳後附空
妹胡娘載肆拾捌歲　中女空

妹娘娘載叁拾捌歲　中女空
妹妙尚載叁拾壹歲　中女空
合應受田貳頃叁拾肆畝　壹頃壹畝已受　卅畝永業　廿七畝口分
一頃卅三畝未受　一十二畝圍田　二畝居住園宅
一段伍畝永業　城西十里平渠　東渠　西徐仁素　南懷則　北路
一段貳畝永業　城西七里平渠　東氾爽　西渠　南坑　北渠
一段陸畝永業　城西七里平渠　東懷斌　西自田　南自田　北渠
燉煌郡　燉煌縣　龍勒鄉　都鄉里　天寶六載籍
一段柒畝永業　城西七里平渠　東渠　西車宅琬　南渠　北鄭阿鵠
一段伍畝永業　城西七里平渠　東陰懷智　西鄭懷斌　南鄭阿表　北懷則
一段柒畝永業　城西十里平渠　東鄭懷則　西鄭懷斌　南鄭君　北渠
一段陸畝買田　城西七里平渠　東鄭懷則　西張保養　南鄭君福　北懷則
一段陸畝買田　城西七里平渠　東鄭君福　西王祐興　南王祐興　北君福

97

一段陸畝永業 城西十里平渠 東路 西鄭通 南渠 北鄭阿通

一段貳畝永業 城西十里平渠 東渠 西詵 南渠 北渠

一段伍畝口分 城西十里平渠 東王仕建 西自田 南王奉節 北自田

一段柒畝口分 城西十里平渠 東渠 西程意 南渠 北自田

一段參畝口分 城西十里平渠 東渠 西自田 南渠 北自田

一段壹畝口分 城西十里平渠 東曠 一程意 西路 南程意 北程意

一段肆畝 城西十里平渠 東姜庭芝 西渠 南賀石住 北渠

段伍畝口分 城西十里平渠 東賀住 西程憲 南渠 北渠

一段拾肆畝 城西七里平渠 東李銳? 南渠

67

2607

勸讀書 抄示顥等　　遯叟 七十三

論語云吾嘗終日不食——不如学也 疏義云思
無益於天下之事理唯学益人 [illegible] 皆 [illegible] 不
如学也　後漢書云帝在兵間久甚觀我事ー
——帝曰我樂此不為疲也　魏
朝李琰之少惑時因忘經史——嘗七尺し
紀乱　顏氏家訓勉学篇曰自古明王聖
帝猶須勤学況凡庶乎
又曰諺曰積財千萬——不如薄
伎隨也　又曰夫所以讀書学問本欲開心明目
開心——歷覽以信之ヽ皆然仍不
積讀古来古書之所知施之行道
又曰觀民素質遠不傳也蓋——此蓋早迷
而晚悟也　又曰夫学者貴於博聞也
——其私之年約也
要書不勤讀好文字頭至甲 [illegible] 常倉儲生し
——入日歎の世人す　抱朴子曰
夫周公上聖而日讀書百篇仲尼天縱而韋
編三絶——陶淵明帝讀書至二夜
晝乃眠 夜讀書至二更 [illegible] 晝乃眠也
曽子使術執書多々 孟子 [illegible] 問之曰
况学者乎何敢廢釋　史記曰
孔子晚而喜書易讀之至勤韋編三絶
漢書曰好學好學常閉戸讀書一日 [illegible]
又曰路溫舒牧羊 取 [illegible]

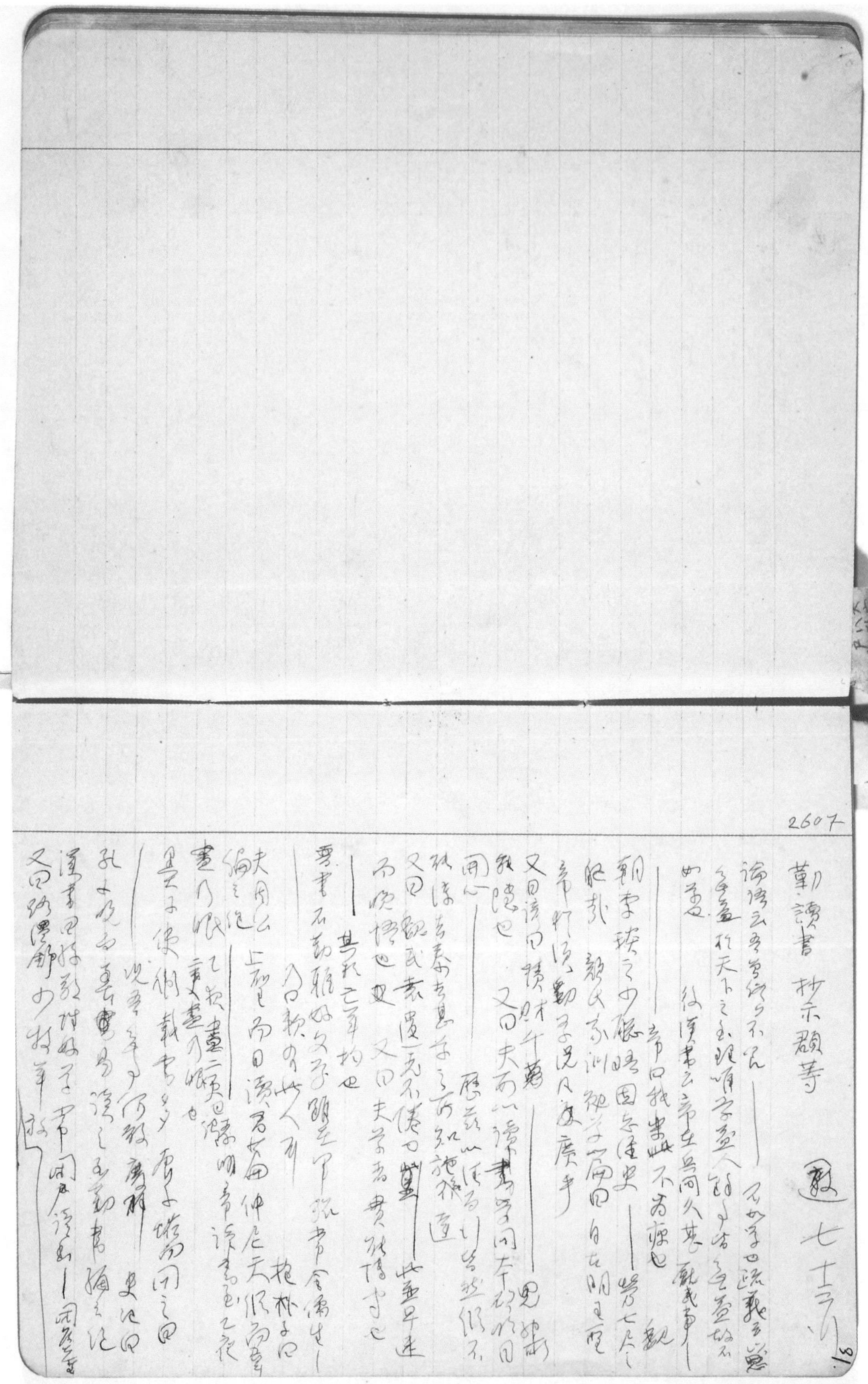

2604

論語
学而篇第一　何子（晏）　（敦）想本
古傳注而為之集書
為政第二　末了
論語卷第一（完了）
大中七年正月十八日伯明書記竊知学者白首
迷錯君見者尋道丈夫一生三耳詩了笑其因家
新

2605

（敦）書法拙
敦煌郡羌戎不雜德政序
洛京左街福先寺講唯識百法因明論習修文殊法
界觀要經賜紫沙門彦巡述
竊惟二儀皆構乘六龍兮先御乾宮而曜精華八
方未分甲乙側華兮聲教早昧不惶周魯之星執
類兮鸛駕初遷何曜暮月氏之邑況乎天無邊次
點職於三危地有微祥精貢於書豐字儀懽陳
乎大明之至寶幽之天下誰知何謂乎連麟之位獅
無犯然迷兮善證此適兮何因委任兮玄麻一方豫之心
曉與玄兮明去九垓然勅兮一典宜旨兮兩開法界之運
白馬之跡蹤陷兮樓青牛之說摩彰鄉壤源流
蹤調御之都先笑封疆動葉鮮漢明之夢是階在
帝吏之深蒼星無寧之境形勝於千古之前淳朴
之由風播物於方外之表周稜而戒恒惜於恍惚之間
奉傳有遍禪師唱導於精微之內西乎星宮列剎差
兮亂鑒於
天階遠之以達公上人所習乎人學博士縣長兮納邪
於桂幕徽之以寶貴秀先生多才聲光播靡於人間歷代
幾迴煙月弛務於鴈塔之前八韻以賦之覆載乾坤矣
不可寄者也之乎　一絕以歌之　古調四平 側韻四言
寧
天心上寒暑居之任出作貢羌狄自諸大雅云無念爾祖

93

革修勵德勵貢惟新庶禮萬秋無難善政利見咸嘉吉
河隍臣以代有勲哥河岳地感即惟 熾煌郁邁國
大五之禅信岳恭惟龍郁仙境鼎旅靈苗勃九功之疇
建三書之案柏大陸山嶽立卓然呈瑞高望中又出崑崙
東峯 英傑手來西霸孟津西曲東南貢於天長西
北獻於地厚四野飲 德斗睨飲風類萬汴滌澄
於中貴耀纓而暇秋況杞梓藤緣於上並戴露而達
雲開遇濁楊清隱際魚離之照月封黙楊善適分鹿馬之
群務良懷丹誠之心於賢就人生志室之安保守中和畫天常之
則合弘人道與奪長手駕御合從瀦迴七政之術鎮願唯
厚密付三多之殊不語四知之珠金幸枝三光之照睦川
森年重無董徒貞自八紘學庭如盡黃寶壽種窮大第册
信了復之勤節成寅日之大勢略不暇時助須傳禁雲
北鐵驕君藉於浩茫火烈莫胡附鍛於玉塞不用匕
檢七縱之術浩蕩千征之戰之模痛冥黄汁思與吉聽神靈冷
祿野十戈四染恐傷衆寡之心欽戦霜積慮勤瞻旗之思
諱偃武修文之論在茲天獻之手執不知天終其聯曾庭
東西南北山川七十途迅周回封疆五乃洋洋教令萬國蘊
單遠宵旰樺其道仙深一深呈裏固崇於蓋致洋解之
久植善根深信精焚之階仙巖成不朽之印龍宮 德
堅字之枯安開達寰高德學講 建
莫奇益國利民以隆雲山之志接民馬俗光能長首

2609

俗語要名林 3 94

十撮為一勺 十勺為一合 又 十合為一升

鄽 市之別名也 行胡郎 肆 行之別名也 廛 屋室又
店
沽 賣酒也 古賣買 賒 買物未与錢也 賣 買
估 價賣人物也 ... 賈

八丁 果の部
九丁 菜蔬部
四丁 酒部
三丁 肉食部
十七丁 飲食部
十五丁 羹餅部
廿丁 雜畜部
八丁 獸部
十四丁 鳥部
十六丁 虫部
十丁 魚鼈龜部
七丁 木部
三丁 竹部
七丁 草部
五丁 舟部

25

六 車部
八 戎仗部
五〔以下〕 何此處ニ
これより別ノ紙ヲつぎアハス
百 人部　廿部
十八 手部
修緝要文抄

2614

祭文雜集

一（劉嗣）朔十三日 姨宋氏 ―（雲は書写 書スコト不ル 書記のへ）
孝姪都營郎君之
二 維歳次丙午十二月四日之朔十六日甲寅 孝姪孫夫人
新宮張明恩等
似氏之靈（不全）
薯子一紙
前欠ハウキ
三 維歳次癸卯十二月 辛丑朔 廿三日丁卯 姨
孝女士[illegible]之靈（不全）
薯ノ紙
四 維歳次甲辰正月辛亥朔 [illegible] 弘長孫舉
以菜饌之奠 致祭于
故宋丈人[illegible]之靈（不全）
薯ノ紙
五 [illegible]祭文了
六 維歳次辛丑十一月 朔廿[illegible] [illegible]
以[illegible]之奠 敬祭于故弟四郎之
靈
七 維歳次乙巳六月壬寅朔廿六日丁卯
又一篇書写第[illegible]
八 維歳次乙巳六月壬寅朔廿六日丁卯
又一篇同上

97

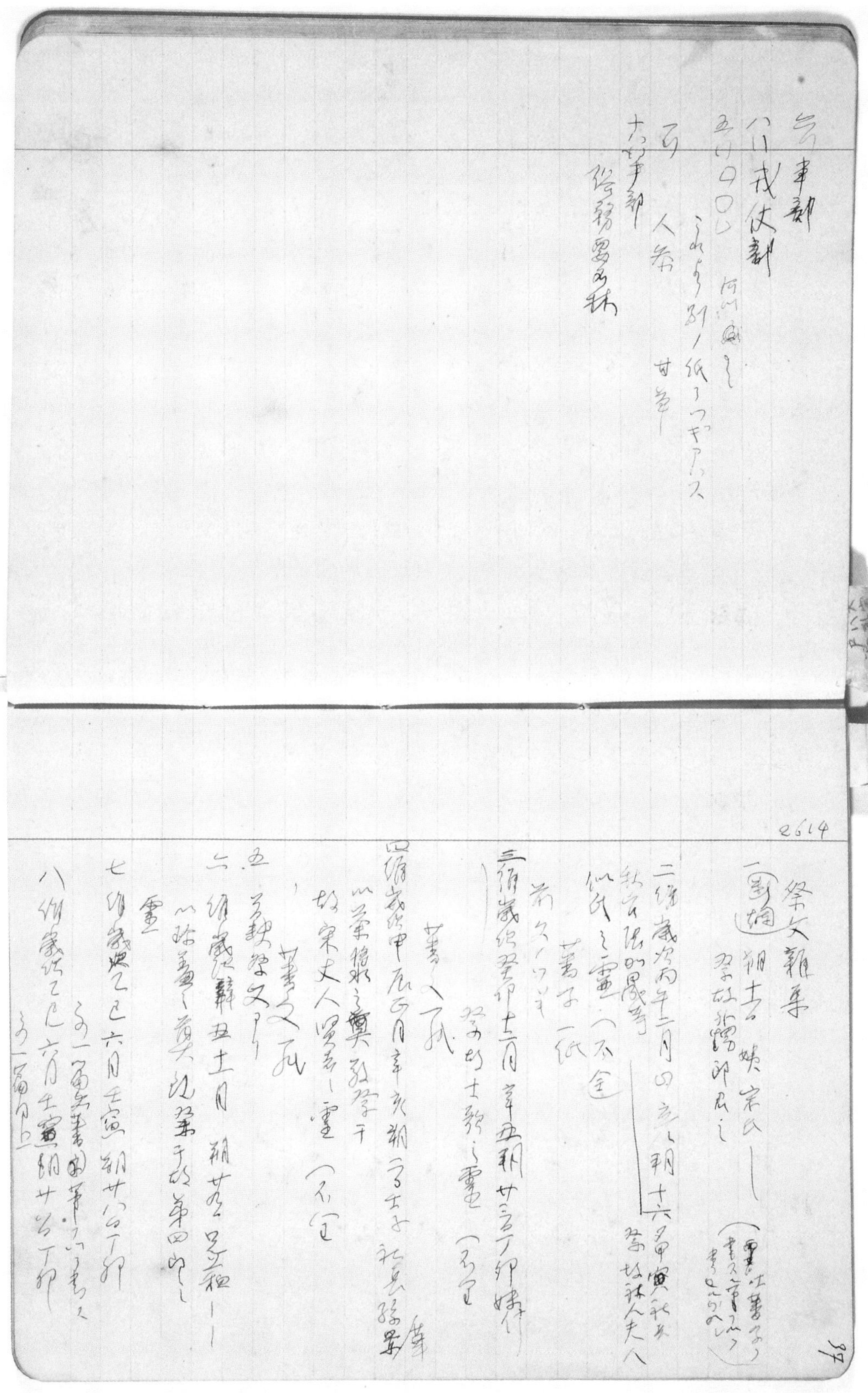

九 維歳次甲辰十二月丙子朔四日己卯安霄[?]
迷 孝子大姆之霊
書文氏
十 維歳次甲辰五月己丙朔十日戊午文韜（二字[?]）
田莫如 孝姪大母之霊
十一 維歳次甲辰五月壬寅朔十日戊午
孝子大姆王氏之霊
新古龍[?]古書

2610

太史雑占暦
占雨（晴旱）
占陰晴
占八卦
占候十二月地動吉凶
四時地動
十二時地動
占日蝕
日暈雲気
太史所占十二辰時善悪吉凶法
十二年善悪吉凶
子前於天台山中国清寺遊此山得一隠之人
問此之事授與文書一部其一百廿甲子餘紀
善悪吉凶有並立於書流傳會[?]上絶而不傳
太史雑占暦一巻
一 太史占候雨時日催[?]點法乃不失一
一 出軍大忌法
推十二辰相刑相合法

59

80

推天德所在法
推十二月將所在宅[illegible]吉凶法
六日〻法
六生〻向法
六在[illegible]帶法
六時來〻
推動土及修造三五吉日

2615

（皇帝）帝推五姓陰陽等宅圖經一卷　[illegible]太本　六葉十一頁　七一
子弟董文員寫記　道士也
皇帝推風后不惑宅圖
推相土色輕重法驗
推[illegible]濕水出雲及山宅莊舍吉凶法
學宅文
推宅內神煞法
推宅內土公伏龍飛廉地囊日法
廁法
[illegible]法
雜忌法
八宅經一卷

[illegible] 84 紙 30

2624.

盧相公詠廿四氣詩

詠立春正月節 春冬移律侶天地換星霜氷泮遊魚躍和風待柳
芳早梅迎雨水殘雪怯朝陽万物含新意同歡聖日長
詠雨水正月中 雨水洗春容平田已見龍祭魚盈浦嶼歸
鴈過山峯雲色輕還重風光淡又濃向看入二月花色影重重
詠驚蟄二月節 陽氣初驚蟄韶光大地周桃花開蜀錦
鷹老化春鳩時候爭催迫萌芽互矩猶人間務生事耕
種滿田疇
詠春分二月中 二氣莫交爭春分雨處行雨來看電影雲
過聽雷聲山色連天碧林花向日明梁間玄鳥語欲似解人情
詠清明三月節 清明來向晚山淥正光華楊柳先飛絮
梧桐續放花鴛聲知化鼠虹影指天涯已識風雲意
寧愁雨穀賒
詠穀雨三月中 穀雨春光曉山川黛色青葉間鳴戴勝?
澤水長浮萍暖屋生蠶蟻喧風引麦葦鳴鳩徒拂
羽信矣不堪聽
詠立夏四月節 欲知春与夏仲侶啓朱明蚯蚓誰教出
王菰自合生簇蠶呈蠒樣林鳥哺雛聲漸覺雲峯
好徐徐帶雨行
詠小滿四月中 小滿氣全時如何靡草衰田家私黍稷
稷方伯問蠶絲杏麦修鐮釤鋤花竪棘籬向来
看苦菜獨秀也何為
詠芒種五月節 芒種看今日螗螂應節生彤雲

高下影鵙往來聲渌沼蓮花放炎風暑雨情相逢
宜蚕麦幸得稱人情
詠夏至五月中 處處聞蟬響須知五月中龍潛淥水穴
火助太陽宮過雨頻飛電行雲屢帶虹蕤賓移去
後二氣各西東
詠小暑六月節 倏忽溫風至因循小暑來竹喧
先覺雨山暗已聞雷戶牖深青靄階庭長綠
鷹鸇新習學蟋蟀莫相催
詠大暑六月中 大暑三秋近林鍾九夏移桂輪開子夜
螢火照空時菰果邀儒客菰蒲長墨池絳紗渾卷 蒼
上經史待風吹
詠立秋七月節 不期朱夏盡涼吹暗迎秋天漢成橋
鵲星娥會玉樓寒聲喧耳外白露滴林頭一葉驚
心緒如何得不愁
詠處暑七月中 向來鷹祭鳥漸覺白藏深葉下空
驚吹天高不見心氣收禾黍熟風靜草虫吟儉
酌一罇中酒容調膝上琴
詠白露八月節 露沾蔬草白天氣轉青高葉
下和秋吹驚看兩鬢毛養羞因野鳥為客訝蓬蒿
火急收田種晨昏莫告勞
詠秋分八月中 琴彈南呂調風色已高清雲散飄颻
影雷收振怒聲乾坤能靜肅寒暑喜均平忽
見新來雁人心敢不驚

詠寒露九月節 寒露驚秋晚朝看菊漸黄
千家風掃葉万里雁隨陽化蛤悲群鳥収田畏早
霜因知松柏志冬夏色蒼蒼
詠霜降九月中 風卷晴霜盡空天万里霜野豺先獸
祭仙菊遇重陽秋色悲疏木鴻鳴憶故郷誰知一罇
酒能使百愁亡
詠立冬十月節 霜降向人寒輕氷淥水漫蟾將纖影
出雁帯幾行殘田種収藏了衣裘製造看野鷄投水
日化蜃不將難 詠小雪十月中 莫怪虹無影如今小雪
時陰陽依上下寒暑喜分離滿月光天漢長風響
樹枝横琴對渌醑猶自斂秋眉
詠大雪十一月節 積陰成大雪看處乱霏霏玉管
鳴寒夜披書曉絳幃黄鍾隨氣改鷃鳥
不鳴時何限蒼生類依二惜暮暉
詠冬至十一月中 二氣俱生處周家正立年歳星
瞻北極舜日照南天拜慶朝金殿歡娯列綺
筵万邦歌有道誰敢動征邊
詠小寒十二月節 小寒連大呂歡鵲壘新巣拾
食尋河曲銜柴遶樹梢霜鷹近北首鴝鵒
隠蘩茅莫怪嚴凝切春冬正月交
詠大寒十二月中 臘酒自盈罇金爐着炭温大寒
宜近火無事莫開門冬与春交替星周月詎存
明朝換新律梅柳待陽春

二六三四

祝宅神文

長0.九一米 二十二行

方安置壁除禍殃耶鬼疫気一時消亡
飛尾耶竟永伏海藏悪物自卷赤口不張
玄武守水滅波火光唯願主人六畜成
長五穀滿倉疋帛如山牝牸成行谷门
大小勢力康強百子千孫万代吉昌 主人再拜 上酒進香
重啓諸神所説微礼宜(?)口七小齊心等
意市鮮礼具高山鹿脯繋泉鯉魚酒百
味備具所有悪随今為神爐(?)財精旨酒醴
主人虔(?)神等餉歡酒食洞恩市救主人
此年已來嬰丁(?)災言宅舎蓋(?)龍龍神
不定今者吉田(?)依人之道如法書符
三一行 …… 破れて不明
安置宅中満具周近鎮神符譴守宅
宇所從知鎮宅出金剛先善神擁護七
孫具遍即知聖神之恩 主人再拜 上酒進香
更重啓諸神向來奉請五方土帝夫人
宅中君子等献此飲食醉飽為渡天
寒食單不得久安酒以三行宅以三見
酒寒無味 冷无気随伏随日飲歡
飽食日不一宍一籌施不可諸久無所上願
諸神等開恩賜福 主人再拜 主人再拜
火急迴迴來

2635

類林　　唐中書々 叢　4 18

善書
四　史籀
李斯
趙高々々
張芝
杜度
崔寔
曹喜
蔡邕
韋誕
師宜官
鍾繇
胡昭
王羲之
羊欣
辰
李静

類林卷第九　音聲歌儛　美人
善射　壯勇
善射第卅三
羿　甘蠅　飛衛　養由基　更羸　李廣
王濬　觀錦
羿　淮南子
甘蠅　列子
養由基　淮南子
更羸
李廣　前漢人
王濬　語林

壯勇第卅四　古冶子
共工　羿夏　殷紂　秦武王　孟賁　烏獲
石書　~~五丁力士~~　項羽　果鴻妻　許褚　曲韋
張飛　張遼
共工　淮南子
羿夏　同
殷紂　太史公本紀
古冶子
秦武王出士女
石書　同付人
五丁力士　楊雄蜀王記
項籍　前漢紀
果鴻妻　後漢書
褚許　魏志
曲韋　同
張飛　蜀志
張遼　魏人
音聲歌儛第卅五
師涓　濮門国　高漸離　諸姫　韓娥
漢高祖　項羽　田横　天馬歌　李延年
長王　司馬相如　蔡邕　石崇　王敦
嵇康
師涓　國語　出太史公樂書
濮門国　出國時人出桓譚新論
高漸離　六国末人　出燕丹子
諸姫　出史記

漢高祖 高祖本紀
項羽 項羽傳
田横 前漢書
天馬歌
李延年 前漢書
長沙定王 前漢
司馬相如 前漢書
琴心
夜山宗 語林
王叔伯 燕夫人 出傳 齋記
鄭康成 高仕傳
美人 第卅六
末嬉 妲己 褒姒 夏姫 西施 虞公妻
黄公女 中山夫人 王昭君 趙皇后 陰皇后
馮貴人 良薑妻 江充 何晏 潘岳
夏侯湛 韓壽 衛玠 鄧郎 紫霄
末嬉 太史公本紀
妲己 出帝王世紀
夏姫 史記
西施 出吳越春秋
衛莊公妻 太史公世家
齊黄公女 出尹文子
中山夫人 前漢書
王昭君 前漢書
趙皇后 〃
陰皇后 後漢皇后傳
海出夫人 幽明録
梁冀妻 後漢書梁冀傳

江充 前漢書
何晏 語林
潘岳

祥瑞

周武王白魚入舟（舟入） 帝王世紀
秦獻公十八雨金 太史公記
孫叔敖兩頭蛇 史記
漢高祖斬蛇 高祖本紀
前漢武帝獲白麟 前漢書
元鳳鳳凰集 出前漢書
後漢光武生有赤光 後漢書
楊震鸛雀集講堂 前漢以前人
孫精女霞
〃〃〇 廿
〃〃 晦付 周幽王 石勒 石虎 秦始皇
漢高帝 漢文帝 〃景帝 〃孝王
〃武帝 昭帝 〃成帝 〃哀帝 〃平帝
〃仲帝 〃靈帝 獻帝 公孫淵 司馬圖
晉元帝 李勢 惠帝 苻堅 秦始皇
葉昇 吳大皇帝 孫晧
夏桀 河洛諸 本紀
殷紂 洛水諸 本紀
周幽王 宇洛諸 帝王世紀

69

周霊王　穀洛二水闘　国語
石勒（趙書）旋風
石霊　断流　趙書
秦始皇　山中黄壁　秦本紀
河宣　湯雨一頃　前漢書
雨血　文帝前　同
景帝　猪生角　同
呉孝王　牛足出背上　同
昭帝　社枯樹忽起　同
成帝　雨山杓　同
帝　建平二年　男化為女　同
（平帝）女生児　両頭　同
後漢安帝　地動　後漢書
——沖帝——　同
——霊帝　婦化丈夫　同
献帝　男化為女　司馬彪続漢書
魏明帝　天雨肉　斉王　魏太司馬　一婦女和
恵帝　晋陽秋
晋恵帝　黎明　晋紀
李勢　摂図　同地生毛
前秦　天雨　孫盛　秦書紀
秦始皇　乙未東海……　太史公史記
蕭子　宋武帝　雷澤　南斉書紀
吴人　黒気　南唐　長沙
吴越　昭　孫皓　帝記　丹陽記

北斉
王宗賦　忌寸九　六千歳　異蹤　如復　合蔵
徐州児　初生　黄頭　鬚髯　汁洗　令子無鬚怕
徐州児　以初生月　入學　聡明　益智　速令人尊貴
徐州児　聡明　多智　取七月七日　花下土　著臍中　去
無病　取八月　百　去臍中　如瓦合　鏡子奁
取東　頭晴　著臍中　帝即止
頭上瘡　以灰和臘月猪脂塗上
徐晴　氣喘　取蓼菁　煎取汁　洗身　髮去之　即差
徐婦人　乳汁　取母衣帯　燒作灰　三指撮　和酒　与兒服之　即

2637

藥方書斷片 ? 唐写本 (敦)

七十六行、一行二十二三字、

湧泉方。此藥消息飢虛渇法、(油麻二合揀淨去皮生用 杏仁三七顆去皮尖生用 塩花一錢 白蜜二兩)

(觀音菩薩最勝妙香丸法)

喫草方。 黒豆一升 蒼朮 伍両、

出蠱毒方。 豆豉七粒 黄龍惱一分 烏雞肝一分

又喫草方。 白朮 五両 十両亦得

(佛說停廚經)

休粮方。 朱砂一分 膩粉一分 金銀箔各二斤

水銀一分

又 不灰木、太陰玄精、白雲母 銀星石

龍腦一分

2642

[illegible]疏一軸 (敦煌)本

厥今宏敷寶殿嚴灑清宮

伏惟 太保云〃 可謂叢凡

知性水乃[illegible]

惟[illegible]師乃戒珠內淨心鏡圓明 [illegible]妙

和尚乃妙智利達〃宏深

律 律師乃妙業操儀守清沈

法師乃妙達三墳才通五典

[illegible] 厥今堂前祭之

脱服文 厥今生前拖白棒爐燄設

奉爲甲意者奉爲亡考大祥追福之嘉會

母情之考

情亡妹乃美雪[illegible]

亡妣斷乃性本和柔

2642

雑卷文 顧介玄究齋 狭仮注課念

故我 太保韓愿夫

大保返寿

背二行

同上ノ數、「前」返 按出

80cm

断簡 心中、V 五 卅

2643

尚書 中紙 書不佳 宮

般庚上
若映

曰凡敢大言女

忘施實德自於婚

大乃敢言女有積德之

于遠近惰蔑曰女

般庚中

微子 鄒

古文尚書第五

乾元二年正月廿六日義 李 學生 王老子寫了記也

朱書 乾元二年正月廿六日義學生 王老子寫了

今岩崎本 此書按写時文晚

（二六四八乙）

季布歌（前）挂出
陣詞數 唐末九弘人一種
七言長篇

2652
九十五行、

天地

天地開闢已來帝王記一卷

昔者天地未分之時，若風若雲；既分之後，未有君
臣，復無帝王。自劫始有聖帝，自稱配羅皇，乃有口喃
八眼，治經廿万年，遂即滅矣。其次復有九皇，而治九皇
者：配羅皇生答成皇，答成皇生大遠皇，大遠皇生
赫胥皇，赫胥皇生雄隆皇，雄隆皇生平統皇，平
生尊盧皇，尊盧皇生白馬皇，白馬皇生栗隆皇，栗隆
皇生智連皇，智連皇生漢中皇，漢中皇生伏羲皇。
伏羲皇兄為三皇而治，伏羲為天皇，神農為地
融為人皇。三皇之後，遂有五帝：帝少昊、顓
頊、高辛、唐堯、虞舜，此五帝遂有夏禹、殷、周、秦、
漢，號晉守酷錄經原鷄在後賤問曰：伏羲已
皇之時，有何軌則？答曰：九皇之時，雖有人民，復無
日月，唯載光明，遞相照耀而行。天子光照一千里，諸
侯光照八百里，卿、大夫光照五百里，大惣富長者光
三百里，貧窮下賤光照一百里，無光明者為他
使令。時北斗是也，復逢白劫天遣神人，詣南海之中
採取明月神珠，及以七寶，合治日月，天下如此如
曉。公時人民正當拘摟秦仙出世，視之世壽命三
年，飲風食露，棄空而行，自變快樂。復逢白劫地
至肥甘，甜味美香氣徹天。爾時人民，淘之時，香氣
下來，相共食之，人身沉重，不得昇天，復逢白
人民轉多，食不可足，遂胡欺葉，強者得多。

57

弱者得少地肥神聖化為草穀入民飢思遂相食
噉天知此悪即下洪水蕩除万人死盡唯有伏羲
存其命遂稱天皇於後 問曰太昊伏羲是何虞
何字誰有軌則自故開闢變化人誰為始劫燒以 治
夾天皇為始 問曰天皇之時阿誰造作 天皇十三頭兄弟十三人為大廿日為水以朧 此後人
化一万八千年遂即藏矣廿日變丹當了孔 問曰天皇之後誰復治化 此皇身頭兄弟
法之十三頭治十三月變為歲故有暴
与遂即是後人於是法
以十日為冬至自此以來法之不絶地皇之後誰伏治 悦伏容為人皇承後此之是也 問曰人皇
之時治化何似 人皇九頭乃四月合宿治遂三千六百年遂即藏矣兄弟九人各住
以後人因此始即立九州取之治適以百六十日為一歲此之法是
人皇之後誰伏治化伏羲為天皇承後此之是也 問曰伏羲之後治化何似 伏羲人
未有礼儀遂男為夫遂女為婦
走及禽獸乳毛食血居無宅正是也 問曰誰造佛像漢土因何德
二部經漢武帝於宮中夜夢見一人身長丈六宮 問曰此何謂也 諸對曰此將是佛在
此金磨色武帝驚覺遂召諸臣西方覓十三部尊遂 即將還漢土自此
於西方天竹中武帝即遣人至於西方迎之正見釈像子 問曰何 誰造酒百姓行
已來遂有經像供養相承不絶此之是也 有 并置於樹
樂其歡同歡或有怨恐也 答曰昔往康家一賤人餅麦 孔中封於五六日中麦餅生衣變 名吉利野田禁行余殘不盡者為 孔
孔中封於五六日麦餅生衣覺行麦麹遇天大雨得水奄之後將 余飲
中復封三五日樹下昔遂即食之合迷荒君子飲之以德自脩 小人飲鬪乱是強自
成其味傳相效法因此即有造酒君子飲之和悦色小人飲之是麁社 力苦者忘疲勞
樂者忘息 知將之礼天下法則此之也矣
問曰須弥山高下廣長周迊里數幾許 答曰山高三百卅六万里 下有海水 須弥山運轉一日一夜照四天下山上有

深三百卅六里金剛山遶遶周迊雲園亦三百卅六万里東面有无日月逴遊其問曰
五色雲及金銀璧玉瑠璃水精七寶之奇異之物光曜天下須弥山北開匝
崙山復何似答曰山骨崙山者東面有水精南面有白
銀北面有瑠璃中央有金城九重上下十二層是老君遊戲之據
九誰人得到亦有金銀玉闕奇異珍寶數十万種上有一葉
樹上有一公鷄日出而鳴天下震動羣鷄悉從而鳴應之藏也
問曰山南是何无廣長幾許人民何似答曰須弥山南
提國最廣卌万里中有十二小國亦有大國十八國中有八家
惡曰兩舌能鬭戰人長八九尺亦有五六尺受得一百歲言
語不同人犯入獄其曰從東出向西没曰中南照此國也問曰
西是何无廣長幾許人民何似答曰須弥山西洋藍
廣四十八万里中有千種人各長一丈八尺受命二百歲衣
無閻戰之心其日從北向南沒問曰廣長幾許形貌何似
答曰曰是火龍之精有四頭抵金銀璧玉島有十八足之長一千
里熱如火周迊一万八百里有金騰曰光是以天下熱問日月
廣長幾許中有何光答曰月是水龍之精有四頭
七寶璧玉周迊一万一千六百里亦有十八足之長一千里
中有瓊臺及光子此之是也問曰伏羲何所制作受命幾許
答曰伏羲龍身蛇頭名王能制造和會定日月星辰成
立万物推其陰陽以成冬夏亦時人民頑愚簡朴未能
分割禮儀未有五穀衣裳田宅屋舍巢居穴
為先遂女為婦万物未備仰臘天下以造八卦伏羲牛
業馬受命一万八百歲則變化天地西出爲戰龍蛇蛊𧍒
雀銀珠玉跑万物欲生未詳龍言号曰伏羲也問曰神

19

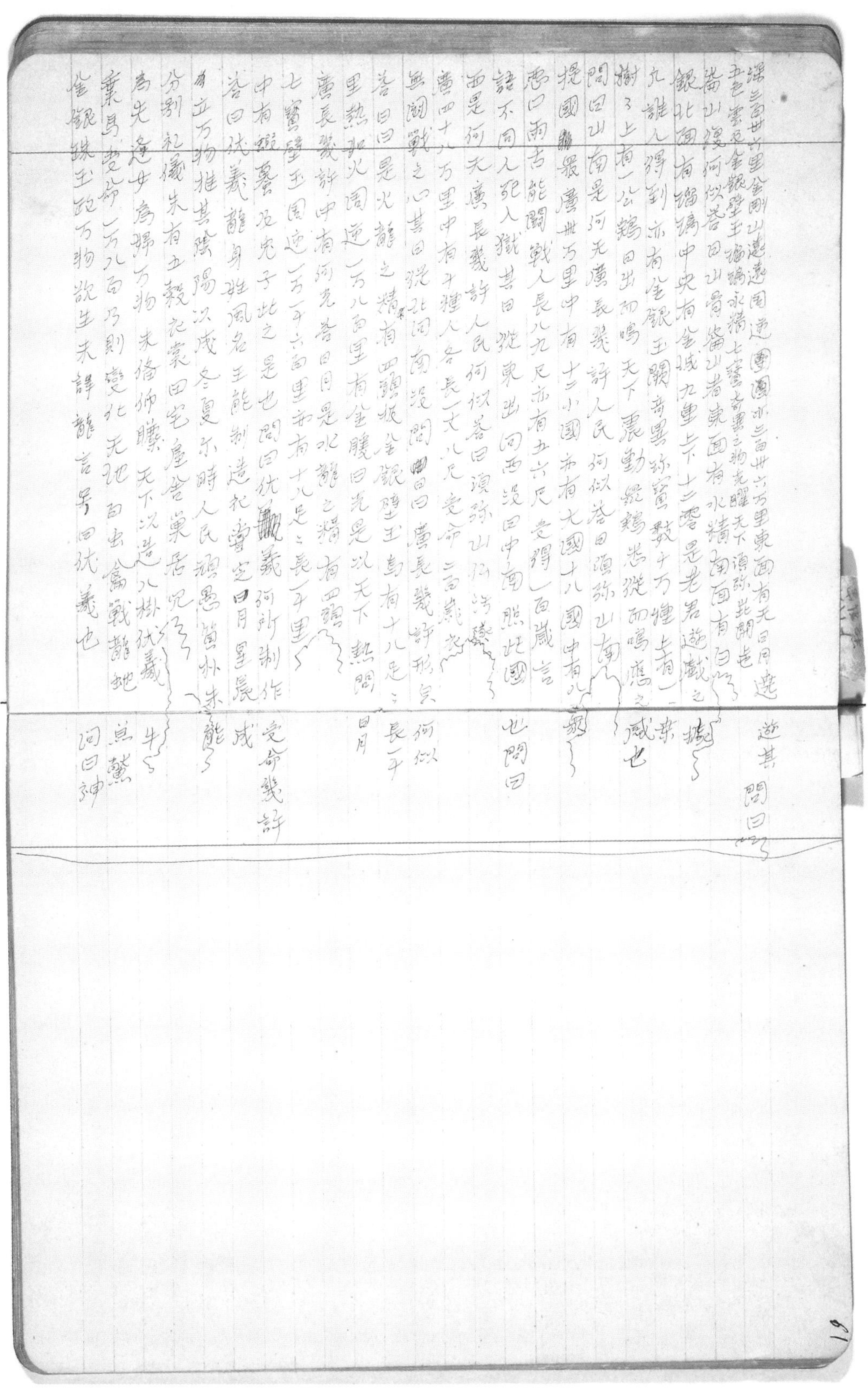

豈有何聖德答曰神農皇帝牛頭馬面鳥足形
精蓍之杖應涉七十二岳嘗百草遇毒即死若卽
生到上黨羊頭山農石之中誰樹上得五穀棗樹上得
大小豆梨樹上得大麦杏樹上得小麦桃樹上得稻穀
樹上得麻荊樹上粟將來交女佃種傳世至今不絶受
命八十歲遂即滅矣甚況伏有祝融爲人皇在
也祝融高三尺能鎖石取鐵造鐺釜鍋鑊
治熟食也重問曰三皇之時伏羲爲天皇姓何字誰有
何軌則答曰伏羲女媧兄妹二人在龍上天得存其命恐
絶人種即爲夫婦治在潁州水王天下治經一万八千年遂有
炎帝神農爲地皇娶從白此已來遂爲三皇也
代何處人姓何字誰有何軌則答曰神農姓姜
人治在兗州水王天下小時人人乳食鳥獸民民轉多辰
不可足神農爲人應涉七十二山口嘗百草望得甘美者乃
人食之或值毒草者即死腐口破壞一日之中百死百生後至
上黨頭山中神石嶺遂得嘉禾一株九穗當
羡教人種之甚苑遂濟窩將之命治經八十年
堯問曰五帝是誰答曰軒轅一顓頊一帝嚳三堯舜
四帝嚳五帝也問曰小昊何處人有何軌則答曰五帝小昊
字青陽号金氏鳳凰鳳凰之樹端以爲名在何南教人造作
衣裳弓箭畫五庫倉尊卑有別治經一千年遂
爲顓頊也顓頊帝高陽氏黃帝之孫高昌之
卅上郡甚慈遣卑士年自壽元德時負

帝嚳
一天無頁頊而出天感甚心理曳隣而天下大豐治經五年
遂即禪位帝嚳帝嚳高辛氏姓姫名夋黃帝九世孫
能分別五色男女分別遂弟問曰吉凶逆送以時二百千年
遂即禪位堯帝堯舜陶唐名放四能黃帝之
陽治諸律畢陶甫之子造形
帝舜虞氏高陽之後何東
城教人恭順四方歸
伯禹夏后氏姓

555

2658

文選　黄麻　唐寫　廿七行　共存七行

劇秦美新　首缺

禮樂之場

鳳皇律呂量金科玉條玉神

懷不宣鑾戎軨軒旂旗以示

較也寶以昭之正承嫡從

夫改定神祇上儀也欽脩百祀咸秩也明堂雍臺壯觀也

已底可識哉

典引一首　班孟堅

臣固言永平十七年中臣與賈逵傅毅杜矩展隆郗萌等

宣持秦始皇帝本紀問臣等

日非邪臣對此贊賈誼過秦

僅

之社稷

背　偈頌

心問早出塵」問来入山」問果位山

乾寧伍年歲次戊午七月八日學士郎宋佛柱書記

2660

毛詩鄭箋　(殘)　存

樛木首章　桃夭　兩首了

樂只

葛藟纍之　樂只君子

福履綏之

樛木三章　四句

螽斯后妃

桃夭后妃所致也

兔罝

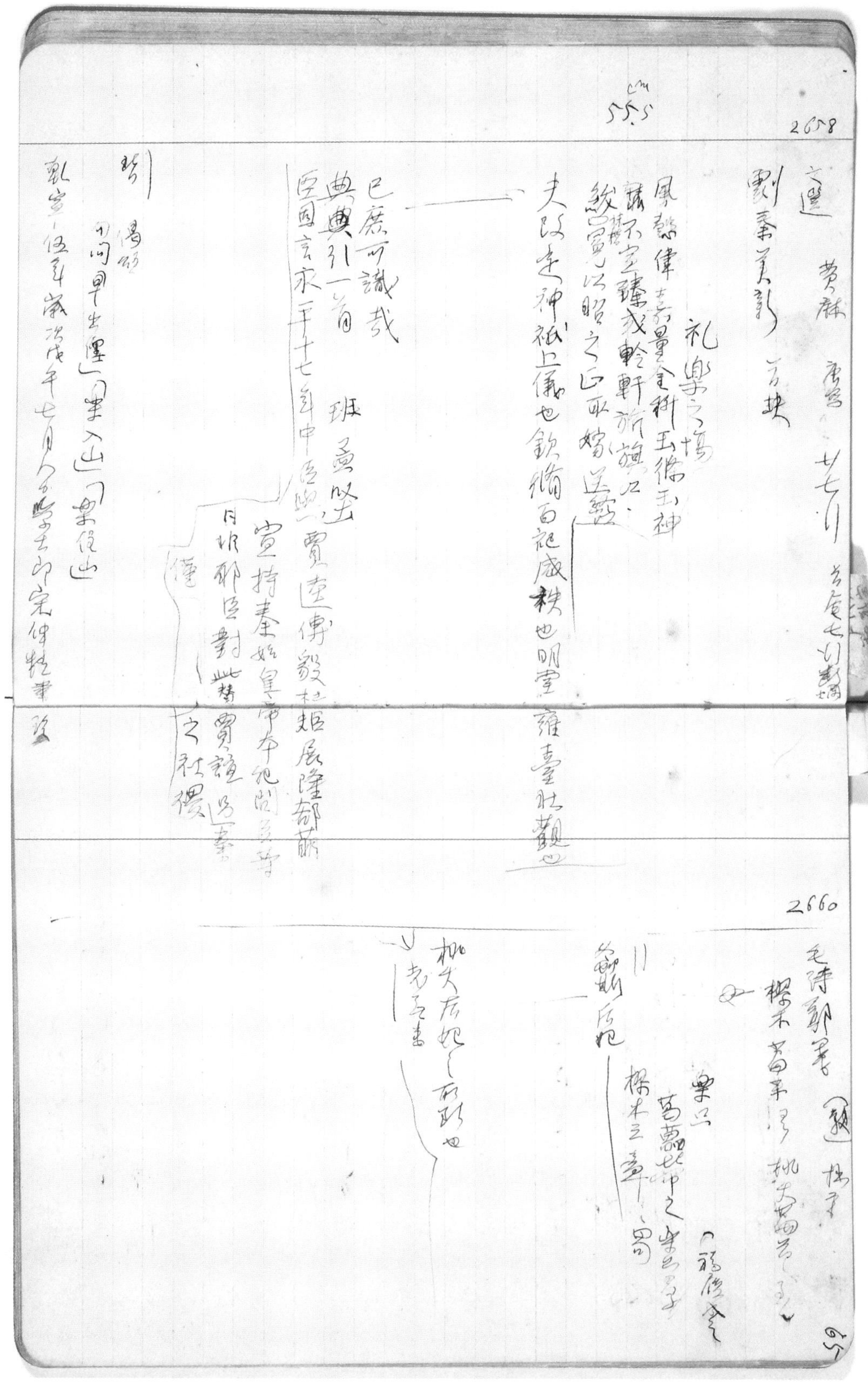

2525　　2671

新集倫念多経一巻（遺）抄出　京中東宗於東市印
半劃　李鈾存
明臺圖アリ
始罡古事
八ノ生年甲子ヲ男歳ノ甲子ノ去山ニヨリ法
咸通二年歳次辛巳十二月廿五日衛前通引
并通事舎人范子盈陰陽氾景詢二人四記
佛經　無量寿宗要経（遺）
始　浄土変ノ断本ナリトキ抄書アリ

315　　183

一百七十六行寸
一百四行

2669

毛詩劉之（遺）抄出　黒白字校
大雅文王之什　篇缺
侯于周服　築數也盛位　至也　天已命文王之位
侯服于周天命靡常
武王豈武　上言皇大也娘大
王者年也
齊雞鳴詁訓傳第八　卷五　雞鳴思賢妃也
魏葛屨詁訓傳第九　葛屨刺褊也
章百廿八句
卷第十五　碩鼠三章章八句　魏國七篇十八

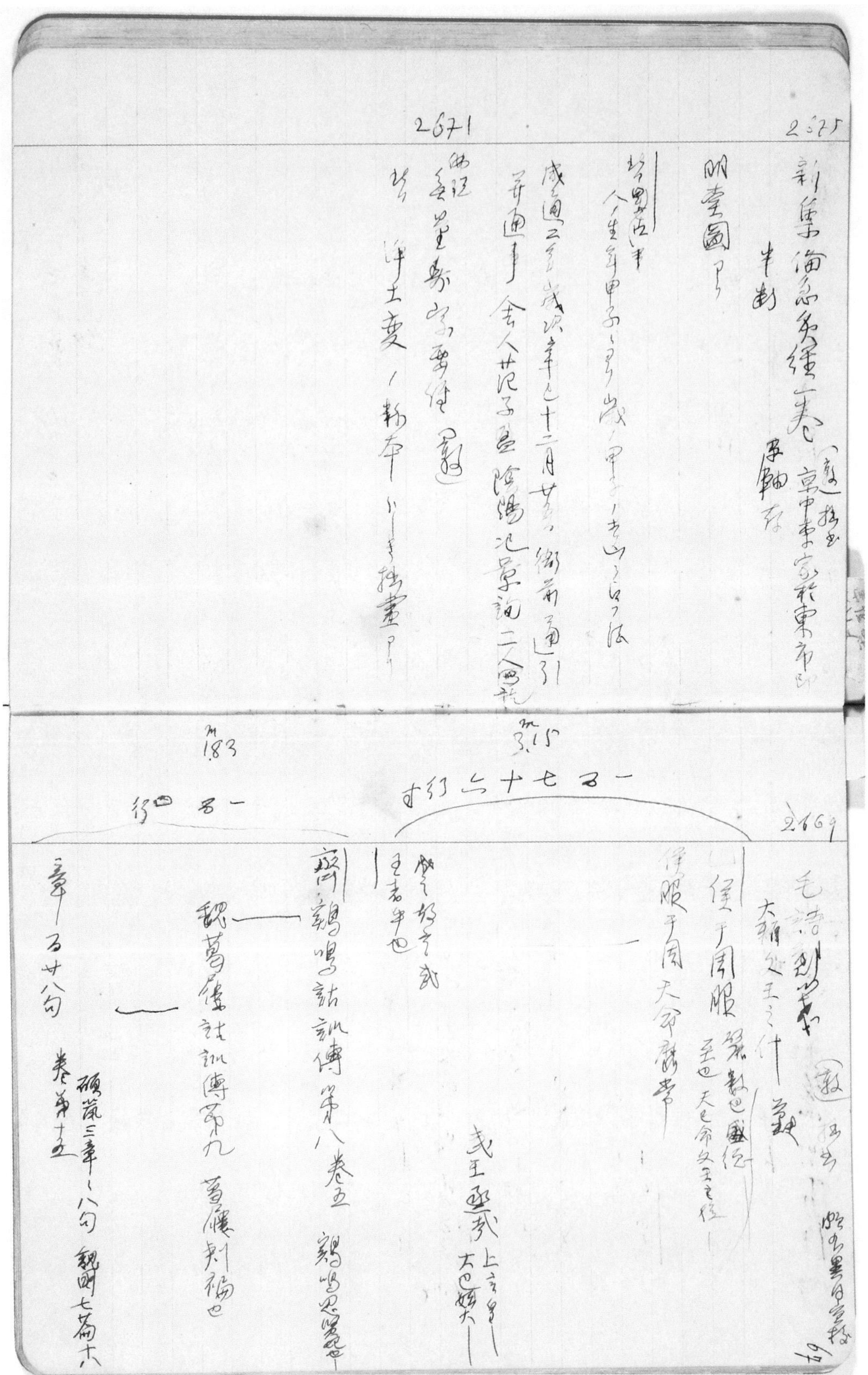

先進　顏淵

2687

雜語

首缺

獨覺篇

背 論語

事人故退之

顏淵篇

仁者其言也訒

川二六廿　川四廿

2678

類書

其文以集類語如北堂書鈔而更簡

秋第八 倒

金商變節

玄帝司晨 類題目 玄帝

冬第九

帝德第十 金鏡 天子抱玉燭 令鏡 南風

東一

瑞應第十二 騰黃 馬 神 慈白鳥 赤雁

背 首缺

雷電 雷四 豐隆 嘯雷

青煙起

煙霧第五

春第六 青陽式序

夏第七 麥秋 麥熟

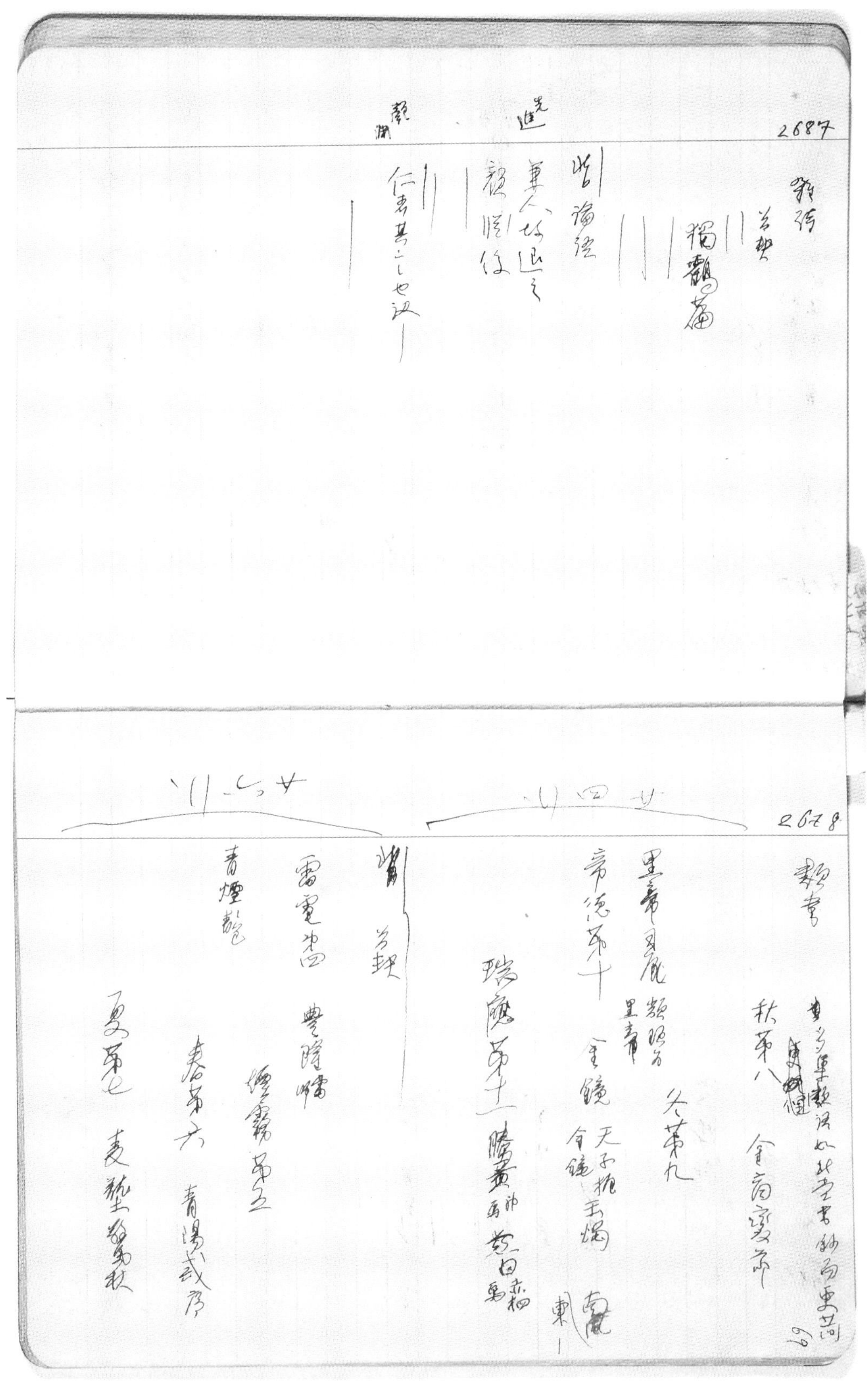

2683

2682

白澤精恠圖　白麻　晩唐書
文圖五行　十段
圖皆朱絵

若雞
夜半而鳴名者丹鶏也　冠夜半而鳴
男夫室人自防之不防之　也黒身白尾赤頭以其深
家人好監殺之於所　一云
死殺則已
陣雷電

圖

4585

一川十七文

精恠百壹伯玖拾玖室

白澤精恠圖一巻卅一紙成

2683

瑞應圖　皮紙　中唐書
上半段圖　下半段文　圖皆朱絵
吐映
口雞
口一
重亀
弐
玉龜
有圖

龍
黄帝集説
帝顓頊
帝嚳
帝堯六龍
五龍
交龍
天龍負圖
青龍
青龍衛圖授周公
赤龍杜渭
赤龍負圖授帝堯
龍負圖
黄龍負圖授黄帝

河録識書
礼記　瑞應図
大戴
大戴礼
大戴礼
孝文帝
礼斗威儀
孝経援神契
孫氏瑞應図
河圖
尚書中候
礼稽命徴
春秋元命苞
孫氏瑞應圖
孝経援神契
龍魚河圖　尚書中候

廿

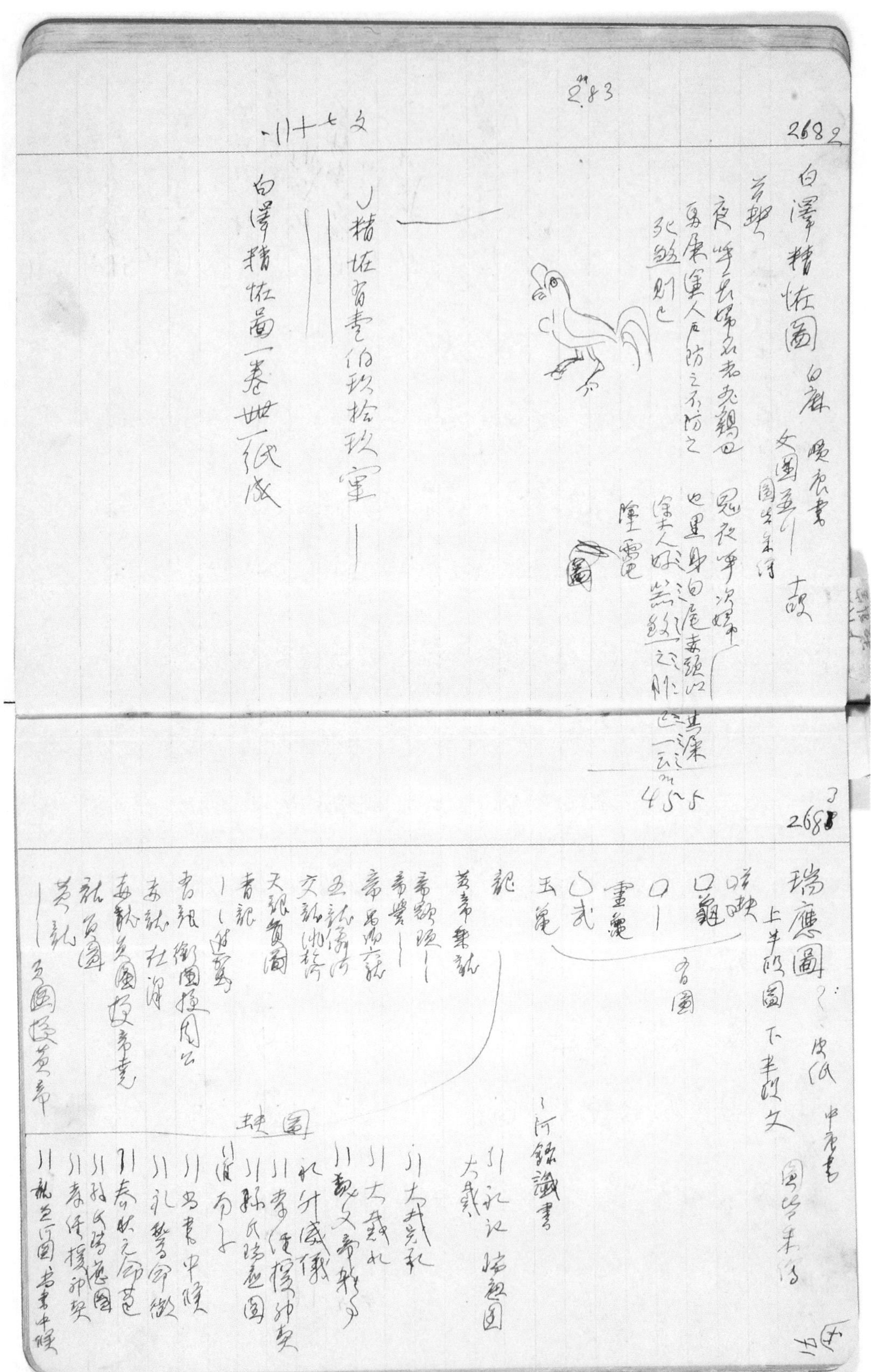

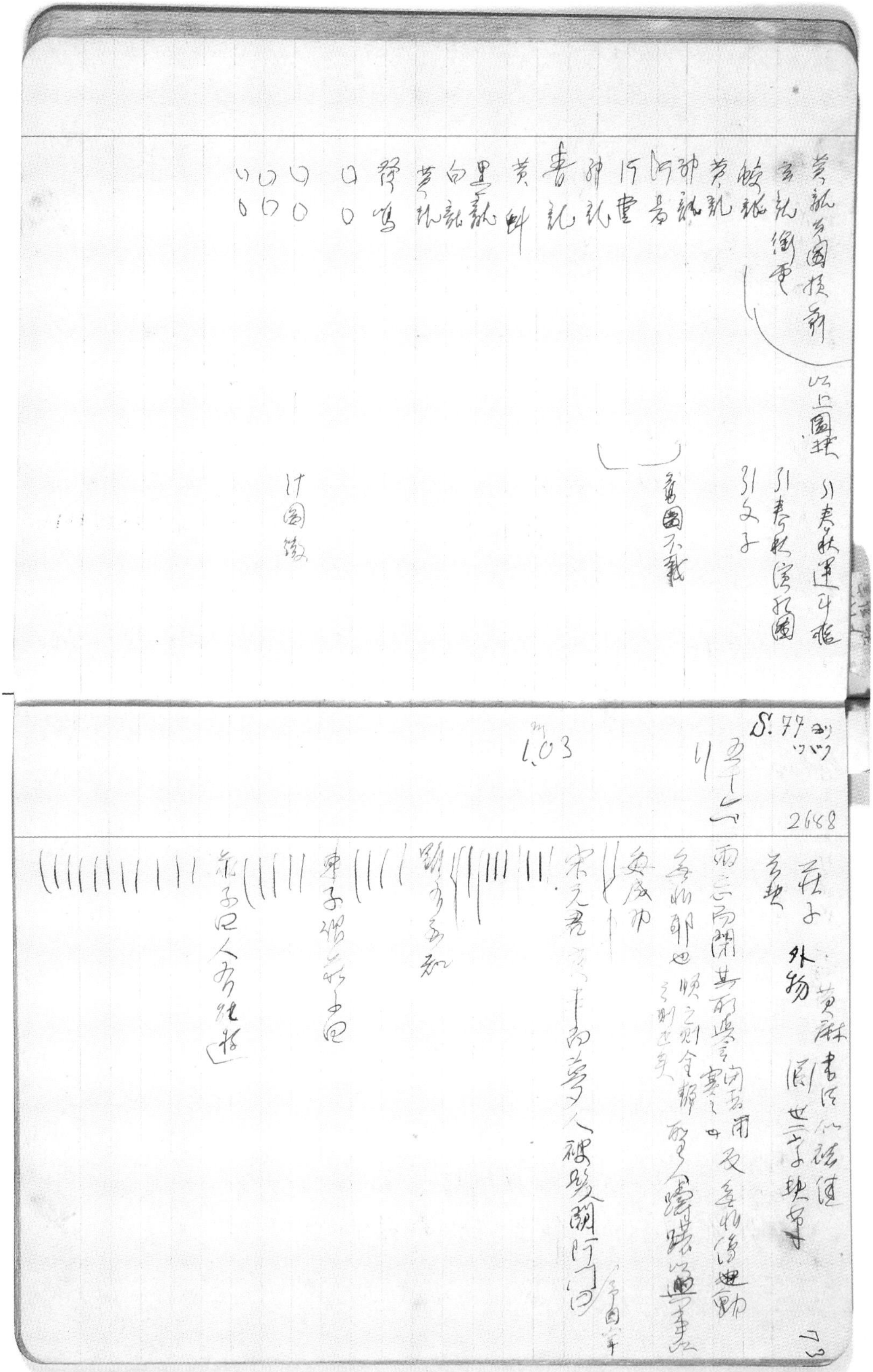

以上圖
引文子
不載
S. 77
2688
莊子 外物
1.03

日衛苦明

老州不休 宇下収已 還州不還 頭無若還者
者也
者也

6
2886

巳年二月二十六日借麦文契人

便麦人李私〻 ◎ 朱印

保人男毛〻

日前年外
便麦事〻

当年月日経費甘陣部落石姓王清〻

西蔵文二行

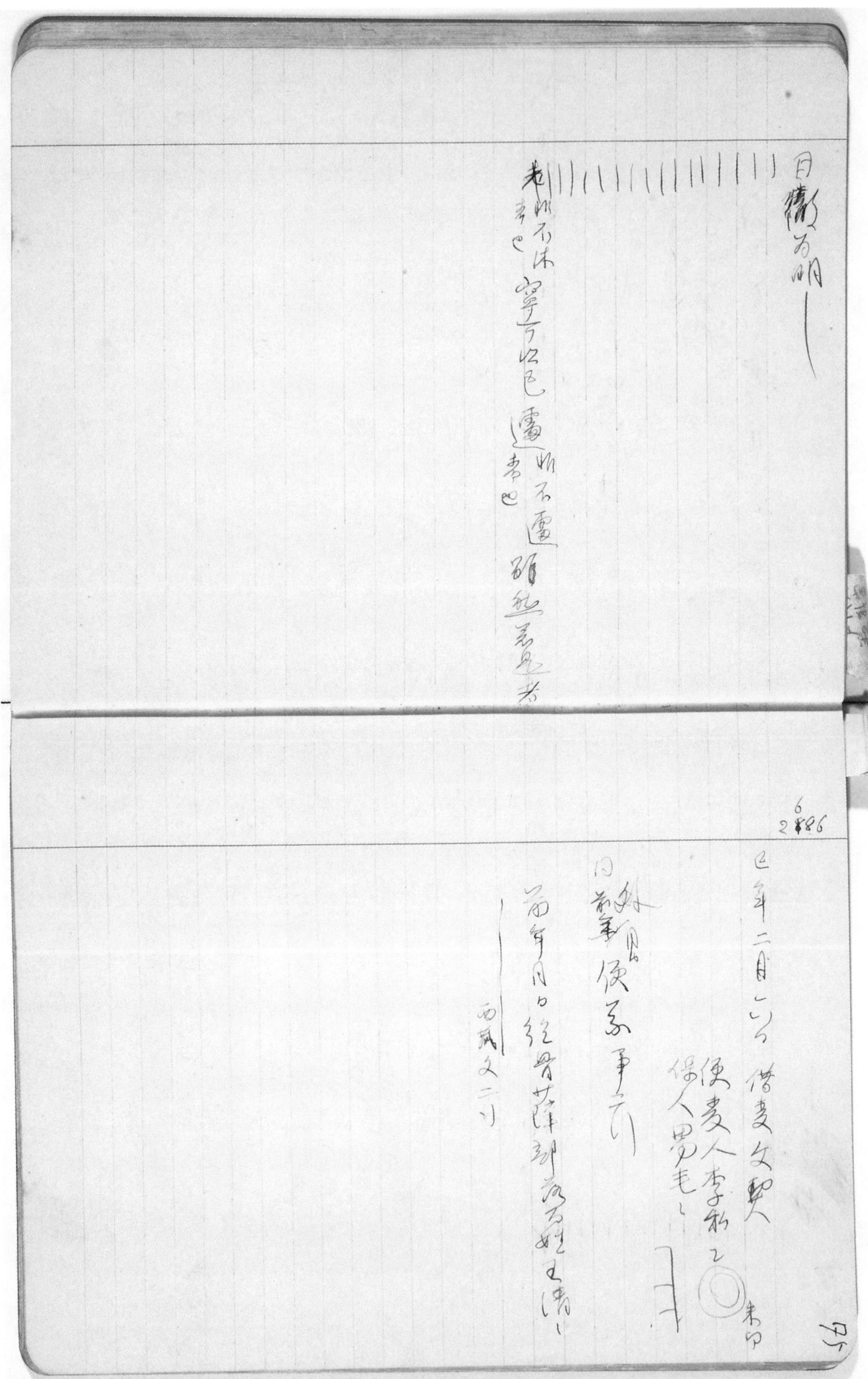

2689

僧寺 [illegible] 文隊

直巻四石四斗四升 麦貸二石一斗五升

升 蒲敦八斗三升 神帰三石三斗 共満敦神般共

十二石一斗一升 支法暉二石一斗五升 粟 朱 十四石五斗六斗

道遠 口七斗 祇一真七斗五升 ・朱 史鞋一石三斗 ・朱 前斗四升 計三石八斗九升 折唱外餘一石七斗一升

支談恵 足 朱

義美布被七石・朱 前二斗四升 布裙衫四石一斗 計十一石三斗四升 朱 支都司二石八斗 官不給

其補遍与義美

朱 志貞布裙衫四石一斗

朱 斗 写論直五斗 以上共計三石五斗七升 曲支法行下二石一斗 見給麦一石四斗七升 足 朱

青絹六石 折本分四石七斗七升 凝浄四石三斗 折唱外餘三石七

欠二石二斗升

朱 義幽・朱 針甑一石四斗 折唱外餘二石一斗七升 支神論 足 朱

朱 道空 朱 七條五石五斗 折本分四石四斗六升 法賢一石七斗一升 折唱外餘六斗七升

支窟神英 足 朱

朱 法海・朱 紙一帖四斗・香爐二石九斗・朱 綿紬卅三石五斗・朱 前六斗・朱 鑪卅七石 計七十四石四斗

折本分二石二斗八升 支明徳四石一斗 僧唱卅八石六斗 元鎰四石二斗七升 支劉闡

欠十七石六斗四升

僧塔三石 福海四石四斗 番斗 尼康堅意四石三斗 支沙弥法安二石一斗五升

朱 靜

支善克真悟一石一斗 支徳廣一石一斗二升 支智良一石五斗 支智藏遍二石二斗五升 朱 欠

石四斗九升

77

同（朱）
談惠 硃

紬長袖十三石三斗（朱）布一石六斗・（朱）前二斗 訶勒僧一石六斗八升

體 卅一石五斗 計十卅八石二斗八斗 折本八四石六

惠斗八升 靈叢一石五斗 支靈惠三石七斗九升 支靈蓮四石四斗四升 支尼照性靈斗

支道遠一石七斗一升 支智舟四石七斗九升 支尼圓妙二石五斗 支乘妙三石七斗八升 支真

尸貢八石四斗

（朱）

79

2692

功德疏（敦）

善司觀音大聖

和尚 謹疏

天福五年三月日 弟子歸義軍節度留後使檢校司空曹 謹疏

黃昏禮懺

清淨梵

嘆佛偈

至心發願

寅朝禮懺

2690

廿二問

夫至教幽深下凡不測微言詠遠上智猶迷以量臆識量蕪懐學業
需達博聞眇懵於經論精解文達於理事臥病既久所苦除深氣力
精微莫敵叉坐此伏枕塵外馳突神觀深川忽臨心神驚駭將欲歸隨
思負刀課疲苦之中萃蒼甚深之義爰申狂心問窺幽微誠恐其間諸至
幽趣幽隱或有往年曾此學義有若歲不同所解者以初見而釋之未曉者以面
理而觀之所懼不契　初日情求於本宗　特乞　哀恕遠察衆勤
第一問〜　諸數之〜　第十九問　對牛以後斷
對　懺悔或捨論一首　(不全)
出家讚一本
僧保爲奉家只也
大乘讚一本
南宗讚　(和北南部 北宗之南宗
此是禪門十時讚
无相礼

18

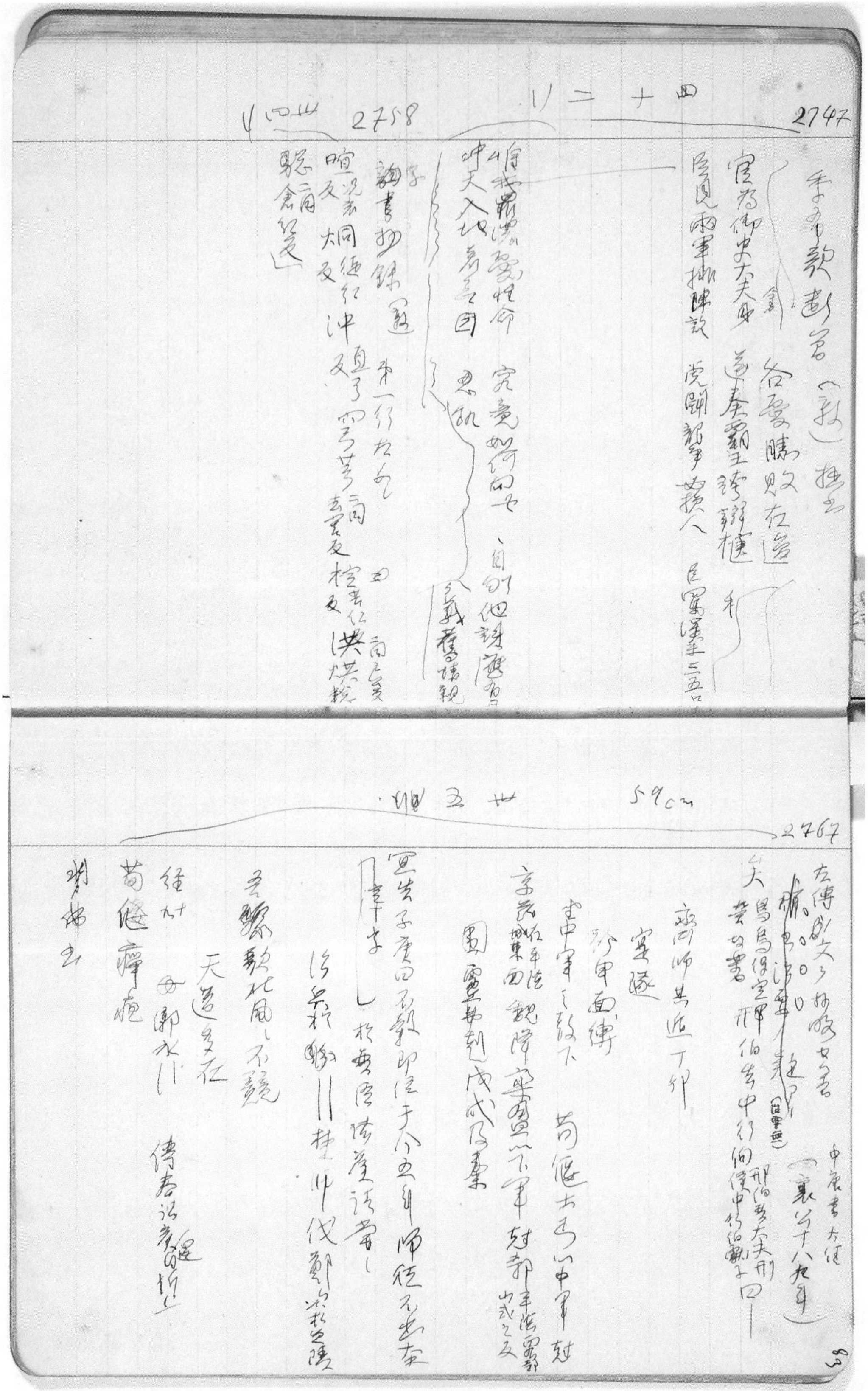
2747
2758
官為御史大夫
2767
59cm
左傳
襄公十八九年

2691

佛書（[illegible]）

此物已卓礼

今時窟宇並已向西新建永和八年癸丑歲創建窟至今大漢
乾祐二年己酉歲筭得伍伯玖拾陸年記 沙州城案餘蕃漢第六武
帝元鼎年六甲子歲將軍趙破奴奉命領甘肅瓜三州人士築沙至
今大漢乾祐六年己酉歲筭得一千五十二年記 沙州城土鏡
東去京師三千七百五十九里 去洛陽四千一六百九里 四至東南瓜州
三百一十九里 西至石城一千五百八十里 西北至西州一千三百八十里 甘泉州西
五百里 貳師泉州東一百三十里 東壇池州東五十里 西壇池州西
一百七十里 北壇池州西北五里 玉女泉州西北一百八十五里 興胡泊州西北
一百一十里 闞城州東廿里 河倉城州西北二百四十里 長城州北西六十三里
塞城州東四十五里 效穀城州東北四十里 土地神州南一里 雨師神州東
二里 風伯神州西北一里 李先王廟州西八里 芝池州南東北水泡是 鳴沙山州
南七里 三危山州東南三十里 黃金山州東一百七十里 猪水山州東
東一百七十五里 南口山州南二百五十里 使山[illegible]州南二百卅里 會
道山州東南二百五十里 石泉山州東三百八十六里 大烏山州北一百
九里 石槽山州西北三百卅里 望山州西北三百三十七 壽昌縣西北玄州
一百廿里 卑鼻果山縣西南五十里 姚閱山縣東南一百八十里 龍
勒山縣南一百八十里 西紫亭山縣西南一百九十八里 大澤縣東
七里 曲澤縣西北一百九十里 龍勒泉縣南一百八十里 龍堆泉縣
南五里 壽昌海縣南十里方圓一里 大渠縣南十里 石門澗縣東

85

南三里　無鹵河驛西南十里　玉門關驛北一百六十里　破羌亭驛
東六十五里　西壽昌城驛西廿五里　一ヽ田說別有本　常樂驛東
去瓜州一百十五里　沙州先是瓜州亘種受代故号瓜州後始改名為
沙州前代王和尚住金光明寺死時付囑門徒吾死後全身坐橋
子向西閒西磧西西坐葬後門徒弟子看和尚喜樂其橋子
在金身不見徒ヽ尋到壽昌得一雙履和尚變化不知去處城人
斅為恠異　後時留儭捨分者無有不是犯猶而食不見靈跡異事
者也　夫六通叶聖先賢十号之神得一稱尊也啓貫三之氣佛
者部蜀之土王吾懸虎之居無壃之外歸依縛土之中賓伏應
時為度當代皆高稟天上之星辰化闍之祥瑞者即和南也和尚
神姿善性天假長才孔父之宅內聯頭品鳳之前夷腹筆動呈
八般之體義足未足之而詩功成詩於七步之中子建一方堪而健逆
不慕榮春之讌俳思法真之用剃削青綿唯於白業剎以履
情謬癯悴性怡和鍾以信宿搜手法穢一諦五乘之所研之而有窮
七枚二乘之間守之而匝武數其一帶庠呈騁雄文抗辯如鏡類妖空
谷之居寺宇絞壊不嚴未曾往教從往來學子窮財一部之內一粿
末居之珠三教之中雨隻中天之翼異時耕執如意杖坐西師子床演法
雨而法於蒼生設緣喩而勸迷俗李何風睹毀地我乖違歸一性於
天中拠六根於出土嗟呼圓寂向邀貌新吾而不應雲地理寛深間之而
草若父母衣襟之上淚染血斑弟妹顔色之前涕流枯高僧衲十懌
慟悲憚標以傾墉受戒门人痛法枘而弱般
明

2404

20 cm

王僧集序斷簡

2540之 背面斷首 黃麻紙書寫

共世我大齊之握機創曆誕命建家接礼義
宮考庸太室幽明獻期雷風通響照華之
琢既從延嘉之玉攸歸草宗受天保生萬國
庚邑静鹿丘之歎遷鼎息大垧之慙紹清
和於帝猷聯顯懿於玉表駿發開其遠
祥定璽固其洪業皇帝體膺上聖運鍾
下武冠五行之秀氣邁三代之英風照章乎
雲漢暉麗日月宏籠天地彈壓山川設
神理以景俗數文化以柔遠澤普汎而無

背面紙縫斷首

沙州節度使印

2704

曹使轉經疏

請大衆轉經一七日設齋一千五百人供度僧尼七人紫盤龍綾襖子
壹領紅錦襖子壹領大紫綾半臂壹領白獨窠綾
袴壹要已上施入大衆 布壹拾陸尺施入千僧 細緤壹尺充佳儭
緤壹疋奉充法
右件設齋轉經度僧捨施所申意者先奉為
龍天八部調瑞氣於五涼梵釋四王發祥風於
一郡 當今
聖主帝業長隆三京息戰而投戈五府
輸誠而向化
大王受籙台星永曜而長春功播日新福
壽共延於海岳 天公主抱喜日陳忠直
之謀 夫人陳歡永闡高風之訓 司空助治
紹倅職於龍沙 諸幼郎君負良才而奉國
小娘子姊妹恒保寵榮 合宅宮人同霑餘慶
然後燉煌一境千祥並降於王庭延萬村壤
力瑞成來而國境東朝奉使早拜 天顏 兩使人
慈門 幸希迴向
長興四年十月九日弟子河西歸義等軍節度
使檢校令公大王曹議金疏

89

上日布

布肆疋緤肆疋 施入大衆 緤壹疋 充法事
伏覩建寅上朔白傘蓋布於八方太
蔟末旬翻花遍施於九處厥使
龍天八部降瑞色於龍沙梵釋四王遂
和羹於他境
大士岩疾如風卷於秋林寶體獲
安郎團圓於春月令宅長幼恒聞
吉慶之歡遠近枝羅同受延祥之
喜然後千門快樂三農秀實於東皋
万戶謳謠五稼豐登於南畝朝貢專
使來往不滯於關山于闐使人迴騎
無虞而早達勸疾消散障毒無除門
斗藏音災殃盪盡今因大會今就道場
渴仰 慈門希垂迴向
長興伍年正月廿三日弟子河西歸義等軍
節度使檢校令公大王曹議金 謹疏

官布柒疋 施入大像 細緤壹疋 充法事
右件捨施所申意者先奉為
龍天八部助蓮府而恒昌梵釋四王護神州而永泰中天
聖主化且金輪拂劫石而長年等弥芥而延蘆
大王寶位竝七曜而齊明寵祿俱臻比五星而晶
翻天公主娥順助治播美於邦家夫人怡顏進諫每
傳於君國司空英傑盡六藝之幽懸諸幼郎君
窮九流之奧貴小娘子姊妹五廿第年鮮合宅
官人金枝傳潤然後傾城長幼年年喜色
而謳謠闔境黎庶歲歲歡聲而鼓腹世成
稼穡滋廣盈而豐登東作秀而苗善熟倍收而
懇實朝廷奉使馳騎覲宣于闐專人關山不滯 獫煙
羅掃勸疾鑰除福慶咸來災殃殄滅今因大
會指道場渴仰
慈門請希垂迴向
長興五年 月九日弟子河西歸義等軍節度使檢校
令公大王曹 議金 謹疏

布疋

請大衆轉経一七日，設齋一千五百人供，度僧尼二七人。紫花羅衫壹領
紫錦暖子壹領、紫綾半臂壹領、白獨窠綾襪壹量、布壹疋，已上施入大衆。
拾陸石麥粟豆共叁拾碩、黃麻叁碩貳斗，已上施入十六寺；細緤壹疋充経儭。
布壹疋充法事。
右件轉経、設齋、度僧、捨施，所申意者，先奉為
龍天八部，降瑞氣於五涼；梵釋四王，遏妖邪鄣
清七郡。中天
聖帝，澤潤無私；遐邇輸誠於　仁明，戎虜欽風而仰
賴。
大王福祚，壽海無窮；寵祿保歸，殊福山轉茂。天公主
椿秀日隆，王母之歡；大人溫和，月闡仙娥之貝。司空僕
傑懷三冬之志，能諳幼郎君，貞女仲之美德；小娘子姊
妹承訓範於宮門，公宅枝羅，連軌儀於王室。賊從河
隴晏謐，烽燧掊辭於四隣；社稷恒昌，戈甲不興於一
境。西戎稼穡，三秋轉茂而豐登；東作萬苗，九夏
殺蟲於壠畝。朝庭使人往便，道路不值於煙塵；遐
賀無虞，吉臣上下速降於白日；瘽疾消散，疫
障鬱除，遠近征徭，早還桑梓。今晨大會，諸
壒湯，仰三尊，請申迴向。　請就

長興伍年五月十四日弟子河西歸義等軍節度使檢校令
公大王曹議金　謹疏

上日印

沙門　台壹㞢未典曰

93

尚書 白麻 朱點アリ　2748

4,34

洛誥（多ヵ）

戊予乃胤保大相東土 其基作民明辟

日君之比 ＋ 予惟乙卯朝至于洛師

我

在十有二月惟周公誕保文武受命惟七年

成周既成 遷殷頑民

多士第十六

時予乃或言爾攸居

亡逸第十七

周公作亡逸

周公曰烏乎

周書 孔氏傳 十

君奭第十八

召公為保周公為師相成王

周公作君奭

君奭

惟學戒 祗若茲 往敬用治

蔡仲之命第十九 周書 孔氏傳

蔡叔既沒 王命蔡仲

作蔡仲之命 蔡仲之命

蔡叔子 囚蔡叔于郭鄰以車七乘

皆

蘇頲[illegible]一首

家破[illegible]

大漢川一百

里道程

長門怨一首

閨怨

勅授河西都僧統賜紫沙門

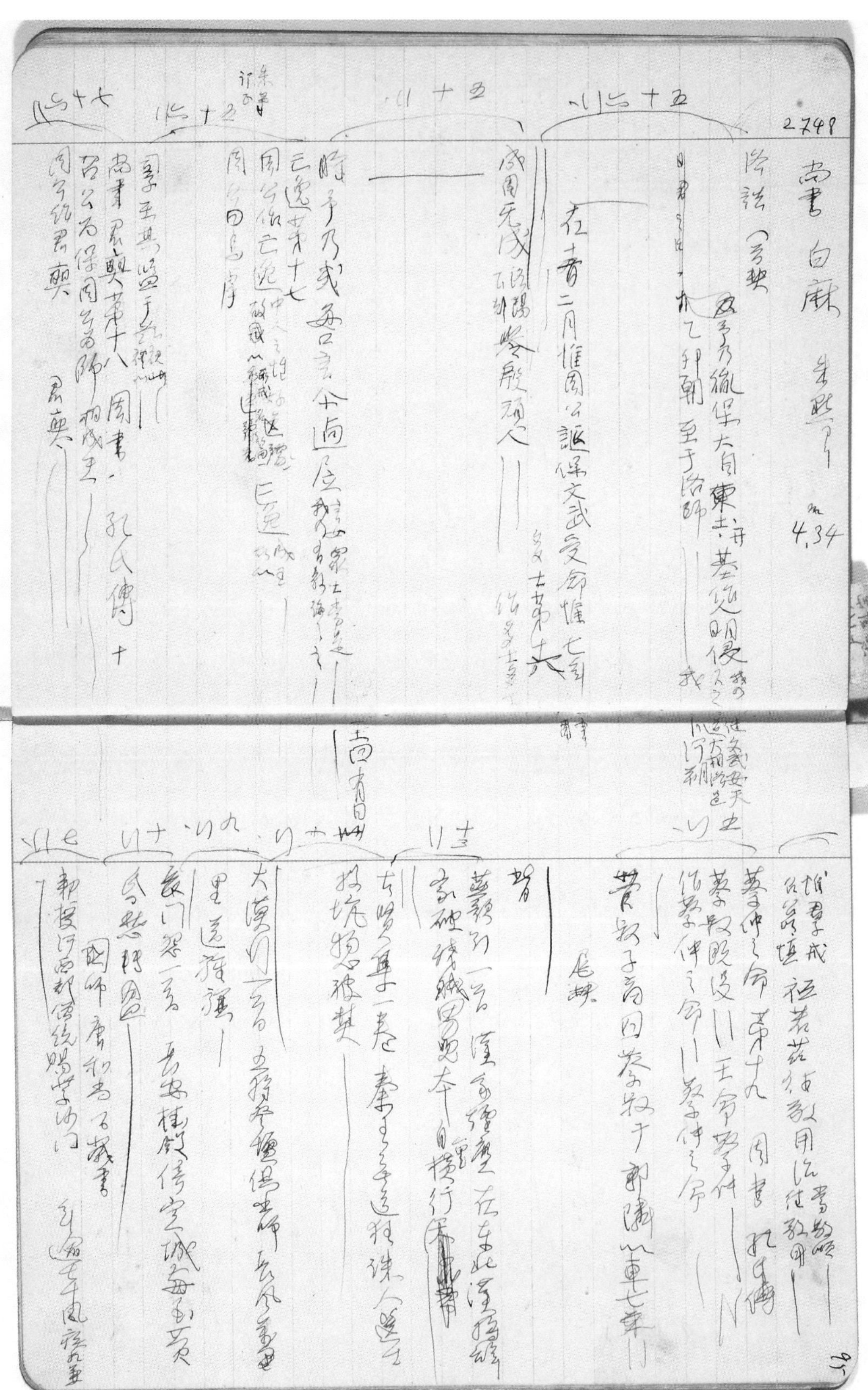

二七四八

印歡劉曼顔授[illegible]

其下為題[illegible]一寸[illegible]　多欲

以下の[illegible]　僅に[illegible]

王昭君怨諸詞人連句

[illegible]

沙州敦煌二十詠　并序　僕到三危[illegible]二紀略觀
圖錄粗覽山川古跡靈奇莫可詳究聊申短
詠以諷美名云爾

一三危山詠　二白龍堆詠　三莫高窟詠
四貳師泉詠　五渥洼池天馬詠　六陽關戍詠
七水精堂詠　八玉女泉詠　九瑟瑟詠
十李廟詠　十一貞女臺詠　十二安城祆詠
十三墨池詠　十四半壁樹詠　十五三攢草詠
十六賀拔堂詠　十七望京門詠　十八相似樹詠
十九鑿壁井詠　廿分流泉詠

錦衣篇
以下断して本文なし

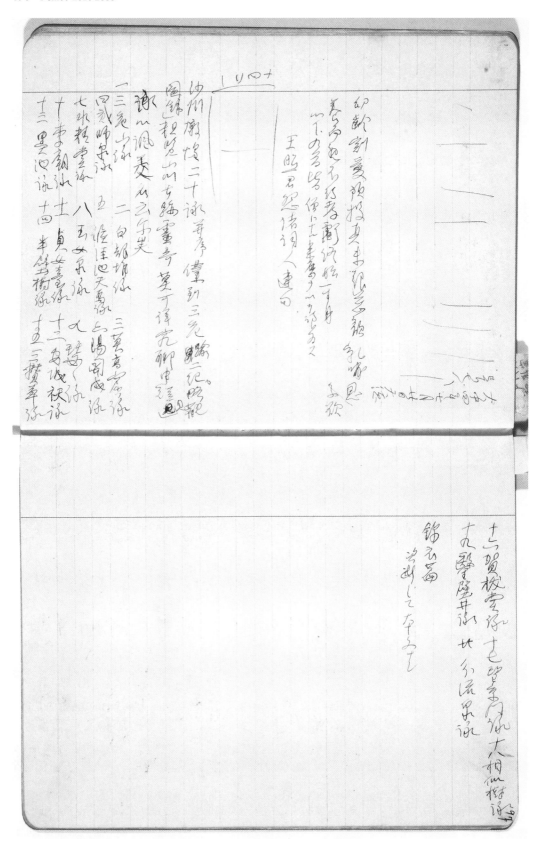

2763

澄石本内傳 引書 （敦）

表背ハリつけ跡殘見

背ハ文殘アリ

河西節度

朱同 伍碩参斗白米踏 参碩雄麦

朱同 貳碩肆斗臺賸柒合陸勺 麬

朱同 伍拾参碩玖斗肆升肆合参勺 草子

朱同 壹斤壹伯陸拾玖貫柒伯参拾文錢

朱金貫同諦 壹拾玖碩 肆斗 諸人代貝便 廳 在

壹拾柒碩肆斗麦 朱同 貳碩

朱同諦 貳碩麦 十一月廿三日 牒貸 鹽使軟勃匐強

朱同諦 捌碩肆斗麦 十一月廿日 貸鹽部落使石悉恭

朱同諦 五碩 十二月廿四日 牒貸 何庭等二人 各貳碩

朱同諦 壹碩麦 十二月一日 判貸 索俊之 貳碩粟

朱同諦 壹碩麦 十二月六日 牒貸 譯語人 明俊

朱同諦 壹碩麦 十二月廿八日 牒貸 董英朝

朱同諦 貳碩麦 十二月廿日 牒 張齊榮 便

牒件状如前謹牒

朱同 伍碩参斗白米踏 参碩雄麦

同 貳碩肆斗臺賸柒合陸勺 麬

同 肆拾参碩玖斗肆升肆合参勺 草子

同 壹斤壹伯陸拾玖貫柒伯参拾文錢

右奉使牒 前件給用文帳 事須勘清 差官勾

覆 牒奉者 使判差 白判官勾 者准判 牒 田

者 辰年九月四日已後 至十二月卅日 應給用斛 斛斗

勘造 就具錄 申勾覆 所者 謹錄状上

此二字ウスズミにて

巳年七月 日 典趙瓊璋 牒

僉 智氾庭之 此ウスズミ

僉 曹楊恒讓

猶二通文殘斷簡アリ 不見

99

2777
道場疏 草本 未完 一紙

2797
相書（殘）
為訣 中斷 未完
前段六十二行
後段五十七行
1.95 m
背 唐書抄 六十一 未完 九十八行

2803
沙州文牒集 8.61 m

1 戶籍
2 燉煌郡牒 上
今載應納糧之案
天寶九載條
3 郡倉牒（同年）
4 郡倉牒（同年）
5 郡倉牒（同年）
6 同（同）
7 同（同）
8 同（同）
9 同（同）
10 同（同）
11 同（同）
12 同 斷爛（同）
13 同（同）
14 同（同）

15 〃 (日)
16 〃 (日)
17 〃 (紀日亡)

峪

2812

于闐寺社
繪淨劉疏　(歎)(達)　擬呈

嚴今青春告謝。集妥都分。擇異類之珍財。召丹
青之巧匠。繪如來之鋪席。量菩薩之真儀。
渴仰慶恭。傾心懇切者。為祈施主時所在
于闐寺相。先奉為龍天八部。護國大地之慈主。
梵釋四王。衛要天下安樂。西域頭天子。法寶位
而延輝。東府大王。並乾坤之寵祿。先亡後過。
速詣蓮宮。見在枝羅、返本歸已。形清吉得
過靈而護持。患疾痊除。静四支而充頓。一行
長幼。途路泰儀。奉而無恙。而國通風。年善早
臨於業棒。之福會違伏。惟我寺相咳德云々
明以信珠頂捧。心鏡恒明。受名良云。廣施財寶。
遵傳丹青異曜。万菩薩親降而現形。崇慶
而輝。十方仏並臨而赴會。是時也。花叢發。方

物滋榮。馬畜林間。寺為公就。想斯祭善。
蓮限馭獨

2807

法儀文範類
首題
天王文
菩薩讚歎文
行城文
菩薩文
七月十五日盂蘭設齋文

來。瑜伽論出十七地了義　各十支義

背　四表　又佛名

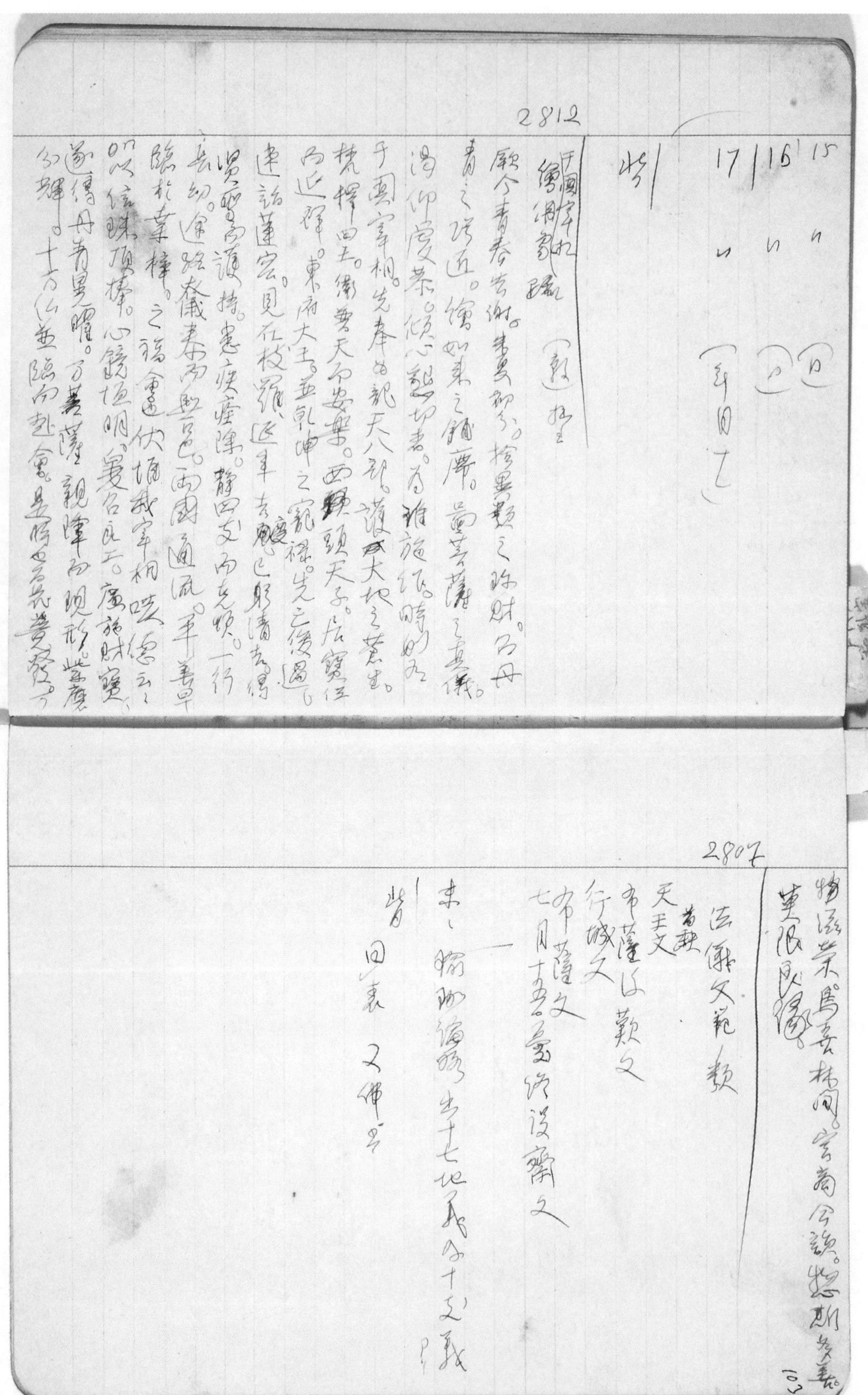

2821

報恩寺主 延會狀
右合從丁丑年正月一日如後至庚辰年正月一日如
前中 （以上一行）
間三年所執掌常住什物諸渠廚田麥粟黃
麻豆油麵（以上一行）（麥以下朱書）
等總貳伯壹拾碩肆斗捌升伍合
壹伯壹拾陸碩玖斗一麥（朱書）
叁 拾 玖 碩 粟

以下十四行

背：

延會掌寺主 トアリ.

105

2822

表

沙州 燉煌縣 平康郷 先天二年籍

合應受田壹頃壹畝

叁拾陸畝已受　二十畝永業　一十六畝口分

六十五畝未受

一段貳畝永業
段陸畝永業
一段肆畝永業
一段貳畝永業
一段伍畝永業
一段陸畝永業
一段肆畝口分
一段貳畝口分
段肆畝口分

城北七里八尺渠	東渠	西渠	南渠	北張智詮
城北七里八尺渠	東畠	西坑	南渠	北君衡
城北七里八尺渠	東畠	西張行開	南舍	北張君護
城北七里八尺渠	東渠	西張慶	南舍	北張表
城北七里八尺渠	東万福	西渠	南懷靖	北万福
城北七里八尺渠	東渠	西張玄福	南畠	北畠
城北七里八尺渠	東渠	西渠	南張夜叉	北懷靖
城北七里八尺渠	東渠	西岸	南懷靖	北懷靖
城北七里八尺渠	東懷靖	西宮郎	南道	北万福
城北四里八尺渠	東渠	西渠	南渠	北畠

大暦

燉煌 西千表

41 cm

107

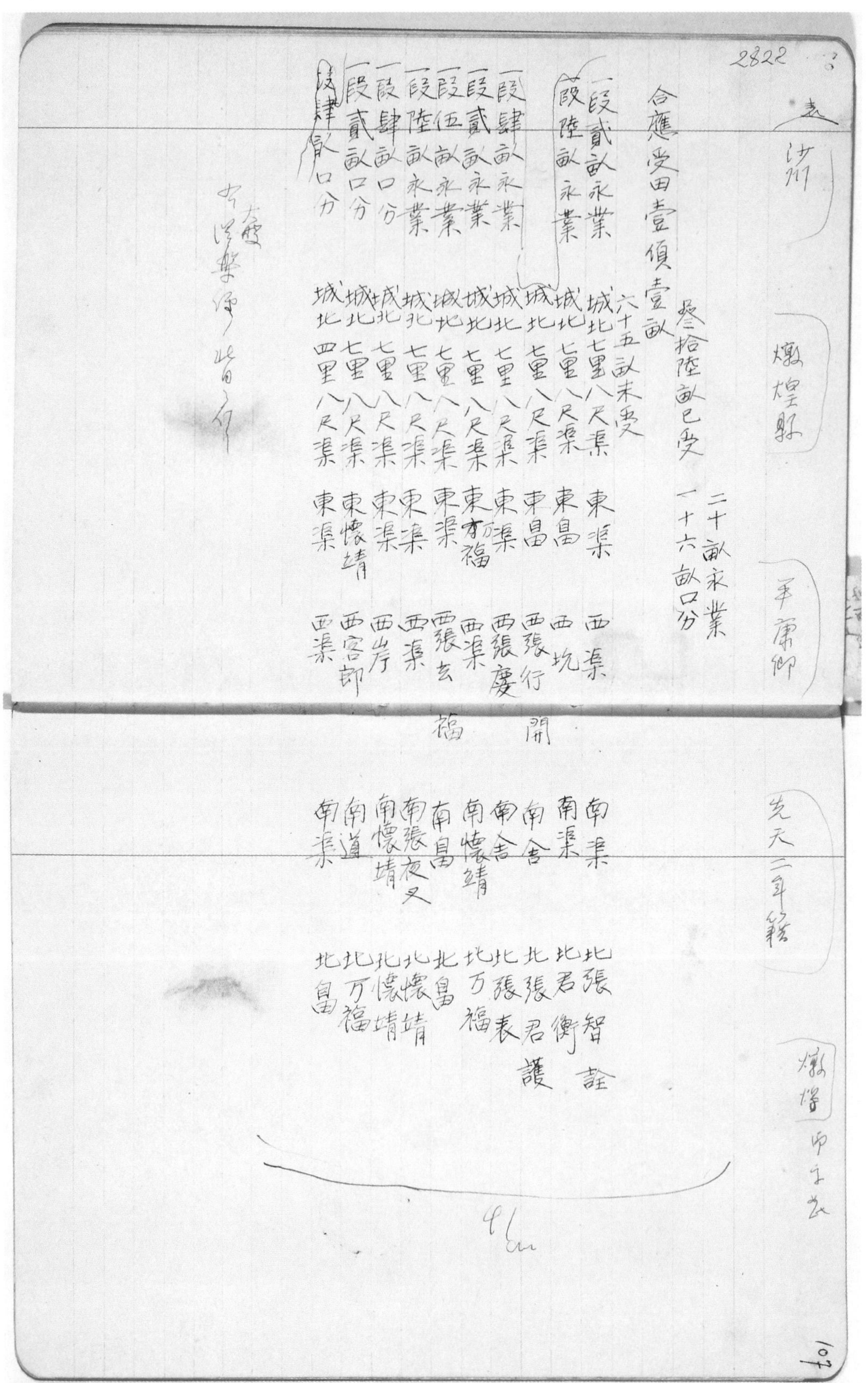

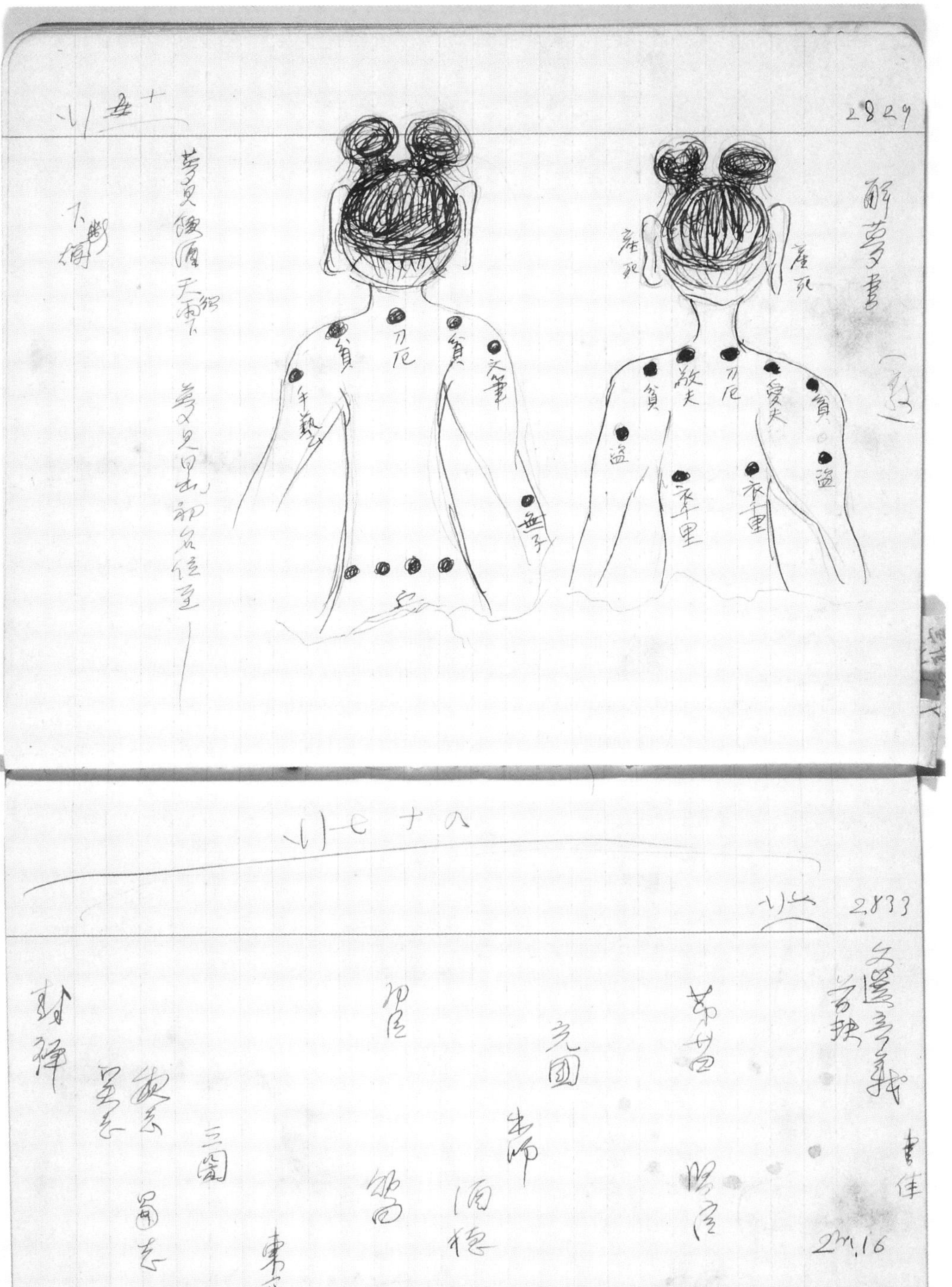
2829
解夢書
產死
產死
貧
刀厄
文筆
盜
2833
書儀

二

~~216~~

美術

典刊

芸傳

第芸

要紀

概論

三

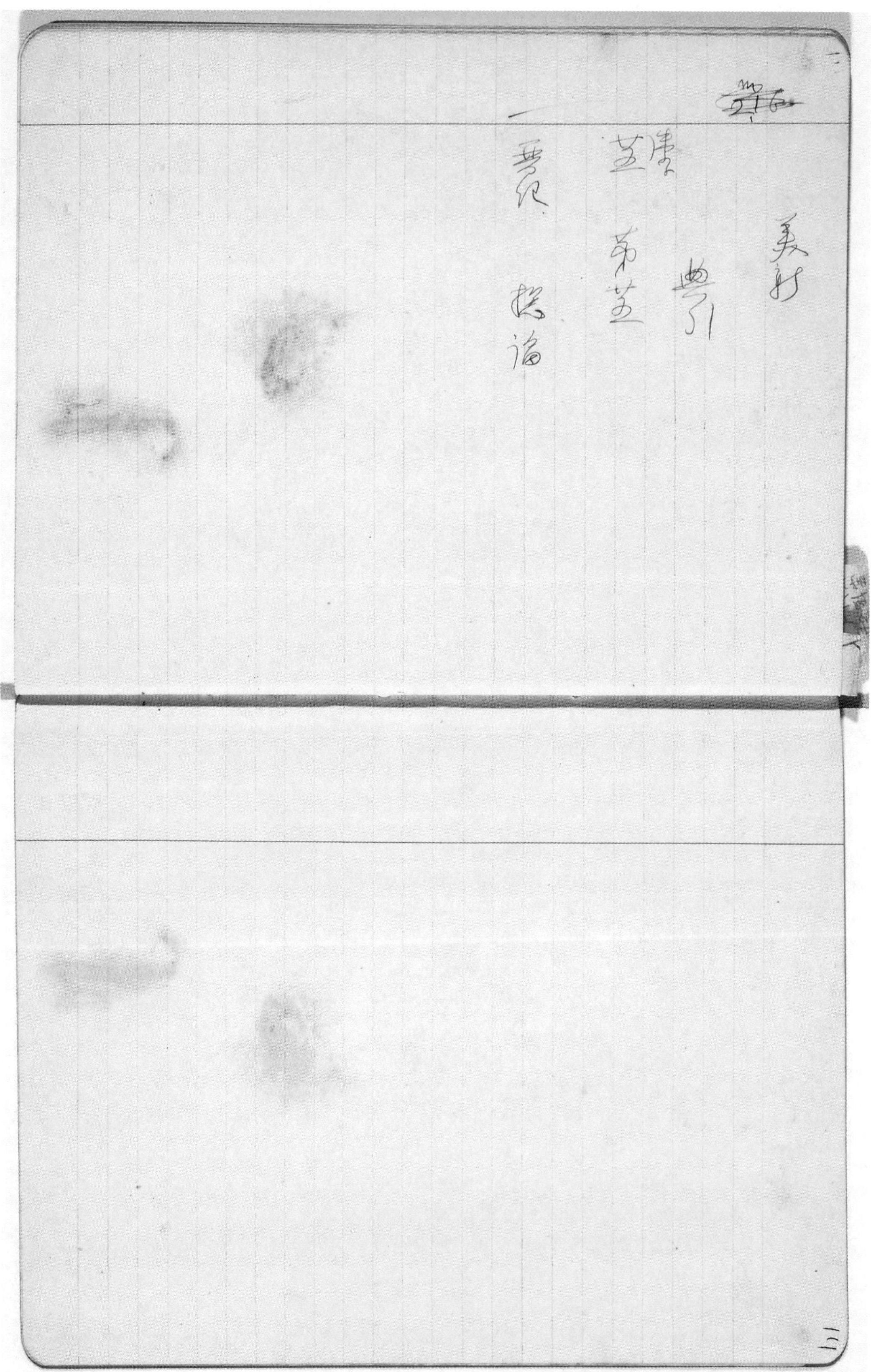

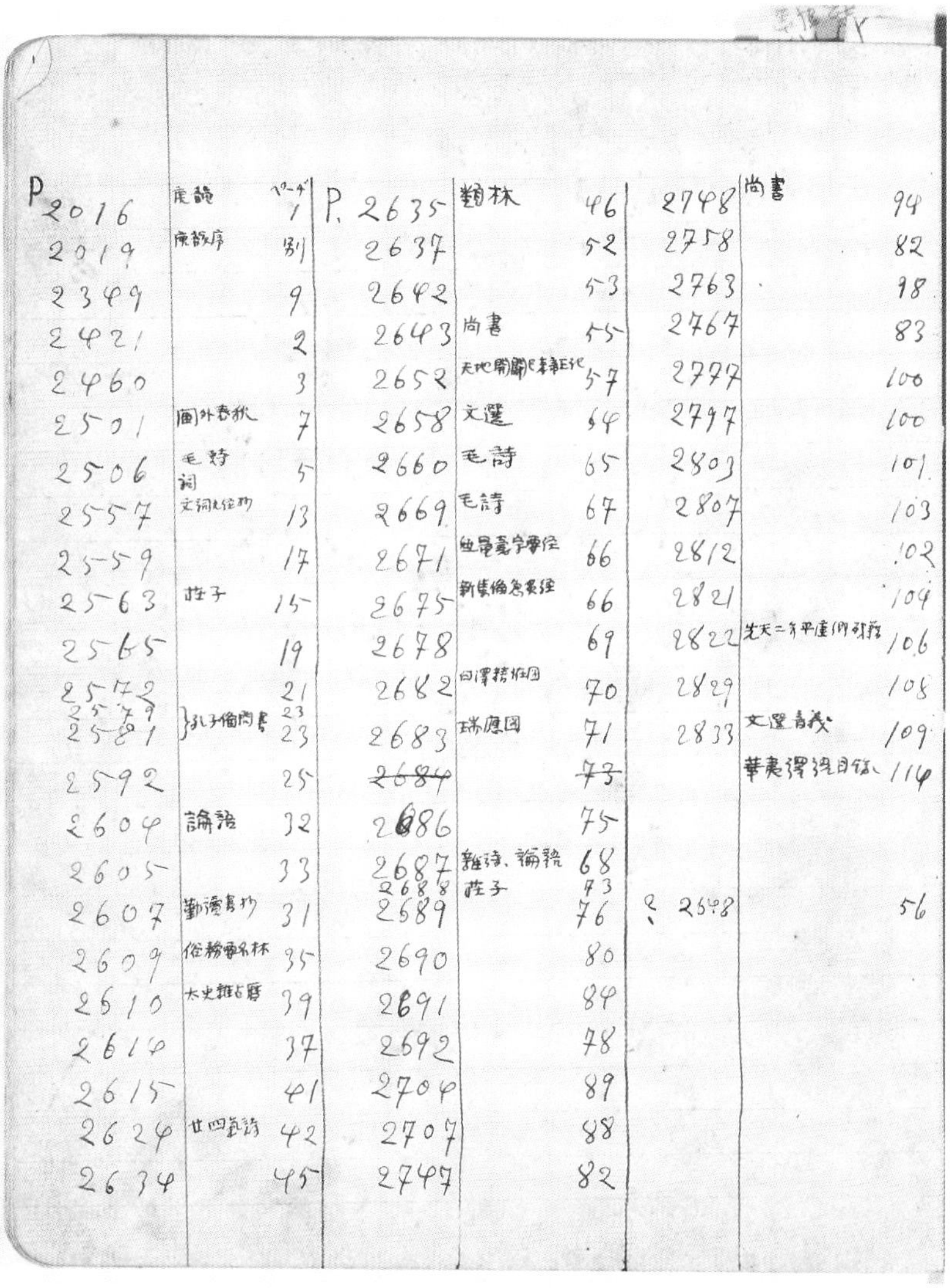

P 2016	廣韻	ページ 1	P. 2635	類林	46	2748	尚書	94
2019	廣韻序	別	2637		52	2758		82
2349		9	2642		53	2763		98
2421		2	2643	尚書	55	2767		83
2460		3	2652	天地開闢已来帝王紀	57	2777		100
2501	閫外春秋	7	2658	文選	64	2797		100
2506	毛詩詁	5	2660	毛詩	65	2803		101
2557	文詞九経抄	13	2669	毛詩	67	2807		103
2559		17	2671	無量壽宗要経	66	2812		102
2563	莊子	15	2675	新集備急灸経	66	2821		104
2565		19	2678		69	2822	先天二年平康郷籍	106
2572	孔子備問書	21	2682	白澤精怪図	70	2829		108
2579		23						
2581		23	2683	瑞應図	71	2833	文選音義	109
2592		25	~~2684~~		~~73~~		華夷譯語目録	114
2604	論語	32	2686		75			
2605		33	2687	雑詩、論語	68			
			2688	莊子	73			
2607	勤讀書抄	31	2689		76	? 2648		56
2609	俗務要名林	35	2690		80			
2610	太史雑占暦	39	2691		84			
2614		37	2692		78			
2615		41	2704		89			
2624	廿四氣詩	42	2707		88			
2634		45	2747		82			

（影印部）

40-6　Pelliot 2017-2862

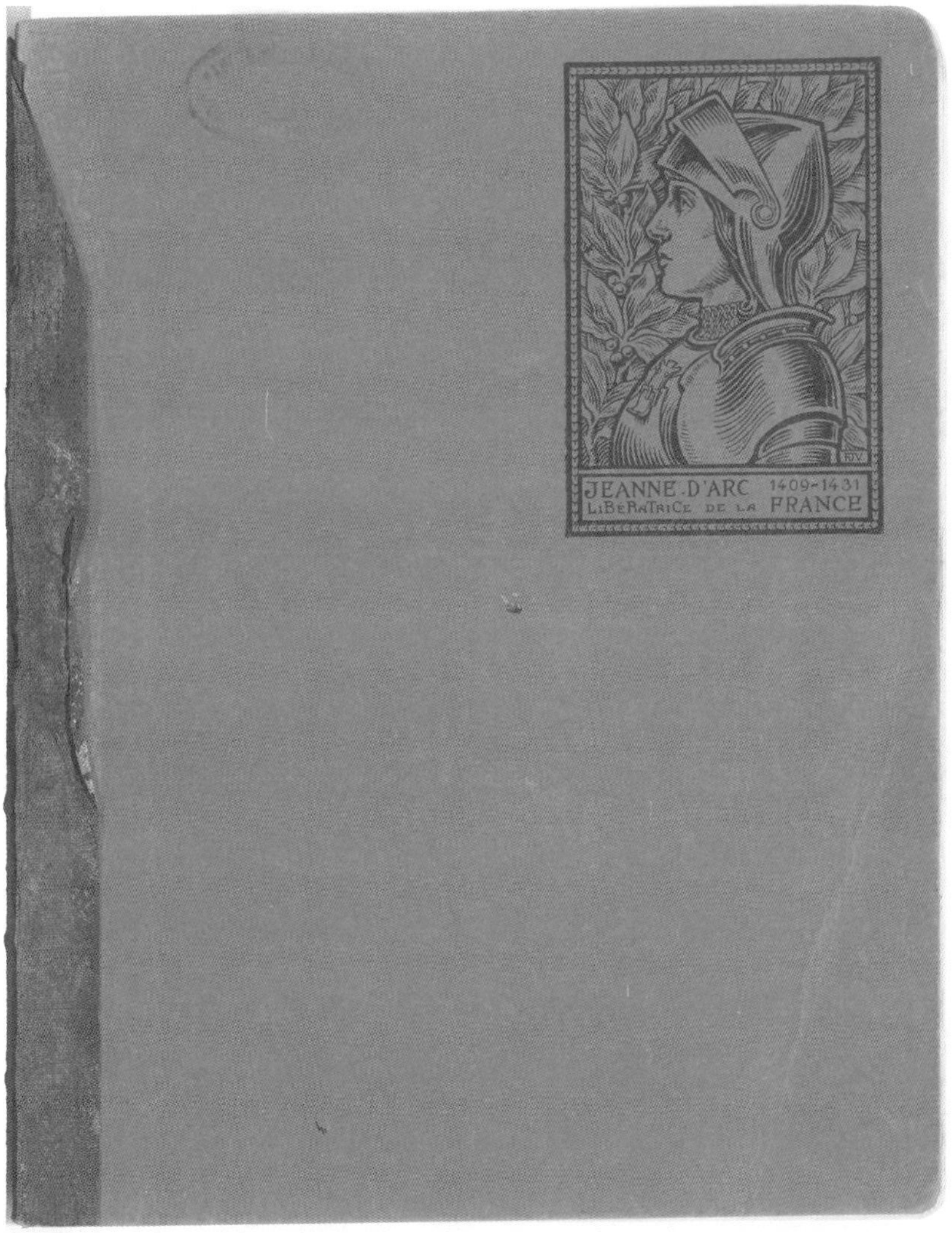

		(頁)			(頁)
2017	切韻	1	2693	七曜暦日一巻	35
2375	老子	2	2696	中和五年残書	32
2457	閲紫録儀	4	2700	秦婦吟	34
2482		12	2708	文牘断簡	38
2500	礼記	13	2709		39
2504	唐職官表	9	2711	類書	41
2509	左伝	8	2714	十二時	43
2511	諸道山河地名要略	5	2716	蒙求	42
2512	星占書	6	2717	字宝	40
2514	毛詩 鹿鳴	11	2719	西蔵文	45
2528	文選	14	2721	雑抄一巻	44
2542	王文憲集序	18	2738	教戒子女文	45
2547		15	2764	左伝断簡	43
2591	具注暦	20	2765	甲寅歳暦日	46
2625	敦煌族譜	21	2810		47
2627	史記	22	2814	牒文	48
2630	尚書	23	2826	白玉堂図	50
2641	宴設司文牒	24	2830	推人遊年八卦図	51
2645	文選	28	2832	八卦図	51
2649	書遊縣功徳疏	29	2838	文書断片	52
2653	燕子賦	27	2856	医法文書 (背)	53
2659	姓氏書	30	2862	法王本記 ?	55. 56.
2672	西域雑詩	31			

2017 切韻 白麻 初唐寫

△1 △

支章反△ 脂旨反△△ 魚語居反 虞反△△ 共為不韻 先△△△

通若賞知音即須輕重有異呂靜韻集夏侯詠韻△陽休之韻李

季節音譜杜臺卿韻略等各有乖互江東取韻与河北復殊因

論南北是非古今通塞欲更捃選精切除削疏緩顏外史

蕭國子多所決定魏著作謂法言△向来論難疑處悉盡何

為不隨口記之我輩數人定則定矣法言即燭下握筆略記

紀、文藻、即須問辯△得精華於是更以餘暇從薄宦十數

年間不遑終集今返初服私訓諸弟凡有文藻即須韻屏

居山野交遊阻絕疑惑之所質問無從亡者則生死路殊空懷可

作之歎存者則貴賤禮隔已報絕交之旨遂取諸家音韻古今書

字以前所記者定之為切韻五卷剖析毫氂分別黍累何煩泣玉

未可懸金藏之名山昔怪馬遷之言大持以蓋醬今歎揚雄之

口吃非是小子專輒乃述群賢遺意寧敢施行人世直欲不

出戶庭于時歲次辛酉大隋仁壽九年也

平韻五十四　上韻五十一　去韻五十六　入韻卅二

（外二十行アリ）

楷書字正シ　縦 .25½ m.　横 .26½ m.

一東ノ初ノミアリ

2375

孝初本ト校ス

恬惔為上故不美

樂殺人者　喪事尚右是以偏

殺人衆多以悲哀泣之

天下不敢臣　王侯若能守萬物

始制　制有　譬道在天下猶川谷与江海

強行者有志

大道汎兮　萬物恃之而生　成功不名有衣被

萬物不為主　可名於小　萬物歸之不為主　可名於大

是以聖人終不為大　故能成其大

道之出口　淡乎其無味　視之不足見　聽之不足聞　用之不可既

將欲歙之必固張之

利器　國之利器

五侯若能守之

老子道経上

老子德経下

故致數輿無輿　不欲琭琭如玉　落落如石

勤而行之

上德若谷　廣德若不足

人之所惡唯孤寡不穀

2421　2417

法物滋彰 2347 疑之

名與身孰親 身與貨孰多 得與亡孰病

清靜為天下正

聖人无心 以百姓心為心 善者吾善之 不善者吾亦善

歙之為天下[illegible]

渾其心 聖人皆孩之

物形之 勢成之

長之熟之 [illegible]覆之

終身不勤

見小曰明

使我介然

攫鳥猛獸 搏骨

是謂玄同 故不可[illegible]德說

以正治國 法物滋彰 2347 [illegible]彰

我靜民自正

春悶春悶

孰知其極 其无正

若烹小腥 故[illegible]德 交歸

治人事天 莫若嗇 2347 嗇 2347 以天 可以有國 有國之母 2347 有國之母

故或下而取

奚棄之 拱之璧 駟馬

市[illegible]尊

其脆易破

百仞之高 起於足下 2347 千里之行 始於足下

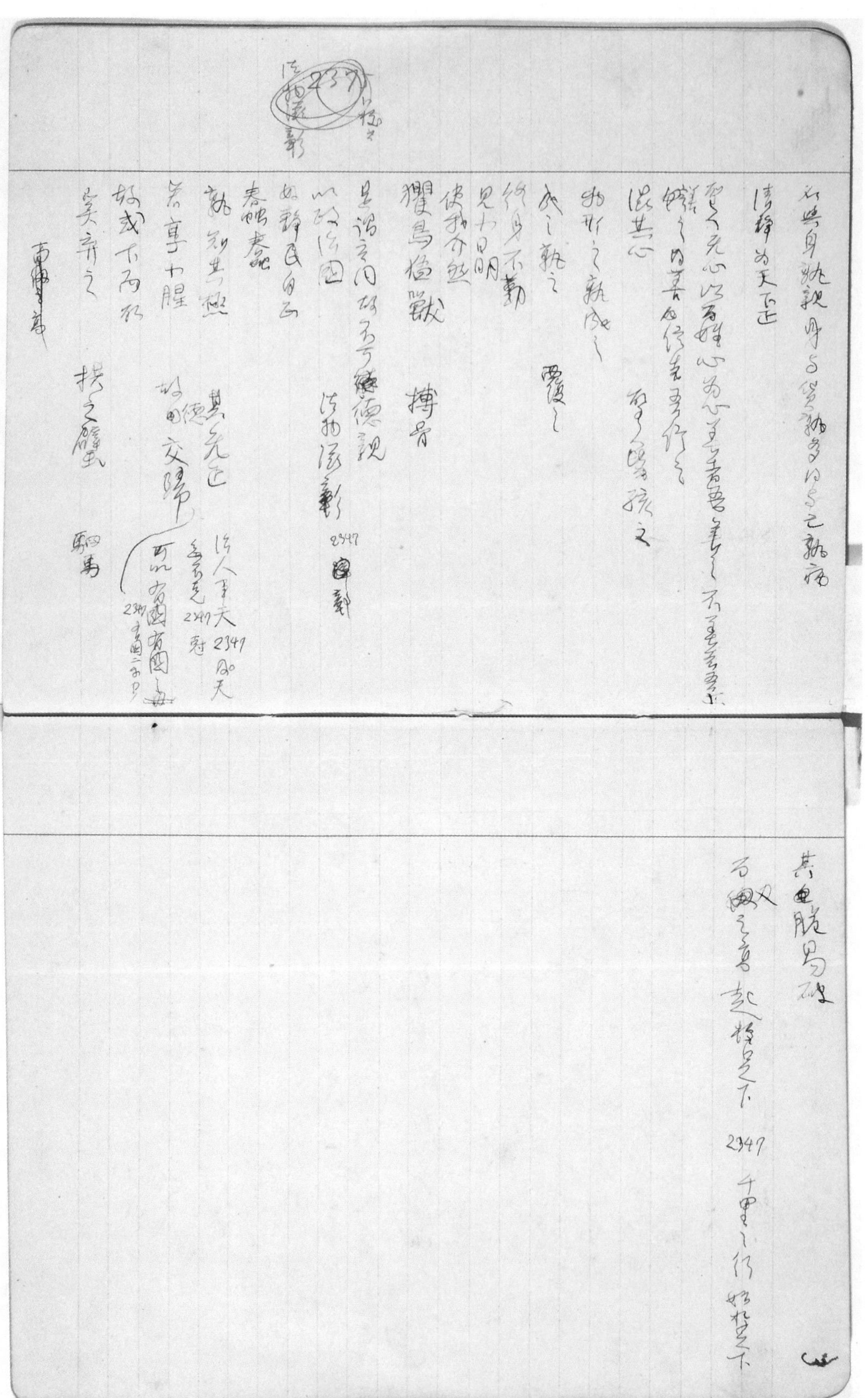

2457

書法甚佳 [illegible]

閱紫錄儀

紫宮玉臺系真 貞 度世黄神下遣使者三人出

一

二

吾所閱紫錄內所出紫宮玉臺世眞官使
者三公将軍兵士公容來左右還復我身中歸
從節繞骨附親所守存致主恚無令錯乎受紫
錄至眞度世言
一生米一斛天命恒使令也龍一身薪一来
龍者升天薪者我身得[illegible]升太清太陽也去歸
遠不絕年年致

閱紫錄儀三年一說　　以上八十九行

開元廿三年太歲乙亥九月丙辰朔十七
日丁巳於河南府大弘觀
勅隨駕修祈攘保護功德院奉為
開元神武皇帝寫一切經用斯福力保
國寧民　經生許子顒寫
修功德院法師蔡茂宗初校
京景龍觀上座李崇一再校
使京景龍觀大德丁政觀三校

此皆千字文ノ如書法甚劣

47

2511

諸道山河地名要略　（敦煌紙・中原書行　韋澳撰）

前十八行半斷

北都太原府　本府并州　去上都一千二百六十里

禹貢冀州之域　釋名云并者兼也不以

衛水為号不以常山為稱而云并者兩谷之

間也又為唐國　國之帝堯為唐侯所都也

春秋時為晉國西南距汾晉陽背也

也其為晉卿氏子　寶既及至天氏子孫盤之

所居也

事蹟

晉祠　因唐叔虞祠也　今之稱祠

臺駘墓　春秋子産曰昔金天氏有裔子曰昧為玄冥師生臺駘能業其官宣汾洮障大原帝

用嘉之封諸汾川

故立廟於此

郡望地名　太原郡

水名

人俗

山名

物產

代州　中府　鴈門郡　去上都一千六百里

雲州

朔州

嵐州

蔚州

隰州

諸道山河地名要略第二　八月七　戊辰記

並一百八十七行　全

羅氏景本收在鳴沙石室佚書中

2512

星占書　（敦煌紙）

東一名　災五行斷爛

天市廿二星　周繞廿星　天倉二星在南一星北在熒惑守

天倉太細　熒惑入市米貴　太白及五星入天市有兵

其赤氣入天市變　北南升畫　六星天開也又有宮室

（以下廿八宿）

氐三家星住　今去黑黄星有二百三家八十三宿一千四百六十　右石氏甘氏巫咸

四星去星及廿宿一百廿一座　星有八百九星　黑星七十六

並二百八十一星　黄星　黑星一百卅四星　（以上一百廿三行）

角二星十二度　距左角星　去極九十一度半　鄭之分

亢四星九度　鄭之分

氐　宋之分

房　宋之分

心　宋之分

尾　燕之分

箕　燕之分

右東方青龍七宿卅二星七十五度

南斗六星　去極一百十六度　吳之分

牽牛

須女　越之分

虛　齊之分

危　衛之分

營室

東壁

右北方玄武七宿廿五星九十八度四分之一

奎十六星　去極　魯之分

婁

胃　趙之分

昴

畢

觜　晉之分

參　晉魏之分

右西方白虎七宿五十一星八十度

東井八星　去極　秦之分

輿鬼　秦之分

柳　周之分

七星

張六星

翼　楚之分

軫

右南方朱鳥七宿六十四星一百十二度　今廿八宿

天一百六十五度四分度之一　計一度有二千九

百七十五步三尺六寸四分　太半　總有一百七万

一千五百五十里四尺六寸六分之一　以上三行

自天皇以來至武德四年二百七十六万一千一百八歲

攝提六星夾大角　大角一星攝提間　梗河三星大角

北　招搖一星梗河北

右石氏中官六十四坐二百七十星赤　以上十六行

庫樓十星

右石氏外官三十坐凡二百五十七星　合廿八宿及中外官一百廿一坐八百九星赤　以上九行

天皇大帝一星鉤陳口　四輔四星抱北極樞　華蓋星杠九星凡十六星大帝上

青丘七星在軫東南

右甘氏中官七十六座二百八十一星咸黒　以上廿行

右甘氏外官卌二坐二百卅星全中外一百一十八坐五百一十一星黒　以上十二行

天尊一星中央北　三公

右巫咸中外官卅三坐一百卅四星黄　以上十三行

今石甘巫咸三家星總有二百八十三坐一千四百六十四星

周天三百六十五度四分度之一　一度二千九百卅二里七十一

一步二尺七寸四分　一千四百六十六分里之一千八十六

周天合一百七万一千里　玄偽詩　以上三行

角亢氐三宿行位東西　以上五千八行

青赤青長一丈餘正之

如于帝日月之旁

皆為青

玦　青赤仙皆而十四

以前渾撫揆書天陰始二百五十六坐一千三百八十一星之坐之數具如前注　以上卅行

羅氏印本在鳴沙石室佚書中　二百一行

2509

左傳

僖廿八年傳　白麻　書不佳

經傳小字　欄外存

行十九字

三百四十行

買戊衛不卒戍刺之||

傳廿八年春晉侯將伐曹假道于衛||衛人不許

以上每行未斷

寀

盖需諦於廟　八字　第

春秋經傳集解　僖下第七

（以上全）

九 6.28

羅氏景本收在鳴沙石室古籍叢殘中

8

2504

唐鄉官表

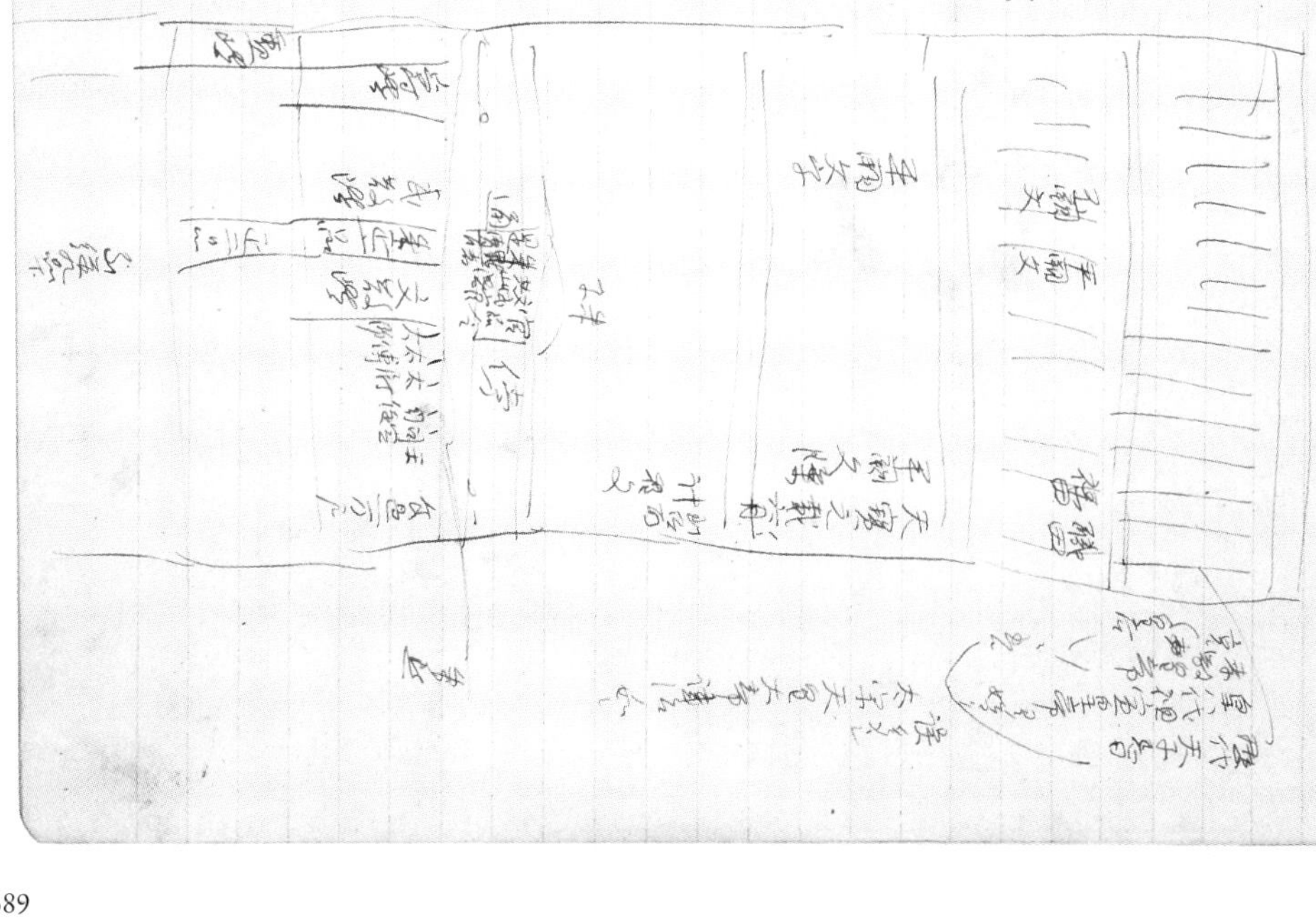

9

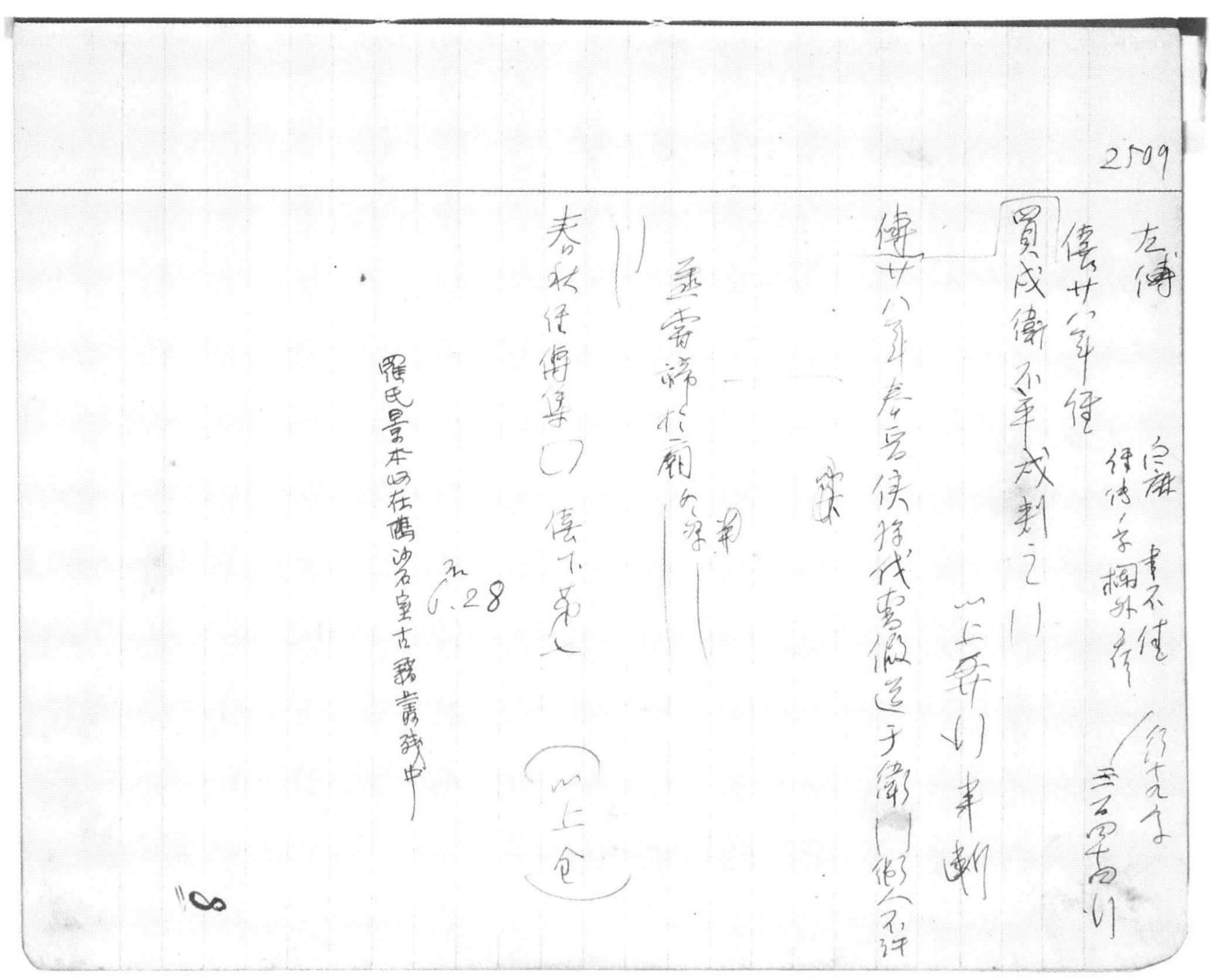

上平式、空之書方如一

平闕式

宗廟　社稷　陵号

乘輿　詔書　昭詔

天恩　勅旨　聖化

朝命　中宮　初車駕

右已上字並須平闕文

不闕式

宗廟中　陵中　行陵

陵中樹木　待制　車中駕

皇太子　舍人

陵廟名為官總不闕

新平闕式

中書門下　牒禮部

大道　至道　玄道　道本

道源　道宗　昊天　旻天

蒼天　上天　皇天　穹蒼

上帝　五方帝　九天　天神

乾道　乾象　乾符　地祇

后土　皇地　坤道　坤德

坤珍　坤靈　坤儀

牒奉

勅以前語涉重宜令平闕其餘

汎說議賴者並皆闕文諸字

雖同非涉尊敬者不須懸闕

如或不可永無隱忌牒至准

勅故牒

天寶元載六月十二日牒

舊平闕式

天帝　皇祖　皇祖妣　大帝

先后　皇帝　天子　陛下

至尊　太皇　太后　皇太后

皇后　皇太子　廟号　皇祧

皇考

右已上字並須依平闕

汎論古典不在此限

裝束式

勅今年新授官過謝後計程不到任所者宜

解所職仍永為恒式

假寧令　開元廿八年三月九日

諸外官授訖給假裝束其千里内者廿日二千里内者卅

十日三千里内者六十日四千里内者七十日過四千里者八

十日並除程其假内欲赴任者聽之若有事須早遣

者不用此令若京官身先在外者裝束假減外官

10

之半。元日冬至並給七日 節前三日、節後三日 寒食
通清明給假四日 夏至臘各三日 節前一日 節後一日
正月七日十五日晦日春秋二社二月八日三月三日五月
五日三伏七月七日十五日九月九日十月一日及每
月旬休假一日外官五月九月給假田假授衣
假分為兩番各十五日

公式令
諸行程馬日七十里 步及驢日五十里 車日卅里
重船遡流河日卅里 江日卌里 餘水卅五里
空船河日卌里 江日五十里 餘水六十里
重船空船順流河日一百五十里 江日一百里
餘水七十里 其三硖砥柱之類不拘此限 若
遇風水淺不得行者即於隨近官司申牒驗
記聽折半功

文部式
諸婦人不因夫而別加邑号者子孫聽准正
三品用蔭

5.31
川三七二

2514

毛詩 鹿鳴 [illegible]紙 [illegible]書法佳
首十三行 鹿鳴篇 後人補字
鹿鳴三章——八句 以下書佳
南陔孝子相戒
毛詩卷第九
校記 朱子
羅氏景本收在鳴沙石室古籍叢殘中

二

一〇

3.80

2482

唐故河西歸義軍節度内親從都頭守常樂縣令銀青
光祿大夫檢校國子祭酒兼御史大夫上柱國陰府君墓誌銘并序

本文廿一行

西故河西應管内外諸司馬步軍都指揮使銀青光祿大夫
檢校工部尚書兼御史大夫上柱國[illegible]府君邈真讃并序
楊繼恩撰
節度内親從都頭知當府諸司都勾押孔目官兼御史中丞

本文卅一行

西故河西應管内外諸司馬步軍都指揮使銀
青光祿大夫檢校工部尚書兼御史大夫上柱國
[illegible]府君墓誌銘并序

本文廿行

西故歸義軍節度使左班首都頭知節院軍使
銀青光祿大夫檢校左散騎常侍兼御史大夫
上柱國太原閻府君邈真讃并序
節度押衙知諸司都勾押孔目官兼御史中丞
楊繼恩述

本文十五行

西故歸義軍應管内衙前都押衙銀青光祿大夫檢
校左散騎常侍兼御史大夫上柱國南陽張府君
邈真讃并序

本文廿五行 樣三行

西故歸義軍節度内親從都頭兼左廂[illegible]軍
郡知兵馬使銀青光祿大夫檢校國子祭酒
兼御史大夫上柱國濟北氾府君邈真讃并序

圖

本文十七

此は [illegible]

2500

(行一廿十九 字?)

禮記檀弓　鄭注　中唐書体　2.32

然束　蔡袂不欲見人口

左奉食右執飲曰嗟來食

點數 ◎

13

禮記第三卷廿六張 (室一乙) (室乙)

開元十年九月廿三日閲[illegible]心

開元十二年三月五日閲[illegible]心

羅氏景本収在鳴沙石室秘佚叢殘中　闕末尾年記両條

18

252[illegible]

三百字行

文選李善注　萬[illegible]　行書　7.82

マ一朱筆標點り

張平子西京賦

井幹疊而百增　臣善曰漢書　又曰武帝作井幹

於浮柱結重欒以相承　跱猶置也三輔　置浮柱之上[illegible]上也

累層構而遂隮望北辰而高興

14

文選卷第二

永隆二年二月十九日弘濟寺寫

朱書　堪了

14

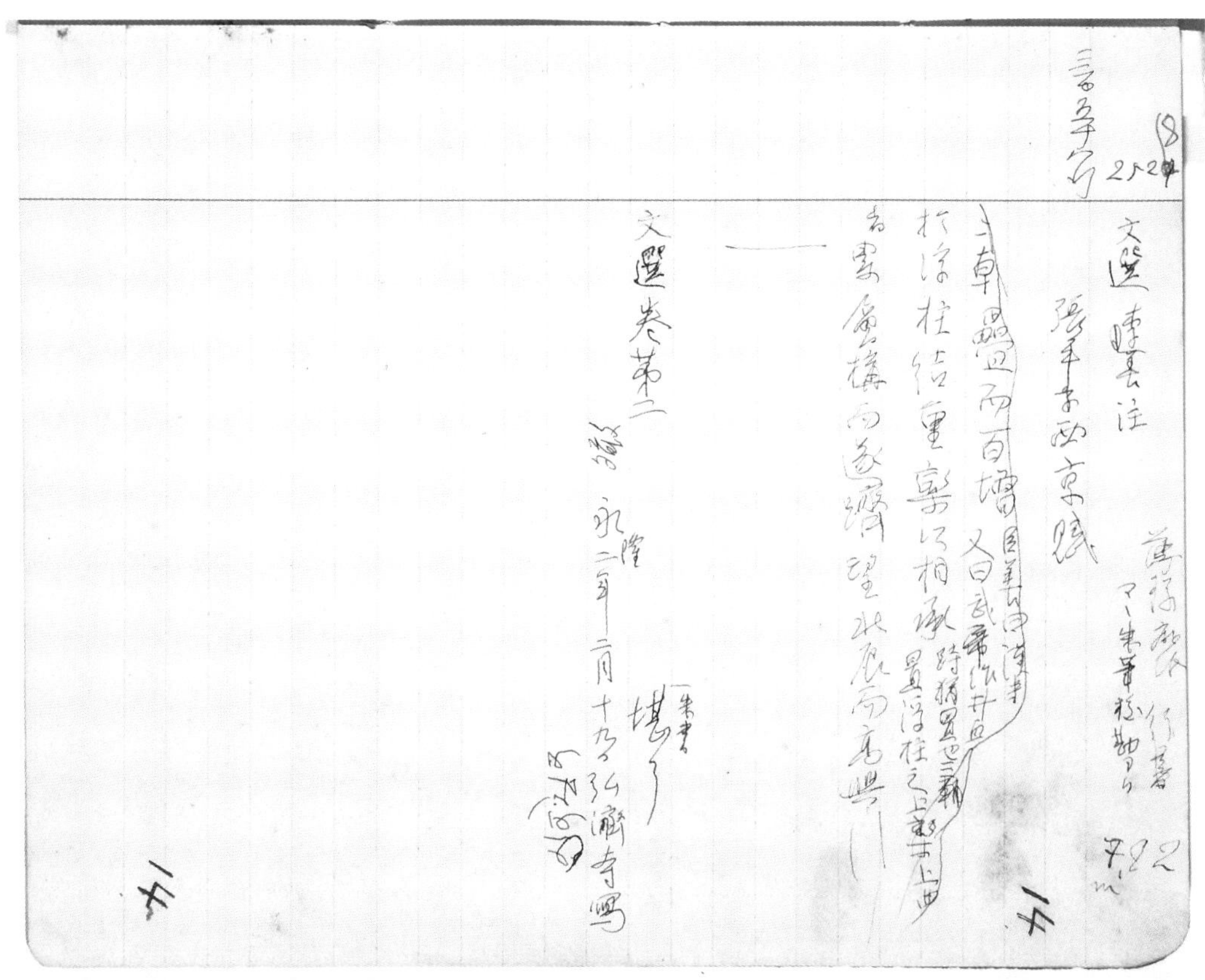

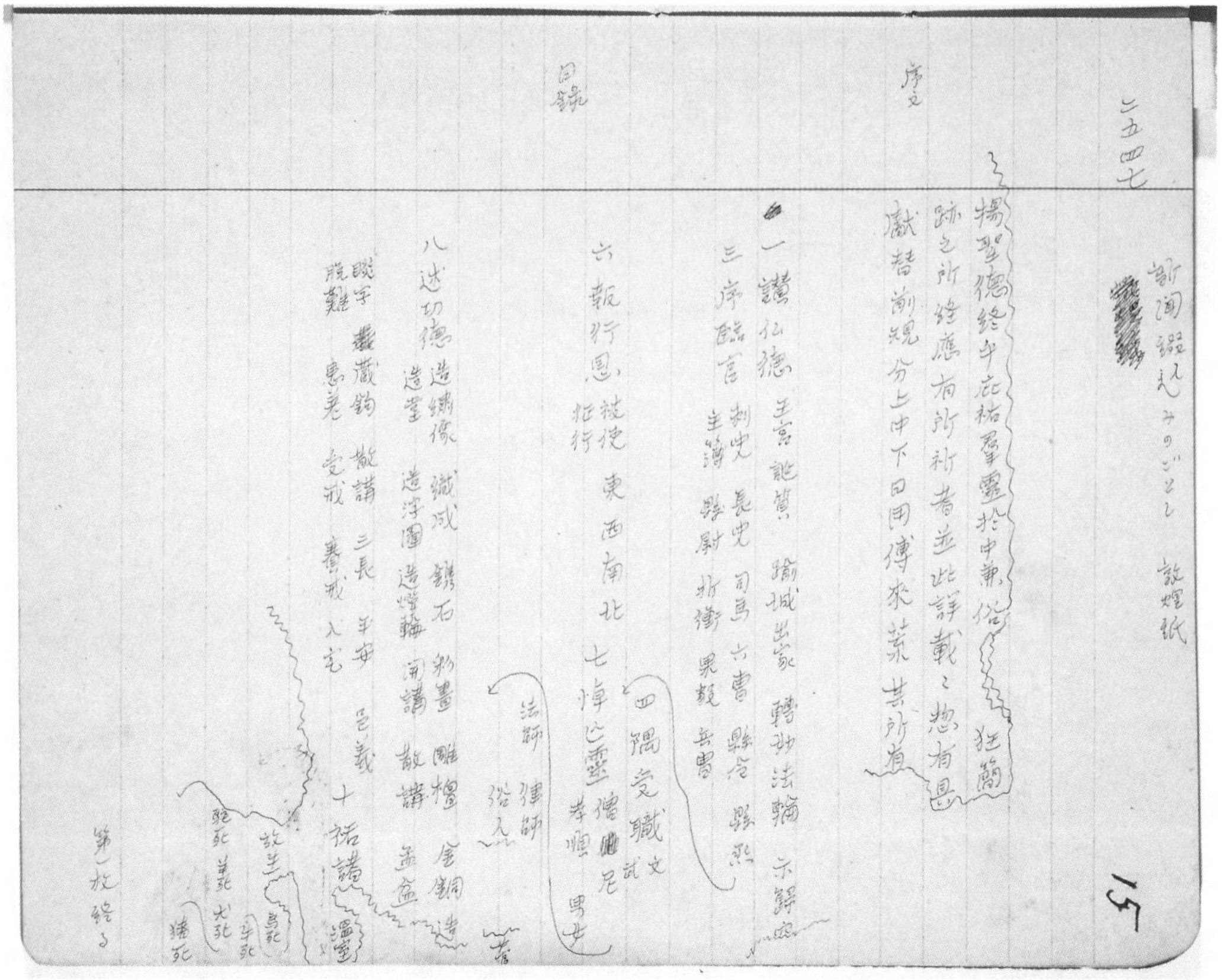

二五四七

新聞綴え みのごとし 敦煌紙

序文

揚聖德終年庇祐羣靈於中兼俗 狂簡
跡之所經應有所祈者並此詳載之想有恩
獻替前規分上中下日用傳來業其所有

目錄

一讃仏德 王宮誕質 踰城出家 轉妙法輪 示歸寂
三序臨官 刺史 長史 司馬 六曹 縣令 縣丞
主簿 縣尉 折衝 果毅 兵曹
四隅受職 文 武
六報行恩 被使 東西南北
征行
七悼亡靈 僧 尼 孝順 男女
法師 律師 俗人
八述功德 造繡像 織成 鐫石 彩畫 雕檀 金銅 造
造堂 造浮圖 造燈輪 開講 散講 盂盆
藏鈎 散講 三長 平安 邑義 十 藉講 溫室
脫難 患差 受戒 養戒 入宅
放生 鳥死 羊死 犬死 牛死 豬死

第一枚終る

15

第二枚 （小断序） 第三枚 歎仏文 刺史
第四枚 六司 縣令 第五枚 縣丞
六枚 羅仕 出聴訟官 得書手
七枚 八枚 藩主（九枚 十枚 十一枚）十二枚 社邑
課邑 十三枚 藏鈎 獻果蝗食苗 疫病 三長月
正月 元日 十四枚 五月 九日 諸齋月 二月八日
十五枚 皇后 皇太子 妃 生 十六枚 刺史 長史司馬
判司等 縣令 縣丞尉主簿（十七枚）十八枚 往適燒
十九枚 兄弟 適田 廿枚 弟 官 妻亡 廿一枚
僧尼亡 廿二枚 尼律師 僧尼弟子亡（廿三枚 廿四枚
廿五枚）
（終）

16

17

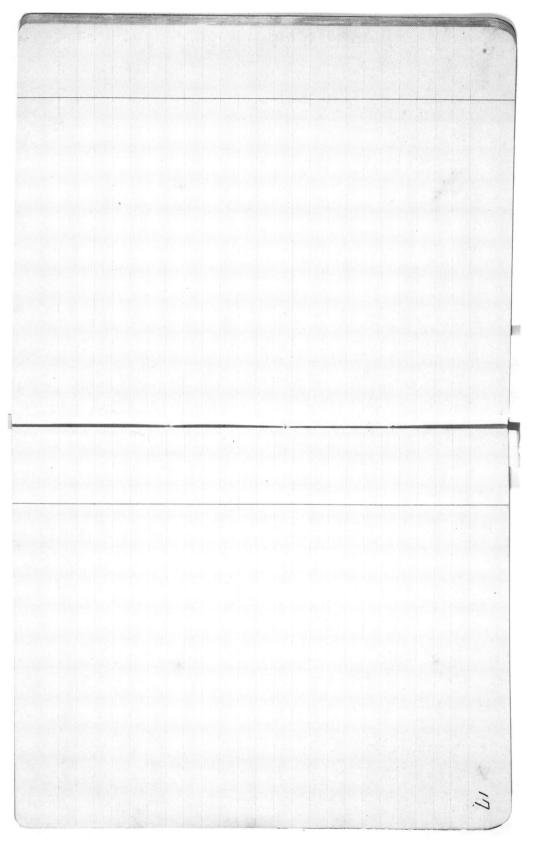

3778
（2543
連接）
2542
11
163

王文憲集序

羅氏景本在鳴沙石室古籍叢殘中　18

階而容賢候景風而式典春秋卅有八七年五
月三日薨于建康官舍皇朝軫慟儲鉉傷情
有識銜悲行路掩泣豈直舂者不相工女寢
機而已哉故以痛深衣冠悲纏教義豈非功
深砥礪道邁舟航沒世遺愛古之益友追
贈太尉侍中中書監如故給節加羽葆鼓吹增
班劒為六十人謚曰文憲禮也公在物斯厚居
身以約玩好絕於耳目布素表於造次室無姬
姜門多長者立言必雅未嘗顯其所長持論
從容未嘗言人所短弘長風流許與氣類雖單
門後進必加善誘勗以丹霄之價弘以青冥之期
公銓品人倫各盡其用居厚不矜其多處薄
不怨其少窮涯而反盈量知歸皇朝以治定
制禮功成改樂思我民譽緝熙帝圖雖張曹
爭論於漢朝荀摯競爽於晉世無以仰模淵
旨取則後昆每荒服請罪遠夷慕義宣威授
指寔寄宏略理積則神上忤往事感則悅
情斯來無是己之心事隔於容諂罕愛憎之情
理絕於毀譽造理常若可干臨事每不可奪
侯物弘量不以容非攻乎異端歸之
之旨沉鬱澹雅之思離堅合異之談莫不總
制清衷遞為心極斯固通人之所苞非虛明
之絕境不可窮者其唯神用者乎自成洛下

守憲章中轂賀生達禮之宗蔡子公儒林之
亞闕與未補大備茲日雖若齒危髮秀之老
含經味道之生莫不北面人宗自同資敬性託
夷遠不屑塵雜自非可以弘獎風流增益標勝
未嘗留心昔歲而孤絕人司空簡穆公早所器
異年始志學家門禮訓皆折衷於公孝友
之性豈伊橋梓夷雅之體無待韋弦汝郁之
幼挺淳至黃琬之早標聰察曾何足尚年六
歲襲封豫寧侯拜日家人以公尚幼弗之先
告既襲桂組對揚王命因便感咽若不自勝
初宋明帝居藩與公母武康公主素不協及即
位有詔毀蔡舊塋投棄棺柩公以死固請誓
不遵奉表啓酸切義感人神太宗聞而悲之
遂無以奪也初拜秘書郎遷太子舍人以選尚
公主拜駙馬都尉九徽初遷秘書丞於是採
公曾之中經刊弘度之四部依劉歆七略撰七
志蓋嘗賦詩云稷契匡虞夏伊呂翼商周自
是始有應務之跡生民屬心矣時司徒袁粲
有高世之度脫落風塵見公弱齡便望風
推服歎曰衣冠禮樂盡在是矣時粲位亞台
司公年始弱冠李勢不侔公與之抗禮因贈
粲詩要以歲暮之期中以足之誠粲答詩云
老夫亦何寄之子照清襟服闋拜司徒右長

史出為義興太守風化之美奏課為最還除
給事黃門侍郎旬日遷尚書吏部郎參選旨
毛玠之清公李重之識會兼之者公也俄遷侍
中以懲侯始終之職固辭不拜補太尉右長史
時聖武定策登基土命寤寐風雲寔資人傑
是以宸居膺列宿之表圖緯著王佐之符俄
遷左長史臨臺建以公為尚書右僕射領吏
部時年廿八宋末艱虞四王流季禮樂舊宗
繁傾恒軌自朝廷國紀典章粹備物奏議符
第文辭表記素定所不蓄前古所未行皆
取定俄頃神無滯用太祖受命以佐命之功封
南昌縣開國公食邑二千戶建元三年遷尚書
左僕射領選如故自營郎分司虛欽冀掌與
望所歸允集茲日尋表解選詔加侍中又授
太子詹事侍中僕射如故固辭侍中改授散
騎常侍餘如故太祖崩遺詔以公為侍中尚
書令鎮軍將軍永明元年進號衛將軍李
以本官領丹楊尹六輔殊風五方異俗公不謀
聲訓四褫夏移情故能使解劍拜仇歸田息
訟前郡尹溫太真劉真長或功銘鼎彝或德
標素尚以味風雲千載無爽親加肅次十表稱
孤遺遠協神期用乾在祀時屬移仙薨以
撫養之恩特詔恒蓁表求解職有詔不許

國學初興華夷慕義經師人表允茲望實
復以本官領國子祭酒三年解丹楊尹領太子
少傅餘悉如故留服猶駒前良則朝轍高學
子後事宗貫太子亦於人資仰同人軌師友
之義穆若金蘭又領本州大中正頃之解職以本
以本官開府儀同三司餘悉如故讓老愈遠大
典中六年又申前命七年固辭選仕帝所重
遣詔加中書監猶參掌選事長嘯遐寄東之
恨公曾鳳池之失大命鍾之重有自來矣以
勤知之性協易失之情必使無訟事深弘誘公
提衡惟允　紀丁茲揆　奇世與後繼絕舉側

19

長慶暦

四月廿五缺

五月

小建 庚子

一日癸酉金定

六月

大建

辛未

一日壬寅金成

敦煌族譜

長一米六五

黄麻紙

(不明)氏 (前缺)

十三行

陰氏

二十五行

索氏

廿四行

(後缺)

功徳疏

無憂樂土無仏化人倫四序因而靡褰八節轉三合

律 [illegible]て初まる 七中皇帝 の四字 三箇

所ニ見ゆ。

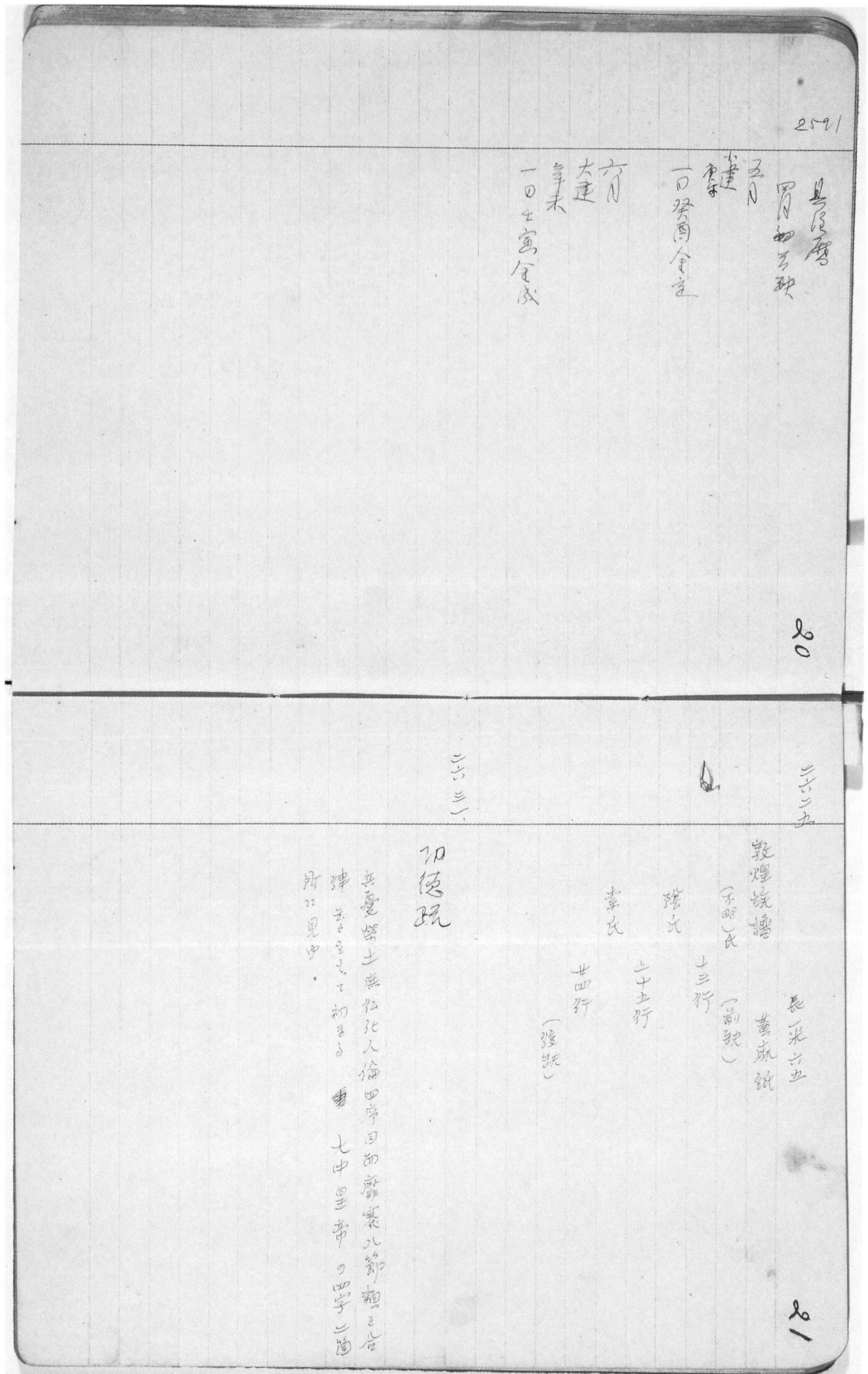

一百廿六、

2627

史記

蔡世家 四之 28 五 4.80 至釐 敦煌書中尤一

也蔡侯怒嫁其弟

遂虜繆侯南至楚

謝齊復歸蔡侯

廿九年繆侯卒子莊侯甲午立

附之世家言曹叔振鐸世家

管蔡世家 四第五

史記

四十四、

伯夷傳 分之

太史公曰余登箕山

聞西伯昌善養老盍往歸焉

以后叙君

暴易暴兮不知其

所謂天道耶非是耶

余甚惑焉

顏淵

附驥之尾

廿七、

燕召公世家 第四

曰甘棠之詩自召公以下九世至惠侯燕惠

昭王二十八年 武 為是歲 三部

夫武王十九

晉書 華書

贊曰 漢華之贊

2n:17

2636

尚書　九十九行事　民字兩帝
首缺（三方　白麻·奥有書
惟和本爾室弗睦爾
一　克勤乃事　十六大多 當和之非
尚書卷第十
武王守惟救印　以下止卷尾
.25cm
背
完存
右罫書

2641

宴設司文書四通
第三通如左

宴設司
伏以今月十七日何宰相馬群頭看馬胡并貳拾枚
鍮拾枚抽金扇畫匠叁人早上餺飥午時各胡并兩枚供
兩日食斷十八日支胡子母身故助葬麨壹碩油叁升
支常樂龍家油伍升馬院皮條匠胡并肆枚十九日
壽昌迎于闐使胡并陸拾分壹胡并文胡并壹伯枚油
胡并肆伯枚每麨貳㪷入油壹升三界寺修觀音
堂工匠中間伍日用午時胡并柒拾陸枚空盛上堆次人
半升鐵匠史奴奴等拾人早上餺飥午時各胡并兩枚供
日食斷支胡祿匠趙員子麨貳㪷廿日太子迎于闐使油胡
并子壹伯枚每麨貳㪷入油壹升造鼓木匠馮常安等捌人
早上餺飥午時各胡并兩枚供伍日食斷廿日馬圈口迎于闐
使用細供叁拾分壹胡并又胡并貳拾枚灌腸麨叁㪷叁升城
下迎于闐使細供貳拾分壹胡并灌腸麨叁升于闐使迎于
使細供拾分壹胡并中次料拾分空盛上油壹㪷肆升付達
迎賓神煙并麨貳㪷伍半升料麨貳㪷偏子近趙醜子等　生鐵
貳人早午胡并捌枚噉銷油壹合與家宅賓神細供伍
分壹胡并伏請
處分
未年五月日都頭知宴設使宋國清
廿五
鐵
罫書

第一通 [illegible]判

西凉十三 [illegible] 丁未年六月日都頭知宴設使宋國清

第二通判 丁未年六月日都頭知宴設使宋國忠

左十六 [illegible]

第四通判 丁未年六月日都頭知宴設使宋國[illegible]

[illegible]

稍功德疏

又

廿四 偶因閑日家事無牽 家王氏以呼指船書題於窟記伏
見儒俗等伍人箇々苦行不異檀特山邊各々談空有修釋迦菡
内且書都頭門傳閥閱帝子王孫衣上惹勳郁之香款前
桃花之色念讓寶之仔寶術述前賢恩知足而常宋未善文
聽經不倦剃意馬以任一世戀寂有誠撥心燈而更耀既有
斯心上筆事更多奇切興興會不盡輒上詩一首
譙國門傳續以紳 善男子即是帝王孫文章碑背題八字
武藏弓弱重六鈞 既出四門觀生老便知六賊不相親 夜
道將心登峻嶺 次定井提轉法輪
西子首寄在宕西蕃 車 從日生東入塞衝砂磧冒風
寒度山三載方達 十命宣詞辛苦艱為布我
皇綸紳宕西蕃 高僧
莫高窟者聆功德記窟以沙州府中磨既鄞接水精之臺出壁
壇特達宕眾之窟如乃入寶地傑物產珍鄉同只類於草 茶
士庶各懷於仙道而又知石火不實風燭須更思十号之玄
宗墓三歸之正路者粤有弟子鄧度押牙某甲以第
山某寸儒門後哲寒表奇仁禮樂越時輩之先文武冠
群流之首於家孝悌達荆芬不變之花
因端勤心驗本沐難量之窮性而無出無見醉殊方悟泡
影而不堅幽覺電光而非久乃因閑靜超慕仙巖觀光 文之將
晉末細全題然鳥歎見白壁紅朱不就始乃發心遂請
丹青上土僧氏門人繪十地之聖賢餘三身之相好於門牽壁畫 上 文

殊師利菩薩侍并從一鋪地藏菩薩普賢菩薩并侍從門仰畫
畫地藏菩薩窟敞仰畫藥師瑠璃光佛三會曼荼羅四壁畫
門頞畫金剛藏菩薩虛空藏菩薩共畫殊乃丹青暎之四八四天王
之相好端嚴朱粉耀之八十之殊形異好文殊師利乗師子而定南四
方普賢騎仁獸象王而清北壁藥師三會發志願以拯生天王宮
現威稜而護世金剛藏地助衛仙巖十方壁畫保安運塞福事
既就顏述難固即將如上福田資益三界九地伏願君王万歲社稷
千秋烽煙不峯於三邊 瑞氣長隆於境內過宗祖遨遊
利之天現在親因壽康強之慶門興百代家昌千齡普及法
恩含靈頼此時成仙佛鄭玄門內結戟心纔賊之祇果貞護
乃有皆違之費今因社家修窟廊此仙宮沐頼之固遨甚難
逃於辞讓默惶懇集陳鳴莫安不揣醜類而為詞曰
燉煌嚴廣 一似耶離 花山泉湧 奇異涯池 人賢地傑
而莅孫寺 思慕寺解 而三歸 廠有施主 懷抱文儒
遂請[illegible]氏 絲畫禮儀 文殊師利 鎮宅[illegible]隅 普賢大聖
拯救幽微 三十二相 光耀[illegible]輝 十八種好 周遍身軀

福事既畢 讃謝[illegible]時 今[illegible]万歲 却右[illegible]移 先亡父母
得遇何孫 見在眷属 快楽[illegible]悟 [illegible]々[illegible]請 難敢
推辭 直申拙句以俟他時

83cm　62cm　79cm

2653

燕子賦 首缺 (敦)
緣沒擯避
云明勅括宕擇
錯是我丈人 鴝鵒是我家兄
大鵬信徒南 鷦鷯巢一枝 逍遙各自得 何在二蟲知
燕子賦一卷
此歌日自從天下更無過得兒拍燕雀子合作同心歌
燕子實難因 縱橫深嗟嘆 一生忘快樂 合有東更去
臨居茅堂果且御深東宅巢
要し 燕子語催也 中心燕子 云々の写
燕子賦一首
韓朋賦一首
昔有賢士姓韓名朋
韓朋出遊仕於宋國 宋王し
敘韓朋妻顏(貞)夫宋王所取 夫妻情死事由
韓朋賦一首
末
校讀學生茅維任
芸書

127

66cm　22　墨匡窄

2645

文選 李蕭遠運命論斷簡 楷說
書法甚佳 與山本二本所藏殘卷 黃麻 卅四行
論同筆
首缺
其末天下卒至於溺而不可援也夫以仲尼之
才也而器不周於魯衛以仲尼之辯也而言
不行定於二哀以仲尼之讓也而見忌於子西以仲
道之將廢也命之將賤也 豈獨君子耻

128

2649

書送諸印通疏。
條記廿第主文
（敦）大平村書
隱

維大宋大平興國九年歲次甲申三月辛亥朔廿二日壬申
勅歸義軍節度使特進檢校太師兼中書令燉煌王
曹延祿請室清壇是幸禮潔品物咸具高山鹿脯深泉
鯉魚麦飯韮菹清酒雜菓備具志隨奉請北方
黑帝玄武七宿主人看得良時五應之日上啓一切聖人今
月直符今日直符奉請東王父西王母北斗七星光皷織
女先生先師後師神師七十二神符吏乘駕雲降下天符
地符之主合共就座停設山徼礼主人啟慈恩無愍主
人啟今宅舍安寧凶神悪鬼遠迸自然消滅速去
千里　主人再拜上酒進香　府主延祿伏蒙
天造曲受　神鬼爲一郡之仁王作二州之帝主所居之
地宮殿樓臺養性存身廳館衙府每望
朕善神潛中守恒鬼
土地朕持使遠近以安然獲內外而怡靜昧乃不知
上天降禍　陰公生突邊鬼士而攪擾河隍動賢
臣而驚煩情意或有怨人詠告作呪謹訴或則串
甲揮光密諱
神識因茲伏恐守宮殿　神而遠迸護國界靈以
潛形莫不安定樓臺鎮守宮殿今則在懷恩忖令
回陰陽選擇吉晨求請秘法准先賢之教術備寫
造之神符懸八卦於本位八方鎮九宮於釘入九處
兼及宅內宅外門門上下周圍無遍滿以安符气降驗

而辟逐從今鎮謝解厭之後東方一鎮心絕軒耶南方一
鎮除滅口舌西方一鎮塞斷五兵北方一鎮防其盜竊中
央一鎮依分護守即鎮之後福利日生官位日陞貨財足
餘用之無窮子孫昌盛盡始今然五歷六耗從被大風
主人再拜上酒進香
重啓五方帝主護社稷而萬載康張八卦神符定家
國以千年寧謐伏願
府主大王遐壽永爲西塞之君僚寀佐官長作龍沙
之心腹無懷忠順共
主分憂歇戎醜以清悪除非伏邊鄙而稱善向化兼及
燉煌百姓家家有快樂之歡鎮縣万已户户無艱危之難
營農五穀年年倍收於千鍾水治調均歲歲長流於万頃
更乃六畜牛馬遍滿川源去入往來所作皆遂或是妖
精魍魎之族去他方吉慶福神生於此界主人再拜上酒進香
又啓五方星主五帝之君城社神靈州府土地並願欣受
醮奠納獻雜菓珍羞賜福留恩密來助驗今則榮謝
欲罷祈禱五周清　五帝速赴於本宮告
五星護守於世界八方神吏安住寧居十二諸神永不搖動
伏惟
鑒知　照察　尚饗

29

2159

姓氏書

30

馬 説文云、四字四點尚書中候曰稷為大司々舜為太尉釋
名曰大司々武也大惣武事也又畜春秋考異郵曰陰合於
八々合陽九々八十一々七為地々生月精為馬々數十二或々十二
月而生人乗以理天地王者駕々故其字2從王以為々亦姓
狀風人本自伯益趙奢封々服君因後遂氏焉秦滅
趙從奢孫興於咸陽為右内史3遂為狀風人今有御
史々光 々案四又漢複姓五氏漢々宮本姓々 氏功臣
表有々適育滿血志有諫議四大夫乗々近年何氏
姓苑云今西陽人孔子弟子有巫々期也莫下反5

孫

滿

諫

原文五行。
敦煌残。

2672

西域雜詩

迴鶻此州来

胡桐樹

張騫何處識胡桐元出姑藏赤岸東條異危柔陰懷懷
枝生杏葉密蒙蘢徒勞大夏省節竹謾向樓蘭種一藂
為恨玉關開路誤痕長瑞怨秋風

焉耆

万里驅焉耆奔程踏歷盤磧深嗟狐媚山遠蒙蛾眉水
陸分三郡風流効四夷故城依絶域無日不旋師

番禾縣

五柳和風多少年琴臺遺跡舊山川城依硤口當衝要地
接沙場種木田經亂不輸鄉國稅當時繁盛起狼煙使人相勉
耕罷斂顛拜東皇見負上天

金河

縣名標振武波浪出西涼直入居延海分流灌戰場塞城
谿禾稷也利類金湯道惟通川靜風訓怨異鄉

閑吟

寂寞閑山月 蕭條明誦州省朝大莫聽 取感寒
秋敲打樂塞子法嗟望海愁栖迴征戰無歌共唱樁 皇獻

半保涼

魏主曾都此于五涼天然移國道道清士殘雲瓦鮮無隣陣偃月
戈艇入帝鄉舊日柳營今作鎮昔時州縣廢封疆山河上
在猶繁盛莫遣將軍更卧牆

嘉麟縣

道清堪游遇嘉麟縣燉西涼後魏昔日百城嘗卧治如

31

今五柳不沾春開元里士徒弘式謁假亭寮驛折單輪孤怨
隨羌虜族思鄉終難効　唐人

鐵門關　唐以作者

鐵門關外東西道遥盡　蕭朝多少人客舍丘墟存舊跡
山川猶自疊疊魚鱗搭沙偃水烽刁斗黄葉胡桐以代薪信
彎弧愁虜騎潛奔不動褒斜香塵

自述

紙筆何事觸西藩進退難為出塞垣毛短更憂刀机苦哀
喑伏聽主人言

塞上逢友人

相逢悲喜兩難任話舊詩新益寸心執手共言西域去空
垣何處會欲知音燉煌上計程多少納繈休行更入深草
迴歸舊業莫隨蕭魄左衣衿　晚却

述懷寄友人

弱冠忘離家要當通消息意氣感凌雲假官向張
掖私第少詩書公門勞差役逢迎轉他鄉賓謁蕭靜六
鄙夫映雪山吾人休割席出坐但要躬耕篤歡為鴨過
理錙誠封侯莫忠赤東柜劍函開西陲嗽肝積天地心依
清還乾坤依然薄藉勉力再論之終文在踟躕

特牛沙

西東河畔路隋岐特牛沙風秋無行路太

別人贈

2696.　中和五年　詔書　　行書晩書　黄敦氏

犯京師念慈生靈皆墜塗炭興役動衆伐叛
由山徵兵夢草多京火益熾賴臣謀略上將殲
籌華九土之諸侯出四方之勇果雲屯而駿電
激當奔三軍奮義烈之心百戰蹈戈鋋之刃殘
狼既剪宗社永安八柱再堅九天彌固朕有方三
蜀千茲五齡託列聖之神威獲上天之保祐頃修
禋過不敢忘荒重國丕圖俾矛復國甚有直
生難安命全身偶脱豺狼潛逃賊網所以備滌瑕
穢寬有罪古于當三春和煦之辰值万物教生之
際順仁恩以覆之布恵澤以殊照藴以大赦天下
自中和五年三月十四日昧爽以前應天下大辟罪已下
以赦發覚未發覚以結正未結正見禁囚徒罪無
輕重常赦所不原者咸赦除之十惡五逆官典犯
贓特杖行劫故煞人合造毒藥開劫墳墓附助
草賊黄巣同行兇逆者不在此限左降官量移
近處已經量移者更与量移流人配隸効等自
非逆縁坐一切放還應因流貶身歿未葬者
並許其家各據品秩以禮歸葬　諸陵園寢
宜須修奉之處委内外使臣必期盡申哀敬應
緣供備皆出内庫上供已各嚴切指揮並不勞擾
百姓更冝曉喻兼禮誠懷玉葉金枝雖因雅把罪
慮因潛竄尚在人間先已有勅旨訪尋令於京城

32

條、
維質宜令府縣更詢問所在分析聞奏迺者賊
殺傾陷京師中外臣寮或遭屠害言念冤
酷深可憫嗟宜委中書門下搜訪具名量命
官秩以示優恩如在外州府仍委所在長吏尋
訪聞奏其有竭効忠節為衆所聞身已淪亡
家無胄胤者即與褒贈縱已贈者更與贈官
如有子孫堪當家錄用仍許州府生致史列忠狀申論滌
蝦屑過著在前宜推命行之詔府孙怨甚
有先為黨業慣從偽署官秩已從貶降及
族賜臨洗者即聽守官其諸司官吏及諸
道將吏并諸色人等皆因點貿並過陷在賊中
人際已投降諸道并有雖已脫身未敢還鄉
稅賦已先恤人但緣用軍已來盡力趣場未前
全免應車駕經過處所今年夏秋稅三分之中
量議蠲放其中和三年已前逋懸並宜放免
仍令所司先具分析申奏其雜差役並宜放免
自狂寇傾陷京都織繭因傷殘家其言念冤酷
深可憫嗟應京城繅織諸縣夏秋兩稅及雜科
配並宜放免其縣司所由及鄉村人戶自經離亂
傷殘因多縱偶得生全又憂其差役如聞散在
諸處不敢歸還今則兩稅既不曾收又無諸色
差配合得却安生業各隨家鄉宜令縣令切
加招攜乃兼安例近州府准此告示居從切及

33

收城將士三品已上賜勳一級餘並加兩階已賜勳
者仍更賜勳兩轉其死王事未經褒贈者委
本道使長速與聞奏當加贈典其禁軍師從勳
勞官健從迎當去王跋涉山川或遠回成都譯無
志或來從本道勤苦備嘗同降優恩次明
忠懇自西川官健從付衛親軍兵士及諸道迎駕
緋優賞分錄功述賞抑有故章念事
兵士宜委都指揮使各具姓名分析申奏大當議
級優賞露分錄功述賞抑有故章念
申恩斯為今典尚父汾陽王郭子儀贈太師晟
贈太師瑊贈太師直卿贈太尉李安員無勳書
盟府事宜崇日忠勞忘寢寐其子孫各與
一子八品正員官西川節度使太尉潁川王敬瑄自
車駕巡遊五年於茲奉竭誠盡節憂國亡家
內則備六軍宴犒之資外則給百僚稟食之費
康務勞慮一毫不私輸我中興賴尓全德大勳
既集殊寵宜加自今後諸功行賞並與郭子儀
渾瑊李晟等同誥恩例書於史冊傳尓子孫黃
以泉凌犯宮闕關東兵力不支並以承平已來積
闕武備士庶有流離之苦豺狼恣毒螫之心
軍軍容田令孜於震駭之時使巡將
左神策軍衛內兵士直回日易
設軍情由將艱危萬狀以

34

借鑽告闕又陳丹懇移幸西川 [illegible]
忠力百司具設方猿保安 予蔵

2700

奉帰吟（新題）擬古禍 李花操

中和癸卯春三月

[illegible]已刻

2,88

[illegible] 2693

[illegible]

七曜暦日一巻 白麻

密 宜謁君及受名位國百官等々
入此宮其人足為懸示未難
入此宮 [illegible]

子 丑 寅 卯 辰 巳 午 未 申 酉 戌 亥

[illegible]

莫空 宜陰 宜輔官位見官中訴論理訴訟（密）

子 美食
丑 [illegible]

35

四八

寅 卯 辰 ~~巳~~ 午 未 申 酉 戌 亥

酬勝 鄰 心嫉 之留 美 騰 眼 電 稚 錢 去 辨 開 驍

雲廣大直甚懿南方丙丁火極里動無當

子 丑 寅 卯 辰 巳

色 拔 校 心痛 懸 吾 憂 慈 心嫉

四八

午 上 申 酉 戌 亥

勳 突火 辰連 安性 辞去 知

喃曰直辰北方壬丑水善

宜有奉請有關依仰望佛弟子

子 丑 寅 卯 辰 巳 午 未

遇 孤 利 用 悟 憂 微 病 快 樂 痛 心 救 息 世 樂

36

申 [illegible]

酉 [illegible]

戌 [illegible]

亥 [illegible]

温殳斯 直蔵東方甲乙木女

1/△ 宣福星土星 官位代印綬持齋戒

子 丑 寅 卯 辰 巳 午 未 申 酉

[illegible]

戌 [illegible]

亥 [illegible]

飛溢 金直太白西方庚辛金

貴人登位去

子 丑 寅 卯 辰 巳 午 未 申 酉 戌 亥

[illegible]

難緩 鎮中方土

37

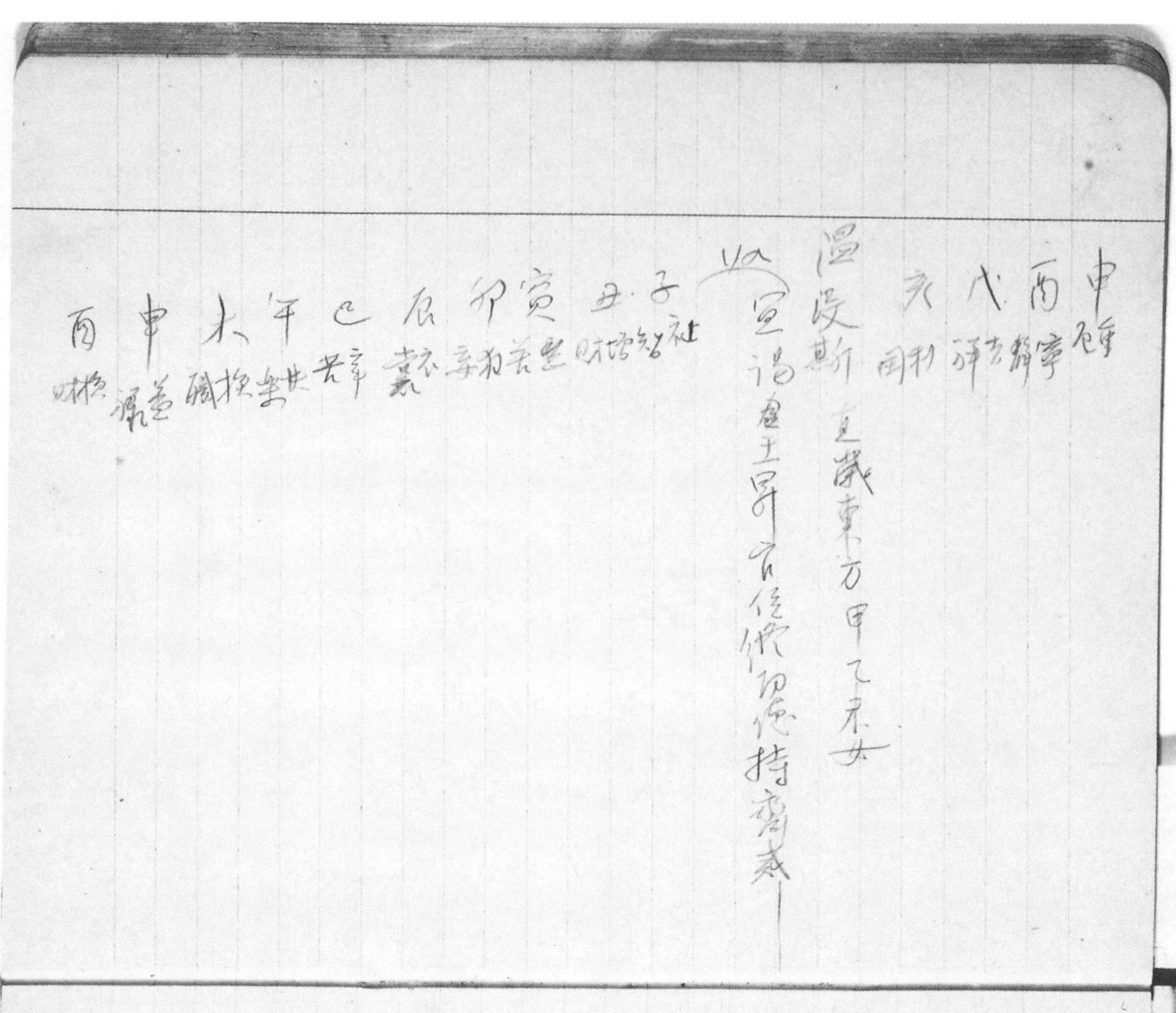

卅七 參謁貴人取水宮墓冒嫁娶[illegible]

子 建
丑 救[illegible]
寅 [illegible]
卯 [illegible]
辰 [illegible]
巳 [illegible]
午 [illegible]
未 [illegible]
申 [illegible]
酉 [illegible]
戌 [illegible]
亥 [illegible]

七曜曆日一卷并十二時

2708 文選

[illegible]

社僧丽保壹心庚
社僧永安丘
社僧紹宗那
社官李仙奴十
社老張住子七
社子 氾愿德李進六
社子押衙張再弘
社子曹和盈乙
竇候張留住七

38

39

2709

勅書断字　断簡大字　草書

竪 31 cm

横 42 cm

一字大方六

七寸七分八

九寸七分弱

勅沙州刺
史張淮深
省所奏因
[illegible]軍兵再
收瓜州并

2717

字寶　スタイン氏コレクション目録

序首缺

平聲　四十句　八十四語

上聲　五十六句　百一語

去聲　廿一句　六十二語

入聲　五十三句　百六語　未断

平聲首　肥 腹體

上聲首　物 [illegible]

去聲首　人 [illegible]

入聲首　毛 [illegible]

40

十二

2711

勸書（殘）　細字寫ノ　約廿三行

所引書并人名

任徵君
盧太守
謝隱章
曹義
王文舒
京房
東阿王
陳□子
蔡伯喈
劉向
漢高祖
孔子
馬援
顏回
荀子
陶公
楊惲好金子
樊宏
邴原人
司馬遷
甯寧
張武漢文帝
郭家
孫僕射
元帝

王文舒誡□論
老子
莊子
易
論語
太公金匱
文子
曹植誡子詩
韓子
淮南子
戰國策
漢書
晏子
史記
□家人作銅人銘
書
毛詩
禮書
莊子
禮記
劉寔崇讓論
呂氏春秋
晉太傅羊祜誡子書
後漢馬援誡兄子書

m
2,65

郭翻
傅子柔
宗叢
魏武
許邈
徐稚
王劭汎
郭林宗
杜

梁漢時徐邈之言
司山梅書
陶潛戒子書
後漢少傅司馬徽
誡子書
後漢尚書張奐誡
兄子書
前漢侍中劉向誡子
書
魏將邊祥曉女誡
魏侍中荀爽女誡
晉中書令陸景誡盈
王文舒做其子
誡其子好
顏延之庭誥

八十五缺
十五讓早部
卅二推讓部
六十五家誡部

底ノ米跋　若漢ノ際　藏五巻ニ似タリ
ペリオ氏目録ニハ書名缺ク

42

2716

蒙求（竄） 中書 頗亦本職之師

訓釋童子則故多知爲老成而領覺起

全宗校職倫蓄翰無遠視廣聽宗異

前未嘗遺一才藏行善有可甄錄不敢不

聞奏 陛下察臣丹誠廣達聰之義念

學問將善之門伏乞依資量授一職微

勸于 將作 米臣良誠惶誠恐頓首頓首謹

言 月日饒州刺史李良上表 良令國子司業

陸善經造表 表未行而良授替事因寢矣

蒙求序 趙郡李華撰 安平李瀚著蒙

古之人言行善惡參之聲律以

授童幼隨而釋之比其終篇則經史百家

之要十得其四五矣 推而引之源而流

之易於諷習 形於章句 不出卷而知天下

其蒙求哉 周易有童蒙求我之義

李公

之辭 不敢傳諸達識所務訓

蒙求 後

事可記者 無此之類其未詳者合附敘 雖不敢上

傳絶韻切東字起韻 每韻四字

蒙求一篇 安平李瀚制蒙求并序 奏上言

壬戌 簡要於楊清通孔聞既說呂望如擬 楊

振周西丁寬易東謝安高潔王道（宋史）途御

215

八六卅石 2714

十二時

鷄鳴丑 曙色纔破窗戶 寫君高眠醉夢

中 負書已向塵中起 城埠 我村荘

破波 〃 八方 下床開眼無故漫 學意問

心路過 我乃尺我 梓利 恒搥那捨詩歌

步

中和年閏三月八日 抄了

好也 諸家大藏 華嚴經六十五卷

依如那 言長大開後人

記

紛四廿 2764

左傳 斷芭 昭公十五年

（竄）提 校位

蔡人在上信也 曰王唯信吴好裏諸擧

外 令如無乎 丘 之 寶

保國 執

佚

m 2,66

2721

雜抄一卷 一名珠玉抄 二名益智文 三名隨身寶

盖聞天地開闢已來日月星辰人民種類陰陽寒
暑四時八節三皇五帝宮商角徵羽金木水
火土九州八音山川道里壽形之物貴賤賢愚
帝代相承生死不同而須知天地宗紀之源
人事之大英皆幽玄莫能照了今因暇日披
覽經書略述數言已傳後代云爾

背 尾缺

舜子至孝變文一卷

首缺

捨得石戰詩云

捨得唐帝詩云

帝舜天年戊寅

天福十五年歲當己酉朱明蕤賓
之月蓂生拾葉冩畢記

2738　　2719

西藏文 若干 (要)

ペ氏目錄所記 紫皆當ゝ廣滅ゝ全ゝ

讀ミ切ラス

敎誡子女文

吳布書 (要)

皆ペ氏目錄所記 共皆當ゝ廣摘ゝ

全ゝ讀ミ切ラズ

佚

97

二七六五

甲寅年暦日

(十五行)正月大 二月大 三月小 四月大 五月小 六月大 七月小 八月大 九月小

(廿行)十月大 十一月小 十二月大 已上 三百五十五日

正月大……

一日壬子……

(五十三行)二月大

一日壬午

(八十三行)三月小

一日壬子

(百十三行)四月大

一日辛巳

百二十六行まで[illegible]

裏

大蕃勅尚書令賜大瑟瑟告身尚起律心児聖光寺功徳頌 竇??

大蕃古燉煌郡布衣?

危峯百仞棲金方而鎮地懸泉一带蹝水浅於天河池枝龍鳥之駒莫秀蓮

臺之端人[illegible]鳳鮮直法祐闡而遠巡犴宰聖能啓先行而公戦所以成勲則

東破邪黒勣勍則多歸正法 大雄濩座此蝶蕃施厥今 勅尚書令公

無虢六軍甲兵覇國都元帥賜大瑟瑟告身尚起律心児知四門入賣臣

五服輸誅攙方土字人岸 聖門設教黄金布地白壁邀之進直道

以事 君煙真而向仏象乃卜宅燉煌古郡州城内建造聖光寺一所議甚

也聖主統三光之明無幽不照 令公[illegible]九天之籠眺腰[illegible]陽近[illegible]

之弘遠沐恩暉之重華膏咸服覲國之光[illegible]即[illegible]侯之住即[illegible]祖勅

誠白遠基業由先白茅開樸國之封

[illegible]輔賜大告身謙拜水長流既備臣於丹墀盤根享鼎壹佳重於

鹽梅兼軒晨夏日之威變理問奉前之瑞皇祖父尚已立蔵 勅時中大

瑟瑟告身謙獅子[illegible]覇業世標良家 (十二字を消す)

朝許賞理之能出戦任輪轅之重勅已相國先门尚贊磨副尚書令瑟

瑟告身謙寔豫樟[illegible]?字高長材擣濬海鯨鮮吸江淮不測躊

秦右地方外不敵饒界隣國覲虞起義兵滴交伏搖 令公

北側嵬崙應理臺粹氣河源味水輔千載澄清銃六軍以長征

十道而闡讃北拳擾擒掃狼山一陣西南太白破九姓胡軍[illegible]抗旋

迴遂鸞王道寥單于帳下擒射鵰貴人斜[illegible]迸走麾掌枉偏裨豐

蔵血澗兼山則血流濠坳路野則廬舎竟烘

(以尚書令瑟瑟告身賞寔豫樟)

二八一〇

長安五 九七二五

上

2380
4073 、揚達

417

元年 鑄乾元重寶錢 一文折五十文 米一斗十千文 麪一斗七千文
絹疋廿千文 布一端七千文 上元二年壬寅金 七月一、巳時日蝕
晴見星 減錢 卅用十文 改爲二年十一月 三年爲建子月爲
歳 四月五、上皇崩 葬孝先泰陵 十八日肅宗皇帝
崩 尚葬醴泉號建陵 七月一日人定時北方火光如 合國人
元 九月一日大河法外国進玉 大臣李輔国拜爲
西 寶應二年癸卯金 七月十二日改廣德元年 二年甲辰
正月一、改永泰元年 九月十七、吐蕃到醴泉縣到京城大
行皇帝幸陝州 吐蕃立廣武王爲帝 永泰二年乙巳 十一
月十二、改大暦元年 二年丙午水 羌賊南山谷之高玉爲主
大暦二年丁未水 三月 羌賊主施路 上入會昌寺 四年
永被雨淋 大暦五年戊申土 二月米一斗八百文 麪五斗
五百入 絹疋十千文 布一端五千文 十二月十八、大雪下至七年
禾全 二月九、 三月廿七、蝕 河布 大雨四箇月不
休 墻倒盡 十四載丙午火 月四、安禄山范陽反 十一月三
日太原府 事 揚造反告安禄山 十二月十三、禄山兵馬收
東京 十四、禄山入東京城 十五載丁酉火 六月十三、駕幸
蜀川 行至金城縣 誅楊國忠太真妃 皇太子從 靈州 起
義師 七月一、改爲至德元年
義皇 郭子儀 十月廿三、皇帝收入京城 十二月八日上
宇 皇入京城 至德二年戊戌 不冬 元帥郭子儀領十道節度
無 圍 城 至德三年己亥木 正月五日 至 狄送
上皇興慶宮 光 伏肅宗 四月十四日 拜南郊 七月廿七、公主
和蕃迴鶻 二月五日 改乾元二年 乾元二年庚子土 正月十、

拜九宮壇 十二、誅史思明 安慶緒等 總斬 諸將分河北
三軍 三月 米 貴 斛至十五千 三年辛丑土 四月十九、改上元

都護知縣泉鎮遏狀上
右今十日已前當鎮所有諸處烽鋪捉道路白及城上
吏宿旁門一依
官中嚴旨倍加謹急　四面並無動靜
不敢不申　謹錄狀上
牒件狀如前　謹牒
戊子年二月三日　都護知縣泉鎮遏使安狀上

（文王滿才）

縣泉鎮遏使安進通狀上
當鎮所有諸處烽鋪口捉道及
城上宿巡撿一依
官中嚴旨倍加謹急廿巡日
巡旬。不敢怠墮。巡守隄
倫尋常者。
右謹具狀申。謹錄狀上。
牒件狀如前　謹牒
戊子年二月十七日　都護知縣泉鎮遏使銀青光祿大夫檢校國子祭酒兼侍御史安進通

都護知縣泉鎮遏使安進通狀上
右今月廿日。當鎮捉道人。走報
稱於八處。把道處。有賊騎。
馬蹤。共貳拾騎以來。過向北

山。向鎮林木內。潛藏不出。
進通當時遂差。遊弈使。羅鉢訥
等。二人親往蹤出處。採獲。的
實在甚處潛藏。至定消息。
晝星。施便令申報。
上州。兼當日差人。走報常樂
瓜州。兩鎮收斂人口。群牧。警
備隄防訖。此時皆收。
令公神謀。不落賊人。若復。恐
已覺察。機准備。兵士寡欲
奔逐交敵。必計不先。機宜
捕捉。梟首。都鎮送上。
府備謹遣武迪達馳狀申
報者謹狀上
牒件狀如前　謹牒
天成三年二月廿日　都護知縣泉鎮遏使銀青光祿大夫檢校國子祭酒兼侍御史安進通狀上

賀端午獻物狀
都護知縣泉鎮遏使安進通狀上
酒伍瓮　麨參碩
右伏以蕤賓令節。端午良辰
輒申鑄（壽）之儀。用贊延長之
慶。前件微歡。謹充獻贊之禮。
塵瀆
威嚴。伏增戰懼。伏乞

府賜容納。伏聽 處分
牒件狀如前 謹牒
天成三年十二月廿日 都頭知懸泉鎮遏使銀青光祿大夫檢校國子祭
酒兼侍御史安進通狀上
都頭知懸泉鎮遏使安進通狀上
賀時新獻物狀
進土異新麦麪土碩 胡枕子壹碩胡棗子土斟
右伏以前件物。謹意 獻賀
時新之禮。將表邊鎮土宜。伏
台威。特賜容納
伏聽 處分
牒件狀如前 謹牒
天成三年十二月廿日 都頭知懸泉鎮遏使銀青光祿大夫檢校國子祭酒
兼侍御史安進通狀上
都頭知懸泉鎮遏使安進通狀上
賀冬獻物狀
酒 麪 胡林 胡棗
右伏以 初陽啓事。三冬膺時
動植知生長之源。
龍陳慶
賀之禮。伏乞
台威特賜
容納。伏聽 處分
牒件狀如前謹牒
天成三年二月廿日都頭知懸泉鎮遏使銀青光祿大夫檢校國子祭酒御
史安進通狀上

49

都頭知懸泉鎮遏使安進通狀上
酒 麪 胡枕 胡棗
右伏以 青陽肇啓。景福惟新。
爰從 獻歲之辰。用賀履端
之慶。
前件微款。輒申陳
納。將表野芹 伏乞
台威時賜
納謹錄狀上伏請
牒件狀 如前 謹牒 處分
天成三年二月廿日都頭知懸泉鎮遏使銀

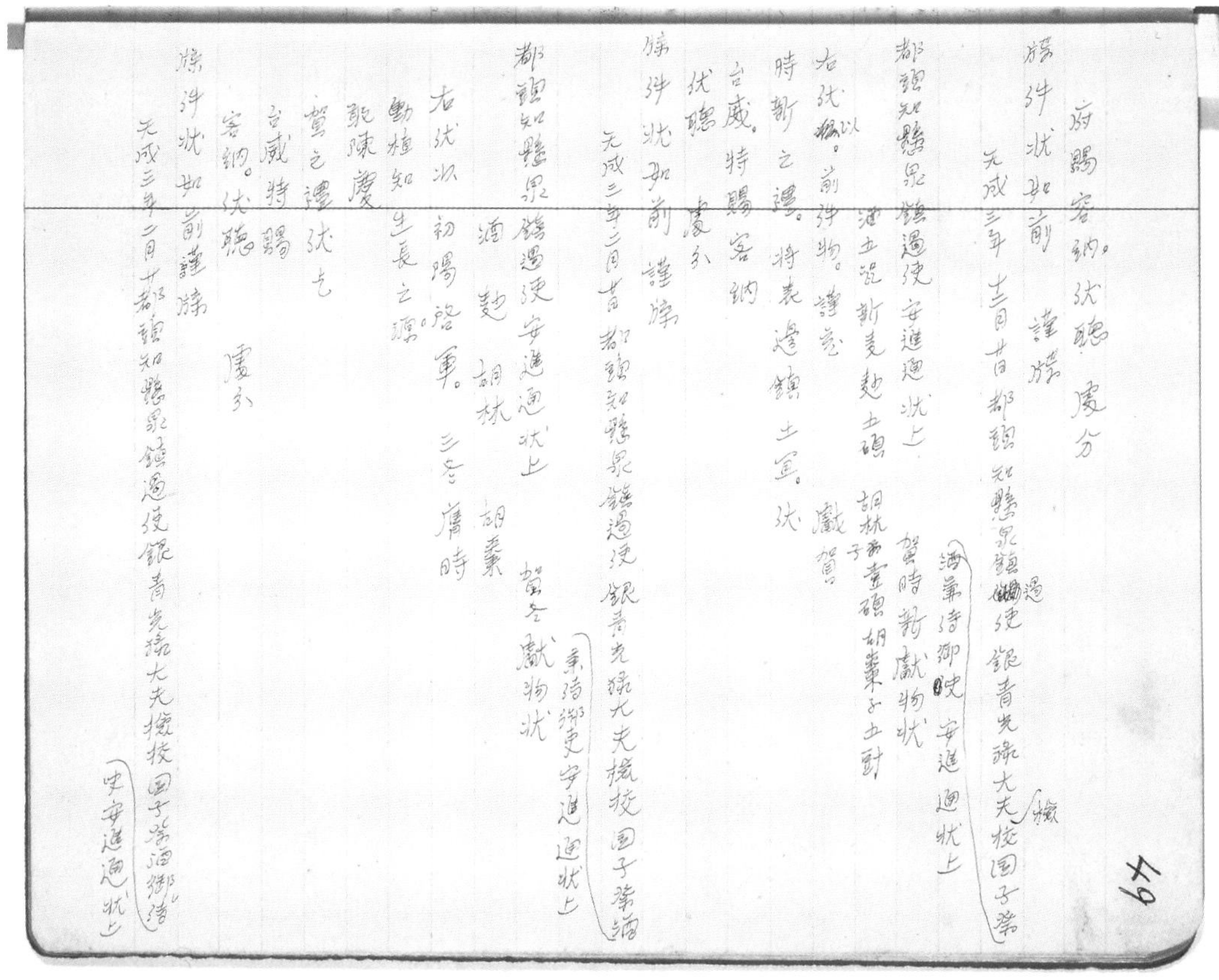

（二九二六）

白玉壹團

賜沙州節度使男

令公汝宜收領勿怪

輕尠候大般次別有

信物汝知

長卅八・五

其木道楊君子千万發遣西来所要不昔也

凡書信去請看二印一大玉印一小玉印更無（別印也）

A.（大）

迴天萬壽之印

B（小）

大于闐漢天子制印

50

（二九三〇）

推人遊年八卦圖

☲ 離家火（下に文あり）

☷ 坤家土（〃）

☱（〃）

☰ 乾家金（〃）

☵ 坎家水（〃）

（二九三二）

䷹ 純兌（下に文あり）

䷮ 兌一世（〃）

䷬ 兌二世（〃）

䷞ 兌三世（〃）

51

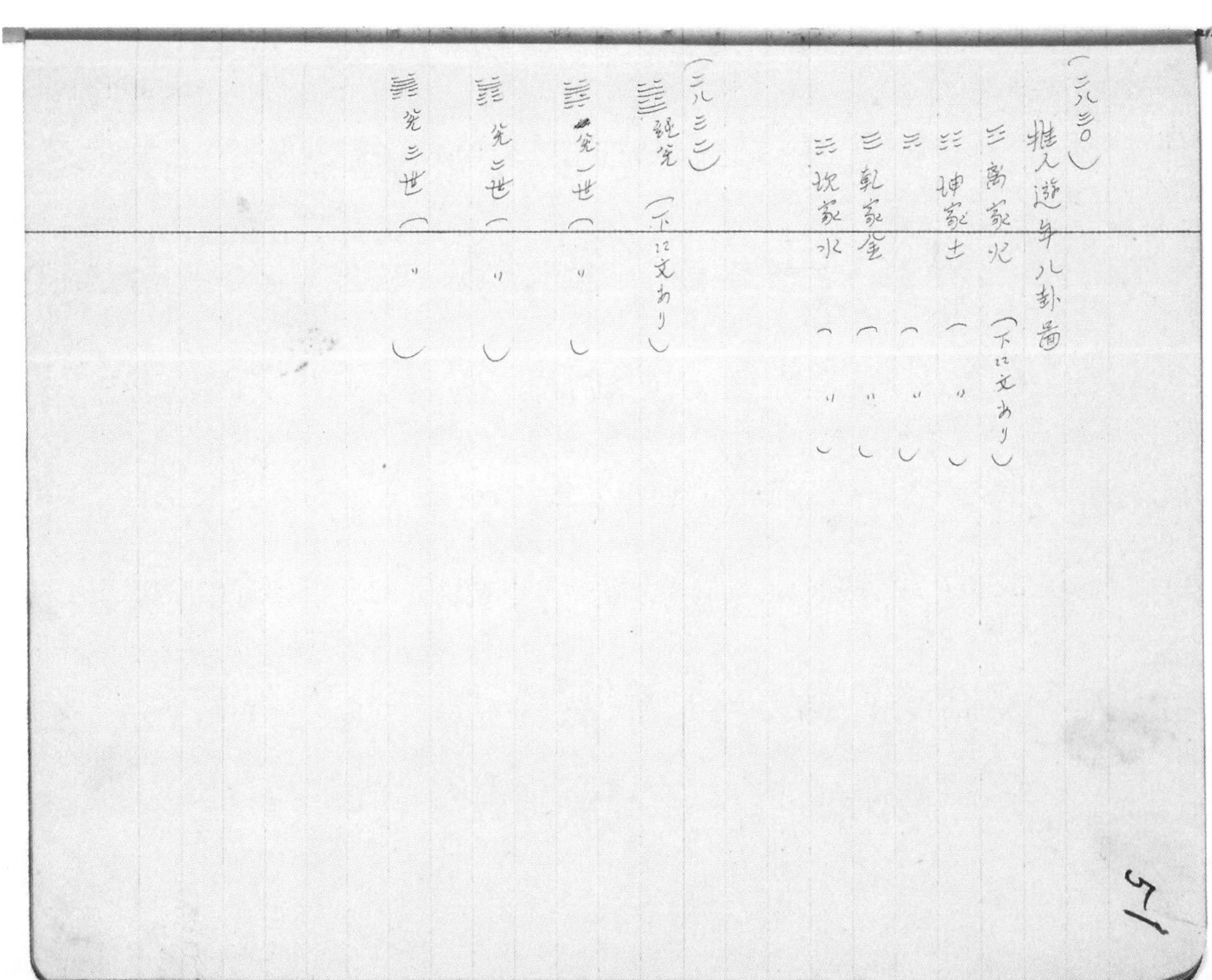

（二九三八）

文書断片

右通前件所得斛斗破除及見
在具實如前状請處分
條件状如前謹牒
中和四年正月日上座比丘尼躰圓等牒
勘算、既同 連附案
記 正月十九日
都僧統 悟真

安國寺上座勝净等 状
光啓二年 丙午歳 十二月 十五日 當寺
法律判官徒衆等會勝净等所由手
下從庇年正月已後至午年正月已前
中間叁年應入硙課梁課厨田及前帳
迴殘斛斗油蘇等總叁伯肆拾捌碩
玖斗參勝
麦貳佰玖碩捌斗
、、、、、、、 以下略

裏に佛典あり。精経文 中に 伏惟我金山聖文神武天子の
語あり。

52

二九五六（表）

（例）
年十九 男立甲申筭二忌竃 女立甲寅筭盡涸水
年廿 男立乙酉筭有二忌廁厄 女立癸丑筭盡忌仕身亡

（かくのごとく廿一行を列擧す）

次に
推年立法（六十行）
推得病日法（五三行）
推初得病日鬼法（五二行）
推得病時法（百行）
右件推十二祇得病法（廿四行目）
右件推四方神頭脇日得病法（四二行目）
右件推五子日病法（五十行目）
推十干病法（三十一行）

（終に左の如く記す）
咸通三年壬午歲五月寫發病書記

53

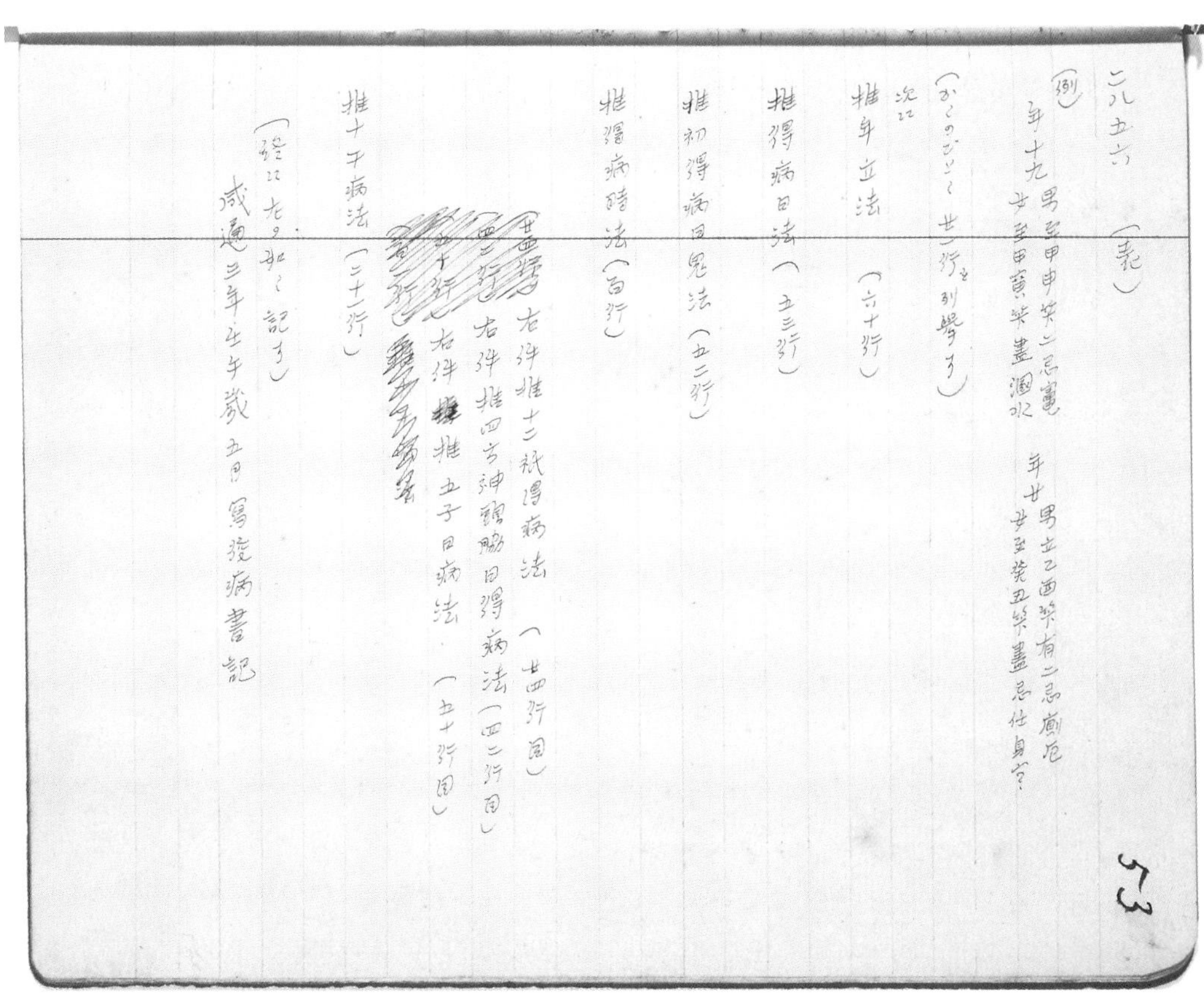

（寫）

景福二年癸丑歳十月十一日　副僧統都僧政僧
政僧録法律判官等就草院内輸納（歳）草
一切経　如後　叙字
（次品目至列楷了）

瑜伽師地論
巻五、巻六　一部

營葬
牒

僧統和尚遷化、今月十四日葬准
例排合葬儀、分配如後
靈車　仰慈音律師　喜慶律師
香輦　仰親情社　法恵律師　慶果律師
邀輦　仰子弟　慶林律師　智剛律師
鐘車　仰中團　以連床　李□　米神德
鼓車　仰史團男子　以與以沉
九品往生輦　仰僧尼寺各一
生儀輦　仰當寺　不明

紙幡　諸通　律師　道濟
納色香叙
大幡両口　龍蓮　各一口
浄土開元名幡一對
右件所請諸色勾當者縁葬
日近、從不得輒爾切沈如
法、不得乖恪者、乾寧二年
三月十一日

僧政
都僧録
都僧録賢照
僧政
僧政

54

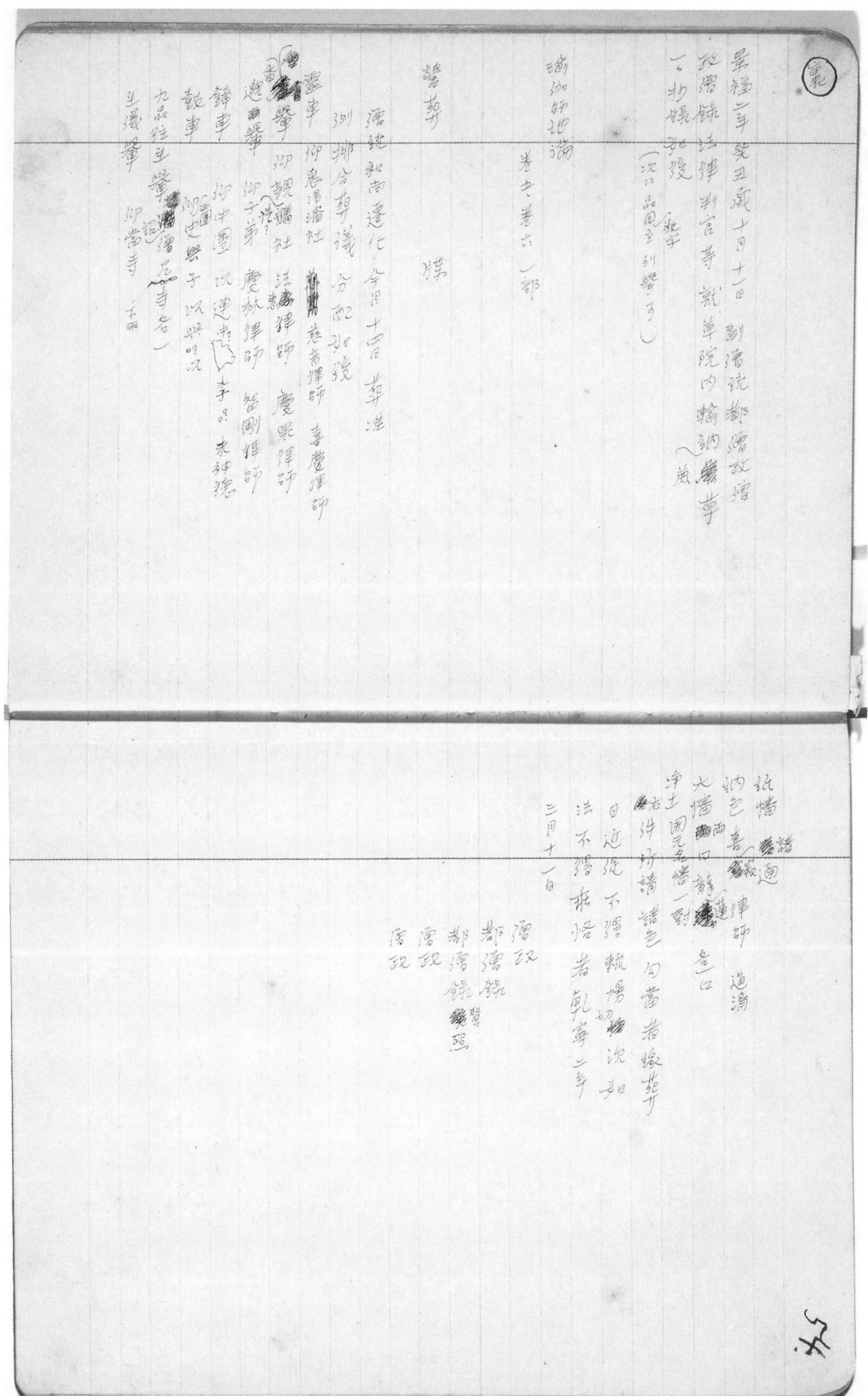

2862

北斗

3376 と参照
法華〔?〕…

近是名究竟涅槃 補信本問曰若仙佛究竟涅槃
願久與識俱未可信 帝曰卿若爲此議補信對曰以太上
天尊而復無復壇罣往壇上以大契之
明帝大臣等稱揚此帝曰
帝謂道士曰卿等不聞道州鄣内有鐘山之命賦
在於山寧

廣通流布品第五

居此興邁
業玄通仙師漢桓帝建和三年己丑之歳寫
漢化山法
門安静處安息國王太子捨國出家志在游化
洛陽譯出家經○○已

二八六二、
(二米土六)

捌伯貳碩壹 ? ? 陸 ?
柒……… 貳斗小鍋
陸拾 斗 大鍋
肆阡伍伯陸碩斗零伍對(肆碩柒合)、半斗 先懷抬所由家資
整盡無物可塡納者……… 勑科罪
參阡玖佰陸拾捌碩貳斗參勝參、
參伯柒拾參碩壹勝、
陸拾陸、參對肆合景 玖拾柒石半居
、、減、四面周廻參、 陸伯……
、肆拾伍尺半爲、、參、、階 ……丈、尺
、、所以然、、、、
郡草場坊
合同前載日日見在草惣肆萬(貳)、阡肆伯貳拾柒對
五穀時價
小麥壹斗直錢肆拾玖文 粟壹斗直錢參拾貳文
(? 壹斗直錢參拾參)
鐵壹斗直錢參拾伍文 、、鐺錢伍拾貳文
階亭坊
合同前月日見在車惣壹伯參拾柒、
肆拾壹乘 破碎 、拾陸乘、、
合同前月日見在牛惣壹伯肆拾頭
壹拾頭特 壹伯參拾頭犍
合同前月日見在孳生牸牛犢子惣貳拾貳頭
伍頭特 壹拾柒頭牸

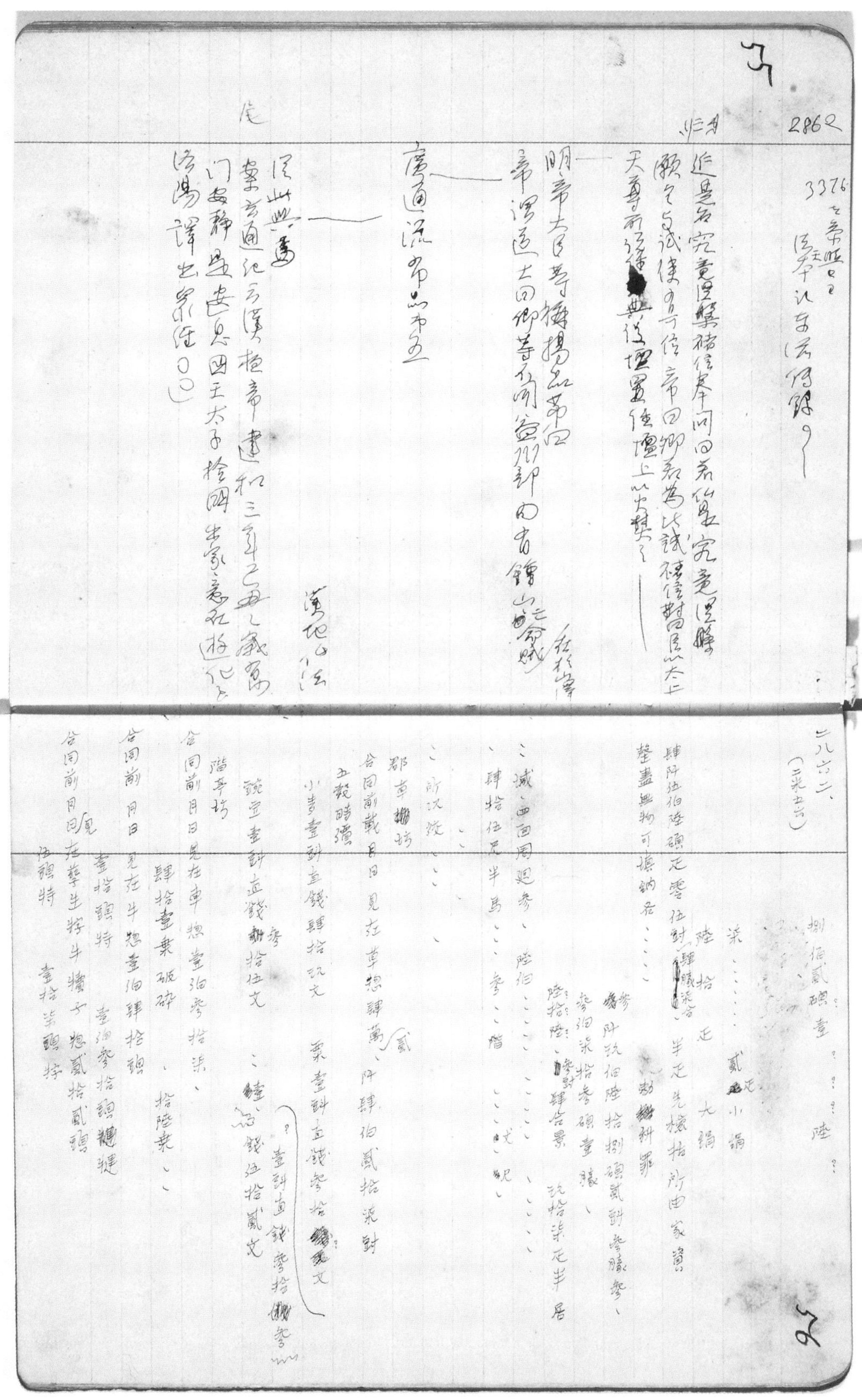

合同前月日見在駝惣壹拾貳箇

伍肆特　壹拾柒箇　寄

合同前月日見在駝惣壹拾貳箇

伍箇父　柒箇草

合同前月日見在驢惣肆拾捌箇　並父

合同前月日見在牛料斛對惣參佰伍拾碩

合同前月日見在廣明等五戍料斛對惣壹阡玖佰碩

合同前月日見在紙惣柒萬伍阡張

合同前月日見在石脂惣壹拾肆碩

合同前月日見在雜藥惣貳佰陸拾斤

合同前月日見在雜具惣玖佰貳拾壹事

合同前月日見在馳毛惣壹佰壹拾斤

合同前月日見在駝牛驢皮惣捌拾貳張

柒拾張驢皮　貳張駝皮

壹拾張牛皮

1 廣明等五戍

2 合同前

3

4 ロートグラフ参照　山戍

5 第五烽戍

郡庫

6 同前月日

0 同前月

8 同前月

9 合同前月

10 合同前月　11.　泉戍

14 合同前月　12　冷泉戍

15 拾肆碩

17 合同前　壹疋敦

21

22 及郡坊銅急疾　寄脚

24 玖疋敦

25 捌疋草

26 合同前　惣壹佰碩

27 鴟烏山戍　戍　鳥

28 貳拾壹碩第五戍　貳拾碩冷泉戍

29 參拾貳碩廣明戍

30 合同前月日見在駝馬皮惣壹佰捌拾肆張皮伍拾參斤壹拾?

膠壹拾捌阡肆佰柒拾伍文錢壹拾捌斤肆兩羊毛

壹佰、張、、　柒拾捌張、皮

伍拾參斤壹拾貳兩膠　壹拾捌阡肆佰柒拾伍文錢?

壹拾捌斤肆兩羊毛

合同前月日見在毯?　紫車惣肆乘

合同前月日見在雜藥惣壹佰伍斤參兩

合同前月日見在疋段惣伍疋柒尺　?　七銖壹阡貳佰伍拾貳文錢

伍疋柒尺　參寸七銖

貳佰伍拾貳文錢

577

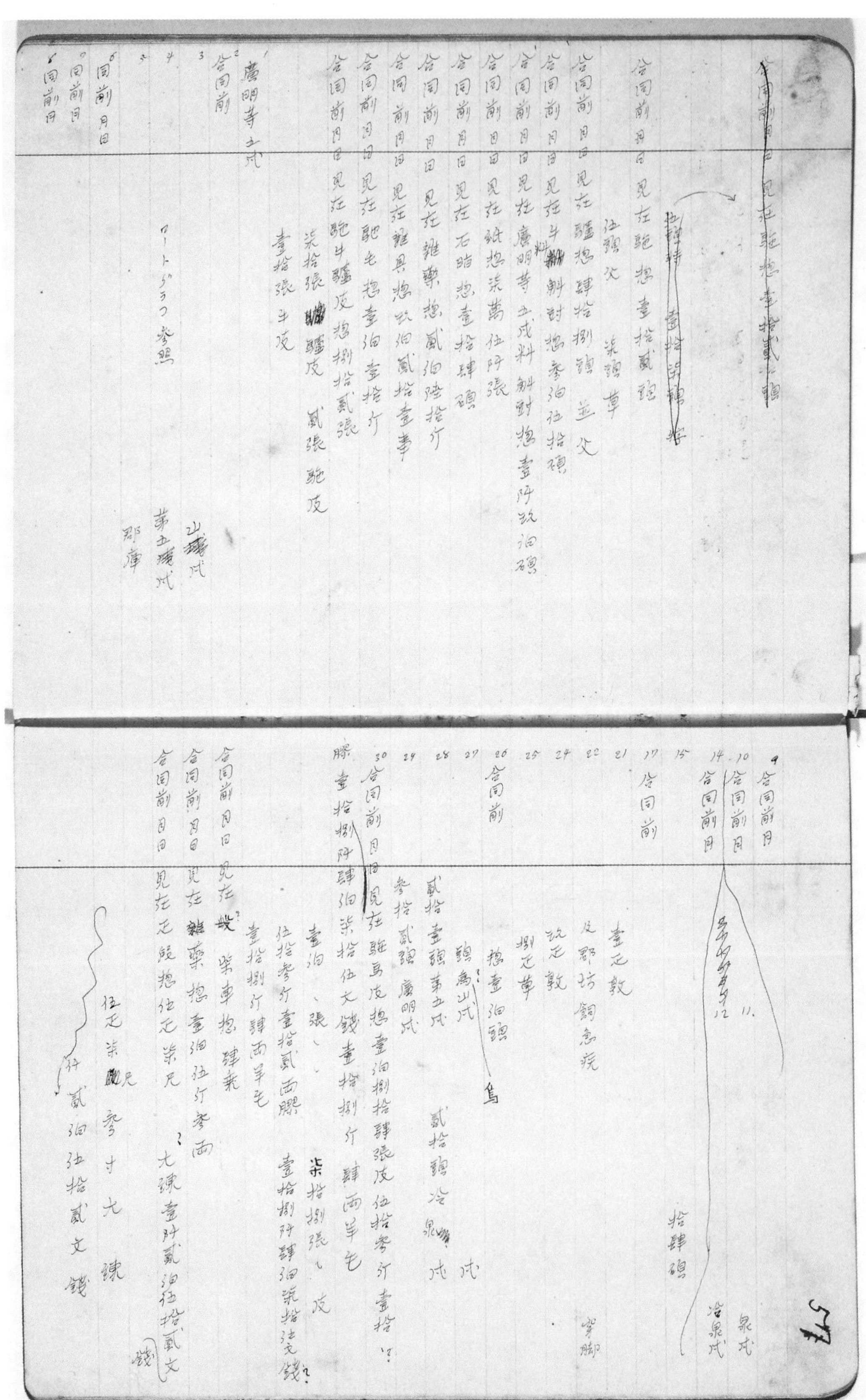

あとがき

先に刊行した『内藤湖南敦煌遺書調査記録』には、明治四十三年（一九一〇）の「清國學部所藏敦煌石室寫經繙閲目録」及び董康の「燉煌莫高窟藏書録」を收録した。後者は大正十三年（一九二四）から十四年にかけ内藤湖南一行が半年あまりかけて行った歐州における敦煌遺書調査に參考資料として持參したもので、その意味では歐州調査に多少の關係はあるが、歐州調査の記録ノートそのものは收録するに及ばなかった。この度ようやく英佛における調査の全貌を記録したノート十三冊全部を影印公刊することができたことはまことに幸いである。ただノート自體には空白のページがままあり、それらは適宜省略せざるを得なかったことをお斷りしておきたい。また歐州調査の際に湖南が撮影した大量の寫眞は内藤文庫にはかならずしもすべてが保存されておらず、本書ではそれら將來寫眞の情況に關しては立ち入って調査を行うことが出來ず、今後の課題として殘さざるを得なかった。また前回影印した「繙閲目録」の下書きと思しい紙片が内藤文庫の別の資料中から發見されたので、「補遺」として影印した。

今回關西大學内藤文庫所藏資料の關連資料を公開出版するにつき、關西大學圖書館及び湖南令孫内藤泰二氏から承諾を頂戴した。ここに謹んで感謝申し上げたい。また前册に續き関西大学東西学術研究所資料集刊の一として刊行することができた。序文を頂戴した内田慶市所長及び出版社との連絡等にお世話になった研究所事務グループの奈須智子氏にお禮申し上げる。

編者

【補遺】

先に刊行した『内藤湖南敦煌遺書調査記録』に「清國學部所藏敦煌石室寫經繙閱目錄」を收錄したが、その後その中の一部の下書きと思しいもの三紙（他に文字のない白紙一葉があるが、これは除外する）を發見したから、この場を借りて補足しておきたい。下書きは目錄と同じ「京都帝國大學文科大學」の罫紙を用いて書かれ、日字三一號～四〇號（第一紙）、日字六一號～七〇號（第二紙）、日字八一號～九〇號（第三紙）の經典名、書風、用紙が略號で記されている。後で清書することを豫定したメモであることは明かで、内容は清書されたものと基本的に一致する。例えば、日字三一はメモでは「經片　五代　穀」とあるのに對し、清書されたものでは「經名未詳　五代寫　穀紙ノ一種」となっており、日字三二は「金剛經　天平　黃麻」が「金剛經　書風天平期ニ似タリ　黃麻紙」に、日字三三は「佛名經　藤原　黃麻」が「佛名經　書風藤原期ニ似タリ　黃麻紙」になっている。唯一の違いは、メモでは各經卷の長さを番號の傍に蘇州號碼によって記している點であるが、これは清書本には見られない。おそらく總ての經卷の長さを計測する餘裕がなかったため、體例を統一するために省略したものと考えられる。前書での推定に從えば、濱田耕作の手になるもので、日字號ではこれらの番號が濱田の分擔であった。清書本で確認すると、確かにここで番號の飛んでいる日字四一號～六〇號、七一號～八〇號は富岡謙藏の全く異なる手で書かれていることが分かる。

編者

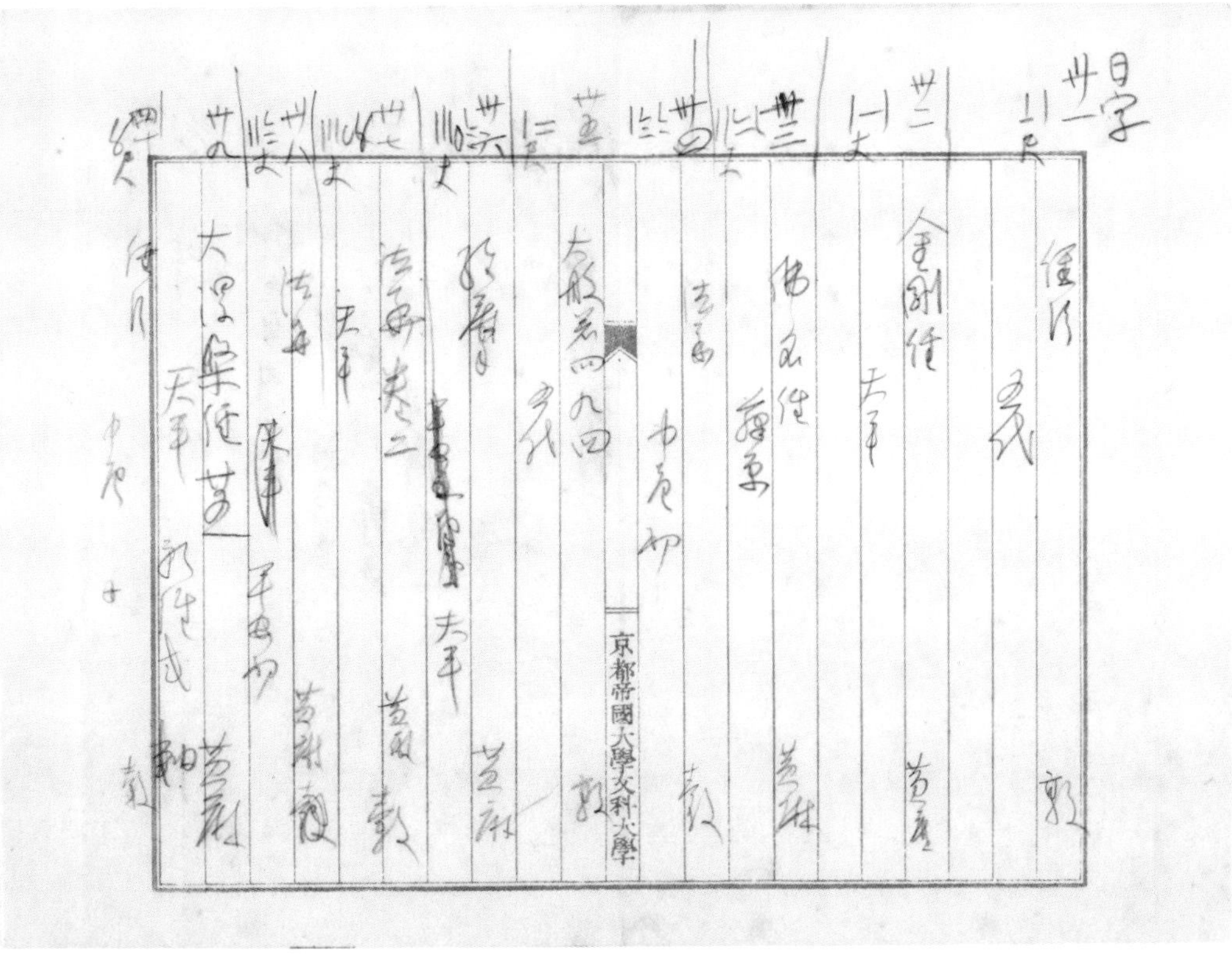

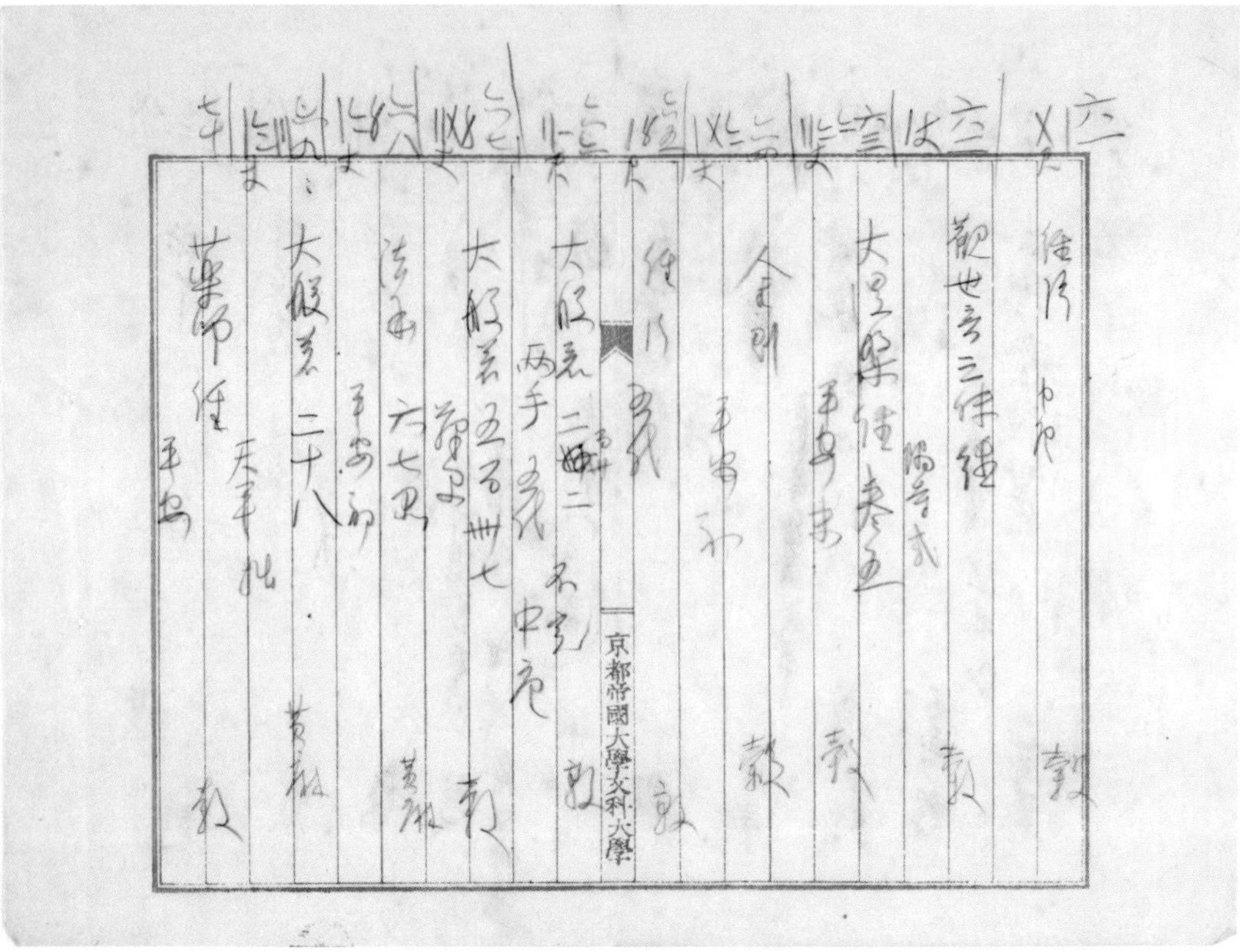
觀世音三昧経
大般若 二十八
京都帝國大學文科大學

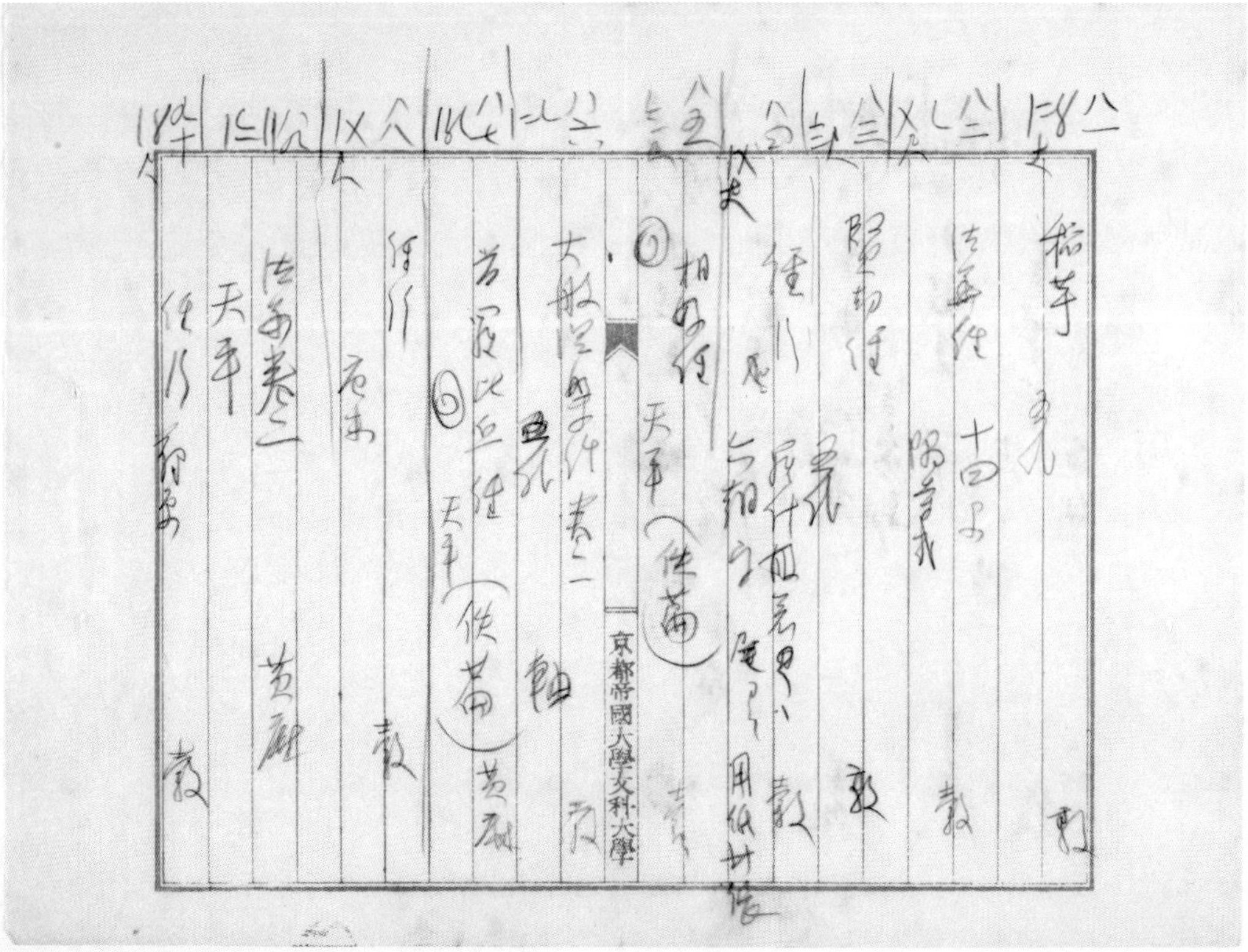
京都帝國大學文科大學

索引

スタイン將來文獻

編者紹介

玄　　幸 子（げん　ゆきこ）

1988年奈良女子大学博士課程（人間文化研究科比較文化学）単位取得退学。新潟大学人文学部助教授を経て、現在関西大学外国語学部教授。中国語口語史研究を専門とする。敦煌文献を主たる資料とし、併せて高麗から李氏朝鮮期の漢語資料なども用いる。著作に『敦煌への道』（共著 新潟日報事業社 2002）『老乞大 朝鮮中世の中国語会話読本』（共著 平凡社 2002）『「語録解」研究—李氏朝鮮において中国語口語辞典はいかに編まれたか—』（単著 関西大学出版部 2012）「變文資料を中心とする中國口語史研究再檢討」（『敦煌寫本年報』第十號第一分册 2016）等がある。

高 田 時 雄（たかた　ときお）

1949年大阪市生まれ。京都大學人文科學研究所教授を經て、現在京都大學名譽教授、復旦大學歷史學系特聘教授。フランス社会科學高等研究院 Ph.D.、京都大學博士（文學）。專攻は中國語史。主として敦煌寫本の言語史的研究に從事するほか、言語交渉から見た中西關係史の研究を行っている。著作に『敦煌資料による中國語史の研究』（創文社 1988）、『中國語史の資料と方法』（編著 京都大學人文科學研究所 1994）、『草創期の敦煌學』（編著 知泉書館 2002）、『敦煌・民族・語言』（北京中華書局 2005）、『涅瓦河邊談敦煌』（編著 京都大學人文科學研究所 2012）等がある。

関西大学東西学術研究所資料集刊41
内藤湖南 敦煌遺書調査記録 續編 — 英佛調査ノート

平成29年3月10日　発行

編　者　玄　幸子・高田時雄

発行者　関西大学東西学術研究所
〒564-8680 大阪府吹田市山手町3-3-35

発行所　関 西 大 学 出 版 部
〒564-8680 大阪府吹田市山手町3-3-35
TEL 06-6368-1121　FAX 06-6389-5162

印刷所　株式会社 遊 文 舎
〒532-0012 大阪市淀川区木川東4-17-31

ISBN 978-4-87354-646-9 C3022　